2018—2019 年中国工业和信息化发展系列蓝皮书

2018—2019 年中国工业发展蓝皮书

中国电子信息产业发展研究院　编著
卢　山　主　编
宋显珠　王　鹏　副主编

电子工业出版社
Publishing House of Electronics Industry
北京·BEIJING

内 容 简 介

本书从工业经济发展和结构调整亟待解决的深层次矛盾和重大问题出发，系统分析了 2018 年我国工业发展在产业结构调整、工业技术创新、两化融合、智能制造、节能减排等方面取得的成绩及存在的问题，对重点行业企业的发展情况进行了系统阐述，总结了全球主要发达国家与部分区域的工业转型经验和创新发展经验，在系统分析内外部发展新形势的基础上对 2019 年工业发展趋势进行展望，并就我国工业转型升级与提质增效的有效路径进行深入探讨。全书分为综合篇、行业篇、企业篇、产业篇、国际篇共 5 个部分。

未经许可，不得以任何方式复制或抄袭本书之部分或全部内容。

版权所有，侵权必究。

图书在版编目（CIP）数据

2018—2019 年中国工业发展蓝皮书 / 中国电子信息产业发展研究院编著 . —北京：电子工业出版社，2020.1

（2018—2019 年中国工业和信息化发展系列蓝皮书）

ISBN 978-7-121-38205-5

Ⅰ . ① 2⋯ Ⅱ . ①中⋯ Ⅲ . ①工业发展－研究报告－中国－ 2018-2019 Ⅳ . ① F424

中国版本图书馆 CIP 数据核字（2019）第 293625 号

责任编辑：管晓伟
文字编辑：孙丽明
印　　刷：天津画中画印刷有限公司
装　　订：天津画中画印刷有限公司
出版发行：电子工业出版社
　　　　　北京市海淀区万寿路 173 信箱　邮编 100036
开　　本：720×1 000　1/16　印张：42.75　字数：821 千字　彩插：1
版　　次：2020 年 1 月第 1 版
印　　次：2020 年 1 月第 1 次印刷
定　　价：398.00 元

凡所购买电子工业出版社图书有缺损问题，请向购买书店调换。若书店售缺，请与本社发行部联系，联系及邮购电话：(010) 88254888，88258888。

质量投诉请发邮件至 zlts@phei.com.cn，盗版侵权举报请发邮件至 dbqq@phei.com.cn。

本书咨询联系方式：(010) 88254461，sunlm@phei.com.cn。

前　言

工业是实体经济的主体，现代化工业体系是现代化经济体系的重要组成部分。2019年是新中国成立70周年，这70年也是我国工业从无到有、综合实力显著增强、积极探索、大胆实践的70年。如今，我国已成为全世界唯一拥有联合国产业分类中所列全部工业门类的国家，工业增加值从1952年的120亿元增加到2018年的30多万亿元，按不变价格计算增长约971倍。根据世界银行数据，2010年我国制造业增加值超过美国，成为第一制造业大国，这标志着自十九世纪中叶以来，经过一个半世纪以后我国重新取得世界第一制造业大国的地位。

党的十八大以来，以习近平同志为核心的党中央高度重视工业的发展，把制造业高质量发展放到更加突出的位置，开启了制造强国建设的伟大征程。随着制造强国建设步伐不断加快，产业根基不断夯实，推动工业发展的质量变革、效率变革、动力变革，实现工业转型升级和高质量发展，成为增强我国经济质量优势和国际竞争力的关键，对提升我国综合国力、保障国家安全、建设世界强国，对决胜全面建成小康社会、实现"两个一百年"的奋斗目标具有十分重大的意义。

一

近两年，我国工业和信息化领域攻坚克难、创新进取，加快建设制造强国，深入推进供给侧结构性改革，制造强国、网络强国建设迈出重大步伐，制造业和互联网融合发展向纵深推进，供给侧结构性改革重点任务成效明显，工业经济运行始终保持在合理区间，体现了"稳"中缓增态势的进一步巩固，呈现质量效益同步提升趋势。动车组、人工智能、大飞机、集成电路、新材料等重点工业制造领域成绩斐然，为我国经济发展提供了重要支撑。5G商用牌照正式发放，产业链逐步成熟，为加快工业向着数字化、网络化、智能化方向发展提供了广阔的想象空间，产业创新与治理已步入从跟跑为主转向跟跑、并跑和领跑并存的新阶段。

二十一世纪的第三个十年即将开启，虽然国际经贸形势依然错综复杂，不确定不稳定因素依然较多，但全球经济新一轮复苏和增长力量正在酝酿，倡导全球化和"逆全球化"的正反两方面力量积聚涌动。我国经济在此背景下将依然保持中高速发展态势，增长新动能正在形成。与此同时，长期积累的深层次矛盾与问题亦日渐显现。为此，需要从多个方面进行研判。

从国际形势看，全球宏观经济呈现弱复苏态势，无论是发达经济体，还是新兴市场经济体均在寻找新的增长点，国际金融危机以来续存的长期性问题还未得到根本性解决，稳定增长的基础仍然未见稳固。需要警惕近两年世界经济超预期增长的可持续性后劲不足、发达国家政策调整的负溢出效应、全球结构性改革效率不及预期及国际金融市场风险集聚等问题。同时，国际间贸易摩擦急剧升级、"逆全球化"思潮和单边保护主义持续发展并发挥作用，我国遭遇的阻截甚至遏制愈发明显，为我国工业发展的外部环境笼罩上了不确定性的阴霾。

从国内形势看，我国经济已经从高速增长阶段转向高质量发展阶段，经济增长方式转为投资与消费双驱动、出口与进口双支撑，结构调整、优化升级进程加快，新旧动能加速转换，提质增效的阶段性变化特征日渐显现。与此同时，我国也面临着终端需求增长动力放缓，仍未根本性扭转脱虚向实的态势等问题。工业发展方面，结构性供需失衡加剧，供给体系质量与消费升级需求错位，工业领域民间投资吸引力和活力仍显不足，新技术对传统产业的融合渗透力不足，升级改造效应难以充分释放等问题续存或显现。

从宏观政策看，政策改革与宏观治理持续优化工业发展环境。近年来，国家持续推进简政放权、放管结合、优化服务改革。清理规范涉企收费，切实减轻实体经济企业负担，技术改造、兼并重组、质量品牌、绿色转型、示范基地促进产业链整体升级，网络环境治理护航数字经济大发展，脱贫攻坚力度持续加大，军民两用结合扶持政策加快，推动融合由初步向深度融合转变。

从创新趋势看，新一轮科技革命和工业革命行深致远。这一轮技术产业革命以信息技术、生物技术、制造技术、新材料技术、新能源技术等领域重大颠覆性创新技术为主导力量，以技术加速创新与渗透融合为突出特征，带动了以绿色、智能、融合为主要形态的群体性重大技术变革。多种创新的联合推动下，制造业加速向数字化、网络化、智能化方向延伸拓展，新产品、新模式、新业态、新产业层出不穷，围绕工业互联网平台的竞争日趋加剧，需把握变革趋势和时间机遇，努力构筑先发优势高地，抢占新一轮产业竞争至高点。

从应用空间看，科技实力整体提升、数字经济加速发展、融合领域的拓展、消费水平的迅速升级为传统产业效率升级和结构优化提供了新动力，也为新兴产业孕育厚植了沃土创造了新空间。我国已形成较为完备的产业体系和坚实的制造基础，同时具备吸纳新技术、新业态和新产品的广阔需求空间。要充分发挥我国工业既有利好条件，打造国际竞争新优势。

二

2019年及2020年是贯彻党的十九大精神的关键之年，是落实十九届四中全会精神的开启之年，是收官总结"十三五"时期成绩和经验、谋划"十四五"时期的转承之年，更是全面建成小康社会、打赢三大攻坚战的决胜之年，要抓住发展机遇，着眼建设现代化经济体系，坚定贯彻新发展理念，坚持质量第一、效益优先，以供给侧结构性改革为主线，增强产业基础再造能力和提升产业链水平，继续加快推进制造强国、网络强国建设，进一步解决不平衡、不充分的矛盾和问题，推动工业加快实现提质增效、结构优化、发展方式转变、新旧动能加速转换。为此，要把握好以下几个方面的问题。

一是着力加强关键核心技术攻关。以强化重点核心技术突破，促进传统产业转型升级与供给侧结构性改革，加快新旧动能转换步伐，降低对外依赖度。着力加强自主创新与原始创新能力,突破战略性、前瞻性领域关键核心技术。以高端装备、短板装备和智能装备为切入点,推动关键核心技术攻关。继续实施"核高基"、高档数控机床与基础制造装备、大飞机、"两机"等国家科技重大专项,逐步攻克工业软件领域的"软短板",开展实施智能制造与机器人等科技创新重大项目。

二是扎实推进制造强国建设。培育壮大新兴产业,推动重点领域率先突破,密切跟踪国际科技、产业发展的较新变化,超前谋划、部署、行动,统筹科技研发及产业化、标准制定和应用示范,推动互联网、大数据、人工智能和实体经济深度融合,加快形成一批有代表性的先进制造业集群和龙头企业。优化升级传统产业,促进全产业链整体跃升,保障供应链安全,大力发展安全可控相关产业。推进先进制造业和现代服务业加速融合,促进制造与服务协同发展,充分激发和释放市场主体活力,切实提高生产性服务业专业化水平。大力推进智能制造,促进信息化与工业化深度融合,大力实施智能制造工程,培育智能制造生态体系。把实施区域协调发展战略与培育重要先进制造业集群结合起来,培育世界级先进制造业集群。

三是着重优化市场营商环境。切实降低实体经济企业成本,全面推进依法行政,强化产业创新和治理能力,打好产业基础高级化、产业链现代化的攻坚战。深化"放管服"改革,强化涉企收费目录清单管理,较大限度降低制度性交易成本和企业税费负担。强化财税金融支持实体经济发展,实行有利于工业转型升级的财政税收政策,建立和完善支持企业技术改造的长效机制和政策体系。加快建设多层次制造业人才队伍,深入实施人才强国战略,培养一大批具有创新精神和国际视野的企业家人才、各行业各领域技术创新的专家型人才和高级经营管理人才,建设知识型、技能型、创新型人才大军,由"人口红利"转为"工程师红利"。开拓新一轮制造业对外开放新格局,积极对接"一带一路"倡议,紧跟 RCEP(区域全面经济伙伴关系)等区域性自贸区协议,深化"中国制造"国际对接合作,坚持引进来和走出去并重,推进重点产业领域国际化布局。

三

赛迪智库研究编撰的《2018—2019年中国工业发展蓝皮书》，从工业经济发展和结构调整亟待解决的深层次矛盾和重大问题出发，系统分析了2018年我国工业发展在产业结构调整、工业技术创新、两化融合、智能制造、节能减排等方面取得的成绩及存在的问题，对重点行业企业的发展情况进行了系统阐述，总结了全球主要发达国家与部分区域的工业转型经验和创新发展经验，在系统分析内外部发展新形势的基础上对2019年工业发展趋势进行展望，并就我国工业转型升级与提质增效的有效路径进行深入探讨。全书分为综合篇、行业篇、企业篇、产业篇、国际篇共5个部分。

综合篇，对工业经济运行情况、工业发展质量走势、产业结构调整、工业技术创新、两化融合、智能制造、工业节能减排等领域在2018年取得的进展与成就进行阐述分析，并展望了2019年将面临的形势及趋势。

行业篇，对原材料工业、消费品工业、电子信息制造业、软件产业、智能制造产业、互联网产业、大数据产业、人工智能产业、安全产业等产业领域在2018年的发展概况、重点政策、细分行业发展情况、区域发展情况、重点企业发展情况等方面进行阐述分析，并展望了2019年各产业的发展趋势。

企业篇，以中小企业为主要着眼点，分析阐述了2018年企业发展的状况、存在的问题与重点政策，对2019年企业面临的形势和趋势进行了展望。

产业篇，以战略性新兴产业为重点，对2018年发展的情况、存在的问题与重点政策进行分析阐述，对2019年产业面临的形势和发展趋势进行了展望。

国际篇，从全球视角出发，对世界工业发展的总体现状、2018年全球主要经济体的工业发展动态进行分析阐述，并展望了2019年世界工业发展的趋势。

2019年及2020年都将是我国工业迈向高质量发展的关键年。我国工业和信息化领域应深入研判国内外发展形势，紧抓战略机遇期，遵循产业发展内在规律，正视问题化解矛盾，正确处理好稳与进、供与需、新与旧、内与外、市场与政府的关系，充分发挥集中力量办大事的制度优势和超大规模的市场优势，将工业和信息化事业不断推向前进。要更加紧密地团结在以习近平同志为核心的党中央周围，以习近平新时代中国特色社会主义思想为指引，深入贯彻党的十九大精神和十九届二中、三中、四中全会精神，做到"两个维护"、树牢"四个意识"、坚定"四个自信"，坚信我们有能力有条件战胜任何艰难险阻、应对各种风险挑战，中国特色新型工业化道路一定会越走越宽广，制造强国和网络强国建设新华章一定会越谱越壮阔，中国工业高质量发展的宏伟目标一定会实现！

目 录

综 合 篇

第一章　工业经济运行 ·002

第一节　2018年工业经济运行情况分析 ·002

第二节　2019年工业经济运行趋势 ·004

第二章　工业发展质量 ·007

第一节　工业发展质量基本理论 ·007

第二节　我国工业发展质量指数走势分析 ·023

第三节　我国重点行业发展质量分析 ·030

第四节　提高我国工业发展质量的政策建议 ·035

第三章　产业结构调整 ·041

第一节　2018年我国产业结构调整取得的主要进展 ·041

第二节　2018年我国产业结构调整重点政策解析 ·046

第三节　2019年我国产业结构调整面临的形势 ·058

第四节　2019年我国产业结构调整趋势展望 ·061

第四章　工业技术创新 ·065

第一节　2018年我国工业技术创新取得的主要进展 ·065

第二节　2018年我国工业技术创新重点政策解析 ·075

第三节　2019年我国工业技术创新面临的形势 ·083

第四节　2019 年我国工业技术创新趋势展望 ································· 087

第五章　网络安全 ··· 093
　　第一节　2018 年我国网络安全取得的主要进展 ································· 093
　　第二节　2018 年我国网络安全重点政策解析 ···································· 099
　　第三节　2019 年我国网络安全面临的形势 ······································· 103
　　第四节　2019 年我国网络安全趋势展望 ··· 107

第六章　工业节能减排 ··· 111
　　第一节　2018 年我国工业节能减排取得的主要进展 ························· 111
　　第二节　2018 年我国工业节能减排重点政策解析 ····························· 115
　　第三节　2019 年我国工业节能减排面临的形势 ································· 121
　　第四节　2019 年我国工业节能发展趋势展望 ···································· 124

第七章　无线电应用与管理 ·· 130
　　第一节　2018 年我国无线电应用与管理取得的主要进展 ·················· 130
　　第二节　2018 年我国无线电应用与管理重点政策解析 ······················ 134
　　第三节　2019 年我国无线电应用与管理面临的形势 ·························· 140
　　第四节　2019 年我国无线电应用与管理发展趋势展望 ······················ 144

| 行　业　篇 |

第八章　原材料工业 ··· 150
　　第一节　2018 年我国原材料工业整体发展状况 ································· 150
　　第二节　2018 年我国原材料工业重点政策解析 ································· 152
　　第三节　2018 年我国原材料工业重点行业发展状况 ·························· 156
　　第五节　2018 年我国原材料工业重点企业发展情况 ·························· 172
　　第六节　2019 年我国原材料工业发展环境分析 ································· 174
　　第七节　2019 年我国原材料工业发展趋势展望 ································· 175

第九章　消费品工业 ··· 181
　　第一节　2018 年我国消费品工业整体发展状况 ································· 181
　　第二节　2018 年我国消费品工业重点政策解析 ································· 184
　　第三节　2018 年我国消费品工业重点行业发展状况 ·························· 188

第四节　2018年我国消费品工业区域发展情况 ·············201
第五节　2018年我国消费品工业重点企业发展情况 ·············204
第六节　2019年我国消费品工业发展环境分析 ·············209
第七节　2019年我国消费品工业发展趋势展望 ·············210

第十章　电子信息制造业 ·············215

第一节　2018年电子信息制造业整体发展状况 ·············215
第二节　2018年我国电子信息制造业重点政策解析 ·············219
第三节　2018年我国电子信息制造业重点行业发展状况 ·············221
第四节　2018年我国电子信息制造业区域发展情况 ·············231
第五节　2018年我国电子信息制造业重点企业发展情况 ·············237
第六节　2019年我国电子信息制造业发展环境分析 ·············244
第七节　2019年我国电子信息制造业发展趋势展望 ·············246

第十一章　软件产业 ·············250

第一节　2018年我国软件产业发展情况 ·············250
第二节　2018年我国软件产业重点政策解析 ·············255
第三节　2018年我国软件产业重点行业发展情况 ·············258
第四节　2018年我国软件产业区域发展情况 ·············278
第五节　2018年我国软件产业重点企业发展情况 ·············280
第六节　2019年我国软件产业发展环境分析 ·············292
第七节　2019年我国软件产业发展趋势展望 ·············295

第十二章　智能制造产业 ·············300

第一节　2018年我国智能制造产业整体发展状况 ·············300
第二节　2018年我国智能制造产业重点政策解析 ·············302
第三节　2018年我国智能制造产业重点行业发展状况 ·············305
第四节　2018年我国智能制造产业区域发展情况 ·············326
第五节　2018年我国智能制造产业重点企业发展情况 ·············329
第六节　2019年我国集智能制造产业发展环境分析 ·············332
第七节　2019年我国智能制造产业发展趋势展望 ·············333

第十三章　互联网产业 ·············335

第一节　2018年我国互联网产业发展情况 ·············335

第二节　2018年我国互联网产业重点政策解析 ……………………… 337

第三节　2018年我国互联网产业重点行业发展情况 …………………… 341

第四节　2018年我国互联网产业区域发展情况 ………………………… 352

第五节　2018年我国互联网产业重点企业发展情况 …………………… 357

第六节　2019年我国互联网产业发展环境分析 ………………………… 361

第七节　2019年及今后我国互联网产业发展趋势展望 ………………… 362

第十四章　大数据产业 ……………………………………………………… 365

第一节　2018年我国大数据产业发展情况 ……………………………… 365

第二节　2018年我国大数据产业重点政策解析 ………………………… 370

第三节　2018年我国大数据产业重点行业发展情况 …………………… 371

第四节　2018年我国大数据产业区域发展情况 ………………………… 375

第五节　2018年我国大数据产业重点企业发展情况 …………………… 384

第六节　2019年我国大数据产业发展环境分析 ………………………… 388

第七节　2019年我国大数据产业发展趋势展望 ………………………… 392

第十五章　人工智能产业 …………………………………………………… 395

第一节　2018年我国人工智能产业发展情况 …………………………… 395

第二节　2018年我国人工智能产业重点政策解析 ……………………… 396

第三节　2018年我国人工智能产业重点行业发展情况 ………………… 398

第四节　2018年我国人工智能产业区域发展情况 ……………………… 400

第五节　2018年我国人工智能产业重点企业发展情况 ………………… 401

第六节　2019年我国人工智能产业发展环境分析 ……………………… 416

第七节　我国人工智能产业发展趋势展望 ……………………………… 417

第十六章　工业互联网产业 ………………………………………………… 420

第一节　2018年我国工业互联网产业发展情况 ………………………… 420

第二节　2018年我国工业互联网产业重点政策解析 …………………… 422

第三节　2018年我国工业互联网产业重点行业发展情况 ……………… 422

第四节　2018年我国工业互联网产业区域发展情况 …………………… 425

第五节　2018年我国工业互联网产业重点企业发展情况 ……………… 433

第六节　2019年我国工业互联网产业发展环境分析 …………………… 441

第七节　2019年我国工业互联网产业发展趋势展望 …………………… 443

第十七章　网络可信身份服务 ·· 451

第一节　2018 年我国网络可信身份服务发展情况 ····················· 451
第二节　2018 年我国网络可信身份服务应用进展情况 ················· 456
第三节　2018 年我国网络可信身份服务产业发展情况 ················· 464
第四节　2019 年我国网络可信身份服务发展趋势展望 ················· 470
第五节　2019 年我国网络可信身份服务业发展的对策建议 ············· 472

第十八章　安　全　产　业 ·· 475

第一节　2018 年我国安全产业发展情况 ····························· 475
第二节　2018 年我国安全产业重点政策解析 ························· 477
第三节　2018 年我国安全产业重点行业发展情况 ····················· 481
第四节　2018 年我国安全产业区域发展情况 ························· 489
第五节　2018 年我国安全产业重点企业发展情况 ····················· 493
第六节　2018 年我国安全产业发展环境分析 ························· 498
第七节　2019 年我国安全产业发展趋势展望 ························· 499

| 企　业　篇 |

第十九章　2018 年中国中小企业发展整体情况 ························· 504

第一节　2018 年中国中小企业发展状况 ····························· 504
第二节　2018 年中国中小企业发展存在的问题 ······················· 505

第二十章　2018 年我国中小企业重点政策解析 ························· 509

第一节　《关于推动创新创业高质量发展打造"双创"升级版的意见》 ··· 509
第二节　《促进大中小企业融通发展三年行动计划》 ················· 515
第三节　《关于开展专精特新"小巨人"企业培育工作的通知》 ······· 518

第二十一章　2019 年中小企业发展趋势展望 ··························· 521

第一节　对 2019 年发展形势的基本判断 ····························· 521
第二节　中小企业转型升级面临的问题 ····························· 525
第三节　对策建议 ·· 526

第二十二章　2019 年中小企业发展政策环境展望 ······················· 528

第一节　减税降费，降低企业负担 ································· 528

第二节　纾解融资难，改善融资环境 ································· 529
第三节　推进国际化，拓宽合作领域 ································· 530
第四节　融通发展，大中小企业共进 ································· 531
第五节　创新创业，活力持续增强 ··································· 532

| 产　业　篇 |

第二十三章　战略性新兴产业 ·· 536
第一节　2018年我国战略性新兴产业取得的主要进展 ············· 536
第二节　2019年我国战略性新兴产业发展需要关注的问题 ········ 539
第三节　2019年我国战略性新兴产业发展趋势展望 ················ 543

第二十四章　中国新兴产业投资 ·· 556
第一节　我国数字经济产业投资趋势分析 ··························· 556
第二节　我国车联网产业投资趋势分析 ······························ 563
第三节　我国区块链产业投资趋势分析 ······························ 568
第四节　我国VR/AR产业投资趋势分析 ····························· 573
第五节　我国超高清视频产业投资趋势分析 ························ 579
第六节　我国智能硬件产业投资趋势分析 ··························· 584
第七节　我国窄带物联网产业投资趋势分析 ························ 590
第八节　我国抗体药物产业投资趋势分析 ··························· 595

| 国　际　篇 |

第二十五章　2018年世界工业发展综述 ······························ 604
第一节　总体现状 ··· 604
第二节　区域发展特征 ·· 607

第二十六章　2018年主要发达经济体工业发展动态 ················ 612
第一节　美国 ·· 612
第二节　欧盟 ·· 618
第三节　日本 ·· 632
第四节　韩国 ·· 639

第二十七章　2018年主要新兴经济体工业发展动态 ······ 645

第一节　巴西 ······ 645
第二节　印度 ······ 648
第三节　俄罗斯 ······ 651
第四节　南非 ······ 654
第五节　墨西哥 ······ 658

第二十八章　2018年重点行业发展情况 ······ 660

第一节　原材料工业 ······ 660
第二节　装备制造业 ······ 661
第三节　电子信息产业 ······ 662

第二十九章　2019年世界工业发展趋势展望 ······ 663

第一节　主要经济体工业增速将下降，均面临下行压力 ······ 663
第二节　全球直接投资将再下滑，抑制企业扩大生产意愿 ······ 664
第三节　全球贸易摩擦加剧，贸易风险将难以避免 ······ 665
第四节　技术变革将拉动全球企业研发投入进一步增加 ······ 665
第五节　投资并购活动将迎来更为严苛的审查制度 ······ 665

综 合 篇

第一章

工业经济运行

第一节　2018年工业经济运行情况分析

2018年，我国工业生产整体保持平稳，中高端制造业快速增长，企业效益持续改善，工业发展质量有所提高。2019年，全球经济增长放缓，我国工业新旧动能加速转换，工业经济仍在合理区间稳定运行，工业投资增速稳中有进，工业发展质量继续稳步提升，但仍需要密切关注关键核心技术创新能力不强、企业发展信心不足、出口形势不乐观等影响工业经济转向高质量发展的突出问题。赛迪智库建议通过加大基础研究投入力度、优化营商环境、提高开放合作水平等方式推动工业经济高质量发展。

一、工业生产平稳运行

2018年，我国全口径工业增加值同比增长6.1%，增速较上年同期小幅回落0.2个百分点。从当季同比增速看，全口径工业增加值当季增速逐季下降，呈现"高开低走"态势。其中，2018年一季度同比增长6.5%，是2015年以来当季增速的最高点；四季度同比增长5.7%，是2015年以来当季增速的最低点。从月度增速看，工业增加值月度增速整体呈现"前高后稳"的态势。2018年1月、2月、4月、5月同比增速均高于6.8%，下半年月度增速均在6%左右波动。同时，中高端制造业保持快速增长。2018年，高技术制造业、装备制造业增加值分别同比增长11.7%和8.1%，虽然增速较2017年有所回落，但相对规模以上工业增速的领先幅度仍然达到5.5个百分点和21.9个百分点。

二、工业投资和制造业投资增速企稳回升

一是工业投资和制造业投资增速稳步回升。2018年，工业投资和制造业投资分别同比增长6.5%和9.5%，增速较年内月度增速低点回升4.5个和5.7个百分点，较2017年回升2.9个和4.7个百分点，增速创近两年新高。二是制造业民间投资增速逐月回升。2018年，制造业民间投资同比增长10.3%，呈逐月回升态势，增速较年内月度增速低点回升5.9个百分点，较2017年回升5.5个百分点；制造业民间投资增速高出制造业投资增速0.8个百分点，高出民间投资增速1.6个百分点。三是新兴产业投资保持较快增长。2018年，高技术制造业、装备制造业投资分别同比增长16.1%和11.1%，比制造业投资增速高6.6个和1.6个百分点，带动制造业投资增速企稳回升。

三、工业品消费整体保持稳中趋缓态势

2018年，我国社会消费品零售总额同比增长9.0%，增速较2017年回落1.2个百分点。从主要工业消费品来看，2018年，汽车类商品零售额同比下降2.4%，增速较2017年回落8.0个百分点；当月增速已经连续8个月为负数，这主要是受1.6升及以下乘用车购置税优惠政策退出，以及一、二线城市汽车消费市场趋于饱和等因素的影响。从消费业态来看，新零售模式兴起带动实物商品网上零售额快速增长。2018年，实物商品网上零售额同比增长25.4%，比社会消费品零售总额增速高16.4个百分点。

四、工业企业出口交货值增速小幅回落

2018年，我国出口交货值（人民币计价）同比增长7.1%，较2017年的高速增长有所回落，重回个位数增长区间。工业企业出口交货值同比增长8.5%，增速较2017年放缓2.2个百分点。从当月同比增速看，1—2月出口交货值增速处于2015年以来的高位。2018年二季度出口增速较一季度明显放缓，三季度各月出口增速明显加快，四季度增速从高位逐月回落，12月当月出口交货值同比增速只有4.1%。

五、工业企业利润增速有所减缓

2018年，全国规模以上工业企业利润总额同比增长10.3%，增速比2018年1—11月份减缓1.5个百分点，总体保持较快增长，12月份当月利润同比下降1.9%。

2018年，我国工业企业利润增长的主要特点有：一是在41个工业大类行业中，32个行业利润比上年增加。新增利润最多的行业是石油和天然气开采业，利润比上年增长4.4倍，其他利润增长较多行业的有：非金属矿物制品业，增长43%；黑色金属冶炼和压延加工业，增长37.8%；化学原料和化学制品制造业，增长15.9%；酒、饮料和精制茶制造业，增长20.8%。这5个行业合计对规模以上工业企业利润增长的贡献率为77.1%。二是企业经营效益得到改善。2018年，规模以上工业企业主营业务收入利润率为6.49%，比上年提高0.11个百分点。三是去杠杆、降成本取得积极成效。随着供给侧结构性改革继续深入推进，工业领域重点改革任务取得明显成效，杠杆率持续下降；2018年末，规模以上工业企业资产负债率为56.5%，比上年降低0.5个百分点。

第二节　2019年工业经济运行趋势

一、工业投资增速有望稳中有进

投资环境持续改善，将吸引更多民间资本和外资流入实体经济，工业投资增速有望稳中有进。从投资环境看，全国各地正聚焦推动营商环境持续改善，将加快吸引国内外更多企业和项目投资落地投产。习近平总书记在民营企业座谈会上发表的重要讲话让民营企业吃下定心丸、安心谋发展。进一步支持和服务民营经济发展的政策措施陆续出台实施，将增强企业发展信心、优化投资环境，吸引更多民间资本投向实业，带动民间投资增长。同时，我国正以更大力度推进对外开放，不断优化营商环境和完善产业配套，也将持续吸引更多外资流入我国。从三大投资领域来看，一是工业互联网平台建设如火如荼，将促进新一代信息技术与制造业深度融合，带动新兴产业投资继续扩张、传统产业技术改造投资不断增加，从而带动制造业投资平稳增长；二是基础设施领域补短板投资力度将继续加大，准入门槛进一步放开、项目融资进一步规范，将带动基建投资增速稳中有升；三是坚持"房住不炒"成为房地产市场的政策调控主基调，各地积极推进共有产权住房、租售同权等政策落地，将带动房地产开发投资增速稳中趋缓。综合看，2019年我国工业投资增速有望稳中有进，预计增长5.5%~6.5%。

二、工业品消费将继续保持平稳增长

消费环境不断优化，综合与分类相结合的个人所得税制度的全面实施等因

素将增强消费能力、释放消费潜力，工业品消费将继续保持平稳增长。一是消费环境不断优化。随着国家促进消费体制机制政策的进一步落实，消费领域信用体系将更加完善，消费者维权机制将更加健全，消费环境将更加优化。二是虽然居民收入增速有所放缓，但受益于个人所得税改革等政策，居民消费能力将有所增强。2018年，全国居民人均可支配收入扣除价格因素实际增长6.5%，较2017年回落0.8个百分点，增速有所放缓，但个人所得税起征点的提高、降低税率等个税改革政策的落实，使居民收入有所增加，消费能力有所增强。三是消费品供给将更加优质丰富，消费潜力将进一步释放。首届国际进口博览会交易采购成果丰硕，按一年计，累计意向成交578.3亿美元，"超级订单"体现了我国消费结构的升级，这将进一步激发消费潜力释放。预计2019年我国社会消费品零售总额将增长9%左右。

三、工业企业出口交货值增速可能会继续小幅放缓

全球经济放缓、中美经贸关系不确定性等因素将拖累我国出口，但中国国际进口博览会的成功举办有望改善我国贸易结构，进而对出口形成支撑。一是贸易争端、保护主义等给全球经济带来负面影响。IMF（国际货币基金组织）预计2019年全球经济增长3.9%，并将继续走弱，WTO（世界贸易组织）将2019年全球贸易增速下调为3.7%。如果全球经济陷入新一轮衰退，工业出口将面临需求萎缩的风险。二是在中美贸易摩擦的大背景下，2018年贸易数据仍表现平稳，中美贸易逆差进一步创下新高，不排除为应对美国征税清单企业采取提前出口的情况，如果下一轮中美贸易谈判不能取得实质性进展，2019年对美出口情况将不甚乐观，进而拖累出口整体表现。与此同时，也有利好因素支撑出口，中国国际进口博览会为我国向全球开放市场、促进贸易交流提供了广阔空间，我国巨大的市场潜力将被进一步挖掘，贸易结构进一步完善，贸易强国地位和话语权得到巩固，将对出口形成支撑。综合来看，预计2019年我国工业企业出口交货值将增长6%~7%。

四、工业企业效益增速将稳中趋缓

稳中有进的宏观经济环境将为企业效益持续改善提供坚实支撑，工业品价格涨幅的趋缓将带动工业企业效益增速稳中趋缓。一是宏观经济保持稳中有进，将对工业企业生产形成带动作用，有助于提升市场活力、增强企业创新动力，为企业效益改善奠定坚实的基础。二是规范降低涉企保证金和社保费率等一系列减费降税政策的落实，将有效减轻企业经营负担，提升企业盈利能力。三是

去产能政策已取得阶段性成果，产品供需有望实现新的均衡，工业生产者出厂价格将趋于平稳，带动工业企业效益增速趋稳；但同时，中上游行业价格对效益的带动作用将明显减弱，中上游行业效益增速将逐步趋稳。综合来看，2019年我国工业发展仍将坚持质量第一、效益优先，利润增速可能会稳中趋缓，但企业效益仍将持续改善，工业发展质量仍将继续稳步提升。

五、工业经济仍将在合理区间内稳定运行

从供给侧看，工业互联网蓬勃发展，将促进新一代信息技术与制造业加速融合，不断提升工业供给体系质量，加速工业新旧动能转换。从需求侧看，工业投资增速有望稳中有进、工业品消费将继续平稳增长、工业企业出口可能会小幅放缓，工业经济仍将稳定运行在中高速的合理区间。预计2019年我国规模以上工业增加值将增长 5%～6%。

第二章

工业发展质量

第一节　工业发展质量基本理论

一、研究背景和文献综述

经过改革开放40年的发展,我国经济实力不断增强,经济总量跃上新台阶,GDP总量从1978年的3679亿元快速增长到2018年的900309亿元。2018年我国GDP同比增长6.6%,对世界经济增长的贡献率接近30%,持续成为世界经济增长最大的贡献者。工业是立国之本,是实体经济的主体和建设现代化经济体系的主要着力点。2018年我国工业经济总体平稳,全部工业增加值达305160亿元,占GDP的比重为33.9%,是1990年工业增加值的44倍;2018年全部工业增加值同比增长6.1%,增速虽有所放缓,但仍处于运行合理区间;工业门类拥有全球门类最齐全的产业体系和配套网络,其中220多种工业品产量居世界第一。随着创新驱动发展战略的大力实施,新产业、新业态、新商业模式层出不穷,新技术、新产品、新服务不断涌现,新动能成为保持工业经济平稳增长的重要动力。高技术制造业增长较快,2018年高技术制造业增加值同比增长11.7%,增速高于规模以上工业5.5个百分点,占规模以上工业增加值的比重为13.9%,比2017年提高1.2个百分点。战略性新兴产业增速加快,2018年战略性新兴产业同比增长8.9%,增速高于全部规模以上工业2.7个百分点。部分新兴工业产品产量快速增长,2018年新能源汽车、生物基化学纤维、智能电视、锂离子电池同比增长超过两位数,分别为 40.1%、23.5%、18.7%、12.9%。

2019 年中央经济工作会议提出:"我国经济运行主要矛盾仍然是供给侧结构性的,必须坚持以供给侧结构性改革为主线不动摇,更多采取改革的办法,更多运用市场化、法治化手段,在'巩固、增强、提升、畅通'八个字上下功夫。"要巩固"三去一降一补"成果,推动更多产能过剩行业加快出清,降低全社会各类营商成本,加大基础设施等领域补短板力度。要增强微观主体活力,发挥企业和企业家主观能动性,建立公平开放透明的市场规则和法治化营商环境,促进正向激励和优胜劣汰,发展更多优质企业。要提升产业链水平,注重利用技术创新和规模效应形成新的竞争优势,培育和发展新的产业集群。要畅通国民经济循环,加快建设统一开放、竞争有序的现代市场体系,提高金融体系服务实体经济能力,形成国内市场和生产主体、经济增长和就业扩大、金融和实体经济良性循环。2018 年,供给侧结构性改革效果不断显现。工业企业资产负债率回落,去杠杆成效继续显现。2018 年年底,规模以上工业企业资产负债率为 56.5%,比上年降低 0.5 个百分点。其中,国有控股企业资产负债率为 58.7%,比上年降低 1.6 个百分点。工业企业单位成本降低,降成本效果比较明显。2018 年,规模以上工业企业每百元主营业务收入中的成本和费用合计为 92.58 元,比上年降低 0.18 元;其中,每百元主营业务收入中的成本为 83.88 元,比上年降低 0.2 元。煤炭、钢铁产能利用率提高,去产能效果显著。坚持市场化法治化手段去产能,提前超额完成 2018 年去产能目标任务。全年共压减钢铁产能 3000 万吨以上,退出煤炭产能 1.5 亿吨以上。2018 年,煤炭开采和洗选业及黑色金属冶炼和压延加工业产能利用率分别为 70.6% 和 78.0%,分别比 2017 年提高 2.4 个百分点和 2.2 个百分点,均为近几年来最高水平。

供给侧结构性改革纵深推进、工业互联网蓬勃发展,工业新旧动能加速转换,但关键核心技术仍受制于人,低端过剩与高端供给不足等不平衡、不充分的一些突出问题尚未解决。一方面,基础研究支撑不足,核心技术引进受阻,延缓产业转型升级进程。2017 年,我国规模以上工业企业研发经费支出超过 1.2 万亿元,但基础研究经费仅占 0.2% 左右;而美国、日本和韩国等创新型国家的企业研发经费支出中基础研究占比通常超过 5%。相比之下,我国企业基础研究经费投入不足,这将直接影响产业关键核心技术的攻关能力。我国对外技术依存度居高不下,但核心技术引进日益受阻。内在的技术攻关能力不足,外在的技术引进受阻,内外夹击,可能会进一步延缓我国产业转型升级进程。另一方,中高端产品供给不足,自主品牌建设滞后,加剧供给和需求的结构性失衡。我国国产产品质量与国际先进水平仍有差距。以汽车行业为例,根据

2018 中国新车质量研究，自主品牌新上市车型问题数量趋增，并且在空调系统、车身外观和发动机/变速系统几个方面，与国外品牌差距最大。由于质量监管不力，部分小概率恶性事件如食品、药品安全问题也严重影响消费者对国内产品的消费信心。我国仍缺少具有国际影响力的消费类品牌。如果我国的产品质量和品牌建设再不加速提升，将导致高端消费持续外流，加剧供给和需求之间的结构性失衡。

2019 年中央经济工作会议指出：2019 年首要的重点工作任务就是推动制造业高质量发展。要推动先进制造业和现代服务业深度融合，坚定不移地建设制造强国。要稳步推进企业优胜劣汰，加快处置"僵尸企业"，制定退出实施办法，促进新技术、新组织形式、新产业集群形成和发展。要增强制造业技术创新能力，构建开放、协同、高效的共性技术研发平台，健全以需求为导向、以企业为主体的产学研一体化创新机制，抓紧布局国家实验室，重组国家重点实验室体系，加大对中小企业创新支持力度，加强知识产权保护和运用，形成有效的创新激励机制。

我国将着力振兴实体经济，工业发展将更加注重质量和效益，更加注重质量变革、效率变革、动力变革，更加注重质量发展的体系建设。推动高质量发展是当前和今后一个时期确定发展思路、制定经济政策、实施宏观调控的根本要求，将形成高质量发展的指标体系、政策体系、标准体系、统计体系、绩效评价体系、政绩考核体系，推动我国经济在实现高质量发展上不断取得新进展。

党的十九大之后，国内部分专家和学者对"高质量发展"进行了解读和研究。李伟（2018 年）认为社会主要矛盾的变化决定了经济工作的方向和重点，要求我国经济发展切实转向高质量发展，过去四十年的高速增长，成功解决了"有没有"的问题，现在强调高质量发展，根本在于解决"好不好"的问题。吕铁（2018 年）认为应该把高质量发展和经济发展阶段的变化结合起来。高质量发展是一个动态的概念，是指适应经济发展阶段变化的要求，能够有效地解决当前面临的突出问题，更好地实现新阶段提出来的发展目标的一种合意的经济发展方式。许召元（2018 年）认为从国际经验看，制造业高质量发展的核心表现是中高技术制造业的国际竞争力稳步提升，制造业的核心竞争力体现在四个方面：核心技术、品牌质量、要素成本、集聚和配置。马晓河（2018 年）认为经济高质量发展，就是一个经济体（或企业）在投入上能利用科技进步科学配置资源要素，推动效率变革，实现资源要素配置从过去的粗放经营转向集约节约经营，使得资源要素的利用效率明显提高。

我国专家、学者对新旧动能转换展开了深入探讨。李伟（2018 年）认为新旧动能转换是当前中国经济结构调整的主旋律，推动新旧动能根本转换必须深度参与新工业革命，深化改革扩大开放是促进新旧动能转换的根本路径。李燕（2018年）认为新工业革命以颠覆性技术创新和扩散应用为主要驱动力，将构筑经济高质量发展的新动能。新工业革命以新产业新业态的发展壮大为主要支柱，将加速经济发展新旧动能的接续转换。周毅（2018年）认为培育壮大新动能亟待破解四大难题，即安全性难题、智能制造被国外"卡脖子"的风险、创新在新动能发展中的作用仍未充分发挥、有关新动能的新经济统计工作慢于新经济的发展。国家统计局测算结果显示，2015—2017年我国经济发展新动能指数分别为123.5、156.7、210.1，分别比上年增长23.5%、26.9%、34.1%，经济发展新动能指数逐年攀升，表明我国经济发展新动能加速发展壮大，经济活力进一步释放，成为缓解经济下行压力、推动高质量发展的重要动力。

党中央国务院和各级地方党委政府高度重视绿色发展。习近平总书记围绕绿色发展发表了一系列重要讲话，指出像保护眼睛一样保护生态环境，推动形成绿色低碳循环发展新方式，并从中创造新的增长点，强调绿色发展是最有前途的发展领域，加快构建绿色循环低碳发展的产业体系，决不以牺牲环境换取一时的经济增长，形成了既要金山银山、又要绿水青山的鲜明导向。2019年1月，工业和信息化部制定了《机械行业绿色供应链管理企业评价指标体系》《汽车行业绿色供应链管理企业评价指标体系》《电子电器行业绿色供应链管理企业评价指标体系》，加快构建绿色制造体系，推动绿色供应链发展。2018年工业和信息化部制定了《工业固体废物资源综合利用评价管理暂行办法》《国家工业固体废物资源综合利用产品目录》，建立了科学规范的工业固体废物资源综合利用评价制度，推动了工业固体废物资源综合利用，促进工业绿色发展。另外，工业和信息化部参与制定了《新能源汽车动力蓄电池回收利用管理暂行办法》，推进动力蓄电池回收利用；制定了《新能源汽车动力蓄电池回收利用溯源管理暂行规定》，对动力蓄电池生产、销售、使用、报废、回收、利用等全过程进行信息采集，对各环节主体履行回收利用责任情况实施监测。

创新是引领发展的第一动力，是建设现代化经济体系的战略支撑。十九大报告指出，加快建设创新型国家，要瞄准世界科技前沿，强化基础研究，实现前瞻性基础研究、引领性原创成果重大突破。2018年12月，国家统计局发布了2017年中国创新指数为196.3，比上年增长6.8%，创新推动高质量发展的作用进一步凸显。分领域看，创新环境指数、创新投入指数、创新产出指数和创新成效指数分别达到203.6、182.8、236.5和162.2，分别比上年增长10.4%、6.2%、5.9%和4.8%。测算结果表明，2017年，我国创新环境进一步优化，创新投入力度继续加大，创新产出持续提升，创新成效稳步增强，创新能力向高质量发展要求稳步迈进。工业和信息化部强化创新引领，加快发展先进制造业，聚焦重点、创新机制、优化政策，统筹推进制造强国战略实施，将创新摆在产业发展的核心位置，加强关键核心技术攻关。2018年制定了《国家制造业创新中心考核评估办法（暂行）》，规范开展创新中心考核评估，促进国家制造业创新中心健康发展，推动加快建设制造强国。工业和信息化部新批复国家集成电路创新中心、国家智能传感器创新中心、国家数字化设计与制造创新中心等国家级制造业创新中心。

综上所述，在当前以及未来相当长的一段时期内，我国工业经济发展更加关注工业发展质量和效益，更加注重工业发展质量变革、效率变革、动力变革。推动工业经济高质量发展，是保持工业经济持续健康发展的必然要求，是遵循经济规律发展的必然要求。就当前国内外复杂形势看，急需构建一套合理、完善的评价体系，来客观、科学地反映和评价我国新时代工业发展质量，引导和推动工业产业结构向更加合理的方向调整。

二、工业发展质量的概念及研究意义

（一）概念及内涵

工业发展质量的衡量是多维度的，涉及生态效益、经济结构、创新能力、民生水平等多个方面。赛迪智库工业经济研究所认为：广义上，工业发展质量是指一定时期内一个国家或地区工业发展的优劣状态；狭义上，工业发展质量是在保持合理增长速度的前提下，更加重视增长的效益，不仅包括规模扩张，而且包括结构优化、技术创新、资源节约、环境改善、两化融合、惠及民生等诸多方面。现阶段其内涵主要体现在以下六个方面。

第一，速度和效益有机统一。工业发展质量的提高是以稳定的发展速度为基础，目前我国工业经济运行呈现"稳中有进"的特点，"稳"主要体现在工业增速保持在一定的水平，"进"更多地体现在质量和效益的提高。忽视效益和质量的盲目扩张很可能以资源高消耗、环境高污染为代价，并可能引发产业结构失衡等一系列严重问题，将影响到工业的良性循环和健康发展。提升工业发展质量的关键在于实现速度和效益的有机统一。

第二，结构持续调整和优化。工业结构反映了生产要素在产业间、地区间、企业间的资源配置情况，是工业总体发展水平的重要评价维度。工业结构的优化升级有助于提高工业发展质量,是工业发展质量提升的重要表现。我国必须要统筹处理好传统产业和新兴产业、劳动密集型产业和资本技术密集型产业、重化工业与轻工业、东部地区与中西部地区、大集团大企业与中小企业、国有企业与非国有企业等重要关系,优化生产要素配置。

第三,技术创新能力不断提高。技术创新是工业经济发展质量提高的源泉,提高产业技术创新能力,有助于实现内涵式发展,推动工业转型升级。在新一轮科技革命的背景下,我国必须转变经济发展方式,建立健全工业化的创新驱动机制,实现工业化动力从投资驱动向创新驱动转变,进而形成创新驱动的现代化经济体系。提高工业发展质量,要求完善创新生态体系,实现创新链、产业链与资金链的有机统一,保障科研经费投入,促进科技成果的转化。

第四,资源节约和环境友好。实现工业经济与资源环境的和谐发展,是缓解资源约束矛盾的根本出路,是提高工业发展质量的前提。绿色发展是工业发展质量的重要要求,也是工业经济效益的具体表现方面之一。实践证明,粗放利用资源的发展模式只会加剧资源约束矛盾,而以损害环境为代价的工业发展具有极强的社会负外部性。提升工业发展质量,必须提高资源利用效率,发展循环经济,有效控制污染排放。

第五,两化融合不断深化。随着新兴信息技术的产生和应用,工业互联网、大数据、人工智能、虚拟现实和实体经济深度融合,信息技术、信息产品、信息资源、信息化标准等信息化要素在工业技术、工业产品、工业装备、工业管理、工业基础设施、市场环境等各个层面的渗透与融合,是推动工业转型升级的重要科技助力,也是优化工业系统管理水平的重要手段。

第六,人力资源结构优化和待遇提升。随着我国人口老龄化的加剧,劳动力成本上升,以廉价劳动力为特征的人口红利在不断消失。但随着改革开放后我国人均受教育水平的提高,劳动力质量呈现明显改善,成为我国人口红利的新特征。提高工业发展的质量,既要充分依托我国在人才和劳动力资源方面的巨大优势,特别是要关注人均受教育水平的提高,又要着眼于解决广大人民群众的就业与收入问题,在实现发展成果人民共享的同时,扩大内需,增强国内购买力。

(二)评价意义

党的十九大明确提出,必须坚持质量第一、效益优先,以供给侧结构性改革为主线,推动经济发展质量变革、效率变革、动力变革,提高全要素生产率,着力加快建设实体经济、科技创新、现代金融、人力资源协同发展的产业体系，着力构建市场机制有效、微观主体有活力、宏观调控有度的经济体制，不断增强我国经济创新力和竞争力。结合实际情况，我们认为，未来我国工业发展质量的评价，应综合考虑产业结构优化、协调发展、绿色发展、工业创新能力等多个维度，着力提高工业发展的质量和效益。加强对工业发展质量的评价和研究，是推进工业转型升级的重要基础性工作之一，也是深入贯彻落实十九大和中央经济工作会议相关精神、实现制造强国战略的重要实践性工作之一，对我国新时代工业经济实现健康平稳增长具有重要意义。

第一，研究和评价工业发展质量是科学衡量工业转型升级效果的迫切需要。加快工业转型升级已成为推进我国经济结构调整和发展方式转变的重大举措。工业转型升级主要体现在自主创新、结构优化、两化深度融合、绿色低碳、对外开放等诸多方面，其核心目标就是要实现工业发展质量的不断提升。工业转型升级是一个系统性工程，单一指标难以准确客观衡量转型升级的效果，当前急需构建一套能够全面准确衡量工业发展质量的指标体系，引导地方政府和企业走内生增长、集约高效的发展道路。

第二，研究和评价工业发展质量是正确引导地方工业实现科学发展的有效手段。长期以来，片面追求规模、增速的指标扭曲了行业或地区工业发展的经济行为，在推动工业规模高速扩张的同时，也造成了资源浪费、环境污染、产能过剩、产品附加值低、竞争力不强等深层次问题。加强对工业发展质量的评价，有利于引导各级政府实现工业增速与效益的统一，通过加大创新投入、优化产业结构、推进节能减排等措施改善工业整体素质，引导地方将工作重心转移到发展方式转变上来。

第三，研究和评价工业发展质量是准确把握工业经济运行规律的内在要求。通过对工业发展质量的长期持续跟踪评价，有利于全面分析工业经济运行的中长期特点、趋势及影响因素，深刻剖析工业经济发展中的深层次问题和矛盾，准确把握工业经济运行的客观规律。进而在把握规律的基础上指导实践，提高政府决策的科学性与合理性。

因此，了解和掌握2018年我国工业相关政策，构建我国工业发展质量的评价体系，分析全国及地方省区市的工业发展质量水平和工业细分行业的发展质量情况，探讨工业发展质量的热点和面临的问题，展望工业发展存在的机遇与挑战，对促进我国新时代工业经济更高质量、更有效率、更可持续的发展具有重要意义。

三、研究思路

党的十九大报告作出了"我国经济已由高速增长阶段转向高质量发展阶段"的重大战略判断，继2017年明确指出"推动高质量发展是当前和今后一个时期确定发展思路、制定经济政策、实施宏观调控的根本要求"之后，2018年年底召开的中央经济工作会议又将"推动制造业高质量发展"作为2019年的首个重点工作任务。2019年是中华人民共和国成立70周年，我们更应全面贯彻落实创新、协调、绿色、开放、共享的发展理念，按照高质量发展的要求，持续提高工业发展质量。本章将基于工业发展质量的基本内涵，从工业高质量发展的主要特征出发来确定评价指标体系的基本框架和主要内容，并按内在逻辑要求来选择具有代表性的指标；同时，坚持以指标数据的可获得性为前提来保证评价结果的客观性。在构建评价体系时坚持系统性、可比性、可测度、可扩展等原则，最终选取的指标涵盖速度效益、结构调整、技术创新、资源环境、两化融合、人力资源等6个方面，包含20项具体指标。本章详细介绍了工业发展质量评价指标体系的指标选取、指标权重、指标数据来源，以及工业发展质量时序指数和截面指数的测算方法，是后续测算工业发展质量指数的基础。

党的十八届三中全会指出，要完善发展成果考核评价体系，纠正单纯以经济增长速度评定政绩的偏向，加大资源消耗、环境损害、生态效益、产能过剩、科技创新、安全生产、新增债务等指标的权重。《国民经济和社会发展第十二个五年规划纲要》明确提出，要"弱化对经济增长速度的评价考核，强化对结构优化、民生改善、资源节约、环境保护、基本公共服务和社会管理等目标任务完成情况的综合评价考核"。制造强国战略将质量为先与创新驱动、绿色发展、结构优化和人才为本并列为其五大基本方针。党的十八届五中全会再次明确提出"十三五"时期仍要坚持发展是第一要务，以提高发展质量和效益为中心，加快形成引领经济发展新常态的体制机制和发展方式。《国民经济和社会发展第十三个五年规划纲要》提出要"切实转变发展方式，提高发展质量和效益，努力跨越'中等收入陷阱'，不断开拓发展新境界。"要"坚持发展是第一要务，牢固树立和贯彻落实创新、协调、绿色、开放、共享的发展理念，以提高发展质量和效益为中心，以供给侧结构性改革为主线，扩大有效供给，满足有效需求，加快形成引领经济发展新常态的体制机制和发展方式。"党的十九大报告作出了"我国经济已由高速增长阶段转向高质量发展阶段"的重大战略判断，2017年年底召开的中央经济工作会议明确指出"推动高质量发展是当前和今后一个时期确定发展思路、制定经济政策、实施宏观调控的根本要求"，并要求"必须加快形成推动高质量发展的指标体系、政策体系、标准体系、统计体系、绩效评价、政绩考核，创建和完善制度环境，推动我国经济在实现高质量发展上不断取得新进展"。2018年年底召开的中央经济工作会议则将"推动制造业高质量发展"作为2019年的首个重点工作任务。为全面落实党的十九大精神，更好实现制造强国战略目标，我们构建完善了工业发展质量评价指标体系，以科学监测我国工业经济的发展质量，准确分析推动工业经济高质量发展过程中存在的突出问题，推动工业发展方式转变，提高工业竞争力和创新力。

评价体系的构建需要认真研究、不断尝试和逐步完善，必须在明确工业发展质量内涵的基础上，选取能够反映当前发展阶段我国工业发展水平和质量的指标，对数据进行处理，并对初步测算结果进行分析与验证，然后根据验证结果再对指标体系进行必要的修改和调整，确立适合我国国情和工业化发展阶段的评价指标体系，最终用于全国及地方省市的工业发展质量评价（见图2-1）。

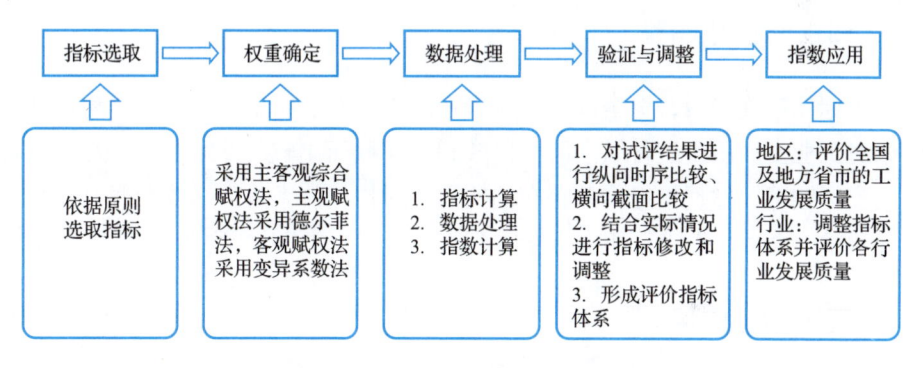

图2-1　中国工业发展质量研究思路

（资料来源：赛迪智库整理，2019年2月）

（一）指标选取

首先应根据工业发展质量的基本内涵，确定评价指标体系的基本框架和主要内容，并按内在逻辑要求选择重要而有代表性的指标组成初步的指标框架体系。在确立指标框架体系的基础上，按照系统性、可比性、可测度、可扩展的原则，选取具体指标。为保证评价结果的准确性和客观性，本书所需数据全部来源于国家统计局等权威机构发布的统计年鉴和研究报告。

（二）权重确定

采用主客观综合赋权法，主观赋权法采用德尔菲法，客观赋权法采用变异系数法，这样不仅能够充分挖掘数据本身的统计意义，而且能够充分利用数据指标的经济意义。主客观综合赋权方法能够客观、公正、科学地反映各指标所占权重，具有较高的可信度。为便于逐年之间的比较，采用2012—2017年主客观权重的平均值作为统一权重。

（三）数据处理

首先计算无法直接获取的二级指标，如高技术制造业主营业务收入占比、就业人员平均受教育年限等。对于截面指数，将所有指标进行无量纲化处理，利用无量纲化数据和确定的权重，得到地方省市的工业发展质量截面指数；对于时序指数，将所有指标换算为以2012年为基期的发展速度指标，然后进行加权，得到全国及地方省市工业发展质量时序指数。

（四）验证与调整

指标体系确定后，对全国及地方省市的工业发展质量进行试评。利用试评结果对工业发展质量进行纵向时序比较和横向截面比较，并结合全国及地方省市的实际情况，发现指标体系存在的问题，对指标体系进行修改和调试，直至形成科学、全面、准确的评价指标体系。

（五）指数应用

利用调整后的指标体系，对全国及地方省市的工业发展质量进行评价。通过分析评价结果，发现我国及各省市工业发展过程中存在的问题，并据此提出促进工业发展质量提升的对策建议。针对行业的实际情况，对部分不适合指标和不可获得指标进行剔除，得到适用于行业之间比较的评价指标体系，并利用实际数据评价行业发展质量。

四、基本原则

（一）研究的指导原则

以创新、协调、绿色、开放、共享的发展理念为指导，以提高发展质量和效益为中心，以推进供给侧结构性改革为主线，坚定不移地走好中国特色新型工业化道路。紧紧围绕新型工业化道路和供给侧结构性改革的内涵，聚焦制造强国战略的主要目标，在保证一定增长速度的前提下，工业应实现更具效益的增长，结构不断调整和优化，技术创新能力不断提升，资源环境不断改善，信息化与工业化融合不断加深，人力资源优势得到更充分发挥。

（二）指标的选取原则

指标的选择，首先应根据工业发展质量的基本内涵，确定评价指标体系的基本框架和主要内容，并按内在逻辑要求选择具有代表性的指标。同时，以指标数据的可获得性为前提并保证评价结果的客观性，指标数据应全部来源于统计年鉴或权威机构发布的研究报告。

（三）体系的构建原则

构建评价指标体系是开展工业发展质量评价工作的关键环节。针对工业发展质量的内涵和特征，在构建评价指标体系的过程中，要遵循以下四个原则。

第一，系统性原则。工业发展质量涉及经济、社会、生态等诸多方面，但评价指标体系不可能无所不包，只有那些真正能够直接反映工业发展质量内在要求的要素才能被纳入指标体系之中。同时，评价指标体系不应是一些指标和数据的简单堆砌与组合，而应当是一个安排科学、结构合理、逻辑严谨的有机整体。

第二，可比性原则。指标的选择必须充分考虑到不同地区在产业结构、自然条件等方面的差异，尽可能选取具有共性的综合指标，并且代表不同经济含义、不同量纲的指标，在经过无量纲化处理后，可以相互比较。考虑到总量指标不具备可比性，指标选择尽量采用均量指标，兼顾采用总量指标；尽量采用普适性指标，兼顾采用特殊指标。

第三，可测度原则。要求所选择的指标应充分考虑到数据的可获得性和指标量化的难易程度，定量与定性相结合，既能全面反映工业发展质量的各种内涵，又能最大限度地利用统计资料和有关规范标准，采取各种直接的或间接的计算方法能够加以量化，否则就会失去指标本身的含义和使用价值。

第四，可扩展原则。指标的选取要突出现阶段工业发展的战略导向，构建出符合工业转型升级、两化深度融合等新形势新要求的指标体系。同时，由于受统计指标、数据来源等多种因素制约，建立评价指标体系不宜过分强调它的完备性。对于暂时无法纳入本评价体系的指标，要根据实际需要和可能，逐渐补充和完善。

五、指标体系

（一）概念

工业发展质量评价指标，是指能够反映工业经济发展质量和效益等多方面的各项具体数据。这些数据按照一定的目的和方式进行组织而形成的指标集合，构成了工业发展质量评价指标体系，它能够比较科学、全面、客观地向人们提供工业发展质量的相关信息。

（二）作用

工业发展质量评价体系能够反映我国工业经济与社会发展的健康程度，能够指导我国走好新型工业化道路，有利于我国国民经济的持续稳定增长。

工业发展质量评价体系具有三大作用：

第一，描述与评价的功能，可以将工业经济的发展质量利用相关的指标进行具体描述，使工业经济高质量发展的现状一目了然。

第二，监测和预警的功能，可以监测战略目标的完成情况和政策实施的效果，为防止经济、社会和资源环境危害的产生提供预警信息。

第三，引导和约束的功能，对于各地区的工业发展具有一定的导向作用，可以与周边类似省份互设标杆进行比较。

总之，工业发展质量评价体系提供了评价工业经济与社会、资源、环境等之间关系的量化工具。为了实现工业经济可持续发展的目标，我国有必要利用好这一工具，对工业发展的过程进行监测和评价、指导和监督、规范和约束。当然，工业发展阶段和水平是动态变化的，其评判标准并非一成不变，工业发展质量评价体系的内容也将与时俱进。

（三）框架设计

工业发展质量评价指标体系的框架设计，必须建立在准确理解和把握工业发展质量内涵的基础上。根据对工业发展质量内涵的理解和指标选取的基本原则，本书初步建立了由速度效益、结构调整、技术创新、资源环境、两化融合、人力资源共六大类、20项具体指标组成的评价指标体系（见表2-1）。

表 2-1　中国工业发展质量评价指标体系

工业发展质量	速度效益	工业增加值增速
		资产负债率
		工业成本费用利润率
		工业主营业务收入利润率
	结构调整	高技术制造业主营业务收入占比
		500 强企业占比
		小型工业企业主营业务收入增速
		工业制成品出口占比
	技术创新	工业企业 R&D 经费投入强度
		工业企业 R&D 人员投入强度
		工业企业单位 R&D 经费支出发明专利数
		工业企业新产品销售收入占比
	资源环境	单位工业增加值能耗
		工业固体废物综合利用率
		工业污染治理投资强度
	两化融合	工业应用信息化水平
		电子信息产业占比
	人力资源	工业城镇单位就业人员平均工资增速
		第二产业全员劳动生产率
		就业人员平均受教育年限

资料来源：赛迪智库整理，2019 年 2 月。

需要说明的是，由于工业发展质量的内涵十分丰富，涉及领域较多，并且关于工业发展质量的研究仍然在不断探索和完善中，目前社会各界对如何评价工业发展质量也还没有形成统一的认识。因此，构建工业发展质量评价指标体系是一项需要不断探索和长期实践，且极富挑战性的工作。经过近几年的摸索和调整，目前指标体系已相对稳定，本版在上一版的评价指标体系的基础上，根据数据可获取情况对部分指标进行了微调，主要是剔除了工业主要污染物排放强度和互联网普及率两个指标，未来仍会根据经济发展需要和数据获取情况进行微调。

六、评价方法

（一）指数构建方法

统计指数是综合反映由多种因素组成的经济现象在不同时间和空间条件下

平均变动的相对数（徐国祥，2005年）。从不同的角度，可以对统计指数进行不同的分类：如按照所反映现象的特征不同，可以分为质量指标指数和数量指标指数；按照所反映现象的范围不同，可分为个体指数和总指数；按照所反映对象的对比性质不同，可分为动态指数和静态指数。

本书通过构建工业发展质量时序指数来反映全国及地方省市工业发展质量的时序变化情况，旨在进行自我评价；通过构建工业发展质量截面指数来反映地方省市工业发展质量在某一时点上的截面比较情况，旨在进行对比评价。在评价各行业时，我们拟采用截面指数来衡量各产业的发展质量，待数据库补充完整之后再构建时序指数。按照统计指数的分类，工业发展质量时序指数即为动态指数中的定基指数，工业发展质量截面指数即为静态指数，并在上述过程中计算了速度效益、结构调整等六个方面的分类指数，即个体指数。

1. 时序指数的构建

首先，计算2012—2017年30个省（区、市）各项指标的发展速度（已经是增速的指标不再计算）；然后，将发展速度调整为以2012年为基期；最后，加权求和得到各地区工业发展质量时序指数及分类指数。

2. 截面指数的构建

首先，按照公式（2-1）将2012—2017年30个省（区、市）的原始指标进行无量纲化处理；然后，按照公式（2-2）和（2-3）进行加权求和，分别得到各地区工业发展质量截面指数和分类指数。

$$X'_{ijt} = \frac{X_{ijt} - \min\{X_{jt}\}}{\max\{X_{jt}\} - \min\{X_{jt}\}} \quad (2\text{-}1)$$

$$\text{IDQI}_{it} = \frac{\sum_{j=1}^{20} X_{ijt} W_j}{\sum_{j=1}^{20} W_j} \quad (2\text{-}2)$$

$$I_{it} = \frac{\sum X'_{ijt} W_j}{\sum W_j} \quad (2\text{-}3)$$

公式（2-1）~（2-3）中，i代表30个省（区、市），j代表20项三级指标，X_{ijt}代表t年i省j指标，$\max\{X_{jt}\}$和$\min\{X_{jt}\}$分别代表t年j指标的最大值和最小值，X'_{ijt}代表t年i省j指标的无量纲化指标值，I_{it}代表t年i省的

分类指数，IDQI_{it}代表t年i省的工业发展质量截面指数，W_j代表j指标的权重。需要说明的是，因为全国工业发展质量无须做截面比较，因此全国工业发展质量指数是时序指数。

需要说明的是，因为全国工业发展质量无需做截面比较，因此全国工业发展质量指数是时序指数。

（二）权重确定方法

在指标体系的评价过程中，权重的确定是一项十分重要的内容，因为权重直接关系到评价结果的准确性与可靠性。从统计学上来看，权重确定一般分为主观赋权法和客观赋权法，前者一般包括德尔菲法（Delphi Method）、层次分析法（The Analytic Hierarchy Process，简称 AHP）等，后者一般包括主成分分析法、变异系数法、离差及均方差法等。主观赋权法的优点在于能够充分利用专家对于各指标的内涵及其相互之间关系的经验判断，并且简便易行，但存在因评价主体偏好不同有时会有较大差异这一缺陷；客观赋权法的优点在于不受人的主观因素的影响，能够充分挖掘指标数据本身所蕴含的信息，但存在有时会弱化指标的内涵及其现实意义这一缺陷。为避免主观赋权法的经验性较强以及客观赋权法的数据依赖性较强，本书利用德尔菲法和变异系数法进行主客观综合赋权的方法。选择变异系数法的原因在于，从评价体系中的各项指标来看，差异越大的指标越重要，因为它更能反映出各地区工业发展质量的差异，如果全国各省市的某个指标没有多大差别，则没有必要再将其作为一项衡量的指标，所以对差异越大的指标要赋予更大的权重。

权重的测算过程如下：首先按照公式（2-4）计算各项指标的变异系数，其次按照公式（2-5）和（2-6）计算各项指标的客观权重，最后利用由德尔菲法得到的主观权重和由变异系数法得到的客观权重进行平均，得到各项指标的最终权重。

$$V_{jt} = \frac{\sigma_{jt}}{\bar{X}_{jt}} \quad (2\text{-}4)$$

$$W_{jt} = \frac{V_{jt}}{\sum_{j=1}^{20} V_{jt}} \quad (2\text{-}5)$$

$$W_j = \sum_{t=2012}^{2017} W_{jt}/6 \quad (2\text{-}6)$$

V_{jt} 代表 t 年 j 指标的变异系数，σ_{jt} 代表 t 年 j 指标的标准差，$\bar{X}_{jt}$ 代表 t 年 j 指标的均值，W_{jt} 代表 t 年 j 指标的权重，W_j 代表 j 指标的最终权重。

七、数据来源

（一）数据来源

本章所使用的数据主要来源于国家统计局发布的历年《中国统计年鉴》《中国科技统计年鉴》《中国高技术产业统计年鉴》《中国工业统计年鉴》《中国劳动统计年鉴》，各省市统计局发布的历年地方省市统计年鉴，工业和信息化部发布的《中国电子信息产业统计年鉴》，工业和信息化部赛迪研究院发布的《中国信息化与工业化融合发展水平评估报告》。

（二）数据说明

1. 对象

由于西藏缺失指标较多，故不参与本评价；加之港澳台地区的数据来源有限；因此，本书的最终研究对象为30个省（区、市）。

2. 指标说明

由于历年统计年鉴没有直接公布全国及各地区2012—2017年的单位工业增加值能耗数据，为保证工业发展质量时序指数在时间维度上的可比性，利用各地历年统计年鉴中的工业增加值、工业增加值指数和工业能耗数据，计算得到2012—2017年30个省（区、市）以2015年为不变价的单位工业增加值能耗。

本书在计算第二产业全员劳动生产率时，将第二产业增加值数据调整为2015年不变价，以保证时序指数能够真实反映走势情况；工业企业单位R&D经费支出发明专利数采用R&D价格指数进行平减，该指数由固定资产投资价格指数和消费者价格指数等权合成。500强企业占比这一指标，在衡量全国工业发展质量时是指世界500强企业中的中国企业数量所占比重，在衡量地方省市工业发展质量时是指中国企业联合会和中国企业家协会联合发布的历年中国制造业企业500强各省数量所占比重。

此外，由于资产负债率和单位工业增加值能耗均为逆向指标，在计算过程中对其进行取倒数处理以便于统一分析。

第二节 我国工业发展质量指数走势分析

一、全国工业发展质量指数走势分析

利用本章所构建的评价体系，根据主客观综合赋权法，按照时序指数计算方法，得到2012—2017年全国工业发展质量指数及分类指数（见表2-2）。根据表2-2中最后一行绘制2012—2017年全国工业发展质量指数走势图，如图2-2所示。需要说明的是，由于全国工业发展质量无须做截面比较，因此该指数即为时序指数。

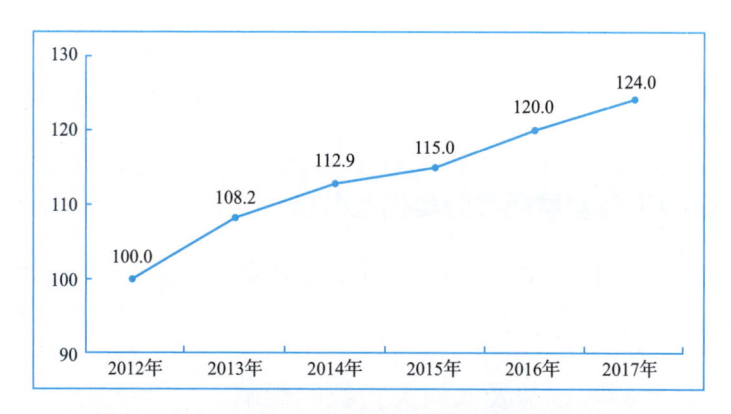

结合表2-2和图2-2，2012—2017年，全国工业发展质量指数逐年提升，表明我国工业发展质量稳步提升。

表2-2　2012—2017年全国工业发展质量指数及分类指数

年　份	2012	2013	2014	2015	2016	2017	2012—2017年年均增速
速度效益	100.0	101.6	100.9	101.7	106.0	111.5	2.2%
结构调整	100.0	112.2	118.5	126.5	129.8	131.3	5.6%
技术创新	100.0	104.8	109.7	112.8	120.5	131.9	5.7%
资源环境	100.0	118.3	126.2	113.6	115.8	103.0	0.6%
两化融合	100.0	108.0	112.7	119.4	125.9	134.5	6.1%
人力资源	100.0	106.8	113.5	120.0	126.0	134.1	6.0%
工业发展质量指数	100.0	108.2	112.9	115.0	120.0	124.0	4.4%

资料来源：赛迪智库整理，2019年2月。

图2-2　2012—2017年全国工业发展质量指数走势图

（资料来源：赛迪智库整理，2019年2月）

从增速看，2012年以来我国工业发展速度明显回落，全口径工业增加值增

速和规模以上工业增加值增速分别从2012年的8.1%和10%持续回落至2017年的6.3%和6.6%，规模以上工业增速相对全口径工业增速的领先幅度也从2012年的1.9个百分点收窄至2017年的0.3个百分点。2018年，我国全口径工业增加值增速和规模以上工业增加值增速分别为6.1%和6.2%，虽然增速都较上年小幅回落，但在全球范围内仍处于领先水平。

从结构看，2012年以来我国产业结构不断优化，产业新动能加速释放。2018年我国高技术制造业增加值较上年增长11.7%，高出规模以上工业5.5个百分点，增速较上年回落1.7个百分点；装备制造业增加值较上年增长8.1%，高出规模以上工业1.9个百分点，增速较上年回落3.2个百分点。主要工业行业中，计算机、通信和其他电子设备制造业，专用设备制造业，医药制造业等仍保持9%以上的增长。

从国际看，2012年以来我国工业产品的国际竞争力显著增强。在我国制造业产出规模稳居世界第一的同时，工业产品出口结构不断优化，中高端工业品的国际竞争力持续增强。2018年，我国规模以上工业企业实现出口交货值12.4万亿元，较上年增长8.5%，增速较上年回落2.2个百分点。其中，计算机、通信和其他电子设备制造业增长9.8%，连续两年保持高速增长；化学原料和化学制品制造业增长15.4%，较上年加快1.3个百分点。同时，工业品出口结构持续优化，2018年，计算机、通信和其他电子设备制造业出口交货值占比继续提高至44.8%，比2012年提高5.5个百分点；纺织业出口交货值占比降至2.5%，比2012年下降1.1个百分点。

综合来看，2012年以来，我国工业经济整体保持中速增长，但企业效益改善不明显；产业结构调整取得积极成效，技术创新能力不断提升，两化融合水平持续提高，资源环境有所改善，人力资源水平明显改善。整体看，工业发展质量稳步提高。

二、全国工业发展质量分类指数分析

前面分析了2012—2017年全国工业发展质量总指数走势，下面着重分析各分类指数的走势及其影响因素。

（一）分类指数走势及其对总指数的影响

1. 评价结果分析

2012—2017年，全国工业发展质量的六大分类指数整体呈上升趋势（见

图 2-3），其中，两化融合、人力资源、技术创新、结构调整提升较快，年均增速分别为 6.1%、6.0%、5.7%、5.6%，快于总指数年均增速；速度效益、资源环境提升较慢，年均增速分别为 2.2%、0.6%，低于总指数年均增速。

从分类指数对总指数的影响看，2012—2017 年，六大分类指数对工业发展质量指数增长的贡献率和拉动作用差异较大（见表2-3）。其中，技术创新、结构调整和人力资源对总指数增长的贡献率较高，均超过20%，分别拉动工业发展质量指数增长1.2 个、1.0 个和0.9 个百分点；两化融合的贡献率也在15%以上，拉动工业发展质量指数增长0.8 个百分点；速度效益的贡献率有待提高，对总指数增长的贡献率不到10%，拉动工业发展质量指数增长0.4 个百分点；资源环境的贡献率最低，拉动工业发展质量指数增长0.1 个百分点。

图 2-3　2012—2017 年全国工业发展质量分类指数

（资料来源：赛迪智库整理，2019 年 2 月）

表 2-3　2012—2017 年六大分类指数对总指数增长的贡献率和拉动作用

分类指数	速度效益	结构调整	技术创新	资源环境	两化融合	人力资源	合计
贡献率（%）	9.6	23.5	26.5	1.8	17.2	21.3	100.0
拉动作用（个百分点）	0.4	1.0	1.2	0.1	0.8	0.9	4.4

注：表中各指数的贡献率精确到小数点后一位，经过四舍五入后的数据合计是99.9，但实际应是100.0，故表中合计数采用100.0。本书这类问题统一如此处理。

资料来源：赛迪智库整理，2019 年 2 月。

2. 原因分析

（1）技术创新

第一，从创新投入来看，我国工业企业创新经费投入和人员投入强度都持续提高。2017年，我国规模以上工业企业研究与试验发展（R&D）经费支出为12013亿元，与主营业务收入之比达到1.06%，比2012年提高了0.29个百分点。2017年，我国规模以上工业企业R&D人员全时当量为273.6万人年，比2012年增加了49万人年；占工业平均用工人数的比重为3.05%，比2012年提高了0.7个百分点。

第二，从创新产出来看，近些年来我国工业企业专利数量不断攀升。2017年，规模以上工业企业专利申请数达到817037件，其中发明专利数320626件，规模以上工业企业有效发明专利数为933990件。专利数量的持续增长，反映出我国工业自主创新能力和水平日益提高。目前，我国在载人航天、探月工程、载人深潜、新支线飞机、大型液化天然气船（LNG）、高速轨道交通等领域取得突破性进展并进入世界先进行列。信息通信行业中，TD-LTE技术、产品、组网性能和产业链服务支撑能力等均得到提升，涵盖系统、终端、芯片、仪表的完整产业链已基本完成。

（2）结构调整

2012年以来，我国工业在结构调整方面取得显著成效。

第一，高技术制造业规模不断扩大。从增速看，2017年我国高技术制造业主营业务收入达到15.9万亿元，占规模以上工业企业主营业务收入的14.1%，比2012年提高3.1个百分点。从占比看，2017年，我国高技术制造业增加值占规模以上工业比重为12.7%，比2012年提高3.3个百分点。最新统计数据显示，2018年我国高技术制造业增加值占规模以上工业比重已达到13.9%，产业结构明显优化。

第二，装备制造业整体实力明显增强。近几年，通过深入实施制造强国战略，持续推进"核高基"、宽带移动通信、高档数控机床、大飞机、"两机"等重大科技专项，装备制造业综合实力显著提升。2018年，装备制造业增加值占规模以上工业比重为32.9%，比2012年提高4.7个百分点，对工业经济的支撑力度显著提高。2018年，我国高端装备创新成果丰硕，嫦娥四号探测器成功发射，AG600水陆两栖飞机成功实现水上首飞，世界上最长的跨海大桥港珠澳大桥正式通车……这些都将进一步推动我国装备制造向高端攀升。

第三，工业企业组织结构不断优化。从央企兼并重组情况来看，截至2018

年底，国资委监管中央企业减至 96 家。这有助于调整优化产业结构，加快产业转型升级，提高国有资本配置效率，打造世界一流企业。从企业数量和就业来看，2017 年末，我国规模以上小型工业企业 313875 家，平均吸纳就业 3292.95 万人，在规模以上工业企业占比分别为 84.2% 和 36.8%。当前，中小企业已经成为支撑我国国民经济和社会发展的重要力量，在促进经济增长、保障就业稳定等方面发挥着不可替代的重要作用。可以预见，随着我国经济发展环境的逐步完善，大众创业、万众创新将成为我国经济增长的新引擎，中小企业特别是小微企业的发展活力将对宏观经济增长起到重要作用。

（3）人力资源

2012 年以来，我国就业人员的平均受教育年限稳步提高，工业职工工资水平不断提高，劳动生产率也持续提升，人力资源水平明显提高。从工资增速看，2017 年我国规模以上工业城镇单位就业人员平均工资达到 6.65 万元，较上年增长 8.5%；从劳动生产率看，2017 年我国第二产业全员劳动生产率（2015 年不变价）达到 14.58 万元/人，较上年提高 8.7%；从平均受教育年限看，2017 年我国就业人员平均受教育年限接近 10.2 年，其中受过高等教育的人员占比提升较为明显。

（4）两化融合

近几年，我国在两化融合方面取得较大进展，电子信息产业、工业应用信息化水平等都有明显突破。

第一，从电子信息产业的发展来看，2018 年，我国规模以上电子信息制造业增加值同比增长 13.1%，高出工业平均水平 6.9 个百分点；电子信息制造业主营业务收入同比增长 9%；电子信息产品出口交货值同比增长 9.8%，高出工业平均水平 1.3 个百分点；软件和信息技术服务业完成软件业务收入 6.3 万亿元，同比增长 14.2%；软件业实现出口 554.5 亿美元，同比增长 0.8%。

第二，从工业应用信息化水平看，2017 年我国工业应用信息化水平指数达到 66.8，较 2012 年提高 16.5 个百分点，两化融合程度稳步提高。

（5）速度效益

从规模和速度来看，2018 年，我国工业增加值首次突破 30 万亿元，比上年增长 6.1%；其中，规模以上工业增加值增长 6.2%，整体仍处于中速增长水平。从经济效益来看，2018 年，我国规模以上工业企业资产负债率为 56.5%，较上年降低 0.5 个百分点；主营业务收入利润率为 6.49%，较上年提高 0.11 个百分点；每百元主营业务收入中的成本为 83.88 元，较上年降低 0.2 元。

（6）资源环境

自 2012 年以来，我国主要工业行业能耗显著下降，但工业固体废物综合利用率和环境污染治理投资力度有所放缓。首先，单位增加值能耗明显下降。2012 年以来，我国单位工业增加值能耗（2015 年不变价）持续下降。2017 年，我国工业能源消费总量达到 294488 万吨标准煤，占能源消费总量的 65.7%，以 2015 年为不变价的单位工业增加值能耗为 1.1 吨标准煤/万元，较 2012 年累计下降 15.6%。其次，工业固体废物综合利用率有所下降。2017 年工业固体废物综合利用率为 54.6%，比 2012 年下降 6.9 个百分点，近几年基本是逐年下降的趋势。此外，环境污染治理投资力度有所放缓。2017 年，工业污染治理完成投资 681 亿元，占工业增加值的比重为 0.24%，比 2012 年下降 0.1 个百分点。

综合来看，近些年来，我国工业发展取得了较大成绩，两化融合不断深化，从业人员素质和待遇明显改善，技术创新能力明显提升，结构持续调整和优化，资源环境束缚压力有所缓解，速度回落至中速增长平台，企业效益有待提升。

（二）分类指数影响因素分析

为清楚地看到影响全国工业发展质量分类指数的内部因素，本书计算了 20 项指标对各自所属分类指数的贡献率和拉动作用，计算结果如表 2-4 所示。

2012—2017 年，全国工业发展质量的六个分类中，两化融合指数、人力资源指数、技术创新指数、结构调整指数增长较快。其中，两化融合指数由电子信息产业占比和工业应用信息化水平联合拉动，两者的贡献率旗鼓相当，分别为 52.3% 和 47.7%，分别拉动两化融合指数提升 3.2 个和 2.9 个百分点。人力资源指数主要是由工业城镇单位就业人员平均工资增速和第二产业全员劳动生产率提高共同带动的，贡献率分别为 48.5% 和 46.9%。技术创新指数平稳增长，主要是由工业企业 R&D 经费投入强度、R&D 人员投入强度以及新产品销售收入占比提高联合驱动的，贡献率分别为 34.7%、28.4% 和 26.5%。结构调整指数增长主要是由 500 强企业占比持续提高、高技术制造业主营业务收入占比提高联合推动的，贡献率分别为 46% 和 24.7%，分别拉动结构调整指数增长 2.6 个和 1.4 个百分点。

速度效益指数缓慢增长，虽然工业增加值继续保持中高速增长，但资产负债率改善有限，而工业成本费用利润率和工业主营业务收入利润率没有提高甚至出现了下降，拖累速度效益指数的增长。

资源环境指数增长主要是由单位工业增加值能耗下降推动的；工业污染治理投资强度提高缓慢，工业固体废物综合利用率呈下降趋势，导致资源环境指数改善非常有限。

表2-4 20项指标对分类指数的贡献率和拉动作用

二级指标	三级指标	贡献率（%）	拉动作用（个百分点）
速度效益	工业增加值增速	98.2	2.2
	资产负债率	6.1	0.1
	工业成本费用利润率	-2.7	-0.1
	工业主营业务收入利润率	-1.7	0.0
	合计	100.0	2.2
结构调整	高技术制造业主营业务收入占比	24.7	1.4
	500强企业占比	46.0	2.6
	小型工业企业主营业务收入增速	18.6	1.0
	工业制成品出口占比	10.7	0.6
	合计	100.0	5.6
技术创新	工业企业R&D经费投入强度	34.7	2.0
	工业企业R&D人员投入强度	28.4	1.6
	工业企业单位R&D经费支出发明专利数	10.5	0.6
	工业企业新产品销售收入占比	26.5	1.5
	合计	100.0	5.7
资源环境	单位工业增加值能耗	208.3	1.2
	工业固体废物综合利用率	-126.4	-0.7
	工业污染治理投资强度	18.1	0.1
	合计	100.0	0.6
两化融合	工业应用信息化水平	47.7	2.9
	电子信息产业占比	52.3	3.2
	合计	100.0	6.1
人力资源	工业城镇单位就业人员平均工资增速	48.5	2.9
	第二产业全员劳动生产率	46.9	2.8
	就业人员平均受教育年限	4.6	0.3
	合计	100.0	6.0

资料来源：赛迪智库整理，2019年2月。

第三节　我国重点行业发展质量分析

本节构建指标评价体系，以对我国工业大类行业的发展质量进行评价和分析。评价体系涵盖速度效益和技术创新两类共计八项指标，计算发展质量指数和分类指数，综合判断各工业大类行业的相对排名。评价结果表明，铁路、船舶、航空航天和其他运输设备制造业，医药制造业，仪器仪表制造业，计算机、通信和其他电子设备制造业，汽车制造业，专用设备制造业发展质量指数相对较高，主要得益于其技术创新指数高，这也印证了其高技术产业的战略地位；汽车制造业发展质量位列第五，主要由于其速度效益和技术创新指数均较高。而发展质量排名靠后的行业主要集中在矿采选业和部分轻工行业，排名后五位的行业分别是黑色金属矿采选业，石油和天然气开采业，非金属矿采选业，木材加工和木、竹、藤、棕、草制品业，皮革、毛皮、羽毛及其制品和制鞋业，表明传统产业和劳动密集型行业持续增长的压力较大，盈利能力和技术创新能力亟待增强。

一、评价体系构建与指标选取

行业和地区是进行工业发展质量评价的两个维度，而在地区的工业发展质量评价体系中，有部分指标不适用于工业行业评价，如结构调整类指标。同时，资源环境、两化融合、人力资源类指标的大部分行业数据未统计或难收集，且由于行业自身特点，这类指标的行业间比较意义不大。因此，为了体现工业大类行业间的差异和特色，以下构建速度效益和技术创新两大类指标的评价体系，以可获取性、可比性等为原则，选取八项具体指标。根据国家统计局最新国民经济行业分类，我国工业大类行业为41个，但由于开采专业及辅助性活动、其他采矿业、废弃资源综合利用业3个行业的部分指标数据缺失，最终评价对象为38个工业大类行业。具体评价指标如表2-5所示。

表2-5　2017年38个工业大类行业速度效益类、技术创新类共计八项指标

行　业	工业增加值增速（%）	资产负债率（%）	工业成本费用利润率（%）	工业主营业务收入利润率（%）	工业企业R&D经费投入强度（%）	工业企业R&D人员投入强度（%）	工业企业单位R&D经费支出发明专利数（件/亿元）	工业企业新产品销售收入占比（%）
规模以上工业	6.60	55.50	7.16	6.61	0.88	2.95	24.53	13.31
煤炭开采和洗选业	-2.10	67.80	14.07	11.87	0.58	1.26	4.40	2.35
石油和天然气开采业	-2.70	46.15	5.00	4.32	0.83	3.43	18.37	0.82

续表

行　业	速度效益类				技术创新类			
	工业增加值增速（%）	资产负债率（%）	工业成本费用利润率（%）	工业主营业务收入利润率（%）	工业企业R&D经费投入强度（%）	工业企业R&D人员投入强度（%）	工业企业单位R&D经费支出发明专利数（件/亿元）	工业企业新产品销售收入占比（%）
黑色金属矿采选业	-2.80	55.24	4.19	3.93	0.23	0.95	44.60	0.76
有色金属矿采选业	-3.60	51.44	11.91	10.45	0.43	0.97	7.69	2.97
非金属矿采选业	-0.40	47.04	8.59	7.78	0.24	0.76	21.34	2.09
农副食品加工业	6.80	50.48	5.48	5.18	0.36	1.18	18.85	4.76
食品制造业	9.10	44.68	9.06	8.31	0.61	1.60	19.77	6.03
酒、饮料和精制茶制造业	9.10	42.54	13.74	11.74	0.53	1.42	13.26	5.88
烟草制品业	3.50	23.85	30.81	10.93	0.23	2.06	57.14	18.57
纺织业	4.00	52.07	5.59	5.30	0.58	1.58	17.43	13.13
纺织服装、服饰业	5.80	47.07	6.18	5.81	0.43	0.85	17.33	8.74
皮革、毛皮、羽毛及其制品和制鞋业	4.60	45.26	6.95	6.45	0.36	0.72	13.87	6.43
木材加工和木、竹、藤、棕、草制品业	6.20	41.04	6.28	5.86	0.33	0.98	18.43	4.12
家具制造业	9.80	47.51	6.92	6.47	0.38	0.94	37.11	6.85
造纸和纸制品业	4.20	54.49	7.34	6.85	0.73	1.97	13.04	11.24
印刷和记录媒介复制业	10.00	42.42	7.42	6.90	0.47	1.39	26.80	7.20
文教、工美、体育和娱乐用品制造业	9.10	49.51	6.04	5.69	0.46	1.27	27.20	7.08
石油、煤炭及其他燃料加工业	4.80	63.34	6.55	5.47	0.25	1.93	9.66	6.22
化学原料和化学制品制造业	3.80	54.66	7.71	7.13	0.97	4.23	20.52	13.07
医药制造业	12.40	40.42	13.89	12.26	1.63	5.82	22.70	17.47
化学纤维制造业	5.80	57.37	5.81	5.51	0.99	4.16	11.15	21.65
橡胶和塑料制品业	6.30	47.66	6.28	5.89	0.79	2.17	21.63	9.81
非金属矿物制品业	3.70	50.34	8.04	7.40	0.47	1.47	18.73	4.90
黑色金属冶炼和压延加工业	0.30	64.09	5.66	5.33	0.87	3.26	10.85	10.27
有色金属冶炼和压延加工业	1.50	63.34	3.89	3.72	0.69	2.85	10.66	10.75
金属制品业	6.60	50.27	5.86	5.52	0.79	2.52	24.12	9.89
通用设备制造业	10.50	51.92	7.34	6.84	1.39	4.80	26.47	17.64

续表

行　业	速度效益类				技术创新类			
	工业增加值增速（%）	资产负债率（%）	工业成本费用利润率（%）	工业主营业务收入利润率（%）	工业企业R&D经费投入强度（%）	工业企业R&D人员投入强度（%）	工业企业单位R&D经费支出发明专利数（件/亿元）	工业企业新产品销售收入占比（%）
专用设备制造业	11.80	53.01	7.43	6.92	1.58	5.12	32.08	16.82
汽车制造业	12.20	59.00	8.86	8.14	1.07	4.46	14.20	22.55
铁路、船舶、航空航天和其他运输设备制造业	6.20	58.87	5.94	5.61	2.58	6.56	20.61	38.29
电气机械和器材制造业	10.60	56.20	6.94	6.50	1.41	4.48	30.53	23.02
计算机、通信和其他电子设备制造业	13.80	57.26	5.67	5.41	1.52	4.68	37.56	28.86
仪器仪表制造业	12.50	44.18	9.66	8.87	1.81	6.48	36.22	18.74
其他制造业	5.90	50.18	7.08	6.66	1.04	2.90	32.45	10.19
金属制品、机械和设备修理业	9.80	63.02	5.86	5.62	1.09	3.89	20.68	13.38
电力、热力生产和供应业	7.80	61.47	6.32	6.04	0.14	0.77	115.9	0.43
燃气生产和供应业	12.50	56.20	9.84	9.16	0.10	0.52	10.65	0.42
水的生产和供应业	8.70	55.70	12.67	12.10	0.27	0.41	13.63	0.84

资料来源：赛迪智库整理，2019年2月。

二、38个行业发展质量评价

为突出行业自身发展特点，本节在确定指标权重时，对八项指标取相等权重，计算发展质量、速度效益、技术创新截面指数和排名，综合判断38个大类行业的发展质量水平。

有两点需要说明：一是由于行业自身特点不同，部分评价指标不具有绝对可比性；二是对行业发展质量进行排名旨在找出相对差距。基于指标评价体系，计算得出2017年我国38个工业大类行业发展质量指数及排名如表2-6所示。

表2-6　2017年我国38个工业大类行业发展质量指数及排名

行　业	指　数			排　名		
	速度效益	技术创新	发展质量	速度效益	技术创新	发展质量
铁路、船舶、航空航天和其他运输设备制造业	20.72	39.32	60.04	21	1	1
医药制造业	33.35	26.39	59.74	2	4	2

续表

行　业	指数			排　名		
	速度效益	技术创新	发展质量	速度效益	技术创新	发展质量
仪器仪表制造业	27.57	30.57	58.14	8	2	3
计算机、通信和其他电子设备制造业	25.30	28.93	54.23	10	3	4
汽车制造业	30.13	21.52	51.65	6	8	5
专用设备制造业	25.69	25.56	51.25	9	5	6
电气机械和器材制造业	24.88	25.28	50.16	11	6	7
通用设备制造业	24.29	23.57	47.86	13	7	8
烟草制品业	28.15	15.92	44.07	7	13	9
金属制品、机械和设备修理业	24.46	18.16	42.62	12	10	10
化学纤维制造业	19.81	19.88	39.69	26	9	11
化学原料和化学制品制造业	20.85	18.12	38.97	20	11	12
酒、饮料和精制茶制造业	30.75	6.99	37.74	4	27	13
电力、热力生产和供应业	23.42	13.43	36.85	15	15	14
水的生产和供应业	34.23	2.26	36.49	1	37	15
其他制造业	20.10	16.16	36.26	24	12	16
煤炭开采和洗选业	30.23	4.77	35.00	5	34	17
食品制造业	24.17	8.56	32.73	14	23	18
燃气生产和供应业	31.50	0.92	32.42	3	38	19
金属制品业	18.39	13.08	31.47	27	16	20
造纸和纸制品业	20.50	10.86	31.36	22	20	21
黑色金属冶炼和压延加工业	17.43	13.64	31.07	31	14	22
橡胶和塑料制品业	18.17	12.11	30.28	28	17	23
家具制造业	21.79	8.25	30.04	16	25	24
印刷和记录媒介复制业	21.35	8.59	29.94	18	22	25
文教、工美、体育和娱乐用品制造业	20.30	8.32	28.62	23	24	26
石油、煤炭及其他燃料加工业	21.06	6.34	27.40	19	30	27
非金属矿物制品业	20.10	7.10	27.20	25	26	28
纺织业	16.59	10.42	27.01	34	21	29
有色金属冶炼和压延加工业	14.90	12.02	26.92	36	18	30
有色金属矿采选业	21.41	4.01	25.42	17	35	31
纺织服装、服饰业	17.48	6.75	24.23	30	28	32
农副食品加工业	17.92	5.93	23.85	29	31	33

续表

行　业	指数			排　名		
	速度效益	技术创新	发展质量	速度效益	技术创新	发展质量
皮革、毛皮、羽毛及其制品和制鞋业	17.40	4.99	22.39	32	33	34
木材加工和木、竹、藤、棕、草制品业	16.17	5.11	21.28	35	32	35
非金属矿采选业	17.03	3.89	20.92	33	36	36
石油和天然气开采业	8.38	11.50	19.88	38	19	37
黑色金属矿采选业	9.96	6.35	16.31	37	29	38

资料来源：赛迪智库整理，2019年2月。

2017年，我国38个工业大类行业中，工业发展质量排在前六位的分别是铁路、船舶、航空航天和其他运输设备制造业，医药制造业，仪器仪表制造业，计算机、通信和其他电子设备制造业，汽车制造业，专用设备制造业。与上年排名相比，医药制造业由第六位晋升至第二位，电气机械和器材制造业由第四位落至第七位。从技术创新指数看，铁路、船舶、航空航天和其他运输设备制造业，医药制造业，仪器仪表制造业，计算机、通信和其他电子设备制造业，专用设备制造业，以及电气机械和器材制造业发展质量指数高，得益于其技术创新指数高，位居全国前六位，尤其是研发经费和研发人员投入强度高，这也进一步印证了其高技术产业的战略地位。从速度效益指数看，汽车制造业速度效益指数由上年的首位落至第六位，发展质量指数也相应由第三位落至第五位；水、燃气的生产和供应业由于速度效益指数均排名靠前，拉动其发展质量指数也相对较高；烟草制品业以往年度的速度效益指数较高，2016年速度效益指数下滑到第37位，2017年又回升至第七位，其发展质量指数也相应回升至第九位。

发展质量排名靠后的行业主要集中在矿采选业、部分轻工行业、石化行业，如有色、钢铁、纺织、食品加工、皮革加工、木材加工等。排名后五位的行业分别是黑色金属矿采选业，石油和天然气开采业，非金属矿采选业，木材加工和木、竹、藤、棕、草制品业，皮革、毛皮、羽毛及其制品和制鞋业，与上年排名后五位的行业相同。其中，黑色金属矿采选业、石油和天然气开采业发展质量指数明显低于其他行业。从分类指数看，石油和天然气开采业尽管发展质量指数排名倒数第二位，但其技术创新指数排名第19位，处于中游水平；有色金属矿采选业，石油、煤炭及其他燃料加工业尽管发展质量指数排名靠后，但其速度效益指数分别排名第17位和第19位，均处于中游水平。

综合来看，我国中高端装备和设备制造、医药制造等行业的发展质量水平较高，尤其是技术创新水平高；而矿采选业、部分轻工行业、石化行业的发展质量水平较低，表明传统产业和劳动密集型行业可持续增长压力较大，营利能力和技术创新能力亟待增强。

第四节　提高我国工业发展质量的政策建议

2018年是全面贯彻十九大精神的开局之年，在以习近平同志为核心的党中央的坚强领导下，全党全国积极落实十九大战略部署，坚持稳中求进的工作基调，按照高质量发展要求，有效应对外部环境的变化和内部改革的冲击，稳妥处理中美经贸摩擦，深入推进供给侧结构性改革，保持了经济持续健康发展和社会大局的稳定。展望2019年，我们即将迎来新中国成立70周年重要节点，以及全面建成小康社会的关键之年，在经济运行稳中有变、变中有忧，外部环境复杂严峻，经济面临下行压力的情况下，推动制造业高质量发展，实施更大规模的减税降费，解决好民营企业和小微企业融资难、融资贵问题，加快经济体制改革步伐，全面推动对外开放，是全党全社会工作的重中之重。

一、推动制造业高质量发展，全面建设制造强国

当前，我国经济正由高速增长阶段转向高质量发展阶段，内外部形势严峻复杂。随着新一轮科技革命和产业变革的兴起，各国都在寻找更多的发展机遇。以美国、日本、德国为代表的发达国家引领的制造业回流，以及以越南、泰国为代表的东南亚国家低端加工制造的强盛，都对我国产业结构和产业发展造成了冲击。同时，我国也面临制造业大而不强、制造业供给体系质量不高等内部问题。推动制造业高质量发展，不仅是激活我国经济内生动力的核心关键，更是抓住战略机遇，建设制造强国的必然选择。

（一）强化创新引领，加快发展先进制造业

落实中央经济工作会议和2019年全国工业和信息化工作会议精神，聚焦重点，创新机制，优化政策，将创新理念深入到产业发展的各个环节，加强关键核心技术攻关。建设工业强基工程，强化协同攻关能力，扩大工业技术应用规模。推进制造业创新中心工程，强化考核评估能力，提升工程质量。开展工业设计能力提升专项行动，引导创建国家工业设计研究院，支持有能力的部门和企业建设工业设计中心。强化创新主体地位和主导作用，推动企业和科研院

所、高校深入合作，整合完善创新资源。鼓励研发、制造、检测、应用等环节联合攻关，攻克一批产业发展急需的标志性产品。

（二）聚力提质增效，推动传统产业优化升级

坚持质量优先，重点关注传统产业的升级改造工作，在优化产业结构方面精准发力。在2018年工作成效基础上，支持重点省份钢铁去产能，开展钢铁产能置换方案专项抽查，对不能达标的企业积极实施限期整改和退出计划，持续推进落后产能依法依规退出。实施新一轮重大技术改造升级工程，对标国际先进水平，对影响国内产业发展的重点领域分步推进、逐步升级，形成国内先进典范。深入开展消费品工业"三品"专项行动、装备制造和原材料工业质量提升行动。全面落实污染防治攻坚战行动部署，实施绿色制造工程，加快建设新能源汽车动力蓄电池回收利用体系，培育发展节能环保产业。深化部省合作，促进区域协调发展。加快国家新型工业化产业示范基地卓越提升。

（三）发展工业互联网，积极引领两化融合升级版

当前，互联网由消费领域、虚拟经济向生产领域、实体经济深度拓展，工业经济由数字化向网络化、智能化加快转型，工业互联网作为新一代网络信息技术与制造业深度融合的产物，构建起全要素、全产业链、全价值链全面连接的新型工业生产制造和服务体系。大力推动工业互联网创新发展，是实体经济和数字经济融合发展的重要方向。深化制造业与互联网融合发展试点示范，重点培育基于工业互联网平台的制造业"双创"新模式。开展试点示范和创新发展工程，加快标识解析国家顶级节点、二级节点建设，引导企业打造标杆网络。完善推广两化融合管理标准体系，支持引导利用新技术、新产业、新业态改造提升传统产业，推动制造业加快数字化转型。推行人工智能产业创新重点任务，抓好大数据产业发展试点，促进工业大数据发展和应用。

二、实施更大规模减税降费，释放民营经济活力

2018年，我国实施了较大规模的减税降费，政策上下调了增值税税率，对部分行业增值税留抵税额予以退还，提高了增值税小规模纳税人标准，将小微企业所得税纳税人认定标准由50万元提高至100万元，全年减税降费规模预计超过1.3万亿元，给产业发展带来了诸多红利。2018年全国财政工作会议明确，2019年积极的财政政策要加力提效，实施更大规模的减税降费，释放民营

经济活力。

（一）深化供给侧结构性改革，着力优化产业结构

在已有成果基础上，将供给侧结构性改革持续纵向推进。巩固"三去一降一补"工作，加大破、立、降力度，重点推进处置"僵尸企业"工作，推动更多产能过剩行业加快出清。提升产业链水平，利用技术创新和规模效应形成产业竞争优势，加快解决关键核心技术"卡脖子"问题，强化工业基础能力建设。培育和发展新的产业集群，优化我国产业体系，提升在全球供应链、产业链、价值链中的地位。发挥企业家主观能动性，加快土地等要素市场化步伐，建立公平、开放、透明的市场规则和法治化营商环境，破除各类要素流动壁垒，促进正向激励和优胜劣汰，发展更多优质企业。

（二）积极推进结构性减税，支持实体经济发展

随着深化税制改革步伐加快，增值税税率降低等举措成效已逐步显现，形成了全行业普遍受益的减税格局，经济活力得到有效释放。下一步要坚持普惠性减税和结构性减税相结合，重点减轻制造业和小微企业税收负担，支持实体经济发展。研究将增值税税率进一步减至两档税率，较大幅度地降低制造业税率水平，对小微企业和科技型初创企业实施普惠性税收减免。降低企业用工成本，根据实际情况调整企业社保缴费名义费率，清理、精简行政审批事项和涉企收费。全面实施修改后的个人所得税法，落实好六项专项附加扣除政策，进一步研究对高新技术产业从业人员、科技研发领军人物个人所得税优惠政策，鼓励有能力人员投身实体经济。

（三）拓宽民营企业融资路径，解决融资难融资贵问题

2018年，民营企业座谈会着重提出要解决好民营企业融资难、融资贵的问题，年底中央经济工作会议再次强调要解决民营企业融资存在的问题。从长远发展考虑，要推动民营经济高质量发展，首先须在防范系统性风险的前提下，发展多层次融资市场，鼓励创新融资新模式，拓宽民企直接融资渠道，提高直接融资比重，解决因杠杆率过高导致的融资困难问题。大力发展消费金融、绿色金融、科技金融、普惠金融，满足民营企业多样化金融需求，形成金融服务民营经济的长效机制。改革和完善金融机构监管考核和内部激励机制，扩大金

融市场准入，拓宽民营企业融资途径，对符合经济结构优化升级方向、有前景的民营企业进行必要的财务救助，省级政府和计划单列市可以自筹资金组建政策性救助基金，纠正一些政府部门、大企业利用优势地位以大欺小、拖欠民营企业款项的行为。

三、加快经济体制改革步伐，形成强大的国内市场

改革开放40年来，我国经济体制改革不断深化，在各个领域都取得了重大突破，但一些硬骨头和棘手问题也在制约着我国经济社会的长远发展。2018年中央经济工作会议指出，加快经济体制改革，要深化四梁八柱性质的改革，推动相关改革走深走实。这就要求推动国企改革、支持民企发展、防范金融风险、提升行政效率等多管齐下，营造良好的发展环境，形成强大的国内市场。

（一）创造良好的营商环境，切实转变政府职能

在2018年世界银行公布的世界营商环境排名中，我国已上升到46位，相较于2017年提高了32位。为了和国际接轨，打造更加全球化的便利营商环境，应全面推行市场进入负面清单制，减少禁入事项，体现"放给市场和社会的要放足放到位，凡是市场能自主调节的就让市场来调节，凡是企业能干的就让企业干"的改革宗旨。进一步创新监管机制，强化事中事后监管，将"法无授权不可为，法有授权必须为"落到实处，形成"有形的手"和"无形的手"之间既分工又合作的良好协同关系。充分发挥消费的基础性作用和有效投资的关键作用，以制度创新、技术创新和产品创新培育形成新供给，形成具有较强增长带动力的消费新增长点，不断推进消费提质升级。

（二）继续加快国资国企改革，提升国内市场效率

近几年，随着去产能、降杠杆、去库存等工作稳步推进，防风险、防污染等重大行动取得成果，供给侧的结构与效益得到了极大改善。但改革成效在国有与民营之间体现不一，一方面国企利润大幅度超预期回升，另一方面大批民营企业利润微薄甚至有的还陷入了经营困境。为化解经济发展不均衡问题，应引入竞争中性原则，在土地、资本、准入等各个方面将国企民企一视同仁、公平竞争，以此激活国内经济的微观主体，夯实经济增长的基础。加快国资国企改革，坚持政企分开、政资分开和公平竞争原则，净化国企经营环境。做强做优做大国有资本，加快实现从管企业向管资本转变，改组成立一批国有资本投

资公司，组建一批国有资本运营公司，积极推进混合所有制改革。

（三）优化调整金融体系结构，降低金融市场风险

2018年，国际市场风云变幻，外部环境动荡，我国金融领域开放程度不够、垄断程度较高、融资渠道较单一、监管机制不适应金融业快速发展等因素，提升了我国的金融市场风险。未来应加快金融体系结构调整优化，针对当前突出的民营企业融资难、融资贵问题，发展民营银行和社区银行，推动城商行、农商行、农信社业务逐步回归本源。打造规范、透明、开放、有活力、有韧性的资本市场，提高上市公司质量，完善交易制度，引导更多中长期资金进入，推动在上交所设立科创板并试点注册制尽快落地。针对当前"点多面广"的金融风险问题，要完善金融基础设施，强化监管和服务能力，积极发挥地方金融监管部门的作用，实施分地域、分层监管。

四、推行全方位对外开放，实现贸易便利化自由化

2018年，我国对外开放成绩斐然，大幅度放宽了市场准入，包括放宽了银行、证券、保险行业的外资股比限制措施；同时加强了规则和制度的开放，全面实施准入前国民待遇和负面清单的管理制度，加强了知识产权保护的立法和措施。2019年，我国对外开放面临的环境和形势将更加严峻复杂。国际环境方面，世界经济的下行风险增加，贸易保护主义威胁全球贸易和投资的增长。国内环境方面，对外开放迈入了新一轮的大发展时期，一系列政策措施的落实长期有利于经济增长和结构转型，但短期内将带来更加激烈的竞争和挑战。

（一）放宽市场准入及制度规则，保护外商投资权益

在2018年工作成果基础上，继续放宽市场准入，全面实施准入前国民待遇和负面清单的管理制度，保护外商在中国投资的合法权益。积极修订《中华人民共和国外商投资法（草案）》，落实国家对外商投资企业同等适用国内支持企业发展的各项政策，支持外商投资企业平等参与标准化工作和政府采购活动，鼓励地方各级人民政府可以在法定权限内制定外商投资促进政策。加强对外商投资企业的产权保护，鼓励国内政府、企业基于自愿原则和商业规则同外商投资企业开展技术合作，具体技术合作条件由投资各方协商确定，政府不得利用行政手段强制转让技术。允许更多领域实行外商独资经营，吸引更多优质企业在华建厂投资，提升外商投资积极性。

（二）削减进出口环节制度性成本，推动市场多元化

发挥好关税对国际市场的统筹作用，协调国内相关产业均衡发展，促进我国对外贸易稳定增长。积极调整进出口环节关税，进一步降低我国与新西兰、秘鲁、哥斯达黎加、瑞士、冰岛、韩国、澳大利亚、格鲁吉亚以及亚太贸易协定国家的协定税率，带动多元化进出口合作。同时自 2019 年 7 月 1 日起，对 298 项信息技术产品的最惠国税率实施第四步降税，取消 14 项信息技术产品进口暂定税率，缩小 1 项进口暂定税率适用范围，也将带动我国相关产业降低进口成本。推动跨境电商进口商品扩围，自 2019 年 1 月 1 日起，调整跨境电商零售进口税收政策，提高享受税收优惠政策的商品限额上限，扩大清单范围，继续研究将消费需求比较旺盛的商品纳入清单商品范围。

（三）积极参与国际合作，推动中美经贸摩擦妥善解决

2017 年 5 月，在北京举办了首届"一带一路"国际合作高峰论坛，我国与世界各国共同规划合作蓝图，启动了多边合作进程。2019 年 4 月，在前期成果基础上，我国举办第二届高峰论坛，旨在带动更多"一带一路"重点合作项目全面推进，展开更加全面的"一带一路"框架下的第三方市场合作。积极筹备第二届进口博览会，扩张展览布局和规模，在国家综合展、企业商业展和虹桥国际经贸论坛布局基础上，根据企业需求，适度增加企业商业展览面积，展出包括货物贸易、服务贸易、产业状况、投资旅游等方面有特色的产品。在 2018 年阿根廷布宜诺斯艾利斯 G20 峰会期间，中美元首会晤达成共识，停止加征新关税，双方同意推进以协调、合作、稳定为基调的中美关系。2019 年将是美国贸易保护主义和中美贸易摩擦关税效应突出显现的时期，推动化解中美贸易摩擦，将影响双边经贸的发展和世界经济的增长，是中国推动全方位对外开放中不可回避的重要议题。

第三章

产业结构调整

第一节　2018年我国产业结构调整取得的主要进展

一、工业经济稳中有进，发展质量保持改善

2018年，供给侧结构性改革全面深入实施，改革成效显著，全年工业经济运行总体平稳、稳中有进，工业经济向高质量发展迈出重要步伐。

一是化解过剩产能任务圆满完成，工业产能利用率保持在较高水平。全年工业产能利用率为76.5%，特别是钢铁、煤炭行业产能利用率同比呈现升高态势。根据国家统计局披露的消息，黑色金属冶炼和压延加工业、煤炭开采和洗选业产能利用率分别为78%、70.6%，同比分别提高2.2个和2.4个百分点。全年压减钢铁产能超过3000万吨，钢铁"十三五"去产能目标提前实现。

二是减税降费等政策措施效果明显，企业利润实现较快增长。2018年全国规模以上工业企业资产负债率下降0.5个百分点，每百元主营业务收入中的成本比2017年下降0.2元。[①] 规模以上工业企业实现利润总额同比增长10.3%。其中，制造业利润增长8.7%。主营业务收入利润率为6.49%，同比提高0.11个百分点，工业企业盈利能力不断提高。[②]

三是一批具有创新能力的排头兵企业加快涌现。2018年11月，工业和信息化部、工业经济联合会共同发布第三批制造业单项冠军企业和单项冠军产品名单。这些企业和产品是所在细分产品领域中具有市场影响力和技术独特性的典型，代表了当前我国制造业的先进水平。

四是主要产品价格回升，市场主体信心进一步增强。2018年，全国工业生

---

① 数据来源：国家统计局。
② 数据来源：工业和信息化部。

产产品出厂价格同比上涨 3.5%。[①] 钢材综合价格指数平均为 115.8 点，同比增长 7.6%，处于相对高位；平板玻璃平均出厂价格同比上涨 3.8%；建材产品全年均价同比增长 10.5%，在上年企稳回升的基础上继续保持了上涨态势。[②] 2018年 3 月—2019 年 3 月国内钢材综合价格指数及同比增减见图 3-1。

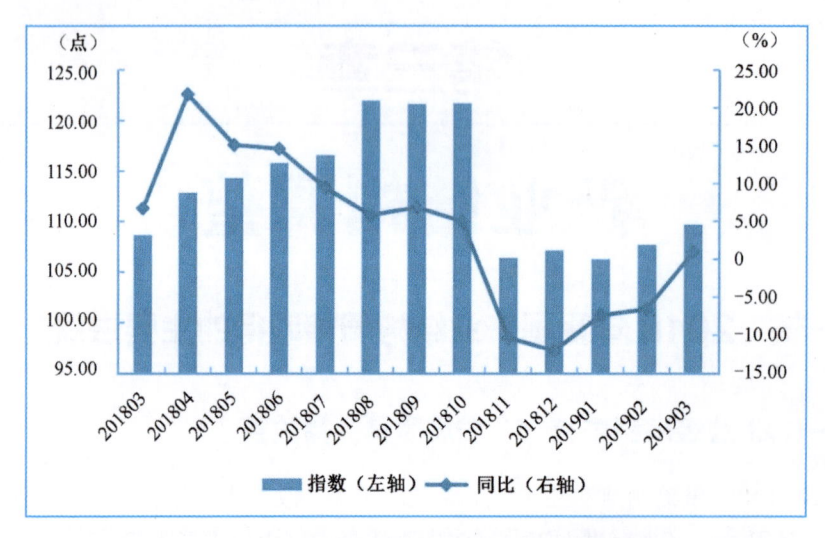

图 3-1　2018 年 3 月—2019 年 3 月国内钢材综合价格指数及同比增减

（数据来源：中国钢铁工业协会，2019，04）

二、创新驱动继续巩固，产业结构升级显著

一是从投资角度看，创新推动制造业投资快速增长。根据国家统计局公布的数据，2018 年全年制造业投资增速比 2017 年快 4.7 个百分点，工业技术改造投资同比增长 12.8%，高技术产业投资同比增长 14.9%，装备制造业投资继续保持两位数增长。2018 年制造业主要大类行业增加值增速和固定资产投资增速如图 3-2 所示。

二是创新投入力度继续加大，创新扶持力度不断增加。2018 年，全国研究与试验发展（R&D）经费支出比 2017 年增长 11.6%，与国内生产总值占比为 2.18%，比 2017 年提高 0.03 个百分点。截至 2018 年年底，国家科技成果转化引导基金累计设立 21 支子基金，资金总规模达到 313 亿元。国家科技重大专项扎实推进，工业强基工程稳步实施。

三是创新成果大量涌现。全年境内外专利申请比上年增长 16.9%，授予专

---

① 数据来源：国家统计局。
② 数据来源：工业和信息化部。

利权增长 33.3%。AG600 水陆两栖飞机成功实现水上首飞，嫦娥四号探测器成功发射，北斗三号基本系统完成建设，我国地震立体观测体系首个天基平台"中意电磁监测试验卫星"成功发射，第二艘航母出海试航，港珠澳大桥正式通车运营，[①] 首批次政策效应持续显现，10 件创新创意作品（产品）获得中国优秀工业设计奖金奖。[②]

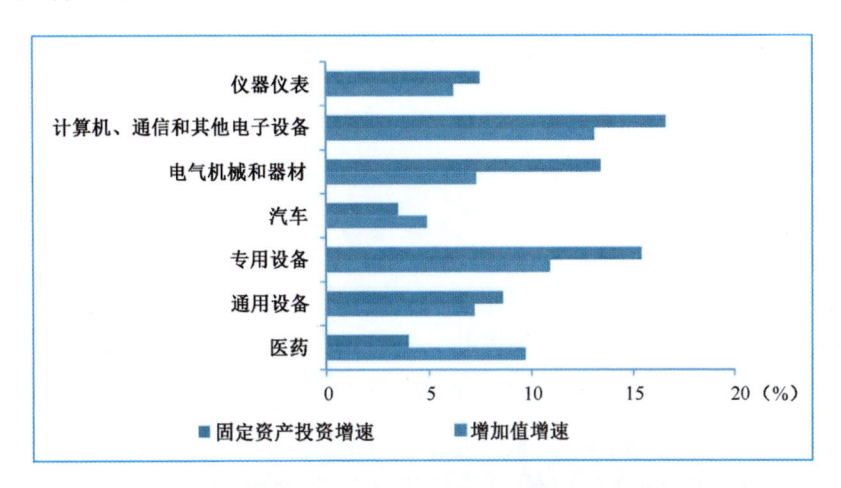

图 3-2　2018 年制造业主要大类行业增加值增速和固定资产投资增速

（数据来源：国家统计局，2019，04）

四是高技术产业规模不断扩大，对产业结构调整的引领带动作用不断增强。据国家统计局公布的数据，全年规模以上工业中，战略性新兴产业增加值比上年增长 8.9%。高技术制造业、装备制造业增加值分别同比增长 11.7% 和 8.1%，占规模以上工业增加值的比重分别为 13.9% 和 32.9%。

三、产业布局优化持续推进，区域协同发展水平稳步提升

一是共建"一带一路"取得积极成效。2018 年"一带一路"建设进入全面务实合作新阶段，双向合作不断深化。2018 年我国与"一带一路"沿线国家的贸易额达到 1.3 万亿美元，增长 16.3%，高于外贸整体增速 3.7 个百分点；对沿线国家进出口占外贸总值的比重升至 27.4%。2018 年，我国企业在"一带一路"对沿线 56 个国家非金融类直接投资额达 156.4 亿美元，同比增长 8.9%，占同期总额的 13%，主要投向新加坡、老挝、越南、印度尼西亚、巴基斯坦、马来西亚、俄罗斯、柬埔寨、泰国和阿联酋等国家。对外承包工程方面，我国企业

---

① 资料来源：国家统计局。
② 资料来源：工业和信息化部。

在沿线国家新签对外承包工程项目合同 7721 份，新签合同额 1257.8 亿美元，占同期我国对外承包工程新签合同额的 52%；完成营业额 893.3 亿美元，占同期总额的 52.8%。① "一带一路"成为中国带动整个欧亚地区发展的重要引擎。

二是京津冀协同发展取得阶段性成效。政策方面，北京市出台《推进京津冀协同发展 2018—2020 年行动计划》，从交通、产业、生态等多个方面提出未来三年京津冀协同发展蓝图。产业方面，京津冀坚持优势互补，着力打造创新共同体和市场共同体，激发区域经济发展内生动力。北京市"高精尖"经济结构正在逐步构建，天津市先进制造业、现代服务业实现快速发展，河北省产业结构调整步伐明显加快，三省市正在分别向"瘦身提质""强身聚核""健身增效"的发展目标加快迈进。②

三是长江经济带推动产业梯度转移。各地区各部门深入贯彻《关于加强长江经济带工业绿色发展的指导意见》，加大生态修复和污染治理，倒逼产业转型升级和经济结构调整，重点培育电子信息、高端装备、汽车产业、家电产业和纺织服装五大世界级产业集群。2018 年 1 月至 9 月，长江经济带沿江 11 省市地区生产总值同比增长 7.5%，占全国比重达 44.1%，比 2016 年和 2017 年分别提高 0.9 个和 0.4 个百分点，经济发展步伐更加强劲。③

四、新业态新模式加快成长，新旧动能转化提速

2018 年，两化融合进入发展快车道，带来了新业态新模式的快速成长，助推制造业转型升级、提质增效。

一是新业态新模式推动相关行业增加值快速增长。根据国家统计局相关数据，2018 年，信息传输、软件和信息技术服务业，租赁和商务服务业，交通运输、仓储和邮政业增加值分别同比增长 30.7%、8.9% 和 8.1%，增速领先于其他行业，增加值占 GDP 的比重分别为 3.6%、2.7% 和 4.5%，同比有所提高或持平。这三个行业合计拉动 GDP 增长 1.7 个百分点，比 2017 年提高 0.4 个百分点。

二是经济发展新动能指数逐步提升，经济活力不断释放。根据国家统计局相关数据，2015—2017 年，我国经济发展新动能指数分别同比增长 23.5%、26.9% 和 34.1%，经济发展新动能加速发展壮大；以电子商务为代表的网络经济对经济发展的助推作用更加显著。互联网平台推动智慧零售、跨界零售等新消费模式异军突起。2017 年，全国网上零售额增速高出全社会消费品零售总额 22.0 个百分点。据测算，2018 年，网络经济指数高达 605.4 点，比 2017 年大

---

① 数据来源：商务部。
② 数据来源：2018 京津冀协同发展论坛。
③ 数据来源：中央人民政府网。

幅增长67.2%，对经济发展新动能指数增长的贡献率为80.8%，贡献最大。

三是智能化产品加快市场化布局。2018年新能源汽车产量115万辆，同比增长66.2%；智能电视产量11376万台，同比增长17.7%。此外，服务机器人、生物基化学纤维、服务器、太阳能电池、3D打印设备等产量也保持了快速增长。随着工业互联网平台、工业大数据、人工智能、工业云等新型工业基础设施加快构建，以及"互联网+"带来的共享经济、平台经济、数字经济的广泛渗透，制造业数字化、网络化、智能化水平将稳步提升，加速形成产业发展新动能，推动制造业转型升级。2015—2017年经济发展新动能指数、分类指数、增速及贡献率见表3-1。

表3-1 2015—2017年经济发展新动能指数、分类指数、增速及贡献率

指标	2015年 指数值	2015年 贡献率(%)	2016年 指数值	2016年 贡献率(%)	2017年 指数值	2017年 贡献率(%)
经济发展新动能指数	123.5	100	156.7	100	210.1	100
知识能力	112.6	18.2	125.1	16	128.5	12.2
经济活力	144.4	23.4	205.5	26.2	284.3	27.1
创新驱动	113.5	18.4	126.3	16.1	143.3	13.6
网络经济	137.3	22.2	202.2	25.8	362.1	34.5
转型升级	109.7	17.8	124.3	15.9	132.3	12.6

数据来源：国家统计局，2019年4月。

五、改革开放取得瞩目成就，企业发展环境持续优化

一是"放管服"改革持续深入。出台《市场准入负面清单（2018年版）》，市场准入负面清单制度全面实施，行政审批流程进一步简化，依法行政水平持续提升，移动通信转售业务转为正式商用，中国联通混改方案落地实施。改革红利和市场活力不断释放，营商环境不断优化。根据世界银行发布的《2019年营商环境报告》，2018年，我国营商环境在190个经济体中位列第46位，比2017年提升了32个位次。

二是对外开放程度进一步提高。取消船舶、飞机等重大技术装备等领域外资持股比例限制，明确汽车行业对外资全面开放的时间表，一般制造业实现全面对外开放。上海自贸区电信开放政策推广至所有自贸区。2018年制造业实际使用外资同比增长22.9%（以美元计价），[①] 占全部利用外资总额的30.5%；

---

① 数据来源：工业和信息化部。

高技术制造业实际使用外资增长 35.1%（以人民币计价）。[①] 我国成功举办首届中国国际进口博览会。博鳌亚洲论坛 2018 年年会、上海合作组织青岛峰会、2018 年中非合作论坛北京峰会等重大会议也取得圆满成功。2008—2017 年制造业实际利用外商直接投资金额如图 3-3 所示。

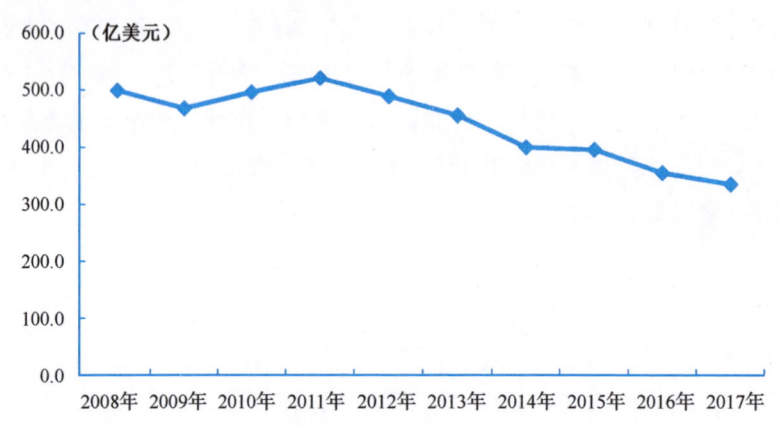

图 3-3 2008—2017 年制造业实际利用外商直接投资金额

（数据来源：国家统计局，2019，04）

三是对中小企业的扶持力度不断加大。根据工业和信息化部披露的数据，截至 2018 年 12 月中旬，国家中小企业发展基金实体子基金已完成投资项目 208 个，累计投资金额 60.5 亿元。2018 年，规模以上中小工业企业增加值同比增长 6.7%，高于工业经济整体增速。

第二节 2018 年我国产业结构调整重点政策解析

一、优化产业组织结构政策进展

（一）深化国资国企改革

2018 年政府工作报告要求，推进国资国企改革，继续推进国有企业优化重组和央企股份制改革，加快形成有效制衡的法人治理结构和灵活高效的市场化经营机制，推动国有资本做强做优做大，稳妥推进混合所有制改革。为规范上市公司国有股权变动行为，推动国有资源优化配置，2018 年 5 月 16 日，国资委、财政部、证监会联合印发了《上市公司国有股权监督管理办法》。

---

① 数据来源：国家统计局。

（二）促进中小企业发展

2018年1月1日起施行的《中华人民共和国中小企业促进法》（2017年修订版）就财税支持、融资促进、创业扶持、创新支持、市场开拓、服务措施、权益保护及监督检查等相关要点做了明确法律规定，为中小企业健康发展提供了有力的法律保障。同为2018年1月1日起施行的《中华人民共和国反不正当竞争法》对不正当竞争行为及其调查和相关的法律责任进行了明确规定，为鼓励和保护公平竞争创造了良好的环境和条件。

（三）促进大中小企业融通发展

2018年11月21日，工业和信息化部、国家发展和改革委员会、财政部、国务院国有资产监督管理委员会四部门印发了《促进大中小企业融通发展三年行动计划》，提出构建大中小企业深度协同、融通发展的新型产业组织模式。在智能制造、高端装备制造领域形成10个左右带动能力突出、资源整合水平高、特色鲜明的大企业。发挥大企业引领支撑作用，重构产业组织模式，推动中小企业高质量发展，形成融通发展的格局。用三年时间培育600家专精特新"小巨人"和一批制造业单项冠军企业；2018年培育100家左右专精特新"小巨人"企业。到2021年，形成大企业带动中小企业发展、中小企业为大企业注入活力的融通发展新格局。

二、促进产业技术升级政策

（一）重点发展新一代人工智能产业

为贯彻落实制造强国战略和《新一代人工智能发展规划》，加快人工智能产业发展，推动人工智能和实体经济深度融合，2017年12月工业和信息化部印发了《促进新一代人工智能产业发展三年行动计划（2018—2020年）》，2018年11月工业和信息化部出台了《新一代人工智能产业创新重点任务揭榜工作方案》以下简称《揭榜工作方案》。通过开展人工智能揭榜工作，聚焦"培育智能产品、突破核心基础、深化发展智能制造、构建支撑体系"等重点方向，突破人工智能产业发展短板瓶颈，树立领域标杆企业，培育创新发展的主力军，加快我国人工智能产业与实体经济深度融合，促进创新发展。人工智能揭榜工作主要特点：一是揭榜挂帅，探机制促创新；二是优中选优，树标杆育主力；三是聚焦重点，补短板攻难关；四是形成合力，聚资源共发展。在《揭榜工作方案》中，总计确定了智能网联汽车、智能服务机器人、智能无人机、神经网络芯片、开源开放平台、智能制造关键技术装备等 17 个揭榜方向。

（二）大力发展工业互联网，深入推进"互联网＋先进制造业"

2017 年 11 月，国务院印发了《关于深化"互联网＋先进制造业"发展工业互联网的指导意见》，目的在于通过系统构建网络、平台、安全三大功能体系，打造人、机、物全面互联的新型网络基础设施，形成智能化发展的新兴业态和应用模式。2018 年 5 月，工业互联网专项工作组印发了《工业互联网发展行动计划（2018—2020 年）》和《工业互联网专项工作组 2018 年工作计划》，目标是到 2020 年年底，初步建成工业互联网基础设施和产业体系，初步形成有力支撑先进制造业发展的工业互联网体系，筑牢实体经济和数字经济发展基础。其主要任务包括基础设施能力提升行动、标识解析体系构建行动、工业互联网平台建设行动、核心技术标准突破行动、新模式新业态培育行动、产业生态融通发展行动、安全保障水平增强行动、开放合作实施推进行动八大行动计划。

（三）积极推动创新创业高质量发展

创新是引领发展的第一动力，是建设现代化经济体系的战略支撑。2018 年 9 月国务院印发了《关于推动创新创业高质量发展打造"双创"升级版的意见》（以下简称《意见》），就推动创新创业高质量发展、打造"双创"升级版提出具体要求。其中，在科技创新方面，为解决创新创业生态不够完善、科技成果转化机制尚不健全、大中小企业融通发展还不充分、创新创业国际合作不够深入及部分政策落实不到位等问题，《意见》提出深入推动科技创新支撑能力升级，主要包括增强创新型企业引领带动作用，推动高校科研院所创新创业深度融合，健全科技成果转化的体制机制。

（四）加快突破制造业重点领域关键技术实现产业化

2017 年年底，为加快发展先进制造业，推动互联网、大数据、人工智能和实体经济深度融合，突破制造业重点领域关键技术实现产业化，国家发展和改革委员会制定了《增强制造业核心竞争力三年行动计划（2018—2020 年）》。其主要目标为，争取到"十三五"末，轨道交通装备等制造业重点领域突破一批重大关键技术实现产业化,形成一批具有国际影响力的领军企业,打造一批中国制造的知名品牌,制造业创新能力明显提升、产品质量大幅提高、综合素质显著增强。

三、化解产能过剩政策

针对本轮产能过剩的问题,党中央和国务院不断出台相关政策和具体工作部署,如《国务院关于进一步加强淘汰落后产能工作的通知》《国务院关于化解产能严重过剩矛盾的指导意见》《国家发展改革委 工业和信息化部关于坚决遏制产能严重过剩行业盲目扩张的通知》《关于利用综合标准依法依规推动落后产能退出的指导意见》等重要文件。统筹部署化解产能过剩矛盾和淘汰落后产能工作,重点在于协调相关部门,积极履职尽责,在化解产能过剩矛盾和淘汰落后产能问题上形成合力,同向发力。

针对重点行业,党中央、国务院陆续出台了《关于钢铁行业化解过剩产能实现脱困发展的意见》《关于煤炭行业化解过剩产能实现脱困发展的意见》《关于做好2018年重点领域化解过剩产能工作的通知》等政策,以重点行业为突破,稳中求进不断深化供给侧结构性改革,在保证实现重点行业去产能年度目标和"十三五"去产能目标的基础上,逐步实现产业转型升级。

2018年工业和信息化部、国家发展和改革委员会、财政部等多部门关于化解产能过剩矛盾和淘汰落后产能的重点政策主要集中在五个方面:坚持用市场化、法治化手段去产能,把处置"僵尸企业"作为重要抓手,把提高供给体系质量作为主攻方向,重点在"破""立""降"上下功夫,大力破除无效供给,扩大优质增量供给,实现供需动态平衡,保持价格基本稳定,降低实体经济成本;更加严格执行质量、环保、能耗、安全等法规标准,更加严格治理各种违法违规行为,倒逼落后产能退出,坚决防止已经化解的过剩产能死灰复燃;将去产能与国企改革、兼并重组、转型升级、优化布局结合起来,加快优质产能释放,实现新旧动能转换和结构调整;科学把握去产能力度和节奏,保障市场供需总体平稳;稳妥有序推进职工分流安置,妥善处置企业资产债务,健全长效机制,促进相关行业持续健康发展。[①]

四、优化产业布局政策

2018年2月,国家发展和改革委员会与住房和城乡建设部发布《关中平原城市群发展规划》。规划指出:(一)积极承接产业转移。抓住"一带一路"建

---
① 《关于做好2018年重点领域化解过剩产能工作的通知》,国家发展和改革委员会,2018年4月9日。

设、东部地区加工贸易转移等机遇，依托面向西北的市场空间和较为丰富的资源优势，深度融入全球全国产业分工体系，积极承接汽车、装备制造、电子信息、生物医药、食品加工、纺织等产业转移，打造以西安为核心，其他城市分工协作、合理布局的产业转移示范区。（二）强化承接产业转移管理服务。推动制定城市群统一的承接产业转移政策，实施行政审批清单、政府权力和责任清单管理，建立以"一站式服务"为核心的政府公共服务平台，引导产业有序转移。严格产业准入门槛，严禁承接高耗能、高污染和低水平重复建设项目。（三）国际产能合作重点工程。坚持"引进来"和"走出去"并重，鼓励支持有条件的企业"走出去"，积极承接国际高端产业转移，推进中俄丝路创新园、中韩产业园建设，实现互利互惠、共同发展。[①]

2018年2月，国家发展和改革委员会发布《呼包鄂榆城市群发展规划》。规划指出：（一）强化与京津冀对接合作。深化京蒙对口帮扶，完善合作平台与协作机制，推进科技、教育、医疗、卫生和产业互补对接。（二）承接京津冀地区产业转移。加强与天津市、河北省在港口资源使用和内陆港方面的合作。加强与东部沿海城市群合作。深化同东部沿海城市群在资金、技术、项目、产能和市场等方面的合作对接，共同探索"园区共建、项目共管、收益共享"的合作模式，深化苏陕对口帮扶。探索与相关省市开展优质优势产能置换转移试点。积极发展飞地经济，主动承接东部地区产业转移。

2018年3月，国家发展和改革委员会与住房和城乡建设部发布《兰州—西宁城市群发展规划》。规划指出：（一）建设西宁—海东都市圈。以西宁、海东为主体，辐射周边城镇。加快壮大西宁综合实力，完善海东、多巴城市功能，强化县域经济发展，共同建设承接产业转移示范区，重点发展新能源、新材料、生物医药、装备制造、信息技术等产业，积极提高城际互联水平，稳步增加城市数量，加快形成联系紧密、分工有序的都市圈。（二）打造承接产业转移平台。依托产业基础、资源优势和东西部对口帮扶机制，采取补链承接、提升承接、延伸承接、链条对接等多种方式，建设一批"园中园""飞地园""共管园"等产业转移园区，具备条件的逐步纳入对口帮扶年度重点工作和考核。加快建设兰白承接产业转移示范区，支持西宁、海东承接东中部适宜产业转移。发挥地缘优势和文化优势，强化与发达地区和企业产业合作，将兰西城市群整体打造

---

① 国家发展和改革委员会：《国家发展改革委 住房城乡建设部关于印发关中平原城市群发展规划的通知》，国家发展和改革委员会官网，2018年2月2日，见 http://www.ndrc.gov.cn/zcfb/zcfbghwb/201802/t20180207_877570.html。下文中《呼包鄂榆城市群发展规划、兰州—西宁城市群发展规划、淮河生态经济带发展规划、湘南湘西承接产业转移示范区总体方案》的内容，均根据国家发展和改革委员会官网信息编辑整理。

成为面向中西亚的出口加工和贸易基地。(三)积极推进园区优化整合。进一步支持兰州新区健康发展,改善发展条件,创新体制机制,打造西北地区重要的经济增长极、国家重要的产业基地、向西开放的重要战略平台、承接产业转移示范区。优化整合各类开发区,鼓励产业向国家级、省级开发区集聚,鼓励区位相邻的开发区整合发展。(四)改造提升现有制造业集聚区。加快完善开发区基础设施,深化管理体制改革,激发内生动力和活力。积极推动海东工业园区在符合条件的情况下升级为国家级经济技术开发区。

2018年11月,国家发展和改革委员会发布《淮河生态经济带发展规划》。规划要求:(一)中西部内陆崛起区包括蚌埠、信阳、淮南、阜阳、六安、亳州、驻马店、周口、漯河、平顶山、桐柏、随县、广水、大悟等市(县),发挥蚌埠、信阳、阜阳区域中心城市的辐射带动作用,积极承接产业转移,推动资源型城市转型发展,因地制宜发展生态经济,加快新型城镇化和农业现代化进程。(二)严格产业准入门槛。依据资源环境承载能力,科学有序承接符合环保标准和市场需求的国内外先进产业转移。五省共同编制实施淮河生态经济带产业转移指南和产业准入负面清单,强化环境影响评价和节能评估审查,严禁承接高耗能、高排放、高污染产业和落后产能,避免低水平重复建设。(三)促进产业集中布局。加强统筹规划、优化产业布局,以各类开发区、产业园区为载体,引导转移产业向园区集中,建设承接国内外产业转移的重点承接地。支持资源型城市通过积极承接产业转移,培育发展接续替代产业。因地制宜建设一批返乡创业园,鼓励在外从业人员返乡创业。(四)创新产业承接模式。创新园区管理模式和合作机制,鼓励以连锁经营、委托管理、投资合作等多种形式,共建产业园区,积极发展"飞地经济",实现优势互补、互利共赢。支持有条件的地区创建承接产业转移示范区。完善政府管理与服务,加强区域互动合作,推动建立省际间产业转移统筹协调等机制。(五)全面深化与周边地区合作。鼓励经济带各地区与发达地区按照市场化原则和方式发展"飞地经济",合作共建产业园区。推动利用盐城丰富的盐田土地资源建设河海联动开发示范区。加强与长江三角洲、中原城市群等合作对接,在产业转移、要素配置、人文交流等方面开展协作,促进资源共享、共同发展。着力推动苏鲁皖豫交界地区联动发展,打造省际协同合作示范样板。(六)拓展与国内其他地区合作。推进与港澳台的经贸合作和人文交流,发挥台商产业园、华侨华人中原经济合作论坛等平台作用,共同举办重大经贸文化交流活动,积极承接产业转移。深化与东北等老工业基地合作交流,探索国有企业改革等体制机制创新,促进资源型城市转型发展。

2018年11月,国家发展和改革委员会发布《汉江生态经济带发展规划》。

规划指出:(一)加快县城和重点镇建设。充分发挥县城和重点镇连接城乡的桥梁、纽带作用,鼓励引导产业项目在资源环境承载力强、发展潜力大的重点开发区布局,促进劳动密集型产业和特色产业集群发展,积极探索承接产业转移新模式,提升吸纳就业能力,打造"就近城镇化"的核心载体。推动一批建制镇提升综合功能,增强人口、产业承载能力。鼓励有条件的小城镇打造成为富有活力的美丽特色小(城)镇。(二)加强与长江经济带融合发展。主动对接长江经济带综合立体交通走廊建设,完善连接长江经济带和丝绸之路经济带的战略通道。积极参与产业分工协作,高水平承接产业转移,联手打造沿江优势产业集群。加强公共服务交流合作,推动养老、医疗、教育等领域开放共享。(三)加强产业统筹协调。支持三省合作编制汉江生态经济带产业结构调整指导目录,共同研究制定承接产业转移准入标准。协调土地利用政策、税收政策,避免重复建设和恶性竞争。按照扶持共建、托管建设、股份合作、产业招商等多种模式,创新园区共建与利益分享机制。加强科技合作协同创新,推动国家重大科研基础设施和大型科研仪器等科技资源开放共享。支持组建区域性行业协会、商会等社会团体。

2018年,工业和信息化部对《产业转移指导目录(2012年本)》进行了修订,形成《产业发展与转移指导目录(2018年本)》(以下简称《目录》),促进产业合理有序转移,是贯彻落实党中央、国务院决策部署,促进区域协调发展的重要举措;是推动产业转型升级,实现高质量发展的内在要求;是加快制造强国建设,迈向全球价值链中高端的有效途径。各级工业和信息化主管部门应按照《目录》提出的产业发展方向,加强对本地区的产业发展和转移的引导,营造良好的营商环境,统筹考虑资源环境、发展阶段、市场条件等因素,积极发展和承接优势特色产业,引导优化调整不适宜继续发展的产业;要充分发挥市场在资源配置中的决定性作用,尊重企业的市场主体地位,不对未列入《目录》优先承接发展的产业和承接地进行限制,也不对引导优化调整的产业设定时间表、路线图、任务书;要加强与财税、金融、土地等相关部门的协调配合,推动形成落实《目录》的合力。工业和信息化部将根据国家区域发展战略调整、相关政策变化及产业发展态势和产业转移工作需要,适时对《目录》进行修订调整。①

《目录》共分为五章。第一章"全国区域工业发展总体导向"按照西部、东北、中部、东部四大板块,分别提出了各板块的区域定位及原材料工业、装备制造业、消费品工业、电子信息产业发展的方向。第二章至第五章按照西部、东北、

---

① 工业和信息化部产业政策司:《产业发展与转移指导目录(2018年本)》解读,工业和信息化部官网,2018年12月29日,见 http://www.miit.gov.cn/n1146285/n1146352/n3054355/n3057292/n3057303/c6568842/content.html。

中部、东部四大板块各成一章。其中每章的第一节"地区工业发展导向"，提出了各板块的相关经济带（区），明确区域范围，并提出重点发展的产业门类，引导区域错位发展；第二节"优先承接发展的产业"，提出各地重点承接、优先发展的产业及具体的承接地，产业和承接地按照优先次序进行排序；第三节"引导优化调整的产业"，提出各地引导逐步调整退出的产业和引导不再承接的产业条目。①

五、重点行业相关政策

（一）钢铁行业重点政策解析

2018年，我国钢铁产业继续化解过剩产能，严格控制新能产能，出台一系列措施明确产能置换的具体办法。

《打赢蓝天保卫战三年行动计划》提出，重点区域严禁新增钢铁、焦化、电解铝、铸造、水泥和平板玻璃等产能；严格执行钢铁、水泥、平板玻璃等行业产能置换实施办法。加大落后产能淘汰和过剩产能压减力度。严格执行质量、环保、能耗、安全等法规标准。提高重点区域过剩产能淘汰标准。重点区域加大独立焦化企业淘汰力度，京津冀及周边区域实施"以钢定焦"，力争到2020年炼焦产能与钢铁产能比达到0.4左右。严防"地条钢"死灰复燃。2020年，河北省钢铁产能将控制在2亿吨以内；列入去产能计划的钢铁企业，须一并退出配套的烧结、焦炉、高炉等设备。各地推动实施钢铁等行业超低排放改造，重点区域城市建成区内焦炉实施炉体加罩封闭，并对废气进行收集处理。各地开展钢铁、建材、有色、火电、焦化、铸造等重点行业及燃煤锅炉无组织排放排查，建立管理台账，对物料（含废渣）运输、装卸、储存、转移和工艺过程等无组织排放实施深度治理，在2018年年底前京津冀及周边地区基本完成治理任务，长三角地区和汾渭平原在2019年年底前完成，全国在2020年年底前基本完成。

（二）有色金属行业重点政策解析

为贯彻落实党中央、国务院《关于建立更加有效的区域协调发展新机制的意见》精神，加速推动产业合理有序转移，有力促进区域协调发展向更高水平

---

① 工业和信息化部产业政策司：产业发展与转移指导目录（2018年本）》解读，工业和信息化部官网，2018年12月29日，见 http://www.miit.gov.cn/n1146285/n1146352/n3054355/n3057292/n3057303/c6568842/content.html。

和更高质量发展，2018年12月，工业和信息化部发布《产业发展与转移指导目录（2018年本）》（以下简称《目录》），基于当前国内外发展局势对《产业转移指导目录（2012年本）》进行全方位修订。

《目录》牢固树立和践行"绿水青山就是金山银山"的发展理念，严守不破坏生态环境的底线，以供给侧结构性改革为主线，调整产业结构，推进产业转移，构建因地制宜、特色突出、区域联动、错位竞争的产业发展新格局。

一是推动有色金属产业向资源优势地区转移。统筹协调西部、东北、中部、东部四大板块，发挥区域比较优势，推进差异化协同发展，综合考虑能源资源、环境容量、市场空间等因素，西部地区重点建设西安和昆明稀有金属等精深加工产业集聚区，打造攀西钒钛材料产业集群和稀土研发制造基地。东北地区积极发展铜、铝、钼、镍、镁、钛等深加工产品。中部地区打造郑州铝合金、洛阳铝钼钛、铜陵铜基新材料、鹰潭铜、赣州钨和稀土、株洲硬质合金等有色金属精深加工产业集聚区。东部地区做优做强有色金属精深加工产业，在珠三角、长三角、环渤海等区域建设绿色化、规模化、高值化再生金属利用示范基地。

二是稳步推进重点地区退出有色金属冶炼和压延加工业。其中，北京市不再承接有色金属冶炼和压延加工业、金属制品业产业；上海市引导逐步退出铜、铝、铅、锌、镍、锡、锑、汞、镁、钛、硅等常用有色金属冶炼产业；浙江省引导退出的产业有铜冶炼、电解铝项目氧化铝、电解铝等冶炼行业；广东省引导逐步调整产业退出铜、铝、铅、锌、镍、锡、锑、汞、镁、钛、硅等常用有色金属冶炼、钨钼、稀土，以及其他稀有金属冶炼、金、银及其他贵金属冶炼；河北省引导退出铜、铝、铅、锌、镍、锡、锑、汞、镁、钛、硅等常用有色金属冶炼、金、银以及其他贵金属冶炼、有色金属普通铸造产业，不再承接色金属压延加工产业。

三是优化有色金属行业空间布局，支持重点省市地优先承接发展。其中，辽宁省重点发展铝压延加工、镁合金材料压延加工、钛及钛合金加工材、铜压延加工。吉林省发展铝压延加工、钼深加工产品、黄金加工及纳微米复合材料、微孔晶体、钛硅酸盐、磷酸铝化合物、高压相材料、超硬材料等新材料。黑龙江省重点发展高精度铝板带、铝合金、镁合金、铝镁合金、钛合金、新型焊接材料、铜高精板带、精密铜管、铜合金棒材、钼深加工产品、黄金加工、石墨烯材料及制品、碳化硅。内蒙古自治区重点发展铝压延加工、铜压延加工、稀土金属材料压延加工、锗冶炼深加工、镁冶炼深加工、高铝粉煤灰提取氧化铝、铅锌冶炼。广西壮族自治区发展稀土金属冶炼、铝压延加工、铜压延加工、金属结构。云南省重点发展铟、锗冶炼、铝压延加工、铜压延加工、贵金属压延加工、锡材料压延加工、钛及钛合金材料压延加工、水电硅材加工一体化、铅锌深加工、稀土功能材料及稀土深加工产品。

（三）汽车行业重点政策解析

近年来，互联网技术、信息通信技术与传统汽车制造技术深度融合，催生了代工生产、授权制造等新生产方式。为适应新形势发展，促进汽车产业转型升级，通过制定《道路机动车辆生产企业及产品准入管理办法》[1]，打通采用新技术、新工艺、新材料及新生产方式的企业及产品准入通道，推动汽车新型产业生态形成。该办法共七章四十七条，主要内容如下。

第一，简化企业和产品类型。一是将原来过于细分的十九类生产企业和产品，简化为乘用车类、货车类、客车类、专用车类、摩托车类、挂车类六大类别，企业获得某一个类别的准入后，生产该类别之内的产品，无须再次申请企业准入。二是推行车辆产品系族管理，鼓励企业对同一系族的车型产品按照系族申请产品准入，减少准入产品型号。

第二，优化准入管理流程。一是减少准入申请要提交的材料。二是推行备案管理，对已经取得准入的企业变更法定代表人、注册地址等事项及已经取得准入的车辆产品变更产品参数的，由原先的重新申请公告改为备案管理。

第三，建立开放的检验检测制度。一是明确具备相应法定资质，即可承担车辆产品准入管理的检验工作。二是对已经实施3C认证的汽车零部件，直接采用认证结果。三是在企业集团中试点开展车辆产品自我检验。

第四，建立新业态发展需要的新制度。一是建立新技术、新工艺、新材料评估制度。二是推行集团化管理改革，允许具有相同生产资质的集团成员企业之间相互代工。三是允许符合规定条件的研发设计企业借用生产企业的生产能力申请准入。

第五，建立货车委托生产管理制度。一是明确货车类道路机动车辆生产企业可以自行完成平板、仓栅、厢式、自卸车辆的上装生产作业，也可以委托其他上装生产企业生产。二是明确由委托企业（货车企业）统一进行道路机动车辆产品准入申请，承担产品质量和生产一致性责任。

第六，完善监督检查措施。一是建立以随机抽查为重点的日常监督检查制度。二是建立特别公示制度，对已经取得车辆生产企业及产品准入，但不能维持正常生产经营的车辆生产企业，予以特别公示。三是建立信用记录制度，将

---

[1] 工业和信息化部：《<道路机动车辆生产企业及产品准入管理办法>解读》，2018年12月6日，见 http://www.miit.gov.cn/n1146295/n1652858/n1653018/c6531348/content.html

道路机动车辆生产企业、检验检测机构失信行为记入信用档案。

第七，明确法律责任。针对未经准入擅自生产、销售、申请准入或备案时隐瞒有关情况、提供虚假材料、以出租、出借、买卖或者其他形式非法转让准入等行为，规定了相应的法律责任。

（四）电子信息行业重点政策解析

为抢抓新一轮工业革命机遇，加速布局工业互联网，国务院于2017年11月印发了《国务院关于深化"互联网+先进制造业"发展工业互联网的指导意见》。为落实国务院的决策部署，2018年6月，工业和信息化部发布《工业互联网发展行动计划（2018—2020年）》（以下简称《计划》）和《工业互联网专项工作组2018年工作计划》，制定了工业互联网建设"三步走"路线图，我国工业互联网建设进入"快车道"。

《计划》明确了3年目标。到2020年年底，初步建成工业互联网基础设施和产业体系，包括建成5个左右标识解析国家顶级节点，标识注册量超过20亿，推动30万家以上工业企业上云，培育超过30万个工业APP，制定设备、平台、数据等至少10项相关安全标准等。

《计划》提出了8项重点任务，包括基础设施能力提升行动、标识解析体系构建行动、工业互联网平台建设行动、核心技术标准突破行动、新模式新业态培育行动、产业生态融通发展行动、安全保障水平增强行动、开放合作实施推进行动。8项重点任务呈现出我国工业互联网建设的顶层制度设计、结构设计、标准设计、技术路线设计等方面。未来三年，我国工业联网建设将进一步加快。

当前新一轮科技革命和产业变革正在蓬勃发展，虚拟现实技术逐步走向成熟，拓展了人类感知能力，改变了产品形态和服务模式。2018年12月，工业和信息化部发布《关于加快推进虚拟现实产业发展的指导意见》（以下简称《意见》）。

《意见》明确了两阶段目标，到2020年建立比较健全的虚拟现实产业链条，到2025年使我国虚拟现实产业整体实力进入全球前列。

《意见》提出了六大发展任务。一是突破关键核心技术，包括近眼显示技术、感知交互技术、渲染处理技术、内容制作技术。二是丰富产品有效供给，包括整机设备、感知交互设备、内容采集制作设备、开发工具软件、行业解决方案、分发平台的研发及产业化。三是推动"VR+"在制造、教育、文化、健康、商贸等行业领域的应用。四是建设共性技术创新服务、创新创业孵化服务、行业交流对接服务三大公共服务平台。五是构建标准规范体系。六是增强安全保障能力。

（五）新一代信息技术产业相关政策

现阶段我国新一代信息技术进入高速增长阶段，尤其是已然成为数字科技的应用大国。这得益于我国将新一代信息技术的发展上升为国家战略，相继出台了多项政策支持其发展。

2018年1月15日，工业和信息化部出台《国家智能制造标准体系建设指南（2018年版）》征求意见稿）。指南指出：到2018年，累计制修订150项以上智能制造标准，基本覆盖基础共性标准和关键技术标准。到2019年，累计制修订300项以上智能制造标准，全面覆盖基础共性标准和关键技术标准，逐步建立起较为完善的智能制造标准体系。建设智能制造标准试验验证平台，提升公共服务能力，标准应用水平和国际化水平明显提升。2018年10月15日，工业和信息化部和国家标准委员会正式联合印发《国家智能制造标准体系建设指南（2018年版）》。该指南是在工业和信息化部、国家标准委员会联合发布的《国家智能制造标准体系建设指南（2015年版）》基础上修订完成的。该指南进一步加强了标准体系构成要素及相互关系的说明，着重体现了新技术在智能制造领域的应用，突出强化了标准实验验证、行业应用与实施，为智能制造产业健康有序发展起到指导、规范、引领和保障作用。

2018年5与17日，工业和信息化部公布《工业互联网APP培育工程实施方案（2018—2020年）》。该方案表示：到2020年，培育30万个面向特定行业、特定场景的工业APP，全面覆盖开发设计、生产制造、运营维护和经营管理等制造业关键业务环节的重点需求。突破一批工业技术软件化共性关键技术，构建工业APP标准体系，培育出一批具有重要支撑意义的高价值、高质量工业APP，形成一批具有国际竞争力的工业APP企业。

2018年6月7日，工业和信息化部发布《工业互联网专项工作组2018年工作计划》。该计划提出：2020年年底我国将实现"初步建成工业互联网基础设施和产业体系"的发展目标，包括建成5个左右标识解析国家顶级节点、遴选10个左右跨行业跨领域平台、推动30万家以上工业企业上云、培育超过30万个工业APP等内容。

第三节　2019 年我国产业结构调整面临的形势

一、全球产业格局不断调整，产业分工与合作进入新阶段

新一轮科技革命和产业变革给产业发展带来了深刻的影响。数字化、智能化和网络化成为全球技术发展的方向，引领着产业发展方向，从而影响着全球的产业分工格局。在新一代技术的影响下，全球产业转移将发生重大转变，全球价值链分工重塑。发达国家积极引导制造业回流，后发经济体在产业发展方面不断追赶。从国际形势和外部环境的变化来看，经贸摩擦加速产业向东南亚转移，企业积极寻找制造成本红利；从承接产业的地区来看，东南亚国家出台有针对性的政策，大力吸引外资投资建厂。

全球产业转移及产业格局的调整对于我国产业结构的调整既是机遇，也是挑战。发达国家积极推动再工业化战略，纷纷出台一系列战略和政策措施，吸引高端制造业回流，积极抢占全球制造业竞争制高点。如特朗普政府一直奉行美国优先原则，促使许多大型跨国公司加大美国本土的投资，并通过减税等措施吸引其他国家大型公司到美国投资建厂。以轻工、纺织和电子信息等劳动密集型及出口导向型为代表的产业正加速向东南亚地区转移。这对我国产业安全和就业稳定都造成一定程度上的冲击和威胁。

从我国来看，党的十九大以来，产业转移和优化布局工作要以习近平新时代中国特色社会主义思想为指导，牢固树立新发展理念，以供给侧结构性改革为主线，发挥市场在资源配置中的决定性作用，更好发挥政府作用，走中国特色新型工业化道路。工业和信息化部贯彻国家区域协调发展战略，深入实施主体功能区战略，统筹协调西部、东北、中部、东部四大板块，发挥区域比较优势，推进差异化协同发展，综合考虑能源资源、环境容量、市场空间等因素，促进生产要素有序流动和高效集聚，推动产业有序转移，构建和完善区域良性互动、优势互补、分工合理、特色鲜明的现代化产业发展格局。党中央、国务院高度重视产业转移工作，要求不断推进工业现代化，提高制造业发展水平，加快实施区域协调发展战略。

二、新动能不断增长，创新驱动发展战略不断深入实施

当前，新兴产业和先进制造业加速壮大，互联网、大数据、人工智能与实体经济融合持续深化。产业技术创新已步入从跟踪为主转向跟踪和并跑、领跑

并存的新阶段，一批企业进入国际市场第一方阵，成为国民经济持续健康发展的关键支撑，奠定了制造强国和网络强国建设的坚实基础，加快形成新动能。

新业态新模式推动相关行业增加值快速增长。根据国家统计局相关数据，2018年，信息传输、软件和信息技术服务业，租赁和商务服务业，交通运输、仓储和邮政业增加值分别同比增长30.7%、8.9%和8.1%，增速领先于其他行业，增加值占GDP的比重分别为3.6%、2.7%和4.5%，同比提高或持平。经济发展新动能指数逐步提升，经济活力不断释放。根据国家统计局相关数据，2015—2017年，我国经济发展新动能指数分别同比增长23.5%、26.9%和34.1%，经济发展新动能加速发展壮大。

但是我国自主创新能力有待进一步提高。一是适应产业变革要求的新型产业创新体系还未形成，对企业技术创新的源头支持不足，创新链条和体系不完整，市场在产业技术创新中的基础性作用有待进一步发挥，国家层面的创新支撑服务体系尚不完善，产业各方对于产业共性关键技术的研发积极性不足，各类创新平台对于技术创新的支撑服务作用尚不明显。[①] 二是关键共性技术需进一步突破。在构建现代产业技术体系、加快转变发展方式、培育和发展战略性新兴产业、促进产业结构优化升级、增强自主创新能力和核心竞争力等关键环节中，产业关键共性技术具有应用基础性、关联性、系统性、开放性等特点，因其研究难度大、周期长，已成为制约我国产业健康持续发展和提升产业核心竞争力的瓶颈问题。三是产业创新服务体系不完善，共性技术研发载体和战略性支撑能力不足，面向中小企业创新创业的服务机构和平台有待加强。

我国科技成果转化率较低。多项数据表明，尽管我国的专利数量众多，但专利转化率不到10%，而美国和日本的专利转化率分别为70%和80%，专利转化实施不力已成为我国自主创新和产业升级的重要障碍，很多发明并没有转化为技术专利，技术专利也没有转化为产品，经济和科技两张皮的问题仍然比较突出，科技成果与市场的需求结合不紧密，科技成果转化的政策和机制有待进一步健全。科研机构与产业化机构协同能力较差。我国创新资源重复分散，创新载体分散重复建设，资金、设备等创新资源配置的重复浪费现象严重，创新过程中的"孤岛现象"十分普遍，产学研用协同创新能力仍然不足。产业核心关键技术受制于人的局面还没有得到根本改变，许多研发成果停留在实验室阶段或中试阶段。同时，很多产业处在价值链中低端，高端产业低端化现象明显。

---

① 《产业技术创新能力发展规划（2016－2020年）》(工信部规〔2016〕344号)，工业和信息化部，2016年10月31日。

三、产业组织不断涌现出新模式，龙头企业竞争更加激烈

制造业和服务业不断加速融合的步伐。各国制造业近年来更加注重产业链环节的深度融合，向"制造+服务"模式拓展。由于大数据、物联网、工业互联网、云计算、人工智能、5G技术等的快速发展与应用，"制造+服务"成为提高产业竞争力的重要举措，由此带来的生产组织方式、运营管理方式和商业发展模式都对传统的企业运营方式产生挑战。传统的制造与服务的分割管理模式逐渐失去竞争力，由生产制造到服务意识的加强，生产制造和服务一体化的组织模式成为现代企业管理的重要选择。

但是，我国仍缺乏具有国际竞争力的跨国企业。2018年世界500强上榜企业中，我国制造业和通信业上榜企业延续上年问题——数量少、规模小、盈利弱、比重低、排名靠后。2018年，虽然我国在上榜公司数量上进一步接近美国，但主营业务规模和盈利能力仍远低于美国。汽车上榜企业排名不高，互联网服务领域上榜企业数量与美国相同，但排名依然靠后。美国上榜企业中，在IT、生命健康和食品等相关领域存在众多上榜公司，没有房地产、工程建筑和金属冶炼企业；我国正好相反，所有上榜房地产企业均来自我国。同时，比较近几年数据发现，上榜中国企业销售收益率和净资产收益率两项指标已处在下行通道上，说明我国企业竞争力提升不理想。

四、产业整体发展良好，产能过剩行业问题依然存在

我国产业整体上保持快速发展。如电子信息产业规模持续扩大。根据工业和信息化部数据，2018年，我国规模以上电子信息制造业增加值同比增长13.1%，快于全国规模以上工业增速6.9个百分点。根据中国电子信息行业联合会数据，2018年，我国手机、计算机、彩电产量分别占全球总产量的90%、90%和70%以上；光伏产业链各环节生产规模已连续多年全球占比超过50%，稳居全球首位；我国大陆企业显示面板出货面积位居全球第一。2018年，钢铁行业经济效益创历史最好水平，产业结构不断优化，市场秩序明显改善。

对于产能过剩行业来说，我国在逐步建立和完善过剩产能和落后产能退出机制和政策体系，严格控制新增产能。以钢铁行业为例，"地条钢"危害极大，我国对"地条钢"持零容忍态度，严格监管，严防地条钢死灰复燃。当前，钢铁产业市场形势不断好转，钢铁价格高位运行，受利益的驱动，部分地区和企业投资钢铁行业意愿开始增强，产能扩张的冲动依然存在。部分地方仍存在

违法违规建设问题，如试图恢复已经停建的冶炼项目，违规新上电炉钢等；而且已经查处了一批违规新增产能的典型案例。合规企业产能可能会出现释放过快的现象。所以，对我国钢铁产业违规产能不能放松警惕，仍需进一步严格监督。

在通过企业兼并重组、处置"僵尸企业"，压减过剩产能和淘汰落后产能的过程中，存在部分低效率企业兼并重组主动性不强、地方保护情况较为严重、行业转型升级面临困难较大的问题；企业兼并重组的资金压力较大，近年来大多数产能过剩行业处于低盈利甚至亏损状态，金融机构推进企业兼并重组积极性不足，企业负债、债权债务问题限制金融资本的参与；兼并重组手续繁琐，处置"僵尸企业"工作复杂，过程较为漫长。

第四节　2019年我国产业结构调整趋势展望

一、产业技术升级不断推进

（一）新一代信息技术与制造技术融合不断深化

一是两化深度融合统筹协调和顶层设计将得到加强。相关部门正在完善两化融合管理体系工作领导小组、专家指导委员会和联合工作组的工作机制，优化完善两化融合生态系统，统一各界对两化深度融合内涵外延的共识，形成融合发展合力。

二是工业云服务平台建设及示范应用逐渐加快，促进生产制造全过程、全产业链、产品全生命周期的优化管理。如加快工业大数据平台建设及示范应用，加快工业互联网平台建设及示范应用，制定中国工业互联网相关标准。

三是两化深度融合发展政策环境持续优化。当前我国正加快制定实施互联网、大数据、人工智能与制造业融合发展规划，加大对融合发展重点领域的支持力度，支持高校设置两化融合相关专业，完善适应融合发展需求的人才激励机制。

（二）制造业创新驱动愈发深入人心

一是制造业创新中心建设工作如火如荼。完善创新中心的工作体制机制，加大对创新中心的财税支持力度，加强对已建设创新中心的考核评估；聚焦战略关键领域，推进省级中心升级，培育遴选若干家国家创新中心；创新中心要坚持行业关键共性技术的研发定位，不断提升成果转化和行业服务能力，支撑制造业高质量发展。

二是工业质量品牌建设工作紧锣密鼓。推广先进质量管理方法，促进实物质量提升，深化工业品牌培育，推动重点产业质量品牌提升，加强中小企业质量品牌建设。

三是制造业知识产权协同推进体系正在构建。继续强化制造业知识产权创造、保护、运用，组织实施产业知识产权协同运用推进行动和行业知识产权服务能力提升行动，按计划开展工业企业知识产权标杆遴选。

二、产业转移逐渐提质增效

（一）国内产业合作园区等载体服务功能得到进一步提升

党的十九大以来，工业和信息化部发布的《产业转移目录和指南》指出了我国产业转移的具体方向。各地区积极进行体制机制和模式创新，破除产业转移障碍，推进各地区共赢发展。包括健全和完善园区各方面配套设施，提升产业园区的服务功能，增加本地产业园区的吸引力；积极协助有意向转移的企业，引入上下游的配套企业，完善和延长产业链条。从而使得近年内出现了跨省或跨地区的合作产业园区，如东部省份到西部省份建立合作产业园区。

（二）依靠城市群现有优势基础产业带动产业结构调整

越来越多的实践告诉我们，我国东、中、西、东北各地区资源禀赋和生产要素等产业发展条件参差不齐，需要进一步根据当地比较优势选择产业承接对象和规划制定，未来产业转移会进入一个新阶段，考验的是当地政府的判断力和定力。

中央政府也出台了一些政策文件来指导，如国家发展和改革委员会印发了多个"城市群发展规划"，工业和信息化部颁布了《产业发展与转移指导目录（2018年本）》等政策文件，就是为了实现区域协调发展，进行产业结构调整和优化产业布局，不再以单独的地区来看待经济和产业，而是从相近或者相似的产业集聚区出发，以市场为主导，进行资源优化配置，从而使城市之间具有相似性的产业共同发展，差异性产业各自强化，实现产业升级转型。

（三）"一带一路"倡议为国际产业转移提供新路径

"一带一路"倡议推动以来，在两国之间，特别是发展中国家之间，建立产业合作园区，实现共赢，已经成为具有有竞争力的国际产业转移模式，合作领域趋于多元化。境外园区主要涉及农业、矿业、机械、轻纺、节能环保、信息处理、生物制药、商贸物流等产业领域，主导企业都是我国实力雄厚、管理水平高、技术设施完备的大型企业，园区分布主要集中于中亚、东欧等发展中国家和地区。

这些园区成为中国企业"抱团"走向"一带一路"、打造产业集群式"走出去"的平台。例如，中国沙特(吉赞)产业园、中国阿曼(杜库姆)产业园、中国埃及·曼凯纺织产业园、中国阿联酋（迪拜）食品工业园、陕韩中小企业园、中哈现代农业示范园、中俄丝路创新园、中哈苹果友谊园等国际合作产业园。

三、化解过剩产能和淘汰落后产能得到体系化深入落实

（一）重点行业的化解产能过剩矛盾和淘汰落后产能工作会不断加强

2019年4月，国家发展改革委、工业和信息化部、国家能源局三部委联合印发《关于做好2019年重点领域化解过剩产能工作的通知》文件，针对钢铁、煤炭和煤电三大重点行业化解过剩产能和淘汰落后产能工作作出明确部署。

一是要在"巩固、增强、提升、畅通"上下功夫，全面转入结构性去产能、系统性优产能新阶段，着力增强去产能工作的系统性、整体性、协同性。

二是坚持市场化、法治化原则，对国有企业和民营企业一视同仁，严格质量、环保、能耗、安全标准和信用约束，努力实现科学精准、稳妥有序去产能，促进行业高质量发展。

三是做好"僵尸企业"处置工作，坚持市场化、法治化原则，对已经确认的"僵尸企业"，要按照上报的"僵尸企业"处置计划坚决处置到位。加强"僵尸企业"排查和动态监管，及时发现并妥善处置新出现的"僵尸企业"，确保"僵尸企业"应退尽退。

（二）利用综合标准体系加速推进化解过剩产能和淘汰落后产能

从2017年工业和信息化部、国家发展改革委、财政部、人力资源和社会

保障部等十六部门联合发布的《关于利用综合标准依法依规推动落后产能退出的指导意见》和2018年工业和信息化部印发的《产业发展与转移指导目录（2018年本）》来看，在化解产能过剩矛盾和淘汰落后产能工作方面，各部门将进一步强调落实环境保护法、节约能源法、安全生产法、产品质量法等法律法规要求，坚持依法依规淘汰落后产能，在推进落后产能和过剩产能退出市场的过程中，强化法律法规的约束性，通过加大节能、环保、质量、安全等多方面执法检查力度，强制按照能耗、环保、安全、质量等标准淘汰落后产能和过剩产能，依法依规推进落后产能退出市场。特别是建立健全信息公开制度，联合地方政府定期发布在能耗、质量、环保、安全等方面不达标的企业，督促其整改或者退出市场。

总体来讲，未来相关部门将进一步完善综合标准体系，严格常态化执法和强制性标准实施，促使能耗、环保、安全、技术达不到标准和生产不合格产品或淘汰类产能，依法依规关停淘汰，形成多标准、多部门、多渠道协同推进工作格局，建立市场化、法治化、常态化的工作推进机制。

（三）各部门持续协作推进化解过剩产能矛盾和淘汰落后产能工作

自2010年起，党中央和国务院不断推进关于进一步加强淘汰落后产能和化解过剩产能矛盾工作部署，各部门协作机制逐步建立和完善。各部门协作机制将充分发挥效用，加速过剩产能和落后产能的退出。特别是近两年针对钢铁、煤炭等重点行业，国家发展改革委、工业和信息化部、国家能源局、国土资源部、环境保护部、人力资源和社会保障部、财政部、民政部、国资委、中国银监会等众多部门积极响应，协同合作形成合力，针对化解产能过剩过程中将面临的人员安置、债权债务、工业用地等问题，提出了相应的对策建议。

未来，在落实《关于进一步做好"僵尸企业"及去产能企业债务处置工作的通知》方面，一是努力做好化解产能过剩矛盾和淘汰落后产能工作，实现年度去产能目标；二是继续将职工安置作为重中之重，夯实责任，强化协调，精准施策，防范风险，确保职工有安置、社会可承受、民生有保障；三是完善突发事件预防和应急处置机制，制定完善稳就业储备性政策工具，妥善化解矛盾和风险；四是加快推进资产债务处置，落实去产能企业国有资产处置办法，推动国有资产依法处置取得实质性进展。

第四章

工业技术创新

2018年，我国工业技术创新体系进一步完善，在工业科技核心技术发展、工业质量提升及工业品牌影响力提升方面都取得很大成效，为进一步推动我国工业技术创新和质量品牌水平提升奠定了基础。从工业技术创新方面来看，我国创新驱动发展战略深入实施，创新活力不断释放，科技创新实力稳步提升，有力推动了制造业高质量发展。从工业质量提升方面来看，中国工业迈入高质量发展新时代，高端制造业快速发展，质量效益明显提升，工业高质量发展环境逐渐改善，原材料工业发展得到重视，中国工业质量评价体系不断完善。从工业品牌发展方面来看，工业品牌发展成果显著，企业品牌意识逐渐增强，品牌创建行动广泛展开，品牌发展的环境越来越好。

第一节　2018年我国工业技术创新取得的主要进展

我国始终把实施创新驱动发展战略、建设世界科技强国作为科技工作的出发点和着力点，坚持把面向世界科技前沿、面向经济主战场、面向国家重大需求作为科技创新的主攻方向，大力提升科技创新能力。尤其在工业高质量发展中，牢牢抓住科技创新这第一动力，切实提高我国关键核心技术创新能力，把科技发展主动权牢牢掌握在自己手里，提高工业的整体质量水平和品牌影响力。2018年，我国将科技创新尤其是自主创新放在更重要位置，工业技术创新要素投入总量持续增加，我国工业技术创新能力持续提升，创新成果不断涌现。

一、中国工业技术创新情况

（一）我国将科技创新尤其是自主创新放在更重要位置

2018年4月，一年一度的博鳌亚洲论坛年会上，习近平总书记出席开幕式并发表题为《开放共创繁荣 创新引领未来》的主旨演讲。讲话中10处提到"创新"，还指出中国将加快实施创新驱动发展战略。

2018年12月召开的中央经济工作会议中，将推动制造业高质量发展作为第一项重点工作，并明确提出了要构建开放、协同、高效的共性技术研发平台。

2018年，共性技术研发和基础研究是我国科技创新的两大主题，习近平总书记在多次讲话中提到要加强基础研究，习近平总书记强调："偶记上先进技术、关键技术越来越难以获得，单边主义、贸易保护主义上升，逼着我们走自力更生的道路，这不是坏事，中国最终还是要靠自己。"

2018年2月，国务院印发了《关于全面加强基础科学研究的若干意见》，将基础研究提高更高位置，全面部署了基础研究工作，明确了我国基础科学研究3个阶段的发展目标，具体从5个方面提出了20个重点任务。

2018年，科技创新领域的"帽子问题"受到关注。2018年7月，中共中央办公厅、国务院办公厅印发了《关于深化项目评审、人才评价、机构评估改革的意见》，要求"十三五"期间，在优化"三评"工作布局、减少"三评"项目数量、改进评价机制、提高质量效率等方面实现更大突破，建设新型人才评价体系。

（二）我国工业技术创新要素投入总量持续增加

依据《2018年中国统计年鉴》数据，2017年，我国技术创新经费投入持续增加，全国科技经费投入、研究与试验发展（Research and Development，R&D）经费投入力度不断加大。R&D经费投入总量17606.1亿元，较2016年同比增长12.31%，研发投入增速有所下降；研发投入强度（即研发投入占GDP的比例）也从2016年的2.11%稳步提高到2017年的2.13%，如图4-1所示。

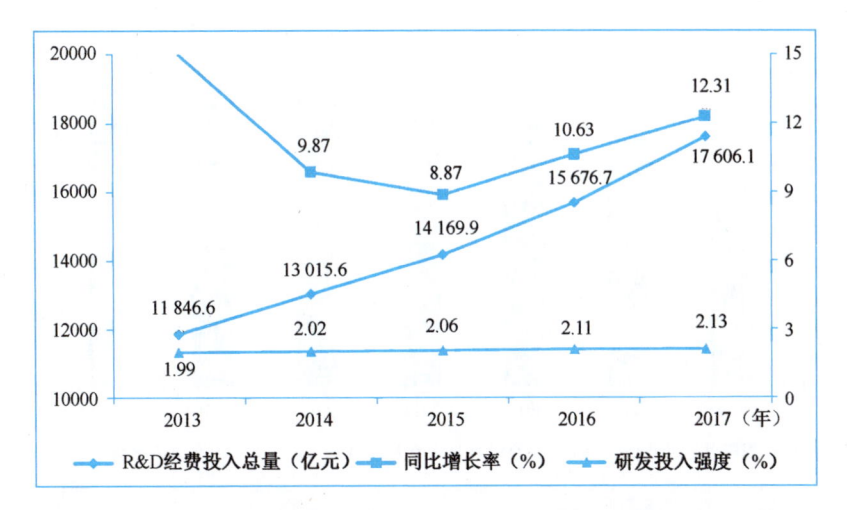

图 4-1 2013—2017 年我国研发投入总量、同比增长率及研发投入强度情况

（数据来源：《中国统计年鉴2018》，2018 年 10 月）

2017 年，企业作为技术创新的主体，研发投入占全国研发投入的比例较高，R&D 经费支出增长率保持较高水平，研发投入增长态势良好，如图 4-2 所示。

图 4-2 2013—2017 年我国企业 R&D 经费支出、增长率与占全国研发投入比例

（数据来源：《中国统计年鉴2018》，2018 年 10 月）

2017 年，企业研发人员规模保持在较高水平。从图 4-3 中可以看出，2011—2017 年规模以上工业企业 R&D 人员全时当量由 2011 年的 193.9 万人/年提高到 2017 年的 273.6 万人/年，在全国企业中所占比例达 70% 左右。

图 4-3 2011—2017 年规模以上工业企业 R&D 人员全时当量情况

（数据来源：《中国统计年鉴2018》，2018 年 10 月）

工业企业投资建设研发机构的数量和比例呈现快速增长趋势。图 4-4 显示，2004—2017 年规模以上工业企业建立的研发机构数量大幅增长，规模以上工业企业开展研发活动的企业比例由 2004 年的 6.2% 提高到 2017 年的 27.4%。

图 4-4 2004—2017 年规模以上工业企业有研发机构企业与有研发活动占比情况

（数据来源：《中国统计年鉴2018》，2018 年 10 月）

（三）我国工业技术创新能力持续提升，创新成果不断涌现

党的十八大以来，我国着力实施创新驱动发展战略，成效显著。《2018 年

全球创新指数报告》显示，2018年，我国首次跻身全球创新指数17强。

2017年，我国国内授权发明专利达到32.70万件，同比增长8.24%，发明专利总授权量累计达到179.11万件。2017年，国内发明专利授权数量前10位的地区占据了2017年授权量的75.4%，专利总累计量占全国总量的75%，主要为北京、广东、江苏、浙江、上海等经济较为发达的地区，在同比增长方面，北京、广东、湖北、陕西保持在10%以上，部分地区甚至达到27%以上的年增长率（见表4-1）。

表4-1　2017年国内发明专利授权数量前10位地区状况表

单位：件

序　号	地　区	当年累计	同比增长（%）	总　累　计
1	北京	46 091	13.52	253 466
2	广东	45 740	18.42	245 776
3	江苏	41 518	1.38	206 966
4	浙江	28 742	8.15	145 638
5	上海	20 681	2.96	130 876
6	山东	19 090	-1.62	103 866
7	安徽	12 440	-18.65	57 463
8	四川	11 367	9.83	58 321
9	湖北	10 880	27.74	52 872
10	陕西	8 774	16.94	46 982

数据来源：国家知识产权局，2018年1月。

在全国技术市场的交易情况方面，从图4-5中可以看出，2008—2017年，我国技术市场成交额保持高速的增长态势。2013—2017年，增速保持在15%左右，2017年，交易额达到13424亿元。

二、中国工业质量发展情况

（一）中国工业迈入高质量发展新时代

党的十九大报告指出，我国经济已由高速增长阶段转向高质量发展阶段，正处在转变发展方式、优化经济结构、转换增长动力的攻关期。十九大报告突出强调了质量，重点对发展质量和效益提出要求，提出坚持质量第一、推动质

图 4-5　全国技术市场交易情况

（数据来源：《中国统计年鉴 2018》，2018 年 10 月）

量变革、增强质量优势、建设质量强国、实现高质量发展等重大命题[1]。随着国内经济发展转为新常态，粗放式的发展将难以为继，迫切需要提质增效、转型升级，因此高质量发展成为国家发展的必要要求。

为全面提高质量，进而推动经济发展进入质量时代，2017 年 9 月 5 日中共中央国务院发布了《中共中央　国务院关于开展质量提升行动的指导意见》(中发〔2017〕24 号)，至今全国已有 30 多个省市发布了关于质量提升行动的实施意见，结合自身工业基础及特点制定了相应的实施办法和发展目标。

（二）2018 年工业质量发展概况

1. 高端制造业发展迅速

从工业行业结构的维度进行分析，2018 年在我国传统工业基本保持稳定的情况下，技术密集型行业（如高技术制造业、工业战略性新兴产业及装备制造业）的增速均高于规模以上工业增速，行业占比也随之不断上升；从横向维度看，2018 年上半年高技术制造业、工业战略性新兴产业、装备制造业增加值分别同比增长 11.6%、8.7%、9.2%，分别高于同等规模工业 4.9 个百分点、2.0 个百分点、2.5 个百分点；从纵向维度看，高技术制造业、工业战略性新兴产业、装备制造业 2018 年前 3 个季度的增加值增速分别为 11.8%、8.8%、8.6%，比

---

[1] 全力推动我国经济转向高质量发展，http://theory.people.com.cn/n1/2017/1217/c40531-29711465.html。

2017年（11.0%、13.4%、11.3%）分别提高0.8个百分点、降低4.6个百分点、降低2.7个百分点；而工业产品结构中，符合高端消费需求的以智能化、绿色化为特点的高复杂性、高附加值产品维持了高速增长态势，其中新能源汽车、工业机器人、集成电路、智能电视机等产品产量均实现了两位数以上的增长。

2. 质量效益明显提升

质量效益依然是工业发展中速度和数量的落脚点，在需求回暖、价格反弹的情况下工业利润效益明显改善。一是投资含金量表现明显，2018年的1—5月制造业技术改造投资上涨15.6%，增长速度比制造业投资多出10.4个百分点；二是工业产品价格依旧保持一定涨幅，2018年上半年全国工业生产厂家出厂价格同比增长3.9%；同时2018年以来全社会的固定资产投资均出现了下滑现象，而同期的工业投资则不断增长，尤其是制造业的投资涨幅较大，2018年6月的制造业投资增速出现了近两年来首次增速高于固定资产投资增速的情况。相关数据可以反映出，工业高质量发展对企业效益的潜在优势，同时在市场引导、利润改善等方面还将发挥重要的作用。

3. 工业高质量发展环境改善

当前推动工业经济的高质量发展的主要因素有三个。一是巨大的消费升级带来的需求。模仿性的消费阶段逐步被个性化、多样化的消费新主张所替代，我国人民在追求生活品质的提升过程中也产生了大量的需求。二是研发创新总体活跃。近年来，我国基础研究的经费投入和研发经费的投入总量均不断增长，总体大中型制造企业研发经费维持较快增速，技术改造的费用支出有所降低。三是高技术制造业的投入强度较高。2018年，我国计算机、通信及电子设备制造业的研发经费占全部研发经费的16.5%，成为研发投入最高的行业；从研发人员上看，先进制造业（如电子、机械等）研发人员人数增长较快，传统行业（如煤炭、加工业等）研发人员人数增长相对较慢。

4. 原材料工业发展得到重视

原材料工业是国民经济的基础及支柱产业，直接影响制造业的发展。2018年10月16日，工业和信息化部、科技部、商务部和市场监管总局印发《原材料工业质量提升三年行动方案（2018—2020年）》，指出行动目标是到2020年，钢铁行业、有色金属行业、石油化工行业和建材行业所涉及的通用钢材、高性能钢材、有色金属、有机化工材料等原材料工艺水平取得明显进展，新型高分子材料、膜材料及高端化学品的技术瓶颈取得突破；建材部品化加速推进，水泥、平板玻璃质量保障能力大幅提升，矿物功能材料品种日益丰富，绿色建材在新建建筑中应用比例达到40%；高性能无机纤维及其增强复合材料、石墨烯材料质量大幅提高，生产达国际先进水平。推动智能工厂建设，应用物联网、云计算、大数据等信息技术，提高原材料产品质量追溯能力[1]。

（三）中国工业质量评价体系

近年来，我国先后形成了面向全国企业及组织的中国质量奖和全国质量奖两大奖项，并开展了质量标杆评选以及相关的经验分享活动，以此推广普及先进的质量管理模式，激励全国企业及个人追求质量的进步。

1. 中国质量奖

2018年度中国质量奖的获奖者为9家企业组织及一个先进个人。获奖单位组织及获奖管理模式如表4-2所示。

表4-2 2018年度中国质量奖获奖单位及获奖管理模式

序号	名称	所在地	获奖质量管理模式
1	潍柴动力股份有限公司	山东	潍柴WOS质量管理模式
2	珠海格力电器股份有限公司	广东	格力"完美质量"管理模式
3	江苏阳光集团有限公司	江苏	"经纬编织法"质量管理模式
4	敦煌研究院	甘肃	基于价值完整性的平衡发展质量管理模式
5	中铁大桥局集团有限公司	湖北	天堑变通途"四位一体"质量管理模式
6	首都医科大学宣武医院神经内科	北京	"问题导向、全员协作、全程控制、持续改进"的规范化质量管理模式
7	重庆市九龙坡区谢家湾小学校	重庆	"红梅花儿开，朵朵放光彩"素质教育质量管理模式
8	中国航空工业集团公司成都飞机设计研究所	四川	"611"质量管理模式
9	中国商用飞机有限责任公司上飞院总体气动部总体布置班组	上海	"两透一创一'布'到位"的质量管理模式

数据来源：赛迪智库整理，2019年1月。

---

[1] 四部门关于印发《原材料工业质量提升三年行动方案（2018—2020年）》的通知，http://www.miit.gov.cn/n1146295/n1652858/n1652930/n3757017/c6452322/content.html。

2. 全国质量奖

2018年4月的全国质量奖为8位企业家颁发了"中国杰出质量人"奖项，并为10位一线员工颁发了"中国质量工匠"奖项。"中国杰出质量人"奖项旨在表彰在我国质量领域做出突出成绩的先进个人，为各行业的质量管理发展提供示范与带头作用，进而推动社会经济的高质量发展。"中国质量工匠"奖项面向基层一线，为爱岗敬业、追求精益、具备工匠精神的员工颁发，意在表彰他们在本职岗位上为高质量发展做出的杰出贡献。

3. 全国质量标杆

为贯彻落实《中共中央 国务院关于开展质量提升行动的指导意见》和制造强国战略关于"打造质量标杆企业""发挥质量标杆企业引领作用"的要求，深入推进工业质量品牌建设，根据《工业和信息化部办公厅关于做好2018年工业质量品牌建设工作的通知》，2018年受工业和信息化部科技司委托，中国质量协会开展了全国质量标杆遴选及经验交流活动，聚焦"质量管理"和"互联网+"两大热门方向[①]。

2018年的全国质量标杆奖项在由中国质量协会和山东省工业和信息化厅共同主办的"加强标杆引领，促进质量提升"会议上揭晓，共有38家单位获得了"2018年度质量标杆"称号。中国质量协会在2018年11月28日举办的协会年会上，邀请了获得质量标杆称号的宜宾五粮液集团有限公司、青岛海尔集团、北京小米科技有限责任公司、江苏亨通光电股份有限公司等企业分享了企业质量管理的经验。其中信息化、智能化技术应用在产品质量提升、产品服务优化及客户满意度增长上成为企业分享的亮点。

三、中国工业品牌发展情况

当前，我国经济发展进入新常态，经济发展模式发生了重大改变，自2014年习近平总书记在河南考察时提出"推动中国制造向中国创造转变、中国速度向中国质量转变、中国产品向中国品牌转变"三个转变论述，为我国建设品牌强国、培育民族品牌指明了方向。经过近几年的努力，工业品牌培育工作取得一定突破，但是中国工业品牌效应尚未发挥。

---

① 《关于开展2018年全国质量标杆活动的通知》，中国质量协会，2018年5月14日。

（一）工业品牌培育工作取得一定突破

1. 工业品牌培育环境日益优化

2018年是中国品牌日实施的第二年，首届中国品牌博览会在上海举行，并同时举行中国品牌发展国际论坛，反响巨大，引起社会各界高度重视。正如胡春华副总理强调的：加快品牌发展是推动经济高质量发展的必由之路，是顺应人民美好生活新期待的客观要求，是增进全球消费者福利的多赢选择。要致力于深化推进品牌建设，就要重视营造有利于品牌建设的社会氛围和市场环境，努力开创工业品牌建设的新局面。近年来，我国正在形成以引导企业重视品牌意识为核心，以增强品牌培育能力为重点，以创新品牌培育方法为主要抓手，健康的、可持续发展的工业品牌培育环境。

2. 工业品牌培育工作加快推进

为了加快推进工业品牌建设，2018年5月11日，国家制造强国建设战略咨询委员会（以下简称战略咨询委员会）质量品牌发展分组成立大会暨论坛在上海召开。2018年年初，工业和信息化部发布了《工业和信息化部办公厅关于做好2018年工业质量品牌建设工作的通知》，努力营造质量品牌发展环境，推动发布机械、轻工、纺织、食品、建材、通信、电子、石化、有色、钢铁10个行业的品牌培育管理体系实施指南并组织标准宣贯，鼓励开展公益性品牌宣传展示活动，扩大中国品牌社会影响，推动中国工业品牌"走出去"。5月11日，品牌培育管理体系标准宣贯会于上海举行，来自地方工信部门、行业协会和专业机构的代表参加了会议。由工业和信息化部指导，机械、轻工、纺织、石化、建材、钢铁、有色、电子信息、食品等行业协会及各专业机构联合编制的"品牌培育管理体系实施指南"系列行业标准正式运行，标志着工业企业品牌培育迈入标准引领升级发展的新阶段[①]。

3. 工业品牌建设成效显著

经过近几年的努力，我国工业品牌建设取得了阶段性成果。2018年世界品牌实验室（World Brand Lab）在"世界品牌大会"上发布的《中国500最

---

① 品牌培育管理体系标准宣贯会在上海顺利召开，www.miit.gov.cn/n1146285/ n1146352/n3054355/ n3057497/n3057505/c6172074/content.html。

具价值品牌》分析报告显示，2018年度"中国500最具价值品牌"的总价值为184459.11亿元，比2017年增加28879.05亿元，增加幅度为18.56%[1]；比2004年的第一届增加159746.27亿元，增加幅度为646.41%，可见其发展速度之快。与国际知名大品牌相比，中国品牌在海外市场的搜索指数较低一些，但差距正在逐渐缩小。谷歌搜索的索引数据显示，中外品牌的搜索量差距已经缩小了29%[2]。

（二）中国工业品牌效应尚未发挥

当前，我国已经成为制造大国，但不是制造强国、品牌强国。我国有220多种工业品产量居世界第一，但总体上仍处于国际分工的中低端。虽然在近10年来我国制造业企业陆续进入世界品牌前100强，但制造业品牌的种类、数量、附加值、影响力与制造大国的地位不相符，品牌低端过剩、高端不足是困扰我国高质量发展的重要问题之一。

经研究发现，我国制造业品牌效应不高、培育困难的主要原因有4点：一是受限于我国制造业发展历史相对较短，品牌成长的制度体系不完善；二是品牌培育的主体意识不强，由于品牌经济效应的显现具有时滞性，企业缺乏品牌培育和建设的动力；三是产品设计、研发、质量等水平与国际知名品牌相比具有一定的差距，导致产品的品牌附加值不高；四是我国制造品牌的宣传机制不完善，很多媒体的片面报道渲染了对中国制造品牌的不信任气氛。

第二节　2018年我国工业技术创新重点政策解析

为进一步提升技术创新在制造业高质量发展中的引领作用，2018年，我国围绕科技创新体系出台了一系列政策措施，深入推动创新驱动发展。在创新主体方面，加速打造"双创"高质量发展升级版，进一步加快大中小企业融通发展，突出企业创新主体地位；在创新载体方面，加快创新示范区和平台的建设，进一步发挥创新载体资源整合、共享作用；在创新支撑体系方面，着力推进智能制造、车联网等重点领域的标准体系建设，完善知识产权保护体系、质量认证体系的建设，进一步增强科技创新支撑；在创新环境方面，加大对外开放力度，持续优化创新环境，进一步激发企业创新活力；在创新体制机制方面，深入实施"放管服"改革，完善政策配套措施，加快破解体制机制障碍。

---

[1] 2018年《中国500最具价值品牌》报告，https://wemedia.ifeng.com/ 66950418/ wemedia.shtml。
[2] http://www.360doc.com/content/18/0409/22/27494174_744291694.shtml。

一、主要政策分析

2018年,国务院、工业和信息化部、科技部及国家发展改革委等部门出台了一系列创新政策(见表4-3),主要聚焦于基础科学研究的强化、创业创新高质量发展的升级、标准体系建设、知识产权保护、质量认证体系建设、营商环境优化、体制机制改革等多个方面,为进一步提高自主创新能力、建设制造强国打下坚实的基础。

表4-3　2018年我国重点技术创新政策

时　　间	颁布部门	政　　策
2018年1月	国务院	《国务院关于加强质量认证体系建设促进全面质量管理的意见》
2018年1月	国务院办公厅	《国务院办公厅关于推进农业高新技术产业示范区建设发展的指导意见》
2018年1月	国务院	《国务院关于全面加强基础科学研究的若干意见》
2018年2月	中共中央办公厅、国务院办公厅	《关于加强知识产权审判领域改革创新若干问题的意见》
2018年3月	国务院	《国务院关于印发积极牵头组织国际大科学计划和大科学工程方案的通知》
2018年3月	国务院办公厅	《知识产权对外转让有关工作办法(试行)》
2018年3月	工业和信息化部办公厅	《智能制造综合标准化与新模式应用项目管理工作细则》
2018年4月	工业和信息化部、公安部、交通运输部	《智能网联汽车道路测试管理规范(试行)》
2018年6月	工业和信息化部办公厅	《国家制造业创新中心考核评估办法(暂行)》
2018年6月	工业和信息化部	《工业互联网发展行动计划(2018—2020年)》和《工业互联网专项工作组2018年工作计划》
2018年6月	工业和信息化部、国家标准化管理委员会	《国家车联网产业标准体系建设指南(总体要求)》等系列文件
2018年6月	国务院	《国务院关于积极有效利用外资推动经济高质量发展若干措施的通知》
2018年7月	工业和信息化部	《国家工业设计研究院创建工作指南》
2018年7月	工业和信息化部	《工业互联网平台建设及推广指南》和《工业互联网平台评价方法》
2018年9月	国务院	《国务院关于推动创新创业高质量发展打造"双创"升级版的意见》
2018年10月	工业和信息化部、国家标准化管理委员会	《工业和信息化部 国家标准化管理委员会关于印发国家智能制造标准体系建设指南(2018年版)的通知》

续表

时　　间	颁布部门	政　　策
2018年10月	工业和信息化部、科技部、商务部、市场监管总局	《原材料工业质量提升三年行动方案（2018—2020年）》
2018年11月	国务院	《国务院关于支持自由贸易试验区深化改革创新若干措施的通知》

数据来源：赛迪智库整理，2019年1月。

（一）《国务院关于加强质量认证体系建设促进全面质量管理的意见》

为了深入贯彻落实《中共中央 国务院关于开展质量提升行动的指导意见》，加快推动制造业高质量发展，加快质量认证体系的建设，国务院于2018年1月26日印发了《国务院关于加强质量认证体系建设促进全面质量管理的意见》（以下简称《加强质量认证体系建设意见》）。《加强质量认证体系建设意见》中明确提出，通过借鉴欧美发达国家先进的管理经验，结合我国实际情况，加以改造提升，形成具有中国特色的先进管理标准和方法，提高质量认证要求，打造我国质量管理体系认证的"升级版"；通过创新认证制度、简化审批程序，进一步推进我国认证制度的改革创新；加强认证监管力度，提高认证机构的服务能力，对接国际，提高我国质量认证的影响力。

（二）《国务院办公厅关于推进农业高新技术产业示范区建设发展的指导意见》

为促进科技创新与农业深度融合，推动农业高新技术产业示范区的建设，提高农业综合竞争力，国务院办公厅于2018年1月29日印发了《国务院办公厅关于推进农业高新技术产业示范区建设发展的指导意见》（以下简称《农业新技术产业示范区发展意见》）。《农业新技术产业示范区发展意见》的出台有利于提升科技创新对农业在供给侧改革中的引领性作用，抢占世界农业科技竞争的制高点。

（三）《国务院关于全面加强基础科学研究的若干意见》

基础研究是颠覆性技术创新产生的重要支撑，是建设科技强国的重要基石。党的十九大报告中明确提出，要加强基础研究，进一步提高创新的原动力。国务院于 2018 年 1 月 31 日印发《国务院关于全面加强基础科学研究的若干意见》（以下简称《加强基础科学研究意见》）。《加强基础科学研究意见》围绕研究布局的完善、研究基地的建设、人才队伍的引培、国际化水平的提高、发展机制的优化 5 个方面提出了 20 条任务，并强调要对数学、物理等基础薄弱环节给予一定的扶持倾斜，加快前沿科学研究进行超前布局，加大高水平国家实验室的建设，深入推进基础研究，支持政策体制机制的改革。

（四）《关于加强知识产权审判领域改革创新若干问题的意见》

知识产权制度是我国创新驱动发展的基本保障。为了进一步强化知识产权保护运用，着力破除知识产权审判领域的体制机制障碍，提升知识产权审判在创新发展中的促进作用，中共中央办公厅、国务院办公厅于 2018 年 2 月 6 日印发了《关于加强知识产权审判领域改革创新若干问题的意见》（以下简称《加强知识产权审判领域改革创新意见》）。《加强知识产权审判领域改革创新意见》围绕 4 个部分共提出了 11 条措施：一是从诉讼证据规则、侵权损害赔偿制度、裁判方式 3 个方面进一步完善知识产权诉讼制度；二是从审判体系、异地审理机制、人财物保障制度 3 个方面强化知识产权的法院体系建设；三是通过加强人才培养选拔力度等手段进一步加强知识产权审判人才队伍的建设；四是通过加强组织实施、强化工作保障、完善相关法律规定等方法加强组织领导。

（五）《国务院关于积极有效利用外资推动经济高质量发展若干措施的通知》

合理利用外资推动我国经济发展是我国对外开放的基本国策之一。目前，我国经济已经从高速发展转变为高质量发展，外资利用制度需要进一步改进完善。国务院于 2018 年 6 月 15 日印发了《国务院关于积极有效利用外资推动经济高质量发展若干措施的通知》（以下简称《利用外资措施》）。《利用外资措施》围绕体制机制、投资环境等方面，通过进一步深化市场准入、持续深化"放管服"改革、提升引资能力、强化投资保护、优化引资布局、增强开发区创新服务水平 6 个方面，共提出了 23 条措施。《利用外资措施》的亮点之一是进一步给予各级人民政府更多的自主权利。另外，它具有很强的系统性，并且具有明确的时间安排表。

（六）《工业互联网平台建设及推广指南》

为贯彻落实《国务院关于深化"互联网＋先进制造业"发展工业互联网的指导意见》，加快工业互联网平台的建设工作，工业和信息化部于 2018 年 7 月 19 日印发了《工业互联网平台建设及推广指南》。《工业互联网平台建设及推广指南》围绕着工业互联网平台标准的制定、平台的培育、平台的推广、平台生态的建设及平台的管理 5 个方面建设和推广互联网平台，明确提出要加强对接国际，强化工业互联网的培育能力，提升平台的应用开发能力，力争到 2020 年培育 10 家左右的跨行业跨领域工业互联网平台和一批面向特定行业、特定区域的企业级工业互联网平台。通过制定设备数据云端迁移指南，加速推动企业系统"上云"，围绕测试、开发、基础及创新技术等方面，进一步打造互联网平台生态。

（七）《国务院关于推动创新创业高质量发展打造"双创"升级版的意见》

为进一步推进创新驱动发展，发挥创业创新在我国制造业转型升级中的引擎作用，国务院于 2018 年 9 月 26 日印发了《国务院关于推动创新创业高质量发展打造"双创"升级版的意见》（以下简称《推动创新创业发展意见》）。《推动创新创业发展意见》紧密围绕创新创业环境、创新创业发展动力、创新创业就业带动能力、科技创新支撑能力升级、创新创业平台服务等方面打造"双创"升级版。

（八）《工业和信息化部 国家标准化管理委员会关于印发国家智能制造标准体系建设指南（2018 年版）的通知》

为了加快智能制造发展，发挥标准在智能制造发展中的引领规范作用，工信部、国家标准化管理委员会于 2018 年 10 月 15 日共同组织制定并印发了《工业和信息化部 国家标准化管理委员会关于印发国家智能制造标准体系建设指南（2018 年版）的通知》（以下简称《智能制造标准建设指南》）。《智能制造标准建设指南》明确指出，国家智能制造标准体系的建设需要按照"三步法"原则完成。第一步是研究、借鉴各类智能制造应用系统构建的经验技术，搭建 3 个维度的智能制造系统架构；第二步是形成关键技术标准，如智能装备、智能服务等技术；第三步是提升智能制造标准体系框架对智能制造标准体系建设和相关标准立项工作的指导作用。

二、主要特点分析

（一）强化了基础科学研究，提升创新驱动发展的源动力

基础研究是国家科技进步的支撑、创新驱动发展的原动力。各国普遍加快了对基础研究的战略部署，基础研究正成为全球科技竞争的制高点。尽管我国在基础研究领域取得了长足发展，整体水平显著提高，但是与发达国家相比，短板仍然明显。例如，在数学、物理等基础学科研究较为薄弱，科技创新缺乏原创性等。2018年，围绕加强基础科学研究与突破，强化创新能力，国家相继印发了《国务院关于全面加强基础科学研究的若干意见》《国务院关于印发积极牵头组织国际大科学计划和大科学工程方案的通知》等一些强化基础科学研究的政策举措。

（二）深入推进了创新创业，强化经济发展引擎

"创新创业"是社会进步的永恒动力，经过几年的努力，"大众创业、万众创新"在推动创新发展、促进经济增长、扩大就业等方面取得了显著成效，逐步成为经济发展的新引擎。为了进一步深入推进创新创业，我国出台了《国务院关于推动创新创业高质量发展打造"双创"升级版的意见》《促进大中小企业融通发展三年行动计划》等政策措施。

（三）加强了战略性新兴产业部署，创新驱动发展进入实质推动阶段

为推进战略性新兴产业加快发展，政府相继出台了一系列针对性的政策措施，创新驱动发展进入实质推动阶段。

在工业互联网建设方面，相继出台了《工业互联网发展行动计划（2018—2020年）》《工业互联网专项工作组2018年工作计划》等一系列政策。《工业互联网平台建设及推广指南》明确了我国工业互联网平台建设的顶层设计和近三年的行动纲领，配套出台了《工业互联网平台评价方法》，完善了工业互联网平台的建立。

在智能网联汽车方面，《国家车联网产业标准体系建设指南（总体要求）》

中提出了车联网的标准体系建设的整体框架、主要内容，充分发挥了标准在车联网创新发展中的引领作用；《智能网联汽车道路测试管理规范（试行）》明确了测试管理规范细则，推进智能网联汽车道路测试验证、示范区建设，进一步加快了智能网联汽车的布局。

（四）全面推进了质量提升工作，加速产业转型升级

党的十九大报告明确指出，我国经济已由高速发展阶段转向高质量发展阶段。围绕着高质量发展，我国在提升产业供给质量、推进"双创"升级、优化创新环境、改善体制机制等方面出台了一系列相关政策。

在提高供给体系质量方面，《国务院关于推进农业高新技术产业示范区建设发展的指导意见》提出，要振兴乡村，提高农业竞争力必须要坚持创新驱动发展，加速科技与传统农业的融合，提高农业高新技术示范区的建设标准。原材料是制造业的基础产业，直接反映了制造业的水平。《原材料工业质量提升三年行动方案（2018—2020年）》明确提出，通过实施技术质量攻关、完善标准供给体系、推动"互联网+"等重要手段提高原材料工业质量，为制造业高质量发展打下坚实基础。工业设计是我国制造业发展中的薄弱但至关重要的环节，《国家工业设计研究院创建工作指南》表明，要通过建设工业设计研究院，支撑我国工业设计的服务和研究体系，进一步解决工业设计投入不足、供需不平衡等问题，推进制造业提质增效。

在加强质量监管方面，《国务院关于加强质量认证体系建设促进全面质量管理的意见》围绕推广先进质量管理方法、深化质量认证制度改革、加强质量、完善质量监管体系等多方面提出要求，进一步提升质量监管在推进制造业高质量发展中的保障作用。

在扩大对外开放方面，《国务院关于支持自由贸易试验区深化改革创新若干措施的通知》强调了进一步简政放权、提高监管服务能力、开展创新探索、加大对外开放力度、加大改革授权，促进自由贸易区进一步创新发展。《国务院关于积极有效利用外资推动经济高质量发展若干措施的通知》中则进一步放宽市场准入，提高投资便利化、自由化，通过税收优惠等政策扶持吸引外资，进一步利用外资推动我国经济高质量发展。

（五）加快了标准体系建设，抢占行业发展制高点

中央经济工作会议指出，"必须加快形成推动高质量发展的指标体系、政

策体系、标准体系、统计体系、绩效评价、政绩考核，创建和完善制度环境"。2018年，政府围绕战略性新兴产业出台了一系列标准体系建设指南，同时，在其他政策文件中也多次强调了标准建设的重要性。《国家车联网产业标准体系建设指南（总体要求）》《工业和信息化部 国家标准化管理委员会关于印发国家智能制造标准体系建设指南（2018年版）的通知》分别提出了车联网、智能制造标准体系建设的整体框架、主要内容，充分发挥了标准在车联网、智能制造创新发展中的引领作用。《原材料工业质量提升三年行动方案（2018—2020年）》明确提出，要加快完善标准供给体系，并对标准的先进性、协同性、引领性提出要求。标准体系的建设受到越来越多的重视，同时也将在推进制造业高质量发展过程中发挥日益重要的作用。

（六）完善了知识产权管理制度，强化科技成果保护

随着科技的不断进步，我国已逐步成为一个知识产权大国。为了进一步完善知识产权保护制度，《关于加强知识产权审判领域改革创新若干问题的意见》作为知识产权审判领域的纲领性文件，重点强调了知识产权公诉制度的完善、知识产权法院体系的建设、知识产权审判人才队伍的培养，进一步规范和发挥知识产权司法保护的重要作用。政策的颁布对知识产权审判体系的建设有重大的意义。随着知识产权质量和数量的不断攀升，我国知识产权对外转让日益频繁，《知识产权对外转让有关工作办法（试行）》进一步完善了知识产权对外转让的审查机制，既有利于营造更好的营商环境，同时还对维护国家安全有着重要意义。

（七）深化了体制机制改革，释放创新活力

深化"放管服"改革，推进体制机制创新改革，国家颁布的若干政策都体现了"简政放权"、打通政策"最后一公里"等诉求。《关于加强知识产权审判领域改革创新若干问题的意见》提出，要改革和完善知识产权审判体系，破除体制机制障碍，发挥知识产权审判在知识产权保护中的重要作用。《国务院关于积极有效利用外资推动经济高质量发展若干措施的通知》提出，进一步深化"放管服"改革，强化省级政府的自主权利。进一步扩大对外开放，提高市场的包容性。《国务院关于推动创新创业高质量发展打造"双创"升级版的意见》明确了"简政放权"，激发创业创新活力，通过强化政策统筹、细化政策落实措施、做好经验推广等方式打通政策"最后一公里"。《国务院关于支持自由贸

易试验区深化改革创新若干措施的通知》明确了"简政放权",如向地方适当下放部分权利、放宽外商投资建设工程相关企业的资质限制等。

第三节 2019年我国工业技术创新面临的形势

作为引领经济发展的第一动力,创新是建设现代化经济体系的战略支撑。在过去的一年中,世界经济延续温和增长态势,主要发达国家在经济增长态势、通胀水平和货币政策方面分化明显,纷纷出台了国家级创新战略,争相布局人工智能、大数据、移动通信、物联网等关键技术领域。同时,国内贯彻落实创新驱动发展战略不断深入,中国工业科技创新领域聚力突破共性技术;制造业质量提升作用显著,工业产品质量整体水平进一步提升;工业品牌经济建设步伐加快,但面临的国际形势依然严峻。

一、国际形势分析

(一)各国在工业领域加强科技创新战略布局

当前,世界经济处于新旧动能转换的关键时期,各国借助金融危机空档期,纷纷将制造业再回归和创新驱动战略作为争夺未来产业话语权的生命线,全球科技创新竞赛全面展开。

特朗普就任美国总统以来,始终坚持"美国优先"原则,力图削减除国家安全和公共安全之外的科技预算。但美国国会绕开特朗普政府,表决通过最新的科技预算法案,加大对科技创新的支持力度,科技预算增长幅度创十多年来之最。2018年,美国政府相继发布了《国家太空战略》《国家生物防御战略》《国家量子计划法案》等多项科技战略,力图继续巩固美国在关键技术领域的科技优势地位。

2018年6月15日,日本政府出台了《集成创新战略》,聚焦当前日本面临的最紧迫课题,重点论述了2018—2019年应重点推进的举措,主要包括以下几方面内容。一是在创新的社会应用方面推进政府公共投资、财政支出计划的创新化改革。明确提出政府要带头在公共投资、财政支出中积极应用新技术,完善创新创业制度,改革阻碍创新的制度。二是提出建设创新基础、创新创造、创新的社会应用等一条龙社会体系。三是明确提出大力发展人工智能(Artificial Intelligence,AI)、生物技术、环境能源、国家安全、农业等重点领域,以及网络空间和物理空间相关技术、网络物理安全、自动驾驶、制造业、量子基础技术、基础设施管理、防灾减灾、健康医疗、物流、海洋、宇宙等重要领域。

英国启动"未来领导者研究基金计划"，目的是巩固英国"全球研究人才之家"的地位；2018年5月7日，俄罗斯正式公布了新一期的《国家科技发展计划（2018—2025）》，旨在发展本国的智力潜力，高效组织科研与创新活动，保障国家经济结构转型和技术升级，实现知识型经济发展模式；2018年9月5日，德国联邦政府出台了《高科技战略2025》，为未来7年高科技创新制定了目标；韩国发布了《第四期科学技术基本计划（2018—2022）》，主题为"通过科技改变国民生活"；南非科技部发布了《科学技术与创新》草案，以加强人工智能、信息与通信技术、生物技术、纳米技术和先进制造等领域的研究与创新。

（二）全球在关键领域技术创新取得突出进展

国际金融危机以来，主要发达国家深刻反思经济"脱实向虚"发展模式，纷纷调整战略方向，重新聚焦发展实体经济，通过实施"再工业化"战略，集中发力高端制造领域，持续加大创新力度，以创新作为制造业振兴的战略支点，人工智能、大数据、移动通信、物联网等领域成为各国竞相加大布局和投资力度的重点领域。

在信息技术方面，美国的先进计算技术已经加速，新的组件取得了显著的成果；日本的量子技术取得了全面进步，储存理论取得了新的突破；德国加强对量子科学的基础研究；英国计划建立一个5G测试平台，研制出可模拟人脑的超级计算机；韩国的基础设施处于最前沿，在技术研发方面有许多亮点；以色列将网络安全和无人驾驶作为重点方向，注重无人驾驶的安全性。

在人工智能和先进制造方面，美国开始警惕人工智能的应用风险，并着力挖掘3D打印技术的潜力；德国的"工业4.0"战略继续推动，试图让制造业更智能、更高效；日本验证了AI设计材料的实用性，并制造了低噪声有机晶体管；韩国设立了人工智能基金，开发软体机器人和机器人手臂；以色列扩大了无人机应用，并开发声音机器人。

在新材料方面，美国半导体/超导体材料有了突破，功能材料的应用前景广阔；日本研制新的材料合成方法，并且开发出一种新的黑色涂层材料；以色列研发的双层涂料可以吸收热辐射用于制冷，还开发了可以制造人工骨骼的空间材料；德国率先测量了二维材料的力学性能，并优化了稀土和永磁体的利用率；韩国升级了表面活性剂材料，并在低温下合成大面积石墨烯。

作为全球前两大经济体，近年来，中美制造业竞争激烈程度不断加剧，博弈手段也在日益升级，技术创新和知识产权成为中美经贸博弈的焦点。美国以知识产权名义发起"301调查"，针对我国涉及航空航天、信息和通信技术等高新技术领域征收额外关税，同时美国政府已经开始有针对性地制定措施限制我国对美国高新技术领域的投资并购，目的就是防止我国企业获取美国的高新技术，尽可能延缓或遏制我国在这些领域的技术创新和产业升级。2017年8月，美国总统特朗普以确保"公平和对等的贸易规则"为借口，授权美国贸易代表办公室（Office of the United States Trade Representative，USTR）对中国发起"301调查"。2018年3月，USTR发布了"301调查"结果，对中国提出包括不公平的技术转让制度、歧视性许可限制等在内的5项不合理指控。美国总统特朗普签署备忘录，指示有关部门对从中国进口的约600亿美元商品大规模加征关税，并限制中国企业对美投资并购。2018年5月22日，美国政府出台了《外国投资风险评估现代化法案》，首次将涉及新兴技术和核心基础设施等领域的小额出资和设立合资企业纳入外资收购审查对象，中国在美国境内的投资并购将成为"不可能完成的任务"。2018年5月29日，美国白宫发表声明，要对500亿美元的中国商品征收25%的关税，宣告中美经贸谈判阶段性失败，中美贸易战逐步升级。2018年9月18日，美国宣布自24日起对中国2000亿美元商品加征关税，税率为10%，2019年1月1日税率上升为25%，并宣称如果中国针对美国农民或其他行业采取报复措施，那么美国将对约2670亿美元的中国产品加征关税。2018年11月19日，美国商务部工业安全署出台了一份最新的技术出口管制清单先期通知，在生物、人工智能和机器学习、微处理器、量子信息和传感、机器人、先进材料等14类新技术领域实施技术出口管制。

（三）中美贸易战持续升级，知识产权成为博弈焦点

2018年，我国制造业创新体系日趋完善，重点领域创新发展成效十分显著。国家科技重大专项推进成果显著，工业强基工程稳步实施，首台套、首批次政策效应持续显现；探月工程实现新突破，嫦娥四号探测器成功发射。我国工业技术创新能力得到持续提升，《2018年全球创新指数报告》显示，我国首次跻身全球创新指数17强。2018年12月召开的中央经济工作会议，将推动制造业高质量发展作为第一项重点工作，并明确提出了要构建开放、协同、高效的共性技术研发平台。工业和信息化部通过制造业创新中心建设工程，聚焦战略性、引领性、重大基础共性需求，加强关键核心技术攻关，加快科技成果转化，提升关键环节和重点领域的创新能力。截至2018年年底，已批复建设了动力

电池、增材制造、信息光电子、印刷及柔性显示、机器人、集成电路、智能传感器、数字化设计与制造、轻量化材料成形技术与装备及先进轨道交通装备共10家国家制造业创新中心，培育了90余家省级制造业创新中心，初步形成了领域明确、区域竞合、上下衔接的建设格局。

（四）制造业质量提升作用显著，工业产品质量整体水平进一步提升

工业行业发展质量可以从行业（区域）内质量和行业（区域）间质量两个维度展开。2018年，工业行业内质量稳步提高，在激烈的全球市场竞争当中不落下风。以制造业为例，建设制造强国的信心进一步坚定，制造业质量水平进一步提升，在全球产业链地位进一步提高。2018年，工业行业间质量稳步发展，工业各行业在服务、拉动、促进国民经济迈向高质量发展阶段中扮演了不可或缺的角色。以原材料行业为例，在《原材料工业质量提升三年行动方案（2018—2020年）》政策指导下，原材料行业工艺技术、有效供给能力进一步提升，为制造业高质量发展提供了有效保障。

2018年，我国工业产品质量水平、品牌影响力等与工业发达国家差距进一步缩小。标准、计量、认证认可、检测服务等基础能力进一步夯实，可靠性、稳定性、运行寿命、精度保持性、一致性、合格率等指标有所提高，工业产品质量形象进一步改善，高端需求供给能力进一步提高，新业态、新模式及新产品质量发展提速，能够初步满足市场对智能化、绿色化、服务化、高端化产品的需求。

（五）工业品牌经济建设步伐加快，但国际形势依然严峻

2018年是我国工业品牌经济发展的重要一年，品牌经济建设活动频繁，引起社会各界重视。围绕5月10日的品牌日，中央和诸多地方都开展了形式各异的推广活动，包括：5月9日，山东省质监局和山东省发展和改革委联合举办"中国品牌日"系列活动，并评出福牌阿胶、海尔、海信、青岛啤酒、浪潮等"山东省品牌百强"，以激励企业重视品牌、发展品牌。5月10日，国家发展改革委等部门与上海市政府联合举办首届中国自主品牌博览会和中国品牌发展国际论坛，强调加强品牌建设、增加优质供给[1]。此外，还有专业机构、企业等纷纷开展品牌宣传、评比、促销等活动，引起社会对工业品牌经济的重视，

---

[1] 《李克强对2018年中国品牌日活动作出批示》，http://news.ifeng.com/a/ 20180511/58271815_0.shtml。

初步形成了较好的工业品牌建设氛围。

2018年各地方政府积极落实党的十九大报告精神，多个省市地区纷纷出台品牌经济推进行动的方案或相关政策文件，探索从创新、人才、高端产业、财政税收等方面支持促进工业品牌发展。例如，2016年浙江省质监局印发《关于印发"浙江制造"品牌建设三年行动计划（2016—2018年）的通知》，其目的是推动本土制造迈向更高品质、更高水平，将"浙江制造"打造为中国制造的标杆[1]，并取得了显著成效。2018年4月，上海为加快推进"四大品牌"建设，发布了《关于全力打响上海"四大品牌"率先推动高质量发展的若干意见》，以及全力打响"上海服务""上海制造""上海购物""上海文化"品牌的4个《三年行动计划》。其中，"上海制造"品牌是围绕迈向全球产业链、价值链高端的方向，实施若干个专项行动，打造上海制造品牌[2]。此外，天津、杭州等地区也发布了类似计划。

随着经济竞争的日益激烈，以及各级政府和社会各界的关注，企业也越来越重视品牌经济和品牌效应。企业对品牌的培育、管理、宣传等活动积极响应，并寻求可持续、健康的品牌建设方案，已经取得了显著效果。WPP发布的"2018年BrandZ全球最具价值品牌百强榜"榜单显示，中国上榜企业数量达到15家，成为上榜数量仅次于美国的第二大国，品牌影响力得以显著提高。预计2019年，我国将有更多的工业企业采取行动培育自主品牌，将有更多的企业在各种品牌排行榜中脱颖而出。

但是，我国工业品牌经济发展挑战仍存，国际形势仍然严峻。我国虽然是制造业大国，却不是品牌大国，在进出口贸易中，工业品牌的附加值与国际相比差距还较大。例如，我国进口金属切削数控机床平均每台14.7万美元，而出口金属切削数控机床平均每台仅1.24万美元，两者相差近10.9倍。这说明我国工业在全球价值链中的品牌优势明显较弱，在国际竞争中处于相对劣势。

第四节 2019年我国工业技术创新趋势展望

2019年是中华人民共和国成立70周年，是全面建成小康社会关键之年，是决胜进入创新型国家行列之年。展望2019年，新一轮技术和产业变革引发的国际竞争日益加剧，中美贸易关系、世界制造业布局、知识产权规则等的变化

---

[1]《关于印发"浙江制造"品牌建设三年行动计划（2016—2018年）的通知》，浙江省质监局，http://www.zj.gov.cn/art/2017/3/2/art_14158_290609.html。
[2]《加快推进"四大品牌"建设 上海印发四个＜三年行动计划＞》，http://shzw.eastday.com/shzw/G/20180424/u1ai11388154.html。

将引领全球技术进步和经济创新。我国将进一步优化和完善技术创新体系，聚力突破共性技术；进一步落实相关政策，强化工业质量品牌建设主体。工业各行业质量提升行动向纵深开展，企业整体素质将进一步提高。针对当前发展形势，赛迪智库提出几点建议：进一步落实创新驱动发展战略，加强创新载体建设和领域布局；实现质量提升行动全行业覆盖，为工业和信息化实现高质量发展打下坚实基础；明确工业品牌建设发展方向和路径，继续加强保障和优化环境。

一、形势判断

（一）进一步优化和完善技术创新体系，聚力突破共性技术

展望 2019 年，将以习近平新时代中国特色社会主义思想为指导，坚持以全面提升创新能力为主线，把握主动，以更强的紧迫感攻坚克难，狠抓关键核心技术攻关，狠抓改革任务和政策落实，着力加强基础研究，着力优化人才发展机制，着力提高成果转化能力，着力扩大开放创新，着力营造优良创新环境，全面提升国家创新体系整体效能，为实现高质量发展、全面建成小康社会收官提供强有力支撑。进一步优化和完善以企业为主体、市场为导向、产学研深度融合的制造业技术创新体系；积极构建产学研用深度融合的协同创新机制，抓好制造业创新中心建设；着力突破行业关键共性技术，推动技术创新能力转变为产业核心竞争力；进一步鼓励企业应用新技术、新工艺、新材料，提高产品可靠性、稳定性和适用性。

（二）工业各行业质量提升行动向纵深开展，企业整体素质将进一步提高

2019 年，中央经济工作会议把"推动制造业高质量发展"作为全年首要任务，战略性新兴产业、智能制造产业、服务型制造产业、高技术制造业和装备制造业等技术密集型行业增速将继续高于规模以上工业增速，占比会进一步上升，高端供给不充分局面有望缓解，行业内质量和行业间质量将保持同步升级态势。2019 年，数字化、智能化、绿色化、服务化及符合消费升级趋势的产品将继续保持高速增长，新能源汽车、工业机器人等典型产品将保持超高速增长。行业、企业间分化进一步加剧，社会资源加速流向质量管理能力突出、创新能力强的领军型企业，高技术制造业、装备制造业、汽车等行业集中度将进一步

提高。从微观来看，2019年将延续近年来向全球价值链高端攀升的总体趋势。

（三）进一步落实相关政策，工业质量品牌建设主体强化

当前，日益激烈的国际竞争越来越体现在对质量品牌的争夺，尤其是在新一轮科技革命和产业变革孕育兴起之时，发达国家纷纷召回高端制造业，试图运用新技术、新模式、新业态掌握制造业价值链中高端，继续保持他们的技术和质量品牌优势。我国工业在全球价值链中的品牌优势明显较弱，在国际竞争中处于相对劣势。而且，这种劣势不会在短期内有突破性改变，2019年的工业品牌培育和发展的国际形势依然会很严峻。2019年将进一步落实工业质量品牌建设的相关政策，更加明确重点行业、重点领域品牌能力提升方向和路径。工业品牌建设的社会氛围将继续优化，工业品牌经济建设热情将进一步高涨，更多的地方政府将出台更为详细的行动计划或相关政策文件以促进当地工业品牌经济发展。企业的品牌意识将进一步增强，工业品牌建设主体强化。2019年，我国将有更多的工业企业采取行动培育自主品牌，将有更多的企业在各种品牌排行榜中脱颖而出。

二、对策建议

（一）进一步落实创新驱动发展战略，加强创新载体建设和领域布局

坚持习近平中国特色社会主义新时期的指导，深化科技体制改革，加快创新型国家建设。一是注重提升高质量的发展要求，加强高水平的技术供应，构建具有国际竞争力的现代工业技术体系；二是强化国家核心竞争力要求，加强技术、设备和系统集成，加强战略高科技领域的系统部署；三是加强技术支持，促进技术突破和科技资源转化应用及许多领域的要素创新；四是瞄准世界科技前沿，加强基础研究和应用基础研究；五是积极实施人才聚集战略思想，协调国内外人才资源，完善人才引进体系；六是促进区域协调创新发展，建设区域创新高地，带动更多地区加快创新驱动发展道路，支持国家重大区域发展战略的实施。

加强企业共性技术研发创新，明确各创新主体在创新链不同环节的功能定位。建立以企业为主体、以市场为导向、产学研深度融合的技术创新体系。促进大中型企业的发展，让企业成为技术创新决策、研发投入、科研组织和成果

转化的主体，同时激发大学的创新激情和活力。按照"行业关键共性技术研发定位，突出市场化，突出协同效应，突出产业化，突出可持续发展"的思路，建立一批制造业创新中心。发挥好创新中心在聚集行业资源、共性技术攻关、科技成果转化等关键环节的重要作用，将创新中心建设成一个开放、协作、高效的共性技术研发平台。

下一步将进一步落实《制造业创新中心建设工程实施指南（2016—2020年）》《关于推进制造业创新中心建设，完善国家制造业创新体系的指导意见》《省级制造业创新中心升级为国家制造业创新中心条件》《国家制造业创新中心考核评估办法（暂行）》《国家制造业创新中心建设领域总体布局（2018年新增）》等文件，重点关注工业和信息化部部署的36个重点领域，加快制造业创新中心建设。

（二）实现质量提升行动全行业覆盖，为工业和信息化实现高质量发展奠定坚实基础

近年来，虽然工业各行业发展质量稳步提高，但是仍滞后于行业规模的增长，不能完全适应高质量发展的要求。2019年要深入贯彻落实《中共中央 国务院关于开展质量提升行动的指导意见》，坚持行业内质量与行业间质量共同推进的方针，着力做好以下几方面工作。

一是加大针对重点行业优势品牌的扶持力度，鼓励具备优势的品牌与国际同行对标，授予优势品牌相应荣誉称号。二是制订工业行业发展质量提升计划，以"中兴事件"和中美贸易摩擦为契机，瞄准当前市场供给"不充分"的"短板"领域，支持企业啃骨头、攻难关，持续扩大工业各行业在高端市场中的份额。三是进一步优化产业结构和技术结构，以质量手段实现"三改善、三促进"。其中，"三改善"包括：改善汽车、仪表、机床、航空发动机等相对较弱行业的国际地位和巨额逆差的现状；改善"重主机、轻配套"的陈旧观念；改善传统行业原有格局，与时俱进、及时调整，努力培育智能制造、机器人等新兴行业，争取进入世界前列。"三促进"包括：促进工业各行业的产品技术、制造技术、管理和服务技术自主创新；促进数字化、网络化、智能化技术与质量技术加速融合；促进工业各行业在新技术潮流和产业变革中抢占全球制高点。

2019年，要进一步夯实质量基础，充分发挥标准体系对工业质量的支持和引领作用。要进一步调整产品结构，削减过剩产能，增加短板产能，改变高质量、高水平、系统解决方案等高端供给"不充分"的局面，并以此实现附加值

的增加。要进一步优化企业结构，一方面要支持大型企业集团发展；另一方面更要关心和扶植"专、精、特、新"小巨人企业成长，尤其要大力培育为业界所公认的行业"隐形冠军"。要建立健全社会质量诚信体系和质量失信惩戒机制，强化工业用户部门和消费者质量意识，扭转"劣币驱逐良币"局面，促进工业产品进入优质优价的良性循环。要促进质量技术在新业态和新模式中的发展，重点关注智能制造（数字化、网络化、智能化）、服务型制造和绿色制造，以此加速行业发展新动能的成长。要进一步改善人力资源结构，从当前的现实矛盾出发，克服供需错配、产教脱节等不利因素影响，重视"工匠精神"的培育和"工匠队伍"的建设。

（三）明确工业品牌建设发展方向和路径，继续加强保障和优化环境

2019年，要坚定建设工业品牌的发展理念，并且要明确发展方向，立足于我国的实际国情，学习借鉴国外经验，以满足人民的新需要和不断升级的市场新需求为宗旨，以提高劳动生产率和综合竞争实力为主要目标，以改革开放、"一带一路"倡议等为发展契机，以增品种、提品质、创品牌为主要路径，以弘扬企业家精神和工匠精神为主要抓手，以创新驱动、"互联网+"等为主要工具，促进我国更多工业知名品牌走出国门走向世界。

我国工业品牌的建设要瞄准全球价值链中高端，稳步提高工业品牌竞争力。其发展路径主要包括：一是强基础，质量是提升品牌的基础，要学习日本在20世纪五六十年代时狠抓质量管理的经验，普及企业质量管理体系的建立、运用、评价等，着重培养质量管理人才和品牌培育人才，并抓紧制定和实施与国际先进水平接轨的制造业质量、安全、卫生、环保、节能等标准体系；二是抓重点，要利用先进适用技术、工艺、流程、材料、管理等改造提升传统产业的质量品牌价值，也要运用新一代信息技术、柔性制造、网络制造、智能制造技术等发展新兴产业品牌价值；三是促联动，形成政府引导、企业主体、"学""研"智力、行业协会服务的联动机制，以及企业、产业、区域、国家品牌建设协同联动的模式，实现品牌基础建设共享、智力资源共享、品牌价值利益共享的工业品牌建设体系。

2019年是工业品牌经济建设的重要一年，很多工作已经启动，并取得了一定进展，需要有完善的保障体系将成果固化，保障工业品牌建设可持续、健康发展。一是要继续完善品牌人才的培养体系，运用"互联网+"等新理念，完

善知识与人才的培养体系，培养高端质量和品牌人才；二是继续加强资金和政策支持，品牌建设是一项长期的系统工程，其经济效应具有滞后性，需要在前期给予明确的资金支持；三是加大社会宣传体系建设力度，加强对工业品牌宣传的总体策划和系统推进，组织媒体开展主题宣传活动，树立中国制造品牌良好形象。

同时，要高度重视工业品牌建设的营商环境。一是要继续优化政策环境，包括战略性、目标性、鼓励性等政策体系的完善，以及提升政策的落实能力，并且使期覆盖大中小企业的发展需求；二是要继续优化创新环境，发展大品牌、高附加值的品牌离不开创新驱动，要营造包括设计、研发、服务等全产业链的创新环境；三是继续优化服务环境，包括政府部门的行政审批服务，以及社会中介机构提供的信息、技术等专业服务，提高服务的宽度和深度。

第五章

网络安全

第一节 2018年我国网络安全取得的主要进展

一、政策环境持续优化

（一）顶层设计陆续完善

2018年，《网络安全等级保护条例（征求意见稿）》发布，标志着所有网络运营者都要对相关网络设施展开等级保护工作。网络空间安全顶层文件的陆续出台，为我国网络空间安全发展指明了方向和道路，对维护我国网络空间主权、保障国家网络安全具有重要意义。

（二）行业政策陆续出台

2018年，我国各行业出台了多项网络空间安全相关政策文件，如教育部印发《2018年教育信息化和网络安全工作要点》、中央网信办和中国证监会联合印发《关于推动资本市场服务网络强国建设的指导意见》、工信部印发《关于纵深推进防范打击通讯信息诈骗工作的通知》、公安部印发《互联网个人信息安全保护指引（征求意见稿）》。

（三）法规体系逐渐完善

2018年，我国颁布了多部网络安全相关法规。如国家互联网信息办公室发布《微博客信息服务管理规定》、国家邮政局颁布《快递暂行条例》、公安部发布《网络安全等级保护条例（征求意见稿）》、公安部通过《公安机关互联网安全监督检查规定》、国家互联网信息办公室颁布《金融信息服务管理规定》，丰富完善了我国网络安全法规体系。

（四）国家标准体系日趋完善

一是国家标准颁布数量增加，截至2018年年底，全国信息安全标准化技术委员会发布的网络安全国家标准数量达291个，整体呈现上升趋势。其中，2018年全国新发布网络安全国家标准53个。二是国家标准体系日趋完善。三是密码相关标准数量增长放缓。在2018年发布的53个网络安全国家标准中，密码相关标准仅有2个，分别为GB/T 36322—2018《信息安全技术 密码设备应用接口规范》和GB/T 37092—2018《信息安全技术 密码模块安全要求》。

二、重点行业标准稳步推进

（一）网络安全标准体系不断完善

截至2018年12月，我国通信行业网络安全相关标准数量达到55个，其中，2018年发布的通信行业网络安全标准8个，保密行业安全标准尚无进展。保密行业由于其特殊性，在标准发布上进展缓慢，截至2018年12月，仅有32个保密行业信息安全标准，2018年没有公布新的保密行业信息安全标准。等级保护标准体系趋于完善，截至2018年底，全国等级保护行业标准总量达到18个，其中，2018年发布5个等级保护行业标准。

（二）团体标准受到高度重视

2018年，各行业组织、联盟等高度重视团体标准研制工作，我国在信息技术领域团体标准建设方面取得新突破。2018年，我国已发布的网络安全领域团体标准数量达到5个，包括《智能硬件轻量级操作系统规范 数据安全》《基于公众电信网的联网汽车信息安全技术要求》《就绪可用软件产品（RUSP）安全质量评价标准 第1部分：安全质量模型》《就绪可用软件产品（RUSP）安全

质量评价标准 第 2 部分：安全质量要求和等级划分指南》和《区块链技术安全通用规范》。

三、基础工作稳步开展

（一）个人隐私保护重视程度不断提高

2018 年，我国高度重视公民个人信息保护问题，各行业都颁布制度法规和标准，规范 APP 运营商、服务提供商等收集、使用个人信息的行为。一方面，个人信息保护相关的制度法规和标准不断完善。另一方面，个人信息保护专项行动陆续开展。工信部 2018 年年初约谈了百度、今日头条、蚂蚁金服等互联网企业，就用户协议默认勾选、个人信息收集目的告知不明确等问题进行了通报并要求限期整改。

（二）持续加强关键信息基础设施保护

2018 年，我国持续加强对关键信息基础设施的保护力度，出台了多部关键信息基础设施保护相关的法规和标准，为关键信息基础设施保护提供了依据。2018 年 6 月，由公安部牵头，会同中央网信办、国家保密局、国家密码管理局联合制定的《网络安全等级保护条例（征求意见稿）》公开向社会征求意见，工信部开展 2018 年电信和互联网行业网络安全检查工作。此外，天津等多地启动 2018 年关键信息基础设施网络安全检查工作，提高关键信息基础设施网络安全防护能力和水平。

（三）互联网网络安全治理力度显著提升

2018 年，中央网信办、工信部、公安部等部委陆续开展相关治理行动，打击电信诈骗、网络色情、不良信息、网络攻击等网络违法犯罪行为。2018 年 2 月，中央网信办颁布《微博客信息服务管理规定》，5 月，工信部印发《关于纵深推进防范打击通讯信息诈骗工作的通知》，国家计算机网络应急技术处理协调中心 2018 年积极协调处致网络安全事件约 10.6 万起，有效降低了来自我国境内的攻击流量。

四、产业实力不断提升

（一）产业规模保持较高增长速度

2018年，在政策和市场的双重驱动下，我国网络安全产业规模保持了较高速度的发展，尤其在网络攻防、网络可信身份服务等方面，市场需求迫切，该细分领域的网络安全产业规模增长幅度远远超出预期，保持了高速增长势头。据统计，2018年，包括基础安全产业、IT安全产业、灾难备份产业、网络可信身份服务业在内的中国网络安全市场规模约为2183.5亿元，同比增长12.9%。

（二）网络安全产业集聚发展

2018年，伴随国家大力发展网络安全产业的利好政策出台，各地政府与网络安全龙头企业的合作频繁开展，纷纷建设网络安全产业园区，吸引网络安全产业入驻，打造网络安全聚集发展的新局面。360集团与雄安新区在网络安全多个领域开展全方位、深层次的战略合作，推动实现网络安全核心技术研发突破。启明星辰与天津市滨海新区人民政府达成战略合作，共同打造天津市网络安全产业创新基地；与无锡市人民政府在物联网和信息安全产业领域开展全方位战略合作，包括建立启明星辰物联网安全总部基地，打造物联网安全产业生态圈。绿盟科技借助成都市高新区优质的产业环境，建设西南区总部基地，发展云计算安全等信息安全相关产业；与武汉临空港区管委会签署战略合作，共同打造人才培养、技术创新、产业发展的一流网络安全创新园区。

（三）企业整体实力明显提升

2018年，我国网络安全企业通过与科研机构、高校等开展战略合作，强强联手、取长补短，促进企业整体实力得到显著提升。腾讯与北京航空航天大学共建网络生态安全联合实验室，在网络攻防、渗透测试、恶意软件检测等方向展开科研合作。启明星辰与国家工业信息安全发展研究中心进行战略合作，开展工控安全技术产业研究。中科曙光与下一代互联网国家工程中心共建国家先进计算产业创新中心，加速推动我国IPv6部署。绿盟科技深化与中国移动在网站安全、抗DDoS攻击能力、漏洞处置等方面的战略合作。北信源与中治研共建"大数据与信息安全实验室"，聚焦金融行业应用、金融级安全应用、大数据安全等多方面的技术研发。

五、技术能力显著提升

（一）新兴技术与网络安全快速融合

2018年，人工智能、大数据、区块链、量子计算等新技术被应用于网络安全领域，新兴技术与网络安全融合速度加快。360公司基于EB级网络安全大数据的网络安全态势感知与运营平台，利用大数据存储与智能分析、海量多源异构数据融合与展示、云地结合的网络安全威胁检测等领先技术，实现了针对不同空间、时间、行业和威胁类别的全天候、全方位的网络安全监测、预警和响应，支持10亿级终端和网络安全设备的大规模、自动化应急处置和溯源分析。10月，华为发布了HiSec华为智能安全解决方案，该方案通过云上和云下智能联动，实现集中智能和边缘智能配合；利用开放架构，实现基于软件定义的安全产品间动态配合；最终实现与ICT基础设施的安全配合。

（二）安全防护能力逐步增强

2018年，我国网络安全产业通过加大研发力量投入，网络安全核心技术取得长足发展，网络安全产品性能不断提高，网络安全公共服务平台的建成使用，更好地满足了各行业、领域的网络安全需要。在网络安全领域，中国网安发布了工业网络安全智能监测系统。中国联通的云盾DDoS防护产品实现了引流路由与骨干网正常路由的隔离、精细化路由控制、分布式的攻击防护模型、基于大数据的用户攻击流量态势感知平台、全网统一的集中业务管理与调度，增强了运营商网络基础设施的安全防护能力。在工业互联网领域，迈普通信发布了自主可控核心网络设备采用国产核心元器件，是国内最高性能的自主可控网络设备，可替代国际主流同档次产品。

（三）区块链技术应用发展迅速

2018年，国家及各部委出台的相关区块链政策达10余项，推动区块链技术在应用推广层面取得重大突破，区块链吸引众多资本注入，向各行业领域延伸。在金融领域、司法治理领域、工业领域都迅速发展与区块链相结合的应用。

六、国际合作多点开花

（一）网络安全双边合作硕果累累

2018年，我国不断加深与泰国、德国、俄罗斯等国家在网络安全领域的双边交流与合作，取得丰硕成果。3月，中泰数字经济部级对话机制第一次会议围绕"工业互联网""网络安全"等议题进行了深入交流并达成共识。5月，公安部副部长侍俊与德国联邦内政部国务秘书克林斯在北京共同主持中德高级别安全对话框架下的网络安全磋商。9月，中俄总理定期会晤委员会信息与通信技术分委会第十七次会议召开，国家工业信息安全发展研究中心与俄罗斯卡巴斯基实验室战略合作签署协议。

（二）积极参与国际和地区多边会议

2018年，我国积极利用联合国、金砖、欧盟、东盟等国际组织和联盟，参与互联网空间治理工作，宣扬我国网络主权观念，推动构建公平、透明的互联网治理体系，致力于推动网络空间安全协同创新体系建设，构建协同创新的互联网安全新生态。

（三）举办国际会议搭建沟通桥梁

2018年，我国积极举办各类网络安全会议，搭建政府政策宣传平台，为业内专家、学者、企业代表等多方人士的交流搭建舞台，推动网络安全技术交流和经验分享。2018年5月，2018中国国际大数据产业博览会在贵阳开幕，围绕"数据安全"主题，从大数据国家治理、数据安全保障等角度，邀请了全球顶级大数据企业和大数据领军人物同台论道。2018年8月，首届中国国际智能产业博览会在重庆举行，国内外有500多家相关领域的知名企业和权威机构参加。2018年9月，2018互联网安全大会（ISC 2018）在北京召开，集聚了全球安全机构和安全专家，围绕全球网络空间安全政策、城市安全、政企安全、网络反恐和犯罪治理、工业互联网安全、金融安全、关键信息基础设施保护、区块链与安全等话题举行了33场分论坛。2018年12月，第五届世界互联网大会在乌镇举行，大会聚焦人工智能、5G、大数据、网络安全、数字丝路等热点议题，邀请了来自76个国家和地区的约1500名嘉宾分享观点。

第二节 2018年我国网络安全重点政策解析

一、2018年我国网络安全重要政策文件

（一）《2018年教育信息化和网络安全工作要点》

教育行业网络攻击事件频发，与高考入学、考生信息泄露相关的网络诈骗案件屡屡曝光，重点高校面对的要挟相对最大，互联网风险不容忽视，重点高校成为黑客的主要目标。严峻的挑战促使网络安全工作地位快速上升，也催生了相关文件的出台。2018年2月11日，教育部办公厅印发了《2018年教育信息化和网络安全工作要点》（以下简称《工作要点》）。

《工作要点》围绕网络安全提出了很多具体举措，一是加强网络安全人才培养。二是开展网络空间国际治理研究。启动实施《构建全球化互联网治理体系研究》重大攻关项目。在提高教育系统网络安全保障能力方面，一是健全完善教育系统网络安全制度体系。二是推进关键信息基础设施保障工作。三是持续推进教育系统网络安全监测预警。2018年《工作要点》把"网络安全工作"放在文件的标题上，首次将其与"教育信息化"并列提出，可见做好网络安全工作将成为教育信息化建设的重中之重。

（二）《关于推动资本市场服务网络强国建设的指导意见》

为进一步发挥资本市场服务实体经济功能，加强政策引导，促进网信企业规范发展，2018年3月30日，中央网信办和中国证监会联合印发了《关于推动资本市场服务网络强国建设的指导意见》（以下简称《意见》）。《意见》从对网信事业的总体要求、政策引导、网信企业发展以及组织保障四个方面阐述了15条指导意见，其中与网络安全相关的主要集中在以下几点：一是保障国家网络安全和金融安全。二是落实网络与信息安全保障措施。三是支持网信企业服务国家战略，建立工作协调机制。

制定出台《意见》，有助于激发网信企业遵守国家网络安全管理要求的自觉性与积极性，提高网信企业规范运作和公司治理水平，提升网信企业对个人信息以及重要数据的保障能力。既能够提高网信企业的国际竞争力，促进网信企业的发展，又可以为我国网络空间营造安全有序的氛围，加固我国网络安全的防线。

（三）《关于促进"互联网+医疗健康"发展的意见》

近年来，党中央和国务院越来越重视"互联网+医疗健康"工作。为贯彻落实党中央、国务院的精神，国家卫生健康委员会同有关部门研究起草了《关于促进"互联网+医疗健康"发展的意见》（以下简称《意见》）。

《意见》要求加强行业监管和安全保障，与网络安全相关的主要集中在第十三部分和第十四部分。其中，在第十三部分"强化医疗质量监管"中提到：一是要出台规范互联网诊疗行为的管理办法，明确监管底线，加强事中事后监管，确保医疗健康服务质量和安全。二是要求"互联网+医疗健康"服务产生的数据应当全程留痕，做到可查询、可追溯，满足行业监管需求。在第十四部分"保障数据信息安全"中提到：一是要研究制定健康医疗大数据确权、开放、流通、交易和产权保护的法规。二是要加强医疗卫生机构、互联网医疗健康服务平台、智能医疗设备及关键信息基础设施、数据应用服务的信息防护，定期开展信息安全隐患排查、监测和预警。《意见》的出台进一步推动了互联网与医疗健康的深度融合发展。

（四）《关于纵深推进防范打击通讯信息诈骗工作的通知》

为落实全国网络安全和信息化工作会议、中央经济工作会议和《政府工作报告》中提出的防范打击电信网络诈骗相关要求，工信部于2018年5月18日发布了《关于纵深推进防范打击通讯信息诈骗工作的通知》（以下简称《通知》），阐明了打击电信网络诈骗的各项任务。

《通知》明确了九项重点任务：一是切实加强实人认证工作，持续巩固电话用户实名登记成效。二是持续规范重点电信业务，着力治理境外来源诈骗电话。三是加强钓鱼网站和恶意程序整治，有效降低网络诈骗威胁风险。四是依法开展网上诈骗信息治理，着力压缩诈骗信息传播渠道。五是强化数据共享和协同联动，有效发挥全国诈骗电话技术防范体系作用。六是密切关注新动态新趋势，严控新兴领域通信信息诈骗风险。七是不断完善举报通报机制，充分发挥关键抓手作用。八是全面从严监督执法，切实强化企业责任落实。九是广泛加强宣传教育，切实提高用户防范意识。《通知》的发布是坚决贯彻落实党中央、国务院近期工作部署要求的重要举措，是进一步巩固和深化前期有效措施的迫切需求，也是积极应对防范打击工作面临新情况新问题的重要保障。

(五)《网络安全等级保护条例(征求意见稿)》

2018年6月27日,公安部正式发布《网络安全等级保护条例(征求意见稿)》(以下简称《等保条例》)。《等保条例》由八大部分组成,分别为总则、支持与保障、网络的安全保护、涉密网络的安全保护、密码管理、监督管理、法律责任、附则。其中,主要内容如下:一是对网络进行分级管理;二是对涉密网络进行分级管理;三是制定了网络安全等级保护密码标准规范。

从整体看,《等保条例》是对《网络安全法》的贯彻落实。等级保护的适用范围由"国家事务、经济建设、国防建设、尖端科学技术等重要领域的计算机信息系统",扩大成"境内建设、运营、维护、使用网络的单位原则上都要在等保的使用范围",这意味着所有网络运营者都要对相关网络开展等保工作。

(六)《互联网个人信息安全保护指引(征求意见稿)》

2018年11月30日,公安部网络安全保卫局发布《互联网个人信息安全保护指引(征求意见稿)》(以下简称《指引》)。《指引》的主要内容共分为六个部分,分别为规范、范围性引用文件、术语和定义、管理机制、技术措施和业务流程。其中,主要内容如下:一是对个人信息相关术语进行了定义,包括个人信息、个人信息主体、个人信息生命周期、个人信息持有者、个人信息持有、个人信息收集、个人信息使用、个人信息删除等专业名词的定义;二是明确了管理机制;三是明确了技术措施;四是明确了互联网企业对个人信息进行处理的流程中应达到的要求。

《指引》具体描述了互联网中个人信息安全体系的保护防范轮廓,面向现实网络真实环境中存在的问题和特点提供了具有针对性的操作细则,并与网络安全法下的其他法律法规相辅相成,互相补充。

(七)《微博客信息服务管理规定》

依据《中华人民共和国网络安全法》等相关法律法规,国家互联网信息办公室制定了《微博客信息服务管理规定》(以下简称《规定》),并于2018年2月2日发布。《规定》共十八条,包含了微博客服务提供者主体责任、真实身份信息认证、分级分类管理、辟谣机制、行业自律、社会监督及行政管理等条款。其中与网络安全有关的主要内容如下:一是微博客服务提供者要承担信息内容安全管理的主体责任;二是加强实名认证账号管理;三是保障使用者个人信息安全。

近两年是我国互联网立法的高峰期,一系列网络信息活动、社交活动等都相继被纳入合规轨道中。总的来看,此次《规定》的出炉,是对《网络安全法》《互联网新闻信息服务管理规定》等法律法规成果的具体运用,也是互联网法治成果运用到微博客的具体化体现。

二、2018年我国网络安全重要标准规范

(一)《信息安全技术 物联网数据传输安全要求》

随着计算机和网络技术的发展,特别是感知与控制技术的深度融合,物联网产品的应用日益广泛。从家用摄像头、智能恒温器、可穿戴电子设备、烟雾感应器等生活环境用品,到温湿度感应器、光敏感应器、物料电子标签、PM2.5自动监测仪等生产环境用品,我们的生产、生活都已经被物联网技术和产品深度渗透。物联网应用系统一旦遭受攻击,将严重影响人们生产、生活的安全稳定。对此,全国信息安全标准化技术委员会(SAC/TC 260)立项研制了物联网安全通用模型、感知设备安全、传输安全等多项国家标准。

标准共7章,主要内容包括:范围、规范性引用文件、术语和定义、物联网数据传输安全概述、基础级安全技术要求、增强级安全技术要求。其中,术语和定义界定了物联网、感知终端、传感器、传输安全、完整性、保密性、可用性、新鲜性、隐私、信任;物联网数据传输安全概述介绍了物联网数据传输安全模型、安全防护范围、安全分级原则;基础级安全技术要求介绍了数据传输完整性、数据传输可用性、数据传输隐私、数据传输信任、信息传输策略和程序、信息传输协议、保密或非扩散协议;增强级安全技术要求介绍了数据传输完整性、数据传输可用性、数据传输保密性、数据传输隐私、数据传输信任、信息传输策略和程序、信息传输协议、保密或非扩散协议。

(二)《信息安全技术 信息技术产品安全可控评价指标》

为满足应用方的安全可控需求,增强应用方信心,进而推动信息技术产业健康、快速发展,制定了《信息安全技术 信息技术产品安全可控评价指标》系列标准。标准针对信息技术产品提出安全可控评价指标和评价方法,不评价产品本身的安全功能和安全性能,推荐对安全可控有较高要求的应用方配合其他信息安全标准使用。

标准在编制过程中参考了CC、ISO/IEC 27036、SP 800-53、NIST SP

800-161、FIPS_PUB_140-2 等国际标准的相关内容，充分考虑了 WTO 等国际规则要求，基本保持国内外标准一致性。该标准符合现有法律法规，主要依据现有法律法规制定，与现行强制性国家标准及相关标准不冲突。2015 年 7 月正式发布的《国家安全法》第 25 条明确要求要"实现网络和信息核心技术、关键基础设施和重要领域信息系统及数据的安全可控"。在国家标准方面，我国尚未制定信息技术产品安全可控相关国家标准，该标准主要从安全可控角度提出管理要求，现有的信息技术产品相关安全标准主要从安全功能和安全要求方面提出技术要求，标准内容之间不重叠，可同时使用。

（三）《信息安全技术 网络安全等级保护测评过程指南》

网络安全法中针对关键信息基础设施的运行安全提出相关要求："国家对一旦遭到破坏、丧失功能或数据泄露，可能严重危害国家安全、国计民生、公共利益的关键信息基础设施，在网络安全等级保护制度的基础上，实行重点保护。"其中所采用的是网络安全等级保护制度。

该标准通过对等级保护系统测评过程中涉及的关键技术进行了系统的归纳、阐述，概述技术性安全测试评估的关键要素、实现功能和使用原则，并提出建议供使用，适用于测评机构、信息系统的主管部门及运营使用单位对重要信息系统的安全等级测评，为信息系统的安全等级测评工作的技术规范性提供方法依据，在应用于系统等级保护测评时可作为对《信息安全技术 信息系统安全等级保护测评要求》和《信息安全技术 信息系统安全等级保护测评过程指南》的补充，为机构进行计划、实施技术性的信息系统安全等级保护测试评估提供参考。系统的管理者也可以利用本标准提供的信息，促进与信息系统安全等级保护测试评估相关的技术决策过程。

第三节　2019 年我国网络安全面临的形势

一、全球网络对抗态势进一步升级

网络空间已成为国家之间安全博弈的新战场，各国为了维护本国在网络空间的核心利益，持续加大网络空间的军事投入，网络空间对抗态势不断加剧。各国在网络空间对抗上主要做了以下几方面准备：一是理论准备，即制定相应的战略、立法和作战规则；二是力量准备，包括成立网络司令部、组建网络部队、投入网络军备经费、研发网络武器等；三是构建网络防御军事行动同盟；四是强化网络安全军事演习。预计2019年，各国将会持续提高本国网络战的能力，全球网络对抗态势将进一步升级，网络战威胁将显著增加。

二、关键基础软硬件安全问题日益严重

关键基础软硬件包括CPU、操作系统、数据库、办公套件等，是计算机信息系统的重要构成，也是保障网络空间安全的基础。近年来，对基础软硬件漏洞的利用及针对软硬件供应链的攻击日趋频繁，基础软硬件安全问题日趋严重，不仅可能造成经济利益、知识产权、数据隐私的破坏与窃取，还可能对国家安全构成威胁。

一是对基础软硬件漏洞的利用。2018年英特尔公司爆出"幽灵""熔断"两个处理器漏洞，利用"熔断"漏洞，低权限用户可以访问内核内容，获取本地操作系统底层的信息，利用"幽灵"漏洞，恶意程序可获取用户账号、密码、邮箱等个人隐私信息；2018年思科设备发现远程代码执行漏洞，攻击者无需用户验证即可向远端思科设备发送精心构造的恶意程序，全球20万思科设备受到影响，一个名为JHT的黑客组织利用该漏洞攻击了俄罗斯和伊朗两国的网络基础设施，进而波及了两国的ISP（互联网服务提供商）、数据中心及某些网站。

二是针对基础软硬件供应链的攻击。供应链的攻击主要集中在软件上，通过在软件的设计、开发、集成、交付、使用等供应链环节植入恶意程序，损害计算机系统，对目标企业和机构实施网络攻击。

预计2019年，对关键基础软硬件安全漏洞利用及供应链攻击的数量将继续呈上升趋势，攻击的复杂程度也将不断增加，有专家预测，未来将能够看到针对基础硬件的供应链攻击，如攻击者可以在UEFI/BIOS的固件中破坏、更改芯片或添加源代码，然后将这些组件发送到数百万台计算机。

三、物联网安全风险进一步增加

物联网正在全球范围内迅速发展。有机构预测，到2020年全球将有超过300亿个设备连接到互联网，2025年这一数字将达到750亿。针对物联网的网络攻击越来越多，根据卡巴斯基的报告，物联网设备受攻击的数量将逐年增加，仅2018年上半年，恶意软件样本数量便是2017年全年的三倍，而2017年的数量是2016年的10倍。大量的物联网设备直接暴露在互联网上，这些设备或者使用弱口令（或内置默认口令），或者存在安全漏洞，极易被攻击者利用，攻击者可获取设备控制权限、窃取设备重要数据、进行网络流量劫持，或利用被控制的设备形成大规模僵尸网络。如果物联网安全有问题，将使个人隐

私完全暴露在攻击者面前，如通过攻击智能家居设备，攻击者可获取大量个人生活影像、照片，甚至个人私密信息；而且，将危及关键信息基础设施安全，如攻击者在攻破网络摄像头后，可利用其在网上发起 DDoS 攻击，有目的地对某些大型网站进行攻击。预计 2019 年，随着智能家电、自动驾驶汽车、无人机等设备的普及，以及工业互联网、车联网、智慧城市等的发展，物联网设备的漏洞披露数量将大幅增加，针对物联网智能设备的网络攻击将更为频繁，攻击者可能利用物联网设备发动一系列威胁性攻击，如僵尸网络、勒索软件感染、APT 监控、数据过滤等，也可能出现更具威胁的攻击形式，对现实世界的影响和危害也将逐渐增大。

四、个人信息安全与隐私保护仍是社会关注热点

大数据时代数据是重要的战略资源。各国在充分挖掘数据价值的同时，对数据安全与隐私保护问题也越来越重视。欧盟的《通用数据保护条例》于 2018 年 5 月正式生效，要求数据处理需取得数据主体的明确同意，赋予个人数据删除权、携带权等新型权利，并限制数据分析活动。我国的《网络安全法》及相关配套规范，对个人信息收集、处理、使用等也提出了明确要求。法规的实施推动企业加强了数据合规工作，但个人信息安全与隐私保护问题仍然十分突出，主要体现在以下两个方面。

一是个人信息过度收集和非法滥用，即在用户不知情或超出用户同意的范围之外，收集个人信息并加以非法利用。最典型的是脸谱"剑桥分析"事件，脸谱约 5000 万用户信息被一家名为"剑桥分析"的公司用来预测和影响选民的大选投票选向。我国多款 APP 也存在过度收集用户敏感信息及未经用户同意收集使用个人信息的行为，中消协 2018 年对 100 款 APP 的测评发现，59 款涉嫌过度收集"位置信息"，28 款过度收集"通讯录信息"，23 款过度收集"身份信息"，用户的照片、财产信息、生物识别信息、工作信息、交易记录、上网浏览记录、教育信息、车辆信息、短信等均存在被过度收集或利用的现象。还有很多企业利用网络爬虫、人工智能等技术，在个人不知情的情况下，隐秘收集个人信息并加以利用。

二是个人信息泄露事件频发。个人信息已经成为犯罪分子掘金的富矿，针对个人信息的网络犯罪快速增长，据 Gemalto 报告，仅 2018 年上半年全球就发生了 945 起较大型的数据泄露事件，共计导致 45 亿条数据泄露，与 2017 年相比数量增加了 133%。预计 2019 年，个人信息过度收集和非法滥用问题仍将大量存在，个人信息的安全与隐私保护仍将是社会关注的热点；同时，个人信

息泄露事件仍将多发，利用个人信息实现欺诈、勒索等目的，事件的破坏性将加速放大。

五、人工智能技术引发新的网络安全风险

人工智能是引领未来的战略性技术，世界很多国家纷纷把发展人工智能作为国家战略。根据 CB Insights 的统计，在人工智能应用方面，网络安全是活跃度排名第四的领域，越来越多的企业开始尝试将人工智能应用到恶意软件检测、漏洞测试、用户行为分析、网络流量分析等过程中，以识别和防范网络安全威胁。例如，美国 Cylance 研发的反病毒软件，利用人工智能预测网络攻击事件的发生，在没有网络连接的情况下，仅需 60 MB 内存和 1% 的 CPU 就能保护计算机免受攻击；美国帕洛阿尔托网络公司推出名为 Magnifier 的行为分析解决方案，使用结构化和非结构化的机器学习来模拟网络行为，改善网络危险的检测；亚马逊收购了人工智能网络安全公司 Harvest.ai 和 Sqrrl，通过机器学习和人工智能算法，加强对数据窃取行为的识别和阻止，以保护云中的敏感数据；我国 360 公司发布"安全大脑"，利用人工智能技术对采集的安全数据进行分析计算，实时感知网络安全的运行状况和态势，预测网络攻击并自动响应。但与此同时，人工智能也越来越多地被攻击者利用，人工智能技术有效降低了攻击成本，提高了攻击速度和效率，引发新的网络安全风险。例如，利用人工智能技术，攻击者能够更为迅速地发现信息网络和系统中的漏洞，并加以利用；利用人工智能技术，攻击者能够快速收集、组织并处理大型数据库，对信息进行关联与识别，从而获取潜在目标的个人信息及其他详细资料，通过社会化手段对个人目标进行攻击。而且，人工智能技术在安全方面还有很多的脆弱性，如人工智能算法严重依赖数据的分布，黑客可通过改变数据分布生成恶意对抗样本，向人工智能系统发起"投毒攻击"。可以预见，2019 年人工智能技术将更多应用于网络安全领域，但利用人工智能技术的网络攻击和针对人工智能的网络攻击，也将更为普遍。

六、针对数字加密货币的非法活动仍将高发

数字加密货币是区块链技术的典型应用，大约有 1500 种，包括比特币、莱特币、门罗币等。随着数字加密货币价格持续上涨、挖取难度不断增大、数字加密货币数量越来越大，针对数字加密货币的非法活动也呈现高发趋势。一方面，针对数字加密货币的盗窃行为越来越多，不法分子利用安全漏洞通过入侵交易平台和个人钱包盗取加密货币，不仅造成个人财产损失，甚至直接造成

交易平台倒闭的严重后果。据美国网络安全公司 CipherTrace 发布的报告称，2018 年上半年全球数字货币交易所共有 7.61 亿美元价值的加密货币被盗，是 2017 年的三倍，预计 2018 年全年损失将会上升到 15 亿美元；由于被盗加密货币最终将通过洗钱方式洗白，导致洗钱犯罪数量增加了三倍。网络安全公司卡巴斯基的报告称，2018 年上半年该公司已经阻止了约 10 万起加密货币盗窃事件。另一方面，非法"挖矿"成为不法分子获取利益的主要渠道，不法分子利用各种手段将"挖矿机"程序植入受害者的计算机中，并利用受害者计算机的运算力进行"挖矿"，这种被植入的"挖矿机"程序定时启动"挖矿"程序进行计算，大量消耗受害者计算机资源。网络安全机构 Cyber Threat Alliance 公布的研究报告指出，在加密货币"挖矿"领域，2018 年发生的违法事件比 2017 年多出 459%，黑客通过在老旧微软操作系统中寻找漏洞，并利用"永恒之蓝"工具，霸占他人的运算力来生成数字货币；报告还显示，有 85% 的非法加密货币"挖矿"活动瞄准门罗币，比特币占 8%，其他加密货币占 7%，而且黑客活动主要发生在美国。预计 2019 年，随着数字加密货币价值的持续看涨，针对数字加密货币的非法活动，尤其是"挖矿"木马攻击，将呈现持续增长趋势，较以往将更为猖獗。

第四节 2019 年我国网络安全趋势展望

一、2019 年我国网络安全发展趋势

（一）《网络安全法》配套立法工作将进一步加快

《网络安全法》是我国网络空间安全管理的基本法律，2017 年 6 月 1 日正式施行。2018 年，为加快推进《网络安全法》的实施，有关部门加快研究起草配套法规，如公安部研究起草了《网络安全等级保护条例》、国家互联网信息办公室研究起草了《关键信息基础设施安全保护条例》《个人信息和重要数据出境安全评估办法》《数据安全管理办法》等。2019 年，上述配套法规的立法进程将进一步加快，尽快出台相应法律规范。

（二）安全可控信息技术产品应用将加速推进

信息技术产品和服务安全可控是提升重点行业安全保障水平的重要手段。

信息技术产品和服务安全可控至少包括三方面的含义：保障用户对数据可控；保障用户对系统可控；保障用户的选择权。2019年我国重点行业围绕提高安全保障水平，将加快推进安全可控产品的应用。一是加大支持关键技术研发和产业化，二是依据标准开展安全可控评估工作，三是安全可控产品将更多地在新建系统中予以采用。

（三）关键信息基础设施安全保障将进一步加强

2019年，落实关于对关键信息基础设施重点保护的要求，我国将进一步强化以下安全保障工作：一是依据《网络安全法》，制定配套条例，明确关键信息基础设施范围、保护部门及职责、相关保护措施等；二是继续深入推进网络安全等级保护；三是推进网络安全审查工作；四是建立健全关键信息基础设施网络安全应急协作机制；五是加强对关键信息基础设施运营过程中产生和获取数据的安全管理。

（四）个人信息保护工作将更加务实地开展

2018年，《网络安全法》明确了个人信息收集、处理、共享和保护的基本要求，在法律的落实过程中，政府机构、司法部门、行业组织等多方面发力加强个人信息保护。2019年，我国个人信息保护工作将从立法、执法、社会监督等多方面更加务实地推进。

（五）网络安全产业将继续保持高速增长

赛迪智库预测，2019年我国网络安全产业规模有望达到2572.4亿元，增幅突破17.8%。在我国网络安全产业高速增长的同时，有以下几个趋势不容忽视：一是全球数字化转型带来了数字风险；二是人工智能将引发网络安全领域革新；三是网络安全技术产品服务化趋势明显。

（六）统一网络身份生态建设将进一步加快

"大智云物移"推动万物互联、万网融合，网络空间内涵和外延不断拓展，对可信的需求越来越迫切。2019年，我国网络可信身份生态体系建设工作将从以下几个方面加快推进：一是加快建设个人和法人基础信息服务支撑平台，构建网络可信身份基础设施；二是加快网络可信身份政策法规标准制度建设；三是推动网络可信身份服务试点，提升社会治理、政务服务、业务往来的智能、便捷、安全；四是持续跟踪研究网络可信产业发展动态，交流和展示网络可信技术应用最新成果，及时向社会宣贯国家法律法规和政策标准，打造网络可信领域具有国际影响力的活动。

二、2019年加强我国网络安全防护的对策建议

（一）加强关键技术研发，构建核心技术生态圈

一是加大对关键技术研发的支持力度。从CPU和操作系统产业链全局出发（补齐短板），充分利用核高基专项、极大规模集成电路制造装备及成套工艺专项等中央财政资金，坚持不懈地给予支持。二是构建国产软硬件生态。大力推进操作系统统一接口工作，支持采用虚拟IDM的形式组成CPU产品的研发、制造、封测、应用联盟，并探索在联盟中形成利益链。三是优化核心技术自主创新环境。以基金等形式支持企业通过技术合作、资本运作等手段争取国际先进技术和人才等，为企业充分利用国际资源提升自主创新能力提供支撑。

（二）加强安全制度建设，全面保护关键信息基础设施

一是加强关键信息基础设施安全保障工作的统筹协调。构建由国家网信部门统筹协调、行业主管部门各自负责的协调机制，加强各部门间的沟通协调，形成合力。二是加快建立关键信息基础设施识别认定机制。在建立行业关键信息基础设施清单的基础上，建立并维护国家关键信息基础设施清单。三是加强国家关键数据资源的安全保障。定期开展数据资源安全状况检测和风险评估，加强数据资源在收集、传输、存储、处理、共享、销毁等环节的安全管理。四是建立健全关键信息基础设施安全监管机制。健全关键信息基础设施安全检查评估机制，完善关键信息基础设施安全风险信息共享机制。五是研究制定关键信息基础设施网络安全标准规范。研制关键信息基础设施的基础性标准，推动关键信息基础设施分类分级、安全评估等标准的研制和发布。

（三）强化数据治理，提升数据安全保障水平

一是推进数据资源建设与开放共享。加强宣传和引导，增强数据资源建设意识。制定实施数据开放国家计划，推动公共数据资源适度、合理地跨部门按

需共享和向社会开放。二是加强数据安全保障。落实重点领域数据出境安全评估制度，加大对数据跨境的监管力度。三是培育数据安全相关公共服务。加强大数据环境下信息安全认证体系建设，做好大数据平台及服务商的可靠性、安全性评测。

（四）强化网络可信身份建设，打造可信网络空间

一是加强网络可信身份体系的顶层设计。借鉴国内外优秀做法，结合我国的实际进而完善推广优秀经验做法，适时出台国家网络空间可信身份战略，推动可信身份体系建设。二是加快法制建设，完善法律法规体系。对已有的法律法规进行修订、完善。三是搭建公共平台，推动资源互联互通。通过建设集成公安、工商、CA机构、电信运营商等多种网络身份认证资源的可信身份服务平台，实现多模式网络身份管理和验证。四是加强技术创新，提高安全可控能力。加大对核心加密算法等基础研究的投入；研发国产身份认证系统，对认证介质和基础数据库进行升级换代。五是制定产业规划，建设产业生态联盟。开展重大应用示范，推动我国网络可信身份生态的建设和发展。

（五）加快发展网络安全产业，增强产业支撑能力

一是统筹发展网络安全产业。二是大力支持网络安全核心技术研发和应用产业化。三是加大财税金融等政策支持力度。四是优化产业发展环境。建设科普基地和培训基地，开展网络安全意识教育培训和人才培训。带领开展"走出去"探索，提升企业国际化服务能力。

（六）完善人才培养、激励等机制，加快人才队伍建设

一是加快建立多层次的网络安全人才培养体系。二是深化网络安全人才流动、评价、激励等机制创新。实施党政机关网络安全优秀人才"直聘"计划，吸引优秀人才进入党政机关工作。三是强化重点行业和领域网络安全人员能力建设。

第六章

工业节能减排

第一节 2018年我国工业节能减排取得的主要进展

一、工业能源资源消费概况

（一）能源消费概况

经初步核算，我国2018年全年能源消费总量为46.4亿吨标准煤，比上年增长3.3%。能源消费结构不断绿色低碳化。其中，煤炭消费量仅增长1%，占能源消费总量的59%，较上年下降1.4个百分点；各类清洁能源消费量占能源消费总量的22.1%，其中，天然气消费量大幅增长，较上年增长17.7%。

全社会用电增速同比提高，全国全社会用电量68449亿千瓦时，同比增长8.5%。分产业来看，第一产业用电量728亿千瓦时，同比增长9.8%；第二产业用电量47235亿千瓦时，同比增长7.2%；第三产业用电量10801亿千瓦时，同比增长12.7%。工业和制造业用电量平稳增长，1—11月份，全国工业用电量41983亿千瓦时，同比增长7.0%，占全社会用电量的比重为67.5%，全国制造业用电量31607亿千瓦时，同比增长7.2%。

（二）资源消费情况

1. 水资源消费情况

2018年，我国水资源总量为27960亿立方米，全年总用水量6110亿立方米，比上年增长1.1%。万元国内生产总值用水量为73立方米，比上年下降5.1%。工业用水总量1285亿立方米，比上年增长0.6%，万元工业增加值用水量为45立方米，比上年下降5.2%。"十三五"以来，我国积极推动工业节水工作，提高工业用水效率。实施水效"领跑者"引领行动，确定钢铁、纺织和造纸等行业11家企业为首批重点用水企业水效领跑者，推动用水企业水效对标达标，公告《国家鼓励的工业节水工艺、技术和装备目录（第二批）》共72项节水技术，制定工业企业产品取水定额标准，基本涵盖了主要工业行业，组织工业节水技术专项交流，积极推广节水技术产品，推进海水淡化利用。

2. 矿产资源消费情况

2018年，全国原煤产量35.46亿吨，同比增长5.2%；进口煤炭28123.2万吨，同比增长3.9%，煤炭消费量增长1.0%。原油产量1.89亿吨，比上年减少1.3%，全年石油表观消费量约为6.25亿吨，比上年增长7%。天然气产量1610.2亿立方米，较上年增长7.5%，表观消费量2803亿立方米，同比增长18.1%。铁矿石产量7.63亿吨，较上年减少3.1%，铁矿石市场运行稳定，价格处于合理区间，全年价格指数保持在220~280之间。全国黄金产量401.12吨，同比减少5.87%，实际消费量1151.43吨，同比增长5.73%，产量和消费量连续6年保持全球第一。

二、工业节能减排进展

（一）工业节能降耗进展

"十三五"以来，我国不断深化绿色发展理念，持续推动工业节能工作。一是加强工业节能监察，发布《工业节能管理办法》，组织实施国家重大工业专项节能监察，实现了钢铁、水泥、平板玻璃等重点高耗能行业全覆盖，通过加强标准贯彻落实，推动构建统一公平的市场竞争环境。二是实施能效领跑者制度，遴选发布年度钢铁、电解铝等重点用能行业能效"领跑者"企业名单。

三是推动信息通信业绿色发展，发布《关于加强"十三五"信息通信业节能减排工作的指导意见》，推动信息通信业资源能源利用效率提升，充分应用信息通信技术带动全社会节能减排；推进绿色数据中心建设，发布第一批49家国家绿色数据中心，遴选形成第二批绿色数据中心先进适用技术产品目录。四是推进实施工业领域煤炭清洁高效利用行动计划，组织8个重点用煤城市开展工业领域煤炭高效清洁利用试点工作。2018年，全国万元国内生产总值能耗下降3.1%，规模以上工业单位增加值能耗同比下降3.7%。

1. 工业结构继续优化，高耗能行业用电量增长低于工业平均水平

2018年，规模以上工业企业中，高技术制造业、装备制造业、战略性新兴产业的增加值增长速度都保持比较快的增长，新旧动能转换保持较快速度。从1—11月份用电量来看，四大高耗能行业用电量平稳增长，但低于工业用电量增长，化学原料制品、非金属矿物制品、黑色金属冶炼和有色金属冶炼四大高耗能行业用电量合计17450亿千瓦时，同比增长6.0%，低于全国工业用电量增速。

2. 绿色技术加快推广，重点产品能源单耗持续下降

干熄焦、高炉炉顶压差发电、烧结余热发电等技术已在钢铁行业普及，烧结烟气循环工艺得到推广。电解铝预焙铝电解槽电流强化与高效节能综合技术、新型结构铝电解槽技术、低温低电压铝电解新技术能耗水平已进入世界先进行列。单位产品能耗多数下降，经初步统计，重点耗能工业企业单位烧碱综合能耗下降0.5%，单位合成氨综合能耗下降0.7%，吨钢综合能耗下降3.3%，单位铜冶炼综合能耗下降4.7%，每千瓦时火力发电标准煤耗下降0.7%。

3. 工业节能和绿色发展管理及标准化水平不断提升

通过持续深入推进绿色制造体系构建，形成了统筹协调、职责明晰、上下联动的工业绿色发展管理机制，协同推进绿色工厂、绿色园区、绿色产品、绿色供应链创建工作。加强工业节能监察，根据《工业节能管理办法》组织实施国家重大工业专项节能监察，实现钢铁、水泥、平板玻璃等重点高耗能行业全覆盖，通过加强标准贯彻落实，推动构建统一公平的市场竞争环境。全面启动工业节能与绿色发展标准化行动计划，发布绿色产品、绿色工厂、绿色园区和绿色供应链相关标准，集中研究制修订了一批工业节能与绿色发展重点标准。

（二）工业领域主要污染物排放

"十三五"以来，我国大力推行重点区域和行业清洁生产。一是制定《关于加强长江经济带工业绿色发展的指导意见》，优化工业布局，调整产业结构，引导产业转移，加快工业节水减污改造，推进长江流域47个危险化学品生产企业搬迁改造。二是加强京津冀及周边地区秋冬季大气污染防治，组织开展专项督导调研，指导和督促"2+26"城市落实工业企业错峰生产、取缔地条钢等工作。三是实施重点行业挥发性有机物削减行动计划，推动石油化工、涂料等11个重点行业挥发性有机物削减。四是限制电器电子和汽车产品使用有毒有害物质，研究制定《电器电子产品有害物质限制使用达标管理目录》《达标管理目录限用物质应用例外清单》，推动建立电器电子产品有害物质使用合格评定制度；落实《汽车有害物质和可回收利用率管理要求》，公布三批符合性情况名单。五是推行水污染防治重点行业清洁生产技术方案，指导地方在造纸等11个重点行业实施清洁生产技术改造。钢铁、有色等重点行业清洁生产水平不断提高。

1. 工业废水及污染物排放治理情况

2018年，全国废水排放总量为699.7亿吨，比上年减少1.6%。废水中化学需氧量和氨氮排放量分别为1021.97万吨、139.51万吨，分别比上年减少2.3%和1.6%。目前我国工业废水排出以后基本进入城市污水管道，在城市污水处理厂进行处理。2018年，我国治理工业废水项目完成投资76.4亿元，93%的省级及以上工业集聚区建成污水集中处理设施，新增工业集散区污水处理能力近1000万立方米/日，截至2018年年末，全国城市污水处理能力达1.57亿立方米/日。工业废水处理项目主要集中在浙江、江苏、广东等经济水平高和水资源丰富的沿海城市，东北和中西部地区项目较少，一些二线城市和中小城市的工业废水处理率仍处于较低的状态，仍有较大的提升空间。

2. 工业废气及污染物排放治理情况

2018年，全国二氧化硫、氮氧化物、烟（粉）尘排放量分别为875.4万吨、1258.9万吨、796.3万吨，较上年分别减少20.6%、9.7%、21.2%。截至2018年年底，我国治理工业废气项目完成投资446.3亿元。

2018年，空气质量方面，全国338个地级及以上城市平均优良天数比例为 79.3%，同比上升 1.3 个百分点；PM2.5 浓度为 39μg/m³，同比下降 9.3%；PM10 浓度为 71μg/m³，同比下降 5.3%。其中，京津冀及周边地区"2+26"城市平均优良天数比例为 50.5%，同比上升 1.2 个百分点；PM2.5 浓度为 60μg/m³，同比下降 11.8%。长三角地区 41 个城市平均优良天数比例为 74.1%，同比上升 2.5 个百分点；PM2.5 浓度为 44μg/m³，同比下降 10.2%。汾渭平原 11 个城市平均优良天数比例为 54.3%，同比上升 2.2 个百分点；PM2.5 浓度为 58μg/m³，同比下降 10.8%。

（三）工业资源综合利用情况

"十三五"以来，我国持续推动工业资源综合利用。一是加快推动工业资源综合利用基地建设，总结推广第一批 12 个基地的建设经验。积极推动贵州省水泥窑协同处置试点建设，总结试点工作经验，探索建立水泥窑协同处置固体废物的长效机制。二是加快新能源汽车动力蓄电池回收利用体系建设。制定《新能源汽车动力蓄电池回收利用管理暂行办法》，推动重点地区和企业启动回收利用试点。加快推动溯源管理，组织开发新能源汽车国家监测与动力蓄电池回收利用溯源综合管理平台，推进动力蓄电池回收利用标准体系建设。三是积极推进生产者责任延伸试点。评估第一批 17 家电器电子产品生产者责任延伸试点单位实施效果，总结推广典型经验和成功模式。四是发布《关于做好长江经济带固体废物大排查的通知》，开展沿江 11 省市工业固体废物综合利用排查工作，推动长江经济带工业资源综合利用产业绿色发展。

第二节　2018 年我国工业节能减排重点政策解析

一、坚决打好工业和通信业污染防治攻坚战三年行动计划

2018 年 7 月 23 日，工业和信息化部印发《坚决打好工业和通信业污染防治攻坚战三年行动计划》(工信部节〔2018〕136 号，以下简称《行动计划》)，旨在未来三年持续推动制造强国和网络强国建设，全面推进工业绿色发展，促进工业和通信业高质量发展。

（一）发布背景

党的十九大对加强生态文明建设、打好污染防治攻坚战、建设美丽中国做

出了全面部署。2018年4月2日，习近平总书记主持中央财经委员会第一次会议，会上做出"打赢蓝天保卫战，打好柴油货车污染治理、城市黑臭水体治理、渤海综合治理、长江保护修复、水源地保护、农业农村污染治理攻坚战等七场标志性重大战役"的要求。5月18日至19日，党中央、国务院召开全国生态环境保护大会，习近平总书记对坚决打好污染防治攻坚战做出再部署，提出新要求。6月16日，中共中央、国务院印发《关于全面加强生态环境保护坚决打好污染防治攻坚战的意见》，明确了打好污染防治攻坚战的时间节点、路线途径和重点任务。为贯彻落实《中共中央国务院关于全面加强生态环境保护 坚决打好污染防治攻坚战的意见》，切实履行工业和通信业生态环境保护责任，工业和信息化部制定并印发了《行动计划》，推动打好污染防治攻坚战，促进工业和通信业高质量发展。

（二）政策要点及主要目标

《行动计划》围绕产业结构和布局、绿色智能改造提升、绿色制造产业等影响工业和通信业高质量发展的核心问题，提出了14项具体的任务和政策措施，并对规模以上企业单位工业增加值能耗、单位工业增加值用水量等指标提出了具体目标，重点总结为以下三个方面。

一是加大重点行业去产能力度，实现总量控制。指导重点区域和重点流域产业合理转移，优化产业布局和规模。坚持用市场化、法治化手段，严格执行环保、能耗、质量、安全、技术等强制性综合标准，确保落后产能应去尽去。以处置"僵尸"企业、去除低效产能、关停不符合布局规划的产能为重点，继续压减过剩产能。建立打击"地条钢"长效机制，决不允许已出清的"地条钢"死灰复燃。在重点区域实施秋冬季重点行业错峰生产，加强错峰生产督导检查，防止错峰生产"一刀切"。积极配合生态环境部开展"'散乱污'企业综合整治"工作，参与制定"散乱污"企业及集群整治标准，支持列入整改提升的工业企业开展升级改造。到2020年，实现重点区域和重点流域重化工业比重明显下降，产业布局更加优化，结构更加合理。

二是大力推进传统制造业绿色智能改造，强化源头控制。以"两高"行业为重点，支持企业实施绿色化、智能化的升级改造。加大原材料、装备、消费品、电子、民爆等重点行业智能制造推广力度。对重点耗能企业实施节能监察，实现对重点高耗能行业全覆盖。大力推进长江经济带工业固体废物综合利用，推动新能源汽车动力蓄电池回收利用。加强工业节水，提高重点地区工业节水标准，推广节水工艺和技术装备，提高高耗水行业用水效率。力争到2020年，完成百项绿色标准，创建百家绿色工业园区、建设千家绿色工厂、推广万种绿色产品，打造一批绿色供应链企业。利用绿色信贷和绿色制造专项建成一批重大项目，推动能源资源利用效率提升，带动工业绿色发展，实现单位工业增加值能耗下降18%以上、单位工业增加值用水量比2015年下降23%的目标。

三是加快发展新兴产业，推动新旧动能转换。发挥产业政策的导向作用，支持新一代信息技术、高端装备、新材料、生物技术等先进制造业快速发展。大力发展绿色产业，强化创新驱动，积极培育绿色低碳新增长点，发展壮大节能环保、清洁生产和清洁能源产业，加大先进环保装备推广应用力度，提升环保装备技术水平，以自愿性清洁生产审核为抓手，在重点行业推进清洁生产技术改造。推动互联网、大数据、人工智能和制造业深度融合。加大新能源汽车推广力度，争取2020年实现产销量达到200万辆左右的目标。

（三）政策解析

1. 以"负面清单"为抓手推动长江经济带绿色发展

长江经济带工业企业密集，环境风险点多，产业结构和布局不合理造成累积性、叠加性和潜在性的生态环境问题突出，制约长江经济带持续健康发展。《行动计划》提出，要优化产业布局，落实京津冀和长江经济带产业转移指南，并提出实施长江经济带产业发展市场准入负面清单。"负面清单"同时也是政府的"责任清单"，有效地提高了政府的行政效率。"负面清单"的出台，意味着一些企业需要关停转移，同时也意味着市场准入负面清单以外的企业，皆可依法平等进入。对于地方政府来说，短期内可能需承受因转型带来的税收、就业减少的压力，但长期来看，可以促进长江经济带地区新兴产业的转入及培育，将给地区经济发展带来更大可持续发展的机会，有效推动长江经济带绿色发展。

2. 压减钢铁产能力度大，将对钢铁价格产生波动

压减过剩产能是《行动计划》中的重要目标之一，《行动计划》提出"2018年再压减钢铁产能3000万吨左右，力争提前完成"十三五"期间钢铁去产能1.5亿吨的目标"。工业和信息化部门户网站发布的2018年前三季度钢铁行业运行情况显示，2018年我国钢材价格高位运行，我国2018年前三季度钢材综合价

格指数平均为 116.3，同比增长 11.9%。截至 2018 年 9 月底，钢材综合价格指数为 121.64，同比增长 6.9%。压减钢铁产能还将导致未来一段时间市场供求关系的波动，预计短期内钢铁价格会继续上涨。

3. 秋冬季实施错峰生产重点区域范围扩大，强调严防"一刀切"现象发生

《行动计划》中实施错峰的重点区域较之前的京津冀"2+26"城市扩大到长三角和汾渭地区。重点区域包括京津冀及周边地区(11 个市/地区)，山西省(4 个市)，山东省（7 个市），河南省（7 个市）；长三角地区，包含上海市、江苏省、浙江省、安徽省；汾渭平原，包含山西省晋中、运城、临汾、吕梁市，河南省洛阳、三门峡，陕西省西安、铜川、宝鸡、咸阳、渭南及杨凌示范区等。京津冀及周边地区是目前我国 PM2.5 浓度最高的区域，汾渭平原二氧化硫浓度位列第一，PM2.5 浓度位列第二，成为环保新焦点。《行动规划》提出了"差别化管理""严防错峰生产'一刀切'"等要求，本着总量控制、因地制宜、分业实策、有保有压的思路，按照企业排污绩效，科学、精准地安排采暖季重点工业企业限产限排，平衡好经济发展与环境保护之间的关系，重点区域环保达标的工业企业有望减少受错峰生产政策的影响。

4. "绿色+智造"协同促进工业和通信业转型

《行动计划》明确到 2020 年底前要持续深入实施绿色制造与智能制造工程。在绿色制造工程方面，充分发挥示范带头作用，利用先进带动后进，建设"百、千、万"个绿色园区、工厂和产品，打造一批绿色供应链企业。在智能制造工程方面，推动进行基础共性和行业应用标准试验验证，培育一批智能制造系统解决方案供应商，加大重点行业智能制造推广力度。工业绿色发展将使得产业结构和生产方式向科技含量高、资源消耗低、环境污染少转型，加上智能制造的实施，将产生"绿色+智造"的协同效应。

我们应认识到，习近平生态文明思想对打好工业和通信业污染防治攻坚战具有很强的科学性、针对性和指导性。我们必须坚持以习近平生态文明思想为指导，谋划推动打好工业和通信业污染防治攻坚战的顶层政策和制度设计，鼓励和引导全社会都积极行动起来，打一场工业和通信业污染防治的人民战争。

二、新能源汽车动力蓄电池回收利用管理政策

（一）发布背景

随着新能源汽车产业的快速发展，我国已成为世界第一大新能源汽车产销国，动力蓄电池产销量也逐年攀升，动力蓄电池回收利用迫在眉睫，社会高度关注。2009—2012年新能源汽车共推广1.7万辆，装配动力蓄电池约1.2GWh。2013年以后，新能源汽车大规模推广应用，截至2017年年底，累计推广新能源汽车180多万辆，装配动力蓄电池约86.9GWh。据行业专家从企业质保期限、电池循环寿命、车辆使用工况等方面综合测算，2018年后新能源汽车动力蓄电池将进入规模化退役期，预计到2020年累计退役超过20万吨（24.6GWh），如果按70%可用于梯次利用，大约有累计6万吨电池需要报废处理。据新材料在线等机构预测，2025年动力蓄电池退役量接近100GWh，孕育约370亿元市场空间。

动力蓄电池退役后，如果处置不当，随意丢弃，一方面会给社会带来环境影响和安全隐患，另一方面也会造成资源浪费。动力蓄电池回收利用作为一个新兴领域，目前处于起步阶段，面临着一些突出的问题和困难。

一是回收利用体系尚未形成。目前绝大部分动力蓄电池尚未退役，汽车生产、电池生产、综合利用等企业之间未建立有效的合作机制。同时，在落实生产者责任延伸制度方面，还需要进一步细化完善相关法律支撑。

二是回收利用技术能力不足。目前企业技术储备不足，动力蓄电池生态设计、梯次利用、有价金属高效提取等关键共性技术和装备有待突破。退役动力蓄电池放电、存储及梯次利用产品等标准缺乏。

三是激励政策措施保障少。受技术和规模影响，目前市场上回收有价金属收益不高，经济性较差。相关财税激励政策不健全，市场化的回收利用机制尚未建立。

（二）政策要点及主要目标

党中央、国务院高度重视新能源汽车动力蓄电池回收利用，国务院召开专题会议进行研究部署。今年以来，工信部联合科技部、环境部、交通部、商务部等有关部委先后发布了《新能源汽车动力蓄电池回收利用管理暂行办法》《关于组织开展新能源汽车动力蓄电池回收利用试点工作的通知》《新能源汽车动

力蓄电池回收利用溯源管理暂行规定》《关于做好新能源汽车动力蓄电池回收利用试点工作的通知》等政策文件，加强新能源汽车动力蓄电池回收利用管理，规范行业发展。

《新能源汽车动力蓄电池回收利用管理暂行办法》（以下简称《管理办法》）具体包括总则、设计生产及回收责任、综合利用、监督管理、附则5部分，31条以及1个附录，内容主要体现在6个方面。重点工作主要为以下5个方面。

一是建立回收利用体系。推动汽车生产企业加快建立废旧动力蓄电池回收渠道，公布回收服务网点信息，确保生产者责任延伸制度得到全面落实。引导汽车生产、电池生产、综合利用等企业加强合作，通过多种形式形成跨行业联合共同体，建立有效的市场化机制。充分发挥社会组织作用，目前已推动成立了回收利用产业联盟，积极鼓励创新商业模式。

二是实施溯源管理。对动力蓄电池进行统一编码，并开展全生命周期溯源管理，是废旧动力蓄电池回收利用管理的重要手段。已组织开发了"新能源汽车国家监测与动力蓄电池回收利用溯源综合管理平台"，将于近期启动运行，实施动力蓄电池生产、销售、使用、报废、回收、利用的全生命周期信息采集，做好各环节主体履行回收利用责任情况的在线监测，建立健全监管制度。

三是完善标准体系。在已发布动力蓄电池产品规格尺寸、编码规则、拆解规范、余能检测等4项国标基础上，加快动力蓄电池回收利用有关标准的研究和立项工作，推动发布一批梯次利用、电池拆卸、电池拆解指导手册编制规范等国标，并支持开展行业、地方和团体相关标准制定。

四是抓好试点示范。近期将发布新能源汽车动力蓄电池回收利用试点实施方案，启动试点示范，支持有条件的地方和企业先行先试，开展梯次利用重点领域示范。通过试点示范，发现问题，寻求解决方案。培育一批动力蓄电池回收利用标杆企业，探索形成技术经济性强、资源环境友好的多元化回收利用模式。积极推动中国铁塔公司开展动力蓄电池梯次利用试验，目前已在12个省市建设了3000多个试验基站，取得了较好效果。

五是营造发展环境。加强与已出台的新能源汽车等有关政策衔接，研究财税、科技、环保等支持政策，鼓励社会资本投资或设立产业基金，推动关键技术和装备的产业化应用。

《新能源汽车动力蓄电池回收利用溯源管理暂行规定》提出建立"新能源汽车国家监测与动力蓄电池回收利用溯源综合管理平台"（以下简称"溯源管理平台"），对动力蓄电池生产、销售、使用、报废、回收、利用等全过程进行信息采集，对各环节主体履行回收利用责任情况实施监测。2018年8月1日起，对新获得《道路机动车辆生产企业及产品公告》（以下简称《公告》）的新能源汽车产品和新取得强制性产品认证的进口新能源汽车实施溯源管理。对已生产和已进口但未纳入溯源管理的新能源汽车产品，在本规定施行 12 个月内将车辆生产信息（至少上传动力蓄电池编码）与车辆销售信息补传至溯源管理平台。明确了各责任主体企业的任务与监督管理要求。

（三）政策解析

根据《关于组织开展新能源汽车动力蓄电池回收利用试点工作的通知》要求，工业和信息化部等七部委经研究评议，发布《关于做好新能源汽车动力蓄电池回收利用试点工作的通知》（以下简称《通知》），确定京津冀地区、山西省、上海市、江苏省、浙江省、安徽省、江西省、河南省、湖北省、湖南省、广东省、广西壮族自治区、四川省、甘肃省、青海省、宁波市、厦门市及中国铁塔股份有限公司为试点地区和企业。《通知》强调各试点地区要与周边地区建立联动机制，统筹推进回收利用体系建设，积极探索创新商业模式，加大政策支持力度，抓好项目建设，开展试点评估，总结推广试点经验。

第三节 2019 年我国工业节能减排面临的形势

一、面临的机遇

（一）我国将成为碳减排的引领者

2019 年 1 月，国际能源署（IEA）发布《世界能源展望 2018》，报告分析了全球能源市场及技术发展最新数据和能源行业根本发展问题，展望了全球到 2040 年的能源发展前景。报告提出，中国将会成为全球碳减排领域的引领者，到 2040 年，全球电力需求增长的五分之一将来自于中国。国际能源署首席能源分析师劳拉·科奇指出："碳减排方面，中国已经成为全球引领者，在风电、光伏、电动汽车、低碳技术发展等方面均走在世界前列，但仍需要探讨如何进一步加快中国低碳化发展步伐、实现低碳化技术普及应用。"同时，亦需要重点关注如何进一步提升电力系统灵活性，以实现可再生能源的大规模接入。

（二）绿色消费可成为经济增长的新引擎

国务院发展研究中心周宏春研究员在《中国经济时报》撰文指出，绿色消费可成为未来经济增长的新引擎，加快推进和引领绿色消费，需要做好以下几方面的工作。一是把握好发展绿色消费的战略机遇期；二是大力推进绿色消费；三是大力发展循环经济；四是着力推进清洁供热产业发展；五是解决新业态中出现的新问题；六是处理好发展和环保的关系。继续将发展作为第一要务，持续提高居民收入水平，推动居民消费增长，实现绿色消费可持续发展。

（三）绿色发展正在改变中国

社科院城环所所长潘家华在《人民日报》撰文提出绿色发展改变中国。绿色是中国特色社会主义新时代的新标志。我国的绿色发展理念、绿色发展方式为建设美丽中国提供了不竭动力，为开创全球绿色发展新格局提供了重要牵引力。从人类社会发展进程看，人类社会依赖自然界延续发展。然而，自从进入工业化时代，人类的生产生活方式给自然生态环境造成严重损害，同时人类也遭到自然界的报复，面对我国生态逐步恶化的严峻局面，中央日前出台"大气十条""水十条""土十条"，全面打响污染防治攻坚战。经过努力，我国生态环境保护正在发生历史性、转折性、全局性的变化。我国奉行绿色发展理念，积极参与和引导应对气候变化，成为全球生态文明建设的重要参与者、贡献者、引领者。

二、面对的挑战

（一）单位工业增加值能耗反弹的可能性在增加

一方面，工业能源消费增速继续保持近年来的较高水平。2018年以来，高质量发展和供给侧结构性改革深入推进，我国工业能源消费呈现"前高后低"走势，但其增速一直处于近年来的较高水平（7%以上），高于工业增加值增速。进入2019年，工业产能的总体利用率有望进一步回升，工业能源消费增速可能一直保持高位运行。另一方面，高能耗行业利润大幅反弹，将带动生产进一步回暖。2018年1—10月，工业新增利润主要来源于钢铁、石油、建材、化工等能耗行业，钢铁行业利润增长63.7%，石油开采行业增长3.7倍，石油加工行业增长25.2%，建材行业增长45.9%，化工行业增长22.1%。5个行业合计对规模以上工业企业利润增长的贡献率为75.7%。总的来看，2019年单位工业增加值能耗反弹的可能性在增大而不是减小。

（二）区域节能减排形势更加复杂

与"十三五"前两年的情况相比，中部地区省份的能源消费明显加快。2018年1—10月，在用电量增速超过全国平均值的13个省份中，中部地区占4个（中部地区仅包括6省），西部地区占8个。西部地区多数省份的工业结构以重化工业为主，2018年以来，随着市场供求关系好转，西部地区高耗能行业呈现快速增长态势，受到行业利润大幅反弹的刺激，这种态势有望延续到2019年。同时，中西部地区，尤其是西部地区又新开工和投产了大批重大工程和项目。《交通基础设施重大工程建设三年行动计划》显示，2018年我国的铁路重点推进项目共22项，共修建8203公里，总投资近7000亿元，多数项目将在中西部地区开展建设；仅新疆自治区2018年在交通、水利、能源等领域又实施了一批重点项目，完成投资3700亿元以上，实现新开工项目115个。一大批重大工程和高耗能项目的开工建设和投产，必将拉动钢铁、有色、建材等"两高"行业快速增长，西部地区节能减排压力将继续加大。

（三）绿色制造体系建设进入深水区

随着工信部办公厅公布第三批绿色制造示范名单，"十三五"绿色制造体系建设任务时间过半、任务完成量也过半，但未来的工作将进入深水区。首先，在绿色设计企业、绿色产品、绿色工厂、绿色园区和绿色供应链示范企业等创建过程中，完成开发推广万种绿色产品的任务难度很大，其他任务基本可以在2019年完成。其次，绿色制造的标准体系建设跟不上需求，除了绿色工厂的国家标准已经正式公布并实施外，绿色园区、绿色供应链和绿色产品标准的缺口仍然很大，在地方、行业深入推进绿色制造体系建设严重缺乏支撑。再次，产品全生命周期理念是支撑绿色制造体系建设的核心，新理念在工业领域全面推广还有待时日，同时，开展生命周期评价的工业基础数据库建设、适用的软件工具开发还有待加强。

（四）环境治理措施强化的同时更需细化

随着《打赢蓝天保卫战三年行动计划》的全面实施，大气环境治理强化措施陆续出台，其中重点地区重点行业错峰生产工作最为引人注目。为做好冬季采暖期空气质量的保障工作，京津冀及周边地区的"2+26"城市及汾渭平原地区在 2018—2019 年将继续组织实施重点行业企业错峰生产工作，在环境质量明显改善的同时，仍然面临一些制约因素。一是目标任务制定的准确性、科学性仍然有待提升，各个行业、不同规模企业其错峰生产带来的减排贡献度到底如何，还应进一步科学评估；二是保障民生需求应是前提条件，特别是原料药行业，部分药品生产周期长、季节选择性强，采暖季实施停产可能无法满足市场需求；三是被广泛质疑的"一刀切"在一定程度上不利于环保"优胜劣汰"，目前实施行业错峰生产主要依据产能情况，尚未根据排污水平优劣进行细分和差别化对待，排污少的优质产能与劣质产能实行相同的限停产政策。

第四节　2019 年我国工业节能发展趋势展望

一、对 2019 年形势的基本判断

（一）工业经济保持平稳增长，工业能耗和污染物排放预计继续下降

2018 年 1—10 月，全国规模以上工业增加值累计同比增长 6.4%，连续 12 个月保持单月增长 6% 左右的水平，稳定增长的态势十分明显。部分高载能行业生产进一步恢复，粗钢、生铁、水泥和平板玻璃产量同比分别增长 6.4%、1.7%、2.6% 和 1.3%。受工业生产持续回暖影响，1—10 月份，全国工业用电量 37942 亿千瓦时，同比增长 7.1%，占全社会用电量的比重为 67.1%，对全社会用电量增长的贡献率为 55.8%；全国规模以上工业单位增加值能耗下降 3% 左右，与上年同期相比降幅进一步收窄，完成年度目标任务难度加大；截至 2018 年 10 月底，全国规模以上工业单位增加值能耗为 1.22 吨标准煤，比 2010 年的 1.92 吨标准煤下降了 36.5%。

进入 2019 年，工业能源消费总量预计继续保持低速增长，单位工业增加值能耗有望继续下降，但降幅可能继续收窄。首先，根据国务院《"十三五"节能减排综合性工作方案》的总体部署，按照工业和信息化部发布的《工业绿色发展规划（2016—2020 年）》的具体安排，"十三五"工业节能工作进入收尾期，为确保目标任务顺利完成，必须在 2019 年进一步加大节能工作力度，2019 年工业节能目标任务的完成有了政策层面的保障。其次，工业生产的稳定增长，

尤其是高载能行业的持续回暖，将带动工业能源消费需求进一步回升，工业能源消费总量将继续保持增长态势的同时，单位工业增加值能耗大幅反弹的局面应该不会出现。再次，随着工业领域供给侧结构性改革持续推进，结构性节能的效果将进一步显现。2018年以来，工业生产继续向中高端迈进，1—10月份高技术制造业投资同比增长16.1%，比前三季度加快1.2个百分点；10月份，高技术制造业同比增长12.4%，比上个月加快1.2个百分点。总的来看，2019年我国工业能源消费总量不会迅速增加，单位工业增加值能耗下降速度可能减缓，但仍然处于下降区间。

进入2019年，在高污染行业增长有限和重点行业错峰生产实施范围进一步扩大的情况下，主要污染物排放总量有望继续保持下降态势。首先，2018年6月16日，中共中央和国务院批准了《关于全面加强生态环境保护坚决打好污染防治攻坚战的意见》，意见提出到2020年我国生态环境质量将总体改善，主要污染物排放总量大幅减少，环境风险得到有效管控；全面整治"散乱污"企业及集群，京津冀及周边区域2018年年底前完成，其他重点区域2019年年底前完成；重点区域采暖季节，对钢铁、焦化、建材、铸造、电解铝、化工等重点行业企业继续实施错峰生产,实施区域的范围将在2019年进一步扩大。其次，工业污染物排放占排放总量比重继续保持高位，二氧化硫、氮氧化物、烟粉尘（主要是PM10）排放量分别占全国污染物排放总量的90%、70%和85%左右，工业是主要污染物减排的重点也是难点，随着总量减排、环境监管等措施的深入推进，工业领域主要污染物排放必将延续下降态势。

（二）四大高载能行业用电量比重持续下降，结构优化成为节能减排的最大动力

进入2019年，随着供给侧结构性改革的成效日益显著，结构性节能减排已经成为工业节能减排的最重要动力。第一,四大高载能行业能耗占全社会能耗的比重有望在2019年继续保持小幅下降态势。2012年以来，化工、建材、钢铁和有色等四大高载能行业能源消费量占全社会的比重一直保持下降态势，平均每年下降近1个百分点；2018年1—9月，四大行业用电量占全社会用电总量的比重为27.7%，比上年同期下降了约0.8个百分点，延续了"十二五"以来用能结构持续优化调整的势头。第二，新动能不断成长，工业经济结构有望继续改善。2018年以来，中高端制造业增长较快。1—10月份，高技术制造业、装备制造业增加值同比分别增长11.9%和8.4%，分别快于规模以上工业

5.5 和 2.0 个百分点。新产品较快增长。1—10 月份，新能源汽车、智能电视产量分别增长 54.4% 和 19.6%。第三，工业经济发展的总体政策导向没有变化。2019 年，工业领域将继续坚持推动高质量发展和建设现代化经济体系，坚持以供给侧结构性改革为主线，狠抓政策落实，工业结构持续优化的政策环境较好。

（三）重点区域环境质量继续改善，中西部地区工业节能形势较为严峻

进入 2019 年，京津冀、长三角、汾渭平原等重点区域主要污染浓度将保持下降，环境质量有望继续改善。根据环保部发布的监测数据，京津冀、长三角等区域的 PM2.5 浓度总体保持下降态势，与 2014 年相比，两大区域 2018 年 1—8 月 PM2.5 浓度从 84μg/m³、56μg/m³ 下降到 51μg/m³、23μg/m³，降幅分别达到了 39%、59%，环境质量明显改善。2018 年 6 月 27 日，国务印发了《打赢蓝天保卫战三年行动计划》，未来三年散乱污企业治理和重点行业错峰生产将继续强力推进，京津冀、长三角、汾渭平原等重点地区的环境质量有望继续改善，而珠三角地区的环境质量将继续保持在较好的水平。与此同时，我国各地区能源消费走势与过去相比却更加复杂。预计 2019 年，除了节能形势一直比较严峻的西部地区外，中部地区的能源消费也可能快速增长，节能形势较为严峻。2018 年 1—10 月，纳入统计的 31 个省份全社会用电量均实现正增长。其中，全社会用电量增速高于全国平均水平（8.7%）的省份有 13 个，依次为：广西（19.7%）、西藏（17.6%）、内蒙古（14.8%）、重庆（12.8%）、四川（12.7%）、甘肃（12.1%）、安徽（12.0%）、湖北（11.0%）、湖南（10.7%）、江西（10.2%）、云南（9.9%）、福建（9.6%）和青海（8.8%）。

（四）工业绿色发展综合规划深入实施，绿色制造体系建设将取得全面进展

进入 2019 年，我国工业领域第一个绿色发展综合性规划《工业绿色发展规划（2016—2020 年）》（以下简称《规划》）的落实将深入推进，包括绿色产品、工厂、园区、供应链和企业等要素在内的绿色制造体系建设将取得全面进展，形成更加完整的绿色发展格局。《规划》提出"十三五"期间要培育百家绿色设计示范企业、百家绿色园区、千家绿色工厂、推广万种绿色产品，截至目前，绿色设计试点企业已有 99 家，并完成了对第一批试点企业的验收，基本完成"十三五"目标任务；绿色制造示范名单已经连续公布了三批，包括 802 家绿色

示范工厂、80家绿色园区和40家绿色供应链管理示范企业，绿色制造体系建设工作取得全面进展，"十三五"绿色制造体系建设任务有望在2019年提前完成。同时，为加快实施《绿色制造工程实施指南（2016—2020年）》，财政部、工业和信息化部正式发布了《关于组织开展绿色制造系统集成工作的通知（财建〔2016〕797号）》，利用中央财政资金引导和支持绿色设计平台建设、绿色关键工艺突破、绿色供应链系统构建等三个方向的示范项目，截至2018年年底，近370个项目获得了中央财政资金的支持，范围覆盖了机械、电子、食品、纺织、化工、家电等重点工业行业。

（五）节能环保产业政策环境依然较好，但增长态势将由高速降为中高速

进入2019年，"十三五"节能环保产业发展有关规划的落实将继续推进，促进节能环保产业提速发展的政策措施将保持不变，但由于前两年的过度投资，产业增速将有所下降。一方面，作为政策拉动需求的典型行业，环境治理领域的利好措施接连出台。2018年6月，中共中央国务院连续批准和出台了《关于全面加强生态环境保护 坚决打好污染防治攻坚战的意见》《打赢蓝天保卫战三年行动计划》，对环境治理提出了新的更高要求，也对环境治理和监测的技术装备和产品提出了更大的需求。另一方面，受制于上半年偏紧的资金面以及部分企业中报的不及预期，2018年前三季度环保行业市场出现了整体走弱的趋势，而这种趋势在2019年很难大幅回弹。究其原因，主要是由于去杠杆政策的影响，环保行业大部分上市公司主要以PPP为主要商业模式，在此情形下受到融资环境紧缩影响明显。总的来说，2019年节能环保行业发展环境喜忧参半，政策环境确保市场需求处于高位，融资困难又会一定程度束缚行业快速增长。

二、应采取的对策建议

（一）继续强化工业节能的监督和管理

一是加大工业能源消费情况的跟踪管理力度，及时分析可能造成单位工业增加值能耗反弹的潜在因素，快速提出应对措施，确保2019年工业节能目标任务圆满完成。

二是围绕《绿色制造工程实施指南（2016—2020年）》和《关于开展绿色制造体系建设的通知》具体要求，继续推进节能降耗、清洁生产、资源综合利

用的技术改造，进一步提升能源资源的利用效率。

三是严格执行高耗能行业新上项目的能评环评，加强工业投资项目节能评估和审查，把好能耗准入关，加强能评和环评审查的监督管理，严肃查处各种违规审批行为；同时，加快修订高耗能产品能耗限额标准，提高标准的限定值及准入值。

（二）对中西部地区实施差异化的节能减排政策

一是加强对中西部地区、尤其西部地区工业能源消费情况的监督管理，重点针对那些能源消费增速较快、重化工业比重偏高的省份，及时分析制约其工业节能目标任务完成的因素，加强指导和监督。

二是总体谋划分区域的节能减排政策。充分考虑中部与西部的地区差异，在淘汰落后产能、新上项目能评环评及节能减排技改资金安排等方面，实施区域工业节能减排差异化政策。

三是加快推进中西部地区工业绿色转型，加快推进绿色制造体系建设。选择部分中西部省份先行在省内开展绿色制造体系试点建设，由省级工业和信息化主管部门会同有关部门研究制定地区绿色制造体系建设实施方案，提出实施的目标、任务和保障措施，工业和信息化部加强指导和督促，加快推进中西部地区工业绿色转型升级。

（三）深入推进绿色制造体系建设

一是结合《工业绿色发展规划（2016—2020年）》实施的具体情况和目标要求，重点围绕绿色产品的开发推广，加大工作力度，确保在2019年取得明显进展，为完成"十三五"相关目标任务奠定基础。

二是按照《绿色制造体系标准建设指南》有关要求，加快标准的制修订，重点是绿色设计产品的评价规范、重点行业绿色工厂评价标准、绿色园区评价通则、绿色供应链企业评价通则等标准规范的制定。

三是加大生命周期理念的推广力度，加强工业绿色发展基础数据库建设，鼓励生命周期评价软件工具的开发与应用，促进生命周期评价结果在绿色产品设计开发、绿色工厂园区建设、绿色供应链打造等工作中的应用。

（四）优化细化错峰生产配套管理措施

一是加强对实施错峰生产的地区及企业的跟踪管理，及时收集采集相关数据和信息，对错峰生产带来的减排效果和相关影响开展评估，提出应对策略和具体解决方案。

二是加快推进产业结构优化调整，降低错峰生产带来的总体影响。指导有关地区加大钢铁、建材等重点行业化解过剩产能力度，强化能耗、环保、质量、安全、技术等指标，依法依规加快不达标产能退出市场。

三是加快完善错峰生产配套管理措施。优化和细化对重点城市水泥、铸造、砖瓦窑、钢铁、电解铝、氧化铝、炭素等企业错峰限停产工作的指导、监督和落实，防范安全生产风险，督促地方更好地开展错峰生产。

第七章

无线电应用与管理

第一节　2018 年我国无线电应用与管理取得的主要进展

一、5G 规模化部署条件日趋成熟

IMT-2020（5G）推进组已经发布了 5G 技术研发试验第三阶段测试结果。测试结果表明，5G 基站与核心网设备均可支持非独立组网和独立组网模式，主要功能符合预期，达到预商用水平。

5G 频谱资源保障国内 5G 尽快商用。一方面，相关部门降低 5G 系统频率占用费，为 5G 网络前期建设降低成本。2018 年 4 月，国家发展改革委、财政部下发了降低部分无线电频率占用费标准的通知文件，规定 5G 公众移动通信系统频率占用费标准实行"头三年减免，后三年逐步到位"的优惠政策，即自 5G 频率使用许可证发放之日起，第一年至第三年（按照财务年度计算）免收频率占用费，第四年至第六年分别按照国家收费标准的 25%、50%、75% 收取频率占用费，第七年及以后按照国家收费标准收取；降低了 3 000MHz 以上公众移动通信系统的频率占用费标准。其中，在全国范围内用于 5G 的频段，即 3 000～4 000MHz 频段由 800 万元 / 兆赫 / 年降为 500 万元 / 兆赫 / 年，4 000～6 000MHz 频段由 800 万元 / 兆赫 / 年降为 300 万元 / 兆赫 / 年，6 000MHz 以上频段由 800 万元 / 兆赫 / 年降为 50 万元 / 兆赫 / 年。另一方面，国家无线电管理机构已发放 5G 系统中低频段试验频率使用许可，提振产业链

的信心。2018年12月10日，工业和信息化部向中国电信、中国移动、中国联通发放了5G系统中低频段试验频率使用许可。其中，中国电信和中国联通获得3 500MHz频段试验频率使用许可，中国移动获得2 600MHz和4 900MHz频段试验频率使用许可。这一使用许可的发放，有力地保障了三大运营商开展5G系统试验所必须使用的频谱资源，将进一步引导和推动我国5G产业链上下游各环节的成熟。

二、无线电管理依法行政能力和水平全面提升

党的十九大提出了坚持全面依法治国的基本方略。作为实施无线电管理的重要手段之一，无线电管理行政执法对于推进无线电管理领域法治建设、落实无线电管理法规制度、加强事中及事后监管至关重要。2018年，国家无线电管理机构在全国组织开展了提升无线电管理机构执法能力专项行动，并以此为抓手，带动全国无线电管理工作开展。在专项行动中，首次制定了无线电管理执法能力评价指标，实现了执法能力评估的量化；开展了对31个省（自治区、直辖市）无线电管理机构的调研评估，基本摸清了全国行政执法工作情况；汇编了14个完整的行政执法优秀案例和案卷，评选了"无线电行政执法十大典型案例"，以实际案例指导执法实践；通过组织召开座谈会、培训班及远程视频授课等方式，加强了行政执法分类指导。

2018年，国家无线电管理机构坚持将法规制度建设作为依法行政的"先手棋"，以新修订的《条例》为依据和根本，加快配套规章和规范性文件制修订工作、加强地方立法建设，为《条例》落实夯实基础。《中华人民共和国无线电频率划分规定》（以下简称《频率划分规定》）以工业和信息化部第46号令公布，于2018年7月1日起施行。以工业和信息化部规范性文件发布了《无线电发射设备销售备案实施办法（暂行）》《无线电干扰投诉和查处工作实施细则》《无线电频率占用费转移支付资金支出绩效评价暂行办法》《工业和信息化部办公厅关于启用新版＜中华人民共和国无线电台执照（地面无线电业务）的通知＞》等。

各地无线电管理机构加快《条例》配套法规规章的制修订。《福建省无线电管理条例修正案》于2018年5月31日起施行；修订后的《山东省无线电管理条例》于9月1日起施行；《上海市无线电管理办法》于12月1日起施行。

三、无线电管理事中及事后监管进一步加强

2018年，全国无线电管理机构以制度建设为根本，以强化监管为导向，以服务用户为目标，扎实推动无线电台（站）、设备管理工作。截至2018年年底，

全国无线电台（站）数达542万个，同比增长11.5%。其中，公众移动通信基站408.7万个，广播电台2.6万个，船舶电台2.7万个，甚高频和特高频台（站）89.6万个，业余无线电台8.6万个，其他台（站）为29.8万个。2018年，共向国际电联申报地面业务台（站）使用频率1 919条。我国向国际电联申报的边境地区地面业务台（站）使用频率达到35 246条，进入国际电联频率登记总表的频率数量达64 951条。

无线电频率和卫星网络国际协调取得积极成果。2018年累计向国际电联申报91个卫星系统、121份卫星网络资料；共处理国际无线电频率和台（站）协调函件2 100余封，其中涉及地面无线电业务的有近3 000封，涉及空间无线电业务的有1 800余封；处理国际电联地面无线电业务和空间无线电业务周报各24期。

无线电管理领域标准工作扎实推进。2018年，工业和信息化部共审查国家标准、行业标准和团体标准立项102个，推动报批了《基于LTE的车联网无线通信技术空中接口技术要求》《面向物联网的蜂窝窄带接入（NB-IoT）》等53个标准，满足了智能交通、蜂窝窄带物联网（NB-IoT）等行业发展需求，为国内相关产业提供了指导规范。

为全面掌握无线电管理"十三五"规划落实情况。一是在全国开展了无线电管理"十三五"规划落实中期评估工作，完成了《国家无线电管理规划（2016 2020年）中期评估报告》，全面掌握无线电管理"十三五"规划落实情况，加大后半程实施力度。各地加大落实力度，认真组织自查，确保了规划落实的中期进度。二是加强边海地区无线电管理技术设施建设，编制了《边海地区无线电管理技术设施建设工程专项规划》，加强边海工程工作指导，积极落实工程建设资金需求。

四、空中电波秩序和无线电安全得到有效维护

1. 无线电监测和干扰查处工作力度不断加大

作为党和人民的"电波卫士"，无线电管理机构坚决秉承以人民为中心的发展思想，抓住人民最关心、利益最相关的无线电干扰等问题，持续加大无线电监测、干扰查处力度，2018年全国无线电管理机构共查处无线电干扰投诉2 563起。一是发布实施《无线电干扰投诉和查处工作实施细则》，进一步规范无线电干扰投诉和查处工作流程，提升干扰查处工作效率。二是指导各地无线

电管理机构圆满完成高考、研究生考试、公务员招录考试、全国会计师专业技术资格考试、法律职业资格考试等重要考试的无线电安全保障工作，利用无线电设备进行考试作弊的现象得到了有效遏制。应考务部门要求，全国各地无线电管理机构共出动技术人员 24 322 人次、移动检测车辆 8 387 车次，启动监测设备 14 044 台（套）。三是做好航空、铁路等专用频率保护，为民航、铁路运输安全和人民生命财产安全保驾护航。四是做好外国政要访华临时频率指配和监测相关工作，2018 年累计完成 100 余个外国政要访华的 300 余条临时频率指配工作，批准 900 余台无线电设备入境临时使用；所批复的临时频率在批复期内均正常使用，未受到有害干扰。

2. 重大活动无线电安全保障圆满完成

2018 年以来，全国无线电管理机构从讲政治的高度，牢固树立"四个意识"，以最高标准、最严措施、最周密部署圆满完成了中非合作论坛、上合组织青岛峰会等重大活动无线电安全保障任务，实现了"零投诉、零干扰、零差错"，确保了上合组织青岛峰会 2.7 万台、中非合作论坛 3.7 万台无线电台（站）和设备的频率使用安全。上海、海南、甘肃、青海、安徽、福建、宁夏、四川、西藏圆满完成中国国际进口博览会、博鳌亚洲论坛、兰州国际马拉松赛、环青海湖国际自行车赛、世界制造业大会、国际投洽会、宁夏回族自治区成立 60 周年庆祝活动、中国（四川）国际物流博览会、第四届中国西藏旅游文化国际博览会的无线电安全保障任务，获当地党委、政府和有关部门的高度肯定。

3. "黑广播""伪基站"等违法犯罪行为得到有效遏制

2018 年，国家无线电管理机构持续保持对"黑广播""伪基站"等违法犯罪活动的高压严打态势，在国务院打击治理电信网络新型违法犯罪工作部际联席会议工作机制下，积极联合公安、广电等部门，从 5 月起开展打击治理"黑广播""伪基站"和集中整治违规设置使用调频广播电台（"灰广播"）专项行动，有效净化了电磁环境。2018 年，全国累计查处"黑广播"案件 2251 起、"伪基站"案件 282 起，缴获相关设备 2300 余台（套），发现并处理"灰广播"案件 544 起。

五、国际无线电频谱管理实务参与度进一步加深

一是做好 2018 年中俄地面无线电业务频率协调技术专家组与常设工作组会谈的相关工作并取得重要进展。二是组织开展了内地与香港无线电业务协调

会谈、内地与香港无线电频率专题协调会谈，就广深港高铁列车通信、港珠澳大桥公众移动通信、调频广播业务、航空无线电导航业务等议题达成广泛一致。三是分别组织召开了与挪威、美国、日本主管部门间的卫星网络协调会谈，推动了我国通信、广播、气象、导航等卫星系统的国际协调进程，保障了我国探月工程、宽带卫星互联网、中星系列通信卫星、风云系列气象卫星、载人航天、北斗导航等系统的频率使用需求。

根据2019年世界无线电大会（WRC-19）议题国内筹备工作机制和国际电信联盟无线电管理部门（ITU-R）国内对口组管理办法，工业和信息化部组织国内各单位开展WRC-19议题研究工作，做好亚太电信组织WRC-19第三次筹备组会议（APG19-3）、WRC-19区域间交流会、亚太电信组织无线电工作组会议（AWG）及ITU-R研究组会议的文稿起草和参会工作，在5G毫米波候选频段研究、维护我重要卫星系统频率使用权益、修订卫星频率轨道资源申报程序和规则、推动车联网和高速铁路车地通信频率协调一致等重点议题研究方面取得了积极进展。

第二节　2018年我国无线电应用与管理重点政策解析

一、新版《中华人民共和国无线电频率划分规定》解读[①]

《中华人民共和国无线电频率划分规定》（以下简称《划分规定》）属于部门规章，主要用于规定我国国内各个无线电频段的划分，规范我国国内各行业、各部门的无线电频率使用，它不作为协调国际无线电业务的参考。当涉及国际无线电频率有关问题时，除双边另有协议外，应当按照我国在国际电信联盟（ITU）相关文件上签署的意见进行处理。

1. 出台背景

在新版《划分规定》出台前，我国依次颁布了1959年、1965年、1982年、2002年、2006年、2010年和2014年共7版《划分规定》。其中，后4次修订分别对应四次世界无线电通信大会（WRC），即WRC-2000，WRC-03，WRC-07，WRC-12。WRC为适应无线电技术、无线电业务和经济社会发展对无线电频谱资源的需求，对ITU《无线电规则》有关国际无线电频率划分规定进行了

---

① 赛迪智库无线电应用与管理形势分析课题组，《2019年中国无线电应用于管理发展形势展望》，《中国计算机报》，2019年。

相应的修订。由于此前 WRC-15 也修改了部分《无线电规则》有关国际无线电频率划分的规定，而我国也已在 WRC-15 大会的最终文件上签字表明支持的立场，所以我国的《划分规定》需要进行对应衔接式的修订。经过修订的新版《划分规定》自 2018 年 7 月 1 日起施行。

2. 修订过程

新版《划分规定》修订工作于 2016 年年初启动，工业和信息化部联合中央军委联合参谋部征求了国家发展改革委等 14 个部门、31 个省级无线电管理机构，以及多个行业研究机构、行业协会、产业联盟等单位的意见。通过召开全部用频单位协调大会和部分用频单位协调会，研究了频率划分方面的各单位意见和建议；根据需要成立了 21 个频率划分协调小组，在与相关单位充分协调并达成一致意见的基础上，形成了公开征求意见稿，后经进一步修订完善后发布。

3. 主要修订内容

新版《划分规定》综合了《无线电规则（2016 年版）》有关全球划分、第三区划分的修订情况，WRC-15 议题的有关结论，国内无线电业务发展规划和现状，国内全部用频单位协调意见和建议，进行全面的修订。总体来说，新版《划分规定》修改和增加了部分"无线电管理的术语与定义"中的条目，修订了"无线电频率划分表"中涉及的 13 种无线电业务、110 个频段、210 条国际脚注、9 条国家脚注等。

4. 出台意义

频率的划分、规划、分配、指配是一个动态的过程，先进技术取代落后技术，高效技术淘汰低效技术是发展的必然，这种发展需要经过一定的过程，因此需要在较高的层面上提前考虑全局。新版《划分规定》是我国规划、分配、指配无线电频谱资源的基础。国家本着实事求是、适度超前的原则对其进行修订，既考虑了国际及国内无线电技术和应用的发展，也研究了国内各相关部门、行业对无线电频谱资源的中长期需求。例如，国际 5G 频率划分几乎完成并临近网络部署阶段，需要分配额外的频率资源并与空间业务频率完成划分协调；全球下一代卫星互联网发展迅速，空间业务频率资源紧缺，急需进行与其他业务的协调，优化使用频段等问题需要从顶层划分进行解决。新版《划分规定》符合我国频率资源使用现状，并对无线电技术和业务的未来发展提供保障，能够与我国的 5G、空间业务等频率和卫星轨道资源战略规划相辅相成。

新版《划分规定》的出台力求指导用频单位合理、有效、节约地使用无线电频谱资源。由于 ITU《无线电规则》也在不断修订完善，所以《划分规定》的修订过程同样是一个长期动态的工作。紧随 ITU《无线电规则》对《划分规定》进行及时修订，不但符合国际惯例，还能够实现协调平衡国内外各方的无线电频率资源使用、无线电业务发展利益等目的，既维护了我国在国际上的无线电频率资源使用权益，也规范了国内无线电设备的管理。

二、车联网（智能网联汽车）直连通信频段管理规定解读

为促进智能网联汽车在我国的应用和发展，满足车联网等智能交通系统使用无线电频率的需要，工业和信息化部发布了《车联网（智能网联汽车）直连通信使用 5 905～5 925MHz 频段的管理规定（暂行）》（以下简称《规定》）。车联网（智能网联汽车）直连通信是指路边、车载和便携无线电设备通过无线电传输的方式，实现车与车、车与路、车与人直接通信和信息交换。《规定》明确了我国相关频率管理、台（站）设备管理、干扰保护的原则及所用无线电设备的技术要求。

1. 出台背景

智能网联汽车是国际汽车技术和产业发展的大趋势。智能网联汽车通过车与 X（人、车、路、云端等）的智能信息交换、共享，具备复杂环境感知、智能决策、协同控制等功能，最终可实现替代人的操作，是全球汽车行业发展的新业态，将推动汽车行业和人类出行方式进入新时代。随着人工智能、大数据、物联网、5G 等新技术产业化的快速发展，智能网联汽车的核心技术不断取得突破，基础支撑和产业生态日渐成熟，一个万亿元级的智能网联汽车产业正在形成。同时，智能网联汽车行业跨度大、应用范围广，它的发展还将带动智慧交通、智慧城市等迎来全新发展。

我国智能网联汽车产业发展已具备良好基础。《智能网联汽车技术全球专利观察》显示，中国的相关国际技术专利申请数量最多，占全球 3.2 万件专利的 37%，且集中在无人驾驶领域。北汽、上汽、长安、一汽、比亚迪等汽车厂商已在这一领域深耕多年，互联网企业、初创企业、汽车零配件企业等也纷纷涌入这一领域。

2. 出台依据和过程

新版《无线电管理条例》和《频率划分规定》是本次频率规划的主要依据。《中华人民共和国无线电管理条例》明确由国家无线电管理机构负责制定《无线电频率划分规定》，充分考虑了国家安全和经济社会、科学技术发展及频谱资源有效利用的需要，征求了国务院有关部门和军队有关单位的意见。依据2018年生效的《中华人民共和国无线电频率划分规定》，在5 900MHz频段共有四种业务，分别是用于微波通信等的固定业务、卫星固定业务、定位业务和移动业务，这四种业务是平等的，移动业务划分是本次频率规划的基础。

《规定》的出台经历了充分的科学论证和严格的流程。近两年来，工业和信息化部批复了许多地方进行LTE-V2X实验。《规定》出台前又经历了一系列严格程序，通过了专家咨询论证，征求了国家发展改革委、科技部、公安部、交通部等相关部门的意见，向汽车行业、电信行业、互联网行业、社会公众公开征求了意见，在统筹考虑各方面意见的基础上发布了正式的《规定》。

3. 主要特点

《规定》最主要的内容是明确将5 905～5 925MHz频段规划为基于LTE-V2X技术的车联网直连通信专用频率。车联网的无线通信主要为两大类，一类是车跟云之间的通信，主要是通过公众移动通信实现，包括导航、远程监控、信息娱乐等服务；另一类是车与车、车与路、车与人之间的直接通信。《规定》共十条，主要对车联网（智能网联汽车）直连通信的专用频率的频率管理、台（站）设备管理及与现有业务的干扰协调原则做了规定。

在频率和台（站）管理方面，主要针对该频段设置、使用路边无线电设备的行为开展管理。对于车载和便携无线电设备的用频和台（站）管理主要采取免许可的方式。在干扰保护方面，明确不得对同频或相邻频段内依法开展的卫星固定、无线电定位、固定等无线电业务的现有台（站）产生有害干扰。车载无线电设备和便携无线电设备原则上不应提出干扰保护要求。在产业政策方面，鼓励发达地区先行先试。

4. 出台意义

一是有利于提高车联网（智能网联汽车）的安全系数。车联网直连通信最主要的用途是用于智能网联汽车的安全业务，目的是通过车与车、车与路、车与人之间的直接通信减少交通事故、加强车辆管理。使用专用频率有助于避免干扰，可有效提高通信的安全系数。

二是有利于引导我国智能网联汽车产业的发展。直连通信频率的确定，对于推动智能网联汽车发展非常重要，对我国智能网联汽车相关技术研发、试验和标准等制定及产业链成熟都将起到重要的先导作用。智能网联汽车车载和便携无线电设备免许可自由使用的规定体现了国务院"放管服"的要求，有助于做大做活这一产业。鼓励先行先试的政策也有利于先进地区加快智能交通系统建设并积累有益的管理经验。

三是有利于加快全球智能交通产业的成熟发展。采用 5 900MHz 的频段有助于全球形成统一的智能交通频率，推动智能交通领域形成全球统一的大市场。

三、《关于促进和规范民用无人机制造业发展的指导意见》解读[①]

无人机系统包括无人机和配合无人机运行的装置和设备。我国民用无人机制造业的发展尚处于初期阶段，民用无人机企业中很大一部分是航模生产企业转型而成的。随着国家信息化建设不断深入和相关产业发展，民用无人机（尤其是消费类无人机）制造业逐渐得到了重视，我国已逐渐加大对民用无人机的研究、制造投入，这对我国民用无人机形成产业链的发展至关重要。

1. 出台背景

无人机的快速发展必然会导致一系列日益突出的问题，如不同研制生产厂家、不同型号的无人机采用的标准体系不尽相同，产品质量功能的检测认证体系并不健全，管理部门对应的安全监管手段相对滞后等。

无人机系统应用领域广，涉及经济、社会、国家安全等诸多领域。在民用无人机产业迅速发展的同时，无人机用频混乱（UHF、L、S、C 频段均有使用）、"黑飞""乱飞""入侵"等干扰民航、军航的事件频发，严重威胁公共和国家安全，甚至会侵犯信息安全，引起了社会的广泛关注。

为促进和规范民用无人机制造业发展，支撑我国民用无人机系统的快速发展和广泛应用，避免已暴露的诸多问题带来的有害后果，保障和促进我国无人机产业良性有序发展，工业和信息化部发布了《关于促进和规范民用无人机制造业发展的指导意见》（以下简称《指导意见》）。

---

① 赛迪智库无线电应用与管理形势分析课题组，《2019 年中国无线电应用于管理发展形势展望》，《中国计算机报》，2019 年。

2.《指导意见》与无线电管理的关系

《指导意见》提出了"坚持市场主体,政府引导""坚持创新驱动,标准规范""坚持安全发展,技术管控"的基本原则,明确了产业发展的两个阶段目标,并在主要任务中强调"强化频率规范使用"。因此,《指导意见》与无线电管理具有不可分割的关系和重要意义。

(1)加强频率管理。《指导意见》要求"科学规划无线电频率资源,统筹民用无人机用频需求,进一步加强民用无人机的无线电频率使用管理"。首先,工业和信息化部于 2015 年出台了《无人机系统频率使用事宜》,以《中华人民共和国无线电频率划分规定》(2014 版)为指导,在充分的技术研究与需求论证的基础上,规划了 840.5～845MHz、1 430～1 446MHz 和 2 408～2 440MHz 三个频段用于无人机应用,既保证了频段的合法性,又保证了业务适用性,为规范和引导无人机制造生产和用户使用无线电频率提供了依据,符合《指导意见》要求。其次,工业和信息化部无线电管理局有针对性地进行了民用无人机的无线电频率占用度监测统计,后期还将对无人机无线电频率使用情况的统计逐步规范化、常态化,目的是掌握已分配频率的实际使用情况,为实时监测无人机使用、事后分析频率规划的有效性、实现频谱资源的高效利用提供基础。

(2)加强无人机管控。《指导意见》要求"研究制定民用无人机无线电管理相关规定,加强民用无人机及无人机反制设备无线电管理相关工作"。首先,无线电管理机构在无人机管理工作中基于无线电管理职责,应当发挥技术特长优势,结合地方法律法规和无线电管理机构在此项工作中的工作范围、管理界限和权力边界,使用合适的监控技术手段,在职责范围内积极配合和协助空管、民航、公安等单位开展工作。其次,各地无线电管理机构要加强基础设施建设,统筹规划,提前做好无人机监控相关预研工作。在此基础上,适时出台民用无人机无线电管理规定、无人机监控平台建设指导意见、无人机反制设备使用规范等一系列相关政策措施,规范管理标准,有效维护空中电波秩序,促进无人机安全、合法使用,推动无人机产业健康、有序、良性发展。

3. 无线电管理方面的落实建议[①]

(1)鼓励管控技术创新。有效开展无人机无线电监控工作,结合现有无线电监测网基础增加无人机频率监测能力。在实施技术方面,主动管控可采用两种方式:一是针对具有身份识别芯片的无人机,可采用协议管控手段,实现对

---

① 周钰哲,《国外无人机管控现状研究》,《中国无线电》,2018 年第四期:第 38-39 页。

无人机自上而下的监控。二是针对不具备身份识别芯片的无人机，可利用现有无线电定位和技术阻断手段，实现对无人机自下而上的发现、定位、压制。被动管控可采用设置电子围栏、划设禁飞区等方式实现。

（2）加快法规标准体系建设。加快制定和发布国家和行业的民用无人机制造和使用标准规范，立足产业发展，扶持国有企业和机构加入无人机制造和使用标准技术研发行列，研究发展我国民用无人机的管理措施及相应的政策、法规、标准等规章制度，规范民用无人机系统相关通信设备的生产和使用，规范频率合理使用，整顿用频秩序，促进产业有序发展，积极参与国际标准竞争等。

（3）加强无人机监管平台建设。无线电管理机构应当加强无人机监控平台建设。在传统监测技术的基础上，探索利用创新、先进的无线电监测技术，提高无人机的预测、预警能力，加强对无人机违规飞行活动的监管。同时，平台要具备可迁移性，可与民航、公安等相关部门联网共享数据，积极做到对无人机目标的精准识别，引导各部门联动和协调管控设备工作，在最大限度地减小对周围电磁环境造成干扰等影响的基础上，对违规无人机进行精准压制，进而有效维护空中电波秩序，充分保障国家、社会安全。

第三节 2019年我国无线电应用与管理面临的形势

一、5G产业发展推进仍面临挑战

1. 频谱资源有限，供需矛盾凸显

现阶段，我国的频谱资源是异常稀缺的，高、低频段的优质资源的剩余量十分有限。4G时期我国就分配好了低频段中的优质频率，而高频段频谱因频率高、开发技术难度大、服务成本高，目前能用且用得起的资源较少。目前在6G以下，很难有3×200MHz的可用频段，必须启用毫米波段。在5G时代移动数据流量将呈现爆炸式增长，为满足eMBB、uRLLC、mMTC三大类5G主要应用场景对更大带宽、更短时延和更高速率的需求，需对支持5G新标准的候选频段进行高中低全频段布局，所需频谱数量也将远超2G/3G/4G移动通信技术的总和。我国频谱供需矛盾将在5G时代愈发凸显。我国5G的用频思路是6GHz以下频率为基、高频为补充发展。2018年12月，工业和信息化部已经向中国移动、中国联通、中国电信三大运营商发放了全国范围内的5G中低

频段试验频率使用许可，加速了我国 5G 产业化进程，但 5G 商用面临的频谱资源频段挑战还很大。

2. 5G 部署投入成本高，短期内很难获取资本回报

5G 基站包括宏基站和小微基站等主流基站模式。与 4G 相比，5G 的辐射范围较小，从连续覆盖角度来看，5G 的基站数量可能是 4G 的 1.5～2 倍。机构预计，三大运营商 5G 无线网络投资总规模约 6500 亿元，其中，宏基站总数约 400 万个，小微基站约 600 万个。而大规模天线使 5G 基站建设成本高，还需新建或大规模改造核心网和传输网，因此构筑良好的 5G 网络需要运营商投入大量财力。投资大幅度增加，但场景落地和资本回报路径尚不清晰。现阶段，5G 发展仍以政策和技术驱动为主，VR、人工智能、无人驾驶等关键技术还未成熟与普及，应用服务为时尚早，目前存在过度炒作迹象。就市场普遍看好的 NB-IoT 来讲，运营商一直在努力推广，但目前的应用主要还是"三表"（燃气、水、电）及市政项目，成本仍然是企业推出 NB-IoT 产品的关键因素。未来，网络部署、应用开发、用户导入和习惯培养也需较长时间，预计 5G 商用早期将面临较大的经济效益压力。

3. 核心技术对外依赖度还很高，部分底层关键技术仍不成熟

我国 5G 核心技术对外依存度还比较高，电信设备和不少终端设备的核心器件依赖进口。在标准制定方面，与美欧厂商相比，我国通信厂商不具备压倒性优势，很难复制高通在 3G 时代的强势地位。在芯片领域，国内厂商在商用时间和技术上与欧美基本同步。在电信设备领域，我国 FPGA、数模转换器、光通信芯片等电信设备基本从欧美元器件厂商进口；在终端方面，以智能手机为例，内存、CIS 等核心元器件基本被国外把控，即便是国内设计的 SoC，其 CPU 和 GPU 完全依赖于英国 ARM 微处理器的技术授权。在物联网领域，截至目前，华为、中兴等公司推出了物联网解决方案，其中的 CPU 都是 ARM 的内核。同时，5G 相较于前几代移动通信技术，设计理念新颖，功能更加强大，对高频段射频器件等关键材料器件要求较高。目前，5G 终端产品的技术成熟度和商用化进程滞后于通信网络设备，尤其是在射频等底层关键领域的技术还不成熟。我国在 5G 中高频材料器件领域与欧美差距较大，这将是我国 5G 产业发展的痛点。

二、低功耗广域网产业发展需关注的问题

1. 市场碎片化程度较高

网络、技术、产业、应用市场和产品标准的碎片化一直是影响LPWAN高速发展的关键。在技术层面，存在蜂窝LPWAN方面的NB-IoT、eMTC等技术，非蜂窝LPWAN方面的LoRa、Sigfox、ZETA等技术；在标准层面，工业领域常见的标准协议就有上百种，如再考虑到私有协议，数量可达上千种；在市场应用层面，LPWAN应用已经覆盖工业、商用、消费三大领域约20多个行业、160多个应用场景，拥有数目繁多的终端设备接口。根据物联网智库预测数据，预计到2020年，我国LPWAN接入设备将达到1.97亿个，行业市场规模将达到30.14亿元。由于各行业对LPWAN产品的需求不同，使得LPWAN的应用市场碎片化程度较高。但随着NB-IoT标准的出台和商用，华为、中兴及三大电信运营商、军工企业等加快在LPWAN物联网基础领域的投入力度，提升产业链资源整合能力，LPWAN碎片化现状有望改变。

2. 产业核心技术薄弱

受原材料、装备、芯片等领域核心技术薄弱的影响，我国LPWAN发展所需的相关技术和设备基本依赖进口。除华为主导的NB-IoT的国际标准体系外，目前我国LPWAN的核心技术仍停留在"引进—模仿—改进—创新"层面，对国外技术的依赖度较高，缺乏原始创新，技术积累和资本投入水平仍与国外先进国家差距较大。同时，缺乏拥有强大技术实力和竞争力的龙头企业。芯片是LPWAN行业的核心设备，也是技术性壁垒较高的产业链环节。我国LPWAN产业链中，射频识别芯片技术基础薄弱，工艺水平不高，部分多功能、微型化、智能化、网络化的高端芯片基本依赖进口。如LoRa技术的核心芯片基本由美国半导体制造商Semtech控制，后者占有LoRa射频芯片80%以上的市场份额。SIGFOX芯片技术也主要由欧美企业掌握，主要芯片供货商包括TI、ST、Silicon Labs、On-Semi、NXP、Ethertronics、Microchip等。另外，我国LPWAN安全技术和产品创新能力不足，整体安全解决方案提供商数量较少。"十三五"时期，我国LPWAN产业目标是迈向中高端，低功耗广域网中的芯片、设备、数据服务都在规划目标之列。

3. 物联网安全问题凸显

一方面，与传统物联网相比，LPWAN 物联网在实际应用中拥有海量终端设备及轻量级嵌入式系统，任何微小的安全漏洞都可能引发巨大的安全事故。基于 LoRa 和 NB-IoT 物联网主要的安全威胁来自感知层终端设备。如固件代码植入、任意代码执行、弱加密算法、设备绑定漏洞、DoS 攻击、固件升级检查等。目前，许多 LPWAN 物联网终端设备的安全处理能力非常低，很容易成为黑客攻击目标。在传输层，LPWAN 物联网终端设备主要采用不稳定的无连接的 UDP 传输层协议向基站发送数据，存在通信劫持的风险。另一方面，LoRa 等 LPWAN 技术使用非授权频段，且核心标准掌握在其他国外企业手中，难以在涉及国家网络信息安全的行业中完全实现自主可控，网络信息安全无法保障。

三、民用无人机无线电管控面临的挑战[①]

1. 无人机违规用频导致干扰频发

无人机无线电干扰事件频发。市场上的民用无人机的使用频段为 328～352MHz、400～449MHz、560～760MHz、900～933MHz、1 340～1 400MHz、1 670～1 730MHz、2.4GHz、5.8GHz，以上频段均有使用，用频混乱。由于无人机飞行和用频的不规范，导致无人机系统间互相干扰和无人机对其他合法用频设备的干扰会扰乱电波秩序。例如，当无人机在同一地域或相邻区域同时使用时，无人机系统 A 的射频发射对无人机系统 B 的接收机来说就是一种干扰，如果无人机遥控信号被干扰，无人机又没有预装感知与规避机制的话，无人机可能会失控。2018 年 5 月 1 日，西安 1 374 架无人机组成编队进行飞行表演，虽然获得了吉尼斯世界纪录认证，但由于部分无人机的定位系统在起飞后受到定向无线电干扰，造成其位置和高度数据异常，无人机编队表演未能圆满呈现预期效果。

2. 无人机"黑飞"威胁重要目标

无人机的"黑飞"是指未经授权的无人机飞行，会对重要目标产生一定的威胁。一是威胁民航机场。由于对"低慢小"无人机识别比较困难，加之"低慢小"无人机在感知规避方面的配套设施不足，一旦进入机场净空，就会对民航飞机的安全运行造成巨大的隐患。无人机入侵民航机场事件不断出现，造成航班延

---
① 周钰哲，《无人机无线电管控技术研究》，《数字通信世界》，2018 年。

误、飞机迫降等，不仅带来了巨大的经济损失，也给社会安全带来了负面影响。近几年来，深圳、绵阳、萧山、成都、重庆等各地机场先后发生了多起无人机进入净空区事件，导致数百余架次航班延误、取消、备降或返航，大量旅客滞留机场，使社会经济和人民生活遭受巨大经济损失。

3. 涉及部门众多，多方协作困难

无人机具有消费类商品和航空器的双重属性，其管理工作涉及的部门、行业众多。例如，无人机的制造、进口需要工业和信息化部、海关等部门管理，其销售需要质监、工商等部门监督，其使用或对违法违规使用的查处则需要中国民用航空局、公安部、国家体育总局等多部门联合管理。由于对无人机各个生命周期的管理工作并没有有效的联合管理机制，工作难以有序承接、协调不通畅，容易造成管理工作出现漏洞、管理范围重叠、管理越权等问题。此外，如果要对无人机实施管控，需要军地间、部门间协作，涉及方面广、影响大，如果没有有效的协调、配合机制，可能导致管理部门"管不了、不敢管"的情况出现。

第四节 2019年我国无线电应用与管理发展趋势展望

一、5G规划和商用进一步提速[①]

我国积极参与和推进5G频谱规划及标准化工作。工业和信息化部批复4.8～5.0GHz、24.75～27.5GHz和37～42.5GHz频段用于我国5G技术研发试验。工业和信息化部于2017年11月率先公布了3 000～5 000MHz频段内的5G中频段频率规划，对我国5G系统技术研发、试验和标准等制定及产业链成熟起到重要先导作用。目前，我国正有序开展5G高频段（毫米波）研究，并面向2019年召开的WRC-19大会，积极参与国际电信联盟（ITU）关于24.75～27.5GHz、37～42.5GHz频段5G系统与现有同频段和邻频段业务的兼容性研究，推动26GHz和39GHz成为全球统一5G频段。

5G标准化工作第一阶段R15，在我国的积极参与和推动下于2018年6月正式完成，并于9月冻结。目前，3GPP正在讨论满足ITU全部要求的完整5G最终标准R16的内容，预计于2019年12月完成、2020年3月实现5G全面商用。对此，我国在2019年将争取实现主导的非正交多址方案及多天线、车联网等

---

① 周钰哲，《全球5G进展、趋势分析及启示》，《中国无线电》，2019年第1期：第22-25页。

我国传统技术优势方案在 5G 标准化工作第二阶段 R16 中的相关项目落地。

下一步的工作需要积极发力部署 5G 频率标准产业的各个方面。一是充分研究和推动高频段频率规划进度。在 5G 中频段资源规划出台的基础上，继续加快 5G 低频和毫米波频段频率规划部署的进度，早日形成我国 5G 频率"低—中—高"频段全覆盖格局，为 5G 长远发展保障充足频率资源，引领 5G 产业发展。二是持续加强开放合作，全力参与 5G 国际标准制定，积极推动全球统一 5G 标准，抢占未来全球 5G 产业发展主导权和战略制高点。三是在多天线技术增强、车联网、语音业务增强等方面，我国应争取更多的牵头机会并与国外运营商和设备商积极沟通合作，共同推动 5G 技术标准的发展，提升产业协同发展和国际化发展。四是对我国高频器件产业开展基础储备，通过政策、资金倾斜鼓励高频段、大带宽的射频器件、测量仪器设备厂商开展专项技术突破，推动 5G 芯片核心技术、产品的协同研发，进一步提升我国 5G 芯片、产品在国际市场上的核心竞争力。

二、物联网继续保持高速增长态势[①]

物联网正在进入实质性发展阶段。物联网是传感技术、数据采集传输与处理技术、信息安全技术等多种关键技术交叉融合的结果。2017 年以来，全球物联网设备市场、应用项目进入爆发式增长态势。技术进步及规模效应使物联网传感器成本不断下降。全球传感器平均销售单价从 2010 年到 2018 年下降 50%。成本的降低有力推动了物联网部署加速，全球物联网连接设备数在 2017 年首次超过全球人口数量，达到 84 亿台，2018 年将差距进一步拉大。物联网应用技术向着智能化、便利化、低功耗和小型化的方向持续演进。MEMS 技术的成熟，使得物联网终端小型化、微型化成为可能。NB-IoT 等低功耗广域物联网（LPWAN）的规模化部署推动智能抄表、环境监测等领域的物联网市场不断扩大。智慧城市、工业物联网、车联网、智能家居成为四大主流应用领域。我国物联网市场规模突破 1 万亿元大关，年复合增长率超过 20%。BAT 等互联网巨头和三大运营商纷纷加大物联网领域投入力度，物联网云平台成为巨头竞争的核心领域。

2019 年，我国物联网生态体系进一步完善，市场规模继续快速扩张。随着物联网规模化部署的开展，主流传感器成本有望进一步下降，公共服务体系进一步完善。运营商将加强物联网战略部署，强化与智能家居、车联网、智慧城

---

① 赛迪智库无线电应用与管理形势分析课题组，《2019 年中国无线电应用于管理发展形势展望》，《中国计算机报》，2019 年。

市等细分领域厂商合作，扩大试点应用，推进规模化商用进程。在物联网平台方面，互联网巨头的平台优势将更为突出，平台体系建设日益成熟。同时，人工智能（AI）、区块链、边缘计算等新兴技术将加快与物联网融合，推动物联网向智联网方向发展。

三、低功耗广域网产业日趋成熟[①]

NB-IoT产业链和价值链将进一步完善：一是网络覆盖将进一步完善。数据显示，2017年我国NB-IoT基站规模为40余万个，而2018年这一数字为120万个，2019年我国NB-IoT基站数量将突破150万个，这意味着此前工业和信息化部《关于全面推进移动物联网（NB-IoT）建设发展的通知》中"2020年建设基站150万个"的目标将提前完成。二是终端芯片环节将进一步成熟。NB-IoT规模部署对于用户侧的一个关键在于终端芯片，决定了终端是否可用和是否为低成本。目前，主要芯片厂商纷纷投入NB芯片研发，2017年NB芯片集中发布上市，竞争激烈，同时也印证了产业链对低功耗物联网市场前景的高度认同。三是NB-IoT模组成本将下降到合理区间。目前NB-IoT模组价格一般在40～50元的水平。2019年随着运营商补贴力度的进一步加大，以及出货量的大幅提升，NB-IoT模组价格有望下降到30元以内，与2G模组的价格达到同一水平。同时，模组价格的下降会进一步刺激下游垂直应用市场的需求并带动出货量，使产业链更加成熟。四是NB-IoT的价值将实现从网络连接到应用的外溢。在政府政策的引导下、在运营商大力度建网的助力下、在垂直行业和领域的支持下，我国NB-IoT网络规模位居全球第一，并且产业链芯片、模组和终端等关键环节集聚了一批有实力和国际竞争力的厂家。目前，三大运营商都已经将NB-IoT作为本公司的重点战略之一大力发展。2019年在网络覆盖和产业链配套进一步完善的基础上，NB-IoT的价值将进一步向平台和垂直行业应用方向迁移，实现其网络连接之外的巨大潜在价值。

四、无线电管理法律法规继续丰富[②]

2018年，我国无线电管理法律法规体系取得了新进展。工业和信息化部陆续出台系列政策法规：《无线电频率使用率要求及核查管理暂行规定》自2018年1月1日起施行；新修订版的《中华人民共和国无线电频率划分规定》自

[①] 赛迪智库低功耗广域网形势分析课题组，《2019年中国低功耗广域网发展形势展望》，《中国计算机报》，2019年。
[②] 赛迪智库无线电应用与管理形势分析课题组，《2019年中国无线电应用于管理发展形势展望》，《中国计算机报》，2019年。

2018年7月1日起施行;《无线电干扰投诉和查处工作实施细则》自2018年10月8日起施行;《车联网（智能网联汽车）直连通信使用5 905～5 925MHz频段管理规定（暂行）》自2018年12月1日起施行。此外，还发布了《关于对地静止轨道卫星固定业务Ka频段设置使用动中通地球站相关事宜的通知》《遥感和空间科学卫星无线电频率和轨道资源使用规划（2019—2025年）》《微功率短距离无线电发射设备技术要求（征求意见稿）》等。这些政策法规的出台使无线电管理法律法规建设取得重大进展。

2018年版《划分规定》综合了《无线电规则（2016年版）》有关全球划分、第三区划分的修订情况、WRC-15议题的有关结论、国内无线电业务发展规划和现状、国内全部用频单位协调意见和建议，进行了全面的修订，力求指导用频单位合理、有效、节约地使用无线电频谱资源。目前，国际5G频率划分几乎完成并临近网络部署阶段，需要分配额外的频率资源并与空间业务频率完成划分协调；全球下一代卫星互联网发展迅速，空间业务频率资源紧缺，急需进行与其他业务的协调、优化使用频段等问题需要从顶层划分进行解决。依据《划分规定》出台的一系列文件都是《划分规定》对无线电管理实际工作做出的具体要求的体现，例如，《车联网（智能网联汽车）直连通信使用5 905～5 925MHz频段管理规定（暂行）》对于促进我国智能网联汽车产品研发、标准制定及产业链成熟将起到重要先导作用;《关于对地静止轨道卫星固定业务Ka频段设置使用动中通地球站相关事宜的通知》对适应卫星通信业务的发展，推动Ka频段高通量卫星的广泛应用具有较强的指导意义;《遥感和空间科学卫星无线电频率和轨道资源使用规划（2019—2025年）》拟对未来遥感和空间科学卫星的发展需要，合理规划卫星无线电频率和轨道资源。

2019年工业和信息化部进一步加强无线电管理法制建设和依法行政能力。首先，依照WRC-15对部分《无线电规则》中有关国际无线电频率划分规定的修改，为5G频率、卫星频率、轨道资源储备频率调整业务使用范围等，持续宣贯落实《划分规定》。其次，继续推进与《划分规定》配套的频率规划、频率台（站）许可、国际协调等规章、规范性文件的制修订。同时，深入推进与《中华人民共和国无线电管理条例》配套的依法行政，规范行政许可、行政处罚、行政强制等行为。2019年的WRC-19大会之后,还将有针对性地对《划分规定》进行修订。因此,《划分规定》的修订和落实过程将是一个长期的、动态的工作，未来相关领域还将有许多新的落实文件出台。

# 行 业 篇

第八章

原材料工业

第一节 2018年我国原材料工业整体发展状况

一、主要产品产量继续增加

2018年,我国大部分原材料产品产量小幅增加,但增速略有不同。化工产品中,除硫酸产量增速略高于去年外,烧碱和乙烯产量增速均低于去年同期水平,烧碱产量增速低于去年同期4.5个百分点,乙烯产量增速低于去年同期1.4个百分点。生铁、粗钢、钢材产量全面增长,其中粗钢和钢材产量增速分别高于去年同期0.9和7.7个百分点。十种有色金属产量有所增加,增速高于去年同期3个百分点;水泥和平板玻璃产量均保持增长态势,其中水泥扭转了去年同期增速为负的局面,平板玻璃产量增速低于去年同期1.4个百分点(见表8-1)。

表8-1 2018年我国主要原材料产品产量及增长率

主要产品	产量(万吨)	增长率(%)	2017年同期增速(%)
硫酸	8636	1.8	1.7
烧碱	3420	0.9	5.4
乙烯	1841	1	2.4
生铁	77105	3	1.8
粗钢	92826	6.6	5.7
钢材	110552	8.5	0.8
十种有色金属	5688	6	3

续表

主要产品	产量（万吨）	增长率（%）	2017年同期增速（%）
水泥（亿吨）	217667	2	-0.2
平板玻璃（亿重量箱）	86864	2.1	3.5

数据来源：国家统计局，2019年1月。

二、投资规模有所扩大

2018年，除有色金属矿采选业外，其他行业固定资产投资规模有所扩大。化学原料和化学制品制造业投资规模同比增长6%，扭转去年同期投资负增长的局面。钢铁行业投资规模扩大，黑色金属矿采选业投资同比增长5.1%，黑色金属冶炼和压延加工业投资同比增长13.8%，均扭转了上年同期负增长的局面。有色行业中，有色金属矿采选业投资同比减少8%，有色金属冶炼和压延加工业投资同比增长3.2%。建材行业中，非金属矿采选业和非金属矿物制品业投资均保持高速增长，增速远高于上年同期水平（见表8-2）。

表8-2 2018年我国原材料工业固定资产投资及增长率

行　业	同比增长（%）	去年同期同比增长（%）
化学原料和化学制品制造业	6	-4
黑色金属矿采选业	5.1	-22.8
黑色金属冶炼和压延加工业	13.8	-7.1
有色金属矿采选业	-8	-21.3
有色金属冶炼和压延加工业	3.2	-3
非金属矿采选业	26.7	-16.3
非金属矿物制品业	19.7	1.6

数据来源：国家统计局，2019年1月。

三、进出口有所减少

2018年，受全球范围内贸易摩擦增多影响，主要原材料产品出口受到影响。钢材出口6934万吨，同比减少8.1%；未锻造的铜及铜材出口79.2万吨，同比减少3%；未锻造的铝及铝材出口580万吨，同比增长20.9%。受国内需求平稳增长刺激，主要原材料产品进口有所增加，未锻造的铜及铜材进口530万吨，同比增长12.9%，扭转上年同期负增长的局面；未锻造的铝及铝材进口59.6万吨，同比增长2.3%，而上年同期为减少9.8%；钢材进口有所减少，进口量为1317万吨，同比下降1%。

四、行业经济效益持续改善

2018年,我国原材料工业经济效益继续好转,大部分行业实现不同程度的盈利。化学原料和化学制品制造业实现利润5146.2亿元,增速低于上年同期25个百分点;钢铁行业经济效益持续改善,利润同比增长39.3%,低于上年同期的85.8%水平;有色金属行业利润同比减少29%,而上年同期为增长5%;非金属矿采选业利润增长14.9%,高于上年同期12.2个百分点;非金属矿物制品业利润同比增长43%,高于上年同期22.5个百分点。

第二节　2018年我国原材料工业重点政策解析

一、《原材料工业质量提升三年行动方案（2018—2020年）》

（一）政策出台背景

随着供给侧结构性改革的深入推进,我国原材料工业产品质量不断提高,品种结构不断优化,对稳增长、调结构、促改革、惠民生、保安全发挥了重要作用。同时,原材料工业在质量基础设施、关键工艺技术、产品实物质量、有效供给能力等方面与国际先进水平相比仍有较大差距,难以满足我国经济高质量发展的要求。为进一步提升原材料工业发展质量和效益,更好支撑制造强国、质量强国建设,工业和信息化部、科技部、商务部、市场监管总局联合制定《原材料工业质量提升三年行动方案（2018—2020年）》（以下简称《行动方案》）。

（二）政策主要内容

《行动方案》提出要以提升原材料工业发展质量和效益为核心,坚持企业主体、市场主导、政府引导,坚持需求牵引、创新驱动、产用融合,提高产品质量的可靠性、稳定性、一致性水平,增强高性能、功能化、差别化产品的有效供给,带动原材料工业质量品牌整体提升,为制造业高质量发展提供保障,并重点明确了钢铁、有色金属、石化化工和建材等四个细分行业的质量提升三年发展目标。

《行动方案》强调,各级、各相关部门要高度重视,建立协同工作机制,加大财政金融支持力度,加强质量人才培养,完善质量基础建设。要充分发挥原材料各行业协会的桥梁纽带作用,积极开展国际对接,加大原材料工业质量标杆的经验交流和推广。要抓住"一带一路"建设契机，拓宽交流渠道，在技术创新、标准制定、质量治理等领域开展国际合作，推动原材料产业迈向中高端。

（三）政策影响

《行动方案》是全面贯彻落实党的十九大精神，深入落实《中共中央国务院关于开展质量提升行动的指导意见》的具体体现。《行动方案》的出台，有利于统一各方思想，提高认识，准确把握新形势下原材料工业高质量发展的方向和重点，形成合力共同推进原材料工业质量提升工作，也有利于完善公平有序竞争的市场环境。

二、《国家新材料产业资源共享平台建设方案》

（一）政策出台背景

我国新材料产业发展总体上仍处于跟踪模仿和产业化培育的初期阶段，与建设制造强国的要求相比，关键材料保障能力不足、"卡脖子"问题尚未得到根本解决，产业结构不尽合理、高端产品比例不高的现状急需改变。产业发展的现状与发达国家的先进水平相比整体实力上还有较大差距，与世界第一原材料工业大国的地位不匹配，与新时期高质量发展的要求不适应。特别是在产业资源共享方面，经过多年快速发展，新材料产业已积累沉淀了海量资源，但各类资源分布于不同主体，信息封闭不对称，资源闲置浪费，交易流通困难，价值难以被有效挖掘利用，资源共享不畅问题亟待解决。推进共享平台建设，有助于加快产业资源交流互通，适应政府部门信息化管理需要，适应新材料产业科技、产业、市场、金融等方面的资源共享和服务需要，提升行业管理水平和公共服务供给能力、新材料产业要素资源配置效率和我国新材产业综合竞争力。

（二）政策主要内容

《国家新材料产业资源共享平台建设方案》提出了国家新材料产业资源共享平台建设的总体思路、发展目标及建设和运营方案。

总体思路：联合龙头企业、用户单位、科研院所、互联网机构等各方面力量，整合政府、行业、企业和社会资源，同时紧密结合政务信息系统平台建设工作，充分利用国家数据共享交换平台体系和现有基础设施资源，加强与各部门现有政务信息服务平台及商业化平台的对接和协同，结合互联网、大数据、人工智能、云计算等技术建立垂直化、专业化资源共享平台，采用线上线下相结合的方式，开展政务信息、产业信息、科技成果、技术装备、研发设计、生产制造、经营管理、采购销售、测试评价、质量认证、学术、标准、知识产权、金融、法律、人才等方面资源的共享服务。

发展目标：一是到2020年，基本形成多方共建、公益为主、高效集成的新材料产业资源共享服务生态体系。初步建成具有较高的资源开放共享程度、安全可控水平和运营服务能力的垂直化、专业化网络平台，以及与之配套的保障有力、服务协同、运行高效的线下基础设施和能力条件。建立技术融合、业务融合、数据融合的新材料产业资源共享门户网络体系。二是到2025年，新材料产业资源共享服务生态体系更加完善。平台集聚资源总量和覆盖领域、共享开放程度、业务范围和服务能力进一步提升。平台网络体系和线下基础设施条件更加完备。新材料产业资源共享能力整体达到国际先进水平。

建设和运营方案：国家新材料产业资源共享平台建设分为系统资源建设和网络体系建设。系统资源建设包括政务信息服务系统模块、行业知识服务系统模块、仪器设施共享系统模块、科技成果转化系统模块、供需对接服务系统模块和其他资源服务系统模块。网络体系建设主要是基于大数据和人工智能技术，开发多元异构数据管理工具和数据资源分类、叙词表、知识图谱等知识组织工具，构建丰富权威的新材料产业资源元数据库。

国家新材料产业资源共享平台在管理和运行方面，将建立科学的决策机制，设立专家委员会、监督委员会及总师团队等，加强重大决策的咨询和监管。

（三）政策影响

《国家新材料产业资源共享平台建设方案》对开展国家新材料产业资源共享平台建设提出了明确要求，是贯彻落实《新材料产业发展指南》的重要决策，对解决新材料产业信息流通不畅，实现产业资源交流互通，提升新材料行业管理水平和公共服务供给能力，以及促进新材料产业健康发展具有重要意义。

三、《重点新材料首批次应用示范指导目录（2018年版）》

（一）政策出台背景

新材料是先进制造业的支撑和基础，其性能、技术、工艺等直接影响电子信息、高端装备等下游领域的产品质量和生产安全。新材料进入市场初期，需要经过长期的应用考核与大量的资金投入，下游用户首次使用存在一定风险，客观上导致了"有材不好用，好材不敢用"、生产与应用脱节、创新产品推广应用困难等问题。

建立新材料首批次保险机制，坚持"政府引导、市场运作"的原则，旨在运用市场化手段，对新材料应用示范的风险控制和分担作出制度性安排，突破新材料应用的初期市场瓶颈，激活和释放下游行业对新材料产品的有效需求，对加快新材料创新成果转化和应用，促进传统材料工业供给侧结构性改革，提升我国新材料产业整体发展水平具有重要意义。

自 2017 年以来，工业和信息化部联合财政、保监部门开展了重点新材料首批应用保险补偿机制试点工作。为做好 2018 年首批试点工作，工业和信息化部组织修订了《重点新材料首批次应用示范指导目录》。

（二）政策主要内容

目录中列出了先进基础材料、关键战略材料、前沿新材料 3 大类共 166 个品类的重点新材料，内容包括材料名称、性能要求及应用领域。其中先进基础材料大类下有先进钢铁材料、先进有色金属材料、先进化工材料、先进无机非金属材料、其他材料 5 个小类，共涉及 116 个品类的重点材料；关键战略材料大类下有高性能纤维及复合材料、稀土功能材料、先进半导体材料和新型显示材料、新型能源材料 4 个小类，共涉及 41 个品类的重点材料；前沿新材料大类下有 9 个小类的材料，主要为石墨烯及粉末材料，共涉及 9 个品类的重点材料。目录中与半导体、电子产业相关的材料品类共有 55 项。

（三）政策影响

《重点新材料首批应用示范指导目录（2018 年版）》中新材料品种应用领域符合《新材料产业发展指南》提出的重点领域发展方向，目录中的产品在品种、规格、性能或技术参数等方面有重大突破，具有自主知识产权，处于市场验证或初期应用阶段，技术含量和附加值高，市场前景广阔，具有较强的示范意义。推行重点新材料首批应用保险补偿机制，有助于加速解决新材料应用的初期市场瓶颈，激活和释放下游行业对新材料产品的有效需求。

第三节　2018年我国原材料工业重点行业发展状况

一、石化化工行业

（一）产品产量保持增长

2018年，我国汽油产量13887.7万吨，同比增长8.1%；1—11月，原油进口量41811万吨，同比增长8.4%，原油加工量554483万吨，同比增长7.2%。1—10月表观消费量53203.4万吨，同比增加5.3%。

烯烃方面，2018年乙烯产量1841万吨，同比增长1%；1—9月乙烯表观消费量1562万吨，同比增长3%。芳烃方面，1—10月苯产量695.9万吨，同比增长6.6%；1—11月苯表观消费量987.1万吨，同比减少2.2%。

传统化工产品方面，1—11月，硫酸、烧碱产量分别为7760.6万吨和3111.4万吨，分别同比增长0.9%和1.6%；1—9月硫酸、烧碱表观消费量6215万吨和2388万吨，分别同比减少10%和3%。1—8月甲醇产量为3088万吨，同比增长2%；1—9月表观消费量达4024万吨，同比减少4%。受产能过剩等因素影响，1—8月，氮肥、磷肥产量分别为2397万吨和899万吨，同比减少8.2%和5.1%。

（二）行业投资继续收窄

2018年，石化行业投资降幅继续收窄，整体投资呈现企稳回升态势。1—10月，化学原料和化学制品制造业固定资产投资在9、10月份实现连续两个月增长，1—10月同比增长2.8%，相较于1—9月加快1.1个百分点，回升趋势有所加强。1—11月，化学原料及化学制品制造业固定资产投资完成额同比增长5.8%；石油化工、炼焦及核燃料加工业固定资产投资完成额同比增长5.9%；橡胶和塑料制品业固定资产投资完成额同比增长6.1%。增速较2017年都有较大幅度增长。

（三）经济效益保持良好态势

石油和化工行业1—10月利润实现大幅增长，利润总额为7941.3亿元，同比增长41.8%，在同期全国规模工业利润总额中占14.4%；主营收入利润率为7.40%，同比上升1.4个百分点。1—9月，行业资产总计为12.75万亿元，增长6.1%；资产负债率为54.19%，同比下降1.16个百分点；行业亏损面为

18.4%，保持基本稳定。从分析来看，行业主要表现出三个特点：化学工业效益保持良好势头、炼油业效益持续改善、石油和天然气开采业效益强劲回升。

（四）进出口贸易保持增长

出口增长持续加快。1—9月，石油加工、炼焦及核燃料加工业出口交货值1197.1亿元，同比增长71.8%，与上年同期相比增速加快22个百分点。橡胶和塑料制品业出口交货值3389.2亿元，同比增长6.6%。化学原料及化学制品制造业出口交货值4025.8亿元，同比增长15.2%（见表8-3）。

化学工业中，基础化学原料、合成材料制造和专用化学品等增长较快。1—9月上述大三领域出口交货值分别增长15.0%、22.8%和26.2%。橡胶制品、化肥等传统主要出口产品增速减缓或下降。前三季度，橡胶制品出口交货值增速只有5.8%，化肥出口交货值增速降幅达21.2%。

表8-3　2018年1—9月石化化工行业出口交货值

行　　业	2018年累计值（亿元）	2018年累计同比（%）	2017年累计值（亿元）	2017年累计同比（%）
石油加工、炼焦及核燃料加工业	1197.1	71.8	692	49.8
化学原料及化学制品制造业	4025.8	15.2	4275	14.8
橡胶和塑料制品业	3389.2	6.6	3585	8.8

数据来源：Wind数据库，2018年12月。

二、钢铁行业

（一）产需双双小幅增长

2018年1—11月，中国生铁产量为7.1亿吨，同比增长2.4%；粗钢产量为8.6亿吨，同比增长6.7%，钢材产量为10.1亿吨，同比增长8.3%（见表8-4）。

表8-4　2018年1—11月全国冶金企业主要产品产量

产　品	产量（万吨）	同比（%）
生铁	70784.9	2.4
粗钢	85737.2	6.7
钢材	101291.9	8.3
铁矿石原矿量	69496.1	-3.3
铁合金	2814.4	2.0

数据来源：Wind数据库，2018年12月。

从钢材细分品种产量看，2018年1—9月，中小型型钢、冷轧薄板、冷轧薄宽钢带、热轧窄钢带、冷轧窄钢带、镀层板（带）、涂层板（带）、无缝钢管和焊接钢管（1—11月）的累计产量同比下降，其他钢材累计产量呈现不同幅度的增长，其中热轧薄宽钢带增幅最大，达到20.1%。

（二）产品价格震荡运行

2018年1月初，国内钢材价格回落，到1月下旬止跌回升，3月初由升转降，4月之后价格一路震荡上行，到8月下旬到达年内高点，之后再高位震荡运行，11月初价格开始回落，到11月末价格止跌转稳。以中钢协综合钢材价格指数为例，1月5日价格指数为120.47，之后价格回落，到1月19日价格指数为113.65，较之前回落6.82；之后价格小幅上涨，3月2日价格指数为117.66，随后回落到3月30日108.67，较年初下跌11.6；此后价格震荡上升，到8月24日价格指数达到年内高点122.98，较之前低点上涨14.31，涨幅13.2%；此后价格高位震荡运行，到11月2日价格开始急速下跌，11月30日价格指数达到106.39，为年内低点，此后价格小幅波动运行，到12月21日价格指数为107.59。

（三）行业效益持续向好

2018年钢铁行业运行态势良好，经济效益持续向好。根据中国钢铁工业协会统计，2018年1—11月，会员钢铁企业销售累计收入37600亿元，同比增长14.17%；利润总额2802亿元，同比增长63.54%；销售利润率达到7.45%，经济效益明显好转。

从偿债能力来看，截至2018年11月，中钢工业协会会员企业资产负债率为65.74%，同比下降3.39个百分比；黑色金属冶炼和压延加工业负债合计38766.4亿元，同比下降3.6%，资产负债率为63.5%，比上年同期下降1.53个百分点（见表8-5）。

表8-5 2018年11月黑色金属冶炼和压延加工业负债率

项　　目	2018年11月（亿元）	2017年11月（亿元）	同比（%）
负债合计	38766.4	42242.2	-3.6
资产负债率	63.50	65.03	-1.53

数据来源：Wind数据库，2018年12月。

（四）进口表现平稳，出口持续下降

2018年1—11月，中国出口钢材6382万吨，同比下降8.6%；出口粗钢6785.89万吨，同比下降8.4%；1—11月进口钢材1216万吨，同比增长0.5%；进口粗钢1388.62万吨，同比增长4.3%；2018年前11个月，中国净出口钢材5166万吨，同比减少10.5%；净出口粗钢5397.27万吨，同比减少11.2%（见表8-6）。

表8-6　2018年1—11月中国钢材进出口情况

项目		2018年（万吨）	2017年（万吨）	同比（%）
进口	粗钢	1388.62	1331.32	4.3
	钢材	1216	1210	0.5
出口	粗钢	6785.89	7411.41	-8.4
	钢材	6382	6983	-8.6
净出口	粗钢	5397.27	6080.09	-11.2
	钢材	5166	5773	-10.5

数据来源：Wind数据库，2018年12月。

三、有色金属行业

（一）十种有色金属产量增速回升

十种有色金属产量和增速双增长。2018年，我国十种有色金属产量达到5687.9万吨，较上年增长6.0%，增速较上年提高3个百分点（见图8-1）。分月看，十种有色金属月产量同比均保持增长，11月和12月月产量同比增速分别为12.7%和10.0%，12月当月产量达到507.6万吨的全年峰值。

（二）固定资产投资增速增加

2018年，有色金属行业固定资产投资规模小幅增长，投资增速加快。全年有色金属行业完成固定资产投资6220.0亿元，同比增长1.2%。受有色金属矿采选业完成固定资产投资大幅下降影响，有色金属行业固定资产投资增速远远低于全社会固定资产投资增速，较全国固定资产投资（不含农户）增速减少4.7个百分点（见图8-2）。

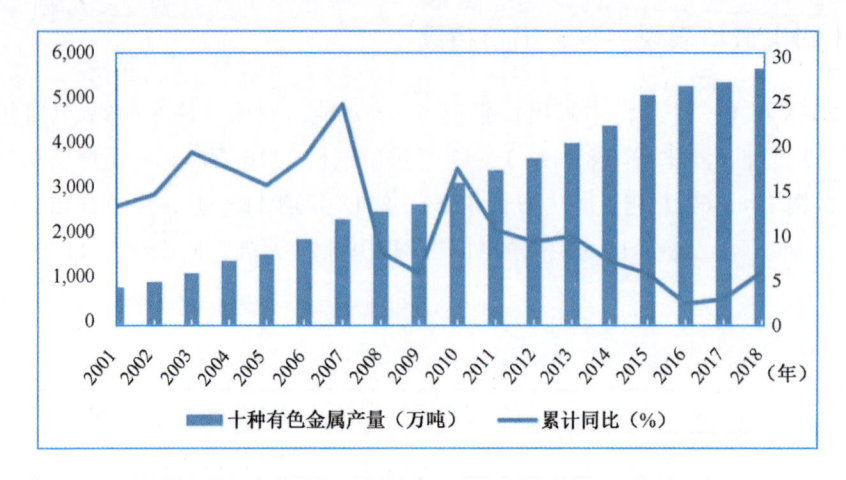

图 8-1　2001—2018 年十种有色金属产量及累计同比增长率

（数据来源：国家统计局，2019 年 1 月）

图 8-2　2003—2018 年有色金属采矿业固定资产投资情况

（数据来源：国家统计局，2019 年 1 月）

（三）近三年行业整体效益首次下降

有色金属行业整体效益大幅下降。受有色金属冶炼及压延加工业利润大幅下降影响，2018 年，有色金属行业共实现利润 1816.9 亿元，较上年减少 734.2 亿元。其中，有色金属矿采选业实现利润 419.8 亿元，同比增加 0.2%，销售利润率为 12.06%，较上年增加 2.63 个百分点；有色金属冶炼及压延加工业实现利润 1397.1 亿元，同比减少 9.0%，销售利润率为 2.49%，较上年降低 1.02 个百分点（见表 8-7）。

表 8-7　2011—2018 年有色金属行业实现利润情况

年 份	有色金属矿采选业		有色金属冶炼及压延加工业	
	利润（亿元）	同比增长（%）	利润（亿元）	同比增长（%）
2011	775.5	52.3	1713.5	51.3
2012	764.4	-0.2	1427.4	-10.4
2013	628.0	-17.2	1445.5	0.1
2014	563.4	-10.7	1490.0	2.5
2015	450.3	-19.3	1348.8	-11.0
2016	483.3	9.7	1947.0	42.9
2017	527.2	23.5	2023.9	28.6
2018	419.8	0.2	1397.1	-9.0

数据来源：国家统计局，2019 年 1 月。

（四）铜铝铅锌产品进出口表现不一

2018 年，我国主要出口的铜产品较上年同期相比有所减少，未锻造的铜及铜材出口量同比减少 3.0%。其中，未锻造的铜及铜合金出口量 28.2 万吨，同比减少 16.6%；铜材出口量 51.0 万吨，同比增长 6.7%。除废铜、铜材、铜合金外，主要进口的铜产品较上年同期相比大幅增加，铜矿、精炼铜、未锻造的铜及铜合金分别进口 1971.6 万吨、375.3 万吨和 475.0 万吨，同比分别增长 13.7%、15.7% 和 15.5%。受洋垃圾禁止入境政策影响，废铜进口量大幅减少，达到 241.3 万吨，同比减少 32.2%。我国精炼铜保持净进口，智利、印度、哈萨克斯坦、日本保持为我国前四精炼铜进口国，2018 年前 11 个月上述四国进口量分别达到 115.1 万吨、21.2 万吨、19.8 万吨和 19.6 万吨。

2018 年，我国主要出口的铝产品出口量大幅增加，未锻造的铝及铝材出口量 580.0 万吨，同比增长 20.9%，较上年同期增加 16.4 个百分点。其中，未锻造的铝（包括铝合金）出口量 56.3 万吨，同比增长 2.1%；铝材出口量 523.0 万吨，同比增长 23.4%，较上年同期增加 19.3 个百分点。氧化铅出口量大幅增加，较上年同期增长 137 万吨，达到 142.6 万吨。我国铅精矿进口量基本保持稳定。精炼铅进口量大幅增加，同比增长 64.0%，达到 12.8 万吨。

2018 年，除未锻造的锌外，我国锌产品出口量持续减少，未锻造的锌出口同比增加 47.9%，达到 2.4 万吨。锌精矿和未锻造锌进口量连续两年保持增长，继续维持净进口国地位。

四、建材行业

（一）生产总体保持平稳

2018年，我国建材行业主要产品产量总体保持平稳，平板玻璃、建筑陶瓷、防水材料等产品产量同比均保持增长，水泥产量出现小幅回落。受益于全国总体需求稳步提升，水泥产量出现小幅下降，2018年，全国水泥产量21.8亿吨，较上年同比下降6%（见图8-3）。从全国区域市场来看，华北、西南等地产量呈现上涨，东北、西北等地产量则持续下降，全国共21个省市水泥产量出现绝对下降，下降幅度最大的是吉林省。

图 8-3　2008—2018年我国水泥产量及同比增速

（数据来源：Wind 数据库，2019年1月）

2018年，受益于下游需求旺盛，我国平板玻璃产量出现小幅增长，全年产量达到8.7亿重量箱，实现同比增长2.1%（见图8-4）。分省市看来，产量排名前三位的省份分别是河北省（927.3万重量箱）、湖北省（868.9万重量箱）、广东省（818.5万重量箱），三个省的平板玻璃产量占全国总产量的34.5%。从产量增速来看，排名前三位的是云南省（248.6%）、广西壮族自治区（63.3%）和辽宁省（52.5%）。从产能看，根据协会的统计数据，今年新增产能约2000万重量箱，短期内在产产能压力依旧存在。

图 8-4 2018 年我国平板玻璃产量及同比增速

（数据来源：Wind 数据库，2019 年 1 月）

（二）产品价格理性回升

2018 年，建材产品价格整体较上年有所回升，全年均价实现同比增长 10.5%，尤其水泥价格涨幅明显，全国通用水泥平均出厂价格 396.7 元/吨，实现同比增长 22%，平板玻璃出厂价格虽然实现同比增长 3.5%，但全年呈现出震荡下行的发展态势。

其中，全国水泥市场总体呈现出震荡上升的发展态势，但区域间差异表现较为明显，其中东部地区在需求略增和供给收缩的共同作用下，水泥价格整体涨幅较大，如北京市、南京市等地整体上涨趋势较为明显。中部地区、西部地区因下游需求较弱，价格涨幅不大，尤其是西部地区，云南、陕西等地还呈现小幅回落的发展态势

2018 年，平板玻璃价格整体呈现震荡下行的发展态势，2 月份达到全年价格高点，为 74.8 元/重量箱，11 月份已经跌至 68 元/重量箱。其中，只有 2 月、7 月和 9 月份同比价格略有上涨，其余月份同比增速均为负值。

（三）经济效益明显提升

2018 年，我国建材行业经济效益明显好转，亏损企业数量及亏损金额同比均出现下降,企业毛利润保持上涨。其中规模以上企业完成主营业务 4.8 万亿元，同比增长 15%，利润总额实现大幅增长，达到 4317 亿元，同比大幅增长 43%。

水泥、平板玻璃、卫生陶瓷、防水材料等细分领域利润也实现同比增长。其中玻璃行业利润达到 1546 亿元，实现同比增长 114%。从水泥企业的上市公司效益来看，2018 年前三季度 21 家水泥上市公司的营收、净利润合计同比分别大幅上涨 32% 和 118%，实现全面盈利（见表 8-8）。

表 8-8　2018 年前三季度主要水泥上市公司盈利情况

企业名称	营业收入（亿元）	营业收入同比（%）	归母净利润（亿元）	归母净利润同比（%）
中国建材	1567.9	21.5	76.6	120.0
海螺水泥	77.9	55.5	207.2	111.2
金隅集团	560.6	21.6	31.0	19.2
华润水泥	275.4（港元）	35.4	60.9（港元）	130.0
冀东水泥	221.9	15.0	14.2	111.7
华新水泥	190.4	32.7	34.11	225.0
亚泰集团	99.7	20.3	1.05	-38.5
亚洲水泥	78.9	52.0	16.0	762.1
万年青	70.2	52.1	8.7	272.6
塔牌集团	45.2	48.7	12.5	147.4
天山股份	56.3	11.9	7.6	143.9
祁连山	43.2	-6.7	5.5	-4.9
金圆股份	56.9	101.8	3.7	44.3
上峰水泥	36.3	23.3	9.2	101.6
宁夏建材	31.1	-9.6	3.5	21.2
金圆股份	56.9	101.8	3.7	44.3
上峰水泥	36.3	23.3	9.2	101.6
宁夏建材	31.1	-9.6	3.5	21.2

数据来源：智库材料工业所根据公开资料整理，2019 年 1 月。

（四）出口形势继续低迷

目前建材行业传统主要出口商品出口量已经接近饱和，近几年一直呈现下降趋势。2018 年，水泥、平板玻璃等主要建材产品出口大幅回落，其中全国累计出口水泥及水泥熟料 904 万吨，累计同比下降 29.7%，这也是自 2005 年以来水泥出口量首次跌破 1000 万吨，出口金额 4.9 亿美元，同比下滑 15.2%，出口品种主要为硅酸盐水泥、白水泥、水凝水泥、巩土水泥和水泥熟料等。平板玻璃全年累计出口 19347 万平方米，累计同比下降 8%，出口金额达到 15.6 亿美元，同比增长 7.6%。

值得注意的是，在水泥、玻璃等大宗建材产品出口形势整体不乐观的情况下，天然石墨出口量达到 34 万吨，且出口金额达到 3.5 亿美元，实现同比增长 31.6%，其中日本是最大的进口国，石墨作为我国具有比较优势的天然矿产资源，一定要警惕大量外流。

五、稀土行业

（一）产需双双上涨

从供给方面看。为鼓励企业提高原材料转化率，进一步调整稀土开采、生产总量控制计划。2018 年，矿产品总量计划由 10.5 万吨调整到 12 万吨，冶炼分离产品总量计划由 10 万吨调整到 11.5 万吨（见表 8-9）。其中，中国北方稀土（集团）高科技股份有限公司稀土矿产品指标占总数的 57.7%，冶炼分离产品指标占总数的 51.7%，居全国首位。

表 8-9　2018 年稀土生产总量控制计划表（折稀土氧化物，吨）

序　号	6 家稀土集团	矿 产 品	冶炼分离产品
1	五矿稀土集团有限公司	2010	5658
2	中国稀有稀土股份有限公司	14350	19379
	其中：中国钢研科技集团有限公司	3600	1000
3	中国北方稀土（集团）高科技股份有限公司	69250	59484
4	厦门钨业股份有限公司	3440	3963
5	中国南方稀土集团有限公司	28250	15912
	其中：四川江铜稀土参控股企业	19750	8320
6	广东省稀土产业集团有限公司	2700	10604
	其中：中国有色建设股份有限公司	0	3610
	合计	120000	115000

数据来源：工业和信息化部网站，赛迪智库整理，2019 年 1 月。

稀土行业回收产能 80% 集中在江西赣州，其他在江苏、包头等地。一年可产生 15000 吨氧化物产量，其中 90% 以上为氧化镨钕，其他的则为镝铽产品。稀土回收行业虽为国家鼓励发展的产业,但江西地区近年产能扩张比较多,目前已被禁止建设新产能,其他地区因本身产能占比小,因此对总量影响不大,预计未来稀土回收产能增长将放缓,趋于平稳。

从需求方面看。近年来,我国稀土功能材料和应用材料在政、产、学、研、用等各方的努力下,经过集成创新、引进消化再创新和自我创新,在赶超本领域国际先进水平方面有了长足的进步和发展,有些稀土功能材料和应用材料的生产、工艺和性能指标已经达到国际先进水平。同时,受下游及终端应用领域需求拉动影响,稀土功能材料和应用材料发展势头良好。其中新材料领域对稀土的需求量达到70%左右,而传统行业对稀土的应用不到稀土总需求量的30%。

(二)产品价格震荡下行

2018年,随着全国环检、打黑逐渐常态化,新能源汽车热度降低、中美贸易战持续升温及电动自行车新标准即将实施,以永磁下游为首的稀土消费需求下降,需求转弱令稀土价格承压,缺乏上行动能;同时,随着国内对稀土矿资源流通限制加大,国产稀土矿出现供应紧张的问题,虽然有进口矿资源的补充,但整体供应依然偏紧,氧化物价格和矿价倒挂,这对稀土价格起到一定支撑作用。我国稀土市场基本保持平稳状态。

(三)企业盈利普遍较好

根据稀土上市公司已公布的2018年第三季报显示,厦门钨业的主营业务收入及利润总额均为最高,其中,实现营业收入141.4亿元,同比增长39.41%,实现利润总额9.01亿元,同比下降12.37%。6家稀土集团中只有五矿稀土利润总额实现增长,其余三家利润总额均为负增长。其中,北方稀土实现营业收入93.17亿元,同比增长31.34%,实现利润总额5.65亿元,同比下降26.6%;广晟有色实现营业收入15.91亿元,同比下降60.39%,实现利润总额-1.62亿元,同比下降575.69%;五矿稀土实现营业收入5.9亿元,同比下降2.78%,实现利润总额0.79亿元,同比增长44.89%。稀土深加工应用企业则普遍盈利状况较好。其中横店东磁所获利润总额为最高(见表8-10)。

表8-10 稀土上市公司2018年前三季度业绩比较

上市公司	营业收入(亿元)	营业收入同比增长(%)	利润总额(亿元)	利润总额同比增长(%)
北方稀土	93.17	31.34	5.65	-26.6

续表

上市公司	营业收入（亿元）	营业收入同比增长（%）	利润总额（亿元）	利润总额同比增长（%）
广晟有色	15.91	-60.39	-1.62	-575.69
厦门钨业	141.4	39.41	9.01	-12.37
五矿稀土	5.9	-2.78	0.79	44.89
中科三环	30.08	8.48	3.19	2.27
宁波韵升	15.37	13.28	0.74	-79.27
正海磁材	11.66	56.16	0.55	392.1
银河磁体	4.61	23.2	1.46	-16.52
中钢天源	9.62	11.8	1.23	28.03
横店东磁	45.55	4.56	5.89	23.98
科恒股份	16.46	24.68	0.53	-65.15

数据来源：根据 Wind 上市公司数据整理，2019 年 1 月。

（四）进出口贸易向好

从出口数据看，近几年，我国稀土出口量呈连年增长态势，而出口额则逐年下降。2017 年我国稀土出口额从 2013 年以来首次实现正增长。此外，从出口结构看，约 70% 为轻稀土镧和铈类。从 2014 年到 2018 年，中国稀土氧化物（及氧化物等价物）出口增长 91.7%，从 27769 吨增加到 53031.4 吨。2018 年，中国稀土出口总量 53031.4 吨，同比增长 3.6%；出口总额 5.145 亿美元，同比增长 23.7%（见表 7-6），表明 2018 年整体出口数量和金额均表现为上涨态势（见图 8-5）。

从进口情况来看，从东南亚稀土矿进口继续增长，莱纳斯生产的镨钕产品进口至中国补充镨钕供应。2018 年 1—11 月进口稀土金属矿合计 26965.4 吨，价值 4892 万美元（合人民币约 3.24 亿元），平均每月进口 2451.4 吨。主要来自美国、肯尼亚、泰国、布隆迪、格陵兰、毛里塔尼亚、蒙古和澳大利亚八个国家，其中从美国进口占 95.36%，预计全年进口可达 2.95 万吨，进口均价 1.81 美元/公斤，相当于人民币 12.28 元/公斤，即 1.2 万元/吨。

图 8-5　2012—2018 年稀土产品出口量及增长率

（数据来源：根据 Wind 上市公司数据整理，2019 年 1 月）

第四节　2018 年我国原材料工业区域发展情况

一、东部地区

（一）生产情况

2018 年 1—11 月，东部地区乙烯产量为 1150.2 万吨，较 2017 年同期的 1106 万吨，同比增长 4%；广东省的乙烯产量最高，超过 269 万吨，产量增幅较大的地区依次为山东、广东、辽宁、江苏，浙江省的乙烯产量降幅最大，达 17.4%。1—9 月，东部地区苯产量为 463.7 万吨，较 2017 年同期的 443.1 万吨，同比增长 4.6%；其中山东省苯产量最高，超过 68 万吨，产量增幅最大的省份依次为江苏、山东、辽宁、河北，北京市的产量降幅最大，达 12%。

2018 年 1—11 月我国东部地区生铁、粗钢和钢材产量分别为 44090.7 万吨、53627.7 万吨和 66446.9 万吨，同比增速分别为 6.4%、10.8% 和 3.4%（见表 8-2）。2018 年 1—11 月东部地区生铁、粗钢和钢材产量占全国总产量的比重分别为 62.3%、62.5% 和 65.6%，较上年同期略有下降。

2018 年，东部地区十种有色金属产量达到 1346.0 万吨，实现同比增长 17.1%，占全国总产量的 23.7%，较上年增加 2.3 个百分点。其中，山东省十种有色金属产量同比增加 9.5%，达到 1048.6 万吨，占东部地区总产量的 77.9%，较上年增加 2.2 个百分点。

2018年1—11月，东部地区水泥产量为74123.2万吨，从产量来看，最高的为江苏省（12950.9万吨），最低的为北京市（368.3万吨），从增速来看，最高的为天津市（49.5%），最低的为江苏省（-7.7%）。平板玻璃产量为46469.2万重量箱，产量最高的为河北省（11209.6万重量箱），增速最高的为海南省（33.1%）。

（二）市场情况

2018年，东部地区煤炭价格指数在153～166之间窄幅震荡。煤炭作为甲醇生产的主要原料，对甲醇价格产生较大影响。以江苏省为例，2018年甲醇价格走势与煤炭价格指数走势相近，价格由年初的3790元/吨，下降到3月的2760元/吨，经过一个快速上升和下降的过程后，价格缓慢上升到10月的3550元/吨，随后大幅下跌到12月底的2290元/吨。

2018年，东部地区螺纹钢价格震荡运行。以直径为20mm的400MPa螺纹钢价格为例，在1季度震荡运行后，价格持续上行，到10月末达到高点，2018年10月末，北京、天津、广州、上海和唐山的价格分别为4725元/吨、4560元/吨、5000元/吨、4700元/吨和4440元/吨。之后价格回落，到12月末，北京、天津、广州、上海和唐山的价格降至3961元/吨、3730元/吨、4310元/吨、3810元/吨和3660元/吨。

2018年，铜现货平均价格较上年增加1617元/吨，达到50731元/吨，同比上涨3.3%。全年最低价为47680元/吨，全年最高价为54700元/吨。2018年末铜现货价格为48080元/吨，较年初的54650元/吨下降12.0%。

2018年，东部地区水泥价格整体呈现震荡上涨的发展态势，整体涨幅不是太大，其中江苏南京地区涨幅波动最大，11月份水泥价格较1月份上涨18.8%，天津、石家庄、南京、济南等地涨幅均不超过10%。从水泥价格来看，价格最高的地区为江苏南京，突破600元大关，价格最低的为石家庄。

二、中部地区

（一）生产情况

2018年1—11月，中部地区乙烯产量为163.8万吨，较2017年同期的183.7万吨同比减少10.8%；1—9月苯产量为112.8万吨，较2017年同期的134.5万吨同比减少16.1%；1—10月甲醇产量为696.1万吨，较2017年同期的681.2万吨同比增加2.2%。

2018年1—11月，中部地区生铁、粗钢和钢材产量分别为16719.8万吨、19652.6万吨和20435.5万吨，其中生铁、粗钢和钢材产量分别实现同比增长9.4%、13.1%和3.1%。2018年1—11月中部地区生铁、粗钢和钢材产量占全国总产量的比重分别为23.6%、22.9%和20.2%，生铁和粗钢占比略有提高，钢材占比略有下降。

2018年，中部地区十种有色金属产量较上年减少144.9万吨至1221.3万吨，同比降低10.6%，占全国总产量的21.5%，较上年降低3.9个百分点。其中，河南省十种有色金属产量同比减少3.1%，为471.0万吨，占中部地区总产量的38.6%，较上年降低1.2个百分点。

2018年1—11月，中部地区水泥产量为56243.1万吨，从产量看，最高的为安徽省（11861.9万吨），最低的为吉林省（1305.4万吨），从增速看，最高的为山西省（11.1%），最低的为吉林省（-17.3%）。平板玻璃产量为19182.9万重量箱，其中产量最高的为湖北省（8457.9万重量箱），增速最高的为吉林省（35.6%）。

（二）市场情况

2018年，中部地区煤炭价格指数由年初的147.1震荡上行到152.08。以河南为例，甲醇市场价格由年初的2995元/吨震荡下行至年底的2050元/吨。

2018年，中部地区螺纹钢价格震荡下行。2018年年末，武汉、合肥、长沙、郑州和太原直径为20mm的400MPa螺纹钢价格分别为3820元/吨、4070元/吨、4040元/吨、3910元/吨和3860元/吨，分别较上年年末下降了10.8%、10.2%、13.7%、7.4%和9.2%。

2018年，中部地区铜现货平均价格较上年增加1521元/吨，达到50689元/吨，同比上涨3.1%。全年最低价为47800元/吨，全年最高价为54700元/吨。2018年末铜现货价格为48100元/吨，较年初的54700元/吨下降12.1%。

2018年，中部地区水泥价格整体呈现震荡上扬的发展态势，其中沈阳价格涨幅最大，12月份水泥价格较1月份涨幅超过20%，合肥、郑州、长沙等地的水泥价格波动较小，涨幅不足10%。

三、西部地区

（一）生产情况

2018年1—11月，西部地区乙烯产量为179.6万吨，较2017年同期的

179.4万吨，同比增长0.1%；1—9月苯产量为43.5万吨，较2017年同期的50.1万吨，同比减少13.2%；1—10月甲醇产量为2289万吨，较2017年同期的2169.6万吨，同比增加5.5%。

2018年1—11月，西部地区生铁、粗钢和钢材产量分别为9974.4万吨、12456.8万吨和14409.5万吨，生铁、粗钢和钢材分别同比增长了12.4%、18.8%和8.9%。2018年1—11月西部地区生铁、粗钢和钢材产量占全国总产量的比重分别为14.1%、14.5%和14.2%，均略高于上年同期水平。

2018年，西部地区十种有色金属产量较上年增加258.7万吨至3119.7万吨，同比增长9.0%，占全国总产量的54.9%，较上年增加1.6个百分点。其中，新疆十种有色金属产量位居西部首位，共计642.1万吨，同比减少3.3%，占西部地区十种有色金属总产量的20.6%。内蒙古、广西、贵州、四川等省市产量增速较快。

2018年1—11月，西部地区水泥产量为69481.7万吨，从产量看，最高的为四川省（12742.8万吨），最低的为西藏自治区（887万吨），从增速看，最高的为西藏自治区（43.8%），最低的为宁夏回族自治区（-20.8%）。平板玻璃产量为13589.9万重量箱，其中产量最高的为四川省（4928.5万吨），增速最高的为云南省（85.3%）。

（二）市场情况

2018年，西部地区煤炭价格指数由年初的163.7震荡上行后下跌至158左右，之后呈现先扬后抑趋势，年底涨至169左右。以宁夏为例，甲醇市场价格由年初的2700元/吨，震荡上行后下跌至年底的1830元/吨。

2018年，西部地区螺纹钢价格震荡运行。以直径为20mm的400MPa螺纹钢价格为例，第一季度西部地区螺纹钢震荡下行，进入4月后价格持续上涨，到10月末，价格达到年内高点，重庆、成都、贵阳、昆明、西安、兰州和乌鲁木齐10月末螺纹钢的价格分别为4860元/吨、4860元/吨、4830元/吨、5070元/吨、4730元/吨、4610元/吨、4200元/吨，之后价格回落，到12月末重庆、成都、贵阳、昆明、西安、兰州和乌鲁木齐螺纹钢的价格分别为4120元/吨、4100元/吨、4250元/吨、4790元/吨、3810元/吨、3900元/吨、4010元/吨。

2018年，西部地区铜现货平均价格较上年增加1614元/吨，达到50647元/吨，同比上涨3.3%。全年最低价为47700元/吨，全年最高价为54700元/吨。2018年末铜现货价格为48060元/吨，较年初的54700元/吨下降12.1%。

2018年，西部地区水泥价格分化较为明显，内蒙呼和浩特、广西南宁等地整体呈现震荡上扬的发展态势，其中内蒙呼和浩特地区水泥价格涨幅最大，12月份水泥价格较1月份涨幅为21.7%，云南昆明、陕西西安等地则呈现小幅回落的发展态势。从水泥价格来看，价格最高的为陕西西安市，价格最低的为内蒙呼和浩特市。

第五节　2018年我国原材料工业重点企业发展情况

一、莱芜钢铁集团有限公司

（一）企业基本情况

莱芜钢铁集团有限公司（简称"莱钢集团""莱钢"）始建于1970年，并以其为核心企业组建莱钢集团，1999年5月莱钢集团公司成立。2008年3月山东钢铁整合重组，莱钢集团隶属于山东钢铁集团公司。2014年7月，山东钢铁集团公司对钢铁板块管理关系进行调整，钢铁业务从莱钢集团公司分离，莱钢集团现已发展成为覆盖多领域、涉及多产业的综合性集团公司，致力于发展钢铁产业以外的多元产业。其主要业务分为六大板块：金融板块、生产生活服务板块、资源类板块、钢铁板块、工程技术服务板块、钢铁产业链下游板块，主要有金融证券、铁矿石采选、粉末冶金及制品、钢结构加工、钢铁制造、房地产开发、水泥及微粉熟料、建筑安装、运输物流等产业。

（二）企业经营情况

2018年上半年，莱钢实现销售额248.77亿元，上年同期为234.92亿元，比上年同期增长5.9%；实现利润16.78亿元，上年同期为5.96亿元，比上年同期增长181.74%；总资产为653.44亿元，上年同期为570.04亿元，比上年同期增长14.63%。莱钢全资、控股公司和相对控股公司21家、辅业改制公司11家、参股公司15家。莱钢拥有在岗职工近8000人。

（三）企业经营战略

莱钢通过系统思考、审时度势，确定了"聚焦核心产业，实施深度转型，突出耦合发展，做强特色品牌"的集团发展新战略。其总体发展思路是，依托集团平台，以拓展增量、优化存量为目标，以产业耦合式发展为手段，聚焦核心产业，强化资源整合，突出产业协同，创新体制机制，实施深度转型，打造特色突出、国内一流的综合性集团公司。莱钢确立了"坚持以科学发展观为指导，在追求整体利益最大化的前提下，积极适应经济发展新常态，遵循'四大理念'（改革创新理念、市场导向理念、合作竞争理念、绿色发展理念），实现'四大建树'（在推进莱钢工业园建设上有建树；在节能环保、金融等高端服务业新的发展模式，拓展业务领域上有建树；在提高资产运营效率，构建业务进入、退出机制上有建树；在探索股权结构多元化，激发企业活力上有建树），力争各经济单元创出更大的经济效益，为集团整体效益提高提供保障，为职工谋求更大福祉，为和谐社会建设做出更大贡献"的集团发展总目标。

二、中国稀有稀土股份有限公司

（一）企业基本情况

中国稀有稀土股份有限公司（简称"中国稀有稀土"）的前身是创建于1988年的中国稀土开发公司，现在是中国铝业集团有限公司（简称"中铝集团"）三大业务板块之一，负责中铝集团稀有稀土金属矿产资源开发、冶炼及深加工等业务。2015年10月，中国稀有稀土通过大型稀土企业集团组建验收工作。2016年3月，中国稀有稀土有限公司整体改制为中国稀有稀土股份有限公司。2016年9月，中国稀有稀土党委和纪委成立。截至2017年年底，中国稀有稀土注册资本为人民币13.6亿元，总资产达45亿元。

（二）企业经营战略

中国稀有稀土业务涵盖轻中重稀土矿资源、冶炼分离、下游深加工等，业务领域横跨多个省（自治区），并且涉及稀有金属方面业务，比如钨资源开发等。中国稀有稀土遵循中铝集团"科学掌控上游、优化调整中游、跨越发展下游"发展战略的指引，将加快推进市场化开放型改革列为企业最主要的经营战略之一，同时积极创新板块管理体系、转换企业经营机制、科技研发引领发展，实现向产业链前端（资源矿山）、价值链高端（新材料应用）的转型。目前，中国稀有稀土在稀有稀土领域已经发展成为资产过百亿的龙头企业，同时也发展成了中铝集团具有核心竞争力的稀有稀土产业发展平台。

第六节　2019年我国原材料工业发展环境分析

预计2019年，全球经济温和增长，国内经济平稳发展，我国原材料工业继续呈现稳定的发展态势，投资规模继续扩大，进出口贸易缓慢增长，产品价格震荡调整，行业经济效益持续改善。

一、生产小幅增长

预计2019年，我国原材料工业生产将小幅增长，但增速会放缓。

一是全球经济增长动能有所削弱，下行风险增大。IMF预计，2019年全球经济增长3.7%，与2018年基本持平。美国经济受贸易保护主义影响，经济增速可能回落；欧洲经济中长期下行风险开始累积，经济增速进一步放缓；日本经济继续保持中低速增长态势；新兴经济体和发展中国家经济普遍面临金融风险增大和流动性约束带来的经济下行压力，经济增速放缓，我国原材料产品的国际需求将有所减少。

二是我国经济下行压力加大，但总体保持平稳。IMF预计，2019年我国经济增速为6.2%，略低于2018年6.6%的增长水平。尽管我国经济运行稳中有变，长期累积的风险隐患逐渐暴露，但经济总体保持平稳，工业生产稳中扩大，稳定了原材料企业的生产预期。

三是主要下游行业需求增速放缓。2018年1—10月房地产开发投资同比增长9.7%，较1—9月回落0.2个百分点，其中房屋新开工面积同比增长16.3%，较1—9月回落0.1个百分点，受房地产政策收紧影响，预计2019年房地产开发投资增速会放缓；2018年1—10月汽车产销同比增速均小幅下降，预计2019年汽车产销增长幅度不会太大。受下游需求增速放缓影响，原材料企业大规模扩大生产的可能性不大。

二、投资规模继续扩大

预计2019年，在国内经济平稳增长和下游主要行业投资增加的带动下，我国原材料工业投资规模会进一步扩大。一方面，2018年1—11月，发改委审批核准了150个、总投资超过8000亿元的固定资产投资项目，多集中在交通运输、能源等基础设施建设领域，将显著增加对钢铁、有色金属、建材等大宗原材料产品的需求。另一方面，"三去一降一补"等工作深入推进，钢铁等行业的去产能工作取得积极成效，2016—2018年我国钢铁去产能超过1.5亿吨，取缔地条钢1.4亿吨，行业经济效益出现好转，尤其是钢铁行业扭转了多年来微利甚至亏损的局面，将刺激企业增加投资。但在原材料工业去产能的大背景下，原材料工业投资规模增长幅度有限。

三、进出口贸易缓慢增长

预计2019年，我国原材料产品进出口贸易将缓慢增长。出口方面，全球经济下行压力增大，主要发达经济体经济增速将有所下降，新兴经济体经济增长不确定性增强，特别是贸易保护主义愈演愈烈，我国原材料产品出口难度将增大。但在"一带一路"倡议的推动下，我国多元化的国际市场布局将进一步优化，原材料产品对外贸易的潜力将释放。进口方面，我国经济总体平稳，但下行压力不减；一系列促进外贸增长和通关便利化措施的实施，以及国际进口博览会的举行，将拓宽我国进口市场空间，刺激原材料产品的进口需求。

四、行业经济效益有所改善

预计2019年，我国原材料工业整体经济效益会继续改善。下游主要行业需求增长和一系列"稳增长"政策措施的效果陆续显现，原材料产品需求保持平稳增长。高质量发展的一揽子政策陆续实施，为我国高端原材料产品发展创造了良好市场环境，原材料市场供求关系会持续改善，产品价格存在上涨动力，原材料企业有一定的盈利空间。

第七节 2019年我国原材料工业发展趋势展望

一、石化化工行业

从国际来看，美国通过中美经贸摩擦对我国进行全方位打压和遏制，受保护主义和单边主义影响，全球经济面临的下行压力持续加大，国际货币基金组织警告称"全面贸易战使全球经济增长放缓"，经合组织报告称"美中贸易战将严重影响全球经济增长"。此外，受国际石油供需再平衡速度、地缘政治局势和美国对国际油价影响等因素多方博弈，国际石油市场走向不确定性增加。面临发展的环境越来越复杂，石化行业发展的不确定性和下行风险越来越多。

从价格角度来看，随着全球经济调整减速，2019年油价极大概率仍将继续低位运行。综合国际政治经济复杂环境，今后一个较长周期内低油价可能成为新常态。与油价联动，国内煤炭价格也将回落，低油价、低煤价将向石化产业链传导，石化产业链价格体系或将重构。

2019年，特别是上半年，部分市场供需矛盾或将激化，价格会出现低位震荡。预计2019年石油和天然气开采业价格总水平降幅为10%，化学工业价格总水平降幅为3%。但有技术壁垒和市场余量的高端化学品行业效益将进一步扩大，基础原材料产品价格的下跌给高端化学品价格带来长期的技术和市场溢价。

从生产角度来看，石化行业在下行压力持续增加的同时，市场竞争日趋激烈。石化产能不断增加，国内多个新的炼化一体化装置陆续投产，埃克森美孚、巴斯夫等一流跨国公司携技术独资布局南方大项目，加大在中国的投资力度，而国内浙江石化等企业仍在上马新一期项目，并规划未来项目，未来化工产品市场竞争将越来越激烈。

从消费角度来看，2019年石化行业将稳中求进，国家将出台强有力的持续增加措施的同时，市场竞争日趋激烈。石化产能不断增加，国内多个新的炼化一体化装置进一步深化，行业高质量发展和新旧动能转换到了红利释放的关键阶段，一大批高端石化项目将陆续建成投产，减少了对国外产品的进口依赖，填补了国内空白，带动石化行业消费结构升级。随着"一带一路"沿线配套基础设施和贸易制度日趋完善，除大宗产品领域外，将有更多精细化工企业走出去。

二、钢铁行业

从整体看，2019年我国钢铁生产将小幅增加，需求端整体保持稳定，受供需关系的影响，钢铁均价将略微下降，钢铁企业利润逐渐回归理性。

从生产角度看，粗钢产量会呈现小幅增长趋势。一方面，今年钢铁行业市场秩序进一步向好，现有盈利水平会促进合规企业提高粗钢产量，2019年上半年企业产能利用率会因此有所提升。同时受环保和国内废钢资源增长的影响，短流程电炉钢产量呈现增长趋势。另一方面，2019年钢铁行业仍会以供给侧结构性为主线，巩固去产能及环保成果，降低资产负债率，从而对钢铁产量增长造成一定程度的抑制，整体预计粗钢产量会呈现小幅增长趋势。

从消费角度看，钢铁需求将整体保持稳定。国内方面，2019年房地产行业能够维持较好的发展格局，基础设施建设领域补短板，投资增加，有望拉动部分钢铁需求；汽车、家电等行业受宏观经济及贸易摩擦影响可能整体偏弱。进出口方面，受国内供需影响，钢铁价格转弱会拉动部分出口，然而受贸易摩擦及贸易保护主义抬头的影响，出口不容乐观，整体预计平稳发展。

从价格角度看，一方面，2019年供给端钢铁产量提升，需求端保持稳定，整体上表现为供给稍大于需求，受供求关系的影响，价格将稍稍转弱；另一方面，受原料市场焦炭等价格高位震荡的影响，整体成本对钢铁价格形成直接的支撑。预计2019年钢铁企业的利润将回归到理性区间。

三、有色金属行业

铜：受我国去杠杆节奏以及美国加息节奏可能放缓影响，有色金属整体价格特别是具有较强金融属性的铜的价格有望上涨，但考虑到中美贸易争端的不确定性，预计2019年铜价格运行适中。从生产端看，铜精矿的铜供应增速将下滑，但受铜精矿TC/RC高位推动及提升电解铜国内自给率需求，2019年国内预计新增精炼产能将超过90万吨，国内铜供应并不短缺。从消费端看，受电网投资、新能源汽车和家电消费推动，铜消费有望保持低速增长。预计2019年铜价在48000元/吨～56000元/吨宽幅区间震荡。

铝：从生产端看，电解铝利润空间大大压缩，企业开工积极性不高，致使2019年新增产能有限、启动时间慢，且由于2018年电解铝去库存，未来库存压力不大，电解铝供应压力不大。从消费端看，受中美贸易摩擦影响，我国铝材出口并不乐观。预计2019年电解铝价格在13500元/吨～15000元/吨。考虑到目前电解铝价格处于相对低位，受成本支撑，价格继续下跌空间相对有限。

铅：从生产端看，国外矿山增产未达预期，国内精矿产量下滑，铅精矿供应紧张，铅冶炼加工费维持相对低位，且受国内环保影响，精炼铅生产不稳定性增大，再生铅生产有望超过上年。从消费端看，受新能源以及新政策影响，铅酸蓄电池领域或将出现负增长，而移动通信基站设备等新应用尚未形成有效支撑。预计2019年铅价格将承压运行。

锌：国外矿山新增产能进一步增加，国内维持稳步生产，锌精矿供应增加；受锌冶炼利润较为丰厚影响，精炼锌产能缓慢释放，供应压力逐渐增大，库存将缓慢回升；但下游消费难以有明显增加。预计2019年锌价格承压运行，但应关注环保政策对于精炼锌价格的影响。

四、建材行业

随着全球经济的稳健复苏，国内经济稳中向好，预计2019年建材行业的整体经济效益有望继续好转；随着下游需求稳健增长、"去产能"行动继续推进，市场供求关系将继续改善，企业的整体盈利能力将有所提高。

从生产角度看，2018年国内水泥产量继续回落，但从第四季度看来，需求总体稳中有升，行业库存处于低位运行。预计2019年，去产能和环保政策等仍将继续，尤其"错峰生产"力度可能有所加强，随着"错峰生产"试行范围不断扩大，供给侧有望继续收紧，产量继续减少。而平板玻璃受下游需求旺盛的影响，2018年产量实现同比上涨，但是过剩产能压力依然存在，新增产能超过2000多重量箱，预计2019年平板玻璃总体供给有望继续增加。

从消费角度看，一是水泥等传统建材产品受基建、房地产等因素影响较大，预计2019年基础设施和轨道交通建设有望增强，尤其雄安新区与京津冀一体化建设的启动，对传统建材产品形成有效拉动；二是随着生活水平的不断提高，对节能门窗、薄型瓷砖等节能型绿色建材产品的需求不断增加；三是随着工业的转型升级和高质量发展，建材新兴产业对工业的支撑作用也不断增强，非金属矿物功能材料等有望得到快速发展。

从价格角度看，随着水泥供给收缩，下游基建等需求不断增加，预计2019年水泥价格整体有望上浮，但整体较为平稳，需求旺季周期会呈现小幅度震荡。平板玻璃随着新增产能释放，价格有望小幅上涨，但年中随着天气转暖，限产取消，地产需求走低明朗，供需市场转为宽松，价格有望回落，预计2019年平板玻璃市场价格有望呈现先扬后抑的发展态势。

从总体来看，2019年建材行业的发展增速将继续放缓，但随着国家化解过剩产能不放松、大力发展新兴产业，产业结构调整方面有望取得积极进展，高附加值产品占比不断提高，绿色建材等产业快速发展，石墨烯等前沿新材料进展顺利，建材行业整体发展质量和效益将有所提高。

五、稀土行业

（一）2018年全球稀土矿产量约19万吨

中国、澳大利亚、巴西、印度、马来西亚、俄罗斯、泰国和越南是目前主要的稀土生产国。2014年以来，全球稀土矿产量持续增长，预计2018年全球稀土矿产量约19万吨。其中，我国稀土矿产量计划为12万吨；澳大利亚的矿产量约2万吨；缅甸稀土矿产量大约2万吨；美国Mountainpass矿从年初复产，产量约2万吨；2019年新投产的彩虹公司位于布隆迪的稀土矿产量大约1000吨左右，其他国家产量近1万吨（见表8-11）。

表 8-11 国外主要稀土项目

公　司	产能（吨/年）	国　家	状　态
美国芒廷帕斯稀土矿	400000	美国	委托经营
澳大利亚莱纳斯	20000	马来西亚	在产
俄罗斯稀土公司	2000	独联体	在产
Peak Resources	—	坦桑尼亚	拟建（英国）
澳大利亚黑斯廷斯公司	—	澳大利亚	拟建
巴西南美矿物公司	1000	巴西	在产
澳大利亚北方矿业	—	澳大利亚	拟建
Mineria Activa	—	智利	拟建（矿山）
印度稀土公司	4500	印度	在产
Dong Pao	7000	越南	在建
南非弗朗提亚公司	5000	南非	拟建
彩虹公司	1000	布隆迪	生产
拟建约 9 家	—	哈萨克斯坦、越南、加拿大、南非等	拟建
东南亚	金属冶炼	泰国	在产
东南亚	回收 + 金属	越南	在产
东南亚	分离	老挝	停产
东南亚		缅甸	在产

数据来源：陈占恒，国外稀土资源开发与稀土供求关系，赛迪智库整理，2018 年 12 月。

随着市场好转，澳大利亚莱纳斯公司进一步扩大产能至 2.5 万吨，其中氧化镨钕供应能力达 600 吨 / 月，年产量约 7200 吨。2018 年第四季度莱纳斯稀土氧化物销量达到 5522 吨，营收 7990 万澳元。尽管稀土氧化物产量比上一季度下降了 798 吨，但仍实现了创纪录的销量。尽管莱纳斯公司在海外存在问题，但其国内业务在上年第四季度表现良好。在澳大利亚西部的 Mt Weld 项目中，该公司得以启动其计划中的采矿活动。

（二）全球稀土资源储量格局发生变化

缅甸、马来西亚、美国、印度和爱沙尼亚是我国稀土产品的主要进口国。马来西亚、美国、印度和爱沙尼亚是稀土矿物产品来源国，俄罗斯、哈萨克斯坦和朝鲜是潜在的稀土矿物产品来源国，其他国家则是稀土产品回收来源国。

日本将全面启动深海矿产资源开发。由日本工业技术研究院和海洋研究开发机构组成的研究小组将于 2 月份在政府的支持下，对南鸟岛附近海域稀土泥中的稀土金属含量进行调查。此外，还将对冲绳附近海域的热水沉积进行研究。

第九章

消费品工业

第一节 2018年我国消费品工业整体发展状况

一、经济下行压力较大，生产运行稳中趋缓

1—12月，与上年同期水平相比，消费品工业生产增速明显放缓，轻工业、纺织工业、医药工业增加值同比增长5.7%、2.9%、10.1%，工业增加值增速分别回落2.5、1.9、2.0个百分点。与工业平均水平相比，轻工业和纺织工业增加值增速低0.5和3.3个百分点。从细分行业看，受环保政策影响，造纸及纸制品业生产增速由上年同期的4.2%大幅下滑至1.0%；受产能结构调整、内外需疲软影响，纺织业生产增速也由上年同期的4.0%回落至1.0%（见表9-1）。

表9-1 2017年、2018年1—12月主要消费品行业工业增加值增速及比较

行　　业	2018年1—12月（%）	2017年1—12月（%）
工业	6.2	6.6
轻工	5.7	8.2
农副食品加工业	5.9	6.8
食品制造业	6.7	9.1
酒、饮料和精制茶制造业	7.3	9.1
皮革、毛皮、羽毛及其制品和制鞋业	4.7	4.6
家具制造业	5.6	9.8

续表

行业	2018年1—12月（%）	2017年1—12月（%）
造纸及纸制品业	1.0	4.2
印刷和记录媒介复制业	6.6	10.0
文教、工美、体育和娱乐用品制造业	7.8	9.1
橡胶和塑料制品业	3.2	6.3
纺织	2.9	4.8
纺织业	1.0	4.0
纺织服装服饰业	4.4	5.8
化学纤维制造业	7.6	5.8
医药	10.1	12.1
医药制造业	9.7	12.4

数据来源：国家统计局，2018年12月。

二、外贸形势仍然严峻，出口增速低位徘徊

1—12月，消费品工业实现出口交货值34622.2亿元，同比增长8.6%，略高于工业平均水平0.1个百分点。其中，以服装、玩具、箱包、家具等劳动密集型产品为代表的轻工、纺织工业出口增速明显放缓，分别由上年同期的7.0%、2.3%下滑至5.5%和1.5%。而随着创新驱动战略的深入推进，医药工业产品科技含量和附加值不断提高，出口结构持续优化升级，出口交货值增速逆势上扬，达到11.3%（见表9-2）。

表9-2 2017年、2018年1—12月主要消费品行业出口交货值增速及比较

行业	2018年1—12月（%）	2017年1—12月（%）
工业	8.5	10.7
轻工	5.5	7.0
农副食品加工业	3.6	6.9
食品制造业	8.0	7.0
酒、饮料和精制茶制造业	10.4	2.9
皮革、毛皮、羽毛及其制品和制鞋业	2.7	5.4
家具制造业	2.4	8.0
造纸及纸制品业	2.5	3.1
印刷和记录媒介复制业	6.1	6.2
文教、工美、体育和娱乐用品制造业	2.5	4.2
橡胶和塑料制品业	6.6	8.7

续表

行　业	2018年1—12月（%）	2017年1—12月（%）
纺织	1.5	2.3
纺织业	3.3	3.4
纺织服装服饰业	-0.9	-0.4
化学纤维制造业	8.1	20.5
医药	11.3	10.9
医药制造业	11.4	12.4

数据来源：国家统计局，2018年12月。

三、政策红利加速释放，内需略有回升

投资方面，1—12月，除家具制造业和化学纤维制造业外，其他11大类消费品子行业固定资产投资增速均低于制造业平均水平，其中农副食品加工业、酒饮料和精制茶制造业、纺织服装服饰业更是呈现零增长或负增长态势，这一方面体现出国家供给侧结构性改革的政策导向，也在一定程度上反映了企业家和民间资本对消费品工业投资的信心不足（见表9-3）。消费方面，1—12月，社会消费品零售总额累计达到380986.9亿元，同比增长9.0%，增速较之上年同期下降1.2个百分点，国内消费需求呈疲软态势。其中，鞋帽、纺织品、体育、娱乐用品、家电、文化办公类商品消费需求增长速度低于平均水平（见图9-1）。

表9-3　2017年、2018年1—12月主要消费品行业固定资产投资增速及比较

行　业	2018年1—12月（%）	2017年1—12月（%）
制造业	9.5	4.8
农副食品加工业	0.0	3.6
食品制造业	3.8	1.7
酒、饮料和精制茶制造业	-6.8	-5.9
皮革、毛皮、羽毛及其制品和制鞋业	3.1	4.2
家具制造业	23.2	23.1
造纸及纸制品业	5.1	1.2
印刷和记录媒介复制业	7.2	-0.7
文教、工美、体育和娱乐用品制造业	8.1	8.4
橡胶和塑料制品业	5.4	1.2
纺织业	5.1	5.9
纺织服装服饰业	-1.5	7.0

续表

行　业	2018年1—12月(%)	2017年1—12月(%)
化学纤维制造业	29.0	20.0
医药制造业	4.0	-3.0

数据来源：国家统计局，2018年12月

图 9-1　2017年12月—2018年12月全社会消费品零售总额及增速

（数据来源：国家统计局，2018年12月）

第二节　2018年我国消费品工业重点政策解析

一、《食盐专营办法》

（一）政策内容

2017年12月26日，国务院公布修订后的《食盐专营办法》（以下简称《办法》），自公布之日起施行。《办法》共7章36条，包括总则、食盐生产、食盐销售、食盐的储备和应急管理、监督管理、法律责任和附则。《办法》针对坚持和完善食盐定点生产、定点批发制度，取消食盐产、运、销等环节的计划管理，取消食盐产销隔离、区域限制制度，改革食盐定价机制，强化食盐质量安全管控措施，建立健全信用信息记录、公示制度等六个方面做了重点修订。

（二）政策影响

一是明确定点产销制度。为加强对食盐的管理，保障食盐科学加碘工作的有效实施，确保食盐质量安全和供应安全，《办法》立足我国食盐专营的国情，继续明确"国家对食盐实行专营管理"。在食盐生产方面，明确国家对食盐实行定点生产制度，非食盐定点生产企业不得生产食盐，并明确了企业获得食盐定点生产企业证书的程序。在食盐销售方面，明确国家对食盐批发实行定点批发制度，非食盐定点批发企业不得经营食盐批发业务，并明确了企业获得食盐定点批发企业证书的程序。

二是注重释放市场活力。《办法》紧紧贯彻《方案》（指国家盐业体制改革方案，下同）精神，在坚持食盐专营制度基础上推进供给侧结构性改革，对一些不利于释放市场活力的规定予以革除。在改革产销分离方面，明确食盐定点生产企业可以依法获得食盐定点批发企业证书开展食盐批发业务。在改革区域限制方面，明确食盐定点批发企业在国家规定的范围内销售食盐，任何单位或者个人不得阻止或者限制。在改革运销管理方面，为贯彻落实国家取消食盐产、运、销等环节计划管理的精神，删去关于食盐生产、批发、分配调拨、运输实行指令性计划管理以及食盐准运证管理的相关规定。在改革定价机制方面，删去国家规定食盐价格的规定，明确食盐价格由经营者自主确定。

三是突出食盐质量安全。为落实习近平总书记关于以"最严谨的标准、最严格的监管、最严厉的处罚、最严肃的问责"加强食品质量安全的要求，《办法》把食盐质量安全放在更加突出的位置，食盐质量安全违法行为将被"零容忍"。在加强非食用盐管理方面，规定盐业主管部门应当加强工业盐等非食用盐管理，防止非食用盐流入食盐市场。非食用盐的包装、标识应当明显区别于食盐。非食用盐生产企业应当建立产购销记录制度。明确禁止销售不符合食品安全标准的食盐，并完善了禁止作为食盐销售的产品类别。在加大违法行为惩戒力度方面，对食盐质量安全和群众身体健康的违法行为，提高了处罚数额，明确了违法经营企业退出机制和行业禁入等措施。对情节严重的违法行为，与治安管理处罚法、刑法作了衔接，同时做好法律责任与食品安全法等法律法规的衔接。

四是着力强化民生保障。食盐是民众生活必需的消费品，其供应安全与否关乎社会稳定。《办法》体现了以人民群众为中心的思想，更加注重增强人民群众的改革获得感。在保持价格稳定方面，根据《方案》关于"加强对食盐零售价格的市场监测""防止普通食盐价格异常波动"的要求，增加了价格管理部门应当加强食盐零售价格的市场监测，当食盐价格发生显著上涨或者有可能显著上涨时依法采取价格干预或者其他应急措施的规定。在保障供应方面，增加规定县级以上地方人民政府采取必要措施，保障边远地区和民族地区的食盐供应。同时规定盐业主管部门应当会同有关部门制定食盐供应应急预案，在发生突发事件时，协调、保障食盐供应。在加强储备方面，按照《方案》"建立由政府储备和企业社会责任储备组成的全社会食盐储备体系"的要求，规定省级盐业主管部门根据本地食盐供需情况建立健全食盐储备制度，承担政府食盐储备责任，食盐定点生产企业、食盐定点批发企业应当承担企业食盐储备责任并保持合理库存。

五是深入完善监管体制。根据《方案》"完善食盐专业化监管体制""探索推进食盐安全监管体制改革"的要求，在部门职责分工方面，《办法》明确将食盐监管分为食盐专营监督管理和食盐质量安全监督管理两条线，即在坚持盐业主管部门实施食盐专营监督管理的同时，增加了食盐质量安全监督管理部门负责食盐质量安全监督管理工作的规定。在部门协作机制方面，为落实《方案》关于各司其职、密切协作的要求，《办法》增加了部门之间应加强协作，通过政务信息系统实现信息共享的条款。①

二、《关于改革完善仿制药供应保障及使用政策的意见》

（一）政策内容

2018年4月3日，国务院办公厅印发《关于改革完善仿制药供应保障及使用政策的意见》(以下简称《意见》)。《意见》指出，改革完善仿制药供应保障及使用政策，事关人民群众用药安全，事关医药行业健康发展。要围绕仿制药行业面临的突出问题，促进仿制药研发，提升质量疗效，完善支持政策，推动医药产业供给侧结构性改革，提高药品供应保障能力，降低全社会药品费用负担，保障广大人民群众用药需求，加快我国由制药大国向制药强国跨越，推进健康中国建设。

（二）政策影响

一是有助于强化仿制药供应保障。改革开放以来，我国仿制药产业取得突破性发展，产业规模不断扩大，产品数量不断丰富。但是，受供需双方信息不对称、研发技术难度大、罕见药市场需求小等不利因素的影响，部分仿制药国

---

① 蒋国策:《<食盐专营办法>修订凸显五大亮点》，《中国工业报》，2018年1月11日。

内跟进较慢。《意见》通过制定鼓励仿制的药品目录、加强仿制药技术攻关、完善药品知识产权保护等措施，鼓励和引导企业及相关研发机构注册生产更多临床必需、疗效确切、供应短缺的仿制药品，解决部分原研药价格过高以及部分仿制药短缺的问题，提高仿制药供应保障能力。

二是有助于提升仿制药质量水平。我国是仿制药大国，4000 余家医药企业中 90% 以上是仿制药生产研发企业，17.6 万种药品批文中只有 30 种左右拥有完全自主知识产权，但"大而不强"的现实不容忽略。长久以来，国产仿制药仿制的多是"标准"，药品质量与先进国家相比仍然存在较大差异，制剂的工业化水平、药用原辅料的质量均达不到国际标准。《意见》的出台从推进仿制药质量和疗效一致性评价工作、提高药用原辅料和包装材料质量、提高工艺制造水平、严格药品审评审批、加强药品质量监管 5 个方面提出具体措施，能够有效推进我国仿制药高质量发展。

三是有助于激发行业创新动力。无论是完善药品知识产权保护、制定鼓励使用仿制药的政策和激励措施，还是明确药品专利实施强制许可路径、落实税收优惠政策和价格政策，或做好宣传引导、推动仿制药产业国际化等，《意见》的出台为药企加大创新投入，提升自主创新能力营造出一个良好的政策环境，长远来看有助于提升行业整体的创新氛围。

三、《关于促进"互联网＋医疗健康"发展的意见》

（一）政策内容

2018 年 4 月 28 日，国务院办公厅发布《关于促进"互联网＋医疗健康"发展的意见》（以下简称《意见》）。《意见》主要包含以下三方面内容：

一是健全"互联网＋医疗健康"服务体系。从医疗、公共卫生、家庭医生签约、药品供应保障、医保结算、医学教育和医疗知道科普、人工智能应用等方面推动互联网与医疗健康服务相融合，涵盖医疗、医药、医保"三医联动"诸多方面。

二是完善"互联网＋医疗健康"的支撑体系。从及时制定完善的相关配套政策、加快实现医疗健康信息互通共享、建立健全"互联网＋医疗健康"标准体系、提高医院管理和便民服务水平、提升医疗机构基础设施保障能力等方面提出有关举措。

三是加强行业监管和安全保障，对强化医疗质量监管和保障数据安全做出明确规定。《意见》还提出一系列政策措施，明确了支持"互联网＋医疗健康"

发展的鲜明态度，突出了鼓励创新、包容审慎的政策导向，明确了融合发展的重点领域和支撑体系，也划出了监管和安全底线。

（二）政策影响

一是明晰"互联网+医疗健康"的具体模式和详细规则，提高行业发展的规范性。近年来，"互联网+医疗健康"概念很火但业态较新，诊疗范围、医生资质等问题模糊不清，从业企业良莠不齐，质量安全监管也存在灰色地带，行业发展亟待规范。《意见》提出允许依托医疗机构发展互联网医院，也支持医疗卫生机构、符合条件的第三方机构搭建互联网信息平台开展远程医疗、健康咨询、健康管理服务等，既明确了"互联网+医疗健康"必须依托实体医疗机构的发展模式，也进一步规范了"网络医院"可以开展的诊疗服务范围。

二是深化供给侧结构性改革，满足人民群众日益增长的医疗健康需求。现阶段，信息不对称、资源不均衡等原因导致的"看病难""看病贵"等问题普遍存在。《意见》从坚持中央总体要求和地方创新实践相结合、坚持"做优存量"与"做大增量"相结合、坚持鼓励创新与防范风险相结合三个层面出发，利用"互联网+健康医疗"在拓展医疗服务半径、盘活社会医疗资源方面的先天优势，推进形成"基层首诊、远程会诊、双向转诊"的分级诊疗格局，力争实现基本医疗"普遍可及"，缓解医疗卫生事业发展不平衡不充分的矛盾，满足人民群众的医疗健康需求。

第三节 2018年我国消费品工业重点行业发展状况

一、纺织工业发展情况

（一）生产情况

1. 生产缓中有进

2018年，纺织工业生产增速明显下滑，同比增长2.9%，仅为上年同期水平的60.4%。以面纺、毛纺、丝绢纺织业为代表的纺织业生产增速下滑尤为明显，增幅仅为上年同期水平的25%。其他行业的生产均保持增长态势，特别是服饰、化纤、产业用纺织品等行业增加值增速达到7%以上，纺机行业增加值增速更是达到 9.5% 以上（见表 9-4）。

表 9-4　2018 年纺织工业增加值增速与上年之比

行　　业	1—3 月	1—6 月	1—9 月	1—12 月
工业	100.0%	97.1%	95.5%	93.9%
纺织工业	70.6%	52.8%	55.8%	60.4%
其中：纺织业	48.8%	24.4%	20.9%	25.0%
纺织服装服饰业	96.8%	66.2%	71.9%	75.9%
化学纤维制造业	51.7%	178.4%	154.7%	131.0%

注：2017 年、2018 年均为正增长。
数据来源：国家统计局，2019 年 1 月。

2. 出口持续回暖

2018 年，全国纺织品服装出口 2767.3 亿美元，同比增长 3.7%，较之上年同期提高 2.2 个百分点。其中，纺织品出口 1191 亿美元，服装出口 1576.3 亿美元，同比分别增长 8.1% 和 0.3%，增速较之上年同期均有所提高。国际市场方面，对欧盟、美国、日本等传统市场的出口同比增长 1.5%、8% 和 2.7%；对"一带一路"沿线市场出口同比增长 5.3%，连续三年保持增长（见图 9-2）。

图 9-2　2018 年纺织工业出口增速变化趋势

（数据来源：国家统计局，2019 年 1 月）

3. 投资稳中有增

2018 年，纺织工业完成固定资产投资 13908.2 亿元，同比增长 5%，增幅较之上年同期略下滑 0.2 个百分点。纺织工业固定资产投资占工业全部投资的比重为 6.6%，较之上年同期略降 0.2 个百分点。分行业看，化学纤维制造业固定资产投资额同比增长 29%，高出上年同期 9 个百分点，较之纺织工业平均水平高出 24 个百分点。纺织业固定资产投资水平持续低位运行，同比增长 5.1%。纺织服装服饰业固定资产投资额同比减少 1.5%，但月降幅逐渐收窄（见图 9-3）。

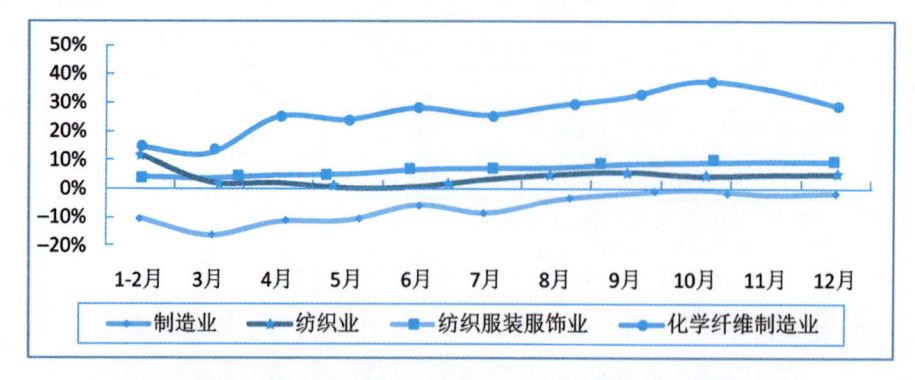

图 9-3　2018 年纺织工业固定资产投资额累计增长率

（数据来源：国家统计局，2019 年 1 月）

4. 内贸稳定增长

2018 年，纺织业内需市场增长加快，限额以上服装鞋帽、针纺织品类实现零售额 13706.5 亿元，同比增长 8%，增速较之上年同期提高 0.2 个百分点。其中，服装类商品零售额 9870.4 亿元，同比增长 8.5%，增速较之上年同期增长 0.5 个百分点。网络销售渠道保持快速增长，全国网上穿着类商品零售额同比增长 22%，增速较之上年同期提高 1.7 个百分点（见图 9-4）。

（二）效益情况

1. 盈利能力稳步提升

2018 年，规模以上纺织企业（含纺织机械）累计实现主营业务收入 53250.1 亿元，同比增长 2.9%，增速较之上年同期放缓 1.3 个百分点；实现利润总额 2734.3 亿元，同比增长 8%，增速较之上年同期增长 1.1 个百分点；企业销售利润率为 5.1%，较之上年同期提高 0.2 个百分点，行业盈利水平有所提升。分行业看，纺织服装服饰业的收入、利润及销售利润率分别增长 4.1%、10.8%、5.9%，成为纺织行业效益增长的重要支撑（见表 9-5）。

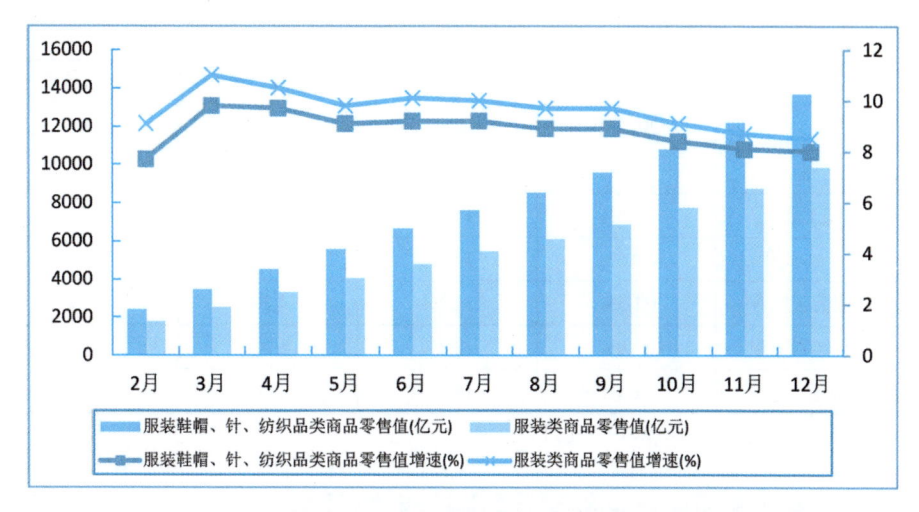

图 9-4 2018 年限额以上服装鞋帽、针纺织品类商品零售额及增速

（数据来源：国家统计局，2019 年 1 月）

表 9-5 2018 年纺织工业效益指标与上年比较

行　　业	收入增速		利润增速		销售利润率	
	2017 年	2018 年	2017 年	2018 年	2017 年	2018 年
纺织工业	4.2%	2.9%	6.9%	8.0%	4.9%	5.1%
其中：纺织业	3.7%	-0.5%	3.6%	5.3%	5.2%	4.6%
纺织服装服饰业	1.1%	4.1%	2.9%	10.8%	5.8%	5.9%
化学纤维制造业	15.7%	12.4%	38.3%	10.3%	5.6%	4.9%
纺织专用设备制造	9.4%	8.8%	23.1%	5.1%	7.3%	7.5%

数据来源：国家统计局，2019 年 1 月。

2. 亏损情况进一步恶化

2018 年，受产业发展大环境影响，纺织工业亏损面和亏损深度持续扩大，分别达到 14.7% 和 7.8%，较之上年同期扩大 3.7 和 3.3 个百分点，但整体仍好于工业平均水平。其中，化学纤维制造业亏损程度最为严重，亏损面和亏损深度分别达到 18.2% 和 9.9%。从细分行业看，生物基材料制造、毛纺织及染整精加工两个行业亏损深度达到 20% 以上，行业发展形势严峻（见表 9-6）。

表 9-6 2018 年纺织工业亏损情况与上年比较

行业	亏损面 2017年	亏损面 2018年	亏损深度 2017年	亏损深度 2018年
工业	11.8%	15.1%	9.1%	12%
纺织工业	11.0%	14.7%	4.5%	7.8%
其中：纺织业	10.6%	14.9%	4.6%	8.7%
纺织服装服饰业	11.3%	14.2%	4.2%	6.1%
化学纤维制造业	13.0%	18.2%	5.3%	9.9%
纺织专用设备制造	11.4%	13.4%	4.1%	5.0%

数据来源：国家统计局，2019 年 1 月。

二、生物医药及高性能医疗器械行业发展情况

（一）生产情况

1. 工业增加值增速领先全工业领域，增速继续保持两位数

2018 年，与全工业个位数增速相比，医药工业增速继续保持两位数。1—12 月，全工业增加值增速在 6.2%～7.2% 区间浮动，相比于 2017 年增速出现小幅度回落。2018 年 1—12 月，医药行业工业增加值增速在 9.7%～12.3% 区间浮动，全年各月工业增加值均维持在 10.0% 左右增长，增速相比 2017 年出现小幅回落。2018 年 1—12 月，全国规模以上工业增加值同比增长 6.2%，增速同比下降 0.4 个百分点，经济增速趋于稳定。2018 年 1—12 月，医药工业增加值同比增长 10.1%，增速同比下降 2 个百分点，比工业增速平均水平高 3.9 个百分点，行业发展势头良好，增加值增速仅次于电子行业和专用设备制造业，在各工业门类中排名前列（见表 9-7）。2011—2018 年，医药行业工业增加值占全工业比重由 2.3% 上升到 3.3%，增加 1 个百分点，反映出医药工业对工业经济增长的贡献进一步扩大（见图 9-5）。

表 9-7 2017-2018 年 1-12 月工业和医药行业增加值增速比较

时间	工业 2017年	工业 2018年	医药行业 2017年	医药行业 2018年
1—12 月	6.6%	6.2%	12.1%	10.1%

数据来源：国家统计局，2019 年 2 月。

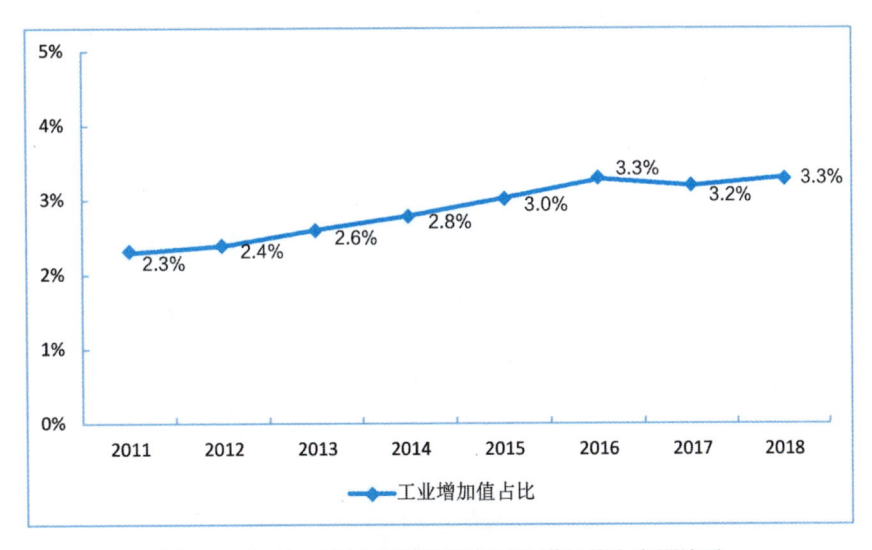

图 9-5 2011—2018 年医药行业工业增加值占全国比重

（数据来源：国家统计局，2019 年 2 月）

2. 产能利用率高于全工业平均水平，指标向合理空间迈进

2018 年 1—12 月，医药行业产能利用率高于全工业平均水平，但仍未达到合理空间。2016—2018 年，全工业产能利用率在 75.0% 左右徘徊，产能过剩现象依旧未改观，医药行业产能利用率逐步向合理空间挺进[①]。2017 年，医药行业产能利用率达到了 79.1%，说明医药行业迈入供需基本平衡阶段。2018 年，医药行业产能利用率为 77.6%，相比 2017 年出现小幅回落，但相比全工业平均水平依旧高 1.1 个百分点，淘汰落后产能任务仍严峻（见图 9-6）。

3. 出口交货值继续保持高速增长，出口结构明显改善

2018 年 1—12 月，医药工业规模以上企业实现出口交货值 2205.5 亿元，同比增长 11.3%，相比 2017 年的增速上升 0.4 个百分点。根据海关进出口数据，2018 年，我国医药保健品出口 644.22 亿美元，增长 5.96%，继续保持较高的增速。尤其值得一提的是，我国化药出口结构优化，制剂类产品出口占比增加。2018 年，我国化药类产品出口 368.83 亿美元，增长 4.03%。其中，原料药出口 300.48 亿美元，同比增长 3.20%，受制于外需疲软，对美国、欧盟、印度等主要市场增速有所放缓。制剂出口 41.00 亿美元，同比增长 18.64%，主要表现

[①] 按国际通行标准，产能利用率超过 90% 为产能不足，79%～90% 为正常水平，低于 79% 为产能过剩。

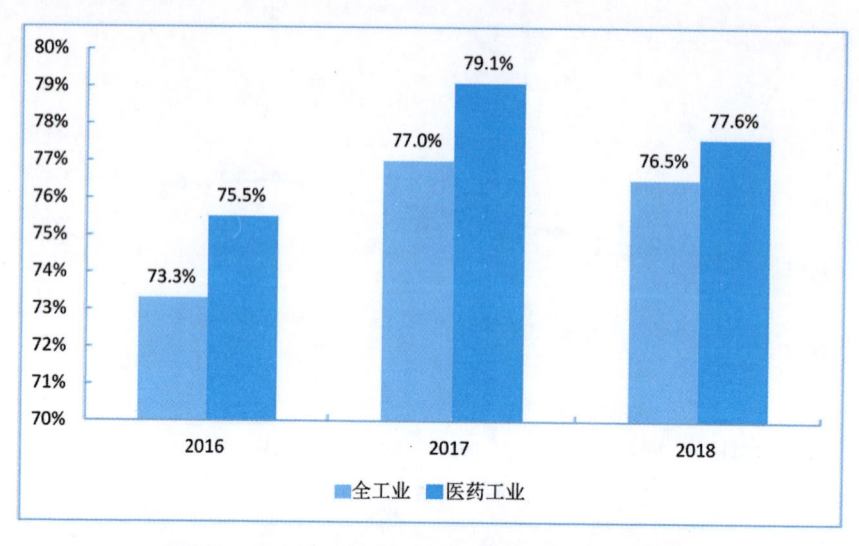

图 9-6 2015—2018 年全工业及医药工业产能利用率

（数据来源：国家统计局，2019 年 2 月）

在规范市场增长强劲，欧盟、澳大利亚、美国位居规范市场三甲，尤其是欧盟市场，近两年，出口至欧盟市场的制剂增长迅猛，2017 年增幅 53.51%，2018 年增幅再创新高，达到 80.30%。从细分行业分析，化药原料药制造、医疗仪器设备及器械制造和化学药品制剂制造三大子行业出口交货值遥遥领先，对医药行业出口贡献最大。从增速来看，化学药品制剂出口交货值相比上年同期增长最快，达到 31.6%，这说明我国医药企业自身实力不断提高，逐渐从仿创向创仿和自主创新过渡，产品出口结构不断优化（见表 9-8）。

表 9-8 2018 年 1—12 月医药行业及主要子行业出口交货值情况

行 业	出口交货值（亿元）	比上年同期增长
医药行业	2205.5	11.3%
化学药品原料药制造	680.6	9.8%
化学药品制剂制造	250.6	31.6%
中药饮片加工	36.9	8.1%
中成药生产	42.1	-1.2%
生物药品制造	216.8	2.6%
卫生材料及医药用品制造	170.7	7.2%
药用辅料及包装材料	30.5	14.9%
医疗仪器设备及器械制造	746.1	11.1%

数据来源：国家统计局，2019 年 2 月。

（二）效益情况

1. 主营业务收入保持两位数增长，利润总额增速低于主营业务收入增速

2018年1—12月，医药工业规模以上企业实现主营业务收入26508.7亿元，同比增长12.4%，高于全国工业增速3.9个百分点，增速较上年降低0.1个百分点，仍保持两位数增长。

2018年1—12月，除中成药制造和药用辅料及包装材料外，其他子行业均实现两位数增速，化学药品制剂制造表现最为突出，主营业务收入增速达到了19.3%。八个子行业中，主营业务收入最多的是化学药品制剂制造，其次为中成药生产，药用辅料及包装材料最少。增速方面，化学药品制剂制造、卫生材料及医药用品制造和生物药品制造三个细分行业增速最快（见表9-9）。

表9-9　2018年1—12月医药行业及主要子行业主营业务收入情况

行　业	主营业务收入（亿元）	同　比	比　重	2017年增速
医药行业	26508.7	12.4%	100%	12.5%
化学药品原料药制造	3843.3	10.4%	14.5%	14.7%
化学药品制剂制造	8715.4	19.3%	32.9%	12.9%
中药饮片加工	1714.9	11.2%	6.5%	16.7%
中成药制造	4655.2	6.1%	17.6%	8.4%
生物药品制造	2443.0	11.4%	9.2%	11.8%
卫生材料及医药用品制造	1582.8	12.7%	6.0%	13.5%
药用辅料及包装材料	201.9	4.5%	0.8%	—
医疗仪器设备及器械制造	2838.2	10.1%	10.7%	10.7%

数据来源：国家统计局，2019年2月。

2018年1—12月，医药行业规模以上企业实现利润总额3443.1亿元，同比增长10.8%，高于全国工业利润增速0.5个百分点，利润率为13.0%，高于全国工业利润率6.5个百分点，与上年同期相比，利润率提高1.2个百分点。同时，利润总额增速低于主营业务收入增速，说明医药行业盈利水平降低。细分行业中，化学药品制剂制造和中成药制造表现突出，药用辅料及包装材料利润总额最小。利润增速方面，医疗仪器设备及器械制造表现最为突出，增速达到24.0%（见表9-10）。

表 9-10 2018 年医药工业利润总额和利润率完成情况

行　业	利润总额（亿元）	同　比	利　润　率	2017年利润率
医药行业	3443.1	10.8%	13.0%	11.8%
化学药品原料药制造	407.7	15.4%	10.6%	8.7%
化学药品制剂制造	1195.0	8.7%	13.7%	14.0%
中药饮片加工	139.1	15.4%	8.1%	7.1%
中成药制造	641.0	3.8%	13.8%	12.3%
生物药品制造	445.4	13.0%	18.2%	15.1%
卫生材料及医药用品制造	163.6	17.2%	10.3%	9.4%
药用辅料及包装材料	19.1	13.0%	9.5%	—
医疗仪器设备及器械制造	371.9	24.0%	13.1%	11.5%

数据来源：国家统计局，2019 年 2 月。

2. 资产负债率继续呈现微升态势，长期偿债风险较低

2018 年 1—12 月，医药工业总资产增长速度慢于总负债增长速度，资产负债率为 41.8%，相比 2017 年的 40.4% 呈现上升态势，属于典型的轻负债行业。2018 年 1—12 月，医药工业资产同比增长 11.3%；同期，医药行业负债同比增长 13.0%。横向比较，作为轻资产及固定资产通用性较高的产业，医药行业杠杆率普遍偏低，债务负担较轻，近年来资产负债率低于 45%，而家电、钢铁、有色金属等行业的资产负债率普遍大于 50%。从细分行业看，2018 年，中药饮片加工行业资产负债率最高，达到 50.1%，说明中药饮片行业负债较多，长期偿债风险最高，生物药品制品制造的资产负债率在各细分行业中最低，仅为 35.3%，长期偿债能力较强。其他细分行业资产负债率均匀分布于 40.0% 上下，远远低于煤电、钢铁、有色金属等行业（见表 9-11）。

表 9-11 2018 年 1—12 月医药工业资产负债情况

时　间	资产同比增长	负债同比增长
1—2 月	11.9%	11.0%
1—3 月	11.8%	10.5%
1—4 月	12.1%	11.7%
1—5 月	11.5%	11.0%
1—6 月	11.5%	10.7%
1—7 月	11.7%	11.8%

续表

时　间	资产同比增长	负债同比增长
1—8月	12.5%	12.8%
1—9月	12.2%	14.0%
1—10月	11.2%	12.2%
1—11月	11.5%	12.7%
1—12月	11.3%	13.0%

数据来源：国家统计局，2019年2月。

3. 亏损面和亏损深度双增大，行业盈利能力降低

2018年1—12月，医药工业亏损面和亏损深度相比2017年均有增大，行业盈利能力降低。2018年，医药工业企业数为9151家，其中亏损企业数1304家，亏损面为14.2%，相比2017年的10.5%提高3.7个百分点。亏损企业累计亏损额为164.1亿元，亏损深度为4.8%，相比2017年的2.4%提高了2.4个百分点。从细分子行业看，亏损面方面，化学原料药和中成药行业亏损面最大，均为16.8%，高于医药制造业2.6个百分点，中药饮片和卫生材料及医药用品行业亏损面较小，分别为10.7%和11.2%，分别低于医药工业3.5和3个百分点。亏损深度方面，生物药品亏损深度最高为8.8%，其次为化学原料药和中药饮片，均为最8.0%，亏损深度最低的为卫生材料及医药用品行业，为1.7%。

综合来看，医药行业盈利能力降低由多方面的原因导致。上游成本方面，药品注册标准提高、一致性评价、临床试验成本提高、国际注册等增加了企业研发支出，环保税法，空气、水、土壤污染防治标准提高和监管加强带来环保成本的增加，融资成本、两票制、营改增增加了合规成本，原料药、中间体、中药材短缺导致原料成本增加，人口红利的消失和海外人才的引进增加了人力成本。下游需求方面，医保控费、零差率、降低药占比带来药品终端需求减少，提高基本药物使用比率、限制抗菌药物和辅助药物使用等导致高价药需求减少，价格谈判、"一品双规"和二次议价带来药品价格降低（见表9-12）。

表9-12　2018年1—12月医药工业及主要子行业亏损情况

行　业	亏　损　面	亏损深度
医药制造业	14.2%	4.8%
化学原料药	16.8%	8.0%
化学制剂	14.6%	2.9%

续表

行 业	亏 损 面	亏损深度
中药饮片	10.7%	8.0%
中成药	16.8%	3.3%
生物药品	15.1%	8.8%
卫生材料及医药用品	11.2%	1.7%
药用辅料及包装材料	12.7%	2.6%
医疗器械	13.0%	4.7%

数据来源：国家统计局，2019年2月。

三、食品工业

（一）生产情况

1. 生产平稳较快增长

根据国家统计局提供的数据，截至2018年年底，全国规模以上食品工业企业数量为40793家，工业增加值占全部工业的7.3%，农副食品加工业、食品制造业、酒饮料和精制茶行业分别占3.4%、1.9%、2.0%，其中，食品制造业、酒饮料和精制茶制造业工业增加值增速较快，分别为6.7%、7.3%，农副食品加工业增速为5.9%。

2. 投资增速持续回落

2018年，在食品工业三大子行业中，农副食品加工业固定资产投资增速同比持平，酒、饮料和精制茶制造业同比下降6.8%，继续维持投资增速回落态势；食品制造业固定资产投资增速为3.8%，高于2017年的1.7%，呈现一定程度的回暖态势（见表9-13）。

表9-13 2013—2018年全国食品工业子行业固定资产投资增速情况

行 业	2013年	2014年	2015年	2016年	2017年	2018年
农副食品加工业	25.6%	15.6%	7.3%	9.5%	3.6%	0.0%
食品制造业	20.7%	22.0%	14.4%	14.5%	1.7%	3.8%
酒、饮料和精制茶制造业	30.4%	16.9%	4.4%	0.4%	-5.9%	-6.8%

数据来源：国家统计局，2019年1月。

3. 出口呈现增长态势

2018年，我国规模以上食品工业实现出口交货值3583.4亿元，同比增长5.3%，占全部工业的2.9%。其中，酒、饮料和精制茶制造业增幅最大，为10.4%，出口交货值为236.8亿元；农副食品加工业出口交货值最大，为2312.0亿元，同比增长3.6%；食品制造业出口交货值1034.6亿元，同比增长8.0%。在细分行业中，罐头食品制造业、饮料制造业出口交货值有所降低，其余行业均呈不同幅度增长，增幅在2.2%至44.8%之间，制糖、乳制品制造、谷物磨制、植物油制造、酒的制造等行业增幅较大，分别为44.8%、34.1%、31.3%、27.5%、22.1%（见表9-14）。

表9-14　2018年全国食品工业出口交货值情况

行 业	全年出口交货值（亿元）	同比增长率（%）
食品工业	3583.4	5.3
农副食品加工业	2312.0	3.6
谷物磨制	23.4	31.3
饲料加工	48.3	10.4
植物油加工	37.4	27.5
制糖业	3.1	44.8
屠宰及肉类加工	214.5	3.8
水产品加工	1195.1	2.2
蔬菜、菌类、水果和坚果加工	615.2	3.5
其他农副食品加工	174.9	4.6
食品制造业	1034.6	8.0
焙烤食品制造	38.0	5.0
糖果、巧克力及蜜饯制造	125.3	10.9
方便食品制造	66.2	6.6
乳制品制造	3.2	34.1
罐头食品制造	255.6	-0.3
调味品、发酵食品制造	174.6	15.8
其他食品制造	371.8	10.2
酒、饮料和精制茶制造业	236.8	10.4
酒的制造	97.6	22.1

续表

行　　业	全年出口交货值（亿元）	同比增长率（%）
饮料制造	61.1	-3.6
精制茶制造	78.1	9.7

数据来源：国家统计局，2019年1月。

（二）效益情况

1. 经济效益平稳增长

2018年，我国规模以上食品工业企业主营业务收入达80903.2亿元，同比增长5.3%（见表9-15），细分行业中，除植物油加工同比降低0.6%外，其余行业均呈不同幅度增长，增幅在2.3%至10.2%之间；利润总额5770.9亿元，同比增长10.8%；全年主营业务收入利润率为7.1%，同比提高0.3个百分点，比全部工业6.5%的主营收入利润率高出0.6个百分点，其中，酒饮料和精制茶制造业表现突出，主营业务收入利润率同比提高2.3个百分点；规模以上食品工业企业资产负债率为49.1%，同比降低0.2个百分点。

表9-15　2018年全国食品工业主要经济效益指标概况

行　　业	企业总数（家）	资产总计（亿元）	主营业务收入（亿元）	同比增长率(%)	利润总额(亿元)	同比增长率(%)
食品工业	40793	64139.2	80903.2	5.3	5770.9	10.8
农副食品加工业	25007	30808.6	47263.1	3.6	2124.4	4.5
食品制造业	8981	15641.9	18348.2	7.3	1552.2	6.1
酒、饮料和精制茶制造业	6805	17688.7	15291.9	8.7	2094.3	20.8

数据来源：国家统计局，2019年1月。

在62个小类行业中，44个行业的利润总额同比增长，18个行业同比降低。玉米加工、茶饮料及其他饮料制造、乳粉制造、白酒制造、方便面制造等行业的利润增长速度较快，增速分别为63.6%、47.3%、39.6%、30.0%和27.4%，31个行业的利润增速超过10%，16个行业的利润增速超过20%；酒精制造、制糖业利润降幅较大，分别为50.7%、49.9%，其他16个行业的降幅在0.3%～12.8%之间。

2. 亏损情况有所分化

2018年，规模以上食品工业累计亏损企业5533家，亏损面为13.6%。从子行业看，酒饮料和精制茶行业亏损面相对最小，为13.0%，农副食品加工业和食品制造业亏损面差别不大，均为13.7%。从亏损企业亏损总额来看，食品工业总计473.3亿元，同比增长24.4%，农副食品加工业占比达51.7%，贡献度最大；食品制造业的增速最快，为48.6%；酒饮料和精制茶行业亏损总额则有所降低，降幅为5.7%（见表9-16）。

表9-16 2018年全国食品工业及子行业负债和亏损企业亏损情况

行业	亏损企业数（家）	亏损面（%）	负债总计（亿元）	负债率（%）	亏损企业亏损总额（亿元）
食品工业	5533	13.6	31465.2	49.1	473.3
农副食品加工业	3416	13.7	16845.9	54.7	244.8
食品制造业	1234	13.7	7180.8	45.9	145.5
酒、饮料和精制茶制造业	883	13.0	7438.5	42.1	83.0

数据来源：国家统计局，2019年1月。

第四节 2018年我国消费品工业区域发展情况

一、东部地区：浙江省

2018年，浙江省消费品工业规模以上企业实现产值25891.8亿元、工业销售产值25035.2亿元，同比分别增长8.1%和7.1%，产销率达96.7%。

（二）效益显著提升

全省消费品工业规模以上企业全年实现主营业务收入25613.0亿元，利润1620.7亿元，同比分别增长8.5%和9.6%，比上年分别提高0.8和1.8个百分点。其中，服装服饰、饮料制造业和烟草三个行业利润增幅最大，分别为46.4%、32.6%和19.9%。主营业务利润率为6.33%，比上年提高0.07个百分点。

（三）出口保持增长

全省消费品工业规模以上企业全年实现出口交货值6361.2亿元，同比增长

5.4%。其中，木材加工、烟草、化纤三个行业分别增长 19.6%、19.5% 和 18.8%。

（四）转型持续提速

通过加快新技术、新产品研发，2018 年全省消费品工业规模以上企业实现新产品产值 9259.4 亿元，同比增长 16.1%，其中烟草、化纤、木材加工三个行业增幅最大，分别为 70.4%、27.8% 和 27.3%。新产品产值率为 35.8%，比上年提高 2.5 个百分点，其中医药行业新产品产值率达 41.1%。医药行业研发费用支出占主营业务收入比重为 4.5%，较上年同期提高 0.6 个百分点，在各工业大类中位居第 3 位。

二、中部地区：安徽省

2018 年，全省规模以上消费品工业企业 8525 家，累计实现主营业务收入 12119.5 亿元，同比增长 7.9%；实现利润 791.2 亿元，同比增长 28.0%。其中：

轻工行业（含家电）。全省规模以上轻工企业 3587 家，累计实现主营业务收入 5751.5 亿元，同比增长 9.5%；累计实现利润 393.3 亿元，同比增长 29.2%。轻工行业整体呈现质效双升态势，利润增速远高于主营业务收入增速，家电产业利润增速更是达到了 35.7%，高于消费品工业整体利润增速 7.7 个百分点。

食品行业。全省食品工业产业规模、经济效益继续保持稳定增长，呈现出平稳发展态势。食品工业规模以上企业 2608 家，累计实现主营业务收入 3554.6 亿元，同比增长 5.9%；实现利润 238.7 亿元，同比增长 33.5%。

纺织行业。全省规模以上纺织企业 1828 家，实现主营业务收入 1884.5 亿元，同比增长 4.7%。实现利润 97.1 亿元，同比增长 33.2%。全年主营业务收入 10 亿元以上企业 14 家，20 亿元以上企业 6 家，安徽皖维和申洲针织突破 50 亿元。

医药行业。全省规模以上医药企业 502 家，工业增加值增速增长 17.0%，高于全省平均 7.7 个百分点。累计实现主营业务收入 928.87 亿元，同比增长 12.2%；实现利润 62.15 亿元，同比增长 0.1%。

三、西部地区：重庆市

（一）总体运行情况

2018 年，重庆市消费品工业规模以上企业 1972 户，完成工业总产值

3643.6亿元，同比增长3.1%，占全市工业总产值的18%，其中轻纺行业实现工业总产值1616.79亿元，同比增长1.09%，食品行业完成工业总产值1411.7亿元，同比增长1.1%，生物医药行业实现产值615.1亿元，同比增长11.9%。

（二）行业发展情况

1. 特色产业基地建设步伐加快

一是服装订单加工基地培育特色明显、亮点纷呈。荣昌在工贸一体化、产业链配套和智能制造上下功夫，入驻企业生产设备水平在全国同行业处于领先水平，在区域服装行业内树立了智能化发展的典范。

二是塑料产业培育集聚效应显现。梁平生态塑料产业园引入80余家大中型塑料企业，计划总投资133.54亿元，设计年产值201.31亿元，2018年产值达55亿元。

三是眼镜产业集群持续发力。荣昌眼镜产业园以园区入驻企业为纽带，建立了政府、企业、协会、高校合作机制，引进天津职业大学建设眼镜创新孵化中心，委托中央美术学院设计眼镜产业园景观，以"旅游+工业"为特色的"视界小镇"。

四是家具产业集群培育势头强劲。长寿工业园区荣膺"中国家居（木业）产业基地""中国10大木业产业加工园""中国套装门之都长寿生产基地"等全国性荣誉称号。家居产业产值规模突破百亿元大关，已形成规模达1000万套木质套装门、30万套橱柜、30万套办公家具及智能家居类的家居产业集群，以及与其配套的建筑材料和家居五金配饰配件产业。

五是食品加工集群齐步走。江津园区依托"五桶油"和白酒产业成功创建市级粮油食品特色产业示范基地，秀山县引进龙头企业成功创建市级休闲食品特色产业建设基地，涪陵区围绕做强国家新型工业化（食品）产业示范基地，引进重庆火锅产业集团、聚慧食品建设重庆火锅食材保税加工贸易基地和建设重庆火锅调味品智能加工贸易基地。

2. 订单龙头企业引进取得新突破

一是"订单+龙头+配套"的合作模式更加成熟，宜家东亚采购部门先后三次赴渝开展软包家具、LED照明领域合作项目可行性调研。

二是成功促成全国500强企业江苏苏美达轻纺国际贸易公司入驻万州区，

预计今年产值将达到1亿元。

3.生物医药产业发展成效显著

一是国际化水平进一步提升。德国美天旎公司与植恩药业、市肿瘤医院合作建设了细胞治疗GCP试验平台及中试生产平台，并与国内免疫细胞治疗领先企业展开项目对接；成功引进韩国Binex公司阿柏西普注射液品种并与植恩药业开展产业化合作；俄罗斯BIOCAD公司抗体药物产业化平台进入实质性谈判阶段；中元生物在东南亚、南亚等区域的15个重点国家进行中元血球线、生化线、免疫POCT线产品的注册。

二是产业发展提质增效明显。精准生物Car-t细胞治疗药物临床试验申请获得国家药监局受理；重庆惠源高活性药物生产基地申报的国内首个紫杉醇胶囊等品种进入临床试验阶段，有望在两年内获批；永仁心项目作为全国唯一获批临床试验项目，进展顺利，截至目前，成功完成10例试验，已正式向国家药监局提出提前进行上市审批申请并获得受理，有望提前获批上市；复创医药在研的10个创新药物中5个产品获批进入临床试验阶段；润泽医药人体植入材料多级双连续多孔钽通过国家食药监局注册审批；智翔金泰抗体药物产业化项目已有3个品种获得临床试验批准并进入临床阶段；宸安生物重组蛋白药物产业化项目已有2个品种获批临床试验；博唯佰泰基因工程疫苗产业化项目2个品种进入临床试验阶段。

第五节 2018年我国消费品工业重点企业发展情况

一、MINISO名创优品的创新发展模式

（一）企业概况

MINISO名创优品是日本快时尚设计师品牌，由日本青年设计师三宅顺也先生与中国青年企业家叶国富先生在东京共同创办，是全球"时尚休闲生活优品消费"领域的开创者。在传统实体零售深陷艰难转型的困境时期，MINISO名创优品却在短短4年时间里在全球开设2000家店铺，足迹遍布亚洲、欧洲、非洲、北美洲、南美洲、大洋洲等六大洲，全球开店超3500家。2016年，品牌创造了近100亿元的销售奇迹。

（二）发展战略

1. 直采定制模式，产品性价比高

MINISO 名创优品主张"同等价格品质最好、同等品质价格最低"，以优质低价作为核心竞争力。通过在全世界范围内严格挑选优质供应商，直接订制采购，部分商品采用"买断定制"，获取价格优势。通过大批量采购实现规模效益，以量制价，极大压缩了产品成本。同时，MINISO 名创优品不搞华而不实的设计和包含品牌溢价的广告，甚至主动拒绝暴利，每件产品仅加 8% 的毛利，实行薄利多销。此外，名创优品控制了商品的设计核心力，除食品外，全部使用 MINISO（名创优品）的品牌，由此掌握了商品的定价权。

2. 注重创意设计，产品更新速度快

MINISO 名创优品非常重视产品的更新速度，广泛聚集全球优秀设计师，将"自然、简约、富质感"的设计理念融入产品。每年的创新设计投入约 1 亿元，不断为消费者打造"小而美""微而精"的产品。同时，通过 200 多名买手全天候扫描全球市场，制定新产品开发提案。新产品通过小批量试产后，进行为期一周的试销，并对这 200 名买手实行"产品体验免费机制"。此外，为了提高产品到店效率，MINISO 名创优品在全国建立 7 大仓库，按照就近分配原则，实现 7 天上新，21 天产品全店流转，及时为消费者提供时下潮流的新产品。

3. 重视购物体验，增强互动营销

作为新零售的领先企业，MINISO 名创优品推行品牌倡导的自助式购物，店内不设导购，顾客可以从容选择，在购物时毫无压力、轻松随意选购，但在顾客需要帮助或咨询时，店员会及时提供优质的服务，帮助顾客解决问题。此外，MINISO 名创优品通过"扫描微信号即可免费赠送购物袋"的办法，快速积累粉丝，在短短一年多时间里，名创优品微信订阅号的用户数超过 1000 万，为互动营销创造了可能性。

4. 运用大数据分析，强化供应链创新

MINISO 名创优品创建了高效的信息系统，该系统由店铺订单系统、供应商登录系统、企业 OA 系统等 10 多个系统构成。在此基础上，MINISO 名创

优品将数据分析引入供应链管理,作为物流系统运转的"指挥棒"和"校正仪",通过数据监控、盘点、分析等手段,对所有商品的动销速度进行大数据管理,提高资金和销售的效率,快速响应和满足消费者需求。

(三)启示与借鉴

1. 变化设计理念,加强产品创新

企业应深度挖掘多元化消费需求,加大新产品研发力度,增加优质低价产品的供给,满足市场消费升级需要的产品和服务。加强产品开发、外观设计、产品包装、市场营销等方面的研发创新,积极开展个性化定制、柔性化生产,丰富和细化产品种类。国内零售企业应借鉴MINISO名创优品创新设计理念,加速产品更新速度,持续为产品注入新元素、新潮流和新时尚,给消费者带来新鲜变化感。

2. 创新采购模式,提升产品竞争力

企业应该创新与供应商的合作方式,不断提升产品性价比。可借鉴MINISO名创优品"以量制价+买断定制+不压货款"的模式,加强对供应商的遴选,与供应商合作开发商品,买断版权,形成独家资源。同时,应借鉴MINISO名创优品质量至上、精益求精的工匠精神,强化对供应商产品的质量把控,保证产品质量。

3. 完善供应链体系,实现协同生产

鼓励零售企业与新型供应链服务企业合作,借助现代信息技术,建立健全一体化的供应链体系,实现各环节的高效运作。通过大数据的管理方式逐渐让每个门店实现小前台大后台的运作模式,推动市场调研、产品开发、商品采购、商品库存管控、店铺整体规划、销售数据分析、终端营销方案制定、运输配送等环节的协同化、智能化和服务化。

4. 打造样本门店,实现快速复制

规模化的采购对销售速度及产品周转和更新提出了更高的要求,需要通过门店的扩张实现快速复制、大量铺货。企业可借鉴MINISO名创优品带资加盟

的方式，通过在国内做样本门店开始，逐步实现规模化扩张。通过实行投资加盟，由投资人出资和装修店铺，集团公司进行统一的配货销售管理，投资人参与营业额分成，提高市场占有率。

二、豪森药业创新发展四大路径

（一）企业概况

豪森药业创建于1995年，是国内抗肿瘤和精神类药物研发和生产的领军企业，是国内领先的创新型现代化制药企业。豪森药业产品覆盖中枢神经系统、抗肿瘤、抗感染、糖尿病、消化道、心血管等六大领域。豪森药业连续多年位列"中国医药工业百强榜"前30强、"中国医药企业创新力20强"前3强，2019年"中国医药研发产品线最佳工业企业20强"第2名，被评为中国"最具创新能力医药企业"，被工业和信息化部、财政部评为"国家技术创新示范企业"。2018年，"国产格列卫"——豪森"昕维"成为国内首个通过一致性评价的伊马替尼。纵观豪森药业创建以来的发展之路，逐渐从"仿制为主、仿创结合"向"创新为主，仿创结合"转变，创新在企业经营和发展中的地位与作用越来越重要，逐渐形成了有豪森特色的创新发展之路。

（二）发展战略

1. 两位数的研发投入占比

一切创新离不开资金投入。从2000年开始，豪森药业逐步提高研发投入，近两年，豪森药业的研发投入占比达到10%，远远高于我国医药行业平均水平（约为2%）。在上海张江和江苏连云港布局两大研发中心，培养近千名高素质专业科研工作者。同时，拥有国家级企业技术中心、博士后科研工作站和江苏省院士工作站、生物高技术研究室等多个研发平台。

2. 研发聚焦目标领域

聚焦目标领域提高研发效率。豪森药业放弃大而全的产品研发经营策略，将研发经营重心放在抗肿瘤和精神类两大领域，选中目标领域，做透做精。明星产品也集中在这两大领域，"泽菲""欧兰宁"两大"中国驰名商标"分别为抗肿瘤和精神类药物。

3. 自主研发与协同创新并举

内力+外力形成创新合力。豪森药业不仅仅自己在上海、江苏设立研发中心，建立国家企业技术中心等一流研发平台，还重视产学研合作，借助外力补己短板。建立了国内科研院所、高校、国外科技协作的多层次、全方位的技术创新体系，提升了自主创新能力，促进了科研成果的转化，实现了共赢。

4. 积极的国际化战略

一是瞄准国外公司大品种药物，进行仿制药创新开发。勇于通过技术创新，打破国外公司的技术壁垒和市场垄断，实现重大品种药物国产化。

二是专利案中敢于维权。豪森药业先后与美国礼来公司、瑞士诺华公司进行多起知识产权维权，依靠技术创新，豪森最终胜诉，成为我国专利维权的经典案例。

三是对标国际，积极开展国际认证。豪森药业主动按照美国 FDA 和欧盟 EDQM 标准进行工艺设计，建成国际化的制剂产业园，是国内为数不多的完全按照美国 FDA 标准生产的企业之一，积极有效地开展原料药和制剂产品的国际认证，有 2 个抗肿瘤原料药通过 FDA 认证，1 个抗肿瘤注射剂和 1 个普通固体制剂通过 FDA 检查，1 个抗肿瘤制剂和 4 个原料药品种通过日本 PMDA 认证。

（三）启示与借鉴

1. 聚焦更易出精品

医药企业在选择创新战略时，可聚焦一到两个资源优势领域，深耕细作，避免大而全。"有所为，有所不为"可有效节约研发支出、提高研发效率，在优势领域做出一到两个精品之后，可逐渐拓展其他相关领域。

2. 学会借助外力

医药企业在不断加大自身研发投入与增强实力的同时，要注重借助外力。借助外力可以带来新的思路、新的想法，可以实现科研院所的成果转化，实现共赢。未来市场竞争的胜出者必将是懂得合作、善于借力的企业。

3. 主动参与国际竞争

随着贸易全球化趋势及我国"一带一路"倡议的推进，未来国际市场将成为我国医药企业的重要市场，国际贸易中也会存在摩擦和冲突。医药企业应保持积极主动，主动参与国际竞争，注重技术创新，善于运用法律武器维权，研发生产与国际对标，积极开展国际多中心临床研究。

第六节 2019年我国消费品工业发展环境分析

一、"新常态"下转型阵痛持续，经济下行压力仍较大

2019年，中国经济仍面临较大的下行压力，消费品工业生产增速将在现有基础上出现小幅下滑。

一是结构调整阵痛尚未消退，面对日益加剧的转型升级压力、资源环境约束压力、成本压力，中小消费品企业生产运营将受到较大影响。

二是部分行业去库存压力加大，影响2019年产能释放。1—12月，造纸及纸制品业、文教工美体育和娱乐用品制造业、医药制造业、化学纤维制造业、家用电力器具制造业等库存增速均高出工业平均水平。

三是国际市场需求疲软及国际贸易摩擦的双重影响也将在一定程度上拉动生产端下行。

二、外贸环境比较复杂，出口形势不容乐观

2019年，我国外贸发展面临的环境更加严峻复杂，消费品工业出口增速仍将低位徘徊。

一是全球经济增速放缓导致国外消费需求下降。2018年9月，OECD下调全球经济增速0.1个百分点；2018年10月，IMF下调全球经济增速0.2个百分点，预测经济发展面临风险，偏于下行。

二是中美贸易摩擦叠加，全球经济增速放缓将使消费品工业出口受到冲击。2019年1月1日起，美国对从中国进口的2000亿美元商品加征10%的关税税率。美国总统特朗普和一些政府官员还表示，可能对剩余的自中国进口商品全部加征关税，外贸形势不稳定因素增加。

三、政策红利加速释放，内需稳步增长

2019年，国家各类扩内需政策的深入贯彻实施将在一定程度上推动内需回暖。

一是中共中央国务院印发《关于完善促进消费体制机制，进一步激发居民消费潜力的若干意见》，通过壮大消费新增长点、营造安全放心消费环境、改善居民消费能力和预期等措施，从供需两端发力扩大消费需求。

二是国家支持民营经济发展的相关政策措施陆续出台，企业家信心有所提振，固定资产投资增速有望回升。

三是国家鼓励发展消费新业态新模式，高端产品供给不断增加，有助于拓展消费人群、促进消费回流。

第七节　2019年我国消费品工业发展趋势展望

一、医药

（一）行业出口形势严峻

从出口规模看，2019年，我国医药行业出口交货值增速较2018年难有较大幅度提升。2018年上半年出口交货值占销售收入的比重为8.6%，由于出口交货值增速慢于主营业务增速，2019年我国医药出口交货值占销售收入的比重达到"十三五"医药规划指南提出的10%的目标较为困难。从出口结构看，我国医药工业出口结构以大宗化学原料药和医药中间体为主，产品附加值低。制剂出口主要销往质量要求较低的国家和非法规市场，产品在美国、日本和欧洲等规范市场竞争力较弱。受中美贸易战的影响，我国特色原料药、生物制剂及MRI、CT扫描仪、超声波仪器等高端医疗器械的出口或将受到一定制约。

（二）中药行业问题突出

"十三五"以来，中药行业主营业务收入增速始终保持在8%左右，低于医药工业平均增速，相比"十二五"的增速明显放缓。2019年，中药行业受到多因素影响，发展困难重重。

一是中药企业研发创新积极性不高。2018年中药新药批准数量仅为1个，且中药新药申报撤回率高，新药注册申报数量与化药、生物药形成巨大反差。

二是中药注射剂受政策影响较大。限二级以上医院使用的限制造成中药注射剂市场需求减少，中药注射剂再评价纳入计划增加了行业发展的不确定性，行业面临新一轮洗牌。

三是中药行业受资本市场关注度较小。近两年，随着国家政策大力扶持，生物药行业发展好于预期，资本市场投资重心由中药转向生物医药。

（三）药品断供风险犹存

2019年我国部分小品种、大用量的原料药、儿童药、低价短缺药等断供风险仍然存在。

首先，原料药垄断造成药品断供的风险依然较大。2018年以来，苯酚、扑尔敏、尿酸、葡萄糖等很多药品原料药由于垄断等因素造成价格不断上涨，导致部分品种因此停产断供，由于原料药放开审批等相关政策的不确定性，未来小品种、大用量原料药断供风险依然存在。

其次，环保标准提高限（停）产压力大。环保标准的提高会导致部分化学药生产企业限（停）产，部分药品将会面临市场短缺问题。

最后，需求端政策的不确定性将会进一步挤压部分处方药，尤其是儿童药、罕见病用药的利润空间和市场空间，导致部分药品生产无利可图而停产，市场短缺或将加剧。

二、纺织

（一）生产和投资增速有所放缓

生产方面，2018年我国纺织业生产增速较2017年有所下滑，规模以上企业产成品库存依然较高，但产能利用率近两年均保持在80%以上，预计2019年纺织业工业增加值增速进一步回缩，但产能依然充足，且随着技术和设备更新，产能利用率也有望进一步提升。

投资方面，当前我国纺织行业生产组织形式、要素比较优势、市场竞争格局及资源环境约束等方面出现了新的阶段性变化，受制于产业结构调整，盲目扩张得以遏制，预计2019年行业整体投资有望更加理性化，行业规模增速保持较低水平。

（二）出口形势不确定性较大

2017年以来我国纺织品出口有所回暖，但是2018年特朗普政府对中国的多项产品征收"一揽子关税"，其中涉及全部种类的纺织纱线、织物、产业用制成品等，仅服装、家纺等终端商品暂未列入，对我国纺织品的贸易环境产生一定的不确定性。据中国纺织品进出口商会统计，2017年中国对美国出口纺织服装及原料共456.4亿美元，占纺织服装总出口金额的16.9%，本次征税清单将影响中国对美国纺织服装出口金额约103亿美元，占中国对美国纺织服装及原料出口金额的22.6%，占中国纺织服装出口金额的3.81%。目前美国政府对中国2,000亿美元产品征收10%的关税不利于纺织业的出口。加之我国棉花价格和国际相比长期倒挂，对以棉花为主要原料的纺织企业来说，成本压力进一步增加，出口优势明显削弱。

（三）国内产能向海外加快转移的趋势明显

目前，国内多家纺织企业已开始海外产能的扩张，包括行业龙头企业鲁泰A、百隆东方及天虹纺织等公司。天虹纺织早在2006年就开始在越南布局海外产能，2018年产能已超过125万锭纺纱。百隆东方在越南纺织项目于2012年投产，2018年末百隆东方海外产能占公司总产能的比例已经超过40%。鲁泰A已经在越南、柬埔寨及缅甸等地设立了生产基地，其中2017年位于越南的3000万色织布项目已经投产。由于我国人力成本持续上升，制造业成本优势逐步被削弱，而东南亚、南亚等国家劳动力等成本更为廉价，随着大量企业海外布局，未来国内纺织产能向海外转移的趋势将会持续。

三、食品

（一）消费结构升级，营养健康型产品迭代升级

城镇化进程的持续推进和消费者可支配收入的平稳增长，将进一步扩大城乡居民的食品消费需求。80后消费人群的崛起和活跃、"二孩政策"的全面实施及人口老龄化趋势的加剧，消费者特别是千禧一代拥有健康的饮食习惯，未来，健康天然食品、高品质食品食材、婴幼童食品、保健品、健康食品的消费需求将呈现刚性增长。2019年，这种消费者喜好引导的转变可能会持续，加快食品产品更新换代，健康、营养、绿色、有机、低糖及个性化定制产品等彰显

生活品质的食品需求动力强劲。

（二）产业链整合和商业模式转型加快进行

面对传统食品市场增长放缓、竞争日益加剧的局面，国内食品企业正在积极采取横向兼并、进入细分领域跨界合作、轻资产化运作、渠道拓展整合等一系列应对措施，加快商业模式的创新和转型。同时，大中型食品企业开始从食品标准、行业准入、市场环境和安全监管等关键环节入手，进一步整合优化产业链。通过加快产业链一体化整合，压缩与转移成本，提高盈利能力，倒逼食品行业向规模化、集约化发展。

（三）国际并购活跃，行业整合趋于提速

全球食品行业的竞争态势正向智能、环保、集约、高附加值的方向发展，一些经验丰富、实力雄厚的跨国企业通过资本运作、技术和人才垄断等竞争手段，在激烈的市场竞争中获得了先发优势和足够的话语权。近年来，随着新食品和享受型产品需求的增长，食品企业积极开展并购交易以改善其投资组合，布局新兴消费市场。2018年，雀巢、可口可乐、百事可乐、家乐氏、通用磨坊、康尼格拉（Conagra Foods）、金宝汤（Campbell Soup）等其他快消食品巨头公司共产生了超数十亿美元的并购交易，为更好适应国际竞争，国内食品行业的整合必将提速，一些有代表性的龙头企业、骨干企业将获得更多优势资源以参与激烈的竞争。

四、轻工

（一）内需市场稳中有升

2018年，随着消费升级及促进消费体制机制改革的深入推进，轻工行业内需市场总体呈现平稳增长态势，对消费品行业内需增长形成稳固支撑。2019年，随着轻工产品质量的提升，轻工行业的内需市场将保持稳定增长态势，其中，日用品、家电、化妆品等行业增长比较明显，预计增长速度均保持在10%以上。

（二）智能制造带动产品质量提升

2019年，随着消费品"三品"战略的深入实施，轻工领域智能制造试点示

范加快推进，轻工行业整体的智能化水平将会明显提升，特别是智能家电、电池、家居、可穿戴产品等行业智能产品和数字化车间数量的快速增长，智能产品相关的标准制定、系统集成和规模应用等相关的工作加快开展，轻工产品整体质量和品质将得到很大提升。

（三）外贸出口有望企稳回升

2019年，世界经济形势将有所好转，但不确定因素依然较多，贸易保护主义持续升温，企业综合成本高企、竞争优势下降、创新能力不足等制约着轻工行业发展，中美贸易摩擦对箱包、鞋类、家具等产品的影响依然不容忽视，为积极应对这些问题所带来的衰退风险，我国轻工业外贸出口将坚持实施出口多元化战略，除了巩固美、欧、日等传统国际市场外，我国轻工行业向非洲、东南亚、埃塞俄比亚、塞内加尔、尼日利亚、孟加拉国、柬埔寨、泰国等国产能转移的速度在加快，这将保证我国轻工业出口在多变的国际形势下保持平稳的增长。

第十章

电子信息制造业

第一节　2018年电子信息制造业整体发展状况

一、2018年全球电子信息制造业整体发展状况

（一）产业整体发展情况

市场规模稍有增势，将踏入缓幅增长区间。2018年以来，全球经济放缓压力增大，国际金融波动频繁，地缘政治和逆全球化倾向日益显现，国际经济搏弈进入新的调整期，世界经济蕴含的不确定性因素增多。在全球经济环境整体影响下，全球制造业景气程度普遍降低，但全球消费电子市场在高端设备消费需求的带动下实现逆势增长。据GfK数据，2018年全球消费电子市场的销售额增长6%，约为1 380亿欧元。未来伴随全球经济复苏效应渐趋弱化，预计2019年全球消费电子产品市场规模仍将延续当前的增长趋势，但增速将小幅下降至4%左右，市场规模将由2018年的1 380亿欧元增至2019年的1 435亿欧元。

（二）重点行业发展情况

1. 全球智能手机市场萎靡，国内厂商表现亮眼

2018年，全球智能手机市场呈现下行趋势，同比下降4.1%，全球总出货

量为 14 亿部。头部手机厂商在出货量和排名方面均有所变化。其中，三星以全年 2.9 亿部智能手机的出货量继续坐稳市场头把交椅，而市场占有率已从 2017 年的 21.7% 降至 2018 年的 20.8%。苹果以全年 2 亿部智能手机的出货量仍处于第二名的位置，但从第二季度开始有被华为超越的情况，且出货量较 2017 年减少 700 万部，市场占有率基本稳定不变。华为全年出货量从 2017 年的 1.54 亿部提升到了 2018 年的 2.06 亿部，同比大幅增长 33.6%，市场占有率从 2017 年的 10.50% 提升至 2018 年的 14.7%。在华为手机全年出货量中，荣耀占比约 50%，近年来在全球市场发展势头正盛。小米凭借 1.22 亿部的出货量超越 OPPO，排名全球第四，同比增长 32.2%，市场占有率从 2017 年的 6.30% 提升至 2018 年的 8.7%。

2. PC 销量稳中缓降，集中度持续攀升

2018 年全球 PC 总出货量呈现稳中缓降的态势，全年出货量超过 2.594 亿台，同比下降 1.3%。其中，排名前三的厂商出货量较 2017 年相比小幅增长，但是排名四到六位的厂商降幅较大。联想以近 5847 万台设备的出货量位居榜首，同比稳增 6.9%，市场占有率从 2017 年的 20.8% 提升至 2018 年的 22.5%。惠普以 3 633 万台的出货量排名第二，同比小幅增长 2.1%，市场占有率从 2017 年的 21% 微增至 2018 年的 21.7%。戴尔以 4 191 万台的出货量位居第三，同比增长 5.3%，市场占有率从 2017 年的 15.1% 提升至 2018 年的 16.2%。苹果以 1 802 万台的出货量位居第四，同比下降 5%。除苹果外，华硕、宏碁的出货量也大幅压缩。截至 2018 年，全球 PC 销量已连续七年呈现下滑趋势，但在 Windows 10 升级等因素的推动下，降幅较以往年份有所收窄，领先者和跟跑者之间存在较为明显的差距。

3. 彩电市场小幅稳增，高端市场需求显现

2018 年，全球彩电市场在消费者高端需求的拉动下，同比增长 5%，市场规模达 1 000 亿欧元，市场销量约占全球消费电子产品的 75%。其中，屏幕尺寸在 50 英寸以上的高端设备约占全球彩电市场规模的 50% 以上，采用 OLED 显示面板的彩电销售额增长率超过 100%，占全球彩电市场规模的 5%～10%。在全球 OLED 彩电设备较为领先的西欧地区，OLED 彩电均价已降至 2 100 欧元以下，降幅约为 300 欧元；民众最经常购买的机型价格大约为 1 500 欧元。在屏幕分辨率方面，首批 8K 机型已经上市，4K 设备的出货量稳步增长。

4. 人工智能领域呈现"三足鼎立"之势

据电子学会数据，2018年全球人工智能核心产业市场规模超过555.7亿美元，同比增长50.2%。全球人工智能产业的发展主要集中在美国、欧洲、中国，呈现三足鼎立之势。美国硅谷聚集了以谷歌、微软、亚马逊等为代表的人工智能企业2905家，成为当今人工智能基础层和技术层产业发展的重点区域，在人工智能企业数量、投融资规模、专利数量等方面全球领先。中国在人工智能领域的论文总量和高引用率论文数量、专利数量、投融资规模方面跃居全球首位，该产业的企业总数达到670家，占全球的11.2%。欧洲通过大量的科技孵化机构助力早期的人工智能初创企业，高新技术产业转化率较高，诞生了大量优秀的人工智能初创企业，人工智能企业总数为657家，占全球的10.88%。

5. 虚拟现实市场成长释放可期

全球虚拟现实市场将快速增长，融合类应用将成为主要增长点。据著名市场研究公司Tractica预测，全球VR（虚拟现实）产业市场规模将从2018年的10亿美元增至2025年的126亿美元。其中，培训模拟、医学治疗、娱乐类、教育类等VR与不同领域的融合应用将成为VR产业中增长最快的应用市场。各大厂商争先推出新款虚拟现实设备，Facebook/Oculus、HTC、三星等公司相继推出的新款VR头戴式显示设备，进一步提升配置，也激发了利用消费级VR解决方案的企业用例，预计未来市场上将出现开发更加完善、更加贴合用户需求的高真实度VR应用。

二、2018年中国电子信息制造业整体发展状况

（一）产业整体发展情况

整体形势方面，电子信息制造业整体运行呈现出"稳中有进、稳中育新"的运行态势，也应看到三项基本面数据"稳中存忧、稳中有险"的潜在态势。电子信息制造业增加值、投资、出口等数据保持持续增长，但增速普遍下降。

一是增加值平稳增长，增速小幅下降。工业和信息化部运行局数据显示，2018年1—11月，电子信息制造业增加值同比增长13.4%，低于2017年同期0.5个百分点。其中，11月增速低于2017年同期2.7个百分点。

二是投资增幅整体下滑。2018年1—11月，全行业固定资产投资同比增长

19.1%，较 2017 年降低 4.2 个百分点。集成电路、光电器件等分领域投资在新兴市场拉动下仍有增长。

三是产业出口保持增长，增速放缓明显。2018 年，规模以上电子信息制造业实现出口交货值同比增长 9.8%，增速比 2017 年回落 4.4 个百分点。其中，电子器件、计算机等制造业出口交货值同比增长 7%、9.4%，较 2017 年同期分别回落 8.1、0.3 个百分点，主要行业的出口增速呈现出不同程度的回落。

（二）重点行业发展情况

1. 集成电路产业保持高速发展态势

由于 2017 年的高基数，2018 年前三季度中国集成电路产业及设计、制造、封测三业增速，较 2017 年略有下降，但仍维持高增长态势。据中国集成电路协会统计，2018 年前三季度中国集成电路产业销售收入为 4 461.5 亿元，同比增长 22.4%，较 2017 年降低 2.4 个百分点。其中，设计业 1 791.4 亿元，同比增长 22.0%；制造业 1 147.3 亿元，同比增长 27.6%；封测业 1 522.8 亿元，同比增长 19.1%，分别较 2017 年降低 4.1、0.9 和 1.7 个百分点。同时，在产业链部分环节实现了核心技术突破。芯片设计方面，海思推出全球首款量产的 7nm 手机芯片麒麟 980。芯片制造方面，中芯国际 14nm 的试产良率已从 3% 提升到 95%。芯片封测方面，部分企业在高端封装技术上已达到国际先进水平，江苏长电、华天科技和通富微电已囊括国内近四分之一的市场份额。集成电路材料方面，第三代集成电路碳化硅材料项目及成套工艺生产线已正式开建。

2. 国产手机品牌进一步占领存量市场，新技术新产品百花齐放

在智能手机市场大幅萎缩背景下，国产品牌海外表现亮眼。国内市场方面，自 2017 年第二季度开始，国内智能手机市场已经持续 6 个季度缩减，且下滑速度日趋明显。2018 年前三季度，国内智能手机市场出货量 2.87 亿部，同比下降 16.8%。在国际市场方面，海外市场拓展成为国产手机品牌的主要方向，我国智能手机国际市场份额持续上升，7 个厂商入围全球十大手机厂商。据 Counterpoint 数据统计，2018 年前三季度华为、小米、OPPO 和 vivo 分别占据全球市场份额的 13%、9%、9% 和 8%，同比增长 33%、25%、4% 和 7%。2019 年第一季度，华为智能手机总出货量超越苹果，成为全球第二大智能手机制造商。

3. 我国新型显示产业规模正在快速跻身全球第一

我国面板企业近年来大幅提升新产能投建水平。2018 年，我国有多条 OLED 面板线投产或扩产，京东方、华星光电、维信诺、天马等厂商的柔性屏、全面屏、异形屏等产品纷纷问世，国产高端屏幕进步显著，我国面板产能有望在 2019 年成为全球第一。LCD（液晶显示屏）方面，随着 4K 基本完成普及，8K 市场和技术窗口逐渐打开，众多面板企业瞄准大尺寸和 8K 持续发力，多条 10.5、11 代线的投产将推动 65 英寸电视市场走向普及阶段。在 AMOLED（有源矩阵有机发光二极体）显示屏方面，企业将进一步把握行业快速发展的机遇期，维信诺合肥、京东方绵阳、京东方重庆、华星光电武汉等第 6 代 AMOLED 生产线将陆续投产。

第二节 2018 年我国电子信息制造业重点政策解析

一、《智能光伏产业发展行动计划（2018—2020 年）》

2018 年 4 月 11 日，工业和信息化部会同住房和城乡建设部、交通运输部、农业农村部、国家能源局、国务院扶贫办等部门联合印发了《智能光伏产业发展行动计划（2018—2020 年）》（工信部联电子〔2018〕68 号，以下简称《行动计划》）。

《行动计划》分别从加快产业技术创新、提升智能制造水平，推动两化深度融合、发展智能光伏集成运维，促进特色行业应用示范、积极推动绿色发展，完善技术标准体系、加快公共服务平台建设等四大领域，提出了相关重点任务并提出四方面保障措施。一是加强组织协调和政策协同。六部门将建立统筹协调工作机制，协作配合，形成合力，同时充分发挥地方相关主管部门力量，确保行动计划各项任务措施落实到位。二是推动智能光伏试点应用。培育一批国家智能光伏示范企业，支持若干行业特色智能光伏项目建设，探索智能光伏建设先进模式并加强全国推广。三是加大多元化资金投入。建立智能光伏领域产业发展基金，引导多方资本促进智能光伏产业发展。充分利用多种渠道，加大对智能光伏产业扶持力度。四是促进光伏市场规范有序发展。逐步完善相关标准检测认证等体系，建立智能光伏产品及服务推广目录，加强行业协会、中介机构等对消费者的使用培训服务。

二、《印制电路板行业规范条件》和《印制电路板行业规范公告管理暂行办法》

为加强印制电路板行业管理，推动印制电路板产业持续健康发展，工业和信息化部于 2018 年 12 月 28 日发布《印制电路板行业规范条件》（以下简称《规范条件》）和《印制电路板行业规范公告管理暂行办法》。

其中，《规范条件》按照优化布局、调整结构、绿色环保、推动创新、分类指导的原则进行制定，同时就现有企业的人均产值、新建及改扩建项目的投资规模和投入产出比、企业及项目工艺技术提出了要求。印制电路板行业规范工作将推动印刷电路板优化产业布局和重大项目建设，提升产业整体生产规模、工艺技术和质量管理，深化智能制造和绿色制造，强化行业节能节地、资源综合利用和环境保护。

三、《关于加快推进虚拟现实产业发展的指导意见》

为加快我国虚拟现实产业发展，推动虚拟现实应用创新，2018 年 12 月 21 日，工业和信息化部印发了《关于加快推进虚拟现实产业发展的指导意见》（以下简称《指导意见》）。

《指导意见》分 2020 年和 2025 年两个阶段提出了我国虚拟现实产业的发展目标，从核心技术、产品供给、行业应用、平台建设、标准构建和安全保障 6 大方面提出了发展虚拟现实产业的重点任务，并提出了具体推进措施及发展虚拟现实产业的 8 个着力方向。《指导意见》的出台将加快我国虚拟现实产业发展，推动虚拟现实应用创新，培育信息产业新增长点和新动能。

四、《新一代人工智能产业创新重点任务揭榜工作方案》

2018 年，工业和信息化部启动新一代人工智能产业创新重点任务揭榜工作，发布《新一代人工智能产业创新重点任务揭榜工作方案》（以下简称《工作方案》），征集并遴选一批掌握人工智能关键核心技术、创新能力强、发展潜力大的企业、科研院所等，开展"揭榜"攻关，力争在标志性技术、产品和服务方面取得突破。

《工作方案》围绕《促进新一代人工智能产业发展三年行动计划（2018—2020 年）》（以下简称《三年行动计划》）确定的重点任务方向——智能产品、核心基础、智能制造关键技术装备、支撑体系等，在 17 个方向及细分领域，开展集中攻关，重点突破一批创新性强、应用效果好的人工智能标志性技术、产品和服务。

揭榜工作是落实《三年行动计划》的重要举措，揭榜任务和目标的确定主要基于《三年行动计划》中部署的重点任务和目标，主要考虑当前我国产业发展基础，对产业发展有一定前瞻性和引导作用，同时发挥企业主动作用，激发企业自身能动性，设置个性化指标。《工作方案》中的 17 个方向和细分领域，都是推动国民经济发展的重要产业，将极大地促进人工智能领域技术创新，是给人工智能企业的一针强心剂，极大地激发了企业的创新活力。

五、《锂离子电池行业规范条件（2018 年本）》和《锂离子电池行业规范公告管理暂行办法（2018 年本）》

为进一步加强锂离子电池行业管理，推动产业加快转型升级，工信部对《锂离子电池行业规范条件》和《锂离子电池行业规范公告管理暂行办法》进行了修订，形成《锂离子电池行业规范条件（2018 年本）》（以下简称《规范条件》）和《锂离子电池行业规范公告管理暂行办法（2018 年本）》（以下简称《管理暂行办法》）。

《规范条件》指出，在省级以上人民政府批准的自然保护区、饮用水水源、生态功能保护区、已划定的永久基本农田，以及禁止建设工业企业的区域不得建设锂离子电池（含配套）项目。《管理暂行办法》从程序上对锂离子电池规范管理作出了规定并明确了企业退出机制。

此次《规范条件》修订版的出台，对锂电池的产能利用率、研发能力提出了明确的要求，提出严格控制新上单纯扩大产能、技术水平低的锂离子电池（含配套）项目，对促进技术创新、提高产品质量、降低生产成本等确有必要的新建和改扩建项目，由行业主管部门按照相关规定加强组织论证。

第三节　2018 年我国电子信息制造业重点行业发展状况

一、计算机行业

（一）发展情况

1. 产业规模方面

计算机行业生产、出口情况明显好转。2018 年，我国计算机制造业主营业务收入同比增长 8.7%，利润同比增长 4.7%；计算机制造业增加值同比增长 9.5%，出口交货值同比增长 9.4%。主要产品中，微型计算机设备产量同比下降 1.0%，其中，笔记本电脑产量同比增长 0.6%，平板电脑产量同比增长 2.8%。

2. 产品结构方面

个人电脑（PC）市场仍在下滑。由于市场需求疲软，全球 PC 出货量继续保持下滑态势。2018 年全球 PC 出货量总计 2.594 亿台，较 2017 年下降 1.3%，下降幅度小于过去三年。联想、惠普、戴尔三家领头企业 PC 出货量均有所增长，其他公司则出现不同程度下滑。Gartner 和 IDC 都继续对 PC 市场持乐观态度，认为电脑行业已经触底，逆转即将到来。

服务器市场收入和出货量逆势大幅增长。2018 年在全球经济并不景气的大环境下，服务器市场不仅未受影响，反而实现连续 5 个季度两位数强劲增长，成为计算机领域的一匹黑马。ZDC 统计数据显示，2018 年第三季度，全球服务器出货量同比增长 18.3%，达到 320 万台；收入更是同比增长 37.7%，达到 234 亿美元。其中，低端服务器收入同比增长 40.2%，至 200 亿美元；中端服务器收入同比增长 39.4%，至 20 亿美元；高端服务器同比增长 6.9%，至 13 亿美元。全球出货量方面，戴尔易安信同比增长 10.5%，占第三季度全球服务器市场份额总出货量的 17.6%，继续领跑全球服务器市场。国内市场方面，国产 X86 服务器国内市场总体份额升至七成。2018 年中国服务器市场戴尔易安信以 21.48% 的份额再次蝉联第一，同时也是 TOP 6 中唯一外商品牌；浪潮、华为、H3C、联想及曙光分别排名第 2~6 位，市场份额分别为 19.72%、16.83%、15.72%、12.44%、8.79%。国产服务器厂商已成为全球服务器市场的重要组成部分。

3. 产业创新方面

中国超算集团优势扩大，E 级超算布局加速推进。中美两国在超级计算机（简称"超算"）领域正形成交错领先的发展态势。2018 年 6 月和 11 月两份全球超算 500 强榜单中，我国的神威·太湖之光分别被美国的顶点（Summit）和山脊（Sierra）依次超过。Summit 浮点运算能力可达每秒 20 亿亿次，神威太湖之光为每秒 10 亿亿次。神威·太湖之光用的芯片为自主研发，在单个芯片上与美国尚有一定差距。但从整体来看，榜单中中国高性能计算机数量已经增加至 206 台（美国为 124 台），稳居第一，正形成集团优势。在 500 强榜单中排名前五的制造商中，中国的联想、浪潮和中科曙光分别位列第一、第三和第五名。在 2018 年中国 HPC TOP100 榜单中，入围超算全部为国产产品。国内三台 E 级超算（运算能力每秒百亿亿次）——天河 3 号、神威 E 级、曙光 E 级的原型机均进入了 TOP10，在自主可控、持续性能等方面实现了较大突破。我国的 E 级超算规划布局已经展开，有望在超算领域再次领先世界。

（二）发展特点

云计算、人工智能等新型场景数据的爆发式增长以及对企业业务的重要性需求，推动服务器市场收入和出货量的大幅增长，主要包括四个方面：一是企业数字化转型。无论是互联网、金融、电信、政府等服务器使用大户，还是制造、能源和服务等传统行业，在数字化 IT 架构建设上的投入均有不同程度增长，不断采购服务器升级 IT 架构以适应数字化发展需求，其中制造、能源和服务行业的投入增长尤为明显，带动了服务器市场的增长。二是企业上云。无论是公有云厂商采购更多的基础设施来提供更加成熟的云服务，还是企业内部构建私有云系统，均对服务器市场发挥着正向促进作用。三是人工智能兴起。人工智能的发展与应用，需要借助大量的算力来进行模型的训练及推理，这些均刺激着从事人工智能的相关企业大批量采购服务器。四是高性能计算（HPC）需求旺盛。全球 HPC 市场正以 8.3% 的年复合增长率增长，中国 HPC 市场发展速度更是快于全球市场。HPC 需要大规模采购服务器构建集群，对服务器市场形成拉动。

高端定制化服务器市场成为厂商争夺的焦点。超大规模数据中心使用的服务器，通常对处理器、主板、机架、扩展单元、存储单元等有着自己的要求，需要通过某些"硬件重构"，在功耗、输入 / 输出能力方面做到通用服务器难以达到的改善。为了满足这部分用户，服务器厂商在整个服务器平台上有自己的创新性，以满足不同用户的需求。更大的定制化服务功能的开启，成为当前服务器厂商们竞争走出同质化的突破口。随着虚拟化、云计算等新一代信息技术的普及程度进一步提高，基于大型服务器的私有云方案能够提供更为理想的性能密度比，而且在整体成本、可靠性方面都具有优势。越来越多的行业用户开始采用基于大型服务器的私有云解决方案，来改造原有的数据中心结构，这种趋势将长期推动四路及以上服务器的增长。服务器的融合架构和集成系统得到快速发展，高端定制化服务器市场成为厂商争夺的焦点。

二、通信设备行业

（一）总体情况

1. 产业规模方面

2017年，我国通信设备市场规模为2 457.3亿元。其中，光通信设备规模为987.9亿元，占比达到40.2%；移动通信设备市场规模为1 034.5亿元，占比达到42.1%；网络通信设备市场规模为434.9亿元，占比17.7%。预计到2018年，整体市场规模将达到2 307.4亿元，同比下降6.1%。而到2019年，随着5G网络建设的启动及宽带速度的不断提升，整个市场增速将会开始回升，2020年中国通信设备市场规模将达到3 086.9亿元。

2. 产业结构方面

移动通信领域，我国企业全面参与了5G国际标准制定，新型网络架构等多项技术方案被国际标准组织采纳。目前，我国已经突破大规模天线、网络编码等关键技术，各项测试工作将加速进行，以在2018年年底前推出符合第一版本5G国际标准的商用系统设备。

国内光通信设备产业由高速增长期过渡到平稳增长期，智能制造和产品多元化也更加明显，正在超出光通信产业原有的边际。我国已成为全球最大的光通信市场，产业链核心环节"卡脖子"局面仍在。在光器件领域，我国占全球20%～25%的市场份额，在无源及有源光器件芯片中低端产品领域及光模块等产业链下游领域紧跟领先水平或与领先水平保持同步。然而，高端产品研发能力薄弱，10Gb/s光芯片国产化率接近50%，25Gb/s及以上光芯片国产化率仅为3%。此外，高速驱动、PAM4和DSP等电芯片国产化率极低，依赖以美、日为主的进口。目前，苏州旭创、光迅科技、亨通光电等企业将100Gb/s高速光模块作为发展重点，投入了大量资金进行研发，未来有望在该领域实现突破。

（二）创新进展

1. 系统设备持续创新

我国在无线、传输、核心网及业务承载支撑等系统设备上已经达到了世界领先水平。在 5G 时代，基于先天的市场优势配合技术标准上的超前布局，我国系统设备厂商在 5G 的网络架构、空口技术等方面，已形成了一定的领先优势。例如，华为早在 2014 年就展示了 5G 接入和回传的微站系统，2017 年发布了面向 5G 常用场景的核心网解决方案 SOC 2.0，随后发布了业界首款 5G 承载分片路由器，2018 年进一步完成了对符合 3GPP 标准的 5G 端到端产品的覆盖。

2. 网络通信领域，产品创新成果丰富

2018 年，中兴通讯推出全球最高速光通信编码研究测试系统，发布全球最高容量核心交换机 9900E，打造智能高效云数据中心网络。华为发布了全球首个 5G Cloud VR 服务整体解决方案，该解决方案基于业界先进的开源组件和 API，研发了 Cloud VR 连接协议和软件，且针对华为云平台进行了核心代码重构和优化。服务涵盖 Cloud VR 开发套件、华为云 Cloud VR 连接服务和 Cloud VR 开发者社区，旨在解决 Cloud VR 基础设施及广域网适配问题，构建 VR 开发生态。

（三）发展特点

通信设备制造厂商逆势崛起。2017 年以前，爱立信通信设备的市场份额稳居市场第一。但是随着近年来华为技术和市场竞争力的拓展，其市场份额不断增加。2017 年华为反超爱立信，全年实现全球销售收入 6 036 亿元，较 2016 年的 5 216 亿元增长 15.7%，净利润 475 亿元，同比增长 28.1%，市场份额比例为 28%，成为全球最大的电信设备制造商。近年来，华为凭借其技术水平的不断提升和全球发展战略的推进，在全球通信设备领域的竞争实力不断增强，一定程度上也促进了我国整体竞争实力的提升。

三、消费电子行业

2018 年，我国消费电子行业的市场规模稳定增长，技术和产品创新保持活跃。随着人工智能、大数据、云计算等信息技术的快速发展，消费电子产业已进入动能转换、提质增效、转型升级发展的关键阶段，手机、平板电脑、计算机和电视机等传统产品增长见顶，超高清视频、智慧健康养老、虚拟现实、智能家居、人工智能、智能驾驶等新产品、新应用、新型通用平台不断涌现。消费电子行业丰富的产品形态和广阔的应用场景，正不断激发信息消费需求，成为电子信息产业扩大内需市场、促进消费升级的重要抓手和关键组成部分。

（一）发展情况

1. 产业规模方面

2018年，中国彩电市场持续低迷，彩电销量微增而销售额下降。根据奥维云网数据，2018年我国生产彩电1.6亿台，而国内零售量规模为4 774万台，同比微增0.5%，零售额1 490亿元，同比下降8.6%，零售均价3 121元，同比下降9%。

2018年，中国智能音箱国内市场热度不减。全年出货量达到2 200万台，近乎2017年出货量的14倍。

2018年，中国VR/AR市场稳步推进。全球市场全年呈现"由暖转冷再转暖"态势，对国内市场也产生一定影响。国内VR头戴式显示设备、VR眼镜销售量相对下降，而VR一体机销量大幅提升，国内VR内容市场也实现快速增长。

2. 产业创新方面

2018年，我国彩电企业的产业创新加快，新产品、新设计、新技术、新应用层出不穷，包括激光电视、超高清蓝光电视、4K全面屏电视、OLED屏幕发声电视、超大屏电视、浮窗全场景设计、智能场景自动识别电视等，以人工智能、面部识别、8K超高清为代表的新技术也得到应用。

在智能音箱领域，科技企业不断发掘智能音箱功能，从语音识别、自然对话，到可视化、智能家居控制、在线购物，功能不断拓展。

在VR/AR领域，在图像引擎、渲染算法、眼球追踪、移动空间定位等领域有重大突破，提升VR的沉浸感和可靠性。

（二）发展特点

1. 消费电子产业规模稳居世界第一

我国以广阔的消费市场和成熟的制造能力承接国际消费电子产品生产基地转移，使得消费电子产业快速增长，规模稳居世界第一。我国手机、PC、电视等主要电子消费产品产量均位居世界第一，占全球出货量的比重均超过二分之一。

2. 终端产品智能体验和设计不断优化

个人计算机（PC）产品继续延续硬件性能升级和特色化设计兼顾的演进路线，既持续围绕处理器、固态存储、电池续航、显示屏、摄像头等性能指标推出升级产品，同时更加注重智能化体验设计，贴合消费者需求。

3. 人工智能、超高清、柔性显示等技术引领创新发展

人工智能在云端和终端的应用场景愈发清晰。终端智能方面，宝乐机器人发布了首款激光+AI摄像头导航扫地机器人，将激光识别与机器视觉结合，可以实现最佳清扫路径规划。8K面板成为品牌电视机厂商旗舰产品标配。TCL、创维、夏普、海信等均推出基于8K屏的电视产品。曲面屏在智能电视、智能手机上实现应用。MicroLED、QLED、OLED等显示技术并行创新发力。

四、集成电路行业

（一）总体状况

1. 产业规模方面

2018年，在前期重点项目相继投产、自主关键技术不断取得突破、全球行业景气度持续走高等因素的拉动下，我国集成电路产业再次实现高速增长，产业总营业额突破6 000亿元大关，达到6 531.4亿元，同比增长20.7%，产业规模增长率连续三年超过20%，继续成为全球产业发展最快的地区之一。

2. 产业结构方面

2018年，我国集成电路产业结构得到进一步优化，设计业、制造业产值比重进一步提升，将为我国芯片自主能力提升、推动下游制造、封测环节规模持续增长提供保障。

3. 产业布局方面

我国集成电路产业主要分布在京津环渤海、长三角、珠三角等三大地区，汇聚了全国主要重点企业和产能。近年来，在国家及地方优惠政策和资金的支

持下，西安、合肥、武汉、重庆、成都等中西部地区城市，福州、厦门、泉州等沿海城市的集成电路产业同样得到了快速发展，正在形成新的产业集群。

（二）创新进展

虽然我国集成电路产业市场化发展较晚，仍处于市场跟随者地位，但是在技术研发投入不断加大、本土应用市场持续向好的带动下，近年来集成电路产品自主技术发展取得了巨大突破。

设计业技术方面，目前，我国企业在移动智能终端芯片、数字电视芯片、智能卡芯片、人工智能芯片等专用器件市场，CMOS图像传感器、MEMS麦克风传感器、指纹传感器等通用器件市场发展较好，整体技术达到或接近世界先进水平。

制造业技术方面，目前，我国集成电路制造技术仍与国际先进水平存在一定距离，先进逻辑工艺同国际领先水平存在3代左右的技术差距。但是以中芯国际、华力微电子等为代表的企业正在通过快速布局16/14nm工艺实现先进逻辑工艺的追赶。

封装测试业技术方面，由于我国企业进入行业时间较早、技术研发持续性较好、内资龙头企业对国外优质标的进行收购等原因，我国封装测试技术已经整体达到世界先进水平，部分技术工艺达到世界领先水平。配合我国在生产成本方面的优势，封装测试成为全球集成电路产业中最先向我国进行转移的环节。

五、新型显示行业

（一）总体状况

2018年，显示面板出货面积约为2.38亿平方米，同比增长8%。未来，网络流量中90%的内容将以视频方式呈现，显示面板将扮演不可或缺的角色。5G、人工智能、无人驾驶、生物识别等新技术的发展均将进一步带动新型显示产业持续增长。预计2020年，全球液晶面板出货面积将达到2.66亿平方米，年均增长率为4%。

从出货规模看，2018年，在面板产线量产的带动下，我国显示产业产能规模继续增长，全年出货面积预计将超过8 000平方米，全球占比接近40%，TFT-LCD出货面积位居世界第一。

从应用市场看，新型显示产业的应用范围得到进一步拓展。智慧城市建设正处于加速阶段，以公共交通、休闲娱乐为代表的大屏商用显示面板呈现爆发式增长态势，据 IHS 预测，2018—2021 年全球商用显示销售收入复合年增长率将达到 18%，远高于显示面板 2%～3% 的年均增长率。

从区域布局看，LCD 技术起源于美国，成熟于日本，韩国凭借反周期投资后来居上，中国台湾地区和大陆地区承接产业转移，与日韩共同形成"三国四地"的产业格局。

（二）创新进展

随着我国新型显示企业创新实力不断增强，新型显示领域的创新取得较大进展。TFT-LCD 领域，多条 8.6 代及以上产线进入量产阶段，Oxide 和 LTPS TFT-LCD 面板生产能力进一步成熟。

应用模式方面，中国大陆面板企业积极迎接超高清视频时代的来临，京东方自主研发了 8K 拼接屏播放及控制系统解决方案，完美实现了 8K 超高清分辨率信号传输，让观看者体验到如临影院的震撼之感。此外，京东方还开发了数字艺术物联网解决方案，将数字化的摄影作品通过人工智能及新型显示等技术进行完美展示。

技术储备方面，在大屏柔性显示最有前途的印刷显示技术中，京东方和华星光电近些年的专利申请量突飞猛进，京东方在全球申请人的排名中可以保持前列，而华星光电也属于国内的佼佼者。

（三）发展特点

产业规模不断扩大，重要地位逐渐确立。近年来，我国新型显示产业实现跨越式发展，已成为全球显示产业的重要力量，对保持产业增长活力、推动上下游产业发展起到决定性作用。中国大陆新型显示产业始终保持正增长，整体增长速度已经连续多年超过全球产业增长速度，对上游产业材料市场规模增长率贡献超过 70%。经过多年发展，我国显示产业已经建立了从供给端到应用端的产业体系，具有完整的面板制造产能和下游品牌话语权。

六、电子原材料元器件行业

（一）总体状况

产业规模保持较快增长。2018 年我国电子原材料元器件行业销售收入达到4.70万亿元，同比增长10.3%，增速高于电子信息制造业全行业1.3个百分点，占我国电子信息制造业的比重为33.2%，比2017年提高了0.4个百分点，占比延续上升势头。其中，电子材料行业实现销售收入0.35万亿元，同比增长12.9%，电子元件行业实现销售收入2.30万亿元，同比增长10.6%，电子器件行业实现销售收入2.05万亿元，同比增长9.9%。

（二）创新进展

1. 关键技术和产品取得重大突破

半导体器件方面，我国企业在3D NAND闪存芯片研发上取得突破，首次提出重要的新架构和技术路径。国内芯片先进设计能力导入7nm，华为先后发布了7nm麒麟980芯片、昇腾910芯片、鲲鹏920芯片，主流设计水平达到16/14nm。

新型显示方面，全球首条最高世代线、全球第二条柔性AMOLED生产线实现量产，引领全球大尺寸超高清显示产业发展。

电子材料方面，关键材料规模化量产，解决了"卡脖子"问题。中镓半导体国内首创4英寸氮化镓自支撑衬底量产技术；上海新昇300mm大硅片正式导入中芯国际生产线；内蒙古晶环电子生产出全球最大450公斤级超大尺寸高品质蓝宝石晶体，将蓝宝石晶体世界纪录由350公斤级提升至450公斤级。

2. 行业国家创新中心建设步伐加快

在动力电池、印刷与柔性显示、信息光电子三家制造业创新中心基础上，2018年电子原材料元器件行业又新增集成电路、智能传感器两家国家制造业创新中心，2019年广东省5G中高频器件创新中心建成。

3. 企业创新能力稳步增强

骨干企业研发投入持续增强，2018年（第三十二届）中国电子信息百强企业研发投入总额同比增长16%，平均研发投入强度达到6.3%；2018年中国电子元件百强企业研发投入总额同比增长30.9%，平均研发投资比为3.6%。2018年我国发明专利授权量前10位的企业中，电子信息行业占有7席，京东方作为唯一一家电子原材料元器件行业企业入选。

（三）发展特点

产业整体增速回调。 2018 年，我国手机、彩色电视机等终端产品产量出现不同程度负增长，加上中美贸易摩擦、中兴事件、晋华事件等因素影响，我国电子原材料元器件行业增速略有下滑，呈现回调态势。

主要产品产量增速明显放缓。 2018 年，我国手机、彩色电视机等终端产品产量出现不同程度负增长，对上游电子材料、元器件带动作用减弱，电子原材料元器件行业主要产品产量增速显著放缓。

主要产品进出口贸易逆差分化态势加剧。 2018 年，国内电子原材料元器件行业需求旺盛，进口稳健增长，出口增速放缓，国内部分产品自给率显著提升，行业主要产品进出口贸易逆差分化态势加剧。

一系列事件暴露出我国电子原材料元器件短板。 2018 年，我国电子信息行业热点事件不断，中微半导体与 Veeco 的专利纠纷、中兴事件等摩擦最终平息，但晋华事件尚未得到根本解决，这背后反映出我国电子原材料元器件还存在很多关键短板。

第四节　2018 年我国电子信息制造业区域发展情况

一、长江三角洲地区电子信息产业发展状况

2018 年，长江三角洲地区电子信息制造业保持平稳增长，创新实力持续增强，产品转型升级步伐加速。上海市全年实现电子信息制造业产值 6450 亿元，同比增长 1.9%，占全市工业总产值的 18.5%，占六个重点工业行业总产值的 27%，依旧是全市的战略性产业，其中新一代信息技术中电子信息制造业产值 3 062 亿元，同比增长 5.5%，高于全行业增速 3.6 个百分点，结构调整成效显现。1—9 月，浙江省电子信息制造业新产品产值达 3 621.9 亿元，同比增长 23.2%，重点产品中列入国家"三新"统计达 10 种新产品，其中光纤、智能手机和太阳能电池等产品实现快速增长，增速分别为 44.3%、18.5%、14.9%。2018 年，安徽省电子信息制造业增加值增长 22.2%，高于全国同行业增速 9.1 个百分点，对全省工业经济增长贡献率继续居各行业首位，高于全省工业增速 12.9 个百分点，占全省工业比重比 2017 年提升 0.3 个百分点，成为全省实施创新驱动、制造强省和转型升级发展的重要引擎。

产业结构方面，长江三角洲地区电子信息制造业产业链较为完善，建立了

从上游原材料到下游应用的完整产业链。江苏省已形成涵盖 EDA、设计、制造、封装、设备、材料等较为完整的集成电路产业链，汇集了众多知名集成电路企业，更是形成了无锡、苏州和南京等市为中心的集成电路产业带。浙江省已形成稀土永磁材料、含氟新材料、高性能纤维、光伏材料等特色产业链和全国最大的产业基地，拥有 7 家国家重点实验室和国家级工程技术研究中心，13 家国家级企业技术中心，近 70 家省部级重点实验室和重大科创平台。上海市形成了集成电路产业"一核多极"和新材料产业"3+X"的布局。安徽合肥新型显示产业快速发展，在新站高新区等重点园区聚集了京东方、康宁、三利谱等行业龙头企业，汇聚上下游产业链从业企业 75 家，涵盖全部生产环节。

二、珠江三角洲地区电子信息产业发展状况

珠江三角洲地区（以下简称"珠三角地区"），具有完善的制造业体系，深圳市更有"世界工厂"之称。珠三角地区是我国最重要的电子信息制造业集聚区之一，具有强大的制造优势。2018 年，广东省电子信息产业保持平稳较快增长。1—10 月，广东省电子信息制造业主营业务收入 3.38 万亿元，增长 10%，占全国的 33.3%，居全国第一；工业增加值 6 936.7 亿元，增长 10.1%，占全省工业的 26.7%。前三季度，全省规模以上制造业累计完成增加值 21 011.08 亿元，同比增长 5.9%，三大行业合计对全省规模以上工业增长的贡献率达 59.4%，合计拉动全省规模以上工业增长 3.6 个百分点。其中，计算机、通信和其他电子设备制造业产值占比 26.6%，保持较高增长速度，前三季度增长 9.4%，增幅高于全省规模以上工业平均水平 3.4 个百分点，产值和增速分别超过电气机械和器材制造业、汽车制造业两大支柱性行业，保持全省产值最大的行业地位。

珠三角地区电子信息产品规模和技术水平在全国具有引领地位，主要优势领域是通信设备、计算机、家用电器、视听产品和基础元器件等。在空间布局方面，珠三角地区不断突出以通信产品和消费电子类产品为重点的产品转型，逐渐形成以东莞、深圳、惠州为中心的电子计算机制造产业链，以深圳、广州、东莞为中心的通信设备制造产业链，以惠州、珠海、佛山为代表的智能家电制造产业链。在企业培育方面，珠三角地区积极打造世界级电子信息龙头企业，拥有一大批实力强劲的电子信息骨干企业，拥有中国电子信息百强企业数量的 1/4，拥有信息技术领域上市公司 123 家，数量超过北京和上海之和，总市值居全国首位。具体来讲，TCL 等智能电视品牌加速向高端化发展，华为、中兴通讯、OPPO、vivo 等智能手机品牌正在引领全球手机市场发展，海思半导体、中兴微电子等集成电路设计企业具有全国领先实力。

三、环渤海地区电子信息产业发展状况

环渤海地区是指环绕渤海全部及黄海部分沿岸地区所组成的广大经济区域，该地区电子信息产业基础雄厚，各种产业资源高效整合和交汇。环渤海地区成为继长江三角洲和珠江三角洲地区之后又一发展瞩目的电子信息产业基地。

2018年，北京市电子信息制造业发展态势良好，为工业稳增长做出贡献。北京市以5G移动通信、集成电路产业等领域为核心，持续推动符合首都定位的"高精尖"产业重大项目落地，不断提升北京市电子信息产业发展质量效益，引导产业布局和产业发展与城市功能定位相适应，产业发展呈现三个特点：一是进一步提升基础支撑能力；二是以5G带动相关应用快速发展；三是推动智能网联汽车应用示范落地。

2018年，天津市电子信息制造业围绕重点产品和龙头企业，加快产业聚集，逐步形成了具有一定规模效应和较强示范带动作用的电子信息制造业聚集区，高质量发展态势初步形成。产业发展呈现三个特点：一是把握电子信息领域政策落实推动工作；二是推进信息产业创新能力建设；三是着力推动新一代信息技术产业基地建设。

2018年，山东省加快建设竞争力强、安全可控的信息技术产业体系，工业结构持续优化，新一代信息技术产业等新动能不断增强。产业发展特点主要表现在三个方面：一是编制专项规划，引导产业布局；二是抢抓行业热点，开拓新领域；三是发挥联盟作用，助力产业发展。

2018年，辽宁省电子信息产业快速发展，特色电子产品产量位居全国前列，核心技术转化能力持续提升。围绕电子信息领域的工作推进主要表现在三个方面：一是积极推进企业提升，以存量稳增长；二是主动抓融资服务，完善产业发展环境；三是推动产学研用合作，完善技术创新链和人才供给链。

2018年，河北省经过多年发展，电子信息产业初步形成了以太阳能光伏、通信及导航设备、半导体照明、新型显示、应用电子等为主导的产业格局，以大数据、云计算、物联网等为重点的新一代信息技术产业呈现快速发展态势。2018年，河北省电子信息产业在三个方面取得进展。一是加大自主创新。围绕大数据、云计算、物联网、智能终端、新型显示等领域加强技术研发攻关，引领产业创新发展；二是引进培育企业。强弱项、补短板、加大招商引资力度，加强与三星、京东方、华为、中兴通讯等世界500强、中国电子百强企业深度对接合作；三是促进聚集发展。在做大做强现有产业功能区的基础上，持续提

升产业集聚承载能力。重点扶持石家庄电子信息产业基地、邢台国家新型工业化产业示范基地（太阳能光伏）、廊坊国家新型工业化产业示范基地（电子信息）等的建设，推进产业集聚发展。

四、福厦沿海地区电子信息产业发展状况

经过多年建设和发展，福厦沿海地区已经成为我国仅次于长三角、珠三角、京津冀的第四大电子信息制造业产业集群区域，在新型显示、集成电路、计算机和网络通信、LED、锂电池等产业领域已经成为我国有影响力的产业集群区域。

2018年，福建省电子信息制造业围绕推进高端化、特色化和集聚化发展，着力推动重大项目建设，策划落地一批产业配套项目，"增芯强屏"成效初显，推动产业由大奔强，取得了一定的成效，主要表现在以下五个方面。

一是整体产业运行平稳。2018年，福建省规模以上电子信息制造业保持平稳较快增长，发光二极管、智能手机、液晶显示屏、锂离子电池、计算机整机、电子元件、显示器、液晶电视机等重点产品产量增长较快，戴尔（中国）、宸鸿、宸美、捷联、友达、冠捷、福建省电子信息集团、宁德时代新能源、厦门天马微、福州京东方、戴尔（厦门）、联想移动等龙头企业运行平稳。

二是区域特色进一步凸显。福建省电子信息制造业共拥有厦门火炬园、融侨开发区、泉州丰泽区、福州经济技术开发区、云霄云陵开发区5个国家新型工业化产业示范基地。

三是政策助力集成电路产业发展。为加快推动集成电路产业提升规模和水平，打造具有两岸合作特色的集成电路产业集聚区，制定出台福建集成电路产业发展行动计划，统筹衔接全省地市集成电路产业规划，加快建立全省"一带双核多园"的集成电路产业格局。

四是重大项目稳步实施。及时跟踪项目进展情况，主动靠前服务，将项目建设推进中的困难和问题，纳入省政府"一季一督查、一月一协调"内容，及时协调解决。

五是行业分析逐步加强。组织开展电子信息制造业的梳理，全面分析了重点细分行业发展现状、存在问题、发展趋势、产业布局和主要项目支撑情况。

五、中部地区电子信息产业发展状况

我国中部地区，东接沿海地区，西接西部内陆，按自北向南、自西向东排序包括山西、河南、安徽、湖北、江西、湖南六个省份，包括了长江中游城市

群和中原城市群。中部地区历史厚重、资源丰富、交通便利、工农业基础雄厚，近年来通过不断承接东部沿海地区产业转移及直接吸引投资，已是我国经济发展的第二梯队。在电子信息产业发展方面，以湖北省为代表的产业规模增速明显高于东部地区，目前已拥有了雄厚的产业基础。

湖北重点围绕光通信、激光、集成电路、移动互联、软件创意及金融服务等高新技术产业，不断完善创新产业链，打造创新产业集群。现拥有中国最大的光纤光缆生产基地、中国光通信领域实力最强的研发基地、中国最大的激光设备生产基地。光纤光缆生产规模位居全球首位，国内国际市场占比分别达到50%和25%；光电器件的国内国外市场占比分别达到40%和10%；光传输系统达到世界先进水平，占据国内10%左右的市场；激光产品国内市场占有率一直保持在50%左右；光纤传感器产品占据国内90%以上的市场。在北斗导航领域，湖北省技术研发能力全国最强，特别是武汉，是国内重要的地球空间信息技术及产业集聚区。

安徽省将电子信息产业置于全省战略性新兴产业发展的首位，2018年1—11月，安徽全省电子信息制造业规模以上工业增加值增长22.7%。目前已在家电、微型计算机、手机、集成电路等领域形成一定的行业优势。一批重大产业项目正在实施建设，例如，合肥京东方建设了全球首条10.5代液晶面板生产线，开展了晶合12英寸驱动集成电路生产线、康宁10.5代玻璃基板生产线等配套项目；总投资440亿元的维信诺6代AMOLED项目已开工建设；总投资240亿元的滁州惠科8.6代液晶显示面板项目主体结构封顶；蚌埠玻璃院国内首条自主研发的8.5代显示玻璃基板线联合车间封顶；通威年产2.3GW高效晶硅电池、晶澳1.5GW光伏组件扩产、欣奕华智能装备和材料等重点项目稳步实施。同时，安徽省成功举办了"国家集成电路重大专项走进安徽活动"，承办了第十五届海峡两岸信息产业和技术标准论坛，建设了"海峡两岸集成电路产业合作试验区"和集成电路"芯火"双创基地（平台）。

河南省电子信息产业坚持高端化、绿色化、智能化、融合化发展方向，按照"龙头带动、集群配套、创新协同、链式发展"的思路，加快建设全球重要的智能终端研发生产基地、全国重要的电子信息产业基地，构筑产业竞争新优势。将加快培育智能传感器、信息安全、新型显示、电子材料等4个千亿元级产业，打造若干个百亿元级电子信息产业园区，积极构建"1+4+N"产业体系。推动智能传感器、信息安全、新型显示和智能终端、汽车电子、5G等产业行动计划落实。预计到2020年，河南省电子信息产业主营业务收入将达到万亿元级，建成全国重要的中西部地区竞争优势突出的电子信息产业基地。

江西省近年来积极承接长三角、珠三角等电子信息发达地区的产业转移，陆续引进众多电子信息企业入驻，产业发展势头良好。积极发展整机产品生产和系统解决方案，完善上游原材料、元器件、印刷电路板、显示模组等产业链核心配套，联通昌九（南昌—九江）资源整合经济体和"吉—泰—赣"产业走廊，围绕九江、南昌、吉安、赣州打造电子信息产业城。

六、西部地区电子信息产业发展

我国西部地区包括陕西省、四川省、云南省、贵州省、广西壮族自治区、甘肃省、青海省、宁夏回族自治区、西藏自治区、新疆维吾尔自治区、内蒙古自治区、重庆市12个省、自治区和直辖市。西部地区是我国的资源富集区，矿产、土地、水等资源十分丰富，特别是天然气和煤炭储量，占全国的比重分别高达87.6%和39.4%，这是西部形成特色经济和优势产业的重要基础和有利条件。

四川省是我国西部重要的电子信息产业基地，在新型平板显示、数字娱乐、集成电路设计、信息安全等产业领域具有独特优势，形成了从上游原材料、中游显示面板到下游终端生产的全产业链。此外，依托绵阳高新技术产业开发区、四川绵阳经济技术开发区、成都高新技术产业开发区、四川乐山高新技术产业园区，四川省形成了"成都—绵阳—乐山"电子信息产业带、绵阳数字视听产品及配套产业集聚区、成都—乐山集成电路产业集聚区、成都—绵阳软件、网络及通信设备产业集聚区等特色产业集聚区。四川将着力完成五类千亿元高端制造产业的打造：集成电路方面，支持格罗方德等打造FD-SOI产业生态圈；新型平板显示方面，支持京东方、惠科、长虹等打造OLED产业生态圈，助推四川成为全球最大的新型平板显示基地；信息安全方面，支持中国电科、亚信、海康威视、360等企业的重大项目落地投产，打造国家级信息安全产业基地；智能终端方面，支持戴尔等企业打造智能终端产业生态圈，助力四川形成智能终端产业大集聚区；战略新兴产业方面，重点发展5G、人工智能、区块链、大数据、云计算、物联网、VR/AR等新兴产业，争创"国家级数字经济示范区"。

重庆从三方面着重发展电子制造业。一是突出重点策划项目，在集成电路、平板显示作为招商引资重点的基础上，将汽车电子作为重点招商，打造2000亿元产业集群。二是加快推进项目建设，全力推进惠科金渝8.5代显示面板、康宁玻璃基板、京东方智慧电子系统智能制造、奥特斯IC封装载板、合川信息安全产业基地等重大项目。三是深入推动行业创新发展，大力引进高端产业人才、推动产学研有效对接、帮助龙头企业和研究机构在渝设立研发中心和分支机构，引导企业加大研发投入。重庆电子信息产业发展特点有三个方面：一是引进整机龙头企业，带动产业链形成。重庆积极促进形成品牌厂商、代工企业、配套零部件厂商等组成的完整产业链，已成为全球最大的笔记本电脑生产基地。二是开辟内陆的进出口物流新模式。重庆市分别在西永微电子产业园和两江新区投资建设了综合保税区，为电子产业提供完善的进出口和保税业务；开通了直通欧洲的"渝新欧"电子产品直达列车，解决了物流成本和交货期限控制的难点。

贵州省以大数据为旗帜，推动电子信息产业发展。中国移动、联通、电信三大运营商都将南方数据中心建设在贵州，并建成运行省互联网交换中心，在贵阳本地实现三大电信运营商互联网间直连。重点打造大数据配套产品层和信息化融合产业体系，以贵阳、贵安、遵义"三核"驱动，其他七个市（州）差异化协同发展，全力建设贵州国家大数据综合试验区。预计到2020年，贵州省电子信息制造业产值达到1 000亿元。积极推动家用视听、汽车电子、健康电子、信息安全、智能手机、智能电视、智能家居云服务器、数据中心设备、云存储设备、桌面云终端等的研发与产业化。推动以4G通信终端等为主的消费类电子产品、北斗定位集成芯片、大功率的厚薄膜集成电路、电子材料等领域的研发及产业化。

第五节　2018年我国电子信息制造业重点企业发展情况

一、计算机行业重点企业

（一）联想集团有限公司

联想集团有限公司（以下简称"联想"）2018年实现营收521.73亿美元，同比增长9.5%，净利润6.37亿美元。联想智能设备业务集团收入约占联想总收入的87%，同比增长12%。其中，联想个人计算机及智能设备业务收入同比增长18%，约占联想总收入的74%；移动业务约占联想总收入的13%，同比下降15%；数据中心业务收入同比增长63%，约占联想总收入的13%。区域营收方面，美洲区营收占联想总营收的31%，中国区占比为26%，亚太区占比为18%，欧洲中东非洲区占比为25%。

（二）浪潮集团有限公司

近年来，浪潮服务器一直保持高速增长，在过去的18个季度（截至2018

年第二季度）中，浪潮服务器有 12 个季度出货量增速全球最高。Gartner 公司全球服务器市场调查报告显示，浪潮服务器全球市场份额增长至 9.1%，位居全球第三，中国市场销售额为 29.1%，蝉联中国市场第一。

（三）曙光信息产业有限公司

2018 年，曙光信息产业有限公司（以下简称"中科曙光"）营业收入为 90.58 亿元，同比增长 27.64 亿元，增长率为 43.91%，利润总额为 5.41 亿元，同比增长 1.70 亿元，增长率为 45.76%。2018 年的营收增长主要得益于开展研发和市场拓展工作，使用户对曙光品牌和产品的认可度持续提升。中科曙光是国内高性能计算领域的龙头企业，近年来自研 AI 服务器产品不断落地，有望在人工智能领域占据优势地位。

二、通信设备行业重点企业

（一）华为技术有限公司

2018 年，华为技术有限公司（以下简称"华为"）实现销售收入 1 085 亿美元，同比增长 21%。运营商业务方面，华为和全球领先的运营商签定了 26 个 5G 商用合同；消费者业务方面，智能手机出货量超过 2 亿台；云业务方面，已与合作伙伴在全球 22 个区域运营；企业业务方面，全球 160 多个城市、世界 500 强企业中的 211 家选择华为作为合作伙伴。

（二）烽火通信科技股份有限公司

2018 年前三季度，烽火通信科技股份有限公司（以下简称"烽火通信"）共实现营收 173.71 亿元，同比增长 15.53%；净利润 6.32 亿元，同比增长 5.75%。目前，烽火通信已跻身全球光通信最具竞争力企业十强。其中，光传输产品收入全球前五；宽带接入产品收入全球前四；光缆综合实力全球前四，连续八年位列中国光缆企业出口第一。

（三）爱立信

爱立信是全球第二大通信设备制造商。2018 年，爱立信第四季度营业收入为 638 亿瑞典克朗，同比增长 10%，环比增长 19%，全年实现营业收入 2 108

亿瑞典克朗，同比增长 3%。2018 年第三季度开始，爱立信终结连续两年亏损的局面，实现了盈利增长，表明爱立信已经走出低谷并强势复苏。

（四）诺基亚

诺基亚是全球主要的通信设备提供商，2017 年占据全球通信设备市场 22.33% 的份额，位居全球第三。2018 财年全年净营收为 225.6 亿欧元，去年同期为 231.5 亿欧元。2018 年第四季度诺基亚结束了连续三季度亏损的局面，第四季度营业利润同比增长 32%，达到 5.52 亿欧元。

三、消费电子设备行业重点企业

（一）三星公司

2018 年，三星营收超过 1.5 万亿元，利润超过 3 500 亿元，三星营收是华为的 2 倍，利润是华为的 5 倍。三星手机在中国市场的份额进一步降低，到 2018 年年底维持在 1% 左右，而且在全球的份额也在下降。受中国市场的影响，2018 年下半年三星关停了位于中国天津的智能手机工厂。内存方面，2018 年内存价格相对稳定，三星贡献了全球 70% 左右的 DRAM 内存，30% 的 NAND 存储芯片。从 OLED 屏来看，OLED 屏已经占据了整个智能手机屏市场的 61.1%，价值 66 亿美元。三星在小尺寸的 OLED 屏上占据了 93.3% 的市场，而柔性屏更是占据了 94.2% 的市场，优势巨大。

（二）谷歌公司

2018 年谷歌硬件业务营收为 88 亿美元，利润达到 29.8 亿美元。其中，Pixel 系列产品为 17.8 亿美元，Home 系列产品为 8.47 亿美元，Nest 系列产品为 2.45 亿美元，Chromecast 系列产品为 1.1 亿美元。在营收方面，包括 Pixelbook 在内的 Pixel 和 Home 系列不相上下，分别为 34.2 亿美元和 33.9 亿美元。加拿大皇家银行预测，2019 年 Home 系列产品营收将超过 Pixel，但手机和笔记本产品的毛利润会更高。到 2021 年，谷歌硬件业务营收将达到 195 亿美元，利润将达到 60 亿美元。

（三）苹果公司

2018 财年的四个季度中，苹果 iPhone 手机的销量分别为 7 731.6 万部、5 221.7 万部、4 130 万部和 4 688.9 万部，共销售 2.177 亿部。iPhone 手机四个财季的营收分别为 615.76 亿美元、380.32 亿美元、299.06 亿美元和 371.85 亿美元，全财年营收 1 666.99 亿美元，同比增长 18%。

（四）亚马逊

2018 年亚马逊销售额 2 323.87 亿美元，同比增长 30.9%；净利润为 100.73 亿美元，同比增长 232.1%。2018 年，亚马逊的主要战略是付费广告和自营品牌。亚马逊正朝着全方位、可归因营销体验发展，最近它开始与广告公司和品牌进行实验，开启专门为品牌和机构提供数据的服务。亚马逊正成为一个付费广告平台，因为对于卖家和品牌来说，互联网正使得世界上任何地方的任何产品都有可能在亚马逊上销售，品牌要使自己的产品被发现，通过亚马逊广告是最有效的途径。

（五）TCL 集团股份有限公司

2018 年，TCL 集团预计净利润 40 亿元，同比增长 13%；归属于上市公司股东的净利润 34 亿元，同比下降 28%。TCL 集团大力推进"智能+互联网"战略转型，取得了较好进展，主要产品销售持续增长，可运营终端及活跃用户数快速提升，截至 2018 年 6 月底，TCL 集团家庭互联网应用平台用户累计激活已达 2 735 万，通过欢网运营的智能终端累计激活用户已达 4 537 万；移动互联网应用平台累计激活用户数达到 4.28 亿，月活跃用户已达 1.1 亿，移动互联网应用服务能力迅速提升，变现收入呈快速增长趋势。TCL 集团各产品在国内外市场处于领先的行业地位。

（六）康佳集团股份有限公司

康佳以消费电子业务（彩电、白电、手机）为基础，逐步向战略性新兴产业升级、向科技产业园业务拓展、向互联网及供应链管理业务延伸，打造以科技创新为驱动的平台型公司。2018 年，康佳集团预计实现营业收入 460 亿元～470 亿元，同比提升 47.3%～50.5%。发展路线为"科技+产业+城镇化"，目前已有康佳滁州科创中心一期和二期、宜宾康佳智能终端产业园、滁州康佳智能家电及装备产业园、南京康星云网总部基地、遂宁康佳电子科技产业园等项目落地，致力于打造贯通平台、内容和终端的全链级生态公司。

（七）创维集团有限公司

创维集团有限公司主要从事多媒体（智能电视、内容运营业务）、智能电器（冰箱、洗衣机、空调、厨电等业务）、智能系统技术、现代服务业等四大业务。2017—2021 年的总体战略为"一三三四"战略，即以实现一千亿元营收为目标，全面实施智能化、精细化、国际化三大战略，推动深圳总部基地、珠三角智能制造基地、长三角智能制造基地三大项目建设，打造多媒体、智能电器、智能系统技术、现代服务业四大业务板块。2018 年，创维电视销量排名全球第五，激活用户数达 4 000 多万户，同时，汽车智慧系统、智能人居系统业务已全面布局，进入应用市场。

（八）小米集团

小米集团是一家以手机、智能硬件和 IoT 平台为核心的互联网公司。截至 2018 年，小米集团的业务遍及全球 80 多个国家和地区，涉及硬件、软件、AI、物联网、互联网服务、电商服务等领域。通过独特的"生态链模式"，小米集团投资、带动了更多志同道合的创业者，同时建成了连接超过 1.3 亿台智能设备的 IoT 平台。其主要战略为"手机 +AIOT"的双引擎战略，2018 年，小米手机销量达到 1.22 亿部，位于全球第四位，截至 2018 年 11 月，小米 IoT 平台已经连接了智能设备超过 2 000 款。

（九）杭州海康威视数字技术股份有限公司

杭州海康威视数字技术股份有限公司是以视频为核心的物联网解决方案提供商，面向全球提供综合安防、智慧业务与大数据服务。其以杭州为中心，已建立了辐射北京、上海、重庆、武汉以及加拿大蒙特利尔、英国伦敦的研发中心体系。现拥有视音频编解码、视频图像处理、视音频数据存储等核心技术，及云计算、大数据、深度学习等前瞻技术。2018 年实现营收 498 亿元，同比增长 18.86%，是全球安防领域龙头企业。

（十）浙江大华技术股份有限公司

浙江大华技术股份有限公司是全球领先的以视频为核心的智慧物联解决方

案提供商和运营服务商,主要开展机器视觉、视频会议系统、专业无人机、智慧消防、电子车牌 RFID 及机器人等视频物联业务。2018 年实现营业总收入 236.66 亿元,同比增长 25.58%。根据 IHS 2018 报告,其 CCTV& 视频监控市场占有率居全球第二位。

四、集成电路行业重点企业

(一)紫光集团有限公司

在集成电路领域,紫光集团有限公司拥有紫光展锐、紫光国芯微电子、长江存储三大核心企业。紫光展锐的产品涵盖移动通信基带芯片、物联网芯片、射频芯片等;紫光国芯微电子在智能安全芯片、高稳定存储器芯片、安全自主 FPGA 等领域已形成一定的竞争优势和市场地位;长江存储是一家专注于 3D NAND 闪存芯片设计、生产和销售的 IDM 存储器公司。

(二)中芯国际集成电路制造有限公司

中芯国际集成电路制造有限公司是中国大陆最大、全球第五的集成电路代工企业,拥有 5 座并控股 2 座晶圆厂。在美国、欧洲、日本和台湾地区设立行销办事处、提供客户服务,同时在香港设立了代表处。2018 年,中芯国际的营收高达 33.6 亿美元,同比增长 8.3%,毛利润从 2017 年的 7.4 亿美元增至 7.467 亿美元。

(三)高通

高通主营业务分为 QCT(高通半导体业务)与 QTL(高通技术许可业务)两部分。QCT 主要研发集成电路产品和系统软件产品等,包括其主营业务骁龙芯片,QTL 则是高通将自己大量的专利技术以授权方式开放给业内,从而收取一定比例的"专利许可费"。目前通过高通 QTL,搭载高通技术的设备总量已超过 100 亿台。

(四)英特尔

英特尔是全球最大的个人计算机零件和 CPU 制造商。2018 财年,英特尔的营收为 708 亿美元,较 2017 财年的 628 亿美元增长 13%;净利润为 211 亿美元，2017 财年的这一数据为 96 亿美元。数据中心、物联网、可编程解决方案、Mobileye 和调制解调器业务各自创造了全年收入纪录。

五、新型显示行业重点企业

（一）京东方科技集团股份有限公司

京东方科技集团股份有限公司是全球领先的新型显示生产厂商，2018 年前三季度，京东方在智能手机液晶显示屏、平板电脑显示屏、笔记本电脑显示屏、显示器、电视显示屏上的出货量均为世界第一。2018 年前三季度，京东方实现营收 694.6 亿元，较 2017 年同期增长 0.08%，归属于上市公司股东的净利润为 33.8 亿元，同比下降 47.8%。

（二）深圳市华星光电技术有限公司

目前，深圳市华星光电技术有限公司共有量产线 3 条，即将投产的生产线 2 条，开工建设的生产线 1 条，全线覆盖大尺寸电视面板和中小尺寸移动终端面板。2018 年华星光电大尺寸液晶面板出货量保持全球排名第五，55 英寸产品出货量国内第一，对国内一线品牌客户出货量稳居第一。专利授权方面，华星光电已经连续 4 年位居美国专利授权榜全球 TOP 100，中国大陆企业前三。

（三）东旭光电科技股份有限公司

东旭光电科技股份有限公司是中国最大、世界排名第四的液晶玻璃基板生产商，也是全球领先的光电显示材料供应商。公司已全面覆盖 G5、G6 和 G8.5 代（兼容 G8.6 代）TFT-LCD 液晶玻璃基板产品，拥有 20 余条已建和在建液晶玻璃基板生产线。公司在四川绵阳拥有先进浮法盖板玻璃基板原片生产线，具备国内第一、全球第三的高铝盖板玻璃基板原片产能。

（四）三星

三星是全球最大的新型显示生厂商之一，在 AMOLED 领域拥有绝对领先的优势。2018 年，三星 AMOLED 手机面板出货 4.1 亿片，同比减少 1.1%，占据全球总出货量的 93.18%。电视面板方面，三星 2018 年的电视面板出货量约为 3 940 万片，位列全球第四。2018 年，三星显示业务全年实现营收 32.47 万亿韩元，同比下降 5.8%；净利润 2.62 万亿韩元，同比下降 51.78%。

六、电子原材料元器件行业重点企业

（一）有研新材料股份有限公司

有研新材料股份有限公司（简称"有研新材"）成立于 1999 年，是国内半导体材料行业的主导企业，多次承担"九五"、"十五"硅材料研究重大课题，完成了 2 项国家产业化工程，实现了我国硅单晶行业的九个"第一"，2014 年在合并有研稀土、有研亿金和有研光电后更名为有研新材，从原来的单一从事半导体硅材料的企业，发展成为覆盖半导体材料、稀土材料、光电材料、高纯/超高纯金属材料、生物医用材料等多个重要领域的新材料企业。2018 年，实现营业总收入 47.7 亿元，同比增长 16.9%；净利润 0.8 亿元，同比增长 14.66%；利润总额 1.0 亿元，同比增长 84.5%。

（二）宁德时代新能源科技股份有限公司

宁德时代新能源科技股份有限公司成立于 2011 年，是全球领先的动力电池系统提供商，专注于新能源汽车动力电池系统、储能系统的研发、生产和销售，致力于为全球新能源应用提供一流解决方案。在电池材料、电池系统、电池回收等产业链关键领域具有核心技术优势及可持续研发能力，初步形成了全面、完善的生产服务体系。2018 年，实现营业总收入 296.1 亿元，同比增长 48.1%；净利润 3.6 亿元，同比下降 7.7%；利润总额 4.4 亿元，同比下降 8.6%。

（三）横店集团东磁股份有限公司

横店集团东磁股份有限公司于 1999 年成立，主要从事磁性电子元件的研发、生产和销售，后扩展至光伏及其他领域，是全球最大的永磁铁氧体生产企业，也是我国最大的软磁铁氧体生产企业之一。"东磁"牌磁性材料为"中国名牌"产品及"国家免检产品"。2018 年，实现营业总收入 64.9 亿元，同比增长 3.0%；净利润 6.9 亿元，同比增长 13.3%；利润总额 7.8 亿元，同比增长 13.0%。

第六节　2019 年我国电子信息制造业发展环境分析

展望 2019 年，在复杂多变的全球经济贸易和持续推进的国内供给侧结构性改革形势下，电子信息制造业整体仍将保持平稳增长，但预计增长力度将有所减缓。产业发展中存在的不确定因素逐步加剧，企业业绩增速将进入换挡期。一是国内电子制造企业仍受制于核心技术、元器件、原材料、装备等薄弱环节影响导致附加价值较低，叠加今年以来行业增速放缓与原材料等企业成本上升等因素，明年企业经营不确定性增加，行业利润增速波动短期内难以回暖。二是手机、彩电等传统电子信息领域在缺乏根本性提振因素的背景下，市场规模渐趋下降，企业面临较大的竞争压力。三是在行业结构性的转型升级的趋势下，企业将迎接更加艰巨的挑战，技术水平、研发能力、资本实力较弱的企业面临被淘汰的风险。

一、重点领域创新发展将持续升温

以集成电路领域为例，产业在全球市场拉动和内生动力驱动下，市场规模将继续保持增长势头。从新兴领域看，云计算、物联网、5G、人工智能、智能网联汽车等新兴应用领域的快速发展，给高性能处理器、微控制器、功率器件、射频器件等产品带来巨大的市场需求，同时也驱动传感器、连接集成电路、专用 SoC 等集成电路技术的创新。从技术创新看，长江存储采用了自主 Xtacking 架构的 64 层堆叠的 3D NAND 闪存芯片在 2019 年第三季度量产，中芯国际明年开始量产 14nm 手机芯片，我国在芯片制造领域与国际先进技术的差距在不断缩小。

二、新兴市场将持续助推投资增长

半导体分立器件制造业、通信系统设备制造业、集成电路制造业投资增势突出，与汽车电子、人工智能、5G 等新兴应用的拉动密切相关。通信设备投资处于"转折期"，将进入放量阶段。4G 建设进入收尾，5G 建设尚未大规模展开，导致通信领域投资额下降明显。但未来巨大成长空间可期。人工智能投资进入"务实期"，投资频次减少、金额大幅增长。据亿欧智库统计，2018 年上半年人工智能领域投资额 582 亿元，单笔平均 3.8 亿元，超过前三年数据，且投资阶段向中后期转移，表明更重视人工智能产业在产业端、应用端的发展。虚拟现实投资进入"成熟期"，告别盲目追捧，投资更加聚焦。2018 年，虚拟现实行业投资更聚焦在高价值的中后期融资，反映出行业成熟度渐涨。流向技术研发的资本持续增长，虚拟现实硬件重新获得资本关注。据 IC Insights 数据，2018 年中国集成电路公司的资本支出约合 110 亿美元，数额达到 2015 年投入的 5 倍，超过日本和欧洲公司今年的相关资本支出总和，且 2019 年投入规模将继续扩大。随着年底大基金二期募资的完成，以及更多地方政府资金的进入，我国集成电路产业的投入将保持增长态势。

三、部分领域产值规模将跻身全球前列

以新型显示为例，我国产业产能优势将建立，AMOLED 成发力点。预计到 2019 年，中国面板厂的产能规模将达到全球第一。随着 4K 基本完成普及，8K 的市场和技术窗口将会打开，各国的面板厂都瞄准 8K 这个机会，未来 LCD 市场的方向属于大尺寸和 8K，多条 10.5 代线的陆续量产将推动 65 英寸电视市场走向普及阶段。AMOLED 方面，企业将进一步把握 AMOLED 行业快速发展的机遇期，维信诺合肥、京东方绵阳、京东方重庆、华星光电武汉等第 6 代 AMOLED 产线将陆续投产。

第七节　2019 年我国电子信息制造业发展趋势展望

一、主要研究机构预测性观点综述

数字经济时代，全球电子信息技术在各个领域之间于深度融合与交叉应用中不断催生新的创新，为产业发展培育了新动能。CES、德勤、Gartner、阿里达摩院、G.P. Bullhound 等机构纷纷对 2019 年信息技术科技趋势进行了展望，提出了人工智能、超高清、虚拟现实/增强现实、自动驾驶、5G、区块链、量子计算、边缘计算等将成为 2019 年技术创新的热点，这些技术催生的智能家居、智能信息科技助力人们的工作和生活更加互联化和智能化。

（一）CES：2019 年科技趋势报告

美国消费电子展（CES）吸引了来自全球 150 个国家和地区的 18 万人参会，参展公司数量近 4 500 家。《2019 年科技趋势报告》将这次 CES 2019 大会上所展现的科技趋势，分为了三大类，分别是基础技术、已经投入市场的科技、面向消费者的科技。基础技术包括 6 项，语音计算、机器人技术、5G、生物识别、区块链和人工智能；已经投入市场的科技也包括 6 项，数字助理、AR/VR、汽车技术、数字医疗、高适应性技术和体能创新；而二者交汇，形成的整个数据时代与消费者息息相关的技术就是数字隐私和安全。

（二）德勤：2019年九大科技预测

德勤（Deloitte）预测了2019年的九大科技趋势，包括智能音响售价降低推动销量强劲增长、5G网络实现、人工智能变得"无处不在"、电视体育博彩将带来巨大的收视率、3D打印技术出现新的突破、电子竞技继续蓬勃发展、无线电广播表现良好、量子计算机兴起、中国科技实力进一步增强等。

（三）Gartner：2019年十大战略技术趋势

根据Gartner的《2019年十大战略技术趋势》报告，包括人工智能和自动化在内的混合技术将在2019年开始对企业产生重大影响。Gartner判断的2019年十大战略技术趋势为：自主设备、增强分析、人工智能驱动开发、数字孪生、边缘计算、沉浸式技术、区块链、智能空间、数字道德和隐私、量子计算。这十大趋势预示着物联网与人工智能相结合的趋势重叠，以及增强分析与边缘计算将提供领先的服务和应用。

（四）阿里达摩院：2019十大科技趋势

2019年1月，阿里达摩院发布了《2019十大科技趋势》，这是自2017年10月阿里达摩院成立以来发布的首份科技趋势报告。该报告涉及了智能城市、语音AI、AI专用芯片、图神经网络系统、计算体系结构、5G、数字身份、自动驾驶、区块链、数据安全等领域。

（五）G.P. Bullhound：2019年科技预测报告

GP.Bullhound发布的《2019年科技预测报告》指出，网络银行继续发展、应用颠覆超越苹果和谷歌、人力资源走向高科技、零售科技变得更智能、人工智能将终结简单重复任务、订阅取代广告、广告双寡头被打破、最后一公里配送更受关注、两性差距缩小、加密货币将继续发展。

二、重点行业发展展望

（一）计算机行业发展展望

消费端需求持续疲软，贸易摩擦影响深远。预计2019年中国PC市场仍将下滑，预期汇率波动将对国内企业造成较大影响。随着人工智能进一步发展，更多的厂商将推出配备多颗 GPU、适合深度神经网络模型训练及机器学习的 AI 服务器，满足人工智能应用场景。x86 服务器持续向高密度演进，将直接撼动小型机市场。随着企业对算力需求的增加，模块化和异构计算将引领趋势，CPU+GPU/FPGA/ASIC 的组合将更多应用于服务器领域。

（二）通信设备行业发展展望

5G 进入投资启动元年，带动通信设备产业链发展。2019 年是 5G 建设元年，各地均已经纷纷出台了各项 5G 建设激励措施，三大运营商已开始如火如荼的 5G 前期建设准备。与此同时，为应对 5G、云计算、数据中心带来的巨大市场机遇，国外产商在垂直行业领域通过并购完善自身的产品线，从而提供完整的解决方案，抢占市场份额，光通信产业并购、合作将增多。

（三）消费电子行业发展展望

2019 年，我国消费电子产业增长空间广阔，随着超高清视频技术的普及，电视将迈进大屏时代，4K、8K 电视产品更新换代加快；随着 5G 时代的来临，将促进手机、虚拟现实设备等新的智能终端产品加速迭代。2019 年，5G、AI 两大技术将成为消费电子行业发展的重要技术引擎。用户体验将成为消费电子企业竞争新焦点。消费电子企业正改变过去一味追求炫酷科技带来的震撼感、科幻感，开始围绕改善用户体验进行密集发力。无论是传统的 PC、彩电还是新兴的 VR、智慧健康、自动驾驶等，都更加强调用户的便捷度、舒适感、娱乐性，从消费者观感体验及心理体验出发进行产品开发和服务设计，更加增进用户黏性。

（四）集成电路行业发展展望

随着硅周期进入下行，全球半导体行业应用需求增长放缓，我国集成电路产业发展将在 2019 年面临一定压力。一方面，人工智能、智能网联汽车等新兴应用市场尚未有效兴起，曾火爆的矿机芯片市场也由于比特币价格下跌而逐渐低迷；另一方面，智能手机、PC 等成熟市场驱动下降，5G 等新技术带来的市场新动能尚未有效释放，市场的不景气将使得我国集成电路产业各环节企业承受一定经营压力。

（五）新型显示行业发展展望

2019年，液晶行业优势地位将得到巩固，我国液晶面板营收金额将有望超过2 500亿元，营业收入和出货面积继续保持全球第一。此外，产业链配套能力将不断增强，中国大陆地区新建生产线将继续为全球显示产业材料和设备的发展提供动能。中国大陆面板市场对全球上游产业材料规模增长贡献率达到70%以上。生产线投资建设热度依然高涨。地方对新型显示产业的投资热度将会持续，各地加大对面板生产线、上游设备和材料、产业园、创新中心和服务平台等项目投资，并给以相关政策支持。

（六）电子原材料元器件行业发展展望

随着"振芯铸魂"、核高基科技重大专项、工业强基等工程实施推进，关键材料、元器件产业化自给能力显著增长，集成电路、智能传感器、印刷与柔性显示、信息光电子等多家创新中心建设全面推进，加上5G试商用以及可折叠智能手机的带动，集成电路、智能传感器、5G中高频器件、柔性显示等关键领域创新步伐进一步加快，有望取得一批突破性成果。我国电子原材料元器件行业正逐步由"量变"向"质变"转化，提质升级步伐加快，产业规模保持稳步增长势头。

第十一章

软件产业

2018年，我国经济发展步入新常态，软件和信息技术服务业发展进入全面转型调整期，行业业务收入保持平稳较快增长，呈现出稳中向好的运行态势，创新能力不断提升，产业结构持续调整优化，云计算、大数据、人工智能、区块链等新兴领域增势突出，"互联网+"持续推动软件与互联网融合创新，培育形成大批新产品、新服务、新模式和新业态，企业市场综合竞争力稳步提升。

第一节 2018年我国软件产业发展情况

一、业务收入高速增长，企业利润不断提升

2018年在全球政治环境不稳定因素增多、市场竞争激烈、国内经济步入新常态的背景下，我国软件和信息技术服务业整体运行保持稳中向好的发展态势。软件和信息技术服务业完成软件业务收入达到6.3万亿元，比2017年增长14.2%，如图11-1所示。从全年增长情况来看，走势基本平稳。全行业实现利润总额8 079亿元，比2017年增长9.7%。从分季度数据来看，一至三季度利润总额增速分别为10.8%、10.2%、21.8%。如图11-2所示为2018年与2017年软件产业利润总额增速对比。

软件产业增速相较往年有所放缓，但产业增速依然保持较高水平。随着软件与经济社会的深度融合，使其日益成为经济增长的重要引擎，为国民经济在新常态下保持平稳增长发挥着越来越重要的作用。从软件产业占GDP比重来看，

近年来，中国软件产业占 GDP 的比重不断上升，2013 年比重仅为 5.1%，2016 年达到 6.5%，2018 年中国软件产业占 GDP 的比重达到 7.0%。

图 11-1　2012—2018 年软件和信息技术服务业业务收入及增长情况

（数据来源：工业和信息化部运行监测协调局，2019 年 2 月）

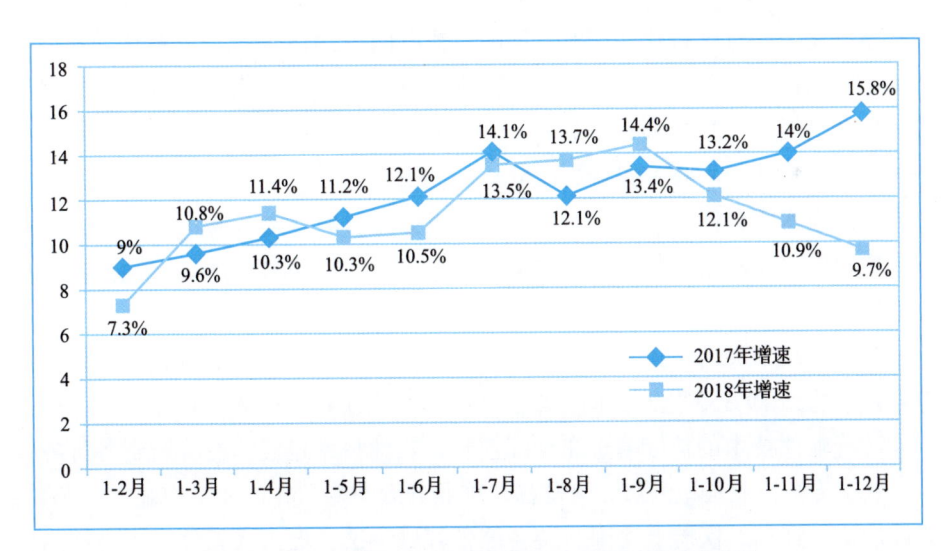

图 11-2　2018 年与 2017 年软件产业利润总额增速对比

（数据来源：工业和信息化部运行监测协调局，2019 年 2 月）

从软件产业占电子信息产业比重来看，中国软件产业在电子信息产业中所占的比重逐年提高，地位和作用不断增强。2018 年，软件产业业务收入占电子信息产业的比重达到 28.8%，如图 11-3 所示。

图 11-3　2012—2018 年软件产业业务收入占电子信息产业比重

（数据来源：工业和信息化部运行监测协调局，2019 年 2 月）

二、IT 服务引领发展，软件产品平稳增长

服务化、融合化是软件产业发展的主流方向。2018 年，以服务化为典型特征的 IT 服务已成为我国软件产业发展的主力军，以融合化为典型特征的嵌入式软件产值增速有所放缓，支撑制造业创新发展的工业软件产值增速加快，各类信息安全软件产品收入保持高速增长。

信息技术服务保持领先，产业继续向服务化、平台化演进。2018 年，软件行业实现信息技术服务收入达 34 756 亿元，比上年增长 17.6%，增速高出全行业平均水平 3.4 个百分点，占全行业收入的比重为 55%。

软件产品平稳增长，支撑保障能力显著增强。2018 年，软件行业实现软件产品收入达到 19 353 亿元，同比增长 12.1%，占全行业收入的比重为 30.7%。

随着软件技术的持续演进和全面创新，软件技术已经广泛渗透到各行各业中，驱动传统行业转型升级，引发各领域业务形态变革和产业结构调整。尤其，软件加快向通信、医院、交通、装备等各领域渗透，嵌入式软件已成为产品和装备数字化改造、各领域智能化增值的关键，2018 年实现收入 8 952 亿元，比 2017 年增长 6.8%。

2018 年我国软件行业业务情况如图 11-4～图 11-6 所示。

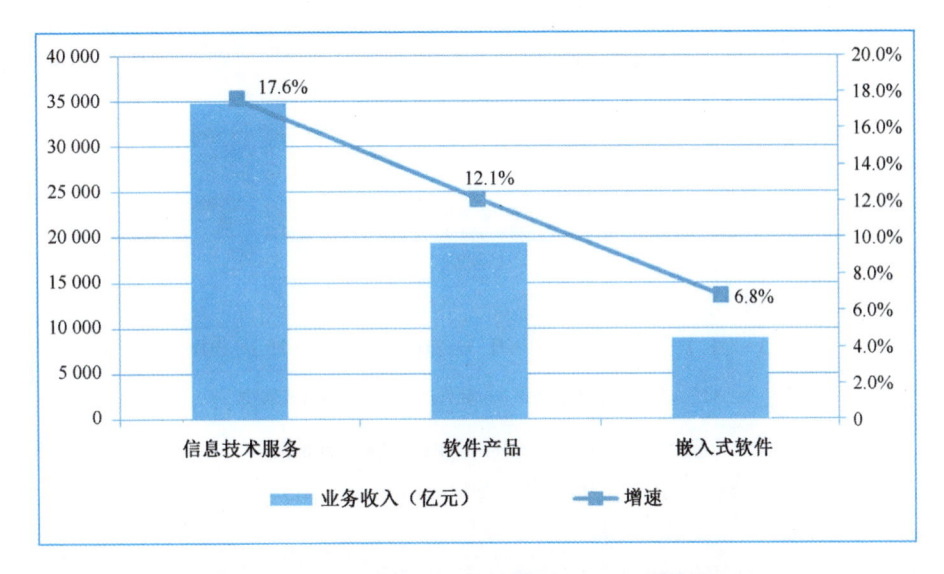

图 11-4 2018 年软件行业分领域业务收入及增长情况

（数据来源：工业和信息化部运行监测协调局，2018 年 12 月）

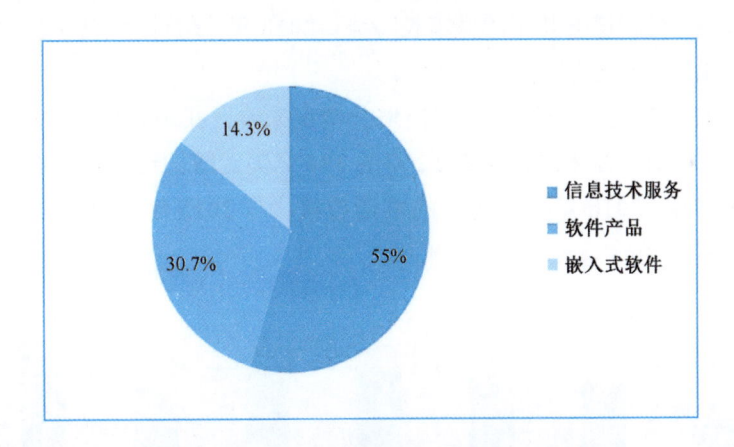

图 11-5 2018 年软件行业业务收入构成

（数据来源：工业和信息化部运行监测协调局，2018 年 12 月）

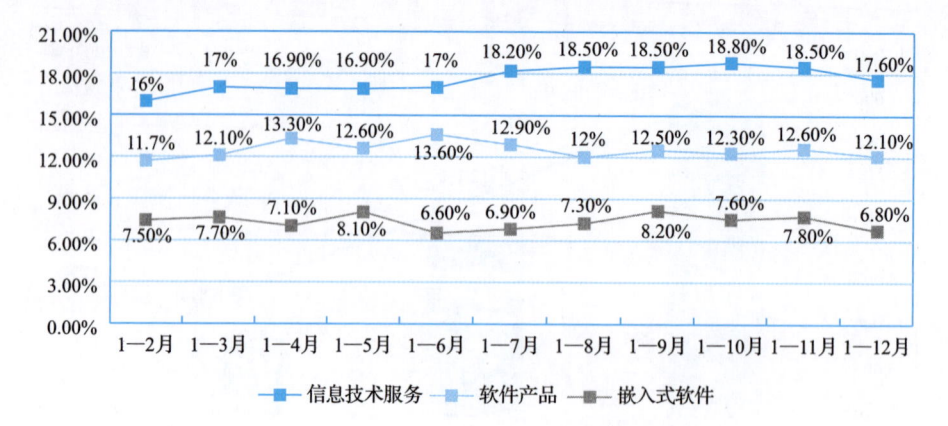

图 11-6　2018 年软件行业分类收入增长情况

（数据来源：工业和信息化部运行监测协调局，2019 年 2 月）

三、软件出口增速回落，国际化进程仍需加快

受全球宏观经济形势弱势复苏、主要国家政治不稳定因素激增等因素影响，我国软件出口延续过去几年的低增长态势。2018 年，软件和信息技术服务业实现出口 554.5 亿美元，同比增长 0.8%。

从 2012—2018 年我国软件出口增长情况来看，我国软件出口规模增速持续放缓。从出口规模来看，从 2012 年的 394 亿美元增长到 554.5 亿美元，6 年增长了 40.7%。2018 年软件出口的增速放缓，与 2015 年以前存在较大落差，如图 11-7 所示。

图 11-7　2012—2018 年软件出口增长情况

（数据来源：工业和信息化部运行监测协调局，2019 年 2 月）

从月度出口增长情况来看，第一季度出口量增速达到全年最高为 4.7%，2018 年后三季度中国软件出口整体增势平稳。

软件出口的低增长使软件出口对产业的贡献率持续下降。2010 年以来，软件出口占软件业务的比重呈逐年下降的趋势，所占比重从 2010 年的 13.2% 下降至 2018 年的 6%，表明我国软件和信息技术服务业发展还主要依赖于国内市场，企业的国际业务开拓能力仍需增强，全球化发展水平还有待提升。

第二节　2018 年我国软件产业重点政策解析

一、《关于加快推进虚拟现实产业发展的指导意见》

（一）政策背景

虚拟现实（含增强现实、混合现实，简称 VR）融合应用了多媒体、传感器、新型显示、互联网和人工智能等多领域技术，能够拓展人类感知能力，给经济、科技、文化、军事、生活等领域带来深刻影响。通过改变产品形态和服务模式，逐步走向成熟的虚拟现实产业正在开辟上万亿元的新兴市场，引领全球新一轮产业变革，成为经济发展的新增长点和行业信息化进程的重要推手。

当前，全球虚拟现实产业正处于起步培育期向快速发展期迈进的阶段，我国面临的机遇与挑战并存。一方面，面临同步参与国际技术产业创新的难得机遇；另一方面，存在关键技术和高端产品供给不足、内容与服务较为匮乏、创新支撑体系不健全、应用生态不完善等问题，低端化、无序化发展苗头初步显现。为加强政策引导和支持，促进虚拟现实产业持续健康快速发展，工业和信息化部于 2018 年 12 月印发了《关于加快推进虚拟现实产业发展的指导意见》（工信部电子〔2018〕276 号，以下简称《指导意见》）。

（二）主要内容

《指导意见》的主要内容包括总体要求、重点任务、推进措施。

1. 关于总体要求

《指导意见》提出以习近平新时代中国特色社会主义思想为指导，全面贯彻党的十九大精神,将"加强技术产品研发"和"丰富内容服务供给"作为抓手，将"优化发展环境""建立标准规范"和"强化公共服务"作为支撑，推动我国信息产业高质量发展，为我国经济社会发展提供新动能。《指导意见》提出我国虚拟现实产业2020年和2025年两个阶段的发展目标，到2020年建立比较健全的虚拟现实产业链条，到2025年使我国虚拟现实产业整体实力进入全球前列。

2. 关于重点任务

《指导意见》从核心技术、产品供给、行业应用、平台建设、标准构建和安全保障6个方面提出了发展虚拟现实产业的重点任务，包括突破近眼显示技术、感知交互技术、渲染处理技术和内容制作技术等关键核心技术，丰富整机设备、感知交互设备、内容采集制作设备、开发工具软件、行业解决方案和分发平台等产品有效供给，推进虚拟现实技术产品在制造、教育、文化、健康、商贸等重点行业领域的应用。建设共性技术创新、创新创业孵化、行业交流对接等公共服务平台，加快推进标准规范体系建设、重点标准研制、检测认证等工作，加强虚拟现实系统平台安全防护及重要数据和个人信息保护。

3. 关于推进措施

发展虚拟现实产业，关键在于营造良好的政策环境和市场环境，激发市场主体的创新活力，并将政策支持重点放在补齐产业发展短板上。《指导意见》坚持问题导向、目标引领，从政策支持、地方政府作用、示范应用推广、产业发展基地、产业品牌打造、专业人才培养、行业组织发展和国际交流合作等方面提出了发展虚拟现实产业的着力方向。

二、《工业互联网APP培育工程实施方案（2018-2020年）》

（一）政策背景

工业互联网APP（以下简称"工业APP"）是基于工业互联网，承载工业知识和经验，满足特定需求的工业应用软件，是工业技术软件化的重要成果。我国工业APP发展正处于由点及面、规模突破的窗口期，部分行业领军企业正在积极探索发展工业APP，急需加快突破共性关键技术，亟待提升制造企业软件化能力，加快促进工业数据资源开放共享，推动工业APP向工业互联网平台汇聚，提高工业APP发展质量水平。

培育工业 APP 是通过工业技术软件化手段，借助互联网汇聚应用开发者、平台运营商等各方资源，打造资源丰富、多方参与、协同共赢的工业互联网平台应用生态，是发展工业互联网平台的重要路径。为深度推进两化融合，进一步发展工业互联网平台应用生态，培育产业发展新动能，工业和信息化部编制了《工业互联网 APP 培育工程实施方案（2018—2020 年）》（工信部信软〔2018〕79 号，以下简称《实施方案》）。

（二）主要内容

《实施方案》在系统研究制约工业 APP 培育的基础性和系统性问题的基础上，提出了未来三年工业 APP 培育的总体要求、主要任务和保障措施，明确了工作推进的时间进度。方案编制的主要思路是贯彻新发展理念，突出问题导向，构建发展基础，打造应用生态。《实施方案》规划了培育重点的 4 个方向：一是面向国内制造业重点项目推进、重大工程实施和重要装备研制需求，发展高支撑价值的安全可靠工业 APP；二是面向"工业四基"领域，发展普适性、复用率高的基础共性工业 APP；三是面向行业需求，发展推广价值高、带动作用强的行业通用工业 APP；四是面向企业个性化需求，发展高应用价值的企业专用工业 APP。

《实施方案》提出了 2020 年工业 APP 培育的发展总体目标，并明确了 2018 到 2020 年每年的重点任务和目标。在总体目标上，力争到 2020 年年底，面向特定行业、特定场景培育 30 万个工业 APP，全面覆盖制造业关键业务环节的重点需求。在细化目标上，《实施方案》从技术、应用、生态等方面提出了相应的发展目标。技术方面提出突破一批工业技术软件化共性关键技术，建成工业 APP 标准体系，形成一批高价值、高质量、具有竞争力的工业 APP 产品及企业；应用方面提出示范企业关键业务环节工业技术软件化率达到 50%；生态方面提出初步形成工业 APP 市场化流通和可持续发展能力。

围绕工业 APP 的培育，聚焦夯实基础、平台汇聚、应用创新和提升质量 4 个方面，《实施方案》提出了夯实工业技术软件化基础、推动工业 APP 向平台汇聚、加快工业 APP 应用创新、提升工业 APP 发展质量 4 大主要任务，并细分为 10 项具体任务。同时，《实施方案》明确在 2018—2020 年从形成工业技术软件化解决方案，到培育和部署工业 APP，再到 APP 产品的市场应用和企业化的逐年工作进度安排。

《实施方案》提出了 3 个方面的保障措施。一是组织保障，加强部省合作，鼓励地方探索发展路径，整合政产学研用各方力量，形成协同推进的工作格局。二是政策引导，依托国家新型工业化产业示范基地和中国软件名城，加快工业APP培育，带动工业大数据发展。三是资金支持，主要是充分发挥财政资金导向作用，鼓励地方政府设立专项资金，探索多元化资金投入机制，加强对工业APP的资金投入。

第三节 2018年我国软件产业重点行业发展情况

一、基础软件

基础软件主要包括操作系统、数据库、中间件、办公软件。基础软件是软件和信息服务业的核心角色，是新一代信息技术产业的关键引擎，是国民经济建设信息化、数字化、智能化的中枢环节。

操作系统根据硬件平台的不同可以分为桌面操作系统、服务器操作系统、智能终端操作系统、嵌入式操作系统、工控操作系统等。操作系统是信息处理领域中最为核心的软件，是软件产业的核心环节。当前，操作系统发展的重心已从PC、服务器转向可穿戴设备、智能电视、车载操作系统等新兴终端中。

数据库是按照特定的数据结构对数据进行整理、存储和管理的软件。管理的数据分为结构型数据、非结构型数据、半结构型数据。根据数据的管理模式可分为层次型数据库、网络型数据库和关系型数据库。推动国产数据库的快速发展和全面应用，对推进我国建设制造强国、网络强国，确保国家信息安全等方面发挥着重要作用。当前，数据库发展趋势已经从过去的传统关系型数据库逐渐过渡到非关系型新兴数据库，如图数据库、面向文档数据库等。

中间件在IT架构中处于系统软件之上和应用软件之下，具备一定的通用性，对软件产业的整体发展起到"缓冲层"作用。具体可分为终端仿真/屏幕转换中间件、消息中间件、远程过程调用中间件、交易中间件、数据访问中间件、对象中间件等。国产中间件是业界公认的发展最好、最能实现突破的领域。近年来，国产中间件已经取得了一定的成绩，也逐步从传统的终端过渡到云端，呈现出SaaS化的趋势。

办公软件是满足用户办公需要的软件类型，包括文字处理软件、电子表格软件、幻灯片制作和放映软件、初级图片处理软件等。办公软件（也称Office套件）是人们最广泛使用的软件之一，在我国它被视为与操作系统、数据库、中间件同等的基础软件的重要组成，是国家重点支持的软件类型。与其他基础软件不同之处在于，办公软件属于直接面向用户的应用软件，其性能直接关系到用户的使用体验。

2018年，在操作系统领域，国产操作系统在桌面、服务器、嵌入式、移动端等各方面皆取得了较好的发展。在中间件领域，国产中间件技术和产品研发不断取得突破，市场份额得到提升；在数据库领域，核心技术不断创新突破，纯国产数据库应用持续推进；在办公软件领域，已有市场优势得以不断强化，市场占用率不断提升，新产品的研发和推广有力地扩大了市场影响力和品牌知名度。

基础软件是软件定义世界的基础，是信息产业核心竞争力最重要的体现载体，也是一个国家赢得全球竞争的着力点。加快基础软件发展，对于加快国民经济发展，推进制造强国、网络强国的建设有着重要意义。

（一）操作系统领域

2018年，基础软件得到了国家高度关注和大力支持，尤其是在"核高基"国家科技重大专项的支持下，国产操作系统发展取得了可观的进步。在"2019中国IT市场年会暨赛迪生态伙伴大会"上，中标麒麟操作系统再次毫无悬念地蝉联2018—2019年中国Linux市场占有率第一，中标麒麟高级服务器操作系统（ARM64版）V7.0与中标麒麟可视化单向光闸分别获得中国软件市场和信息安全市场年度创新产品，同时中标麒麟产品全线入围中直和央采采购名录。深度操作系统在过去的一年中发展迅速，获得全球四十多个国家用户的支持，目前全球下载量达4千万次，用户达几十万人，系统支持十几种语言，国外用户占六成以上，已成为全球知名的系统之一，并在DistroWatch上排名进入前十。北京红旗软件已向大型国有银行提供了基于Linux的专用操作系统和中间件的整体解决方案，结合应用软件实现安全可靠的部署，截至2018年年底，应用红旗Linux的金融自助终端设备超过70000台。

除传统计算机操作系统企业外，终端制造、互联网服务等领域大型IT企业加大操作系统研发，推动操作系统向物联网、车联网领域进发。在移动操作系统领域，阿里巴巴与上汽深度合作，通过整合斑马网络与YunOS，将合作领域扩大至汽车出行平台、自动驾驶、汽车行业云等领域；华为发布了鸿蒙操作系统，未来可应用于可穿戴设备、智慧屏、车机设备等设备，以及工业自动化控制、无人驾驶等领域，横跨手机、平板电脑、电视、物联网等多个平台。

（二）数据库领域

2018 年，我国数据库市场目前仍被国外厂商主导，主要包括 Oracle、IBM、微软、SAP 等，且国外品牌的市场份额一直在 70% 以上。2018 年，在国家政策的引导和支持下，国产传统数据库厂商稳步前进，互联网公司的自研数据库取得突破。国产数据库企业在可靠性、易用性等方面不断拓宽业务空间，并结合新技术革新推动数据库云化、服务化。目前，南大通用用户已经覆盖 17 个国家，国内 32 个省级行政区。部署总节点数超过 6500 个，总数据量超过 100PB，2018 年、2019 年连续两年入选 Gartner 分析型数据库管理解决方案魔力象限。人大金仓申报的"数据库管理系统核心技术的创新与金仓数据库产业化"项目荣获 2018 年度国家科学技术进步二等奖，产学研的融合进一步助力国家信息化建设。巨杉数据库坚持从零开始打造分布式开源数据库引擎，是中国首家连续两年入选 Gartner 数据库报告的数据库厂商。

新兴数据库发展浪潮日益高涨，多模数据库也备受关注。2019 年，华为发布了全球首款人工智能原生（AI-Native）数据库 GaussDB 和分布式存储 FusionStorage 8.0，并持续入选 Gartner 数据库报告。腾讯云推出云原生数据库 CynosDB，该款数据库的单节点读性能达到惊人的 130 万 QPS，并且是业界第一款全面兼容 MySQL 和 PostgreSQL 的高性能企业级分布式云数据库。阿里云的云原生数据库 POLARDB 闯入 2018 年全球数据库魔力象限的远见者（Visionaries）象限，为国内首次。

（三）中间件领域

2018 年，中国中间件市场总体规模达到 65 亿元，同比增长 4.8%。受益于"十三五"规划，以及云计算、大数据、人工智能、数字经济相关的政策出台，中间件的需求随着行业信息化水平的进一步提升也相应增大，预计中间件市场规模将保持稳定增长。国产中间件企业中创软件、金蝶、东方通、用友等在政府、交通、金融、证券、保险、税务、电信、教育、军事等行业或领域的数字化、信息化、智能化建设中持续发力，并坚持走 SaaS 化的道路。中创软件入围"2018 中国云计算 500 强（Cloud500）榜单"，连续 17 年入围中国软件业务收入百强企业名单，荣获"2017 中国十大信息技术服务领军企业""2018 年中国电子信息研发创新五十强企业"称号。金蝶中间件加速云转型，云服务业务持续向好，2018 年实现收入约 5.50 亿元，同比增长 54.9%。IDC 发布的报告显示，金蝶连续 14 年保持成长型企业应用软件市场占有率第一，更连续 3 年在中国企业级 SaaS ERM 软件应用市场上的率排名第一,并入选了 Gartner 关于全球 PaaS 云服务的报告。金蝶 EAS 成功签约厦门轨道交通、河北建投、深圳丰巢科技等客户。金蝶 KIS 产品持续更新,推出 KIS 旗舰版 7.0、KIS 专业版 16.0。金蝶天燕蝉联"中国 IT 用户满意度调研—中间件产品"的"用户首选品牌",在自主可控、安全可靠领域的市场份额进一步巩固。东方通在 2018 年第十次荣获"IT 用户满意度调研"之中间件(基础软件)"用户满意度第一"大奖,荣获"2018 年北京软件和信息服务业综合实力百强企业"称号,获得"纪念改革开放四十周年中国软件和信息服务业发展功勋企业"荣誉。通过产品体系的不断迭代创新,东方通囊括了基础软件、信息安全、网络安全、数据安全、通信安全、5G 创新应用、工业互联网安全及社会治理等产品和解决方案,帮助用户实现业务创新、安全管控和数据的共享与价值挖掘等。

(四)办公软件领域

办公软件国产化进程日益加速,国产办公软件在政府采购中获得了主要关注,平均应用率 60% 以上,典型的如政务市场,办公软件国产化率已超过 50%。我国的典型的办公软件,如金山 WPS、福昕软件、亿图软件、阿里蓝凌 OA 系统等均在市场上广受好评。截至 2018 年 12 月底,在备受关注的政企市场,金山办公的众多产品和服务已在政务、金融、能源、航空等多个领域得到广泛应用,并荣获"2018 中国智能办公明星企业"大奖。在政务市场,企业办公业务已覆盖 30 多个省市自治区政府、400 多个市县级政府;在企业市场,企业办公服务世界 500 强中 57.5% 的中国企业,在央企中市场占有率达 85.41%,服务 91.7% 的全国性股份制商业银行。福昕软件已形成完全自主产权的 PDF 核心技术,提供文档的生成、转换、显示、编辑、搜索、打印、存储、签章、保护、安全分发管理等涵盖文档生命周期的产品技术与解决方案。亿图软件已开发出亿图图示 Edraw Max、思维导图软件 MindMaster、项目管理软件 Edraw Project、平面设计软件菲果、组织架构图软件 OrgCharting 等一系列体系化办公绘图软件,成为国内外专业的办公绘图软件提供商。

移动化、云化是当前国产办公软件取得突破的重要途径。以国产办公软件金山 WPS 为例,截至 2018 年年底,WPS 移动版全球用户数已超过 3.3 亿,金山办公平台在移动和 PC 两端的月活跃用户总量已经超过 2.3 亿。海外市场开拓方面,以福昕软件为代表的企业拓展了大批全球客户,如微软、亚马逊、英特尔、IBM、三星、索尼、HTC、印象笔记、IKB 银行、纳斯达克、摩根大通、腾讯、百度、当当、360 等。福昕软件在 2018 全球小微企业创新大会中被评为 2018 中国 PDF 电子文件领军企业。

二、工业软件

工业软件指主要用于或专用于工业领域，为提高工业研发设计、业务管理、生产调度和过程控制水平的各类软件，按照产品用途可进一步细分为研发设计软件、生产控制软件、信息管理软件，按照产品形态则可划分为嵌入式实时操作系统、中间件和工业 APP 等。与传统工业软件显著不同的是，工业 APP 是基于工业互联网的工业应用软件，面向特定行业、特定场景，用于解决特定业务需求，一般运行在基于工业互联网的 PaaS 平台层，并在云生态环境下建设、运营、共享和应用，是工业软件的重要组成部分和创新发展的主要方向。随着智能化工业时代的到来，软件在工业领域的"赋值、赋能、赋智"作用日益凸显。2018 年，我国工业软件发展政策环境向好、产业增长态势稳定、产业结构进一步调整优化，工业软件产品收入较同期增长 14.2%，全年工业软件市场规模达到 1678.4 亿元。我国工业软件进入快速发展期，市场增速高于全球 10 个百分点以上。

（一）产业规模

2018 年，随着《国务院关于深化制造业与互联网融合发展的指导意见》《智能制造发展规划（2016—2020 年）》《国务院关于深化"互联网＋先进制造业"发展工业互联网的指导意见》《工业互联网 APP 培育工程实施方案（2018—2020 年）》《工业互联网发展行动计划（2018—2020 年）》等一系列政策文件的深入实施，以及《2018 年工业互联网试点示范项目名单》的正式公布，我国工业软件发展政策利好频出、产业增长态势稳定。2018 年工业软件产品收入较同期增长 14.2%，增速高于全行业平均增速。公开资料显示，2015 年至 2018 年我国工业软件市场规模分别为 1 150 亿元、1 247.3 亿元、1 446.9 亿元和 1 678.4 亿元，2018 年我国工业软件市场规模同比增长约 16.0%，高于国内软件和信息服务业平均增速。受智能制造稳步推进和软件赋能作用凸显的影响，赛迪智库预计 2019 年，我国工业软件产业规模将达到 1 950 亿元，同比增长超过 16%，如表 11-1 所示。

表 11-1　2015—2018 年中国工业软件市场规模（单位：亿元）

年　份	2015	2016	2017	2018	2019
市场规模	1 150	1 247.3	1 446.9	1 678.4	1 950
同比增长	15%	8.5%	16.0%	16.0%	16.2%

数据来源：赛迪智库整理，2019 年 9 月。

（二）产业结构

工业软件按照产品用途可划分为三类，分别是研发设计软件、生产控制软件和信息管理软件。其中，研发设计软件涉及计算机辅助设计（CAD）、计算机辅助工程（CAE）、计算机辅助制造（CAM）、产品生命周期管理（PLM）、产品数据管理（PDM）、计算机辅助工艺规划（CAPP）等；生产控制软件涉及制造执行系统（MES）、数据采集与监视控制系统（SCADA）、高级计划排产系统（APS）、分散式控制系统（DCS）、能源管理系统（EMS）、安全仪表系统（SIS）及各类PLC控制系统等；信息管理软件涉及企业资源计划（ERP）、企业资产管理系统（EAM）、客户关系管理（CRM）、人力资源管理（HRM）、供应链管理（SCM）等。从细分市场来看，控制管理类工业软件仍保持市场主体地位。2018年，我国工业软件市场仍以控制管理类为主体[①]，其中生产控制类软件全年销售额为285.6亿元，信息管理类工业软件全年销售额为287.1亿元，占非嵌入式工业软件总销售额的80.1%（见图11-8）。从客户类型来看，大型工业企业的工业软件需求占比超过了50%（见图11-9），中小型工业企业的工业软件需求还有待进一步挖掘，从侧面反映出中小型工业企业的数字化转型之路仍面临挑战。

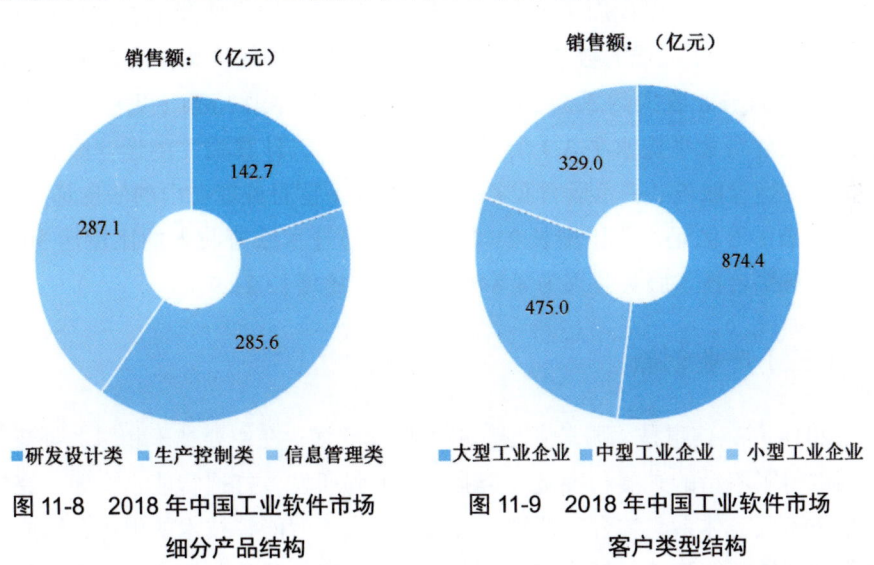

图11-8　2018年中国工业软件市场细分产品结构

图11-9　2018年中国工业软件市场客户类型结构

---

① 控制管理类工业软件是工业管理与控制知识的表达，具有促进信息交互、降低运行成本、提高运转效率等功能，包含生产控制类工业软件和信息管理类工业软件。

三、信息技术服务

信息技术服务产业是软件和信息技术服务业的重要组成部分，根据国民经济行业分类（GB/T 4754—2017），可分为集成电路设计、信息系统集成和物联网技术服务、运行维护服务、信息处理和存储支持服务、信息技术咨询服务、数字内容服务和其他信息技术服务等。

（一）产业规模

2018年，在国家政策、社会需求和产业资金不断改善的驱动下，国内信息技术服务业继续呈现稳中向好的运行态势，收入和效益同步加快增长，增速高于软件产业整体增速。根据工业和信息化部数据，我国信息技术服务业实现业务收入近3.5万亿元，占软件产业的比重达到55.1%。

（二）产业结构

2018年，信息技术服务业保持良好发展势头，持续领先全行业发展。产业向高质量方向发展步伐加快，新兴技术产业和应用推广持续推进，全面融入经济社会各领域，正在成为数字经济发展、智慧社会演进的重要驱动力量。2018年，信息技术服务业收入约3.5万亿元，比2017年增长17.6%（见图11-10），增速高出软件行业平均水平3.4个百分点。其中，云计算相关的运营服务（包括在线软件运营服务、平台运营服务、基础设施运营服务等在内的信息基础服务）收入突破1万亿元，同比增长21.4%，占信息技术服务收入的比重达30.0%；电子商务平台技术服务收入为4 846亿元，同比增长21.9%。

（三）产业创新

2018年，信息技术服务业创新能力持续增强，在主要技术和服务创新研发方面取得了不错的进展和突破。企业着力加强研发，打造智能、全面、完整的信息技术服务体系，综合云计算、大数据、人工智能等技术的优势，形成企业及行业间的智能连接，打破市场边界，致力于提供开放、安全、无缝衔接的完整流程服务，如表11-2所示。

应用创新方面，由于人工智能和云计算技术产业化速度加快，各行各业以互联网为载体创新发展的需求迫切，我国信息化应用逐步深化，助推信息技术服务加速向更多领域深度渗透，行业解决方案在医疗领域、民生服务等方面的

支撑服务能力全面提升，如表 11-3 所示。

图 11-10　2014—2018 年我国信息技术服务业规模及增速

（数据来源：工业和信息化部运行监测协调局，2019 年 2 月）

表 11-2　2018 年信息技术服务领域主要技术与服务创新

序号	企　业	主要技术/服务创新	主　要　特　点
1	阿里巴巴	企业级混合云网络解决方案	分钟级构建跨地域全连接的混合云网络，消除企业信息孤岛，具备方式灵活、全互联、免配置等特点，为各行各业的企业机构提供云下（IDC/总部/分支）到云上安全、可靠、灵活的网络连接
2	腾讯	智能物联解决方案	通过云计算、大数据、人工智能、物联网及腾讯生态能力的深度整合，用智能连接商业、酒店、旅游、公园等多个行业，帮助合作伙伴优化业务过程，为商业运营的业务创新带来更好效果，并带给消费者绝佳的消费体验
3	京东	政府采购平台	利用京东云计算、大数据、电商平台技术、财务管理技术等，将事前预算编制、计划备案，事中线上采购，事后履约验收及国库支付等环节进行全流程数据打通，并通过技术手段嵌入物流、金融等基础设施服务模块，助力政府采购实现全流程电子化
4	京东	智能供应链技术服务平台	以智能选品、智能库存、智能定价功能为核心，大量应用机器学习、深度学习、区块链技术等新技术，将 AI、云计算、大数据能力与垂直领域知识深度结合，形成面向商品选品、商品定价、需求预测、网络规划、商品防伪追溯等的一系列供应链决策管理、运营执行、绩效监管与服务应用等

续表

序号	企　业	主要技术/服务创新	主要特点
5	海康威视	AI 开放平台	提供从需求挖掘到应用上线的完整流程服务，助力产业升级。帮助零算法基础的客户开发自己行业的智能算法，融入多项前沿技术，帮助广大 AI 从业者拥有自己的智能硬件产品和解决方案
6	中软国际	"解放号" IT 服务平台	线上协同定制软件，打破地域限制，极大地解放了软件开发人员的生产力，提高了软件定制开发的效率，有力地推动了产业互联网的创新发展进程。打破云市场的边界，面向中小微企业，只要有 IT 服务需求，都能在"解放号" IT 服务平台对接服务
7	360	安全大脑	综合利用人工智能、大数据、云计算、传感器、区块链等新技术，大幅提高网络安全检测和响应的效率与能力，以保护关键基础设施安全、社会安全、城市安全及个人安全。目前，360"安全大脑"已先后应用于网络态势感知、智能病毒木马查杀、AI 辅助决策等场景
8	百度	Apollo 自动驾驶开放平台	Apollo 是一个开放的、完整的、安全的自动驾驶开源平台，推出了 3 个自动驾驶量产解决方案——自主泊车、无人作业小车、自动接驳巴士。其中，无人作业小车的量产解决方案已落地，未来，Apollo 自动接驳巴士将发往北京、雄安、深圳、平潭、武汉、日本东京等地开展商业化运营
9	小米	面向智能家居的人工智能开放平台	以智能家居需求场景为出发点，深度整合人工智能和物联网能力，为用户、软硬件厂商和个人开发者提供智能场景及软硬件生态服务的开放创新平台。以"云+端"的形式，为软硬件企业和开发者提供业内领先的 AI 能力与服务，开发者可以轻松实现智能硬件间的互联互通，为用户提供优质的交互体验

数据来源：赛迪智库整理，2019 年 8 月。

表 11-3　2018 年信息技术服务领域重要应用情况

序号	重要应用	主要内容
1	国家标准化代谢性疾病管理中心	中心将试用"瑞宁助糖"人工智能医生，为全国超过 100 家代谢中心提供标准化糖尿病用药建议，未来将有望惠及超过 1000 万糖尿病患者，使他们在家门口的基层医院就能享受到标准化、专家级的诊疗服务
2	上海交通大学医学院附属同仁医院	上线医院移动影像云平台，在保障数据安全的基础上，将影像资料存储在云端，提供移动影像服务，有效提升医院的服务品质，为患病和临床提供更便捷和实用的医疗服务
3	复旦大学附属肿瘤医院	利用腾讯 AI 技术，率先在上海市推进智慧门诊，并成为全国首个通过 AI 技术提供精准医疗服务的肿瘤专科医院。患者上传资料后，AI 通过分析患者病情，为患者提供精准医疗服务，合理匹配优质医疗资源。精准智慧医疗服务开展以来，平均为患者节约 7.4 天的专家号等待时间、2.5 小时的就诊时间，专家门诊效率提高至原来的 3.5 倍

续表

序号	重要应用	主要内容
4	广医一院	开展广州市肺癌筛查民生项目，建立的广东省肺癌筛查联盟，是国内首个民生、医疗、科研有机结合的肺癌筛查体系。借助互联网云平台技术，为广东省提供了高质量、便捷、低成本的肺癌筛查服务。同时，开展相关科学研究，为优化我国筛查策略提供依据，并开放资源支持肺癌早诊相关技术的研发，在提高肺癌早诊率和治愈率的同时，促进了科技的发展
5	同仁医院	联合明灏科技开发了"精密、个性化框架眼镜验配系统"。系统通过"基于微信小程序的人脸检测、图像识别、自动量化计算系统""基于虚拟3D重建的镜架与人脸轮廓匹配度评估系统""基于人脸识别的不对称性镜片矫正系统"及"基于腾讯云的医学测量与精密机床加工数据桥接系统"，实现了对传统框架眼镜验配模式的数字化规范和深度创新，形成了新的框架眼镜"互联网＋精准验配新模式"
6	北京市东城区政府	采用北京雅乐美森科技有限公司的人工智能产品——"知行舆情监测系统"，保证了政府实时了解区域的情况，掌握最新舆情动态；实现对数据最大限度地优化处理，节省人工成本，提高政府人员的工作效率
7	北京市交管局	联合百度地图共同发布"智慧蜂巢网络化管理系统"，解决故障信源少、信息不准确等问题，实现对交通设施的全方位管理
8	广东省广珠西线南丫站	全国首条高速主线ETC自主流开通，高速行驶的车辆可提前缴费，提高通行效率
9	杭州互联网法院	全球首家用区块链审判的法院正式上线，在线提交电子证据，由链上节点共同见证，为起诉人提供一站式服务
10	深圳区块链电子发票	全国首张区块链电子发票开启纳税服务新时代，实现无纸化智能纳税，全流程监管，保障安全和隐私
11	阿里云邮箱存证产品	阿里云邮箱联合法大大推出全球首个基于区块链技术的邮箱存证产品，用户可将重要邮件的特征数据（含哈希值）同步保存至权威的第三方机构，一旦产生纠纷，用户可以自行下载邮件全文，在发送到司法鉴定机构对原始邮件特征数据与之前存证数据进行比对后，即可生成相应的出证鉴定报告，依据此报告用户就能够有效地维护自身的合法权益
12	"链上云茶"	作为一种"区块链＋茶产业"解决方案，结合了区块链、物联网、大数据等先进技术，对茶叶实物资产与数字资产进行一对一的匹配，形成"一物一码"数字资产唯一标识。通过联盟的共同组织和推广，协助政府部门推动茶行业新标准的建立。同时，利用区块链技术产生的资金流、物流、信息流，为茶农、茶企提供销售渠道和金融支持服务，为政府部门、金融机构提供数据决策服务，为消费者、经销商提供资产流通和信息查询服务

数据来源：赛迪智库整理，2019年8月。

四、嵌入式软件

嵌入式软件是指嵌入在计算机硬件、机器设备中并随其一并销售，构成计算机硬件、机器设备组成部分的软件产品，包括嵌入在硬件设备中的系统软件和应用软件。近年来，通过技术创新，嵌入式软件也被广泛应用在大型装备产品中，不但提高了产品的科技含量，增强了市场竞争力，同时也不断引领行业升级，为中国高端装备制造业发展做出了新贡献。

随着芯片和电子元器件等硬件的逐渐趋同，嵌入式系统[①]的核心竞争力（即产品的增值效应）主要靠嵌入式软件实现，我国越来越多的企业正抓住嵌入式软件研发这个核心环节，实现以研发创新引领产业发展，例如，以华为、中兴通讯为代表的网络通信领域企业，以海尔、海信为代表的数字家庭领域企业，以东软、迈瑞为代表的医疗电子领域企业，以沈阳机床为代表的数控机床领域企业，以南瑞、许继为代表的电力自动化领域企业等。嵌入式软件正在成为推动产业创新和结构优化，以及"中国制造"向"中国创造"产业升级的重要产品。

2018年，嵌入式软件收入平稳增长，软件行业实现嵌入式软件收入8 952亿元，同比增长6.8%（见图11-11），占全行业收入的比重为14.2%。虽然随着移动通信终端、平板电脑等产业逐渐步入平稳区间，我国嵌入式软件市场规模增速有所降低，呈现稳定发展态势，但嵌入式软件已成为产品和装备数字化改造、各领域智能化增值的关键。

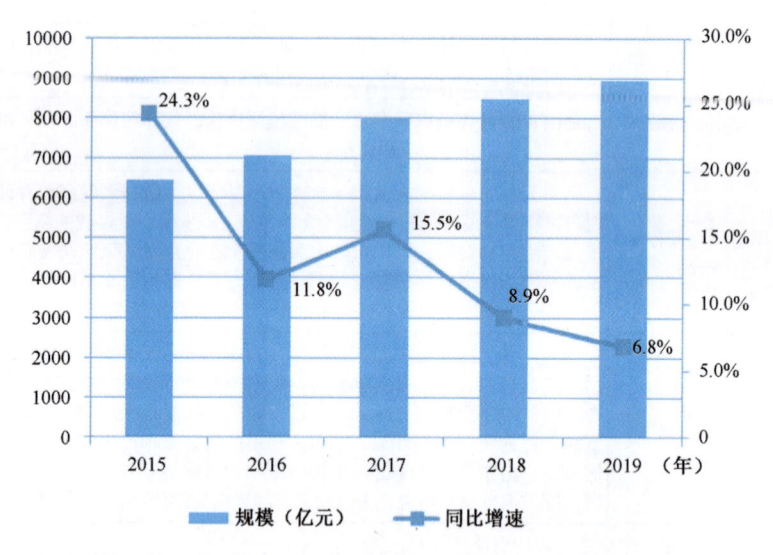

图11-11 2015—2019年我国嵌入式软件市场规模及增速

五、云计算

随着云计算相关政策的不断落实推进，我国云计算产业发展势头迅猛、创

---

① 嵌入式系统主要应用领域：通信设备、消费电子、工业电子、医疗电子等。

新能力显著增强、服务能力大幅提升、应用范畴不断拓展，已成为提升信息化发展水平、打造数字经济新动能的重要支撑。2018 年，我国云计算市场规模持续增长，工业和信息化部印发《云计算发展三年行动计划（2017—2019 年）》提出，到 2019 年，我国云计算产业规模突破 4300 亿元的目标，同时推出"百万企业上云"行动计划，进一步优化了云计算产业发展环境。据测算，2018 年我国云计算带动的上下游产业整体规模达 6000 亿元，到 2021 年，中国云计算 IT 支出占比有望超过 50%。同时，在全球 IT 支出中，传统 IT 支出占比将下降至 46%，美国的这一数据将下降至 38.2%。

（一）产业规模

我国正处于数字经济蓬勃发展的浪潮下，云计算的推广普及已成为各行各业的共识，已从游戏、电商、移动、社交等在内的互联网行业向制造、金融、交通、医疗健康等传统行业迈进。2018 年，我国云计算市场规模继续保持高速增长，根据测算，我国公有云市场规模约为 332 亿元，增速为 38.2%；私有云市场规模约为 502 亿元，增速为 22.3%。到 2020 年，我国云计算市场规模将有望达到 1400 亿元，占到全球云计算市场的 10% 以上，如图 11-12 和图 11-13 所示。2018 年，中国云计算市场投资并购不断，巨头厂商在公有云市场的布局已基本完成，私有云、混合云市场还未形成绝对巨头，存在着较多可以纵深切入的方向，私有云、混合云成为投资机构重点关注领域。

图 11-12　2014—2020 年我国公有云市场规模

（数据来源：赛迪智库，2019 年 1 月）

图 11-13　2014—2020 年我国私有云市场规模

（数据来源：赛迪智库，2019 年 1 月）

（二）产业结构

从公有云服务的 3 个类别来看，2018 年，我国 SaaS（软件即服务）市场规模最大，占比约为 75%；IaaS（基础设施即服务）规模占比约为 17%，是我国云计算市场中增速最快的细分领域；PaaS（平台即服务）市场规模占比最小，约为 8%（见图 11-14）。随着云计算、大数据和人工智能的交叉创新，以及与传统行业的深度融合，云计算的服务化特征逐步成熟，基于云平台的综合解决方案和综合服务项目的快速增长，增速已明显高出基础设施即服务和平台即服务。

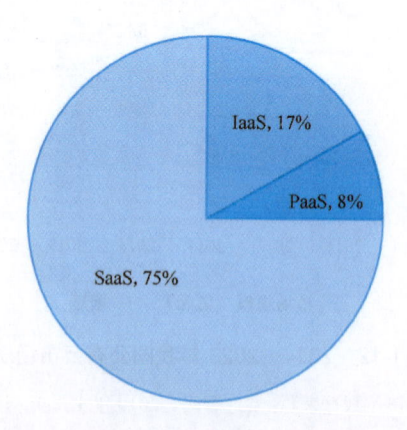

图 11-14　2018 年我国公有云服务架构占比

六、大数据

(一) 产业规模

2018 年，我国大数据产业保持快速发展态势，产业规模持续扩大，产业链条加速完善，包括大数据硬件、大数据软件、大数据服务等在内的大数据核心产业环节的产业规模有望达到 5700 亿元，将在 2020 年达到 1.2 万亿元，如图 11-15 所示。从大数据核心产业结构来看，基于大数据的服务仍是核心产业的主体，其规模约占大数据核心产业规模的 90%。随着大数据在各行业领域的不断深入应用，大数据融合应用产业将迎来巨大的发展前景，其增速将远超大数据核心产业本身。此外，2019 年上半年，互联网大数据服务、大数据服务（纳入软件产业统计部分）增速突出，如图 11-16 所示，均高于全行业平均增长水平。

图 11-15　2016—2020 年我国大数据产业规模（单位：亿元）

（数据来源：赛迪研究院，2018 年 12 月）

2018 年，推动大数据发展已成为各级政府主管部门的共识。随着《促进大数据发展行动纲要》《大数据产业发展规划（2016—2020 年）》等一系列政策进入落地实施阶段，政策环境迎来了加速优化期，据研究机构统计，全国 30 多个省市制定实施了大数据相关政策文件。在机构改革中，"大数据"成为一大亮点。山东、福建、浙江、广西等地区新成立了省级大数据管理局；广东在原有大数据管理局基础上，新组建省政务服务数据管理局；此外，贵州大数据

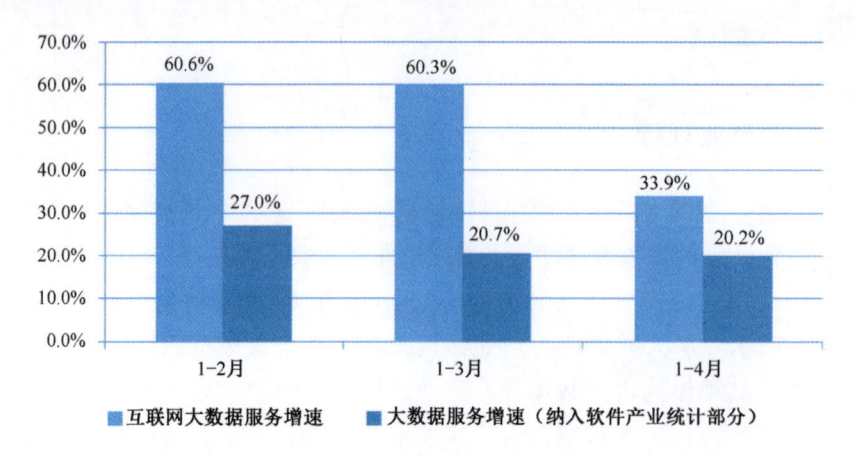

图 11-16　2019 年上半年互联网大数据服务、大数据服务（纳入软件产业统计部分）增长情况

管理局等已存在机构，也被明确提升至省政府直属机构级别。据不完全统计，截至 2019 年 6 月，全国 17 个地方已设置省级大数据管理机构，超过 79 个地市成立了大数据管理机构。在人才培养方面，2018 年教育部在全国范围内新批准 248 所高校开设大数据专业；同时，成立了如达摩院、北京大学健康医疗大数据国家研究院、重庆邮电大学科大讯飞人工智能学院等大数据研究培训机构，不断加强大数据人才培养力度。在大数据标准化方面，2018 年贵州获批建设国家技术标准（贵州大数据）创新基地，用以加快建立大数据关键共性标准，并引导国内外企业加强大数据关键技术、产品的研发合作。在公共服务方面，围绕大数据的咨询服务、知识产权保护、产权交易、品牌推广、投融资服务等服务机构也逐渐发展成熟。

七、人工智能

人工智能（Artificial Intelligence，AI），也被称为机器智能，是指利用机器去实现必须借助人类智慧才能实现的任务或行为，其本质是对人类智能的模拟、延伸甚至超越的一门新技术学科。从产业的视角来看，狭义的人工智能产业涵盖基于人工智能算法和技术进行研发和拓展应用的企业，主要提供人工智能核心产品和服务以及行业解决方案；广义的人工智能产业则涵盖包括计算、数据资源、人工智能算法和计算研究、应用服务在内的企业。本文重点聚焦于狭义的人工智能产业的发展。

2018 年，人工智能呼声依然高涨，我国人工智能产业发展势头良好，政策环境不断优化，技术创新势头高涨，行业应用逐步深入，产业化能力稳步提升。截至 2018 年年底，超过 20 个省份发布了人工智能专项扶持政策，2018 年中国人工智能核心产业规模达到 686 亿元。

（一）产业规模

人工智能作为重要的基础性信息技术研究方向，其发展并不是完全独立的，而是呈现出与其他信息技术方向协同演进的特征。在各方的推动下，全球人工智能及其相关产业规模持续提升，根据中国电子学会统计，2018 年，全球人工智能核心产业市场规模超过 555 亿美元，较 2017 年增长 50.2%。我国已成为全球人工智能专利布局最多的国家，论文总量与高被引论文数量均居世界首位。

（二）技术创新

近年来，我国科研机构和高等院校结合产业发展状况和趋势，不断加大人工智能领域研究，为关键技术突破、企业人才输送等方面提供了重要支持。基础技术方面，我国在人工智能芯片、底层算法、机器学习和语音识别等领域取得了具有创新竞争力的成果，人工智能技术将在越来越多的应用场景中落地。2018 年 3 月，云从科技凭借其对抗神经网络技术代表中国人工智能企业入选美国《麻省理工科技评论》全球"十大突破性技术"榜单；2018 年 9 月，依图智能人像大平台获得 SAIL 创新奖。创新应用方面，2018 年 7 月，百度发布了中国首款云端全功能 AI 芯片"昆仑"；2018 年 10 月华为发布全球首款覆盖全场景人工智能的 Ascend 系列芯片。创新生态支撑方面，2018 年 2 月，商汤科技联手美国麻省理工学院成立人工智能联盟，共同推进人工智能技术研究；2018 年 9 月，阿里巴巴宣布此前收购的中天微和达摩院自研芯片业务整合成"平头哥半导体有限公司"，主要研发人工智能芯片和嵌入式芯片，同时负责产业化推广、构建生态等任务。

八、开源软件

（一）整体情况

2018 年，我国开源软件整体规模呈现稳步增长态势，与美国等发达国家差距正在逐渐缩小。根据 2018 年 GitHub 开发者报告统计，中国用户的增速一直保持全球领先，我国注册的 GitHub 开发者数已连续 4 年仅次于美国，位居全球第二，相关项目的整体质量、收藏数量、代码提交、信息反馈相较前几年已经有了显著提升。在 OpenStack 等顶级开源项目方面，中国开发者的参与程度与贡献也逐年增加，国内企业与个人对开源的重视程度不断提升。根据我国最大的开源社区——开源中国的统计，近 3 年托管在开源中国的我国开源软件数量呈现逐年上升趋势。截至目前，码云收录的各类开源软件数量超过 46000 个，其中，国产开源软件数量已经超过了 9870 个。开源中国收录的开源软件绝大多数正处在活跃发展期。

（二）生态情况

开源发展政策环境不断优化。2018 年，中国政府对开源的认识进一步提升，对开源软件发展的政策支持力度在不断加强。《软件和信息技术服务业发展规划（2016—2020 年）》中提到："发挥开源社区对创新的支撑促进作用，强化开源技术成果在创新中的应用，构建有利于创新的开放式、协作化、国际化开源生态。"在《工业互联网 APP 培育工程方案（2018—2020 年）》中指出："支持建设工业 APP 开源社区和基金会，鼓励大型制造企业、互联网企业和软件企业依托开源构建工业 APP 培育新模式""引导制造企业、软件企业、科研院所和开发者等发起工业技术软件化开源项目，积极参与国际开源项目。鼓励第三方机构开展开源许可协议、开源知识产权保护研究，推动开源项目应用"。这些表述充分说明，开源软件是未来中国软件和信息技术服务业的持续快速发展的重点，也是不断提升中国信息技术创新水平的一个重要基础。

我国开发者在国际社区中的活跃度持续提升，竞争实力也在逐渐增强。2018 年 GitHub 开发者报告统计显示，仅 2018 年我国加入 GitHub 开源社区的开发人员数目已经超过 70 万。在 Linux、Apache 等基金会，来自中国大企业，如华为、阿里巴巴、360、腾讯等开发者正产生着越来越重要的影响。

九、信息安全

信息安全是指保护信息、信息系统和网络的安全以避免未授权的访问、使用、泄露、破坏、修改或销毁。信息安全技术是指用以保障信息、信息系统和网络安全的技术。信息安全产品是指保障网络安全的软件、固件或硬件及其组合体，能够提供网络安全相关功能，且被应用或组合到网络信息系统中。信息安全服务是指为保障信息安全所提供的服务，包括信息系统安全的规划设计、咨询、测试评估、实施、运维，以及相关的预警、监测、响应、恢复、培训教育等服务内容。信息安全产业是指从事信息安全技术研究开发、产品生产经营及提供相关服务的产业。

（一）产业规模

长期以来，国家高度重视信息安全技术及产业发展，2016年4月19日，习近平总书记在中央网络安全和信息化工作座谈会上的讲话为产业发展指明了方向。2017年6月1日，《中华人民共和国网络安全法》正式施行，为我国信息安全产业发展奠定了坚实的法律基础，成为引领我国信息安全产业发展的纲领性文件。2018年6月，《网络安全等级保护条例（征求意见稿）》对外发布，进一步强化了我国网络安全等级保护工作，对网络安全防范能力和水平也提出了更高要求，为信息安全产业的发展营造了更广阔的空间。2018年，在国内外复杂形势下，市场需求空间持续释放，我国信息安全产业保持高速发展势头，业务收入突破1 500亿元，达到1 698亿元，同比增长14.8%，如表11-4所示。

表11-4　2017—2018年我国信息安全产业业务收入及增长情况

年 份	2017	2018
业务收入（亿元）	1 479	1 698
增速	14%	14.8%

数据来源：赛迪智库整理，2019年2月。

（二）产业结构

2018年，随着大数据、云计算、人工智能、区块链等新一代信息技术融合创新不断加速，我国信息安全产品种类不断丰富和健全，产品涉及大数据安全、物联网安全、云计算安全、安全管理中心（SOC）、人工智能安全、区块链安全等众多领域，服务类型更趋多样化，覆盖事前预警、事中监测、事后运维等众多环节，从芯片、数据、网络、平台、管理、应用到服务的信息安全产业链条逐步完善。2017—2018年我国信息安全产业结构分布情况如表11-5所示。

表11-2　2017-2018年我国信息安全产业结构分布情况

产业业务	2017年		2018年	
	业务收入（万元）	占比	业务收入（万元）	占比
基础类安全产品	1 037 724	11.5%	1 308 726	12.6%

续表

产业业务	2017年		2018年	
	业务收入(万元)	占比	业务收入(万元)	占比
终端与数字内容安全产品	778 572	8.7%	862 097	8.3%
网络与边界安全产品	1 972 439	22.0%	2 295 464	22.1%
专用安全产品	1 302 823	14.5%	1 526 847	14.7%
安全测试评估与服务产品	275 522	3.1%	321 988	3.1%
安全管理产品	936 606	10.4%	1 049 058	10.1%
安全运维服务	1 479 359	16.5%	1 672 261	16.1%
其他信息安全产品及相关服务	1 202 002	13.3%	1 350 273	13%
总计	8 985 047	100%	10 386 714	100%

数据来源：赛迪智库，2019年2月。

十、区块链

区块链（Blockchain）是通过去中心化方式集体维护可信数据库，具有去中心化、防篡改、高度可扩展等特点，正成为继大数据、云计算、人工智能、虚拟现实等技术又一项对未来信息化发展产生重大影响的新兴技术，有望推动人类从信息互联网时代步入价值互联网时代。美国、日本和欧盟一些国家和地区纷纷将区块链发展上升为国家重要发展战略，大力推动区块链技术研发和应用推广。我国也高度重视区块链产业发展与技术创新，在区块链政策和监管方面，我国政府及各部委积极布局，不断完善顶层设计，在相关部门的大力推动下，区块链监管体系正在逐渐完善，区块链发展环境逐渐得到优化。在区块链产业和企业方面，我国已经逐渐形成由BAT等互联网巨头、传统制造企业、金融机构、初创企业、研究机构为核心的产业链条，产业分工逐渐细化，产业规模不断增长，应用落地项目不断涌现。根据赛迪智库统计数目，截至2018年年底，中国在区块链专利申请数量上全球领先，专利数量约占世界主要国家区块链专利数量的67%，产业实力和核心竞争力不断增强。

（一）产业规模

区块链技术快速发展，助推产业规模与竞争持续升级。2018年，区块链技术不断完善，我国区块链产业进入快速发展阶段，区块链赋能传统行业将为我国区块链产业发展带来崭新机遇，引发大型IT互联网企业纷纷布局区块链，不断提升产业规模与核心竞争力。从产业规模来看，2018年，我国区块链产业形态不断成熟，在资本的助推下产业规模持续增大。根据赛迪区块链研究院公布的报告，2018年我国区块链产业规模约10亿元，区块链相关产品交易、教育等衍生产业的规模约为40亿元。根据赛迪智库的初步推算，预计我国区块链市场将迎来快速增长，2022年的市场产业规模预计达到31.1亿美元，2018—2022年的年均复合增长率为76.3%。从行业竞争来看，伴随区块链技术的不断成熟和资本市场的热捧，各大银行、科技巨头纷纷强势加入助推竞争升级。根据赛迪智库的统计，人民银行、四大国有商业银行、各地区城市银行、股份制商业银行及民营银行等34家银行正在进行区块链应用探索。阿里巴巴、腾讯、华为等互联网科技企业均加大了在区块链领域的布局，积极加入相关组织并布局相关业务。截至2018年12月，我国提供区块链专业技术支持、产品、解决方案等服务，且有投入或产出的区块链企业共672家，其中从事"区块链+金融"领域的企业有179家，占26.6%；金融、供应链、溯源、硬件、公益慈善5个领域领跑区块链应用，共有区块链企业401家，约占总数的60%。我国2016—2018年区块链企业数量与产业规模变化如图11-17所示。

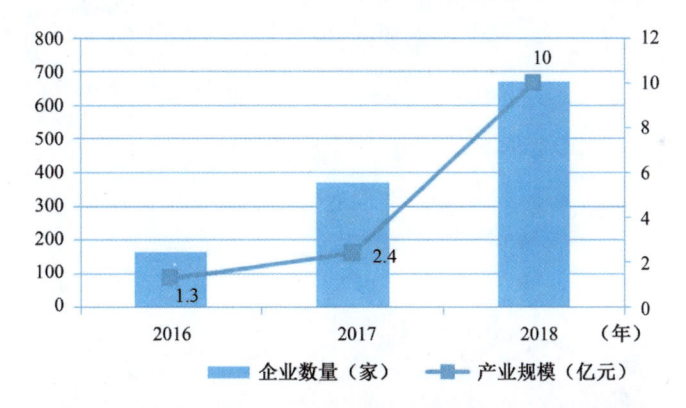

图11-17　2016—2018年区块链企业数量与产业规模变化

（数据来源：赛迪区块链研究院，赛迪智库整理，2019年9月）

（二）产业结构

区块链技术应用场景日益丰富，产业结构持续完善。2018年以来，我国区块链相关应用日益趋向多样化，区块链技术在医疗健康、文化娱乐、社会管理、版权保护、教育和共享经济等领域增长趋势明显，应用需求驱动产业结构持续完善。从产业结构上来看，我国区块链产业结构可以分为三个层次，第一层为硬件基础设施和底层技术平台层，主要包括矿机、芯片等硬件，以及基础协议、底层基础平台等；第二层为通用技术扩展层，主要聚焦于区块链通用应用及技术扩展平台，包括智能合约、快速计算、信息安全、数据服务、分布式存储等业务形态；第三层为行业应用层，主要是将区块链技术与行业应用场景相结合，提供面向行业应用的解决方案，主要面向金融、供应链管理、医疗、能源等领域，如图11-18所示。根据赛迪智库的统计，2018年，我国从事区块链行业应用研发项目的企业数量位居首位，占比38%；其次是底层平台研发，占比25%；基础设施和硬件制造、通用技术、服务设施相对较少，分别为17%、13%、7%。从产业链细分领域和各领域占比来看，我国区块链产业服务同质化现象渐显。

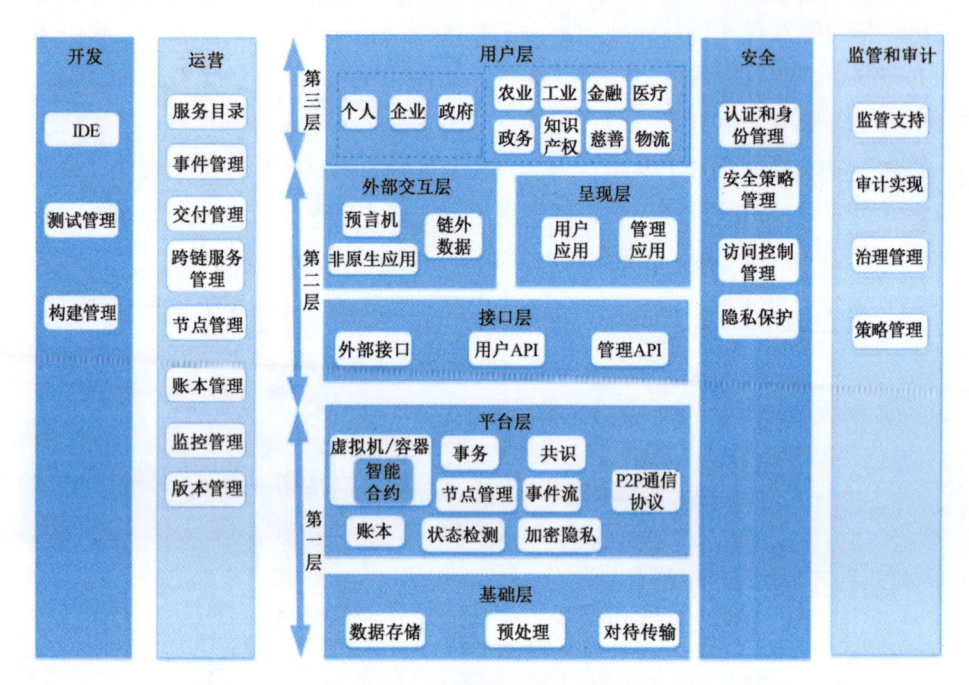

图 11-18　区块链产业结构分布

（数据来源：赛迪区块链研究院，2019年4月）

第四节　2018年我国软件产业区域发展情况

一、东部地区稳定发展，中西部地区增速加快

2018年，我国软件产业区域发展呈现出中西部地区增速快、东部地区持续领先、东北地区增速较缓的态势，如图11-19所示。作为我国软件产业发展

的主要集聚地，东部地区完成软件业务收入 49 795 亿元，同比增长 14.2%，占全国软件业的比重为 79.0%，与 2017 年基本持平；中部和西部地区增速较快，完成的软件业务收入分别为 3 163 亿元和 7 189 亿元，分别增长 19.2% 和 16.2%，占全国软件业的比重为 5.0% 和 11.4%，同比均提高 0.2 个百分点；东北地区完成软件业务收入 2 914 亿元，增长 5.7%，占全国软件业的比重为 4.6%，同比下降 0.4 个百分点。

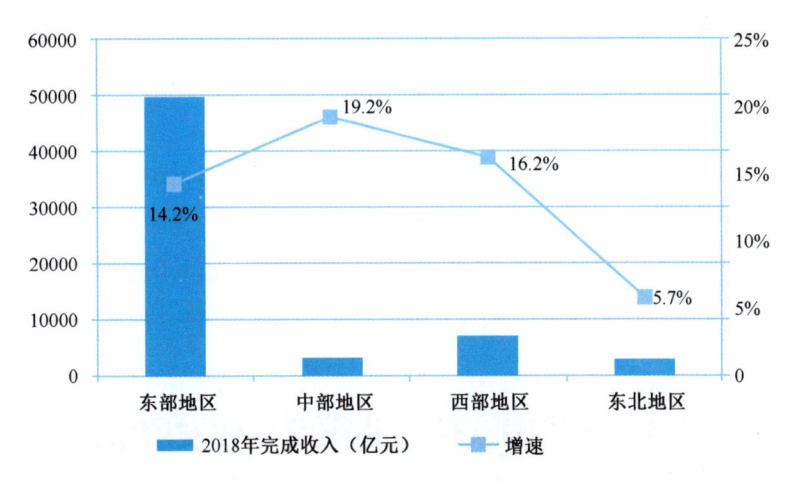

图 11-19　2018 年软件业分区域增长情况

（数据来源：工业和信息化部运行监测协调局，2019 年 2 月）

从各区域软件业务收入增速来看，主要软件大省保持平稳发展，部分省市快速增长。产业总量居前 5 名的广东（增长 12.2%）、江苏（10.7%）、北京（16.8%）、浙江（21.2%）和山东（15.9%）共完成软件业务收入 40 192 亿元，占全国的比重为 63.7%。与 2017 年相比，北京、上海增速分别提高 4.6、0.4 个百分点。软件业务收入增速高于全国平均水平的省市有 19 个，其中海南省同比增速达 89.9%，西部的广西、青海、云南和贵州增速分别达 77.0%、50.3%、23.7% 和 23.4%，中部的江西、安徽增速达 37.7% 和 27.7%。

二、集聚发展态势凸显，中心城市保持领先

中心城市软件业收入和利润同比均保持增长。2018 年，全国 15 个副省级中心城市实现软件业务收入 3.6 万亿元，比 2017 年增长 13.8%，占全国软件业的比重为 57.2%，比 2017 年增长 2 个百分点，其中排名前十位的城市情况如图 11-20 所示。全国软件业务收入达到千亿元的中心城市和直辖市共 15 个，合计实现软件业务收入 5.1 万亿元，占全国的比重达到 81%。

图 11-20　2018 年软件业务收入居前 10 位的副省级中心城市情况

（数据来源：工业和信息化部运行监测协调局，2019 年 2 月）

第五节　2018 年我国软件产业重点企业发展情况

一、中标软件

（一）发展情况

中标软件有限公司（以下简称"中标软件"）成立于 2003 年，注册资金 2.5 亿元，是国产操作系统引领企业。作为国家规划布局内重点软件企业，中标软件拥有"中标麒麟""中标普华""中标凌巧"三大自主品牌及国防、民用两大企业资质。据 2019 中国 IT 市场年会暨赛迪生态伙伴大会发布的 IT 市场数据，中标麒麟操作系统再次毫无悬念地蝉联 2018—2019 中国 Linux 市场占有率第一，中标麒麟高级服务器操作系统（ARM64 版）V7.0 与中标麒麟可视化单向光闸分别获得中国软件市场和信息安全市场年度创新产品。

中标软件具有很强的科研能力和严格的管理规范，先后登记软件著作权 270 项，申请专利 272 项，其中专利授权 134 项，并通过了国家软件企业资格认证、高新技术企业认证、CMMI5 级认证等。中标软件累计获得各类奖项 240 多个，被授予"国家规划布局内重点软件企业""国家高技术产业化示范工程"等称号，其产品已经在政府、国防、金融、教育、财税、公安、审计、交通、医疗、制造等行业得到深入应用。

（二）发展策略

1. 加强自主创新战略布局

中标软件是中国 Linux 操作系统的专业研发和推广厂商，以操作系统技术为核心，重点打造自主可控、安全可靠的国产操作系统。2019 年 8 月 15 日，中标软件有限公司与江苏航天龙梦信息技术有限公司（简称"航天龙梦"）在全面建立研发层面技术对接和在国产板卡、外设适配等方面实现无缝对接达成共识，共同建设自主创新生态圈，推进中标麒麟操作系统和航天龙梦系列产品在关键行业和重要领域的深入应用。

2. 打造完善的自主创新生态链

中标软件自成立伊始便注重生态链的打造，到 2019 年年底，中标软件已与众多软硬件厂商建立了长期的合作关系，形成了软硬件一体化的应用体系。随着中国信息领域安全创新产业发展的需要，中标麒麟操作系统的认证证书成了基础软件产业链上下游企业的"网红标配"。2019 年上半年，大量成熟的杀手级应用完成认证，其中包含微信等即时通信软件、360 等浏览器、美图秀秀等制图工具、金山词霸等翻译软件、360 杀毒等网络安全软件及用友等财务软件等。在未来，中标软件将继续携手生态伙伴一起创新产品与服务，构建自主创新生态链，推动我国数字经济发展。

二、宝信软件

（一）发展情况

上海宝信软件股份有限公司（以下简称"宝信软件"）是由中国宝武实际控制、宝钢股份控股的上市软件企业，其前身是 1978 年成立的上海宝钢自动化部，总部位于上海自由贸易试验区。历经 40 余年发展，宝信软件先后获得软件企业过程能力成熟度模型（CMMI5 级）认证、信息系统集成及服务一级资质、ITSS 信息技术服务运行维护标准符合性一级认证等，在推动信息化与工业化深度融合、支撑中国制造企业发展方式转变、提升城市智能化水平等方面做出了突出的贡献，成为中国领先的工业软件行业应用解决方案和服务提供商之一。公司产品与服务业绩遍及钢铁、交通、有色、医药、化工、装备制造、金融、水利水务、公共服务等多个行业。2018年财报显示，宝信软件实现营业收入54.71亿元，同比增长14.56%，其中软件开发及工程服务营业收入为35.22亿元，服务外包营业收入为16.90亿元，系统集成营业收入为2.42亿元；实现利润总额7.67亿元，同比增长52.56%，上市以来连续18年保持高速增长。

（二）发展策略

1. 聚焦钢铁行业信息化，积极开拓非钢领域市场

在钢铁行业信息化、自动化领域，宝信软件凭借多年的技术积累和服务优势，成功签约并实施了一批重大项目，进一步巩固了行业优势地位，市场占有率连续多年稳居第一。依托钢铁行业智能制造的示范辐射效应，宝信软件无人化业务在有色金属、离散制造等行业取得突破，业务范围拓展至诸多有色大厂、名厂、造船及家电组装企业。此外，宝信软件以大型企业电商平台"云商"建设为标志，开辟非钢领域"互联网＋电商"的市场格局，借助互联网技术加快服务转型，加快钢铁制造由传统制造向智能制造转型。"宝之云"建设再提速，进一步巩固扩大了以政企客户需求为核心的云服务业务。

2. 搭建产业生态圈，持续推进信息基础设施建设

在新一代信息基础设施建设方面，受益于云计算渗透率持续增长，北上广IDC资源依然稀缺，宝信软件IDC业务规模持续扩大，各项建设稳步推进，上架率不断攀升，据预测宝信软件2019年、2020年IDC收入将分别达到13.33亿元、16.58亿元，位居市场前列。此外，宝之云四期项目持续推进，武钢大数据产业园合作项目成功落地，自主开发的"宝信数据中心运营管理系统"也成功推向市场。宝信软件已经完成新一代信息基础设施业务向全国布局的发展规划，现已具备输出运维服务衍生能力，正逐步形成新一代信息基础设施产业生态圈。

三、中软

（一）发展情况

中国软件与技术服务股份有限公司（以下简称"中软"）是我国最大的软

件与信息技术服务企业之一，应用开发与管理专业沉淀深厚，企业数字化转型人才充沛，在电信、政府、制造、金融、公共服务、能源等行业均取得了不菲的成绩。中软致力于使能软件企业引领发展，服务制造企业转型升级，为政企客户提供"多快好省"的信息技术服务。2018年，中软整体盈利能力稳步提升，实现收入105.9亿元，同比增长14.5%，净利润7.2亿元，同比增长27.6%。其中，服务性收入103.4亿元，同比增长17.4%。公司传统业务提质增效、稳步前进；新兴业务聚焦新技术，聚合生态，实现高速发展，收入占比超过公司业务收入15%。中软2014—2018年营业收入增长情况如表11-6所示。

表 11-6　中软 2014-2018 年营业收入增长情况

年度	营业收入情况		年度溢利情况	
	营业收入（亿元）	增长率（%）	贡献利润（亿元）	增长率（%）
2014	44.3	38.2	2.5	27.5
2015	51.3	15.8	3.3	30.6
2016	67.8	32.2	4.1	24.2
2017	92.4	36.3	5.6	36.5
2018	105.9	14.5	7.2	27.6

数据来源：中软财报，2019年8月。

（二）发展策略

1. 持续深入与大客户合作

中软与华为、汇丰、腾讯、中国平安、阿里巴巴等大客户合作持续深入，技术服务与解决方案业务稳健增长。2018年，中软与华为以SD（华为供应商发展计划）牵引业务发展，提升服务质量和价值；与腾讯共建近岸交付中心（NDC），与百度合作实现人工智能在金融领域的深入应用和场景落地。

2. 扩大解放号规模，快速推广"云集服务"

2018年，解放号专注于软件开发领域，汇聚超过42万名工程师、2万家服务商和5.5万家发包企业，托管代码突破10亿行；完成全国GDP TOP 50城市的1.3万家软件企业精准画像，建立起供应商能力和信用模型；面向政府的软件服务需求推出"云集服务"，注册政府单位超3000个，累计服务项目金额突破亿元。

3. 聚焦"云服务",加速数字化转型

中软着力打造基于华为云和 Azure 云的云管理服务体系,在 AI 和 IoT 等新技术方向的云服务上取得突破。2018 年,中软形成基于华为云的云服务目录 60 余个,迁移企业云主机近 3 300 多台,数据库近 1 000 个,数据量近 3 500TB。其全资子公司 Catapult 发布了订阅式解决方案产品 AMS,获得了 16 项微软能力认证,成为同时具备三类微软云智能产品专业能力的服务商。

4. 落地人工智能应用场景,加速战略合作与业务布局

中软在银行、保险、证券、零售、教育等行业落地 AI 应用场景,推出基于 AI 的行业解决方案,与知名企业、研究机构和政府等开展多项战略合作推进智能制造布局。2018 年,中软在多个地方政府建设智能制造创新中心和研究院;为近千家企业提供诊断服务及数字化改造服务和集成解决方案;与海尔、南瑞信通,以及德国博世、德国富勘、法国 ESI、德国菲尼克斯等国内外知名企业达成战略合作。

5. 多领域布局大数据业务,领先优势明显

2018 年,中软在机场、一卡通、政务大数据等新进入领域保持快速增长,同时开拓高科技、汽车等高潜力的制造行业客户,在行业前瞻性的数据架构、数据平台、数据服务产品化等方面能力尤为突出,具备自主知识产权的数据资产管理平台成为国内首批通过工业和信息化部大数据产品标准评测的产品,还参与多个大数据和人工智能领域的国家级白皮书的编写。

四、华为

(一)发展情况

华为技术有限公司(以下简称"华为")成立于 1987 年,注册资金 222.3 亿元,是全球领先的信息与通信技术(ICT)基础设施和智慧终端提供商,其业务领域涉及通信网络设备、IT 设备和解决方案以及智能终端。据统计,2018 年华为销售收入为 7 212 亿元人民币,在工业和信息化部公布的 2018 年(第 17 届)

中国软件业务收入百强企业中，华为连续十七年蝉联第一。华为采用开放式技术架构，与企业、用户联合创新，企业业务快速发展，其云计算、芯片、存储、SDN 等主力产品和智慧城市等解决方案，在政务、民生、交通、金融、能源、教育等多领域迅速扩展。

（二）发展策略

1. 智能手机先行，布局全场景智慧化（IoT）生态

华为不断加强智能手机科技研发投入，以手机上的强势增长作为打开未来智能生活战略入口。2018 年 6 月，华为发布了软硬协同的图形加速技术 GPU Turbo。2018 年 8 月，华为在德国柏林 IFA 展会上发布麒麟 980 芯片。2019 年 1 月，华为在 MWC2019 预沟通会上发布了 5G 基带芯片巴龙 5000。华为手机依托 GPU Turbo 技术的加持，海思自研芯片的成熟及 5G 芯片的领先，在智能手机竞争中优势凸显。华为荣耀手机具有极高的性价比优势，是其占据手机市场的重要基础，同时，在高端手机方面，Mate 系和 P 系已成为中国智能手机市场的高端品牌，赢得了中国不少商务用户的欢迎。据统计，2018 年华为手机（含荣耀）在全球市场的出货量超过 2.08 亿台，占据 14% 的市场份额，同比增长约 35.9%。目前，华为手机可通过 Huawei Share 服务实现与计算机、智能穿戴、AI 音箱等智能终端的互通互联，完成了无缝连接和整合，未来还有更多的智能产品正在不断接入全场景的智慧生态。

2. 网端芯协同发展，推动 5G 商用

华为重视 5G 网络（基站、承载网、核心网等）、5G 终端（CPE 及即将发布的 5G 手机）、5G 芯片（多模终端基带巴龙 5000、5G 基站核心芯片天罡等）协同发展，极大地促进 5G 商用发展进程。截至 2019 年 6 月，华为已经在全球获得了 50 多份 5G 商业合同，销售了近 7 万座 5G 基站。2018 年，华为在世界移动大会上正式发布智简网络（Intent-Driven Network）解决方案，引入大数据和 AI 技术，构建一个智慧、极简、超宽、安全和开放的数字网络平台，并联合中国移动、德国电信等运营商，以及海思、Intel、MTK、高通等芯片厂商，率先完成基于 3GPP 的全协议栈、全信道、全流程的互操作测试，并率先完成基于 NSA&SA 的互联互通测试，打通首个基于 SA 的 5G First Call，为 5G 快速规模商用奠定了基础。2019 年 1 月 24 日，华为在 MWC2019 预沟通会上发

布了全球首款 5G 基站核心芯片天罡（TIANGANG）和客户终端设备 CPE 5G Pro。从网络解决方案到芯片自主研发，华为正在向不同方向同步铺开 5G 商用的大网。

五、阿里云

（一）发展情况

阿里云是阿里巴巴集团股份有限公司的旗下子公司，创立于 2009 年，是全球领先的云计算及人工智能科技公司。阿里云致力于以在线公共服务的方式，在全球 18 个地域开放了 49 个可用区，为全球数十亿用户提供可靠的计算支持。2018 年 11 月，双 11 再创纪录，阿里云新增调用 1 000 万核计算能力服务全社会。同年 12 月，在斯坦福大学发布深度学习推理榜单中，阿里云获图像识别性能及成本双料冠军。

ET 大脑是阿里云研发的超级智能，用突破性的技术，解决社会和商业中的棘手问题。目前它已具备智能语音交互、图像/视频识别、机器学习、情感分析等技能，ET 大脑的核心能力在于多维感知、全局洞察、实时决策、持续进化在复杂局面下快速做出最优决定。飞天（Apsara）是由阿里云自主研发、服务全球的超大规模通用计算操作系统。它可以将遍布全球的百万级服务器连成一台超级计算机，以在线公共服务的方式为社会提供计算能力。飞天的革命性在于将云计算的 3 个方向整合起来：提供足够强大的计算能力，提供通用的计算能力，提供普惠的计算能力。

（二）发展策略

1. 加速云边一体化战略，助力更多企业实现高效创新

2018 年 9 月 21 日，阿里云 IoT 宣布与英特尔在物联网领域达成深度合作，双方将充分整合各自在云以及边缘计算上的能力，结合英特尔在硬件及阿里云 IoT 在物联网平台上的优势，为全球企业带来云边一体化边缘计算产品。凭借英特尔与阿里云 IoT 双方的显著优势，该解决方案将在计算、软硬件、人工智能和云端上为行业的数字化转型提供强大支持，帮助更多企业实现高效创新，进一步赢得市场先机。

2. 推进混合云战略，提供无缝连接的混合云服务

全球企业正在掀起数字化转型浪潮，就目前的市场发展状况，混合云是大中型企业的主流选择。虽然很多大型企业将部分工作流留在本地，但是也越来越多地向公共云迁移。2018 年 9 月 20 日，虚拟化领导厂商 VMware 与阿里云宣布达成全面战略合作关系，以后 VMware 的软件将更容易在后者的公共云上运行，这是继亚马逊 AWS 之后，VMware 与全球第二家公共云厂商达成此类合作关系。阿里云是全球前三、亚洲第一大公共云厂商，除了提供公共云服务之外，也提供飞天专有云，为大型客户使用，通过与 VMware 达成合作，产品线将进一步丰富，不但提升公共云服务的竞争力，还有利于其在混合云市场上进一步吸引更多大中型客户。

六、拓尔思

（一）发展概况

拓尔思信息技术股份有限公司（以下简称"拓尔思"）成立于 1993 年，2011 年在深交所创业板上市，是国内优秀的人工智能和大数据技术及数据服务提供商，长期专注于大数据和人工智能核心尖端技术的研发和创新应用，在人工智能、大数据、知识图谱、自然语言理解等领域始终处于先进水平，曾获得国家级科技奖。公司面向政府、媒体、安全、金融、企业、知识产权、出版和网信等重点行业市场，提供通用平台产品、行业应用解决方案和数据服务，采用云服务＋私有部署的服务模式，通过软件＋数据和知识服务全面赋能企业级用户，目前服务用户超过 5 000 家。拓尔思业务遍及全国，在全国范围拥有 30 多家分支机构，在广州、上海、成都、深圳等城市均设有分、子公司及办事处，已经发展成为拥有北京、上海、广州和成都四大区域中心，覆盖全国的市场销售和服务能力，支持全产业链赋能的生态型集团企业。

（二）发展策略

1. "大数据＋行业"布局进展顺利，技术变现未来发展可期

拓尔思的"大数据＋行业"，实际上是大数据技术＋行业应用落地，向更多的行业推广大数据技术产品和服务，提升产品和技术服务的行业覆盖率。当

前，拓尔思的"大数据+行业"战略在政府、传媒、公安、金融等行业均有亮眼表现。在政府行业，取得国家部委、地方政府和委办局大数据智慧决策支持平台的相关项目渐成趋势，与政府门户网站集约化平台、政务舆情系统平台等行业应用需求共同支撑起公司在政府行业市场的业务发展空间。在传媒行业，则以"大数据+媒体"主导的融媒体智能生产与传播服务平台解决方案，持续获得用户的青睐和采购订单，已形成了行业市场较为显著的新一轮增长点。在公安行业，拓尔思继并购天行网安之后，相继投资控股了广州科韵、广州新谷等公司，形成了对公安行业较为完整的覆盖。在金融行业，拓尔思控股子公司金信网银开发的大数据非法集资监测预警云平台，被北京市金融工作局运用到了 2015 年北京市打击非法集资专项整治行动中，并取得了显著的成效。2016 年，该平台实现了良好的推广效果，先后中标珠海市金融工作局和湖北省襄阳市大数据监测非法集资系统。

2."大数据+服务"战略提升企业数据变现能力

拓尔思的"大数据+服务"战略，是利用其在技术产品销售的业务中主动积累和建设的大数据资产（主要是互联网上的海量数据资源），开发和运营基于数据的增值服务，拓展基于数据的新商业模式，包括在线 SaaS 和 DaaS 服务、数据咨询报告及数据驱动的增值业务。当前，拓尔思数据业务在 Online 付费用户和专项增值报告服务两个方面都取得了显著的增长，客户和业务覆盖面进一步扩大。同时，为了推进"大数据+服务"战略，拓尔思收购了耐特康赛，参股了花儿绽放、微梦传媒，与梅泰诺签署了战略合作框架协议，以期在同这些企业的深度合作中，通过互联网营销的方式变现数据资产。

七、启明星辰

（一）发展情况

启明星辰信息技术集团股份有限公司（以下简称"启明星辰"）成立于 1996 年，在国内网络安全产品、可信安全管理平台、安全服务与解决方案综合供给市场极具实力并拥有完全自主知识产权。启明星辰于 2010 年在深圳 A 股中小板上市（股票代码：002439）。通过对网御星云、杭州合众、书生电子等企业的收购，启明星辰构建了信息安全产业生态圈并实现了对数据安全、网络安全、应用业务安全等多领域的覆盖。2018 年，启明星辰获得"2017 年至

2018年6月原创漏洞报送突出贡献单位"及"国家信息安全漏洞库一级技术支撑单位"。

当前，启明星辰拥有千余名研发人员，是我国目前规模最大的网络安全研究基地，产品型号超过100种且在不断增加。入侵检测系统硬件产品、分布式漏洞扫描系统、"安全资源管理平台"等概念或产品，在国内均由启明星辰首先提出并率先实现入侵检测系统与防火墙、漏洞扫描器联动。目前，启明星辰已在国内外注册商标60余项，申请及获得授权的国家发明专利400余项、计算机软件产品著作权250余项，是国内首批获得微软Windows操作系统源代码资格的网络安全企业之一，承担多项国家级、省部级重点科研项目，参与制定《入侵检测系统技术要求和评估方法》《可信管理平台功能规范书》等多项国家标准，《信息系统安全等级评估指南》《涉及国家秘密的计算机信息系统入侵检测产品技术要求》等18项行业标准。

（二）发展策略

1. 立足新兴业态，构建公平网络空间

自成立之日起，启明星辰在不断的发展过程中经历了自我升华的跨越式发展，当前，启明星辰已迈入独立（Independence）、互联（Interconnect）、智能（Intelligence）的"I³"阶段，并建立了"第三方独立安全运营"新模式。立足于云计算、大数据、物联网、工业互联网、移动互联网等新兴业态领域，启明星辰致力于专业安全分析队伍的打造，可提供覆盖全行业、全技术的安全能力，并帮助城市全面提升安全能力，从而更大限度地保证网络空间的公平与正义。

2. 保持优势领域，开拓高端市场用户

在我国统一威胁管理、安全管理平台、入侵检测/入侵防御运维安全审计等细分市场领域，启明星辰多年来一直保持着最高的市场占有率。作为信息安全产业的领军企业，启明星辰已在我国政府、能源、金融、交通制造、税务等高端客户市场中保持了较好的口碑，成为他们的首选品牌。启明星辰为北京奥组委提供了核心信息安全产品、服务及解决方案，并得到了国家主管部门的大力嘉奖。自此以后，G20杭州峰会、"一带一路"峰会、金砖国家领导人峰会、上海世博会等众多国家级重大安保项目都有启明星辰的身影。

八、百度

（一）发展情况

百度公司（以下简称"百度"）成立于 2000 年 1 月，是全球最大的中文搜索引擎网站。近年来，百度致力于技术创新，将人工智能作为重要的技术战略方向，建有世界一流的研究机构——百度研究院，致力于人工智能等相关前沿技术的研究与探索，着眼于从根本上提升百度的信息服务水平。2005 年 8 月 5 日，百度在 NASDAQ 成功上市，截至 2019 年 6 月底总市值约 410 亿美元。2018 年年报显示，百度当年总收入为人民币 1 023 亿元，同比增长 28%，净利润为人民币 276 亿元，同比增长 51%。2019 年二季报显示，百度当季总营收为人民币 263.26 亿元，同比增长 1%，净利润为人民币 24.12 亿元，同比下降 62%。

（二）发展策略

1. 加速产品研发，不断完善人工智能布局

百度在人工智能方面的布局已经相对完善，经过多年的发展，百度已跻身全球人工智能第一梯队。2018 年 7 月百度 AI 开发者大会上，百度公布了全球首款 L4 级量产自动驾驶巴士、中国第一款云端全功能 AI 芯片、百度大脑 3.0 等新产品。2018 年 11 月百度世界大会上，L4 级自动驾驶乘用车、AI 城市、AI 眼底筛查一体机、农业遥感自动监测系统、无人自主挖掘机等涉及不同领域的新技术、新产品亮相。

2. 建立 AI 硬件生态联盟，推动软硬一体化发展

百度在整个百度大脑生态积极推动硬件产品研发，与业界伙伴共同建立 AI 硬件生态联盟，使 AI 软件技术与硬件设备一体化发展。2019 年 1 月百度大脑 AI 硬件平台及产品发布会上，百度大脑团队和硬件生态合作伙伴首次发布面向 AI 端应用的硬件平台与产品矩阵，包括计算工具、多款开发套件及硬件评测与认证服务等。会上公布了百度大脑 AI 硬件开放与合作的完整框架，百度大脑与超过 100 家合作伙伴共同开发硬件产品，打造硬件生态。

九、众享比特

（一）发展情况

北京众享比特科技有限公司（以下简称"众享比特"）成立于 2014 年，是国内最早从事区块链底层平台和应用案例开发的技术服务公司；总部位于北京，在上海、南京、苏州、深圳、广州、长沙、合肥、杭州、新加坡等地设有子公司，是国际领先的金融与监管科技解决方案提供商、区块链技术服务解决方案领跑者。

战略融资层面，2014 年完成光速投资 A 轮融资；2016 年完成信中利领投 B 轮融资；2017 年完成用友旗下幸福投资 B+ 轮融资；2019 年完成上海军民融合产业投资基金领投的 C 轮融资。至此，已完成过亿元累计融资。

产品方面，众享比特开发了全球首款区块链数据库应用平台——ChainSQL，提供不可篡改且能在任何时间点恢复的数据库服务，已全部开源；WisChain 区块链应用平台，实现区块链平台一键部署，解决现有区块链平台部署困难的痛点。2019 年 3 月，公司推出区块链供应链金融平台、区块链积分管理平台、区块链存证管理平台、区块链数据共享平台和区块链溯源管理平台五大产品平台，以创新产品模式重新定义区块链解决方案。

公司现为国家高新技术企业、中关村高新技术企业、中国密码学会会员单位、区块链超级账本 Hyperledger 成员。截至 2019 年 6 月，公司共取得了 74 项软件著作权，已申请 56 项核心专利，并有 18 项获得授权，区块链专利授权数量国内排名前三。它是国内乃至国际上唯一一家获得国家密码管理局颁发的商用密码产品型号证书、公安部计算机信息系统安全专用产品销售许可证、入选中央国家机关软件协议供货采购项目的中国区块链企业，同时参与编写了工业和信息化部区块链产业白皮书、区块链国家标准等工作。

（二）发展策略

1. 加大研发投入，增强核心技术竞争力

众享比特始终重视技术的投入和发展。在数据通信和传输方面，即时通信工具沙话能够实现点对点加密通信、阅后即焚，充分保障数据安全；在数据存储方面，区块链数据库应用平台 ChainSQL，能充分保证数据的真实性、完整

性和可获取性。此外，对区块链产品中的密码算法均进行了国产化的改造，以满足国内业务的需求。

2. 打磨好用易用区块链系统，全面提升工程化能力

将技术全面落地应用，提供易用好用的产品是区块链技术工程化的基础。区块链的工程化意味着该技术从论文到代码、代码到软件、软件到能够在客户原有的生产环境中正常运行使用产品的过程。众享比特提出了"传统产业＋区块链"的工程实现方式，为客户提供能用、好用、易用的区块链系统，在不改变客户原有的业务逻辑和使用习惯的情况下，在客户原有的业务系统中加入区块链技术，降低原有的业务成本，提高业务运作及协同效率。区块链行业的竞争也将是工程化的竞争。

3. 深耕渠道，与合作伙伴携手共赢

众享比特用软件厂商 To B 的模式来做区块链应用场景落地。众享比特专注于区块链底层技术平台搭建，上层业务系统由合作伙伴（系统集成商或客户本身）建设，用各自领域的专业力量，打造一个完整的、好用的、易用的系统。这让公司的业务变得更"轻"、更专注，更利于项目工程化实施。目前，公司在金融、政务、公安、能源、通信、农业、溯源、存证、工控、物联网等场景下服务客户超百家。包括中国银行业协会、中国建设银行、招商银行、中信银行、民生银行、江苏银行、南京银行、苏宁金服、福建农村信用联合社、南京市政府、株洲市政府、润和软件、天阳宏业、聚量集团、凯晟物联、江西国储、江苏电力、中国联通、中南智能、长泰机器人等行业客户。

第六节　2019 年我国软件产业发展环境分析

一、人员数量需求较大，薪资水平增长稳定

作为知识技术密集的产业，软件业呈现出绿色性、创新性、高增长性等特点，人才是产业发展的最关键要素。行业前沿领域的不断创新和软件产业的快速发展不断吸引各领域各层次的软件人才集聚，软件从业人员队伍日益壮大。2018年，中国软件和信息技术服务业从业人数为 643 万人，比 2017 年增加 25 万人，

同比增长 4.2%。总体来看，软件行业人才需求依然旺盛，人才缺口仍然较大，我国当前的软件从业人员规模尚不能满足产业发展的需求。

薪酬是吸引软件人才的重要因素。据统计，2018 年从业人员工资总额预计增长 14.3%（见图 11-21），增速和 2017 年基本保持一致，人均工资预计增长 9.1%。软件业人均工资的增长将有效刺激人才培训机构建设，对行业发展带来较大利好。

图 11-21　2018 年软件业从业人员工资总额增长情况

（数据来源：工业和信息化部运行监测协调局，2019 年 2 月）

二、特色领域持续发展，新兴业态加速演进

1. 工业互联网平台建设加速

我国高度重视工业互联网平台的发展，在《国务院关于深化制造业与互联网融合发展的指导意见》等文件中均将其列为重点发展领域。当前，我国在部分领域已经建立了较为坚实的基础：共性基础平台层面，航天云网、三一重工、海尔等企业依托自身制造能力和规模优势，率先推出工业互联网平台服务，并逐步实现由企业内应用向企业外服务的拓展；行业通用平台层面，海尔建设 COSMO 平台，开发与工业技术相对应的功能模块及技术组件，实现在云平台上灵活配置形成定制化智能工厂解决方案；工业 APP 层面，海尔、航天科工、

三一重工、徐工、华为等在工业 APP 领域开展了卓有成效的工作，国内工业 APP 数量约 1 万个，海量工业 APP 和海量工业用户互促共进、双向迭代的双边市场正在初步形成。从产业发展格局来看，我国工业互联网平台建设双轮驱动格局初步形成，制造企业和互联网企业成为平台建设的两股核心力量。海尔、航天科工、徐工、三一重工、富士康等龙头制造企业基于较强的工业知识和模型沉淀能力，阿里巴巴、东方国信、浪潮、用友、华为、紫光等大型 ICT 企业基于云计算、大数据等使能技术，纷纷积极建设工业互联网平台。

2. 大数据产业将步入快速成长期

2018 年，我国大数据发展政策环境不断优化，中央、地方共出台 160 多份大数据相关政策文件，20 多个省级单位设立了大数据专门机构，多层次协同推进机制基本形成；产业技术不断突破，大数据专利公开量全球占比已达到 40%；与各行业的融合应用不断深化，在制造、商务、金融、交通、医疗等众多领域，一批大数据平台快速发展，一批独角兽企业迅速崛起。

3. 人工智能产业发展不断加速

在《新一代人工智能发展规划》《促进新一代人工智能产业发展三年行动计划（2018—2020 年）》等国家政策及地方配套政策的推动下，智能语音、图像识别等领域产业链初具规模，应用领域不断扩展，对教育、汽车电子、智能家电、公共安全等相关产业高端化发展形成了较强的带动作用。百度的 PaddlePaddle 深度学习算法框架、科大讯飞的语音识别技术、旷视科技的图像识别技术等均实现了对国际领先水平的赶超。

4. 云计算应用逐步落地

2018 年，我国云计算骨干企业纷纷加快云计算服务平台建设，推出新的产品和服务。阿里云成为唯一进入世界前三的中国云计算企业，腾讯、百度等企业积极发展 PaaS（平台即服务）和 SaaS（软件即服务），推出云计算加速芯片、AI 即服务等新产品与服务框架。中国移动面向政务、金融、教育等领域发布系列创新的云解决方案；华为面向政务云领域推出了 Cloud BU；联通、电信，以及传统设备厂商中兴通讯、浪潮也均推出基于各行业的云计算解决方案。

5.区块链应用落地不尽人意

2018年，我国区块链行业政策环境显著优化，技术能力快速提升，行业应用逐步拓展。

技术方面，区块链技术尚不成熟，仍处于发展早期，对于区块链性能、隐私安全、可扩展等方面的技术创新正在不断涌现。底层平台的市场竞争日趋激烈，国内 NEO、公信宝、星云链等公有链项目提出了各自的基础架构设计理念并予以实现；微众银行、万向区块链及矩阵元三方共同开发了 BCOS 区块链开源平台；互联网巨头纷纷战略布局 BaaS（区块链即服务）平台。

应用方面，效果有所显现但仍不及业界预期。在跨境支付、数字内容版权、电子存证等天然数字化的场景之中已经有一些应用探索，但在其他传统行业领域，概念验证多于实际应用。

第七节 2019年我国软件产业发展趋势展望

2018年，在国内产业加快变革调整背景下，我国软件和信息技术服务业保持平稳快速增长，同比增速达 15%，比去年同期提高 0.9 个百分点。2019年，产业发展既面临《扩大和升级信息消费三年行动计划（2018—2020年）》《工业互联网 APP 培育工程实施方案（2018—2020年）》等政策红利释放、大数据等新兴动能深层次拓展等发展机遇，也面临着国内经济持续放缓、产业向高质量发展转型调整等重大压力和挑战，预计 2019 年我国软件和信息技术服务业将延续平稳增长态势。

一、整体产业发展形势展望

（一）整体发展态势依旧良好

展望 2019 年，从国际来看，全球经济持续复苏回暖态势明显，以数字经济为代表的新经济成为新动能。从国内来看，国内经济将在新常态下保持稳中向好的发展态势，新旧动能加快转换，为软件产业发展创造良好的外部环境。随着《扩大和升级信息消费三年行动计划（2018—2020年）》《工业互联网 APP 培育工程实施方案（2018—2020年）》《促进新一代人工智能产业发展三年行动计划（2018—2020年）》《推动企业上云实施指南（2018—2020年）》《工业控制系统信息安全行动计划（2018—2020年）》等国家政策的深入推进和贯彻落实，云计算、大数据、人工智能等新一代信息技术加速渗透到经济和社会生活的各个领域，软件产业服务化、平台化、融合化趋势更加明显。预计 2019 年，我国国民经济各个领域对软件和信息技术服务产业的需求持续强劲，产业发展进入融合创新、快速迭代的关键期，产业整体将保持平稳健康发展态势。

（二）工业 APP 有望实现跨越式发展

展望 2019 年，工业技术软件作为工业技术、工艺经验以及制造知识和方法承载、传播与应用的重要载体，将持续深入发展，推动软件在工业领域更好发挥"赋值、赋能、赋智"作用。随着《工业互联网 APP 培育工程实施方案（2018—2020 年）》等政策的颁布、实施和软件定义的不断深化，工业领域的软件和信息技术服务应用需求将加速释放，工业软件尤其是 APP 将成为推动软件产业与工业业务场景深度融合的重要手段。

（三）新技术驱动新动能快速形成

1. 大数据

展望 2019 年，与大数据相关的信息采集、管理和分析软件具有较大发展潜力，企业数据采集工具、数据质量改善和集成工具、数据分析工具等软件的销售额将稳步增长，数据驱动业务发展成为企业共识。大数据与实体经济融合将更加深入，对智能制造的赋能效应将进一步释放。

2. 人工智能

展望 2019 年，随着相关政策的落地实施，以及大数据、云计算等新一代信息技术的加速迭代演进，人工智能与实体经济的深度融合将进一步加强，推动传统行业走向智能化，其应用场景将面向工业、家居、医疗、教育等重点领域快速扩张，迎来更加广阔的发展前景与市场机遇。

3. 云计算

展望 2019 年，企业上云进程将进一步提速，传统软件厂商加快向 SaaS 提供商转变，基于云平台的 SaaS、PaaS、IaaS 成为软件的主流模式，各类软件产品将加速向云端迁移。随着云计算产业生态链不断的完善，行业分工细化趋势更加明显，工业云、政务云、医疗云等领域存在巨大的市场潜力。

（四）在开源世界中的影响力稳步提升

展望2019年，随着国家政策的贯彻落实和重点项目工程的建设实施，开源发展环境将持续优化，科技企业间竞争将更加激烈，软件开发者格局将重新划分。来自争夺市场份额的竞争，将促使企业开源更多的软件项目，开源软件将迎来高速发展期。随着全球技术创新进入新阶段，国内开源软件规模将持续扩大，影响力持续增强，围绕活跃社区，由开发者、使用者等多方参与的开放式发展环境和创新模式将进一步普及。

（五）国际化发展步伐进一步加快

展望2019年，伴随"一带一路"基础设施的互联互通及各类国际合作不断落地，对"一带一路"沿线国家和地区的软件出口呈明显上升趋势，国际化发展正在成为国内企业实现业务增长的新动能，国内企业跨国经营活动深度和广度将不断拓展。同时，受全球宏观经济弱势复苏、主要国家政治不稳定因素激增等影响，整体来看，我国软件出口将延续低速稳定增长态势，国内软件企业国际化进程将不断加速。

（六）产业发展仍面临多方挑战

1. 中美贸易摩擦凸显核心技术缺失

2018年，中美贸易摩擦持续升级，科技成为竞争核心，从传统货物贸易，蔓延至知识产权、市场准入；从对单一产品采取"双反"关税等贸易救济措施，升级为大范围征收高关税、加紧对华高科技出口限制。美国对我国的狙击力度不断升级，给我国软件产业加快核心技术产业发展带来了阻力。在研发创新方面，企业多进行跟随式创新，越来越多的企业在国际竞争中面临技术瓶颈，存在技术储备和技术来源不足、核心竞争力不强的突出问题。重要信息系统、关键基础设施中的核心技术产品和关键服务还依赖国外，软件、芯片、标准等方面的自主研发水平与发达国家相比还存在较大差距。目前，我国高端工业软件市场80%被国外企业（如西门子、GE等）垄断，中低端市场的自主率也不超过50%。在云计算、移动互联网、大数据、物联网等对传统软件产业可能产生颠覆性冲击的领域，我国目前还处于跟随式发展阶段。

2. 工业互联网发展生态亟待构建

我国工业产业基础较为薄弱，工业互联网发展生态亟待构建，主要体现为：一是工业系统建设落后，数据汇聚难度大。我国制造业数字化、网络化程度低，高端装备和关键核心技术对外依赖度高。各大工控系统制造商主导封闭协议，大量生产数据被留存在各个独立的工业系统中，设备通信和数据汇聚难度很大。二是工业知识体系不健全，应用创新能力薄弱。我国工业知识体系建设起步晚，工业基础和工业 Know-How 方面落后，尤其在制造技术、知识和经验方面积累不够，还不具备将核心经验知识封装为模块的标准组件能力。提供的分析服务较少涉及预测性分析和规范性分析，边缘计算分析也处于起步阶段。三是工业云应用平台缺失，核心支撑能力受限。目前，我国 PaaS 的发展明显落后，缺乏面向工业应用的 PaaS 平台和具备行业主导力的工业云平台，对工业互联网平台建设的支撑能力不足。四是工业微服务建设能力不足。我国工业技术知识薄弱，整合控制系统、工业资产、通信协议、管理工具、专业软件等各类资源的能力不足。微服务资源池覆盖面不够广泛，同质化现象比较严重。我国平台的微服务资源池存在为建设而建设的盲目性问题，微服务开发的业务导向性不强。

3. 企业的国际开源影响力有待提升

随着开源逐渐成为全球信息技术创新和软件产品创新的重要手段，各大企业对开源的重视度不断提升。但相比国际大企业，中国企业在全球开源世界中的影响力和贡献度不足。导致中国企业国际开源影响力不足的主要原因有：一是以华为、腾讯、阿里巴巴等企业为代表的 IT 大企业虽不断加大对开源世界的回馈力度，但我国企业在主导或引领国际主流大型项目方面的实力还比较薄弱，与国际巨头存在差距。二是开源式技术创新生态尚未形成。目前企业缺乏生态的积累和长远的规划，人才培养与实体经济发展相结合的意识还不够。

4. 人才结构性短缺日益突出

随着大数据、人工智能、物联网、数字经济等新一代信息技术的发展，领军型人才、复合型人才和高技能人才紧缺，软件人才结构性短缺导致的供给能力不足正成为我国新兴产业高质量发展面临的重要问题。一方面，高端创新型人才匮乏，人才培养不能满足产业发展实际需求。"企业招不到人才""人才找不到合适单位"的矛盾突出。另一方面，复合型人才匮乏，既熟悉创新技术又熟悉各行业领域业务流程的复合型人才数量与新兴产业需求不匹配。导致人才供给不足的主要原因有：一是我国软件人才培养有待强化产教融合。目前尚未充分发挥信息技术新工科产学研联盟等社会组织作用，高等院校、科研院所和软件企业产学研用对接不够深入。二是我国软件人才培养基础教育亟须推广。软件基础教育滞后，公众软件技术素养有待提升，对复合型人才的培养不够重视。三是我国缺乏针对软件新兴技术的专业人才培养。高等院校开设大数据、云计算、人工智能等软件专业新课程力度不够，尚未满足软件新技术、新业态、新模式发展对高端人才的大量需求。

5.产业生态建设与国际影响力不匹配

我国在支持软件和信息服务产业发展的资金、政策、龙头企业、人才、公共服务体系、知识产权保护等生态环境方面，与美国、欧盟、日本等发达国家和地区相比还存在较大差距，导致产业国际竞争优势不足，处于全球产业价值链的低端。一是行业龙头企业与世界级领先企业相比，在产业生态圈构建、新技术变革引领等方面仍存在较大差距。由于骨干企业整合发展资源的能力和带动产业链能力不足，生态链企业缺乏深度合作，尚未形成良性发展的产业生态，因此制约了产业国际竞争力的提升。二是产业融资环境差。由于产业多元化程度不足、创新创业氛围有待改善、资本市场不够活跃，尚未形成较为完善的风险投资体系和金融体系，因此对软件企业的资金支撑力度不够。三是扶持政策力度不足。在软件产业新形态不断涌现的情况下，如何调整优化税收政策，发挥财税政策的引导、鼓励作用，进一步促进软件产业结构优化升级，成为当前面临的重要问题。

第十二章

智能制造产业

第一节　2018年我国智能制造产业整体发展状况

一、中国智能制造发展取得丰硕成果

随着基础生产工艺的不断成熟，我国制造业领域的自动化和数字化水平也不断提升，生产工厂智能化水平显著提高。截至2018年，我国智能工厂市场行业规模接近7 000余亿元，预计到2020年将突破8 500余亿元。作为智能制造技术核心组成部分之一的工业软件市场规模已突破1 600余亿元，为智能制造稳健发展提供了强大的技术支持。在智能制造领域，工业机器人的大量使用促进了人机协同的发展，我国工业机器人销量突破15万台，同比增长14.97%，在系统集成方面，规模突破600亿元，同比增长13.33%。未来随着智能制造技术应用的深化，工业机器人在各行业的应用将会持续提升。近年来，智能制造的发展使我国工业网络基础设施得到了长足发展，集聚了一批智能制造系统集成、工业机器人、高档数控机床等软硬件企业，产业发展环境得到了初步构建。

二、智能制造领域技术不断取得重大突破

随着新一代信息通信技术与先进制造技术融合程度不断深入，我国在智能制造水平方面有着显著提升，如数字制造、智能制造、绿色制造等领域，加强

重点领域国外标准转化，重点智能制造装备质量与国际先进水平持平，不断攻克重大核心技术难题，科技创新能力显著提升，取得了举世瞩目的成就。尤其在航空航天、海洋工程装备、地质勘探等关键领域加强攻关，不断赶超世界先进水平（见表12-1）。

随着新一代信息通信技术与先进制造技术融合程度的不断深入，我国在智能制造水平方面有着显著提升，数字制造、智能制造、绿色制造等标准体系正在持续完善中，质量安全标准同国际质量相关标准快速接轨，重点环境与分析的国际标准转化率将达到90%以上，智能制造装备质量达到或接近国际先进水平。

表12-1 2018年智能装备制造领域重大代表性科技事件

序号	事件	影响、意义
1	以国投创新、经纬创投、中移创新产业基金和海捷投资为主体，战略投资树根互联	树根互联完成数亿元A轮融资，将加速其在工业互联网领域的战略布局
2	航天云网云端业务工作室正式上线运行	航天云网加速落实"一脑一舱两室"的业务布局，实现了航天云网平台发展重心由功能建设向用户体验迁移的重要任务
3	明匠智能2017年未能完成业绩承诺目标	过快的发展速度及全行业发展模式为明匠智能的发展带来了极大的企业运行压力，为其他企业在发展模式的选择方向上敲响了警钟
4	西门子与以葛洲坝集团、中铁国际、中国化学工程为代表的多家企业签订了10余项合作协议	西门子积极携手中国企业，针对发电、能源管理、楼宇科技与智能制造等领域，共同开拓印度尼西亚、菲律宾、尼日利亚、莫桑比克和南美等国家和地区的市场
5	中国智能制造系统解决方案供应商联盟编制并发布了《智能制造系统解决方案供应商规范条件》	明确提出供应商在提供咨询、规划、实施、运维等服务环节的规范标准，有助于优化市场竞争环境
6	京东集团与埃夫特智能装备股份有限公司签订战略合作协议，就智慧物流体系建设展开合作	设备供应商与物流服务提供商强强联手，以物流关键技术突破为切入点，完善智慧物流体系建设

数据来源：公开资料，赛迪顾问整理，2019年11月。

三、以智能服务为核心的商业模式不断涌现

随着智能制造技术应用程度的不断加深，我国制造业发展模式逐渐从以产品为中心向以用户为中心的模式转变，产业架构也从大规模流水线生产转变为小品种定制化生产。智能制造技术成功解决了传统制造模式和市场多元化需求之间的不匹配、不协调问题。从以终端产品交付的一次性交易盈利模式向以产品服务为周期的阶段性盈利模式转变。制造业企业通过不断创新优化生产组织

模式、运营管理方式和商业发展模式,服务类要素在投入和产出中的比重愈加明显。

四、人工智能技术与智能制造技术开始融合

目前,人工智能相关技术已经成功应用到了生产制造环节,最具代表性的技术是机器视觉,机器视觉在工业生产中广泛应用于产品识别、测量、校对、引导及产品外观质量检测等方面。通过机器视觉技术的导入全面提高了产品质量,降低了生产成本,节约了人工投入。未来随着人工智能技术与生产制造技术的进一步融合,工厂生产线将发生革命性变革,企业将向自学习、自适应、自控制的新一代智能工厂迈进。

五、离散型制造企业的智能制造呈现规模化发展趋势

离散型制造通过柔性化生产、实时数据采集、人机协作、设备间信息交互等技术将企业生产运行系统进行全面优化。在离散制造模式下,生产线会自动采集实时数据并对这些数据展开多元化的分析,主要包括机器运转率、故障率、生产率、零部件合格率及工人状态等。在离散制造企业生产现场,数控加工中心、工业机器人、测量仪及其他所有柔性化制造单元进行自动化排产调度,零部件、原材料、刀具均可进行自动化调整与安装,全面提高生产线运转效率和产品质量。

第二节 2018 年我国智能制造产业重点政策解析

一、《国家智能制造标准体系建设指南(2018 年版)》

《国家智能制造标准体系建设指南(2018 年版)》(以下简称《建设指南(2018 版)》)在保持与 2015 版总体框架和核心内容不变的基础上,关注制造业转型中的实际需求,并综合考虑了新技术和新应用,目的是为了满足未来两年的需求,主要解决标准体系完善及标准在全制造业领域推广应用的问题。《建设指南(2018 版)》说明了智能制造标准化建设不是追求一个"大而全"的体系,而是聚焦在数据、通信和信息等方面的优先目标体系。它的对象是具有信息深度自感知、智慧优化自决策、精准控制自执行等功能的先进制造过程、系统与模式。《建设指南(2018 版)》的发布进一步加强了标准体系构成要素及相互关系的说明,着重体现了新技术在智能制造领域的应用,突出强化了标准试验验

证、行业应用与实施,为智能制造产业健康有序发展起到指导、规范、引领和保障作用,对于推动我国智能制造标准国际化具有重要意义。

二、《新一代人工智能产业创新重点任务揭榜工作方案》

《新一代人工智能产业创新重点任务揭榜工作方案》(以下简称《工作方案》)征集并遴选了一批掌握人工智能核心关键技术、创新能力强、发展潜力大的企业、科研机构等,调动产学研用各方积极性,营造人工智能创新发展、"万船齐发"的良好氛围。具有如下四个特点:

一是揭榜挂帅,探机制、促创新。探索"揭榜挂帅"创新机制,鼓励创新主体自愿申请,积极主动承担揭榜攻关任务,明确揭榜责任单位和责任人,突出企业创新主体地位,激发揭榜单位自身能动性,集中力量攻克产业发展瓶颈。对揭榜攻关成功的单位给予大力支持和推广,形成龙头带动、万船齐发的局面,构建良好的产业发展生态。

二是优中选优,树标杆、育主力。从众多人工智能创新活跃的创新主体中,优中选优,遴选一批创新能力强、掌握关键核心技术的单位"揭榜挂帅"。原则上,在每个细分领域择优遴选揭榜单位不超过5家,择优公布揭榜成功单位不超过3家,从而树立人工智能领域标杆,激发竞争活力,培育行业龙头,推动形成一批具有国际竞争力的人工智能企业。

三是聚焦重点,补短板、攻难关。聚焦我国人工智能产业发展面临的关键短板,瞄准《三年行动计划》目标,促进创新要素更多地投入到关键核心技术攻关中。特别是针对智能传感器、神经网络芯片等薄弱环节,引导企业加大投入、集聚资源,从而攻克发展短板,夯实产业发展基础。

四是形成合力,聚资源、共发展。鼓励各地以揭榜行动为抓手,结合本地区人工智能产业发展基础和优势,加强部省协作、产业协同,营造良好环境,对接揭榜单位并给予重点支持,夯实基础,积累优势,打造特色鲜明、优势互补的人工智能产业集群,实现差异化发展。

《工作方案》在17个方向及细分领域开展集中攻关,重点突破一批创新性强、应用效果好的人工智能标志性技术、产品和服务。

(1)在智能产品方面,选择智能网联汽车、智能服务机器人、智能无人机、医疗影像辅助诊断系统、视频图像身份识别系统等产品作为攻关方向。在这些领域,产业创新活跃,已聚集了大量企业,相关技术和产品具有较好发展基础,通过"揭榜挂帅"可进一步促进其深入应用落地。

(2)在核心基础方面,选择智能传感器、神经网络芯片、开源开放平台等开展攻关。这些核心基础技术是人工智能产业发展的重要支撑，但目前我国相关方面发展相对薄弱，需整合产业链资源开展协同攻关，加快实现技术产业突破。

（3）在智能制造关键技术装备方面，选择智能工业机器人、智能控制装备、智能检测装备、智能物流装备等进行揭榜攻关。制造业是人工智能融合创新的主要领域之一，充分发挥人工智能在产业升级、产品开发、服务创新等方面的技术优势，有利于加快制造业关键技术装备智能化发展。

（4）在支撑体系方面，选择高质量的行业训练资源库、标准测试、智能化网络基础设施、安全保障体系等作为揭榜攻关任务。这些资源体系是影响人工智能健康发展的重要因素，需要加快完善基础环境、保障平台，加快形成我国人工智能产业创新发展的支撑能力。

三、《高端智能再制造行动计划（2018—2020年）》

《高端智能再制造行动计划（2018—2020年）》（以下简称《计划》）提出了八项主要任务，一是加强高端智能再制造关键技术创新与产业化应用，从航空发动机与燃气轮机关键件再制造技术创新与产业化应用、医疗影像设备关键件再制造技术创新与产业化应用两个领域，以专栏形式详细说明其发展方向；二是推动智能化再制造装备研发与产业化应用，从智能再制造检测与评估装备研发与产业化应用、智能再制造成形与加工装备研发及产业化应用两个领域，以专栏形式详细说明其发展方向；三是实施高端智能再制造示范工程；四是培育高端智能再制造产业协同体系，从培育盾构机高值关键件再制造配套企业、培育服务型再制造企业两个方面，以专栏形式详细说明其发展方向；五是加快高端智能再制造标准研制；六是探索高端智能再制造产品推广应用新机制；七是建设高端智能再制造产业公共信息服务平台；八是构建高端智能再制造金融服务新模式。

为推动落实《计划》提出的八项主要任务，《计划》提出了四项保障措施。一是充分利用绿色制造、技术改造专项及绿色信贷等手段支持高端智能再制造技术与装备研发和产业化推广应用；二是通过开展再制造产品认定并建立健全再制造标准体系规范产业发展；三是促进加强高端智能再制造领域的国际交流合作，鼓励高端智能再制造企业"走出去"，服务"一带一路"沿线国家工业绿色发展；四是推动建立有利于高端智能再制造产业发展的政策环境，促进形成"政产学研用金"协同推进《计划》的格局，提升行动计划实施的社会和产业影响力。

第三节　2018年我国智能制造产业重点行业发展状况

一、智能制造系统集成

（一）政策利好不断，智能制造系统集成持续发力

2018年3月28日，国务院常务会议提出"对装备制造等先进制造业、研发等现代服务业符合条件的企业和电网企业在一定时期内未抵扣完的进项税额予以一次性退还"，"全年将减轻市场主体税负超过4 000亿元，内外资企业都将同等受益"。同年12月，工业和信息化部发布《智能制造系统解决方案供应商规范条件》，随后，智能制造系统解决方案供应商联盟遴选出了82家符合条件的企业，为行业有序竞争和高水平发展提供了有力支撑。上述政策利好必将推动产业智能化升级和制造强国战略的加速落地。智能制造系统集成是企业实现智能化改造的重要抓手，也是凸显我国智能制造服务环节水平的重要环节，在多重政策的扶持下，中国智能制造系统集成市场有望实现进一步扩张。

（二）2018年中国智能制造系统集成市场规模继续增长

随着国内智能制造顶层规划、试点示范、标准体系建设的有效推进，2018年中国智能制造系统集成市场持续增长，市场规模接近3 000亿美元，同比增长17.7%（见图12-1）。

图12-1　2016—2018年中国智能制造系统集成市场规模及增长率

（数据来源：赛迪顾问，2019年11月）

（三）柔性装配系统占比最高

2018年，在中国智能制造系统集成市场中，市场份额占比排名前五的智能制造系统解决方案主要有：柔性装配系统、加工环节数字化系统、智能输送系统、智能仓储系统和企业资源计划（ERP），所占市场份额分别为17%、13%、10%、8%和7%。这前五位系统解决方案的市场份额为55%，同比下降5个百分点，其他类型的系统解决方案市场份额有所提升，尤其是工业云平台、工业大数据等新兴解决方案迅速进入市场（见图12-2）。

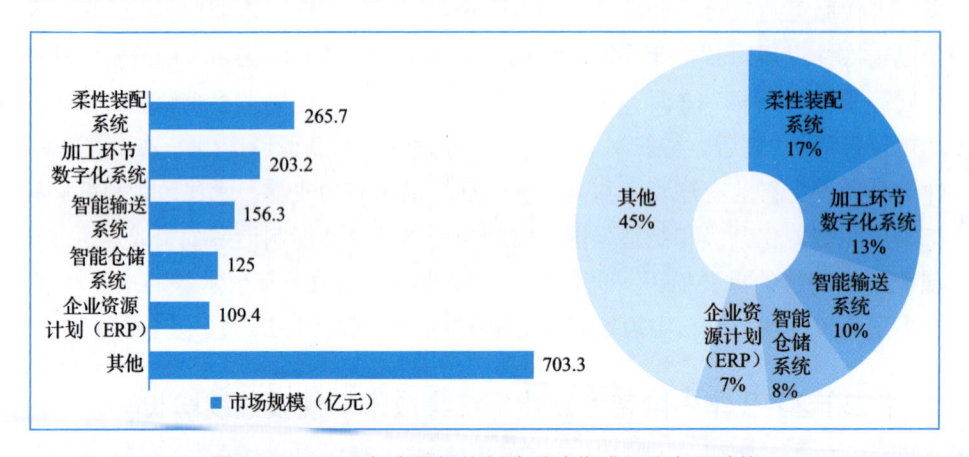

图12-2　2018年中国智能制造系统集成细分市场结构

（数据来源：赛迪顾问，2019年11月）

（四）华东、中南和华北是国内市场集中区域

从区域划分来看，华东、中南和华北三大地区是中国智能制造系统集成市场最为集中的区域，三大区域占比共计超过80%，其中华东、华南两大区域受长三角一体化与粤港澳大湾区两大国家战略的影响，制造业智能化转型推进速度加快，智能制造系统集成市场需求进一步扩大。而东北、西北、西南地区企业也在加速推动中低端生产线升级，市场份额有望在未来逐步提升（见图12-3）。

（五）国内龙头企业发展喜忧参半

2018年，中国智能制造系统集成龙头企业的发展喜忧参半，既有树根互联、航天云网等企业持续高歌前行，也有明匠智能、工业富联等企业遇到较大的发展阻力，而国外龙头企业则利用中国国际工业博览会、中国国际进口博览会等重大契机，积极与国内制造业企业加深合作，拓展国内市场（见表12-2）。

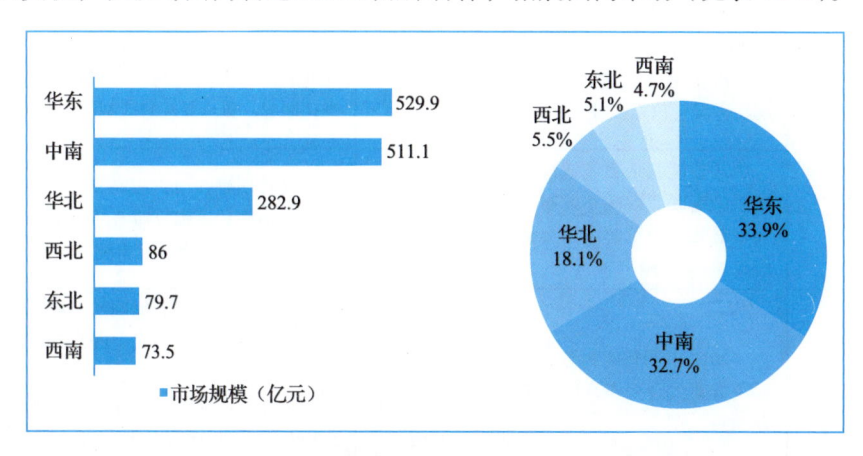

图 12-3　2018 年中国智能制造系统集成市场区域规模与结构

华东　529.9
中南　511.1
华北　282.9
西北　86
东北　79.7
西南　73.5

市场规模（亿元）

华东 33.9%
中南 32.7%
华北 18.1%
西北 5.5%
东北 5.1%
西南 4.7%

（数据来源：赛迪顾问，2019 年 11 月）

表 12-2　2018 年中国智能制造系统集成产业重大事件

序号	事件说明	事件主体	影响/意义
1	国投创新、经纬创投、中移创新产业基金和海捷投资为主体战略投资树根互联	树根互联	树根互联完成数亿元 A 轮融资，将加速其在工业互联网领域的战略布局
2	航天云网云端业务工作室正式上线运行	航天云网	航天云网加速落实"一脑一舱两室"的业务布局，实现了航天云网平台发展重心由功能建设向用户体验迁移的重要任务
3	明匠智能 2017 年未能完成业绩承诺目标	明匠智能	过快的发展速度及全行业发展模式为明匠智能的发展带来了极大的企业运行压力，为其他企业在发展模式选择方向上敲响了警钟
4	和利时再次通过信息系统集成及服务最高等级资质认定	和利时	和利时自 2001 年起连续 5 次获得该项资质，体现出企业在信息系统集成领域的技术专业度，研发、集成、管理等能力均为国内顶尖水准
5	西门子与以葛洲坝集团、中铁国际、中国化学工程为代表的多家企业签订了 10 余项合作协议	西门子	西门子积极携手中国企业，针对发电、能源管理、楼宇科技与智能制造等领域，共同开拓印度尼西亚、菲律宾、尼日利亚、莫桑比克和南美等国家和地区的市场潜力

续表

序号	事件说明	事件主体	影响/意义
6	2018年新一代信息技术产业标准化论坛智能制造系统解决方案分论坛在苏州举办	中国智能制造系统解决方案供应商联盟	论坛中中国智能制造系统解决方案供应商联盟明确提出2019年联盟将加强标准化研究，重点关注智能制造诊断服务
7	中国智能制造系统解决方案供应商联盟编制并发布了《智能制造系统解决方案供应商规范条件》	中国智能制造系统解决方案供应商联盟	该文件明确提出供应商在提供咨询、规划、实施、运维等服务环节的规范标准，有助于优化市场竞争环境
8	"2018中国智能制造系统解决方案大会"在京成功举办	中国智能制造系统解决方案供应商联盟	本次大会上中国智能制造系统解决方案公共服务平台的正式上线启动，并发布了《智能制造系统解决方案案例集》和"智能制造能力成熟度评估"两项工作成果，为2018年中国智能制造系统集成工作进行了总结
9	李群自动化完成近亿元C轮融资，投资方为粤科金融集团和天鹰资本	李群自动化	帮助李群自动化完善"机器人本体+应用软件平台+智能解决方案"产品体系
10	京东集团与埃夫特智能装备股份有限公司签订战略合作协议，就智慧物流体系建设展开合作	京东、埃夫特	设备供应商与物流服务提供商强强联手，以物流关键技术突破为切入点，完善智慧物流体系建设
11	美卓与罗克韦尔自动化携手为全球矿业推出全新的预测性维护解决方案	美卓、罗克韦尔自动化	该方案通过分析、状态监测和预测性维护帮助全球采矿客户深入了解其设备和生产流程，推动了系统集成服务由后维护向先预测的转型
12	汇川技术与中纺机集团就推动纺织行业智能化改造升级签署战略合作协议	中纺机集团、汇川技术	利用汇川技术在核心零部件领域的技术优势，帮助中纺机集团实现纺织装备行业在电气化、一体化、智能化、数字化方面的发展和突破
13	哈工海渡完成5400万元A轮融资，由广州大直、哈工智能、长城证券共同发起的投资基金参投	哈工海渡	本轮融资将主要用于打造先进制造业互动教学平台"海渡学院APP"，推进智能制造相关人才培养
14	施耐德电气宣布将携手合作伙伴，共同为山东寿光巨能金玉米开发有限公司玉米淀粉生产厂房提供智能配电解决方案	施耐德电气	项目将构建全国鲜有的中、低压配电同时实现智能化的系统，充分保障厂房供电连续性及设备稳定性，打造了食品行业实现智能配电的样板工程

续表

序 号	事 件 说 明	事 件 主 体	影响／意义
15	松下集团携手海底捞成立合资公司北京瀛海智能自动化科技有限公司，研发智能餐厅，历时三年打造的全球首家海底捞智慧火锅餐厅已正式营业	苏州松下	该餐厅首次完成了从菜品入库到出库的全自动上菜流程
16	艾默生发布Plantweb Insight位置感知系统	艾默生	艾默生 Plantweb Insight 位置感知系统扩充了智能工厂整体解决方案中对于工人保护方面的应用方向
17	霍尼韦尔与中国中化集团有限公司（简称中化集团）化工事业部签署合作协议，助力精细化工在中国的数字化转型	霍尼韦尔、中化集团	霍尼韦尔将利用互联工厂技术，包括生产执行系统（MES）和霍尼韦尔卓越系统（HES），为中化集团提供整套化工企业数字化转型解决方案
18	施耐德电气与宝武集团深化合作，继续推动宝武集团整体数字化升级及管理的智慧化创新	施耐德电气、宝武集团	施耐德电气以其透明工厂解决方案为宝武集团无人行车、智慧平台等项目提供数字化转型整套解决方案
19	磐仪科技与HPC Systems在日本联合展示工业物联网和人工智能解决方案	磐仪科技、HPC Systems	该解决方案将着力推进人工智能技术在工业自动化领域的应用方案
20	工业富联在登陆A股4个月后，跌破了公司的发行价13.77元	工业富联	智能制造系统集成及工业互联网企业急需找到合适的商业模式，以实现正常的市场化运作及竞争

数据来源：公开资料，赛迪顾问整理，2019年11月。

二、工业机器人

（一）一系列产业政策为机器人发展提供保障

近年来，国家出台的一系列产业政策为我国机器人领域的快速发展提供了充分的保障，推动我国机器人领域的技术进步和产业升级（见表12-3）。2016年，《机器人产业发展规划(2016—2020年)》明确攻克工业机器人关键技术，重点突破减速器、专用伺服电机和驱动器、控制器、传感器、末端执行器5大关键零部件的技术壁垒，发展弧焊机器人、全自主编程智能工业机器人等10类产品。2016年12月，工业和信息化部制定了《工业机器人行业规范条件》，加强工业机器人产品质量管理，从综合条件、企业规模、质量要求、研发创新能力、人才实力等方面对工业机器人本体生产企业和工业机器人集成应用企业提出要求。2018年,各地方政府大力支持发展机器人,陕西、辽宁、黑龙江、福建、河北、江苏等省(直辖市、自治区)均已出台支持机器人应用的相关优惠政策。

表12-3 机器人产业主要政策

颁布时间	颁布主体	政策名称	支持对象	相关内容
2016年3月	工业和信息化部、国家发展改革委、财政部	《机器人产业发展规划(2016—2020年)》(工信部联规〔2016〕109号)	机器人	提出到2020年,自主品牌工业机器人年产量达到10万台,六轴及以上机器人5万台以上;服务机器人年销售收入超过300亿元;实现机器人在重点行业的规模化应用,机器人密度达到150以上。关键零部件取得重大突破,在六轴及以上工业机器人中实现批量应用,市场占有率达到50%以上
2016年12月	工业和信息化部办公厅、国家发展和改革委员会办公厅、国家认证认可监督管理委员会办公室	《关于促进机器人产业健康发展的通知》	机器人	针对产业低水平重复建设、轻关键零部件制造问题,提出推动机器人产业理性发展,加强零部件等关键短板突破,大力培育龙头企业等
2016年12月	工业和信息化部	《工业机器人行业规范条件》	工业机器人	提出工业机器人本体生产企业年营收不低于5000万元或年产量不低于2000台(套),集成应用企业年收入总额不低于1亿元
2017年5月	国家标准化管理委员会、国家发展和改革委员会、科学技术部、工业和信息化部	《国家机器人标准体系建设指南》	机器人	到2018年,初步健全机器人标准体系,制修订60项机器人国家和行业标准;到2020年,建立起较为完善的机器人标准体系,累计制修订约100项机器人国家和行业标准
2017年12月	工业和信息化部	《促进新一代人工智能产业发展三年行动计划(2018—2020年)》	人工智能、服务机器人	2020年,智能家庭服务机器人、智能公共服务机器人实现批量生产及应用,医疗康复、助老助残、消防救灾等机器人实现样机生产,完成技术与功能验证,实现20家以上应用示范

续表

颁布时间	颁布主体	政策名称	支持对象	相关内容
2018年2月	陕西省经济和信息化委员会	《山西省制造业振兴升级专项行动计划》	智能机器人	发展智能机器人、无人机、智能硬件等智能产品
2017年12月	辽宁省人民政府	《辽宁省新一代人工智能发展规划》	工业机器人	培育新一代工业机器人、特种智能机器人
2018年2月	黑龙江省人民政府办公厅	《黑龙江省人工智能三年专项行动计划(2018—2020年)》	机器人	引导具备一定先发优势的成套装备、机器人、汽车等骨干企业,率先向同行业和产业链配套环节输出标准化智能工程整体解决方案,打造以行业云平台为支撑的智能工厂
2018年3月	福建省人民政府	《关于推动新一代人工智能加快发展的实施意见》	机器人核心零部件	重点研发智能机器人控制器、伺服驱动器、减速器等高性能机器人核心零部件
2018年2月	河北省制造强省建设领导小组办公室	《河北省加快智能制造发展行动方案》	工业机器人	支持发展焊接、切割、喷涂等工业机器人
2018年5月	江苏省经信委	《江苏省新一代人工智能产业发展实施意见》	工业机器人	发展焊接、装配、喷涂、搬运、检测等智能工业机器人,推进医疗、教育、娱乐、健康的服务机器人智能化水平。研制海底操作机器人、特种作业机器人、空间机器人、巡检机器人等特种智能机器人

数据来源:公开资料,赛迪顾问整理,2019年11月。

(二)工业机器人市场规模增速有所放缓

中国机器人市场发展较快,市场规模约占全球市场总额的三分之一,同时也是全球第一大工业机器人市场。2018年,我国连续五年位居全球工业机器人销量第一,工业机器人在汽车、电子制造、食品饮料、制药等众多领域将拥有更大的市场空间。2018年,中国工业机器人市场整体规模达到424.3亿元,增长22.8%(见图12-4)。

图 12-4　2016—2018 年中国工业机器人市场规模与增长率

（数据来源：赛迪顾问，2019 年 11 月）

（三）主要应用领域仍在汽车及电子电气

工业机器人仍主要应用于汽车零部件及电子电气两大领域，应用于汽车及零部件领域的工业机器人市场规模达到 153.6 亿元，占比 36.2%；应用于电子电气领域的工业机器人市场规模达到 95.9 亿元，占比 22.6%（见图 12-5）。未来，工业机器人在食品饮料、制药等众多领域将拥有更大的市场空间。

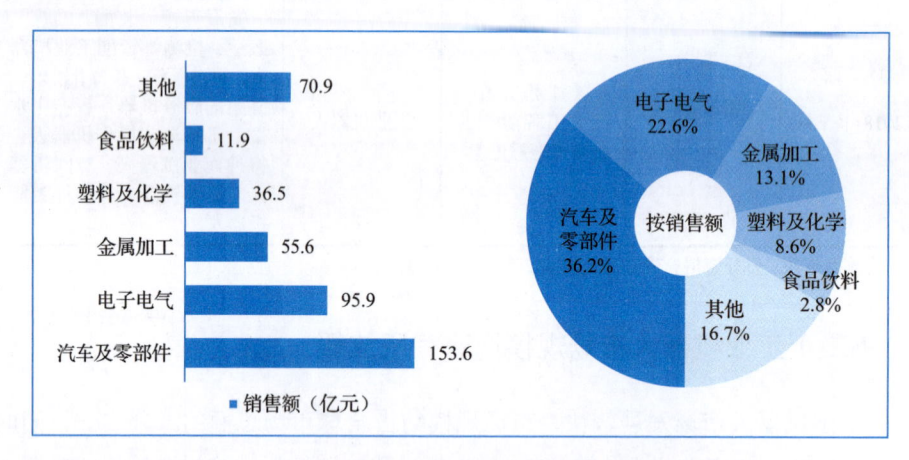

图 12-5　2018 年中国工业机器人市场行业应用规模与结构

（数据来源：赛迪顾问，2019 年 11 月）

（四）东部地区占据市场发展绝对优势

从区域结构上看，东部地区是中国工业机器人市场发展最为成熟的区域，市场总体规模体现绝对优势，2018 年的市场份额达到 60.6%（见图 12-6）。东部地区基于智能化、集约化的产业升级和企业精细化生产与多种庞大的场景服务的需求，机器人市场需求最为旺盛。

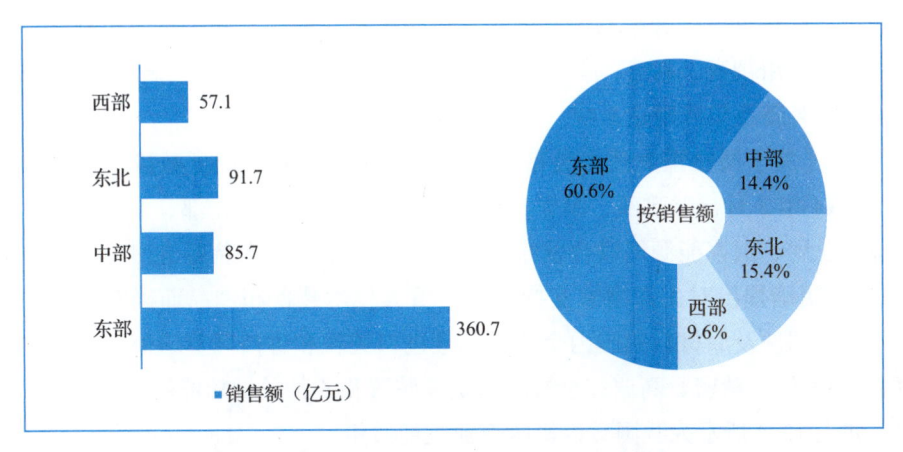

图 12-6　2018 年中国工业机器人市场区域结构

（数据来源：赛迪顾问，2019 年 11 月）

三、高档数控机床

（一）数控机床产业政策环境较好

（1）"两机"专项和数控机床专项助力高档数控机床创新发展。航空发动机及燃气轮机国家科技重大专项（简称"两机"专项）及数控机床专项的深入实施，有利于进一步突破数控机床技术难点，促进高档数控系统与大数据、工业互联网等技术深度融合。同时，两个专项的协同对接工作，有利于"两机"企业与机床企业长效合作、协同创新，对于统筹建设一批高档数控生产系统具有重要意义。

（2）《智能制造发展规划（2016—2020 年）》推动数控机床智能转型发展。2016 年 12 月，工业和信息化部发布《智能制造发展规划（2016—2020 年）》，明确提出创新"产学研用"合作模式，研发高档数控机床与工业机器人、增材制造装备、智能传感与控制装备、智能检测与装配装备、智能物流与仓储装备五类关键技术装备。围绕新一代信息技术、高档数控机床与工业机器人、航空装备等重点领域，推进智能化、数字化技术在企业研发设计、生产制造、物流仓储、经营管理、售后服务等关键环节的深度应用。

（3）《"十三五"国家战略性新兴产业发展规划》推动数控机床关键技术研发和产业化。2016年11月，国务院发布《"十三五"国家战略性新兴产业发展规划》，明确提出要加快高档数控机床与智能加工中心研发与产业化，突破多轴、多通道、高精度高档数控系统及伺服电机等主要功能部件和关键应用软件，开发和推广应用精密、高速、高效、柔性并具有网络通信等功能的高档数控机床、基础制造装备及集成制造系统。

（4）《关于调整重大技术装备进口税收政策的通知》降低数控机床进口关税。2014年2月，财政部、国家发展改革委、工业和信息化部、海关总署、国家税务总局、国家能源局联合发布了《关于调整重大技术装备进口税收政策的通知》，明确提出对生产国家支持发展的重大技术装备和产品而确有必要进口的关键零部件及原材料的国内企业，免征进口关税和进口环节增值税，其中包括12种大型、精密、高速数控机床，数控装置和6种关键功能部件。

如表12-4所示为我国数控机床产业主要政策。

表12-4 数控机床产业主要政策

颁布时间	颁布主体	政策名称	支持对象	相关内容
2016年12月8日	工业和信息化部	《智能制造发展规划（2016—2020年）》	高档数控机床	明确研发高档数控机床与工业机器人、增材制造装备、智能传感与控制装备等
2016年11月29日	国务院	《"十三五"国家战略性新兴产业发展规划》	高档数控机床、智能加工中心	加快高档数控机床与智能加工中心研发与产业化，突破多轴、多通道、高精度高档数控系统、伺服电机等主要功能部件及关键应用软件，开发和推广应用精密、高速、高效、柔性并具有网络通信等功能的高档数控机床、基础制造装备及集成制造系统
2014年2月18日	财政部、国家发展改革委、工信部、海关总署等	《关于调整重大技术装备进口税收政策的通知》	降低高速数控机床关税、增值税	对国内企业为生产国家支持发展的重大技术装备和产品而确有必要进口的关键零部件及原材料，免征进口关税和进口环节增值税，其中包括12种大型、精密、高速数控机床及数控装置和6种关键功能部件
2006年2月9日	国务院	《国家中长期科学和技术发展规划纲要（2006—2020年）》	高档数控机床、工作母机、重大成套技术装备、关键材料和关键零部件	提高装备设计、制造和集成能力，以促进企业技术创新为突破口，通过技术攻关，基本实现高档数控机床、工作母机、重大成套技术装备、关键材料和关键零部件的自主设计制造。确定"高档数控机床和基础制造技术"作为十六个重大专项之一

数据来源：相关部门网站公开信息，赛迪顾问整理，2019年11月。

（二）中国数控机床市场规模稳步提升

随着中国数控机床技术突破，以及汽车、航空航天、船舶、电力设备、工程机械等下游行业对于数控机床性能和精度要求越来越高，中国数控机床特别是高端数控机床市场需求将日益扩大，市场规模稳步提升（见图12-7）。到2021年，中国数控机床市场规模预计接近5000亿元。

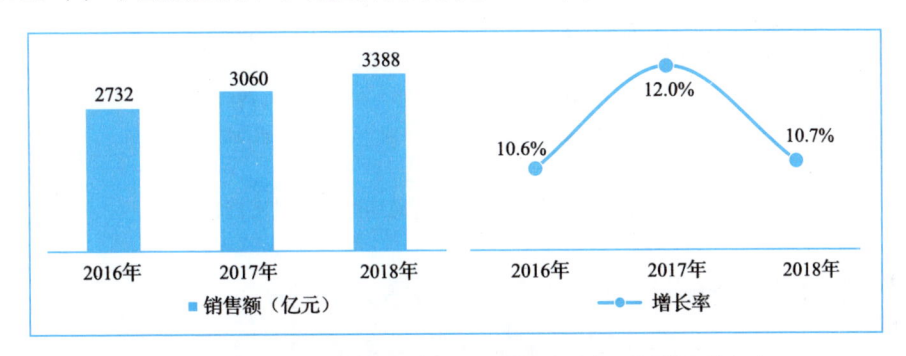

图 12-7　2016—2018 年中国高端数控机床市场规模及增长率

（数据来源：赛迪顾问，2019 年 11 月）

（三）2019年上半年机床工具行业进出口首次出现顺差

2018年我国机床工具行业进出口两旺，2018年金属加工机床进口总额为96.7亿美元，同比增长10.6%。其中，金属切削机床为80.7亿美元，同比增长11.7%，达到了2015年以来的年度最高值（见图12-8）。同时，受到国内需求以及技术水平提升的影响，2019年1—6月机床工具行业进出口在历史上首次出现顺差，上半年机床工具行业进口总额为69.5亿美元，同比下降20.6%；出口总额为70.3亿美元，同比增长9.2%。

（四）我国数控机床呈现"一带两支撑"区域分布格局

我国有约2 000家数控机床企业，总体呈现"一带两支撑"格局，"一带"主要指东部沿海地带，"两支撑"主要指以中部地区的湖北和安徽两省为支撑。其中，江苏、山东、浙江为数控机床企业三大聚集地。

图 12-8 2011—2018 年我国金属切削机床进出口情况

（五）数控机床行业龙头企业发展活力不均衡

我国数控机床主要上市企业 2018 年营收差距较大，部分位于江苏、浙江、沈阳、山东的企业营业收入实现了较快增加，但是全国有近一半上市企业营业收入实现负增长，企业发展活力不均衡（见表 12-5）。

表 12-5 2018 年我国数控机床主要上市公司经营信息

企业中文名称	2018 年营收（亿元）	2017 年营收（亿元）	营收增长率（%）
沈阳机床股份有限公司	50.15	41.89	19.71%
秦川机床工具集团股份公司	31.88	30.00	6.28%
浙江日发精密机械股份有限公司	19.69	15.51	26.95%
山东威达机械股份有限公司	16.62	14.69	13.11%
江苏亚威机床股份有限公司	15.36	14.39	6.74%
宁波海天精工股份有限公司	12.72	12.81	-0.67%
武汉华中数控股份有限公司	8.20	9.85	-16.81%
云南西仪工业股份有限公司	7.67	9.04	-15.19%
昆明机床股份有限公司	4.95	5.60	-11.74%
广州市昊志机电股份有限公司	3.58	4.29	-16.50%
威海华东数控股份有限公司	0.83	1.11	-25.09%

数据来源：赛迪顾问，2019 年 11 月。

四、3D 打印设备

（一）增材制造产业备受国家关注

为了深入贯彻党的十九大报告关于建设现代化经济体系的有关内容，工业和信息化信部于 2017 年发布了《增材制造产业发展行动计划(2017—2020 年)》，对于发挥 3D 打印产业对传统制造业态的引领作用，融入新的制造模式，具有重大指导意义。

我国高度重视增材制造产业，增材制造是实施制造强国战略的发展重点之一。2015 年，工业和信息化部、国家发展改革委、财政部联合印发了《国家增材制造产业发展推进计划（2015—2016 年)》，期望通过政策的引导和社会各界力量的努力，我国在增材制造的各个方面取得突破，装备稳定性与各类技术参数水平快速提升，应用的各类领域日益拓展并越发丰富，产业的生态体系逐渐形成，同时在国内出现一批具有实力的骨干企业，全国涌现多个产业集聚区，增材制造产业快速发展。

如表 12-6 所示为我国 3D 打印产业主要政策。

表 12-6　我国 3D 打印产业主要政策

颁布时间	颁布主体	政 策 名 称	支 持 对 象	相 关 内 容
2015 年	工业和信息化部	《国家增材制造产业发展推进计划（2015—2016 年）》	增材制造产业	为落实国务院关于发展战略性新兴产业的决策部署，抢抓新一轮科技革命和产业变革的重大机遇，加快推进我国增材制造（又称"3D 打印"）产业健康有序发展，制定本推进计划
2016 年 7 月	科技部	《"十三五"国家科技创新规划》	增材制造新技术研发	《规划》共分 8 篇 27 章，从创新主体、创新基地、创新空间、创新网络、创新治理、创新生态六个方面提出建设国家创新体系的要求，并从构筑国家先发优势、增强原始创新能力、拓展创新发展空间、推进大众创业万众创新、全面深化科技体制改革、加强科普和创新文化建设六个方面进行了系统部署
2017 年 11 月	工业和信息化部	《高端智能再制造行动计划》	机电产品再制造	利用 3D 打印、激光熔覆等增材制造技术，实现航空航天、工程机械等领域的关键零部件再制造
2017 年 12 月	工业和信息化部	《增材制造产业发展行动计划（2017—2020）年》	增材制造产业	推进我国增材制造产业快速可持续发展，加快培育制造业发展新动能

数据来源：相关部门网站公开信息，赛迪顾问整理，2019 年 11 月。

(二)中国 3D 打印市场规模持续高速增长

中国出台了《增材制造产业发展行动计划(2017—2020年)》《增强制造业核心竞争力三年行动计划(2018—2020年)》等 8 项对 3D 打印的支持性政策,涉及国家部门多达 23 个,这极大地提升了中国 3D 打印市场的布局速度。同时,中国航发、中国商飞等中央企业开启了金属 3D 打印协同创新发展的序幕,共享集团铸造用工业级砂型打印机入选工信部重大技术装备指导目录、西安铂力特入选工信部金属增材制造智能工厂试点示范。此外,各个细分应用领域也涌现出大量具有实力的创新公司,这些公司通过开展大规模的投入和布局,充分地刺激了中国 3D 打印市场的快速增长。2018 年中国 3D 打印市场规模达到 145 亿元,增长率为 31.8%(见图 12-9)。

图 12-9　2016—2018 年中国 3D 打印市场规模及增长率

(数据来源:赛迪顾问,2019 年 11 月)

(三)民用 3D 打印占据最大市场份额

3D 打印根据产品结构分为工业 3D 打印和民用 3D 打印,进一步细分:工业 3D 打印包括原型制造、快速成型、再制造、工业设计等,民用 3D 打印包括医疗器械、文化创意、个性化定制等。2018 年我国工业 3D 打印和民用 3D 打印市场规模分别为 70.3 亿元和 74.7 亿元,占比分别为 48.5% 和 51.5%(见图 12-10)。

民用3D打印 74.7
工业3D打印 70.3
■规模（亿元）

工业3D打印 48.5%
民用3D打印 51.5%
市场结构

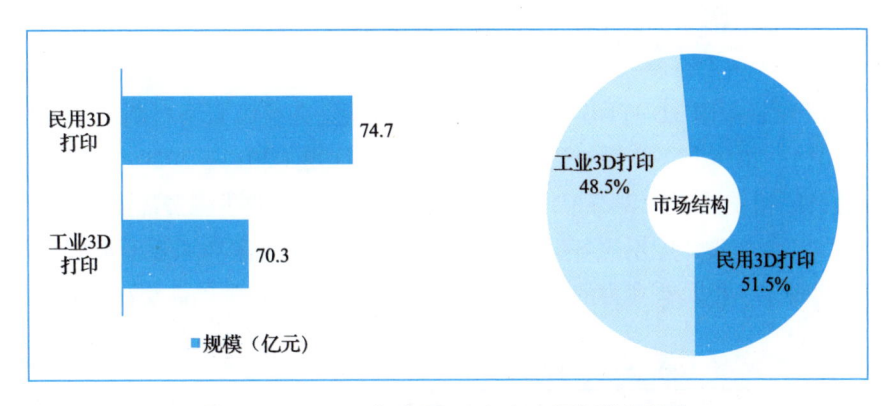

图 12-10　2018 年中国 3D 打印市场规模与结构

（数据来源：赛迪顾问，2019 年 11 月）

（四）产品销售以需求为导向，沿海地区仍为最大市场

从区域市场结构上看，环渤海、长三角、珠三角仍占据主要的市场份额（见图 12-11）。在环渤海地区，3D 打印产业发展位于全国领先水平，形成了以北京为核心、多地协同发展，各具特色的产业发展格局；长三角地区具备很好的经济发展优势、区位条件和制造业基础，已初步形成包括材料、设备和服务在内的全 3D 打印产业链；珠三角地区是国内 3D 打印应用服务的高地，主要分布在广州、深圳、东莞等地；中西部地区是国内 3D 打印材料的产业化重地，集聚了一批龙头企业。

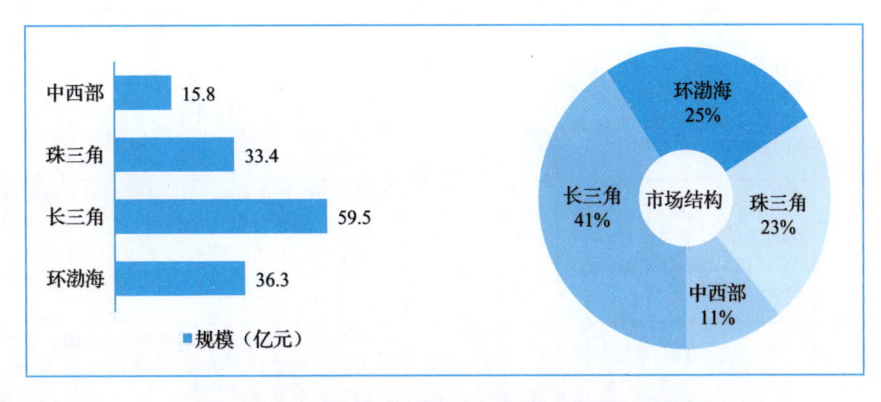

中西部 15.8
珠三角 33.4
长三角 59.5
环渤海 36.3
■规模（亿元）

环渤海 25%
珠三角 23%
中西部 11%
长三角 41%
市场结构

图 12-11　2018 年中国 3D 打印市场规模与结构

（数据来源：赛迪顾问，2019 年 11 月）

（五）中国 3D 打印产业化步伐明显加快

2018 年，中国 3D 打印产业化步伐明显加快。在《国家增材制造产业发展计划 (2015—2016 年)》《增材制造产业发展行动计划（2017—2020 年）》等相关政策的引导和支持下，我国 3D 打印产业快速发展，行业投融资热度不断增加，关键技术不断突破，应用的各类领域日益拓展，产业的生态体系逐渐形成，同时在国内出现了一批具有实力的骨干企业，形成了若干标志性产品（见表 12-7）。

表 12-7　2018 年中国 3D 打印产业重大事件

序号	事件说明	事件主体	影响/意义
1	2018 年 11 月，国千科技集团融资 8000 万元，业务涵盖 3D 打印全产业链	国千科技有限公司	逐步形成覆盖 3D 打印设备、3D 打印材料、3D 打印服务的行业骨干企业
2	2018 年 11 月，优材科技与 GE 增材签署制造伙伴合作计划	成都优材科技有限公司	优材科技与 GE 增材在上海首届中国国际进口博览会上签署增材制造伙伴合作计划。优材科技是 GE 增材在中国及亚洲授权的第一家制造合作伙伴，该合作计划将带动优材科技进入增材制造产业发展快车道
3	2018 年 11 月，远铸智能在德国 Formnext 展上发布智能多材料 3D 打印一体化解决方案	上海远铸智能技术有限公司	FUNMAT PRO 410 是一台集多材料 3D 打印解决方案于一体的智能工业增材设备。它既可以帮助研发人员进行功能性原型的测试，加快研发进度，也可以用于工厂的小批量生产，帮助工厂能够更快地将产品从研发转化为量产
4	2018 年 11 月，3D 打印机生产商上海普利生机电科技有限公司获得了巴斯夫风险投资公司的投资	普利生机电科技有限公司	普利生得到巴斯夫的支持，加速产品开发及相关研发，以扩大市场影响并有机会进入全球市场
5	2018 年 11 月，智能 3D 打印企业——广州黑格智造信息科技有限公司获 IDG 领投 3.25 亿元 A 轮融资	广州黑格智造信息科技有限公司	黑格科技将打通 Manufacturer Business Customer（生产—商业—用户和消费者）的商业链条，建立从"数字化生产"到"去规模化"零售的新型 3D 打印应用场景，成为商业应用广泛、更有价值的数字化生产服务商
6	2018 年 10 月，eSUN 易生新品柔性 3D 打印材料 eTPU-95A 在 Formnext 2018 上发布	深圳光华伟业股份有限公司（eSUN 易生）	此款 3D 打印材料借助其高柔性及高回弹力特性，能够使打印品经长期压缩后精准还原形状，大大降低永久变形率；eTPU-95A 的透湿性和耐水解性，使样件能经受清水洗涤、严寒等
7	2018 年 10 月，上海探真超大尺寸金属 3D 打印设备 TZ-SLM500A 正式发布	上海探真激光技术有限公司	2018 年我国宇航发射任务突破 40 次。鉴于火箭的大量复杂结构，特别是涡轮泵叶轮结构亟需寻找新的制造工艺。上海探真四激光扫描成形超大尺寸金属 3D 打印设备为其提供了新的选择

续表

序 号	事件说明	事件主体	影响/意义
8	2018年10月，影为医疗完成Pre-A轮融资，由上海电气集团直投，共同布局个体化骨科器械市场	影为医疗科技（上海）有限公司	3D打印的个体化骨科医疗器械可以让国产的骨科植入物实现这一领域的弯道超车
9	2018年10月，三迪时空上榜工信部2018制造业"双创"平台试点示范项目	青岛三迪时空增材制造有限公司	通过平台影响力，链接行业上下游资源及用户需求，进行资源有效整合，把互联网和包括传统行业在内的各行各业结合起来，为大家提供一个优质的产业服务平台，最终从线上到线下建立3D打印发展生态圈
10	浙江闪铸3D打印齿科解决方案亮相伦敦国际口腔展	浙江闪铸三维科技有限公司	国产3D打印机首次进入国际的口腔专业应用市场
11	2018年9月，华钛三维获Pre-A轮融资	广州华钛三维材料制造有限公司	华钛三维是由南粤基金集团进行天使投资的新材料制造企业，是广州市增城区引进的第一个院士创业的高新技术产业化项目，是南粤基金集团积极践行创新驱动发展战略，主动对接广深科技创新走廊规划的重大项目之一
12	2018年8月，黑格科技与世界3D打印巨头——比利时Materialise公司签署战略合作协议	广州黑格智能科技有限公司	为中国3D打印发展注入活力，打开3D应用之路
13	2018年8月，中央企业金属3D打印协同创新项目签约苏州高新区	国新国际投资有限公司	中国国务院国资委、国家外汇储备共同出资设立的国新国际，与苏州高新区签约，成立"中央企业金属3D打印协同创新项目"，总投资超12亿元
14	2018年8月，万华化学强势推出3D打印材料TPU粉末、光敏树脂	万华化学集团股份有限公司	万华的加入，对我国甚至全球3D打印材料领域，都是一个非常重要的信号——传统材料企业强势进入3D打印领域
15	2018年8月，华曙高科获得国投创业领投的A轮融资	湖南华曙高科技有限责任公司	专注于从事3D打印技术的研发与应用，旗下主要产品包括尼龙3D打印机、金属3D打印机及3D打印材料等，广泛应用于航空航天、汽车交通、首饰制造、教育科研、电动工具等领域
16	2018年7月，清锋时代3D-FAB宣布完成Pre-A轮融资	北京清锋时代科技有限公司	"3D极速智造"较之于普通制造业注塑选材、开模、生产的模式，优势明显。在技术保护方面，3D-FAB绕过对标公司"Carbon"在全球布局的核心专利，拥有自主知识产权
17	2018年6月，南京三迭纪医药科技有限公司完成1亿元A轮融资	南京三迭纪医药科技有限公司	南京三迭纪根据临床需求和药物动力学要求，通过腔室、层级等制剂三维结构设计，实现对药物释放时间、空间和释放模式的精准控制，以及对药物复方制剂每个成分的单独释放控制。该技术颠覆了传统试错型制剂开发模式，可大大提高药物开发效率和药物临床疗效

续表

序 号	事件说明	事件主体	影响/意义
18	2018年5月，北京十维科技完成千万元级天使轮融资	北京十维科技有限公司	加速陶瓷行业转型数字化制造和柔性制造
19	2018年4月，上海昕健医疗技术有限公司完成数千万元级A轮融资	上海昕健医疗技术有限公司	昕健医疗将重点推进医学3D打印技术的临床应用和智能化水平，完善个性化植入物的设计和生产，加速三类植入物的临床认证工作。未来还将考虑与医院或地方政府合作，建立医院3D打印中心和城市医学3D打印中心
20	2018年1月，鑫精合成功自主研发国际最大激光沉积制造设备TSC-S4510	鑫精合激光科技发展（北京）有限公司	鑫精合针对重大装备关键构件加工需求，自主研发的国际首台成型尺寸最大商用激光沉积制造设备TSC-S4510，填补了国际激光沉积制造超大型装备的空白

数据来源：公开资料，赛迪顾问整理，2019年11月。

五、工业级无人机

（一）制造强国战略引领工业级无人机产业获得长足发展

2015年，国家制造强国战略也明确提出将无人机作为发展重点之一，国家支持力度之大可见一斑。在国家战略的引领下，我国国务院及各部委出台了一系列规章政策，旨在促进工业级无人机产业发展，加强无人机管理（见表12-8）。

表12-8 工业级无人机产业主要政策

颁布时间	颁布主体	政策名称	支持对象	相关内容
2018年5月	中国民航局	《民用无人驾驶航空器经营性飞行活动管理办法(暂行)》	专业级无人机、无人机培训	使用空机重量为250克以上（含250克）的无人机开展航空喷洒（撒）、航空摄影、空中拍照、表演飞行等作业类和无人机驾驶员培训类的经营活动需要取得经营许可
2018年5月	中国民航局	《关于促进航空物流业发展的指导意见》	物流无人机	旨在促进我国航空物流专业化发展，构建更加完善的航空物流服务体系。对于近年来发展迅速的物流无人机，《指导意见》提出支持物流企业利用通用航空器、无人机等提供航空物流解决方案
2018年3月	农业部办公厅、财政部办公厅	《关于做好2018—2020年农机新产品购置补贴试点工作的通知》	植保无人机	旨在支持促进农机产品技术创新和研发生产，加速农机新产品试验鉴定和推广应用。《通知》特别表明对植保无人机补贴工作继续予以支持

续表

颁布时间	颁布主体	政策名称	支持对象	相关内容
2017年12月	工业和信息化部	《关于促进和规范民用无人机制造业发展的指导意见》	无人机制造	统筹促进产业发展和强化安全管控的要求,提出大力开展技术创新,提升产品质量性能,加快培育优势企业,拓展服务应用领域,建立完善标准体系,强化频率规范使用,推进管控平台建设,推动产品检测认证,促进我国民用无人机制造业发展
2017年11月	中国民航局	《无人机围栏》和《无人机云系统接口数据规范》	无人机系统	明确了无人机围栏的范围、构型、数据结构、性能要求和测试要求等,并对无人机围栏进行分类。无人机系统和无人机云系统之间应按照要求的数据接口进行双向通信,通信内容应包含注册信息、动态信息、数据类型、差异数据等
2017年9月	农业部办公厅等三部门	《关于开展农机购置补贴引导植保无人机规范应用试点工作的通知》	无人机购置补贴	选择浙江(含宁波)、安徽、江西、湖南、广东、重庆等6个省(直辖市)开展植保无人机购置补贴试点
2017年8月	国务院办公厅	《国家突发事件应急体系建设"十三五"规划》	应急救援等专业级无人机	支持鼓励通用航空企业增加具有应急救援能力的直升机、固定翼飞机、无人机及相关专业设备,发挥其在抢险救灾、医疗救护等领域的作用
2017年7月	国务院	《新一代人工智能发展规划》	无人机技术	突破无人机自主控制技术,发展消费类和商用类无人机,在无人机领域加快打造人工智能全球领军企业和品牌
2017年5月	中国民航局	《关于公布民用机场障碍物限制面保护范围的公告》	无人机驾驶飞行活动	要求各类飞行活动应当遵守国家相关法律法规和民航规章,未经特殊批准不等进入限制面保护范围,在限制面保护的范围外的飞行亦不得影响民航运行的安全与效率
2017年5月	工业和信息化部办公厅	《关于开展民用无人机驾驶航空器生产企业和产品信息填报工作的通知》	无人机驾驶飞行活动	要求生产企业如实上报经营性信息,以便全面摸清全国民用无人驾驶航空器研制、生产情况,为后续相关政策和法规制定提供依据
2017年5月	国家空管委	《无人驾驶航空器专项整治方案》	无人机驾驶飞行活动	开展为期3个月的无人机专项整治,建立健全军地联管、空地联动的无人机运行联合监管机制

数据来源:相关部门网站公开信息,赛迪顾问整理,2019年11月。

(二)中国工业级无人机市场规模实现突破式增长

中国工业级无人机市场进一步发展与成熟,2018年,随着中国农业植保、物流等工业级无人机领域市场的爆发,中国无人机市场规模实现了突破式增长,整体市场规模达到 60.7 亿元，同比增长 166.2%（见图 12-12）。

图 12-12　2016—2018 年中国工业级无人机市场规模与增长率

（数据来源：赛迪顾问，2019 年 11 月）

（三）农业植保领跑工业级无人机市场应用

随着技术的进步，农业植保无人机作业的稳定性和喷药效果都大幅提升，目前我国工业级无人机生产厂商大多涉及农业植保领域。2018 年以来，各地政府加速推进农业现代化，采购植保无人机统防服务，加大统防统飞作业面积，增加无人机补贴标准，在一定程度上加快了植保无人机领域的发展。随着政府的大力支持，无人机植保领域市场将得到长足发展，在工业级无人机市场结构中占比 41.5%。电力巡检、安防、物流等领域也有较大市场需求且处于开拓阶段，占比分别是 17%、13%、11.4%，未来市场潜力巨大（见图 12-13）。

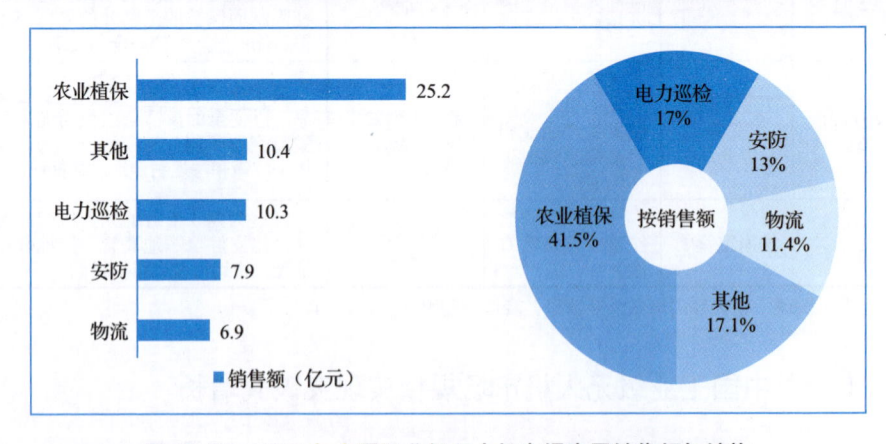

图 12-13　2018 年中国工业级无人机市场应用销售额与结构

（数据来源：赛迪顾问，2019 年 11 月）

（四）工业级无人机行业投资数量持续上升

经过2015年井喷式投融资爆发后，2016年以来工业级无人机资本市场进入调整期，创企风投遇冷。2017年专业级无人机无人机市场开始回暖，2018年工业级无人机投融资市场持续火热，成为各行业龙头投资热点领域（见表12-9）。

表12-9 2018年中国工业级无人机行业重大事件

序号	事件说明	事件主体	影响/意义
1	熊猫资本、戈壁创投、红杉资本中国、九合创投共同投资讯蚁	讯蚁	讯蚁在物流无人机领域获得资金保障
2	网宿科技、南天盈富泰克资本投资扩博智能	扩博智能	扩博智能在无人机解决方案领域获得资金保障
3	甲子启航领投，涌铧投资、英智投资共同投资天翔航空科技	天翔航空科技	天翔航空科技在农业植保无人机领域获得资金保障
4	清研资本、青桐资本投资智航无人机	智航无人机	智航无人机在无人机解决方案领域获得资金保障
5	源星资本、滨海创投、朗玛峰创投投资深之蓝	深之蓝	深之蓝在水下无人机领域获得资金保障
6	邀问投资星逻智能	星逻智能	星逻智能在无人机数据采集领域获得资金保障
7	成都双流聚源投资优艾维机器人	优艾维机器人	优艾维机器人在工业级无人机领域获得资金保障
8	联石投资、一八九八创投基金投资博雅工道	博雅工道	博雅工道在水下无人机领域获得资金保障
9	中航信托投资一飞智控	一飞智控	一飞智控在无人机解决方案领域获得资金保障
10	浙商产融投资卓翼智能	卓翼智能	卓翼智能在无人机解决方案领域获得资金保障
11	百度风控、高捷资本、峰瑞资本、青桐资本投资麦飞科技	麦飞科技	麦飞科技在农业植保无人机领域获得资金保障
12	长安私人资本投资北京汉飞航空科技	北京汉飞航空科技	北京汉飞航空科技在工业级无人机领域获得资金保障
13	集结号资本、博看科技、信创资本投资云圣智能	云圣智能	云圣智能在工业级无人机领域获得资金保障
14	执一资本领投，GGV纪源资本、顺为资本跟投农田管家	农田管家	农田管家在农业植保无人机领域获得资金保障

数据来源：赛迪顾问，2019年11月。

第四节　2018年我国智能制造产业区域发展情况

一、智能制造重点区域整体情况

目前，我国已批准国家级智能制造类试点项目共814个，在智能制造试点项目的推动下，我国已实现应用的各种工业互联网技术平台数量不少于150家，其中在业内具有一定影响力的有50余家。从全国范围来看，长三角地区、环渤海地区是智能制造的先导区。据《世界智能制造中心发展趋势报告（2019）》显示，近年来中国在智能制造领域展现出史无前有的发展决心和活力，2018年产值规模超17 480亿元。其中，在地区分类排名中天津有26个行业高居世界首位，智能制造合理产业结构比例高达84.89%，稳居全球第一。天津为支持智能制造发展设立了总规模100亿元的智能制造财政专项资金，此规模居全球首位。

二、环渤海地区

环渤海地区包括河北、山东、辽宁、北京及天津等省市地区，是我国高校、科研院所高度集中的区域，拥有清华大学、北京大学、北京理工大学、北京航空航天大学、山东大学、中国科学院自动化研究所、北京航空航天大学机器人研究所等，人才储备雄厚，科研实力突出。从产业结构来看，环渤海地区主要以京津冀地区为核心区域，大力发展现代服务及高新技术产业，以山东半岛和辽东半岛为"两翼"，依托地区资源与人力优势发展制造业，形成了"核心区域"与"两翼"错位发展的产业格局。

随着北京非首都功能疏解及京津冀一体化发展工作的稳步推进，北京加速推动产业机构转型升级，大力发展以敏捷制造、工业设计、技术研发、检测认证、小批量试制、科技服务为主的服务型制造产业，以制造业为代表的第二产业加速向周边地区转移。一批大型、成熟的智能制造装备企业落户天津、保定、石家庄等城市，快速带动提升了北京周边城市传统制造业及工业化水平。而与以天津、保定、廊坊等城市为中心的京津冀核心区相比，山东、辽宁两省则由于区位限制，受北京辐射影响较小，更多依赖于地区传统优势产业，通过采取扩大产业规模、培育特色企业等多种举措来提升制造业整体水平和影响力。

北京是环渤海地区的人才、科技、资本等各类生产要素集聚地，在工业互联网及智能制造服务等软件领域优势突出，但尚未充分带动周边地区智能制造整体水平的提升，其主要原因在于，北京制造业正在从生产型制造向服务型制造加速转型，第二产业加速向周边地区转移，制造业生产环节"空心化"发展趋势尤为显著，而河北、山东、辽宁等周边省份则积极承接北京优质企业转移，智能制造装备产业规模持续扩大。但由于北京产业转移仅仅局限于智能制造装备生产环节，智能制造系统集成等关键技术环节仍集聚在北京，因此对周边地区的工业设计、工业软件、数据平台等智能制造发展关键领域的带动提升作用尚不明显。同时，与北京相比，河北、山东、辽宁等省份在人才吸引方面并不具备优势，人才、资本、科技等资源向北京单向流动，不利于环渤海地区智能制造协同创新发展。整体来看，环渤海地区智能制造发展呈"两极分化"态势。

三、长三角地区

长三角地区以江苏省、浙江省、上海市这两省一市为核心区域，是我国经济最发达、最活跃、开放程度最高、创新能力最强的区域之一。在我国"一带一路"与长江经济带发展战略的推动下，长三角地区加快推动传统产业技术改造和转型升级，大力发展智能制造，通过技术创新和制度创新齐头并进，引领制造业向中高端迈进，有望发展成为我国装备制造业转型升级的示范区。长三角地区"智造"业的特色主要体现在硬件制造环节，以上海、南京、杭州、宁波等城市为核心，发挥各自的产业优势，培育了一批优势突出、特色鲜明的智能制造装备产业集群。

总体来看，长三角地区智能制造主要集中在以南京、上海、宁波三市组成的"三角区域"，苏州、无锡、常州、杭州等智能制造发展较好的城市均在区域覆盖范围内。从发展水平来看，各地区发展虽存在差距，但"智造"业整体发展水平相对平衡，呈现出"多点开花、各具特色"的发展格局。如上海聚集了众多国内外智能制造领域龙头企业，在关键零部件、机器人、航空航天装备等方面均处于国内领先地位，并发展出了中国最大的机器人产业基地；南京凭借区位优势及雄厚的工业基础，吸引并培育了一批装备制造企业，形成了以轨道交通、汽车零部件、新型电力装备为特色的高端装备集群；杭州是我国 3D 打印产业发展领军城市之一，涌现出先临三维、捷诺飞、乐一新材料等一批代表性企业。同时，杭州还拥有中控集团、正泰中自、拓峰科技等智能制造集成服务企业，在工业控制领域具备较强的市场竞争能力；宁波是我国重要的汽车制造基地，在吉利汽车和上海大众宁波分公司整车生产的虹吸效应下，吸引了佛吉亚、江森等百余家汽车零部件企业入驻形成集聚，将汽车产业发展成为宁波装备制造业的一大亮点。

四、珠三角地区

珠三角地区以广州、深圳两市为核心向周边辐射，快速带动佛山、中山、东莞、珠海、江门等地区制造业发展，形成了门类齐全的产业格局，并发展成为"中国制造"的主阵地，在全球市场中的影响力得到逐步提升。其中，东莞更是具有"世界工厂"之称。近年来，随着全球经济持续下滑，国内经济随之步入"新常态"，以发展外向型经济为主要特色的珠三角地区的制造业正面临着内外压力"双向挤压"的严峻挑战。首先，外部经济疲软导致外需萎缩，产品出口压力较大。同时，巴西、印度、越南等发展中国家依托人力成本廉价的优势，加速中低端制造业向当地转移，珠三角制造业传统优势正在逐步弱化。其次，国内人力成本上升不断压缩企业利润空间，致使企业经营压力不断增大。内外压力的"双向挤压"将倒逼珠三角制造业加快"机器换人"，与互联网、大数据等深度融合，加速向数字化、网络化、智能化的"智造"转型。

珠三角地区作为国内重要的电子及消费品生产及出口基地，外贸出口是支撑珠三角经济发展的重要支柱。近年来，随着消费端对产品质量及个性化需求的不断攀升，传统的产品生产模式已无法满足当今市场的发展需求。同时，珠三角地区制造业主要以纺织服装、家电家具等轻工业及消费品为主，属于劳动密集型产业，对劳动力需求极为强烈，致使地区"用工荒"现象频出。在外部需求及用工难问题的双重驱使下，珠三角地区重点实施"机器换人"战略，推动地区企业在生产过程中更多地采用智能制造装备，以此实现柔性化生产，提升产品质量，同时解决地区企业用工难问题。广州、佛山、中山、东莞等地相继出台政策，推进"机器换人"，形成了符合各自产业特色的智能制造应用示范，助力珠三角地区发展成为中国新一轮产业升级的引领者和"发动机"。

长期以来，轻工业及消费品制造是珠三角地区制造业的主要特色，随着地区产业结构的转型升级，智能制造装备企业正在异军突起，驱动产业结构由"轻"向"重"转型。广东省经信委、发改委联合发布了《广东省先进制造业发展"十三五"规划》，智能制造装备是其重点内容，并针对各地产业特色和发展特点，制定了相对应的产业分工和布局。其中，广州重点围绕机器人及智能装备产业核心区建设，重点发展智能制造基础部件及工业机器人；深圳围绕对外合作与创新，重点打造机器人、可穿戴设备产业制造基地、国际合作基地及创新服务基地；珠海重点发展智能电网设备及智能化大型临港工程装备；佛山重点发展数控成套加工装备及增材制造设备；东莞围绕3C领域应用发展专用机器人及服务机器人；中山重点发展智能风力发电装备、光电加工装备等智能化成套装备。

五、中西部地区

以四川、陕西、湖北等重点省份为代表的中西部地区在技术密集型的"智造"业发展方面明显落后于东部地区，制造业尚处于自动化阶段，无论是数字化研发设计工具普及率还是关键工序数控化率均低于国家水平。为全面促进"智造"水平提升，推动制造业转型升级，中西部地区紧抓国家"西部大开发"和"一带一路"倡议机遇，通过大力引进"智造"领域龙头企业、加速培育本土企业等"引培并重"措施，逐步打造技术先进、优势突出的智能制造产业链条，在国内"智造"业发展中的优势及影响力正在逐步扩大。

先进激光技术是提升"智造"水平快速提升的关键技术之一，被广泛应用于电子信息、材料加工、测量控制及先进装备制造领域。中西部地区重点依托华中科技大学、武汉邮电科学研究院、中国科学院西安光学精密机械研究所、中国工程物理研究院等高校及科研院所优势，发展出了技术领先、特色突出的先进激光产业。其中，湖北武汉是国内激光技术发源地，拥有国家级光电子产业基地；位于陕西西安的中国科学院光学精密机械研究所积极创新发展模式，现已发展成为国内重要的光电子高新企业孵化摇篮；四川是国内少数具备激光显示完整产业链的省份之一，依托在激光光源及激光电视屏幕领域的优势，有望形成百亿级激光显示产业集群。整体来看，中西部地区激光产业已经具备涵盖技术研发、材料供应、激光设备制造、激光应用服务的产业体系。先进激光产业的蓬勃发展，无疑将会进一步促进中西部地区"智造"水平的整体提升。

第五节　2018年我国智能制造产业重点企业发展情况

一、深圳市汇川技术股份有限公司

2018年国内工控行业需求出现"前高后低"的局面，2018年下半年市场波动明显，为确保工业自动化业务持续增长，汇川技术深耕行业应用，通过强化对细分行业的工艺理解，不断为下游企业提供多产品组合、个性化的解决方案。在3C、电池、工业机械臂等高端设备制造方面，公司依托伺服电机和工业PLC领域技术优势，打造具有公益特色的个性化综合解决方案。在EU项目方面，公司聚焦冶金、物流、化工、电力等行业，以行业转型升级为契机，为客户提供基于工艺的变频传动解决方案，助力行业企业高效、绿色发展。同时，公司高度重视技术研发和创新，研发的 MD810 系列多机传动变频器成功打破多项国外技术垄断，填补国内技术空白。

汇川技术作为国内领先的电梯一体化控制企业，面对电梯行业竞争持续加剧和整体盈利能力下降的局面，持续改善经营策略，以顺应电梯行业发展趋势。在国内电梯市场日益饱和的市场环境下，汇川技术加速布局海外市场，同时以控制及驱动产品为核心，加速向系统级解决方案产品延伸，2018 年公司研发出"荣耀"别墅电梯控制系统、WISE310 扶梯专用变频器等核心产品。此外，汇川技术还积极把握国内"智慧产业"发展机遇，积极拓展智慧电梯等新业务模式，提出的电梯物联网方案大幅提升了电梯系统的实时监控、安全救援、困人智能识别、故障隐患预警、事故隐患预警等能力，为后续业务拓展夯实基础。2018 年汇川技术电梯行业业务销售收入为 13.7 亿元，同比增长 20% 以上。

汇川技术围绕"核心零部件 + 整机 + 视觉 + 工艺"的工业机器人发展战略，加速推进机器人整机和核心部件的开发工作，依托自身在工业机器人专用控制器、伺服电机、视觉传感器、高精密丝杠、SCARA 机器人、六轴工业机器人等核心零部件、整机及系统集成解决方案等方面优势，聚焦行业应用，加强对行业工艺技术、流程的理解和积累，深挖行业点胶、检验检测等工艺，对基于工艺技术的解决方案进行持续迭代更新。目前，汇川技术已成功推出优化 SCARA 机器人产品系列、IRB300 系列六轴工业机器人等核心产品。同时，汇川技术还积极推动、定位引导类视觉传感器产品、锁螺丝和点胶等工艺解决方案的市场应用，积极构建以平台代理商和具有工业特色的系统集成解决方案供应商为核心的业务推广平台。2018 年汇川技术工业机器人销售收入为 0.84 亿元，同比增长 11.55%。

当前，汇川技术新能源汽车业务主要包括应用于新能源物流车、新能源客车、新能源乘用车的电机控制器、动力系统、动力总成系统等产品和综合解决方案。

在新能源客车领域，公司加快新一代集成式控制器的开发，加强成本控制，以应对行业补贴力度不断下降带来的影响。在新能源物流车领域，公司结合物流及仓储行业技术变化趋势和特点，积极推动新能源物流车服务模式创新，打造集成化、网络化、轻量化的具备高性价比的产品和方案。公司研发的 T-BOX 产品已在国内标杆运营商处实现批量装车。

在新能源乘用车领域，汇川技术重点以电控、电源、动力总成产品为核心，围绕客户核心诉求，在产品销售方面取得了良好收效，2018 年累计完成 8 家重点车企的项目定点。

在新产品研发方面，汇川技术积极搭建新一代电控系统、减速机、电源系统等技术研发平台，成功开发出第三代动力总成系统，并实现市场推广。2018年汇川技术新能源汽车业务实现销售收入 8.41 亿元。

二、北京和利时集团

在工业自动化领域，和利时基于 HOLLiAS 工业控制技术平台，研发了一系列可靠、先进、易用的过程自动化系统产品，提供了各行业一体化解决方案所需的完整产品线。基于核心产品，该集团面向过程工业各行业提供一体化的综合自动化解决方案，在火电、热电、核电、新能源、石化、化工、冶金、建材、制药、食品、饮料等行业获得广泛应用。

在工业数字化领域，和利时是赋能工业企业从自动化向智能化转型的新力量。和利时以全集成、行业化的基础自动化产品（如 PLC、DCS、SCADA 等）、智能专机和数字工厂操作系统为基础，以企业生产数字化整体解决方案为载体，赋能企业的数字化转型，帮助企业降本增效、节能降耗、商业创新。和利时一方面为大型企业集团提供从工厂级的智能工厂到集团级的工业互联网的整体解决方案，另一方面为产业集聚的区域中小企业构建工业互联网服务平台，支持中小企业以更低的成本、更高的质量、更快的速度实现数字化、网络化、智能化转型。

在轨道交通自动化领域，和利时是我国干线铁路、城际铁路列车运行控制系统的主力供应商，所有产品均通过了欧洲权威机构的最高安全等级认证（SIL4 级）。和利时也为城际铁路开发了基于干线铁路列车控制技术平台和地铁列车控制技术平台的城际铁路列车控制系统。

和利时不仅提供核心产品和系统，还提供方案设计、电气安装、现场调试等工程服务，以及系统和工程的全生命周期运维和优化服务。和利时业务遍布北京、深圳、广州、新加坡等十多个国内外城市及地区的数十条城市轨道交通线路，其中新加坡地铁汤申线首次实现了国产综合监控系统走向海外的重大突破。

在医疗自动化领域，和利时在中药调剂方面率先推出了 MD61 系列设备，能够按医生处方或患者所需的用药剂量、味数、剂数等配方参数，完成药品识别、称重、计量等动作，完全符合中医辨证施治、对症加减的原则，目前在国内外数千家医院得到广泛应用；在自动化包装方面，MD62 及 MD63 系列全自动包装生产线在多家药企的成功应用，满足了客户低成本、高效率、高品质等精益化、定制化产品包装需求。同时，和利时成功开发出了生物芯片杂交分析仪、核酸

三、北京东方国信科技股份有限公司

东方国信的主营业务是为客户提供数据采集、处理、分析、应用相关的产品、服务及解决方案，帮助客户充分利用数据的价值从而获得更高的效率和更好的效益。该企业注重数据技术的研发积累，随着大数据需求的增长，推出大数据平台，解决基于大数据的存储、数据集成、数据管控、分析挖掘、应用等一系列问题，支持客户从传统产品架构向大数据产品架构演进。东方国信专注于大数据领域，依靠自主研发，打造了面向大数据采集、汇聚、处理、存储、分析、挖掘、应用、管控于一体的大数据核心能力，构建了云化架构的大数据产品体系，形成了"端到端"的软硬件相结合的大数据解决方案，并打造了业内领先的大数据能力开放平台解决方案。

传统的商业模式为东方国信带来了持续、稳健的盈利能力，同时为了实现价值提升、成本节约、增长加速，东方国信将持续探索、推动新商业模式的落地。目前，东方国信正在布局"产品+服务"的模式，包括工业互联网 Cloudiip、图灵联邦、人工智能云平台、亿刻看点、东方国信云、3D 可视化云平台，其中工业互联网 Cloudiip、图灵联邦、亿刻看点等已经正式上线运行。工业互联网 Cloudiip 作为跨行业、跨领域的综合性工业互联网平台，其核心技术和产品完全自主研发、安全可控，以 SaaS 模式向工业用户提供设计、仿真、生产、管理、服务全生命周期的一体化解决方案；图灵联邦是一体化数据科学社区平台，融合竞赛、数据集、模型、沙龙、众包模块，满足用户云上学习交流的需求，提升用户自身能力，同时提供能力变现渠道；人工智能云平台是面向用户的"端到端"数据科学和人工智能平台，帮助用户加速机器学习和深度学习与日常业务的融合。

第六节 2019 年我国集智能制造产业发展环境分析

一、智能制造总体水平仍处于初期

目前，我国在智能制造领域的发展只是解决了部分环节的效率提高及生产加工精度的改善等问题，尚未能从根本上解决市场需求不足及个性化定制等问题。智能工业软件系统发展较慢，尚未能突破在控制端口技术上的瓶颈，整体智能制造水平处于初期发展阶段。据不完全统计，仅 16% 的企业进入智能制造应用阶段，工业机器人、集成电路芯片制造装备、大型石化装备等仍依赖进口。

从智能制造经济效益来看，超过半数的企业在智能制造业务板块收入占比不超过 10%，约五分之三的企业在智能制造业务领域的利润率一直处在 10% 以下。

二、智能制造企业面临着较大的技术升级成本压力

企业作为智能制造发展的主体，在进行技术升级、智能化改造的过程中必然会面对很多问题，比如技术创新、人才储备、融资渠道及政策引导等方面都需要支持。作为企业要先确保最低成本利润的增加，同时还要促进智能制造技术的升级改造，从这个意义上来讲，企业面临的压力是空前巨大的。很多企业由于资金不足或者对技术原理不够熟悉导致企业运营受到严重影响，因此，有的企业在无法解决这一系列问题的情况下就影响了智能制造技术的升级改造。

三、企业智能制造技术升级路径不明确

企业在推进智能化升级时，存在未从实际出发、过度关注自动化设备及新型科技模式、只关注"去人工化"导入自动化设备等问题。另外，有些企业因为急于盲目追求规模化发展，在没有充分论证分析的情况下就实施智能化改造项目导致生产受损，对企业自身造成无法挽回的伤害。因此，为避免盲目跟从所带来的不必要损失，确实做到真正意义上的智能化改造。在未来发展的过程中应加大前期的咨询、交流、技术培训等基础性工作。从认知层面彻底厘清发展路径，明确整体路线方针，建立企业在实施智能化改造过程中全方位的引导机制。

第七节　2019 年我国智能制造产业发展趋势展望

一、智能制造依旧是我国制造强国建设的主攻方向

2015—2018 年，我国连续四年实施了智能制造试点示范项目评选，累计遴选了 305 个智能制造试点示范项目，在航空航天、新能源、石化、钢铁、汽车、制药、纺织、家电等典型行业逐步形成了一些可复制推广的智能制造新模式，包括智能工厂、数字化车间、远程运维、个性化定制等，为深入推进智能制造奠定了一定的基础。展望 2019 年，自 2008 年全球金融危机以来，美国、德国、日本等世界主要工业国家纷纷推出符合自身发展特色的"再工业化"战略，通过发展智能制造重振制造业，力争在新一轮产业变革来临之际，取得实体经济发展优势。由此来看，世界主要工业化发达国家均已完成提前布局，将智能制

造作为重振本国制造业战略的主要抓手。在全球智能制造发展热度持续升温的大背景下,我国仍将坚持以智能制造为主攻方向,汇集社会资源,集合多方力量,加强协同创新,引领制造业高质量发展。

二、营商环境持续优化外资投资力度持续加大

2018年我国深入推进"放管服"改革,在激发市场活力、带动社会创新创业、促进国际贸易和国际投资便利化等方面取得了显著成效,国内营商环境改善步伐日益加快。据世界银行发布的《营商环境报告》显示,我国营商环境改善最为显著,营商环境排名在世界范围内前移了18位,营商环境的持续优化,为外资智能制造企业入驻中国智能制造市场打下了良好基础。2019年随着我国"一带一路"倡议的持续推进,国内市场对外开放力度不断加大,将有望进一步拉动外资在国内市场的投入,中外资本合作领域也将得到持续拓展。

三、多业态融合趋势显著,制造业新模式新业态加速形成

2018年我国在推动传统制造业加速变革的同时,更加重视制造业与新一代技术、互联网技术的融合创新,逐步衍生出了网络化协同制造、柔性化制造、云制造等新的生产方式,以及智慧物流、智慧农业、智慧城市等产业业态和商业模式。以互联网、大数据、物联网、云计算、数字化、人工智能技术等为基础的智能经济正在孕育兴起。2019年我国智能经济发展体系将更加完善,并有望发展成为推动我国经济实现质量变革的新动力。具体来看,2019年我国政府工作报告首次提出了"智能+"概念,指出打造工业互联网平台,拓展"智能+",为制造业转型升级赋能,这为我国加快培育以数字制造、智能制造、云制造、异地协同制造等"智能经济"形态提供了新思路,是推动我国经济发展实现质量变革、效率变革、动力变革的新路径。

第十三章

互联网产业

第一节 2018 年我国互联网产业发展情况

一、网民规模小幅增长，互联网普遍服务进展显著

根据第 43 次《中国互联网络发展状况统计报告》数据，我国网民规模继续小幅增长，截至 2018 年 12 月，网民规模为 8.29 亿人，比上一年新增 5653 万人。其中，农村网民规模为 2.22 亿人，占比为 26.7%，同比增长 6.2%；城镇网民规模为 6.07 亿人，占比为 73.3%，同比增长 7.7%。2018 年互联网普及率接近 6 成，达 59.6%，同比提升 3.8 个百分点。网络覆盖范围进一步扩大，截至 2018 年第三季度，提前实现"宽带网络覆盖 90% 以上贫困村"的发展目标。"网络提速"工作取得实质进展，自 2018 年起移动互联网漫游成为历史，运营商移动流量平均单价降幅超过 55%。

二、人工智能发展步入快车道，互联网企业表现亮眼

2018 年，我国人工智能步入发展快车道，截至 2018 年 11 月，全国已有 15 个省市地区发布了专门的人工智能战略规划，22 个省市地区在其他规划中设立了人工智能专项；人工智能专利申请量不断增长，数量超过 14.4 万件，占全球总量的 43.4%，居全球首位。行业应用范围已扩展到健康、医疗、教育、安防、金融等多个领域。人工智能企业数量快速增长，截至 2018 年 6 月，相关企业数量达到 1 011 家。互联网企业成为人工智能发展主力军。阿里巴巴、腾讯、百度、京东、今日头条、滴滴等互联网企业从芯片、技术、平台到应用，

全面布局人工智能领域。

三、互联网基础资源稳步增长，IPv6 成亮点

2018 年，我国 IPv4 地址数量增长基本停滞，达到 33 892 万个，仅比上一年增长 0.1%，域名总数为 3 792.8 万个，减少了 1.4%。其中，".CN"域名总数为 2 124.3 万个，实现小幅增长 1.9%，占域名总数的 56.0%。国际出口带宽数增长 22.2%，达到 8 946 570 Mbit/s。得益于持续推动与大规模部署，IPv6 地址数量达到 41 079 块/32，比 2017 年年底增长了 75.3%，成为为数不多的增长亮点。

四、产业发展稳中有进，细分领域呈现较快增长态势

2018 年，我国互联网产业细分领域继续保持高速增长。电子商务交易额保持快速增长态势，2018 年全国网上零售额突破 9 万亿元，同比增长 23.9%，网络零售额连续 6 年位居世界第一。网络游戏业务收入达到 1 948 亿元，同比增长 17.8%，增速回落 7.1 个百分点。网络广告业务继续保持稳定增长态势，市场规模为 3 717 亿元，同比增长 25.7%。在云计算方面，我国云计算服务商已跻身全球市场前列，阿里云市场占有率仅次于亚马逊和微软。在移动互联网方面，根据应用数据与分析服务商 App Annie 数据，2018 年在 iOS 和第三方安卓平台上，中国的下载量占全球下载总量近 50%。

五、新技术发展进展明显，行业应用快速推进

我国在量子信息技术、天地通信、类脑计算、AR/VR/MR、人工智能、区块链、超级计算机、工业互联网等信息领域核心技术发展势头良好。我国研究团队首次实现 25 个量子接口之间的量子纠缠与 18 个光量子比特的纠缠，研发出具备自主知识产权的类脑计算芯片并推出相应产品；虚拟现实技术研发已解决虚拟现实头盔被线缆束缚、虚拟现实眼球追踪模组等多项难题；人工智能在线下零售店、医疗健康、投资风控等多种场景迅速落地；超级计算机在自主可控、峰值速度、持续性能、绿色指标等方面实现突破；企业上云进程加快，工业互联网平台取得快速发展。

第二节 2018年我国互联网产业重点政策解析

一、中华人民共和国电子商务法

2018年8月31日，第十三届全国人民代表大会常务委员会第五次会议通过《中华人民共和国电子商务法》（以下简称《电子商务法》），《电子商务法》包括总则、电子商务经营者、电子商务合同的订立与履行、电子商务争议解决、电子商务促进、法律责任、附则七个部分，自2019年1月1日起施行。

《电子商务法》明确了电子商务是指通过互联网等信息网络销售商品或者提供服务的经营活动，并明确了电子商务不仅监管通过互联网等信息网络销售商品的行为，还监管通过互联网等信息网络提供服务的行为，但金融类产品和服务，利用信息网络提供新闻信息、音视频节目、出版及文化产品等内容方面的服务，不适用本法。

《电子商务法》从两方面措施入手让国家监管部门和消费者对电子商务经营者信息有了更加全面的了解。一是《电子商务法》要求电子商务经营者应当依法办理市场主体登记并履行纳税义务；二是《电子商务法》要求电子商务经营者应当在其首页显著位置持续公示营业执照信息，以及与其经营业务有关的行政许可信息，当信息发生变更时要求经营者及时更新公示信息。

《电子商务法》从多个方面对电子商务经营者诚信经营提出了相应要求。一是《电子商务法》要求电子商务经营者不得以虚构交易、编造用户评价等方式进行虚假或者引人误解的商业宣传，欺骗、误导消费者。二是《电子商务法》要求电子商务平台经营者不得删除消费者对其平台内销售的商品或者提供的服务的评价。

《电子商务法》要求电子商务经营者收集、使用其用户的个人信息时应当遵守法律、行政法规有关个人信息保护的规定之外还提出了额外特殊要求。一是《电子商务法》要求电子商务经营者根据消费者的兴趣爱好、消费习惯等特征向其提供商品或者服务的搜索结果的，应当同时向该消费者提供不针对其个人特征的选项。二是《电子商务法》要求电子商务经营者不得对用户信息查询、更正、删除及用户注销设置不合理条件。

《电子商务法》要求电子商务经营者因其技术优势、用户数量、对相关行业的控制能力，以及其他经营者对该电子商务经营者在交易上的依赖程度等因素而具有市场支配地位的，不得滥用市场支配地位排除、限制竞争。

《电子商务法》要求电子商务平台经营者应当根据商品或者服务的价格、销量、信用等以多种方式向消费者显示商品或者服务的搜索结果时，对于竞价排名的商品或者服务应当显著标明为"广告"。

二、微博客信息服务管理规定

为促进微博客信息服务健康有序发展，保护公民、法人和其他组织的合法权益，维护国家安全和公共利益，2018年2月2日，国家互联网信息办公室发布了《微博客信息服务管理规定》，自2018年3月20日起施行。

《微博客信息服务管理规定》对微博客服务提供者提出了从业要求，要求微博客服务提供者应当落实信息内容安全管理主体责任，建立健全用户注册、信息发布审核、跟帖评论管理、应急处置、从业人员教育培训等制度及总编辑制度，具有安全可控的技术保障和防范措施，配备与服务规模相适应的管理人员。

《微博客信息服务管理规定》要求微博客实行实名制服务，要求微博客服务提供者按照"后台实名、前台自愿"的原则，对微博客服务使用者进行基于组织机构代码、身份证件号码、移动电话号码等方式的真实身份信息认证、定期核验。微博客服务使用者不提供真实身份信息的，微博客服务提供者不得为其提供信息发布服务。

《微博客信息服务管理规定》要求微博客服务分级、分类管理，要求微博客服务提供者应当按照分级、分类管理原则，根据微博客服务使用者的主体类型、发布内容、关注者数量、信用等级等制定具体管理制度，提供相应服务，并向国家或省（自治区、直辖市）互联网信息办公室备案。

《微博客信息服务管理规定》要求微博客服务提供者应当建立健全辟谣机制，发现微博客服务使用者发布、传播谣言或不实信息，应当主动采取辟谣措施。

《微博客信息服务管理规定》要求微博客服务提供者应用新技术、调整增设具有新闻舆论属性或社会动员能力的应用功能，应当报国家或省（自治区、直辖市）互联网信息办公室进行安全评估。

三、最高人民法院关于互联网法院审理案件若干问题的规定

为了规范互联网法院诉讼活动，保护当事人及其他诉讼参与人的合法权益，确保公正高效审理案件，2018年9月6日，《最高人民法院关于互联网法院审理案件若干问题的规定》发布，自2018年9月7日起施行。

《最高人民法院关于互联网法院审理案件若干问题的规定》要求互联网法院采取在线方式审理案件，案件的受理、送达、调解、证据交换、庭前准备、庭审、宣判等诉讼环节一般应当在线上完成。

《最高人民法院关于互联网法院审理案件若干问题的规定》要求互联网法

院审理案件所需涉案数据,应当由电子商务平台经营者、网络服务提供商、相关国家机关提供,并有序接入诉讼平台,由互联网法院在线核实、实时固定、安全管理。

《最高人民法院关于互联网法院审理案件若干问题的规定》要求互联网法院审查判断电子数据生成、收集、存储、传输过程的真实性,审查内容包括电子数据生成、收集、存储、传输所依赖的计算机系统等硬件、软件环境是否安全、可靠;电子数据的生成主体和时间是否明确,表现内容是否清晰、客观、准确;电子数据的存储、保管介质是否明确,保管方式和手段是否妥当;电子数据提取和固定的主体、工具和方式是否可靠,提取过程是否可以重现;电子数据的内容是否存在增加、删除、修改及不完整等情形;电子数据是否可以通过特定形式得到验证。

《最高人民法院关于互联网法院审理案件若干问题的规定》要求互联网法院采取在线视频方式开庭。存在确需当庭查明身份、核对原件、查验实物等特殊情形的,互联网法院可以决定在线下开庭,但其他诉讼环节仍应当在线上完成。

四、公安机关互联网安全监督检查规定

为了规范公安机关互联网安全监督检查工作,预防网络违法犯罪,维护网络安全,保护公民、法人和其他组织合法权益。2018年9月15日,公安部发布了《公安机关互联网安全监督检查规定》,包括总则、监督检查对象和内容、监督检查程序、法律责任、附则五个部分,自2018年11月1日起施行。

《公安机关互联网安全监督检查规定》明确了公安机关及其工作人员在履行互联网安全监督检查职责中获取的信息,只能用于维护网络安全的需要,不得用于其他用途。

《公安机关互联网安全监督检查规定》明确了公安机关开展监督检查对象,包括提供互联网接入、互联网数据中心、内容分发、域名服务的;提供互联网信息服务的;提供公共上网服务的;提供其他互联网服务的。

《公安机关互联网安全监督检查规定》明确了国家重大网络安全保卫任务期间,公安机关可以对与国家重大网络安全保卫任务相关的互联网服务提供者和联网使用单位,开展专项安全监督检查。

《公安机关互联网安全监督检查规定》明确了公安机关开展互联网安全监督检查可以采取现场监督检查或者远程检测的方式进行。同时要求公安机关开展远程检测,应当事先告知监督检查对象的检查时间、检查范围等事项或者公开相关检查事项,不得干扰、破坏监督检查对象网络的正常运行。

五、具有舆论属性或社会动员能力的互联网信息服务安全评估规定

为加强对具有舆论属性或社会动员能力的互联网信息服务和相关新技术、新应用的安全管理，规范互联网信息服务活动，2018年11月15日，国家互联网信息办公室发布了《具有舆论属性或社会动员能力的互联网信息服务安全评估规定》，自2018年11月30日起施行。

《具有舆论属性或社会动员能力的互联网信息服务安全评估规定》明确了具有舆论属性或社会动员能力的互联网信息服务，包括下列情形：开办论坛、博客、微博客、聊天室、通信群组、公众账号、短视频、网络直播、信息分享、小程序等信息服务或者附设相应功能；开办提供公众舆论表达渠道或者具有发动社会公众从事特定活动能力的其他互联网信息服务。

《具有舆论属性或社会动员能力的互联网信息服务安全评估规定》要求互联网信息服务提供者在具有下列情形之一的，应当依照本规定自行开展安全评估，并对评估结果负责，具体情形包括：具有舆论属性或社会动员能力的信息服务上线，或者信息服务增设相关功能的；使用新技术、新应用，使信息服务的功能属性、技术实现方式、基础资源配置等发生重大变更，导致舆论属性或者社会动员能力发生重大变化的；用户规模显著增加，导致信息服务的舆论属性或者社会动员能力发生重大变化的；发生违法有害信息传播扩散，表明已有安全措施难以有效防控网络安全风险的。

六、区块链信息服务管理规定

为了规范区块链信息服务活动，维护国家安全和社会公共利益，保护公民、法人和其他组织的合法权益，促进区块链技术及相关服务的健康发展，2019年1月10日，国家互联网信息办公室发布了《区块链信息服务管理规定》，自2019年2月15日起施行。

《区块链信息服务管理规定》明确了区块链信息服务界定。区块链信息服务基于区块链技术或者系统，通过互联网站、应用程序等形式，向社会公众提供信息服务。

《区块链信息服务管理规定》要求区块链信息服务提供者应当落实信息内容安全管理责任，建立健全用户注册、信息审核、应急处置、安全防护等管理制度。同时要求区块链信息服务提供者应当制定并公开管理规则和平台公约，与区块链信息服务使用者签订服务协议，明确双方权利与义务。

《区块链信息服务管理规定》明确了实名制服务要求。要求区块链信息服务提供者对区块链信息服务使用者进行基于组织机构代码、身份证件号码或者移动电话号码等方式的真实身份信息认证,用户不进行真实身份信息认证的,区块链信息服务提供者不得为其提供相关服务。

《区块链信息服务管理规定》明确了上线前的安全评估要求。要求区块链信息服务提供者开发上线新产品、新应用、新功能的,应当按照有关规定报国家和省(自治区、直辖市)互联网信息办公室进行安全评估。

第三节 2018 年我国互联网产业重点行业发展情况

一、移动互联网发展情况

移动互联网用户量持续增长。截至 2018 年 8 月,我国移动互联网用户总数保持在 13.7 亿户,同比增长 12.2%。其中,移动互联网用户占互联网总体用户比例持续提升,截至 2018 年 6 月,手机网民占网民数量的比重持续攀升,占比已高达 98.3%,手机网民规模约 7.88 亿人,较 2017 年年底增加了约 3509 万人(见图 13-1)。各类手机应用的用户规模不断上升,场景更加丰富,强化了移动互联网主导地位。其中,手机网络游戏应用增长最为迅速,用户规模达到 4.07 亿人,较 2017 年年底增长 12.6%;此外,手机即时通信以 95.2% 的网民使用率位居各类应用使用率排行第一,用户规模达 7.5 亿人。

图 13-1 我国手机网民规模及其占网民比例

(数据来源:工业和信息化部,赛迪智库整理,2019.01)

移动互联网接入流量翻倍增长。2013年以来，我国的视频、网购、支付等移动互联网应用不断丰富并快速发展，带动移动互联网的接入流量呈现爆炸式增长（见图13-2）。截至2018年12月，我国移动互联网接入流量达395亿GB，同比增长203.4%；其中，1~8月，通过手机上网的流量达到389亿GB，同比增长217.5%，占移动互联网总流量的98.4%。户均接入流量由2018年1月的2.77GB/户攀升至2018年8月的4.85GB/户。

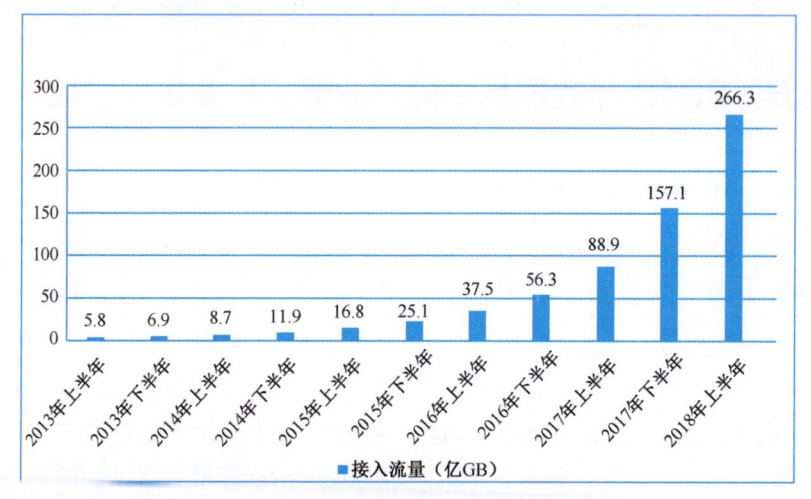

图13-2 我国移动互联网接入流量

（数据来源：工业和信息化部，赛迪智库整理，2019.01）

移动互联网用户上网时长快速增长。随着网络资费的持续下降和互联网应用体验的不断改善，互联网用户对网络的依赖程度进一步加深，用户上网时长逐年递增。2018年，我国移动互联网用户于12月的人均单日使用时长达341.2分钟（见图13-3），平均每周上网时长达39.8小时，较2017年提升近7.3小时。

我国移动应用程序数量小幅增长。截至2018年12月底，我国市场上监测到的移动应用（APP）为449万款。2018年11月，我国第三方应用商店与苹果应用商店中新上架14.3万款移动应用。截至2018年12月底，我国本土第三方应用商店中移动应用数量超过268万款，占比为59.7%，苹果商店（中国区）中移动应用数量超过181万款，占比为40.3%。其中，游戏类应用规模保持领先。截至2018年11月底，游戏类应用数量为137.6万款。生活服务类应用规模达54万款，排名第二。排名第三和第四的分别是电子商务类应用和主题壁纸类应用，规模分别为42万款和37.1万款。在市场热点类应用中，以物流企业应用、

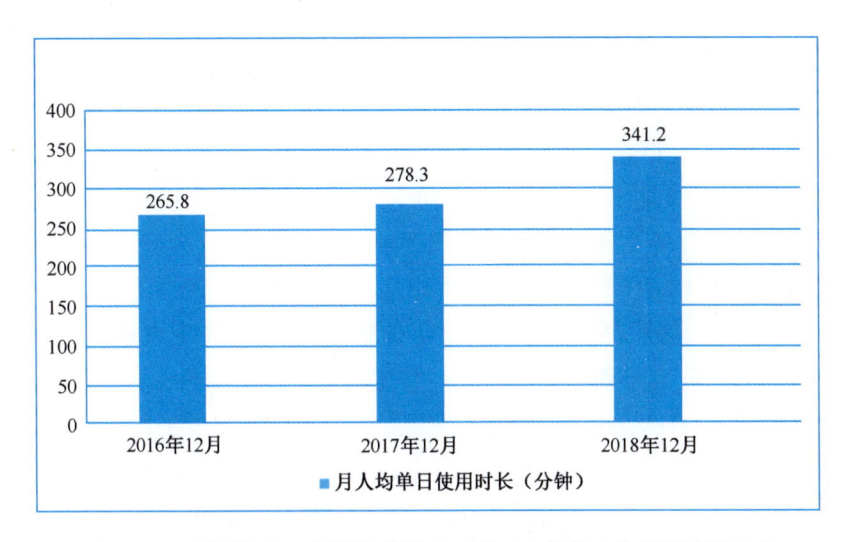

图 13-3　我国移动互联网用户于 2018 年 12 月的人均单日使用时长

（数据来源：QuestMobile，赛迪智库整理，2019.01）

货运运输服务应用和具有自有物流服务能力的电子商城为代表的智慧物流类应用数量超过 2.4 万款，提供二维码扫码、转账等金融支付功能的网络支付类应用数量约 2.5 万款。如图 13-4 所示为 2017 年 11 月至 2018 年 11 月我国移动应用市场规模。

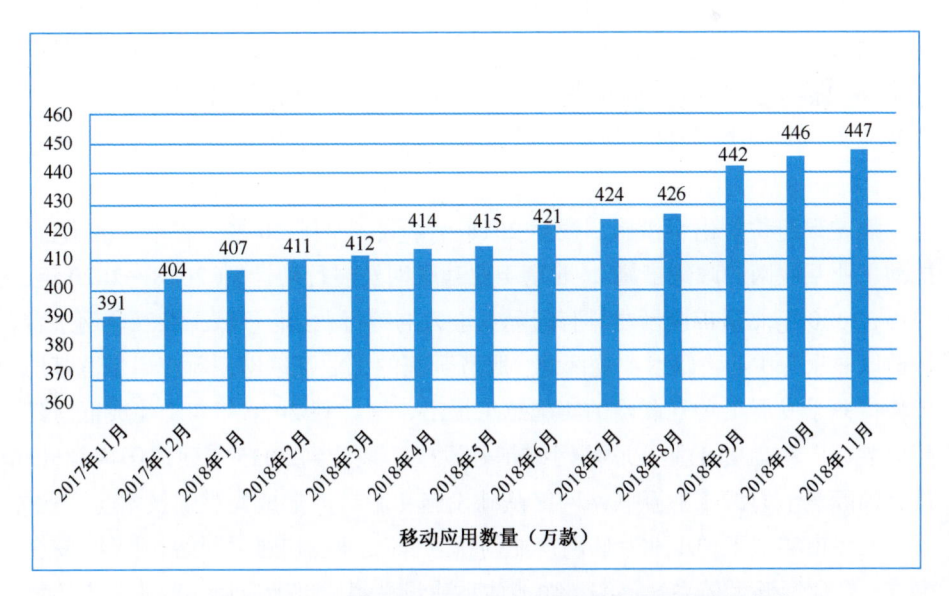

图 13-4　2017 年 11 月至 2018 年 11 月我国市场移动应用规模

（数据来源：工业和信息化部，赛迪智库整理，2019.01）

二、工业互联网发展情况

国家大力推动工业互联网发展。2018年，工业和信息化部和工业互联网专项工作组分别印发了《工业互联网APP培育工程实施方案（2018—2020年）》《工业互联网发展行动计划（2018—2020年）》《工业互联网专项工作组2018年工作计划》三个重要文件，助推工业互联网发展。其中，《工业互联网APP培育工程实施方案（2018—2020年）》提出通过夯实工业技术软件化基础、推动工业APP向平台汇聚、加快工业APP应用创新、提升工业APP发展质量等措施，到2020年培育30万个面向特定行业、特定场景的工业APP。《工业互联网发展行动计划（2018—2020年）》提出要在3年内实施基础设施能力提升、标识解析体系构建、工业互联网平台建设、核心技术标准突破、新模式及新业态培育、产业生态融通发展、安全保障水平增强、开放合作实施推进八项行动计划；《工业互联网专项工作组2018年工作计划》则分解了上述行动计划方案在2019年需要开展的工作。

建设和推广进入实质性操作阶段。2018年，工业和信息化部发布了《工业互联网平台建设及推广指南》和《工业互联网网络建设及推广指南》，标志着我国工业互联网进入实质性实施阶段。《工业互联网平台建设及推广指南》提出了制定工业互联网平台标准、培育工业互联网平台、推广工业互联网平台、建设工业互联网平台生态、加强工业互联网平台管理五大措施。《工业互联网网络建设及推广指南》提出了制定工业互联网网络标准、打造工业互联网标杆网络、推动工业互联网网络改造与应用、拓展工业互联网标识解析应用、构建工业互联网标识解析体系、创建网络发展环境、规范网络发展秩序七项任务。

地方政府纷纷出台措施。截至2018年年底，全国20多个省市地区出台了推动工业互联网的政策措施。《北京工业互联网发展行动计划（2018—2020年）》提出，2020年北京市应创建具有国际竞争力的跨行业、跨领域工业互联网平台，打造以北京为中心、辐射津冀两地、服务全国的工业互联网创新应用示范基地。天津市关于发展工业互联网的实施意见提出，预计到2020年初步建成低时延、高可靠、广覆盖的工业互联网网络基础设施，预计到2035年建成国内领先和具有国际竞争力的工业互联网网络基础设施和平台，形成先进的技术与产业体系。上海市实施了"工业互联网产业创新工程"，通过构建"网络、平台、安全、生态、合作"五大体系，落实"功能体系建设、集成创新应用、产业生态培育"三大行动，实现"全面促进企业降本提质增效、推动传统产业转型升级、助力国家在工业互联网发展中的主导力和话语权"三大目标，全力争创国家级工业互联网创新示范城市，并带动长三角世界级先进制造业集群发展。

三、电子商务发展情况

2017年是中国电子商务提质转型的攻坚之年。在数字经济的推动下，电子商务行业蓬勃发展，市场整体规模、电商企业从业人员数量、电商物流业务量等稳步增长，新模式、新业态发展迅猛，拉动我国经济增长新动能作用日益凸显。

据国家统计局公布的数据显示，2017年我国电子商务市场交易额达到29.16万亿元，同比增长11.7%（见图13-5）；网上零售额7.18万亿元，同比增长32.2%。截至2018年上半年，我国电子商务市场交易额达14.91万亿元，同比增长12.3%，网上零售额达4.08万亿元，同比增长30.1%；2018年年底应突破37万亿元。

图 13-5　2011—2017 年中国电子商务交易额及增长率

（数据来源：国家统计局，2018.8）

新增就业人数不断增加。电子商务的快速增长创造了大量新的就业岗位，激发了人才新需求。伴随着传统零售百货、商超企业纷纷涉足电子商务、新零售业务，就业需求、就业结构、工作岗位发生了改变。《中国电子商务发展报告》数据显示，2017年，我国电子商务直接和间接带动就业达2 830万人，同比增长18.7%（见图13-6）。

图 13-6 2012—2017 年中国电子商务服务企业从业人员数量

（数据来源：中国电子商务研究中心，2017.12）

体验经济时代电子商务企业从"跑马圈地"向深耕用户转型。"跑马圈地"的红利已接近结束，盘活存量用户、深耕已有客户的体验感、提升存量客户的品牌忠诚度成为2018年电子商务行业的发展趋势。随着用户在消费时情感需求比重上升、标准化产品失势、被动消费转变为主动消费等趋势的出现，重视消费者情感满足和价值认同的体验经济时代已经来临。阿里巴巴依托天猫超市、天猫国际直营等自有平台生态，为用户提供折扣优惠等会员福利，让用户感受到成为会员带来的"有名有实"的实惠感。京东在用户消费保障的基础上，通过京东物流等五大王牌举措、京东金融服务保障、三大事业群特色服务及"京东服务+"的升级，打造各个服务矩阵，进一步升级用户体验。

电子商务在精准扶贫中的作用进一步显现。2018年，农村电商逐渐告别野蛮生长时代走向转型发展的新阶段。农村电子商务的快速发展让越来越多的农民脱贫致富，尤其是迅速兴起的各类"淘宝村""电商村"，显示了农村借助互联网实现跨越式发展的巨大潜力。2017年，国务院扶贫开发领导小组办公室支持260个县级地区开展"电商进农村"综合示范，其中包括237个国家级贫困县；2018年新增示范县260个，其中国家级贫困县238个（含"三区三州"深度贫困县64个），欠发达革命老区贫困县22个。截至2018年第三季度，综合示范项目已累计支持1016个县，覆盖国家级贫困县737个，占国家级贫困县总数的 88.6%，其中的深度贫困县为 137 个。

跨境电商发展持续升温。2018 年，跨境电商在政策支持下加速发展。受"一带一路"倡议及资本市场推动，出口电商行业发展升温，越来越多的传统外贸企业实现转型升级。进口跨境电商则纷纷尝试向线下实体业务拓展发展。2018 年 4 月，天猫国际全国首家跨境线下店在西湖银泰店开业。随后，网页考拉首家线下实体店在杭州大厦中央商城开业。

四、云计算发展情况

2018 年，工信部印发《推动企业上云实施指南（2018—2020 年）》，各地配套出台企业上云政策，进一步优化了云计算产业发展和行业应用环境，激发了云计算产业发展动力。据 Gartner 较早期的预测，2018 年，全球公有云服务市场规模将达到 3 058 亿美元，与 2017 年相比增长 17.5%，继续保持较高增速（见表 13-1）。

表 13-1　2010—2018 年全球公有云服务市场规模

年　份	2010	2011	2012	2013	2014	2015	2016	2017	2018
产业规模（亿美元）	683	900	1110	1310	1528	1780	2196	2602	3058
增长率	—	32%	23%	18%	17%	16.5%	23.4%	18.5%	17.5%

数据来源：Gartner。

根据国际数据公司 IDC 发布的报告，2018 上半年，中国公有云服务（包括 IaaS、PaaS、SaaS）整体市场规模超过 30 亿美元。其中，IaaS 市场份额最大且增速再创新高，同比增长 83%；SaaS 市场份额位居第二，同比增长 35.7%。2018 年，我国软件百强企业云服务相关的运营服务收入增长超过 90%。骨干云服务商收入基本实现翻番，2018 年前三季度，阿里云营收达到 147.5 亿元，同比增长 94.9%；腾讯公有云服务营收达到 60 亿元，同比增长超过 100%。

行业解决方案不断涌现，应用日益深化。我国云计算的应用正在从互联网行业向政府、金融、工业、交通、物流、医疗健康等传统行业渗透。2018 年，云服务商除升级云计算产品外，还在不断推出面向行业的解决方案。如阿里云 ET 农业大脑已应用于生猪养殖、苹果及甜瓜种植等领域，具备数字档案生成、全生命周期管理、农事分析、溯源等功能；阿里云 ET 城市大脑已在杭州、衢州、澳门等 10 多个城市落地，并从智能交通管理向医疗应急调度、城市管理、环境治理、旅游开发、城市规划、平安城市、民生服务七个领域拓展。百度云发布了面向农业、制造业和商业的赋能平台,"云农"平台覆盖生产环境监测、智能灌溉、农业气象、生产追溯等领域;"云制"平台连接工厂中控系统,并结合人工智能打造工业数据模型和机器视觉模型;"云服"平台则提供获客、推荐、运营、导购、客服、分析的全流程服务。

工业互联网成为新蓝海,落地应用探索开展。云计算是工业互联网的基础和支撑,各大云服务商纷纷推出工业互联网平台,为工业企业转型升级赋能。阿里云在重庆与赛迪研究院合作打造飞象工业互联网平台,基于边缘计算平台与工业 PaaS 云平台为软件服务商与系统集成商提供分布式、模块化开发和运营环境;阿里云在广东发布飞龙工业互联网平台,围绕工业生产的供应链、研发、生产、销售、服务等环节为企业定制个性化解决方案;腾讯联合华龙讯达联合发布"腾讯木星云",基于腾讯云平台架构和华龙讯达以 CPS 为核心的数字工厂建设技术,提供数据采集、数据建模、虚拟制造、大数据分析、虚拟供应链管理、产品全过程生命周期等应用,已在汽车、医药、机械制造、交通、核电、风电等行业进行推广;华为工业互联网平台已完成物联网操作系统、终端芯片、工业联接、边缘计算、工业 PaaS 等关键解决方案布局,覆盖研发设计、经营管理、智能生产、智能服务。

五、大数据发展情况

2018 年,我国大数据产业规模不断扩大,不但作为新兴产业发展势头迅猛,还将在未来几年内带动 IT 行业等国民经济其他领域加速转型升级。如图 13-7 所示为较早期预计的 2015—2020 年我国大数据市场产值图。

2018 年,我国大数据产业链条加速完善,企业实力不断增强。包括大数据硬件、大数据软件、大数据服务等在内的大数据核心产业环节的市场规模突破 6200 亿元。与此同时,国内大数据公司业务覆盖领域日益完备,在数据采集、数据存储、数据分析、数据安全与数据可视化等领域均成长起了一批有一定实力与特色的大数据企业代表。阿里巴巴、华为、百度、腾讯等企业的平台处理能力跻身世界前列,华为、联想等公司在数据存储、处理等软硬件设备市场的优势逐渐显著。

大数据相关政策文件日趋完善。我国从国家层面对大数据谋篇布局,国务院、工业和信息化部、国家发展和改革委员会、教育部、中国银行保险监督管理委员会等均推出大数据发展意见和方案,政策从全面、总体规划逐渐朝各大产业、各细分领域延伸,营造出利好政策大环境,促进大数据产业发展逐步从理论研究走向实际应用之路。

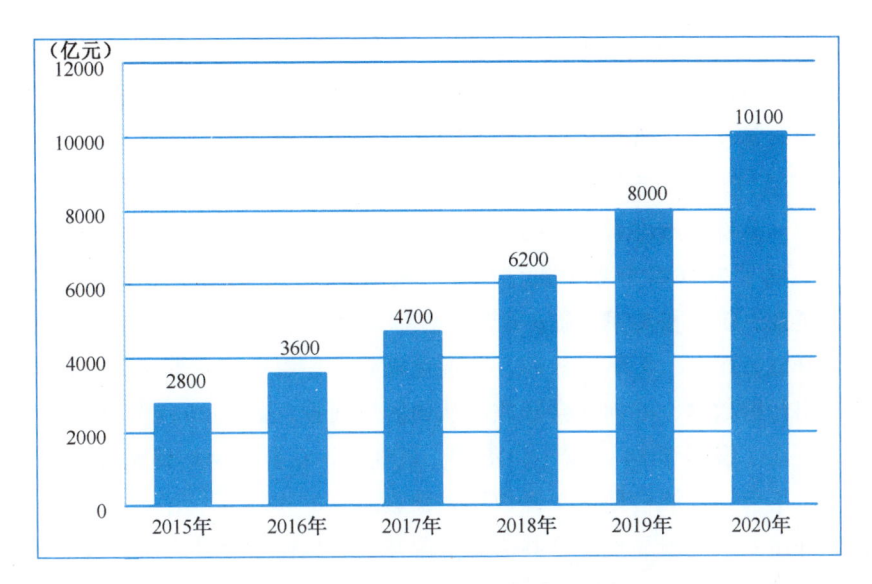

图 13-7　2015—2020 年我国大数据市场产值图

（数据来源：公开资料整理）

2018 年 1 月，中央网络安全和信息化委员办公室、国家发展和改革委员会、工业和信息化部联合发布《公共信息资源开放试点工作方案》，旨在推动释放公共信息资源的价值。教育部发布《教育部机关及直属事业单位教育数据管理办法》，对教育数据的应用给出指导。2018 年 5 月，中国银行保险监督管理委员会出台《银行业金融机构数据治理指引》，为金融机构数据治理做出详细指引。2018 年 6 月，工业和信息化部、国家标准化管理委员会出台《国家车联网产业标准体系建设指南（总体要求）》《国家车联网产业标准体系建设指南（信息通信）》《国家车联网产业标准体系建设指南（电子产品与服务）》，在车联网大数据方面给出建设标准。大数据政策向行业、领域的进一步延伸，加快了我国大数据应用推广的步伐。

公共信息资源开放取得较大进展。2018 年 1 月，中央网络安全和信息化委员办公室、国家发展和改革委员会、工业和信息化部三部门联合印发《公共信息资源开放试点工作方案》，选取了北京、上海、浙江、福建、贵州五省（直辖市）作为试点地区，在平台建设、数据开放范围、数据质量、数据开发利用、制度规范和安全保障 6 个方面开展试点。从省级层面看，截至 2018 年 4 月，全国各省（自治区、直辖市）都发布了相关政策文件，将公共信息资源开放作为重点推进的工作之一。

在政策、技术、应用等多重因素的推动下，我国公共信息资源开放取得突破进展。主要表现在以下两个方面。一方面，公共信息资源开放平台建设有序推进。根据国家政策要求，地方政府积极建立开放平台。从政策要求看，各地在相关政策文件中都提出要建立政府数据开放平台，如《河北省信息化发展"十三五"规划》《河南省"十三五"信息化发展规划》等，都包含建立开放平台的内容。从部门层面看，中国气象局在2015年建设开通了中国气象数据网；国家林业局于2016年年初开通了中国林业数据开放共享平台，提供多类林业数据的浏览、统计和文字下载；交通运输部在2017年9月开通了综合交通出行大数据开放云平台，汇聚了政府、交通运输企业、互联网企业、科研机构及个人交通出行等数据，并向社会开放。从地区层面看，截至2018年4月，北京、上海、浙江、贵州等14个省（自治区、直辖市）在开放网站建设上走在前列，占全国（不包括港澳台地区）开放网站建设总量的48.4%。另一方面，公共信息资源开放效果逐步显现。公共信息资源开放数量持续上升。从开放数据集数量看，北京、上海、贵州、深圳、广州、济南等省市地区已经超过1000个，占全部已开放地区总量的80%以上。从开放数据数量看，绝大部分地区的开放数据数量均超过数十万条，北京、陕西、广州、武汉、深圳、青岛等省市地区已达千万条，广东的开放数据数量达到1.39亿条。公共信息资源开放范围不断扩大，经济发展、医疗卫生、教育科技、社保就业、交通运输、资源能源、信用服务、民生服务等成为政府数据开放的主要领域。公共信息资源开放内容是各地制定相关政策文件涉及的主要内容，超过80%的省市地区在相关文件中提出要加快推进政府数据开放。

六、人工智能发展情况

在产业规模方面，中国已成为人工智能发展最迅速的国家之一，人工智能产业发展正在推动智能经济雏形的初步显现。普华永道预测，到2030年人工智能将为全球GDP带来14%的增长，即15.7万亿美元的市场规模。其中，中国的GDP增长规模为26%，北美洲的GDP增长规模为14%，为全球受到人工智能带动效应最大的两个地区。截至2018年年初，我国人工智能核心产业规模达到180亿元，带动相关产业规模达到2200亿元，人工智能企业数量超过1000家，位列全球第二。同时，我国人工智能领域的资本总量稳步增长，截至2018年年底，中国人工智能投融资总额超过700亿元，占全球的30%以上。

在产业结构方面，我国人工智能基础领域涌现出寒武纪、地平线、深鉴科技、耐能、西井科技等一批创新技术企业。在行业应用方面，我国在智能机器人、智能金融、智能医疗、智能安防、自动驾驶、智能教育、智能家居等重点领域涌现出一批具有代表性的初创企业，地平线、小i机器人等在智能机器人平台搭建方面颇有建树，出门问问、思必驰等成为语音语义及自然语言处理方面的后起新秀，华大基因、碳云智能等成为智慧医疗领域的重要力量，BroadLink等在智能家居领域有所突破，驭势科技等在自动驾驶领域前景广阔。

人工智能芯片技术和产品发展势头迅猛。当前，随着人工智能芯片、大数据、云服务等软硬件基础设施逐步完善成熟，人工智能正向各行各业加速渗透，市场规模将加速扩大，为我国人工智能产业发展带来巨大契机。人工智能芯片以图形处理器（GPU）、现场可编程门阵列（FPGA）、专用集成电路芯片（ASIC）为发展方向。

计算机视觉技术持续创新。在计算机视觉技术中，以静态物体识别技术发展最为成熟，动态图像和场景识别技术尚存在较大上升空间，计算机视觉产业链上游的软件开发和芯片设计环节的核心技术长期被国外企业垄断，我国企业的主要优势集中于下游应用领域。国内从事计算机视觉领域的公司在2011年后显著增加，百度、旷视科技、商汤科技、格灵深瞳、依图科技等技术实力较为领先的国内明星企业不断涌现。

自然语言处理和语音识别技术已近成熟。我国在自然语言处理和语音识别方面具有良好的技术产品优势。由于中国文化和中文的特殊性，我国已培育出一批优秀的智能语音企业，掌握了语音识别、自然语言处理、语音合成、语音评测、声纹识别等核心技术。中文智能语音技术处于国际领先水平，语音识别的通用识别率可达95%以上，科大讯飞、百度、搜狗、出门问问、云知声、思必驰、小i机器人等企业有较大的技术优势。

智能机器人技术产品创新走上快车道。围绕人机协作、人工智能和仿生结构的技术创新最为活跃，推动机器人向智能机器人演进。在人机协作方面，随着人机交互技术由基本交互向图形、语音和体感交互方向不断发展，人机共融技术已不断深入，成为机器人尤其是工业机器人研发过程中的核心理念。在人工智能方面，深度学习、计算机视觉、语音识别、自然语言处理等技术已成为服务机器人提升智能化水平并实现持续发展和场景渗透的重要引擎。

七、网络安全发展分析

网络空间规则体系加快形成。2018年，我国网络空间立法进程加快，互联网顶层法律制度框架体系快速构建。《中华人民共和国电子商务法》颁布实施，《个人信息保护法》《数据安全法》《未成年人网络保护条例》《公共安全视频图像信息系统管理条例》等立法进程加快。同时，各领域法律法规不断完善，国家互联网信息办公室、公安部、中国人民银行、国家市场监督管理总局等部门相继在互联网内容、信息、安全保障、金融数据利用、安全标准等方面制定出台了一系列政策法规。一个以《网络安全法》为基础,由一系列专门性法律、规章制度、行政性规范及基础标准体系等构成网络空间规则体系正加速形成。

互联网综合治理体系更加完善。2018年,围绕互联网治理,公安部、最高法、最高检、工业和信息化部、中央网信办等部门加大协作配合力度,形成治理合力,相继开展了"净网2018""护苗2018"等专项活动,互联网综合治理体系更加完善。如在公民个人信息保护方面,全国建成了32个省级、316个地市级反诈骗中心,打击跨国电信诈骗等违法犯罪活动。

个人信息泄露事件频频发生。2018年以来,互联网视频、招聘求职、物流、酒店住宿等行业信息成为个人信息泄露的重灾区,其中,顺丰疑似被泄露物流数据达3亿条,华住旗下酒店约5亿条用户信息泄露等引起社会广泛关注。

网络安全建设能力日益提高。2018年,我国互联网安全能力显著提高,技术研发与人才建设双双进步。阿里云云盾Web应用防火墙、启明星辰物联网安全接入防护系统等网络安全新技术新产品快速涌现。武汉、四川等地先后出台政策措施,加强安全人才培养力度。

第四节 2018年我国互联网产业区域发展情况

一、长三角地区互联网发展状况

政策环境不断优化,基础设施日趋完善。江苏、浙江、安徽、上海三省一市政府结合各地特色,出台了大数据发展相关规划,并成立了大数据专门管理机构,浙江率先提出"数据强省",上海打造"五位一体"产业链生态发展布局,江苏抢抓先机构建"智能制造"生态体系,安徽形成以合肥为"一体"、淮南与宿州为"两翼"的产业布局,逐渐形成大数据产业发展的新模式、新机制。

长三角地区互联网基础设施建设规模不断扩大。目前,在全国10个国家级骨干网直联点中,3个位于长三角地区,区域内的通信传输与其他地区网络流量相比,绕转距离更短、效率和安全性更高。三省一市宽带接入端口达到1.6亿个,其中,光纤接入端口(FTTH/O)数占全国端口比重达到21.2%,完善的基础设施为区域内大数据产业发展提供了良好支持。据不完全统计,区域内数据中心达90个,为区域内企业提供较为完善的服务。

创业创新较为活跃,大数据产业稳步发展。长三角地区整合企学研用等多方资源，建立完善多层次的大数据人才队伍，通过制定有针对性的人才优惠政策，吸引相关人才和领军团队落地就业、创业。据《长三角区域大数据产业发展报告（2018）》，长三角区域拥有国家工程研究中心、国家级双创示范基地和工程实验室等创新平台近300家，年研发经费支出和有效发明专利数均约占全国的30%，开设"数据科学与大数据技术"专业的高校达47家，人才流入率位居全国前列。

地区各具特色，点面结合协同发展。长三角地区大数据产业逐渐形成以重点城市为中心，区域协同发展的局面。各省市地区发挥自身特色优势，浙江加快推进智慧城市建设，促进大数据与各行业加速融合；上海重点打造医疗、金融等垂直领域的大数据服务；江苏的传统制造业借力大数据，加快产业数字化转型升级；安徽在智能语音等人工智能研发和应用领域引领行业创新。区域内的创新创业、产业协同氛围浓厚、沟通交流便利，形成了良好的产业发展环境。

产业生态初具雏形，行业应用日益丰富。《长三角区域大数据产业发展报告（2018）》显示，长三角地区大数据产业地图收录了企业、机构1055家，创新创业落地1205个，除该区域内注册的企业外，还有众多知名国内外大数据企业机构在长三角地区设立分部，为区域内企业提供服务。上千家企业机构覆盖数据采集汇聚、存储处理、挖掘分析、数据应用、数据安全、大数据周边等全产业链条，其中，聚焦数据应用服务的企业占比达到58%，区域内大数据周边服务企业占比12%，众多机构在资金、企业服务、技术研发、人才培养等方面为大数据提供了良好的发展环境和条件。

二、珠三角地区互联网发展状况

珠三角地区是中国互联网产业最为领先的地区之一，网络基础设施好，宽带用户规模连续多年位居全国首位。互联网企业竞争力强，2018年有14家企业入围了2018年"中国互联网企业100强"榜单，其中，腾讯和网易排名全国前五位。深圳和广州双峰并峙，共同支撑珠三角地区互联网产业的发展创新。

深圳的互联网产业起步较早，基础较好，发展较快。互联网网民普及率已高于全国平均水平。截至2017年12月31日，深圳的网民和手机网民规模均突破千万人，其中网民渗透率达87.1%，比全国平均水平高出32.1个百分点。产业规模位居全国大中城市前列，据《深圳市2017年国民经济和社会发展统计公报》显示，深圳全年七大新兴产业增加值合计9 183.55亿元，其中，互联网产业增加值1 022.75亿元，同此增长23.4%。企业集聚引领发展。经过近几年的快速发展，深圳涌现出一批互联网产业龙头企业，产生了良好的产业集聚效应，起到了较好的引领示范作用。2018年中国互联网前100强中，深圳有8家，其中腾讯公司排名第二，市值超过3000美元。

广州作为中国三大国际通信和互联网枢纽之一，信息基础设施发达，国际出口带宽已经超过2000Gbit/s，目前的国际电路可直达70多个国家和地区，基本形成了通达全球的网络架构，是全国最大的国际出口带宽。目前，广州已铺设光纤总长度超过850万千米，家庭宽带普及率达到74%，已建成无线局域网（WLAN）接入点17万个，TD-LTE基站9050个，规模居全国第一。免费无线上网服务公共区域覆盖率达到70%以上。完善的信息网络设施基础为琶洲互联网创新集聚区信息技术的发展提供了坚实的承载能力。

三、环渤海地区互联网发展状况

环渤海地区位于我国华北、东北、西北三大区域结合部，包括北京、天津、河北、辽宁、山东和山西、内蒙古，面积为186万平方公里，2014年年末常住人口为3.14亿人，地区生产总值为18.5万亿元。环渤海地区幅员广阔、连接海陆，区位条件优越、自然资源丰富、产业基础雄厚，是我国最具综合优势和发展潜力的经济增长极之一，在对外开放和现代化建设全局中具有重要战略地位。

京津冀是环渤海地区合作发展的中心区。北京着力加快推动工业互联网发展，以构建"高精尖"产业体系为目标，于2018年11月正式印发《北京工业互联网发展行动计划（2018—2020年），立足首都城市战略定位和京津冀协同发展布局，以打造工业互联网可控核心技术为突破，激发北京市高精尖产业创新活力、转型动力和发展潜力为主线，促进行业应用，强化安全保障，完善标准体系，加快人才培养，引领我国工业互联网持续快速的发展，促进本市经济新旧动能转换，有力推动制造企业的智能化转型升级，加快推动从"在北京制造"向"由北京创造"的转变，使北京成为引领中国制造向中国创造转变的先行区域和战略高地。

辽中南地区以沈阳、大连为中心，以鞍山、抚顺、本溪、营口、锦州、铁岭、丹东、辽阳、盘锦等城市为支撑。目前，辽宁以沈阳和大连产业集群及辽宁沿海经济带相关产业园为依托，以东北区域超算中心、大连华信云计算中心等数据中心为支撑，不断完善产业布局和区域布局的基础上，重点突破云计算、大数据、物联网、移动互联网、宽带通信、软件及信息技术服务、智能制造与工业软件等领域的关键技术。辽中南地区主要依托东北区域最大的超算中心以及大连华信云计算中心前期建设基础，支持专有云为目的的云计算、超算中心平台完善和升级。

山东半岛地区以济南、青岛为中心，以烟台、潍坊、淄博、威海、德州、东营等城市为支撑，正在统筹建设山东半岛蓝色经济区、黄河三角洲高效生态经济区、青岛西海岸新区。山东省大力推进大数据产业发展。围绕大数据采集、传输、存储、分析、交易、应用和安全等环节，推动关键技术研发及产业化，加速数据聚合应用、互联互通，创新技术服务模式，打造技术先进、生态完备的产品体系，打造"数聚山东"集聚发展工程。预计到2022年，将依托济南、青岛、淄博等市，突破一批大数据关键技术，形成一批国际领先的大数据产品和解决方案，形成一批有特色的信息服务企业及产业，建成海洋大数据和医疗大数据中心，创建3～5个国家级大数据产业集聚区，产业规模突破千亿元。

四、福厦沿海互联网发展状况

福建近年来牢牢把握新一轮科技和产业革命的历史性机遇，努力营造有利于数字经济发展的政策环境、融资环境、管理环境、文化环境，在此基础上，福建的数字经济不断发展壮大，大数据、物联网、云计算、人工智能等新兴产业发展速度较快。在2018年8月举行的世界互联网大会上，中国网络空间研究院发布《中国互联网发展报告2018》蓝皮书，书中对全国互联网发展成效和水平进行了综合评估。结果显示，在2018年全国互联网发展指数排名中，广东、北京、上海、浙江、江苏分列前五名，福建位列全国第九名。

福建把推动大数据与实体经济深度融合作为大数据战略行动的主要任务。通过大数据与各行各业、领域深度融合，促进产业转型升级和政府治理能力、公共服务水平全面提升。大数据与农业、服务业加快融合，智慧旅游、智慧物流、农村电子商务蓬勃发展。在中国电子信息产业发展研究院发布的《中国大数据产业发展水平评估报告》中，福建的大数据产业规模发展亮眼，在全国各省（自治区、直辖市）中排名第七。其大数据产业规模水平评估也位居前列。

数字福建成效显著。根据福建省经济信息中心会同新华三集团数字经济研究院创新编制的关于数字经济指数的评价报告显示，2018年福建的数字经济发展驶入快车道，全省数字经济指数达到74.6，同比增长2.3%。数字产业化进程快速提升，信息通信产业高速增长，大数据、云计算、物联网等新兴信息技术产业集群发展格局已基本形成，信息基础设施迈入全国先进行列，数字产业化指数达到72.4。产业数字化成效显著，实体经济与数字经济融合进一步加深，行业特色平台、企业级优势平台体系加速育成，产业数字化指数达到76.1。

五、中部地区互联网产业发展状况

在全国经济社会整体快速数字化的背景下,中部地区快速发展,地域辐射效应开始显现,尤其是以武汉等城市为核心,带动周边城市的赠幅;并且增长开始由沿海的人口大省向中部地区延伸。中国人口基数大,互联网新经济潜力更大,不仅电子商务的数据硬件中心都建在中部地区,电子商务软件平台的快速发展也让中部地区更具特色的农副产品便捷地销往全国,为中部地区经济赶超东南沿海插上了"数字经济"的翅膀。与此同时,以高铁为代表的现代交通物流网络建设,让中部地区经济在互联网时代拥有了更加便捷的交流方式。随着人力、货物、资金等生产要素流动成本降低,不仅改善了投资者对中部省份的增长潜力预期,极大增强了中部省份互联网发展的综合能力。

湖南互联网产业进展明显。2018 年,湖南移动互联网产业营收达到 1 060 亿元,同比增长 25%。具体表现为各个总部项目纷纷进入湖南:360 企业安全集团项目、华为云孵化创新中心项目、ETCP 总部项目、奇点金服全国总部项目、"回家吃饭"全国总部项目等 13 个移动互联网类项目落户湘江新区;中国资源卫星应用中心、湖南九次方大数据信息科技有限公司等 18 个项目落户湖南地理信息产业园。截至 2018 年年底,共有 19 个移动互联网第二总部项目落户湖南。在这移动互联网产业黄金发展时期,湖南省出台鼓励政策,精准对接,政策效益迅速释放。全省营收过亿元的软件及互联网企业已达 61 家,其中过 10 亿元的 13 家。芒果 TV、拓维信息入围全国互联网百强。中车时代电气入围工业和信息部软件百强。2018 年,湖南软件和信息服务业发展指数为 67.09,在全国省市排名第十,中部省份排名第二。

武汉是中部地区互联网产业发展的核心。大型互联网公司"第二总部"加速落户武汉光谷,成为武汉互联网发展的显著性、趋势性事件。2018 年,已有小米、科大讯飞、小红书、慕声科技、尚德机构、猿辅导等 24 家互联网企业宣布在武汉光谷设立总部或"第二总部",涉及领域涵盖人工智能、互联网教育、交通出行、网络安全、安防等多个细分领域,创造数万个就业岗位,推动光谷"互联网+"新兴业态迅猛发展。以东湖高新区为引领,武汉"第二总部"经济已见雏形。

六、西部地区互联网产业发展状况

西部地区互联网产业发展势头强劲,《中国互联网发展报告 2018》蓝皮书中指出,以陕西、四川、重庆、贵州为代表的西部地区也在加大发展力度,发展势头强劲。

陕西省互联网基础资源持续增加。截至 2017 年 12 月，陕西省新增光缆线路 19.1 万公里，累计达到 108.7 万公里；全省新增光纤到户端口 320.35 万个，光纤到户用户数达到 770.9 万户，光纤到户端口数位列西部省份第 2 位。

重庆市细分领域发展势头不减。一是全市网络零售额持续增长，重庆智汇电子商务规划研究院发布的《2018 年上半年重庆市网络零售发展报告》显示，2018 年上半年，重庆市电子商务市场规模平稳增长，实现网络零售额 334.41 亿元，同比增长 25.62%。二是"互联网+文创"推动重庆互联网产业迸发活力。渝中委、区政府政府为进一步贯彻落实《重庆市政府关于加快推进互联网产业发展的指导意见》（渝府发〔2008〕117 号）文件精神，与市区共同打造互联网产业园，促进重庆及渝中区互联网产业的蓬勃发展。

贵州省在通信业务和电商扶贫领域进展明显。一是通信业务发展迅速创历史新高。据贵州省通信管理局统计，2018 年上半年，贵州全省信息通信业增速快，全省提速降费效果显著。完成电信业务收入 162.8 亿元，同比增长 15%，增速在全国排名第 1 位。二是网络零售增速较快带动贫困人口增收。贵州积极对接 8 个对口帮扶城市成为绿色产品的主要市场，省内外市场达成农产品销售订单 9 548 份，金额为 152.84 亿元，带动 31.13 万贫困人口增收。

第五节　2018 年我国互联网产业重点企业发展情况

一、阿里巴巴

根据阿里巴巴发布的 2018 财年的业绩报告，截至 2018 年 3 月 31 日，阿里巴巴集团 2018 财年收入为 2502.66 亿元，同比增长 58%，创下 IPO 以来最高增速。阿里巴巴收入增长主要受到国内外零售业务、阿里云业务、新收购业务等因素驱动。

在电商业务方面，阿里巴巴集团核心电商业务收入为 2140.20 亿元，同比增长 60%，创下 IPO 以来年度最高增幅。阿里巴巴中国零售市场记录成交总额为 4.82 万亿元，同比增长 28%。在云计算业务方面，全年收入为 133.90 亿元，同比增长 101%。数字媒体和娱乐收入为 195.64 亿元，增长了 33%。创新举措和其他方面收入为 32.92 亿元，增长了 10%。在国际零售业务方面，受旗下投资的东南亚电商平台 Lazada 和全球零售市场平台 AliExpress 强劲增长的带动，阿里巴巴国际商业零售业务收入同比增长 94%。此外，阿里巴巴中国零售平台的年度活跃消费者达到 5.52 亿个，截至 2017 年，其收入增长了 3700 万元，季度内新增年度活跃消费者数创下上市以来最高值。

从业务发展情况来看，电商和新零售业务是阿里巴巴的核心业务。截至 2018 年 9 月 30 日，淘宝年度活跃消费者净增 2500 万人，至 6.01 亿人，达到中国人口总数的 45%；连续 5 个季度以来，年度活跃消费者均保持 2000 万人以上的增长；天猫部分业务与盒马鲜生、银泰等新零售生态业务协同效应明显，增长强劲，基于天猫新零售方案，星巴克和饿了么、盒马、淘宝等阿里生态系统的多个数字化消费者运营平台展开了一系列合作，为消费者提供了线上、线下丰富的服务和体验；新零售部分，阿里巴巴通过参股高鑫零售和居然之家、收购饿了么，拓展了多元化商业场景及其所形成的数据资产，并使新零售与云计算业务结合，共同形成独特的"阿里巴巴商业操作系统"。

云计算成长为阿里的"明星业务"，是技术层面参与国际竞争的重要抓手。阿里云 2018 年营收达到 56.67 亿元，主要得益于高附加值产品、服务的收入组合及付费客户的强劲增长，亚洲市场第一的领先优势在继续扩大。在全球布局上，阿里云在全球 19 个地区运营了 52 个可用区，成功覆盖美国、英国、德国、日本、中国这全球前五大云计算市场。

二、腾讯

2018 年是腾讯的 20 岁生日，腾讯也在这一年迎来了成长的烦恼，股价"跌跌不休"，营收和盈利放缓，腾讯也积极应对，开启转型之路。一是加大投资力度，加快拓展生态，腾讯于 2018 年投资事件数量达到 163 起（比 2017 年多 20 起），2018 年前三个季度财报中，腾讯公布的投资收益累计超过 150 亿元。二是以组织架构升级促战略调整，2018 年 9 月，腾讯宣布将原有的七大事业群调整为六大事业群，整合成立云与智慧产业事业群、平台与内容事业群，全面扶持云业务和内容平台。三是不断完善行业数字化解决方案，腾讯在政务、医疗、教育、交通、金融等行业陆续推出解决方案并落地，帮助传统行业数字化转型。如在政务领域，与广东合作推出"粤省事"民生服务小程序，截至 2018 年 10 月底，提供服务事项达 465 项，服务累计查询、办理业务量 4 511.4 万次。

三、百度

2018 年是百度人工智能商业化落地的关键一年，百度全年营收状况良好，云计算、人工智能等产生的新营收点开始发力，业务结构不断优化。一是推动自动驾驶加快走向落地，百度智能驾驶开放平台 Apollo 取得技术与商业化上的阶段性进展，Apollo 企业版已经推出系列整体解决方案，满足不同合作伙伴的多种需求，帮助实现更快速度的搭载与落地。二是加速人工智能商业化布局，百度积极将人工智能拓展到信息流、语音助手等多个业务领域。截至 2018 年 12 月，搭载百度智能语音平台 DuerOS 的智能设备激活量超过 2 亿台，环比上涨 45%。三是丰富和完善移动产品线，百度在原有移动产品的基础上，加大了移动产品布局，形成了移动搜索、Feed、手机百度业务、百度金融、短视频等业务矩阵。四是积极拓展百度云业务能力，百度云第四季度营收为 11 亿元人民币，同比增长超过 100%。

四、京东

京东的经营势头发展良好，净利润创新高：京东 2018 财年第四季度财报显示，第四季度净营收 1348 亿元，京东全年 GMV 近 1.7 万亿元，同比增长 30%。新零售业务创历史新高：京东"6·18"全球年中购物节和京东"11·11"全球好物节，累计下单金额接近 3200 亿元，突破历史最高纪录。技术研发投入超百亿元：2018 年，京东集团持续向技术转型，积极围绕科技前沿领域进行研发投入。2018 年前三季度研发投入高达 86.4 亿元，同比增速达 88%。

零售新生态日趋成型。京东 7FRESH 筹备社区生鲜项目，拟定名为"四季优选"，定位为线上、线下的一体化社区店型，覆盖客群范围为 500 米，未来将与 7FRESH 构成"大店+卫星仓"格局，形成优势互补，发挥联动效果。

变革供应链体系持续变革，与全球合作伙伴共建全球智能供应链基础网络（GSSC），京东物流集团于 2018 年 10 月提出与全球合作伙伴携手共建全球智能供应链基础网络（GSSC）的愿景，将携手航空、铁路、海运、仓储、配送等各界合作伙伴一同推进全球智能供供应链。

五、网易

2018 年，游戏和电商成为带动网易营收增长的两匹快马。据网易 2018 年第四季度财报显示，游戏和电商业务为网易贡献了九成营收，其中，网络游戏服务营收为 110 亿元，同比增长 37.7%，占营收总比例为 55.5%。电子商务营收约为 67 亿元，同比增长 43.5%，占营收比例为 33.7%。

2018 年，网易在游戏领域仍然占据举足轻重的地位。根据苹果 App Store 畅销榜数据显示，目前十大畅销游戏有 5 款来自网易。网易游戏开始重视国际化布局。电商业务成为网易发展新亮点。2018 年第四季度，网易电商收入超过同期的阿里核心商业，网易严选和考拉作为电商领域后起之秀，其快速增长令业界刮目。此外，网易的广告服务与邮箱业务趋于稳定，营收增速天花板显现。网易云音乐也在持续推进商业化进程。

六、字节跳动

字节跳动集团旗下核心产品有两个——今日头条和抖音，懂车帝、皮皮虾、西瓜、火山、多闪等产品则属于外围产品。一方面，字节跳动在国内致力于将抖音和今日头条 APP 等流量入口导入教育、金融、和游戏等业务，另一方面，进入海外市场挖掘新用户成为了公司必然的选择。截至 2018 年 8 月，抖音日活跃数量突破 2 亿，成为中国热门 APP 之一，字节跳动占据中国用户上网总时长达到 9.7%。2018 年 12 月，短视频 APP 排名前五位中，字节跳动系产品就有三个。仅 2018 上半年，今日头条系独立 APP 用户使用时长占比从 3.9%猛增到 10.1%，超过百度系、阿里系成总使用时长第二名。在海外市场方面，2018 年 9 月起，抖音海外版，TikTok 开始连续占据美国 APP Store 下载榜的前几位。10 月 TikTok 多次力压脸书、YouTube、Snapchat，占据榜位置。除了 APP 发展势头良好之外，字节跳动估值水涨船高。目前，字节跳动已完成 Pre-IPO 融资，投前估值达到 750 亿美元。

七、蚂蚁金服

蚂蚁金服总体表现持续向好。截至 2018 年，支付宝全球活跃用户数 8.7 亿人，活跃用户数持续跃升。蚂蚁金服 2018 财年税前利润为人民币 91.84 亿元（约合 14.64 亿美元），同比增长 65.12%。在融资方面，2018 年 5 月，蚂蚁金服完成了 140 亿美元的最新一轮融资，估值达到 1 500 亿美元，是迄今为止世界最大单笔私募融资。金融科技推动普惠金融服务，以数据、技术驱动，探索 DT 时代下的数字普惠金融新模式快速形成。海外业务不断扩展，支付宝在"一带一路"沿线国家和地区携手当地伙伴成功打造 9 个本地版的支付宝，包括印度 Paytm、巴基斯坦 Easypaisa、菲律宾 GCash、孟加拉 bKash 等。

八、华为

华为还是当前全球最大的 5G 供应商，业务遍及 170 多个国家和地区。华为 2018 年营收约 1090 亿美元，同比增长 21%。

2018 年，华为各项业务取得积极进展。在云业务方面，华为云的发展战略已经覆盖基础研究、全栈全场景方案、人才和开放生态及内部效率提升。截至 2018 年年底，华为云已上线 160 多个云服务，以及 HCS、SAP、HPC、游戏等 140 多种解决方案，帮助新华社、新浪、秒拍、深圳交警、雪铁龙集团、哥白尼项目、贝瑞基因、金域医学等行业客户加速数字化进程。华为云的云市场新增上架应用为 1 500 个，发展合作伙伴超过 6 000 家、超过 9 万名开发者。华为云已在中国、亚太、俄罗斯、南非完成布局，在全球 23 个地理区域、40 个可用区提供云服务。

在人工智能方面，华为的人工智能发展战略包括五个方面，已宣布将投入 10 亿元用于人工智能人才培养，计划三年培养 100 万开发者。华为云发布人工智能全流程开发平台与工具——更快的人工智能开发平台 ModelArts、更懂开发者的视觉人工智能应用开发平台 HiLens、探索未来的量子计算模拟器与编程框架 HiQ，以及发布沃土人工智能开发者使能计划，携手伙伴共建普惠人工智能。

第六节　2019 年我国互联网产业发展环境分析

一、互联网全局性政策全面推进

2018 年是中国互联网发展历史上具有里程碑意义的一年，呼唤已久的《中华人民共和国电子商务法》（以下简称《电子商务法》）在第十三届全国人民代表大会常务委员会第五次会议上通过。《电子商务法》对我国互联网领域而言是一部全局性、基础性的法律，该法律的出台对于全面规范网络交易服务具有十分重要的意义。除了金融类产品和服务，以及利用信息网络提供新闻信息、音视频节目、出版及文化产品等内容方面的服务不适用于《电子商务法》，其他通过互联网等信息网络销售商品或者提供服务的经营活动均适用《电子商务法》。该法律不仅监管通过互联网等信息网络销售商品的经营活动，还监管通过互联网等信息网络者提供服务的经营活动；该法律的管辖范围相当宽泛，而且内容相当基础。

二、重点行业互联网融合创新政策加速完善

2018 年，医疗、餐饮、金融、社交等重点行业互联网融合创新领域监管政策加速完善。在医疗领域，国家卫生健康委员会发布了《互联网医院管理办法（试行）》《互联网诊疗管理办法（试行）》《远程医疗服务管理规范（试行）》《互联网医院基本标准（试行）》四个文件，对互联网医院、互联网诊疗、远程医疗等医疗卫生服务新业态进行了有效规范，保证医疗质量和医疗安全。在餐饮

领域，国家食品药品监督管理总局发布了《网络餐饮服务食品安全监督管理办法》，对入网餐饮服务提供者和网络餐饮服务第三方平台提供者提出了详细的从业要求，规范网络餐饮服务经营行为，保证餐饮食品安全。在金融领域，国家互联网信息办公室发布了《金融信息服务管理规定》，明确了金融信息服务提供者的从业要求和应当履行的主体责任，旨在规范金融信息服务并促进其健康有序发展。

三、新型领域互联网管理政策加速建立

2018年，针对区块链、短视频等互联网应用新型领域出现的问题，相关的管理政策加速健全。针对当前区块链发展的问题，国家互联网信息办公室及时制定和发布了《区块链信息服务管理规定》，明确了区块链信息服务提供者应当履行的主体责任，规范了区块链信息服务及应用制定了区块链上线前的安全评估要求。针对网络短视频无序发展的问题，中国网络视听节目服务协会及时制定和发布了《网络短视频平台管理规范》《网络短视频内容审核标准细则》，对平台应遵守的总体规范、账户管理、内容管理和技术管理规范提出了20条建设性要求，对短视频行业健康发展起到了积极推动作用。

四、政策更加注重互联网潜在风险管控

2018年，互联网领域政策更加注重潜在风险管控。国家互联网信息办公室发布了《具有舆论属性或社会动员能力的互联网信息服务安全评估规定》，要求互联网信息服务提供者在上线具有舆论属性或社会动员能力的信息服务等情况下，应当自行开展安全评估。国家互联网信息办公室发布的《微博客信息服务管理规定》《区块链信息服务管理规定》，要求区块链信息服务提供者开发及上线新产品、新应用、新功能的，应当按照有关规定报国家级和省（自治区、直辖市）级互联网信息办公室进行安全评估。

第七节 2019年及今后我国互联网产业发展趋势展望

一、互联网和实体经济融合进入提质发展期

2018年，国家发展改革委、工业和信息化部等部门相继发布数字经济、企业上云、信息消费、工业互联网等相关政策，互联网与实体经济融合发展的趋势更加明显。云计算、工业互联网成为驱动企业数字化转型的重要动力，创新

应用不断深化，企业上云率达到 30% 以上，形成了一批行业领先的工业互联网平台。互联网加速向农业、服务业渗透，阿里巴巴、腾讯等互联网公司持续通过互联网、大数据、云计算、人工智能等技术赋能实体经济，如阿里云利用大数据、云计算技术助力中策橡胶、中芯国际制造等传统企业等挖掘数据价值、改善生产流程。展望 2019 年及今后，随着企业上云、工业互联网、新一代人工智能发展等政策的强力推进，互联网企业持续向实体经济渗透，新技术、新产品创新步伐将进一步加快，互联网与实体经济融合将步入高质量发展期。

二、5G 商用试验将加速 5G 产业生态构建

2018 年，中国 5G 技术研发与网络建设双双实现快速发展。第三阶段非独立组网测试全部完成，独立组网测试进程于 2018 年年底完成。5G 目标频段明确，中国移动获批 2.6GHz 频段（160M）和 4.8GHz 频段（100M），中国电信和中国联通获批 3.5GHz 频段（100M）。商用试验网络建设大规模推进，三家运营商 5G 商用试点提速，试点城市达到 45 个。5G 应用开始落地，高清视频、VR/AR、车联网、智慧城市等成为重点切入的领域。5G 商用设备实现突破，华为发布了首款 3GPP 标准的 5G 商用芯片和 5G 商用终端。展望 2019 年及今后，随着国家 5G 频率规划方案的制定，以及试商用的全面铺开，产业生态构建成为行业发展的重点。运营商、芯片厂商、设备厂商、终端商、互联网公司等步入全面跨界合作阶段，医疗、人工智能、高清视频、交通、教育、工业制造、车联网等领域应用示范将深入推进，5G 将进入产业链协同商用和生态竞争全面加速的阶段。

三、产业互联网竞争进一步加剧

2018 年，以 BAT 为代表的互联网企业相继将产业互联网作为未来发展的方向，加大向制造、金融、医疗、汽车、物流、通信、交通等行业渗透，并展开竞争。如在新零售领域，互联网巨头各自占领阵地，腾讯先后投资了家乐福、万达、海澜之家等多家线下零售商。阿里巴巴则先后与星巴克、冯氏零售、太古地产等达成战略合作，盒小马、亲橙里购物中心、淘宝心选、新零售茶馆等线下实体店相继开业。京东的线下生鲜超市 7FRESH、曲美、京东之家黑金店等线下实体店先后开业。展望 2019 年及今后，随着腾讯组织架构调整后成立的云与智慧产业事业群步入正轨，京东金融升级为京东数科后在城市建设、数字营销、农业等领域的业务持续拓展，阿里巴巴等互联网企业在传统产业领域持续发力，表明互联网企业加速向传统产业渗透，中国产业互联网发展进入新

时期，竞争将更加激烈。

四、互联网企业加速人工智能布局

互联网企业开始全方位布局人工智能领域，抢滩人工智能时代制高点。2018年，阿里巴巴、腾讯、百度、京东、今日头条、滴滴等互联网企业从芯片、技术、平台到应用，开始全面布局人工智能领域。在芯片方面，阿里巴巴先后全资收购了中天微系统和先声互联，成立了"平头哥"半导体公司，旗下达摩院也开始研发神经网络芯片 Ali-NPU；百度推出了云端全功能人工智能芯片"昆仑"。在技术方面，自动驾驶、语音识别、自然语言处理、智能搜索、智能推荐、深度学习是布局重点，腾讯、百度、今日头条、京东等纷纷成立人工智能实验室，开展人工智能通用技术研发。展望2019年及今后，智能网联汽车、医疗影像辅助诊断系统、智能语音交互系统、智能翻译系统等"智产品"，神经网络芯片、开源开放平台等关键环节技术研发及智能制造等行业应用迎来爆发期，互联网企业将紧抓政策机遇，进一步加速在芯片、技术、应用等领域的人工智能全方位布局。

五、网络自媒体整治力度进一步加大

网络自媒体依法监管成为常态。2018年上半年，针对部分网络自媒体出现的低俗色情、标题党、黑公关、伪原创等一系列乱象问题，国家有关部门重拳出击，开展了集中整治专项行动，依法处置了9800多个自媒体账号。同时，依法对微信、新浪微博等自媒体平台展开执法约谈，严格督促落实整改，强化平台责任。展望2019年及今后，随着国家网信办等部门对自媒体采取分级分类管理、属地管理和全流程管理及持续开展自媒体专项整治活动，依法严格管理自媒体将成为工作常态。

第十四章

大数据产业

第一节 2018年我国大数据产业发展情况

一、顶层设计不断加强，政策机制日益健全

2018年，推动大数据发展已成为各级政府主管部门的共识。随着《促进大数据发展行动纲要》《大数据产业发展规划（2016—2020年）》等一系列国家大数据政策的深入推进实施，我国大数据发展的政策环境迎来了加速优化期。据研究机构统计，全国30多个省市制定实施了大数据相关政策。

同时，在机构改革中，"大数据局"成为一大亮点。山东、福建、浙江、广西等省新成立了省级大数据管理局；广东在原有大数据管理局的基础上，新组建省政务服务数据管理局；除此之外，贵州大数据管理局等已存在的机构，也被明确提升至省政府直属机构级别。据不完全统计，截至2019年6月，全国17个地方已设置省级大数据管理机构，超过79个地市成立了大数据管理机构。我国部分省份大数据管理机构数量如图14-1所示。

二、信息化水平日益提高，数据资源不断丰富

我国信息化基础设施建设加快推进，互联网普及和应用水平不断提升，信息化程度显著提高。据CNNIC统计，截至2018年年底，我国网民规模达到8.29亿，互联网普及率达到59.6%，网站数量达到523个。2008—2018年网民规模和互联网普及率如图14-2所示，2011—2018年我国网站数量如图14-3所示。

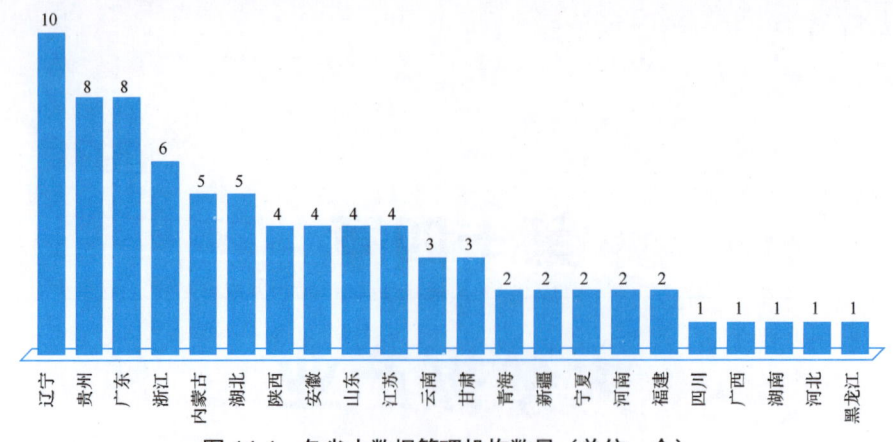

图 14-1 各省大数据管理机构数量（单位：个）

（数据来源：中国行政管理）

图 14-2 2008—2018 年网民规模和互联网普及率

（图来源：CNNIC，2018，12）

图 14-3 2011—2018 年我国网站数量

（图来源：CNNIC，2018，12）

据研究机构统计，我国数据总量持续快速增长，年均增长速度达到50%，预计到2020年数据总量将达到8000EB，占全球数据总量的21%，成为世界第一数据资源大国和全球数据中心。我国数据资源体系建设加快推进，已建成国家人口、企业法人、自然资源等基础数据库，行业领域数据库建设也在不断推进。同时，在《政务信息系统整合共享实施方案》《政府信息系统整合共享任务落实方案》《进一步加快推进政府信息系统整合共享工作》等国家政策文件的推动和引导下，政务信息共享取得积极进展。截至2018年年3月30日，国家数据共享交换平台已联通71个部门和单位、31个省区市和新疆生产建设兵团，打通了42个垂直信息系统、694个数据项，形成共享"大通道"。此外，公共数据资源开放稳步推进，截至2018年年底，全国有50多个地方建设了数据开放共享平台，涉及超过15个行业领域。

三、产业规模持续增长，产业机构加速优化

2018年，随着国家和地方产业政策的出台落地，我国大数据产业保持快速发展态势，产业规模持续扩大，产业链条加速完善，包括大数据硬件、大数据软件、大数据服务等在内的大数据产业规模有望达到5700亿元，预计在2020年超过1.2万亿元。从大数据产业结构来看，大数据服务规模约占大数据产业规模的90%。随着大数据在与各行业领域的融合应用日益加深，大数据融合产业将迎来巨大发展空间，其增速将远超大数据其他产业。此外，2019年上半年，互联网大数据服务、大数据服务（纳入软件产业统计部分）增速突出，均高于全行业平均增长水平。2016—2020年我国大数据市场规模如图14-4所示；2018年我国大数据、软件、电子信息制造产业规模对比如图14-5所示；2019年上半年互联网大数据服务、大数据服务（纳入软件产业统计）增长情况如图14-6所示。

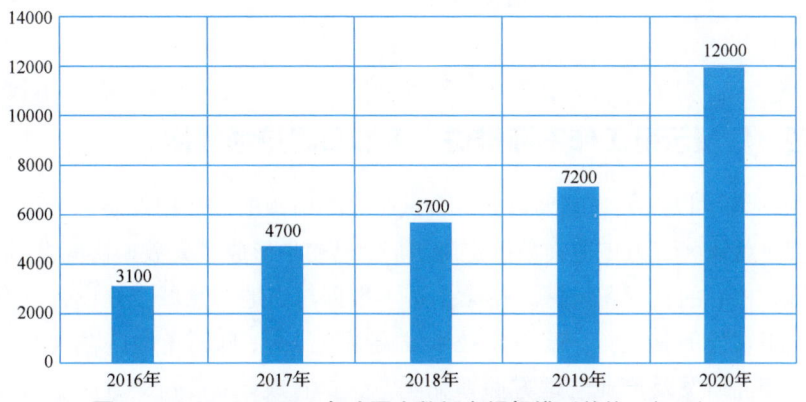

图 14-4 2016—2020 年我国大数据市场规模（单位：亿元）

（数据来源：赛迪研究院，2018，12）

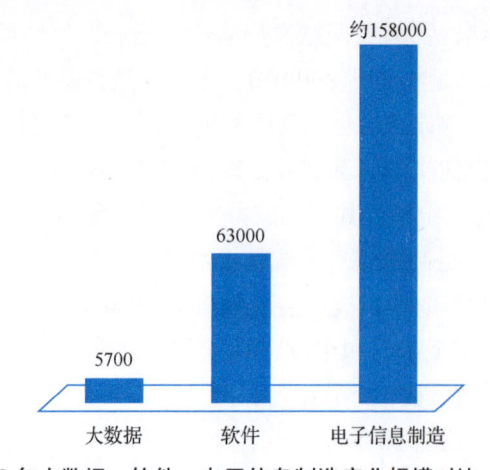

图 14-5 2018 年大数据、软件、电子信息制造产业规模对比（单位：亿元）

（数据来源：赛迪研究院，2018，12）

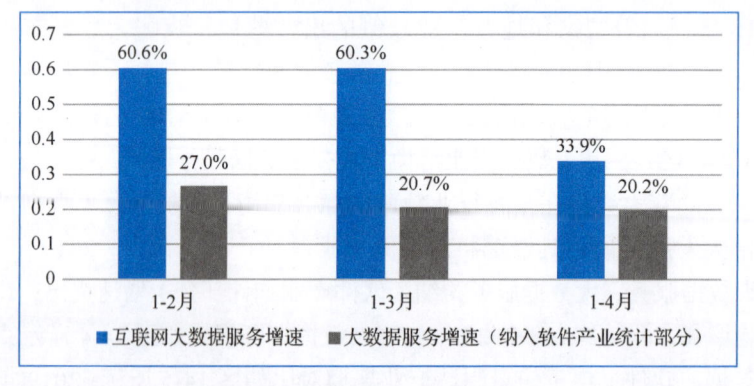

图 14-6 2019 年上半年互联网大数据服务、大数据服务（纳入软件产业统计）增长情况（单位：亿元）

（数据来源：工信部）

四、集聚示范工作不断推进，区域布局持续优化

2018 年，以八大国家大数据综合试验区为引领的大数据发展态势已基本形成。京津冀地区着力打造大数据走廊格局，已初步形成了大数据协同发展体系；以上海为核心的长三角地区，持续推进大数据与当地智慧城市建设，以及云计算、人工智能等其他新一代信息技术发展深度结合；珠三角地区在大数据应用创新、产品研发及产业管理方面率先垂范、具有成效；贵州、重庆、河南、沈阳等四个试验区近年来大数据产业发展势头迅猛，有望成为我国大数据发展的

新增长极；而位于内蒙古自治区的基础设施类综合试验区，则充分发挥其在气候、资源、地形上的优势，不断加大资源整合力度，与东部、中西部地区的产业合作不断增强，在绿色集约的原则下逐步开始了跨越式发展。此外，工信部还加快推进贵阳贵安大数据产业集聚区建设，推进上海静安区、内蒙古和林格尔新区等5个地区建设大数据国家新型工业化产业示范基地。

五、融合应用不断深化，应用场景不断丰富

2018年，随着《关于深化制造业与互联网融合发展的指导意见》等一系列政策文件的出台和贯彻实施，我国制造业加速进行全方位、多层次的数字化转型，发展基础日渐夯实，数字化渗透率不断提升，企业数字化水平大幅提高，新模式新业态蓬勃兴起，总体规模快速增长。据统计，截至2017年底，制造业数字化渗透率达到17.2%。截至2018年底，我国两化融合指数达到53.9，较2017年同期提升1.2个百分点，工业企业数字化研发设计工具普及率和关键工序数控化率分别达到68.6%和48.5%。例如，中联重科3200吨履带吊，具备116个嵌入式传感器，基于自动感知数据，自动调整作业参数、自动适应作业工况，用智能化技术实现了吊装的"稳"和"准"。同时，制造业数字化新模式新业态蓬勃兴起，涌现出一批企业级工业大数据平台和工业互联网平台，部分平台工业设备连接数量超过10万台套。例如，百度的工业大数据监测平台已逐渐延伸到汽车、日化等行业；三一重工利用大数据分析技术为智能工程机械物联网提供有效决策支持。此外，大数据在农业生产、经营流通、物流运输、产品溯源等领域应用不断深化，涌现出物联网等典型平台企业；大数据在电子商务领域的深入应用，助力网络零售和电子商务规模持续扩大；大数据在医疗、健康、交通、营销、物流等领域的应用，大幅促进了公共服务高效化、均等化。

六、生态体系加速完善，支撑能力日益增强

我国不断加强大数据标准规范、数据管理规则、公共服务体系和人才培养体系建设，推动大数据产业生态体系日益完善，支撑能力显著增强。在大数据标准化方面，2018年共开展大数据国家标准研制29项，发布9项；贵州省获批建设国家技术标准（贵州大数据）创新基地，用以加快建立大数据关键共性标准，并引导国内外企业加强大数据关键技术、产品的研发合作。在人才培养方面，2018年教育部在全国范围内新批准248所高校开设大数据专业；同时，成立了如达摩院、北京大学健康医疗大数据国家研究院、重庆邮电大学科大讯飞人工智能学院等大数据研究培训机构，不断加强大数据人才培养力度。在公

共服务方面，围绕大数据的咨询服务、知识产权保护、产权交易、品牌推广、投融资服务等服务机构也逐渐发展成熟。此外，工信部不断推进《数据管理能力成熟度评估模型》（GB/T 36073—2018，简称 DCMM）推广应用，开展近百家企业评估工作，提升企业数据管理能力。

第二节 2018年我国大数据产业重点政策解析

一、《工业大数据发展指导意见（征求意见稿）》

为推进工业大数据发展，逐步激活工业数据资源要素潜力，不断提升数据治理和安全保障能力，工业和信息化部于2019年9月16日发布《工业大数据发展指导意见（征求意见稿）》（以下简称《指导意见》）。《指导意见》是深入贯彻落实国家大数据、数字经济、工业互联网创新发展战略的重要抓手，是推动制造业高质量发展的关键支撑，其出台正当其时。《指导意见》强调数据驱动，更加突出数据资源在工业领域的基础性战略资源地位作用，并以数据驱动为主线，注重从数据集聚共享、数据技术产品、数据融合应用到数据治理的闭环体系建设。同时，高度重视工业大数据资源管理能力体系建设和工业大数据管理能力普及和应用，坚持企业主体地位，注重企业工业大数据管理能力培育。此外，《指导意见》提出了数据资源汇聚要"全面采集、高质量汇聚"，融合应用要实现"全流程、全生命周期"等高层次的要求。总体而言，《指导意见》是在充分分析当前工业大数据发展和应用形势的基础上制定的，是为解决当前工业领域数据资源汇聚基础差、标准不统一、成本高等问题以及数据分析应用层次浅、行业壁垒高、支撑能力差等难点、痛点问题提出的，与当前发展形势的契合度更高、可落地性和可操作性更强。

二、《信息安全技术个人信息安全规范》

《信息安全技术个人信息安全规范》（以下简称《规范》）于2018年5月1日正式实施，这是中国第一部个人信息保护国家标准。《规范》针对个人信息面临的安全问题，规范个人信息控制者在收集、保存、使用、共享、转让、公开披露等信息处理环节中的相关行为，规范了开展收集、保存、使用、共享、转让、公开披露等个人信息处理活动应遵循的原则和安全要求，适用于规范各类组织个人信息处理活动，也适用于主管监管部门、第三方评估机构等组织对个人信息处理活动进行监督、管理和评估。旨在遏制个人信息非法收集、滥用、泄漏等乱象，最大程度地保障个人的合法权益和社会公共利益。总体而言，《规范》的出台对于行业影响的积极意义大于对大数据等行业发展所产生的限制，《规范》有助于为国家主管部门、第三方测评机构在开展个人信息安全管理、评估工作中把握个人信息主体、个人信息控制者、第三方等相关方合理诉求的平衡，一方面能够促进个人信息的保护，另一方也能提升大数据等产业的发展水平，多方共治，共同加强社会整体对个人信息保护的意识。

三、《互联网个人信息安全保护指引（征求意见稿）》

为了深入贯彻落实《网络安全法》（以下简称《网安法》），指导互联网企业建立健全公民个人信息安全保护管理制度和技术措施，有效防范侵犯公民个人信息违法行为，保障网络数据安全和公民合法权益研究，2018年11月30日，公安部网络安全保卫局发布《互联网个人信息安全保护指引（征求意见稿）》（以下简称《指引》）。再次从制度层面回应了当前网络真实环境中发生的如数据泄露等个人信息数据保护难题，为互联网企业发展过程中个人信息安全保护提供了更细致具体的指引和规范，同时也进一步明确了互联网企业在个人信息安全保护方面的合规要求。本指引共包含六个部分16个小节，规定了个人信息安全保护的安全管理机制、安全技术措施和业务流程的安全，适用于指导个人信息持有者在个人信息生命周期处理过程中开展安全保护工作，也适用于网络安全监管职能部门依法进行个人信息保护监督检查时参考使用。《指引》具体描述了互联网中个人信息安全体系的保护防范轮廓，面向现实网络真实环境中存在的问题和特点提供了具有针对性的操作细则，也对《网安法》具体责任的落实和个人信息安全保护体系提供了更完整的思路。

第三节 2018年我国大数据产业重点行业发展情况

一、大数据硬件

（一）技术特点

超融合、软硬一体技术成为数据中心发展焦点。随着虚拟化技术、分布式架构的兴起和大数据体量的日益增大，超融合技术将计算、网络和存储集聚融合在一起，在每个节点部署分布式协议栈，通过虚拟化平台将硬件资源池化，用户通过虚拟化平台对资源进行管理，在实现应用的弹性扩展上具有独特优势。

Garnter 把超融合系统定义为以软件为中心的体系结构,将计算、存储、网络和虚拟化资源(以及可能的其他技术)紧密集成在单一的供应商提供的一台硬件设备中。IDC 认为超融合系统是一种新兴的集成系统,其本身将核心存储、计算和存储网络功能整合到单一软件解决方案或设备中。这表明,超融合是一种软件定义的分布式基础架构,将硬件资源抽象成资源池、被共享使用,动态扩展性强,多业务并发情况下的总体性能大大超越传统硬件基础设施架构。当前,业务技术领先的超融合厂商不再满足仅仅交付融合的计算虚拟化和存储虚拟化产品,而是将网络虚拟化、SDN、融合容器、运维管理平台等打包成一体机统一交付给客户使用,并通过一个管理平台将所有的数据中心资源配置、监控、管理、交付全部实现。据不完全统计,中国市场已有超过 80 家超融合厂商,其中不乏众多初创企业。新华三 2018 年推出 UIS6.0,集成了高可靠性 CAS 计算虚拟化组件、ONEStor 高性能分布式存储组件,30 分钟内可实现交付云计算环境,实现业务自助交付、多级管理和多功能应用。

数据硬件边缘计算能力竞争日趋激烈。伴随移动终端和物联网设备的高速发展与大力普及,数据采集和分析功能越来越多地向硬件终端下沉,边缘计算支撑能力也日益得到关注和认可。硬件终端的边缘计算具备三大优势:一是延识小,解决了云端分析有几十毫秒到几百毫秒不等的网络延迟问题;二是数据隐私保护程度高,避免了数据在传输和存储过程中的泄露;三是可靠性强,避免了网络中断情况下云端人工智能程序无法工作的问题。当前,企业越来越多地选择开发能够嵌入数据硬件终端的人工智能(AI)芯片,由其承担起边缘计算任务。其中,包括华为 2018 年发布的麒麟 970 芯片附带 NPU,以及 2019 年秋发布的 Ascend 系列芯片,其中华为已经开发了基于 Ascend 310 的边缘计算服务器,准备部署在自动驾驶领域。目前边缘服务器芯片市场厂商不多,但也有华为海思、比特大陆等厂商加紧芯片研制,此外,海康威视曾表示如有需要将自研芯片,预计未来将有更多企业进入该领域。

(二)结构特点

据赛迪研究院统计,2018 年我国大数据硬件市场规模达 2244.7 亿元。数据基础设施方面,数据中心建设仍占更大份额,云计算服务(包括公有云和私有云)同样位于前列,成为企业和政府的重要云化基础支撑。2018 年北京及周边、上海及周边、广州及周边的数据中心可用机架数量位列全国前三,分别拥有 53.8 万、52 万、30 万个数据中心机架。中部地区、西部地区及东北地区数据中心机架数量相对较少，分别拥有 22.8 万、36.9 万、8.7 万个机架。2018—2019 年全国各区域数据中心机架数量如图 14-7 所示。

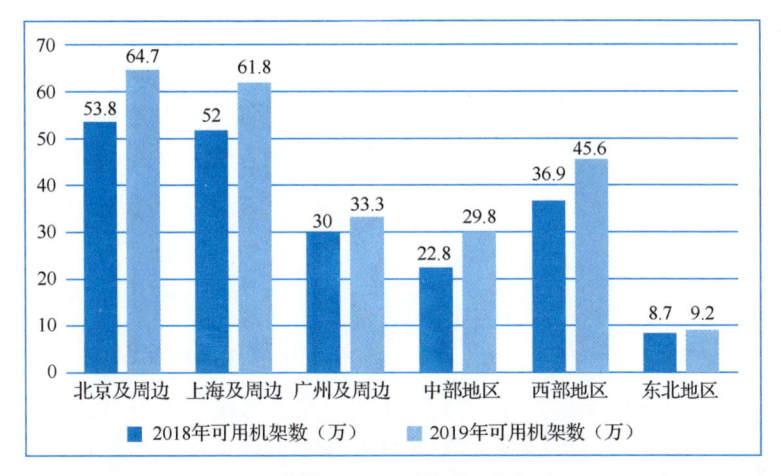

图 14-7　2018—2019 年全国各区域数据中心机架数量

（三）企业特点

数据采集设备，智能车载设备、智能医疗设备、工业智能设备等设备制造商迅速发展，不断促进数据采集设备的多元化。数据存储领域，现已形成存储半导体三大研发和制造基地，集聚大批数据存储领域的企业。从长江存储、合肥长鑫和福建晋华等龙头企业的布局来看，长江存储将主攻 NAND Flash 产品，将成为第一家实现量产的中国存储芯片企业。数据计算领域，形成了龙芯、申威、兆芯、飞腾等服务器芯片，以及海思、展讯等移动端处理器芯片。大数据一体机方面，大数据一体机市场发展迅猛，IBM、Oracle、华为、浪潮等国内外 IT 巨头均推出了面向大数据的一体化产品和解决方案。数据中心方面，在绿色化、智能化、集约化趋势下，国内外 IT 巨头，如微软、谷歌、华为、浪潮等均加大投入来强化其数据中心建设。

二、大数据软件

（一）技术特点

技术创新是发展主基调。2017—2018 年间，大数据软件领域国家工程实验室陆续获批并揭牌，工信部批复多个大数据相关重点实验室；科技部、国家自然科学基金委等设立多个大数据软件相关重点专项、创新项目，推动我国在系统计算、系统软件、数据分析等基础技术领域的创新研发投入不断完善。同时，我国大数据骨干企业也在不断加大技术创新方面的投入，在数据采集、清洗、脱敏、可视化等多个基础性技术领域不断突破，数据库系统软件、大数据分析和可视化软件等开发能力不断提升，并向医疗、金融、物流、安全等垂直行业领域不断渗透拓展，形成了可融合应用的技术能力。

（二）结构特点

据赛迪顾问发布的《2019中国大数据产业发展白皮书》统计，在基础软件方面，大数据平台、数据采集、数据清洗和数据库建设引领细分市场发展，数据中台、数据安全和主数据管理平台等产品的热度紧随其后。在应用软件方面，数据可视化、用户画像和商业智能最受客户追捧，自然语言处理、图像识别、语音识别和日志分析等软件产品同样备受关注。在整体解决方案方面，我国大数据软件企业集中在这一环节，专业的大数据分析挖掘软件和可视化软件相对较少。据工信部大数据优秀产品、服务和应用解决方案调研结果显示，从事大数据整体解决方案的企业和从事大数据管理软件的企业合计占企业总数的59%，大数据计算和可视化软件企业合计不到20%。另外，实时动态数据分析成为企业需求量最大的功能，已经应用于大数据分析软件的企业中，38.8%的企业选择实时动态数据进行处理和分析，其次是历史数据分析，占比为37.5%，另外有22.5%的企业选择通过机器学习的方式辅助决策。

（三）企业特点

传统软件企业转型步伐加快。随着云计算、大数据、人工智能概念的兴起，传统解决方案局限性逐渐显现，传统IT软件市场规模逐渐萎缩，用户需求向大数据、物联网等新模式、新产品转移。传统IT企业普遍认识到解决方案升级、业务模式升级的重要意义，大力布局大数据领域业务。以电子政务为例，传统电子政务厂商仅定位为传统的管理软件、流程信息化集成应用厂商，其市场空间和业务模式均具有局限性，而在大数据背景下，久其软件、用友等相关厂商能够实现由传统的管理软件向大数据、PAAS平台总体方案供应商升级，为政府构建起基于大数据平台的业务解决方案。

中小企业成为大数据创新的重要力量。目前，大数据领域拥有众多的中小微企业，长尾效应明显，新创企业不断出现，中小企业不断成长。赛迪研究院中国大数据产业生态地图调查结果显示，我国大数据新创企业（成立时间不超过 3 年）占据很高的比例，即使在大数据发展较为成熟的珠三角、京津冀地区，新创企业的市场份额依然占据 50% 以上。

工业领域龙头企业成为工业软件的核心力量。随着国家实施大数据战略，推动大数据与实体经济融合发展，我国行业大数据发展由消费端向生产端逐渐渗透，工业软件和基于工业软件的工业大数据分析成为推动工业信息化、智能化发展的重要抓手。国家实施百万工业 APP 培育工程，制造业龙头企业是建设主要力量。例如，航天科工、三一重工、海尔集团等信息化水平高的制造业龙头企业在建设工业互联网平台的同时，也致力于自主开发工业 APP，提供工业大数据全流程管理和分析。

第四节　2018 年我国大数据产业区域发展情况

一、评估指标体系

本文中研究对象为大数据，从基础环境、产业发展和行业应用三个角度出发评估大数据发展水平。其中，基础环境是推动大数据发展的重要支撑，优化基础环境已经成为推动大数据发展的共同选择；产业发展是大数据发展的首要任务，成为大数据战略布局重点；行业应用是大数据价值实现的重要途径，拓展行业应用成为推动大数据发展的重要方向。区域大数据发展评估指标体系见表 14-1。

表 14-1　区域大数据发展评估指标体系

编号	一级指标	编号	二级指标	指标说明
D1	基础环境	D1-1	组织建设	大数据管理机构设置情况
		D1-2	政策环境	大数据政策发布情况
		D1-3	信息基础设施就绪度	区域信息基础设施建设情况
		D1-4	集聚示范	国家大数据综合试验区、产业载体建设情况
		D1-5	智力保障	大数据相关领域专业人才培养情况
D2	产业发展	D2-1	产业规模	大数据产业总体规模
		D2-2	企业数量	区域大数据企业总数
		D2-3	创新能力	大数据相关双创基地/平台数量以及大数据技术创新水平
		D2-4	数据资源	政府数据目录体系建设情况、政府数据共享和开放情况

续表

编号	一级指标	编号	二级指标	指标说明
D3	行业应用	D3-1	重点行业应用	金融、商贸等重点行业大数据应用水平
		D3-2	政务应用	政务服务大数据应用水平
		D3-3	民生应用	社保、医疗、教育等领域大数据应用水平
		D3-4	工业应用	工业领域大数据应用情况

二、大数据区域发展水平评估分析

（一）总体情况

各省市发展阶梯分布特征明显。全国31个省、市、自治区的大数据发展水平评估结果如图14-8所示，区域大数据发展指数平均值为25.26。从图14-8可以看出，全国各省市发展阶梯分布特征明显，排名首位的广东省，其指数为57.19，排名末位的是西藏自治区，指数仅为4.67。从指数分布来看，全国各省、市、自治区大致可以分为三个集团。第一集团由广东、江苏、北京、上海、山东、浙江、福建、四川等8个省、市组成，这些地区的总指数均高于30，大数据发展水平处于全国领先地位，但是省市间的差距仍然较为明显，广东省总体优势较为突出，紧随其后的是江苏省和北京市。第二集团由贵州、安徽、湖北等9个省、市、自治区组成，这些地区的大数据发展水平仍然有较大的提升空间，总指数在22～30之间，省市间的差距相对较小，竞争较为激烈。第三集团由河北、湖南等14个省、自治区组成，其指数均小于22，表明这些地区大数据发展水平相对滞后，需积极借鉴领先省市的发展经验，加快追赶步伐。

国家大数据综合试验区示范引领作用显著。国家大数据综合试验区大数据发展指数在全国大数据发展总指数中的占比如图14-9所示。10个国家大数据综合试验区示范引领作用日渐凸显，在全国大数据发展总指数中总体占比达到39%，除内蒙古外，其余省、市均位列综合排名前20，广东、北京、上海、贵州在综合排名前10中占据了4个席位。随着国家大数据综合试验区各项工作的推进，贵州省、京津冀、珠三角、上海市、河南省、重庆市、沈阳市和内蒙古等以推动大数据产业发展和大数据应用为核心，以优化大数据发展环境为支撑，不断提升其大数据发展水平，并取得了显著成果。国家大数据综合试验区大数据发展指数在全国大数据发展总指数中的占比如图14-9所示。

图 14-8 2019 年各省、市、自治区大数据发展指数

区域集聚发展态势逐步显现。我国大数据产业发展已基本形成京津冀区域、长三角地区、珠三角地区、中西部地区四个集聚发展区，不同区域呈现不同的集聚特色。京津冀区域以北京为引领，北京大数据发展指数高达 45.18，在北京的带动下，天津、河北大数据发展也处于全国中游水平，该区域大数据发展集聚程度相对较高。珠三角地区则主要以广东为依托，广东大数据发展指数为 57.19，处于全国首位。广东周边其他省份大数据发展水平距广东仍有较大差距，大数据发展集聚程度虽次于京津冀地区，但也相对较高。长三角地区大数据发展水平整体较高，其中上海以 41.06 的发展指数位列长三角地区榜首和全国第 3，江苏、浙江、山东大数据发展水平也处于全国第一集团中，该地区大数据发展集聚程度适中，呈现出互相协同，促进发展的态势。中西

部集聚区则以重庆为中心，包括重庆、四川、湖北、陕西和贵州 5 个省市，该地区四川、贵州发展水平处于相对领先地位，但省市间的差异不大，呈现出齐头并进的发展态势。

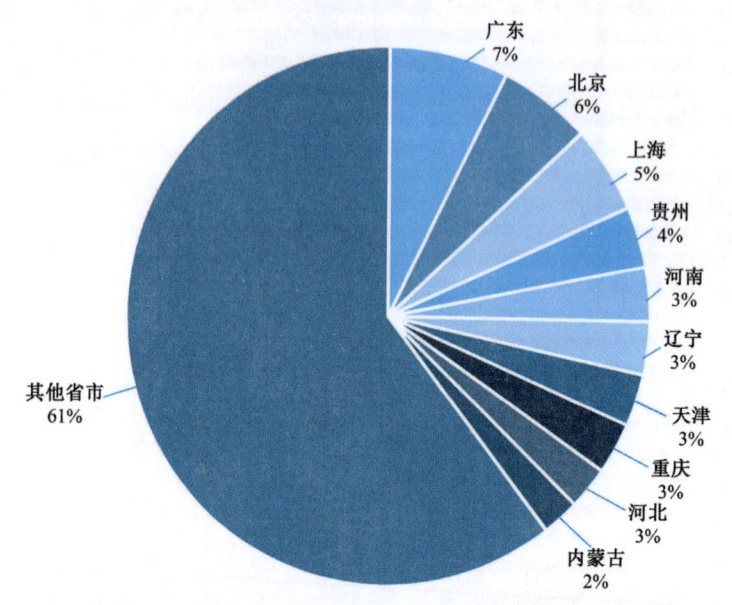

图 14-9　国家大数据综合试验区大数据发展指数在全国大数据发展总指数中的占比

（二）分区域发展情况

从总体水平来看，东部地区大数据发展水平最高，大数据发展总指数达到 364.13，占全国大数据发展总指数的 46%；西部地区紧随其后，总指数达到 221.33，在全国总指数中占比达到 28%。中部地区和东北地区大数据发展指数分别为 138.69 和 58.82，在全国大数据发展总指数中的占比分别为 18% 和 8%，我国分区域大数据发展指数如图 14-10 所示，各区域大数据发展指数在全国总指数中的占比如图 14-11 所示。

东部地区：成为大数据发展的前沿地带。东部地区涵盖了京津冀地区、长三角地区和珠三角地区 3 个大数据集聚发展区域，其大数据发展基础良好，整体发展水平较高，走在全国发展的前列。东部地区多数省市大数据发展指数普遍较高，占据全国大数据发展指数前 10 名的 7 个席位。天津、河北紧随其后分别排名第 14 位和第 18 位。海南发展速度略慢，但随着珠三角集聚区域的发展，未来整个东部地区都将成为全国大数据产业发展的领头羊，引领我国大数据产业进入高速发展阶段。

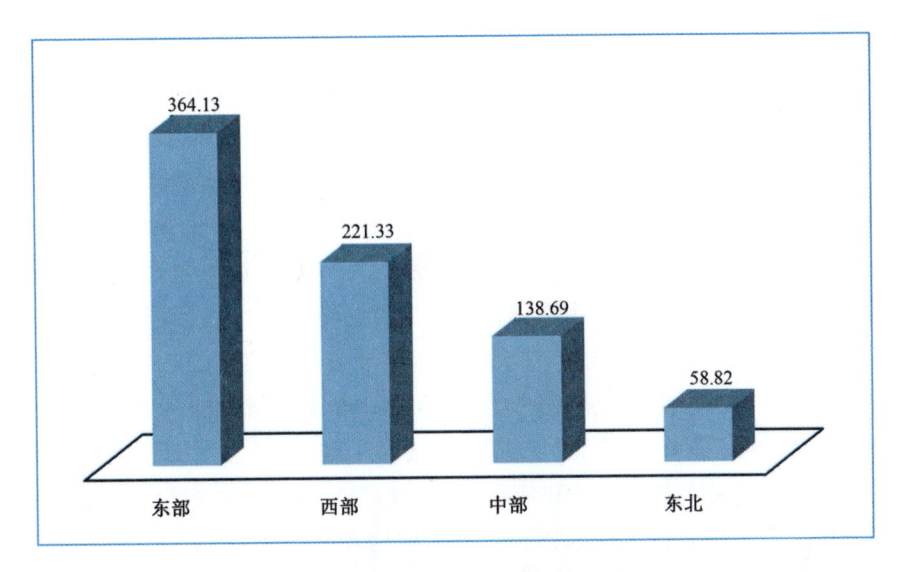

图 14-10 分区域大数据发展指数

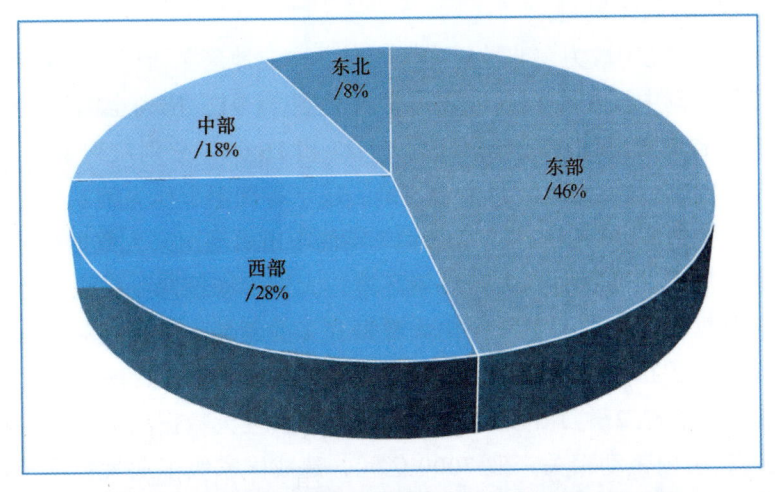

图 14-11 各区域大数据发展指数在全国总指数中的占比

西部地区：川黔成为西部地区"排头兵"。西部地区包括贵州省、重庆市、内蒙古自治区 3 个国家大数据综合试验区和四川省、陕西省两个软件与信息技术服务业基础雄厚的区域，以及新疆、广西、甘肃、云南等具有后发优势的地区。西部地区大数据总体发展水平仅次于东部地区，占全国大数据发展总指数的 28%，四川省、贵州省更是跻身全国排名前 10，成为西部地区大数据发展的"排头兵"。其中，四川省大数据发展指数达到 32.02，位列全国第 8，贵州省以 28.49 的指数位列全国第 9。随着四川省、贵州省等大数据发展迅猛省市的辐射带动作用进一步彰显，西部地区未来发展空间巨大，将成为与东部地区比肩的大数据产业发展新增长极。

中部地区：安徽成为中部地区"领头羊"。中部地区地处中国腹地，被东部的京津冀地区、珠三角地区、长三角地区，以及西部的贵州、重庆、四川等省市大数据产业发展水平较高的区域环抱，涵盖了湖北、河南、安徽、湖南、江西、山西等省份。安徽省得益于较大力度的技术研发创新投入、人才培养，形成了以合肥为中心，以淮南、宿州大数据产业基地为两翼，各地多园区共同发展的大数据布局，大数据发展势头迅猛，发展指数达到27.23，位列全国第10，成为中部地区大数据产业发展的"领头羊"。湖北省依托良好的软件和信息技术服务产业基础，其大数据发展指数达到26.85，紧随安徽省排名第11，中部地区排名第2。河南省作为国家大数据综合试验区建设地区，不断完善大数据产业发展环境，推进大数据产业和应用发展，但受技术研发创新投入不足、数据资源开放共享程度较低等因素制约，其大数据发展指数为25.53，位列全国第12。江西省大数据发展指数为22.00，位列全国第17，与接壤的安徽省和湖北省相比，还存在较大差距。

东北地区：辽宁成为东北地区中坚力量。东北地区包括辽宁、黑龙江和吉林3个省份，其中辽宁省大数据发展指数达到24.91，位列全国第13，黑龙江省和吉林省大数据发展指数分别为17.27和16.64，分别位列全国第22和第25，辽宁省成为东北地区的中坚力量。辽宁省沈阳市作为国家大数据综合试验区，大数据发展相对较快。自2017年沈阳市启动国家大数据综合试验区建设开始，沈阳市不断加快优化政策环境，大力推动信息基础设施建设，加快完善大数据产业链条，不断深化大数据在工业领域，尤其是制造业领域的应用水平，并提出了到2020年，建成浑南区、沈北新区、铁西区等地的大数据产业带，打造2~3个大数据示范园区，实现大数据相关产业规模突破1000亿元，引领带动相关产业7000亿元，建成国家级工业大数据示范基地的一系列目标。相对黑龙江、吉林等地区，辽宁省具有更加优厚的发展条件，随着沈阳市国家大数据综合试验区建设的不断深入，辽宁省大数据发展速度将进一步加快。

（三）基础环境发展情况

各省市大数据基础环境存在较大差距。全国31个省、市、自治区大数据基础环境指数评估结果如图14-12所示。2018年全国大数据基础环境总指数达到246.37，平均指数达到7.95。从图14-12中可以看出，各省市由于基础禀赋不同,基础环境依然存在较大差距。广东以 14.71 的基础环境指数遥遥领先,江苏、上海、福建、山东、浙江、北京等省市指数都在 10 分以上,东南沿海地区省市占据前十名的 7 个席位。贵州作为大数据发展的策源地,指数为 11.17,位列第 7 名,陕西指数为 10.55,位于第 9 位。第二梯队指数得分在 7 至 9 分的区间,主要包括安徽、四川、河南、重庆等 11 个省市。第三梯队主要由吉林、黑龙江、山西等 11 个省市构成,得分均低于 7 分。

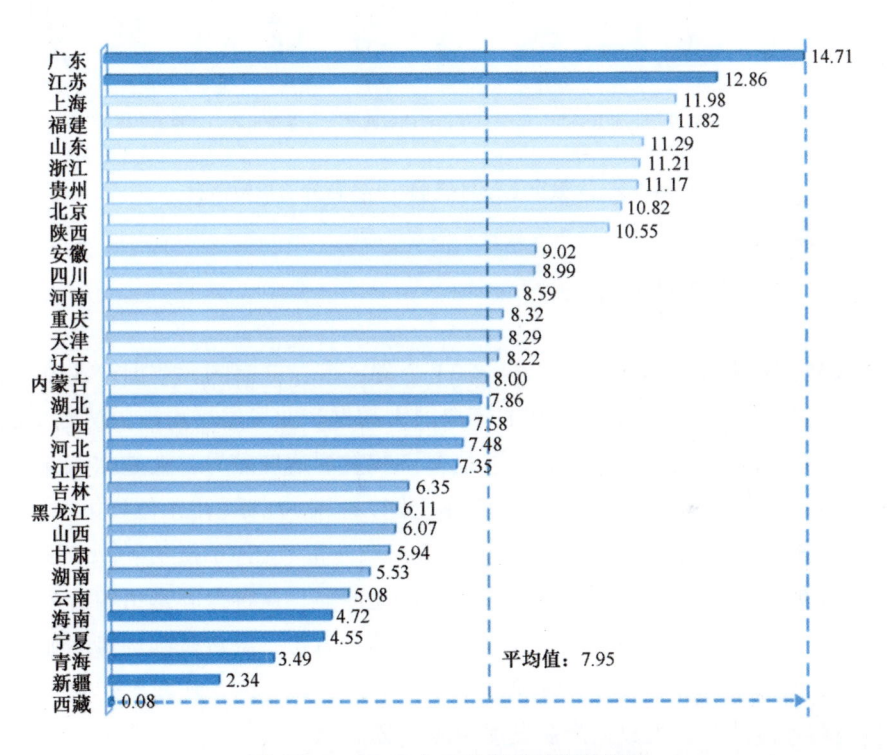

省市	指数
广东	14.71
江苏	12.86
上海	11.98
福建	11.82
山东	11.29
浙江	11.21
贵州	11.17
北京	10.82
陕西	10.55
安徽	9.02
四川	8.99
河南	8.59
重庆	8.32
天津	8.29
辽宁	8.22
内蒙古	8.00
湖北	7.86
广西	7.58
河北	7.48
江西	7.35
吉林	6.35
黑龙江	6.11
山西	6.07
甘肃	5.94
湖南	5.53
云南	5.08
海南	4.72
宁夏	4.55
青海	3.49
新疆	2.34
西藏	0.08

平均值:7.95

图 14-12　2018 年大数据基础环境指数

大数据基础环境区域差异显著。大数据基础环境前 10 名各分项指标情况如图 14-13 所示。在基础环境指数的排名中,东南沿海省市在前 10 名中占有 7 个席位。位处西部地区的贵州和陕西以第 7 名和第 9 名在大数据基础环境 Top10 中榜上有名。在所有中部地区的省市中,安徽省的组织建设指标最高,相较于其他省市有明显优势,因此,安徽省以基础环境指标为 9.02,位列第 10 名,成为唯一进入 Top10 的中部省份。

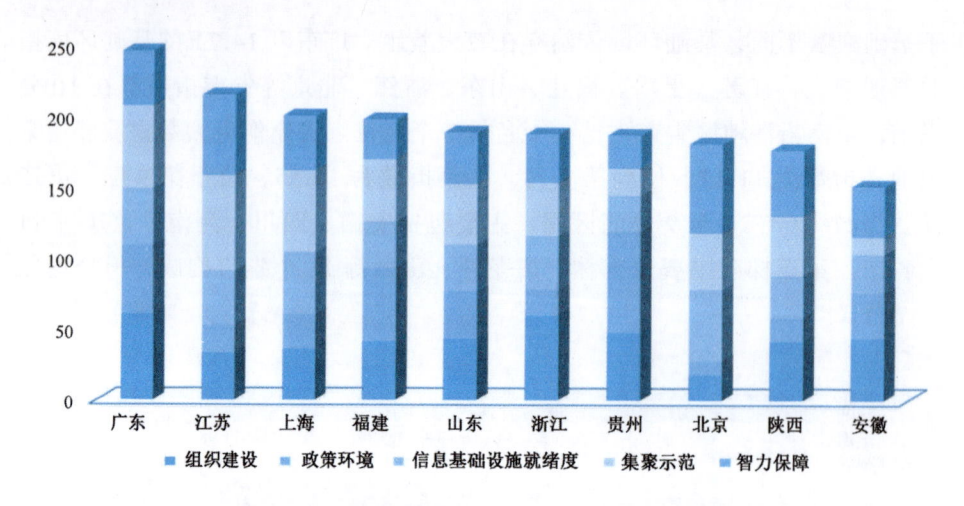

图 14-13　大数据基础环境前 10 名各分项指标情况

（五）产业发展情况

大数据产业发展级差显著。全国 31 个省、市、自治区大数据产业发展指数评估结果如图 14-14 所示，2018 年全国大数据产业发展平均指数达到 7.00。由图 14-14 可以看出，由于各省市发展基础和发展速度差异，大数据产业发展水平级差明显，广东以 26.75 的指数领跑全国，北京、江苏、山东位列第二梯队，上海、浙江紧随其后。绝大部分省市大数据产业指数在 10 分以下，50% 的省市指数在 5 分以下，大数据产业发展水平级差明显，这种差异是由各省市发展基础和发展速度不同造成的。广东省作为发达的省份，经济基础优势明显，为大数据产业发展奠定了良好的基础；中西部省份，如河南、江西等受制于省内经济发展速度放缓，大数据产业发展相应变缓。

大数据产业发展头部区域呈现"一点一线"特征。大数据产业发展头部区域呈现"一点一线"特征。大数据产业发展头部前八强主要集中在珠三角、长三角和京津冀组成的东南沿海"一线"以及中西部地区四川形成的"一点"。

（六）行业应用发展情况

我国大数据行业应用水平呈现阶梯分布。全国 31 个省、市、自治区大数据行业应用指数评估结果如图 14-15 所示，全国大数据行业应用平均指数达到

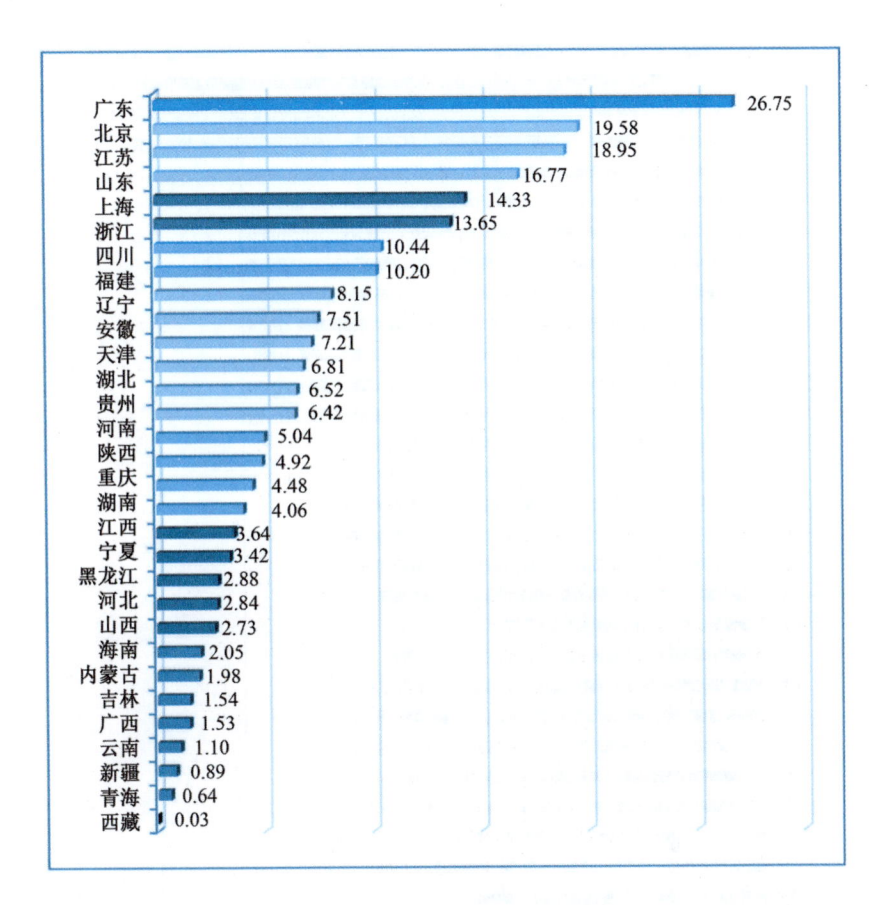

省份	指数
广东	26.75
北京	19.58
江苏	18.95
山东	16.77
上海	14.33
浙江	13.65
四川	10.44
福建	10.20
辽宁	8.15
安徽	7.51
天津	7.21
湖北	6.81
贵州	6.52
河南	6.42
陕西	5.04
重庆	4.92
湖南	4.48
江西	4.06
宁夏	3.64
黑龙江	3.42
河北	2.88
山西	2.84
海南	2.73
内蒙古	2.05
吉林	1.98
广西	1.54
云南	1.53
新疆	1.10
青海	0.89
甘肃	0.64
西藏	0.03

图 14-14　全国大数据产业发展指数

10.31。其中，广东大数据行业应用指数达到 15.73，位列全国第一；北京、上海、浙江和江苏四个省市相差不大，排名紧跟在广东后面。由图 14-15 可知，我国大数据行业应用水平呈现阶梯分布。广东、北京等五个省市均在第一梯队，指数水平均在 14 以上，第一梯队总指数占比为 23.17%；四川、湖北等四个省市为第二梯队，指数水平明显低于第一梯队，但彼此之间相差不大；重庆、贵州等八个省市为第三梯队，指数水平在 10 左右；除西藏外，剩余 13 个省市为第四梯队，指数平均值为 8.35，接近全国平均水平；西藏大数据应用指数为 4.56，显著低于全国其他各省市。

我国大数据行业应用呈现东强西弱、南强北弱的特征。广东、北京、上海等省市以及东南沿海城市发展水平较高，总体呈现出东强西弱，南强北弱，以东南沿海为出发点，辐射全国的地域特征。

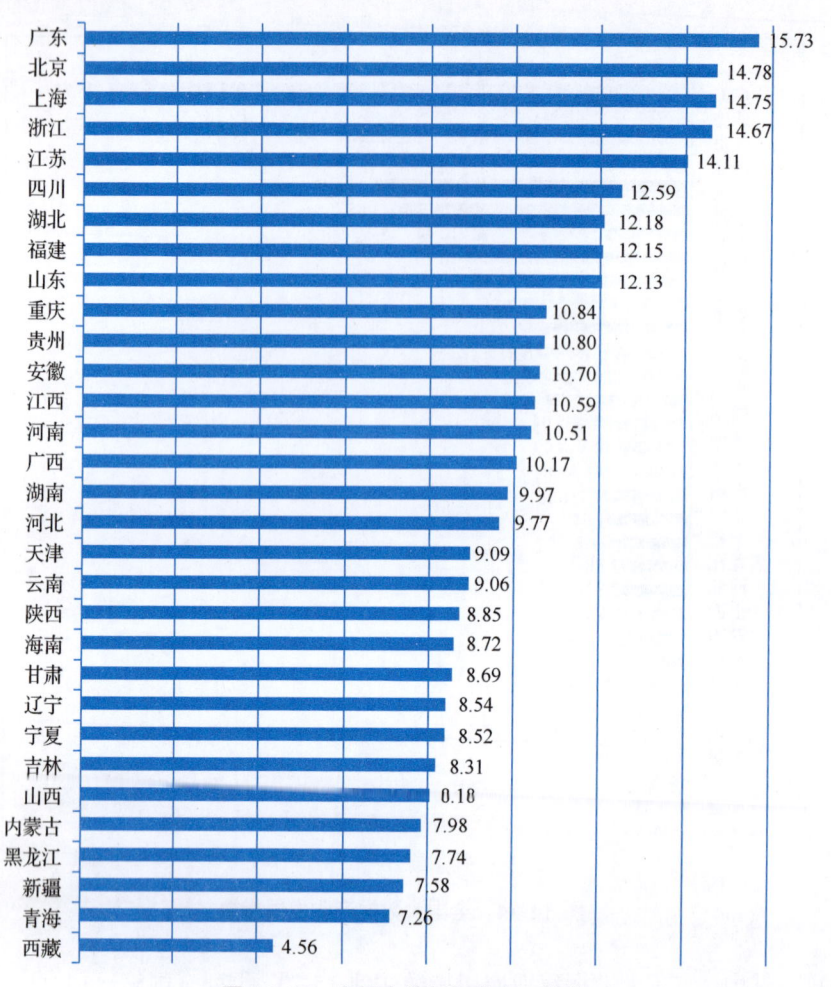

地区	指数
广东	15.73
北京	14.78
上海	14.75
浙江	14.67
江苏	14.11
四川	12.59
湖北	12.18
福建	12.15
山东	12.13
重庆	10.84
贵州	10.80
安徽	10.70
江西	10.59
河南	10.51
广西	10.17
湖南	9.97
河北	9.77
天津	9.09
云南	9.06
陕西	8.85
海南	8.72
甘肃	8.69
辽宁	8.54
宁夏	8.52
吉林	8.31
山西	8.18
内蒙古	7.98
黑龙江	7.74
新疆	7.58
青海	7.26
西藏	4.56

图 14-15　全国大数据行业应用指数

第五节　2018 年我国大数据产业重点企业发展情况

一、大数据企业集聚发展趋势明显

随着信息技术的不断发展，国家对大数据战略的深入推进，各地方配套政策和实施细则不断发布和落实，大数据与实体经济的结合更加密切，行业融合应用持续优化创新。大数据对地方经济的带动作用日趋明显，整体呈现百花齐放的繁荣景象。然而，受地方人才、资金、政策、市场等要素的影响，大数据企业尤其是骨干企业发展仍呈现集聚态势。据不完全统计，约有 81.8% 的大数据企业集聚在北京、天津、山东、江苏、浙江、上海、广东、福建等信息技术、产业基础较好的省市；此外，在东北、中西部等重点城市，如贵阳、成都、西安、武汉、长沙、郑州、合肥、哈尔滨、沈阳、大连等也呈现集聚分布，大数据企业数量在逐年提高。

二、典型企业发展情况

（一）拓尔思

北京拓尔思信息技术股份有限公司（以下简称拓尔思）成立于1993年，2011年在深交所创业板上市，是国内优秀的人工智能和大数据技术及数据服务提供商，长期专注于大数据和人工智能核心尖端技术的研发和创新应用，在人工智能、大数据、知识图谱、自然语言理解等领域始终处于先进水平，曾获得国家级科技奖，在此次创新驱动型企业评估中位列第3。托尔思面向政府、媒体、安全、金融、企业、知识产权、出版和网信等重点行业市场，提供通用平台产品、行业应用解决方案和数据服务，采用"云服务＋私有部署"的服务模式，通过软件＋数据和知识服务全面赋能企业级用户，目前服务用户超过5000家。拓尔思业务遍及全国，在全国范围拥有30多家分支机构，在广州、上海、成都、深圳等城市均设有分公司、子公司及办事处，已经发展成为拥有北京、上海、广州和成都四大区域中心，覆盖全国的市场销售和服务能力，支持全产业链赋能的生态型集团企业。其发展策略如下。

"大数据＋行业"布局促进企业技术落地。拓尔思依托"大数据＋行业"战略，不断推广其大数据技术产品和服务，行业覆盖率不断提升，当前业务范围已涉及政府、传媒、公安、金融等行业领域。在政府行业，参与国家部委、地方政府和委办局大数据智慧决策支持平台的相关项目，并推广政府门户网站集约化平台、政务舆情系统平台等行业应用。在传媒行业，大力推广以"大数据＋媒体"为主导的融媒体智能生产与传播服务平台解决方案。在公安行业，通过并购天行网安，并投资控股广州科韵、广州新谷等公司，形成了对公安业务的覆盖。在金融行业，开发大数据非法集资监测预警云平台，并成功运用到2015年北京市打击非法集资专项整治行动中，成效显著。

"大数据＋服务"战略提升数据变现能力。拓尔思基于其在技术产品销售业务中建设积累的大数据资产（主要是互联网上的海量数据资源），开发和运营基于数据的增值服务，并拓展新的商业模式，包括在线SaaS和DaaS服务、数据咨询报告以及数据驱动的增值业务。当前，拓尔思数据业务收入在Online

付费用户和专项增值报告服务两个方面都取得了显著的增长。同时，通过收购耐特康赛，参股花儿绽放、微梦传媒，与梅泰诺签署战略合作框架协议等措施，加强互联网营销，努力变现数据资产。

（三）百分点

百分点成立于2009年，创立之初即提供大数据驱动的个性化推荐SaaS服务。2012年后，专注于用大数据技术支持企业用户的研发决策。当前，多个SaaS产品不仅支持实时在线处理多源异构数据，融合大小数据，而且结合深度迁移学习等人工智能技术，实现了以大数据和认知智能技术驱动的新型SaaS服务。百分点总部设在北京，在全国设有五家分公司及研发中心，员工人数超800人，包括500多人的研发队伍，以及由多位国际知名华人学者组成的首席科学家团队。成立十年来，多次入选Gartner、Forrester、德勤、毕马威等国际知名分析机构的权威榜单；屡获大数据和人工智能领域重量级奖项；核心产品通过多个国家级权威机构认证；先后获得IDG资本、高瓴资本、光大证券、国新央企运营投资基金等知名机构的五轮投资。其发展策略如下。

发展数据智能，落地数据智能商业实践。目前百分点已服务国内外超万家企业与政府客户，构建了企业级、政府级和SaaS服务三大核心业务体系，覆盖报业、出版、零售快消、金融、制造等多个行业，涉及数字政府、智慧政府和公共安全等多个领域，整合从基础层到应用层、从大数据到人工智能的产品和技术，形成了具有深度行业特性的解决方案，实现从数据治理到数据价值、从模型算法到决策应用的全面提升。

强化创新能力，打造大数据整体解决方案。2015年，率先推出大数据操作系统（BD—OS）。2017年，自主研发行业AI决策系统DeepMatrix。在十年发展中，百分点从多个行业、上万家政府和企业客户的实践中沉淀了智能营销套件DeepCreator、智能对话机器人、智能检务问答系统、商业智能系统Clever BI、舆情洞察、在线调查、社交媒体大数据聆听、MobileQuest等多款SaaS产品，打造全栈的大数据和认知智能产品，并持续在落地应用中保持迭代更新。

深化渠道布局，继续推动"合作伙伴发展计划"。百分点自2017年起开始进行渠道拓展，通过"产品化＋定制化＋云化"的方式，推动协同研发、协同应用、协同运营。注重产学研用相结合，与北京大学、中国人民公安大学、中央财经大学等多家国内一流高校和研究机构，成立了九大创新实验室。综合运用"云大物移智"等综合信息技术集，促进传统产业转型升级，带动新兴产业发展。主动开放资源和能力，变"传统交付模式"为"协同运营模式"，为用户提供配套的服务和技术支持。

（四）数据堂

数据堂（北京）科技有限公司成立于 2011 年，是一家专注于人工智能数据服务，致力于为全球人工智能企业提供数据获取及数据产品服务的科技公司（以下简称"数据堂"）。公司总部位于北京，旗下拥有 8 家全资和控股子公司，并在硅谷设立美国子公司，目前在南京、保定、合肥、贵阳等地设有多个专业数据处理中心。数据堂核心技术集中在非结构化数据处理、大数据云服务等方面，面向国内外众多企业提供人工智能数据产品与服务，包括百度、腾讯、阿里巴巴等国内顶级互联网和高科技企业，Microsoft、NEC、Canon、Intel 等企业及在华研发机构。数据采集范围遍及全球 30 多个国家，合作伙伴遍布世界 10 多个国家。数据堂 2018—2019 年大数据相关大事记一览表见表 14-2。

表 14-2　数据堂 2018—2019 年大数据相关大事记一览表

类型	概　　述
荣誉	2018 年 8 月 30 日，"维科杯•OFweek 2018 人工智能行业技术创新奖" 2018 年，数据堂数据加密系统获国家专利认证 荣登"2018 中国最具商业价值 AI 企业百强"榜单
产品	2018 年，众包服务平台"数加加"上线 2018 年创立数据堂 AI 开放实验室
应用	2018 年 6 月，数据堂与创新奇智科技有限公司宣布达成战略合作 2018 年，数据堂中标中移项目；数据堂 AI 数据实验室与北京印刷学院联合发表的论文《一种大数据传输系统的数据传输安全框架》 2019 年 1 月 16 日，数据堂与杭州中科先进技术研究院有限公司签署战略合作协议，建立杭州先进院—数据堂大数据联合实验室

数据来源：赛迪智库整理，2019，08。

据数据堂 2019 年 8 月 26 日发布 2019 半年报显示，公司营业总收入 3226.31 万元，比去年同期（3123.95）增长 3.28%，归属于挂牌公司股东的净利润为 -1968.42 万元，比去年同期减少 326.46 万元，基本每股收益（元/每股）为 -0.13 元。其发展策略如下。

打造"人工智能数据工厂"，提高数据生产效率。"人工智能数据工厂"的生产方式将数据堂近 8 年积累并验证有效的技术、方法和流程应用到人工智能数据的采集和加工过程中，使得生产过程流水线化、智能化和自动化。数据堂拥有大量从事数据采集的"众客"和一批辅助进行数据加工处理的合作商，现已拥有1000+团队成员，500000+注册用户资源，可进行大规模、全球化的数据采集加工服务。

扩大自制数据产品规模，提供人工智能数据定制服务。2018年，数据堂成立数据实验室，开发出基于"Human-in-the-loop人在回路"人机交互参与的人工智能数据加工平台，并将其应用于自制数据产品中。目前，自有版权的数据集产品也已达2000TB，45000套。这其中包括大量的城市基础数据、智能交通数据、智能医疗数据、智能教育数据、智能客服数据及其他行业数据，为客户提供涵盖语音、图像、文本等全类型的人工智能数据定制服务及解决方案，满足了日益发展的人工智能行业数据的需求。

拓展传统领域业务，促进人工智能应用落地。"人工智能+"的应用模式开始改造一些传统产业，如医疗行业、教育行业、保险行业、通信行业等。但是部分传统企业数据来自生产系统，涉及业务隐私，不能放入云端数据工厂处理，数据堂提供数据工厂的私有化部署版本，帮助这些企业实现更加安全的数据处理方式，供企业内部的模型训练和人工智能应用使用。解决传统企业数据处理的难题，更好地服务于传统企业。

第六节　2019年我国大数据产业发展环境分析

一、数据共享开放环境建设面临较大掣肘

政府数据共享开放环境仍不成熟。2018年，我国政府数据开放工作加快推进，政府数据开放平台数量和平台开放数据的数量和质量均有大幅提升，上线的政府数据开放平台数量达82个，41.9%以上的省级政府、66.7%的副省级城市、18.6%以上的地级城市都搭建了政府数据开放平台。但总的来说，与主要发达国家相比，我国政府数据开放共享的水平仍然较低。Data.gov网站的《全球开放数据深度报告》显示，我国得分为11.8分，相较美国的93.4分差距极大，"不愿"、"不敢"和"不会"共享开放的问题仍然较为突出。一是部门间数据共享意愿不强。有些部门不愿主动进行数据共享，存在控制数据的"思维惯性"，并对共享后果存在"未知恐惧"。一方面是由于共享的政务数据要接受公众监督，数据造假、谎报等问题直接摊开，导致一些部门自然不愿意共享，甚至产生抵触情绪。另一方面，有些部门的数据共享系行政命令的强制共享，核心数据少，

非核心数据多，导致接入共享的政务数据规模小，质量低，失真、失准、失效、失稳严重，数据共享效果差。据统计，仅有51%的部门（32个）能对信息目录进行及时更新，仅有53%的信息目录挂接了资源，导致很多数据需求部门无法准确查找所需信息，或者查到信息却无法获取对应的数据资源。二是政务数据供需对接不畅。由于供需部门对数据的理解存在差异，数据标准不统一，造成共享的数据与实际需求错位，用户端和数据供给方缺乏数据应用效果反馈，导致供给数据的放任自流，共享平台用户体验差、驻留投入偏弱、接入动机不强，"双向废弃"问题突出。据统计，有超过166项数据需求因平台上没有挂接资源而无法得到满足。江苏、浙江、广东等地也反映国家共享平台有很多信息目录没有挂接资源，导致共享受限。三是数据共享开放平台利用的深度和广度仍需提升。虽然各地已在信息资源共享交换、数据开放、空间地理和物联网应用支撑等领域搭建了本地委办局数据需求共享对接和公共开放平台，但"数据孤岛"问题仍然凸显，共享开放平台不仅无法在服务性、集约性方面发挥作用，反而可能引发"信任危机"，从而影响了政府数据开放工作的推进。

企业"数据割据"现象突出。数据割据的现象不仅存在于政府部门之间，当前我国一些企业之间的此类现象也非常严重。我国互联网巨头都掌握了海量的数据，像百度、腾讯、阿里巴巴三大互联网公司分别掌握了搜索、社交和消费数据。如果三方数据能汇聚在一起，就可拼凑出一个完整的互联网数据图谱，但事实往往是互联网企业之间的竞争多于合作。势均力敌的巨头之间尚且如此，互联网市场的中小型企业对巨头所掌握的数据更是望尘莫及，因此很难在现有市场格局中取得突破，这种现状进一步加剧了巨头割据的现象。同时，数据安全和隐私数据泄露事件频发，数据在采集、存储、跨境流转、利用、交易和销毁等环节的全生命周期过程中，所有权与管理权分离，多系统、多环节的信息隐性留存，导致数据在流转过程中难以追踪控制，无法可靠销毁。因此，企业在数据权属、数据资产权益、数据泄露、数据伦理等方面更趋谨慎，决定了其更倾向于不进行共享开放。2019年1月，360安全监测与响应中心发布了一篇关于"2018年暗网非法数据交易总结"的报告，是基于从某暗网交易平台抽样收录不法分子发布的1000条数据交易信息归纳出的情况，其中记录的暗网重大数据交易事件涉及军事、政府、互联网等多个领域。此外，酒店及快递行业数据泄露则造成极其负面的社会影响，2018年8月，国内某集团旗下多家连锁酒店的数据在中文暗网市场交易网站出售事件被曝光。卖家声称，这些数据涉及多家知名酒店，共1.3亿人的官网注册资料、酒店入住登记及记录等个人信息。

数据交易方式逐步兴起。共享开放的手段还包括时下比较流行的数据交易，即对数据明码标价进行买卖。据不完全统计，我国大数据相关交易市场规模超过30亿元，预计2020年将达到545亿元，90%的投资都投向了数据清洗、数据整合，数据计算和存储、数据分析和应用方面仅占投资的10%。北京大数据交易服务平台、贵阳大数据交易所、长江大数据交易所、东湖大数据交易平台、西咸新区大数据交易所、河北大数据交易中心、哈尔滨数据交易中心、江苏大数据交易中心、上海大数据交易中心、浙江大数据交易中心等相继成立并投入运营，在数据交易中发挥着极其重要的平台作用。此外，以数据堂、美林数据、爱数据等为代表的数据资源企业渐具市场规模和影响力，基于数据交易模式，探索了数据资源的自采、自产、自销新路径，通过市场将数据变现，进而形成一个完整的数据产业链闭环。以BAT等为代表的互联网企业凭借自身拥有的数据规模优势和技术优势在大数据交易领域快速"跑马圈地"，并派生出数据交易平台。如主打全品类数据资产交易的京东万象，其交易的数据和服务主体与京东电商息息相关，且交易数据品类主推的金融行业数据。

二、标准化建设步伐加快

大数据标准化建设载体初步形成。2018年1月2日，国家标准委以国标委综合函〔2018〕1号文复函贵州省人民政府，批准同意贵州省建设国家技术标准（贵州大数据）创新基地，贵州成为全国首个获批建设大数据国家技术标准创新基地的省份。8月，国家标准委审核通过创新基地建设方案。9月13日，国家技术标准创新基地（贵州大数据）正式揭牌成立。11月29日，国家技术标准创新基地（贵州大数据）贵阳基地、贵阳高新区基地、贵阳经开区基地在贵阳市高新区挂牌运行，与贵安新区基地共同形成国家技术标准创新基地（贵州大数据）"两地四基地"建设格局。目前，目前，创新基地建设已吸纳了中电科大数据研究院有限公司、贵州省易鲸捷信息技术有限公司、贵阳朗玛信息技术股份有限公司、货车帮科技有限公司等30多家大数据龙头骨干企业参与，汇集、消化、吸收和应用大数据产业技术创新成果资源，推动标准化资源与科技、产业资源的对接，将在创制前瞻性引领性技术标准、培育标准创新型企业、发展以技术标准为纽带、协同技术创新和产业发展的联盟等方面发挥"领头羊"作用。

大数据标准化体系持续完善。一是立项研制1个大数据国际标准。在国际电联组织（ITU）立项《分布式账本技术标准——F.DLS》，由本地企业贵州棒杏科技有限公司牵头，联合中国信通院、中国科学院、电子科技大学、中国电信等单位研制。作为首个国际区块链核心技术标准，《分布式账本服务总体技术需求》（F.DLS）主要针对区块链核心数据处理技术"分布式账本"技术的需求进行标准化工作。目前该标准已通过国际电信联盟（ITU-T）第十六研究组（SG16）第21课题组报告人会议专家审查。二是制定发布若干国家标准，《数据服务平台·信息技术·数据交易服务平台·交易数据描述》《数据服务平台·信息技术·数据交易服务平台·通用功能要求》等2项国家标准。三是鼓励地方开展地方标准建设。以贵州为例，完成了《大数据村级管理工作规范》《政务云政府网站数据交换规范》《政府数据 数据分类分级指南》等5项大数据地方标准编制并发布。其中，《大数据村级管理工作规范》是全国首个村级管理工作大数据地方标准。正在开展《区块链应用指南》《区块链系统测评》等4项区块链地方标准、《政府数据开放数据元数据描述》《政府数据数据开放工作指南》等7项大数据地方标准的研制工作。

企业数据管理评价标准日渐普及。当前，数据成为大数据产业和数字经济的重要生产要素，在打造数据产品和服务、提升企业经营效率等方面的作用日益显著。数据管理能力成为企业融合大数据应用的重要基础，企业数据管理能力的培育成为发展数字经济的重要支撑。2014年，全国信息技术标准化技术委员会启动了《数据管理能力成熟度评估模型》（简称DCMM）的制定工作，该项工作由中国电子技术标准化研究院牵头，御数坊、清华大学、建设银行、光大银行等单位参与制定。DCMM是国内关于数据能力成熟度模型的一项国家标准，在制定过程中充分吸取了国内先进行业的发展经验，并结合国际上DAMA（国际数据管理协会）《数据管理知识体系指南DMBOK》中的内容，形成符合国内特色的数据管理能力成熟度评估模型。应用实施DCMM可以帮助企业利用先进的数据管理理念和方法，建立和评价自身数据管理能力，持续完善数据管理组织、程序和制度，充分发挥数据在促进企业向信息化、网络化、智能化发展方面的价值。在信软司的指导推动下，将有越来越多的地方政府结合本地产业优势，研究出台相关鼓励政策，积极推动DCMM标准的应用试点和规范落地。

三、数据立法仍在探索

数据安全成为数据治理的核心内容。2019年上半年，数据安全相关政策法律法规文件密集出台，数据安全成为关注的焦点。5月24日，中央网信办对外发布了《网络安全审查办法（征求意见稿）》（以下简称"审查办法"）。从发布时间来看，中央网信办"未有前例"的选择指向性很明显："审查办法"的主要"读者"是美国政府。5月28日，国家互联网信息办公室发布《数据安全管理办法

（征求意见稿）》，对公众关注的个人敏感信息收集方式、广告精准推送、APP过度索权、账户注销难等问题进行了直接回应。5月31日，为了规范收集使用儿童个人信息等行为，保护儿童合法权益，为儿童健康成长创造良好的网上环境，网信办起草了《儿童个人信息网络保护规定（征求意见稿）》网络运营者应当设置专门的儿童个人信息保护规则和用户协议，并设立个人信息保护专员或者指定专人负责儿童个人信息保护。6月13日，为保障个人信息和重要数据安全，维护网络空间主权和国家安全、社会公共利益，促进网络信息依法有序自由流动，国家互联网信息办公室（以下简称"国家网信办"）在日前发布了《个人信息和重要数据出境安全评估办法（征求意见稿）》，对保障个人信息和重要数据安全，规范网络信息依法有序的流动，具有重要的指导意义。

数据监管"红线"逐步清晰。随着大数据行业的迅速发展，数据企业在业务市场开拓中越来越多地采取了较为激进的方式，造成了"大数据杀熟"、"强取"个人信息、爬虫经营等诸多数据乱象。自2019年9月起，快钱支付、公信宝、天翼征信等金融征信数据公司相继被调查，不同执法部门依据不同法律法规或部门规章，就数据（特别是个人信息和隐私数据）保护合规问题开展执法。例如，市监部门依据《消费者权益保护法》就侵犯消费者个人信息的企业进行调查、约谈或行政处罚，网信部门依据《网络安全法》等法律规章对个人信息保护不到位的企业进行查处，公安网安依据《刑法》就可能构成侵犯公民个人信息的犯罪行为进行调查。2019年10月9日，文旅部发布《在线旅游经营服务管理暂行规定（征求意见稿）》，对在线旅游行业（OTA）"大数据杀熟"、"低价游"、"非法删评论"等当前业内存在的违规行为都做出了具体规定，并针对平台经营者加强经营资质信息审查提出强制要求，确保信息真实性和合法性。在此基础上，监管部门还将进一步对相关违规行判定进行明确，构建完整的管理和认定体系，确保全行业不得逾越监管"红线"。

第七节　2019年我国大数据产业发展趋势展望

一、各地大数据局积极完善推进机制，区域大数据特色化发展路径加快形成

随着大数据爆发式发展，有力推动大数据产业发展、高效开展大数据管理成为各地政府的共同需求，在这一背景下，全国各地纷纷建立大数据管理部门，截至2019年6月，我国已有17个地方成立了独立省级大数据主管机构，也有

地方在工信系统下设立大数据处。各地大数据管理机构立足本地禀赋与发展需求，明晰职责定位，积极完善工作推进机制，加快探索特色化的发展路径。贵州作为大数据的策源地，以建设国家大数据综合试验区为抓手，聚力推动产业发展和企业引进培养。福建以"数字福建"战略为引领，以政务数据资源整合共享为突破口，大力推动大数据行业应用深化。在福建、贵州等地引领下，各地将重点聚焦数据资源管理、产业生态建设、数据治理等重点领域，积极探索适合本地特色的大数据发展路径。

二、工业互联网平台发展势头强劲，带动工业大数据应用价值持续深化

随着工业互联网创新发展战略深入实施，我国工业互联网平台建设步伐加快，航天云网 INDICS、海尔 COSMO、三一重工根云、阿里云 ET 等工业互联网平台不断完善，和利时、用友、东方国信等企业的工业互联网平台的不断推出。工业大数据作为工业互联网平台的核心部分和价值出口，伴随着各类工业互联网专项启动实施和工业互联网平台应用的深化，工业大数据实时采集、跨界流动、动态分析、敏捷响应的能力将不断增强，数据驱动的创新应用在设备、企业和产业链等不同层级上将得到广泛深入地拓展，数据应用将不断深化，数据价值和数据效能将加速释放，催生出更多基于数据驱动的制造业新模式新业态。

三、产业大数据平台建设提速，数据驱动精准施策加快普及

随着政府大数据应用进入深化期，以监测产业发展现状、评估诊断产业发展问题和预警预判产业发展趋势为目标的产业大数据平台建设提速，通过打通政府各部门业务系统，构建逻辑集中、物理分散的数据中心，系统梳理数据资源目录体系，合理规划应用场景，实现以大数据为支撑的政策科学制定、行业有效监管和社会高效服务。苏州市相城区建立"工业云图"，实现了工业用地和企业的全覆盖，通过综合评价对企业实行差别化资源要素价格和管理服务，为扶优扶强和淘汰落后提供了重要依据。在制造强国加快建设的背景下，苏州之外将有更多产业大数据平台加快建设，为政府、企业等不同主体科学决策提供有力支持。

四、数字化转型需求旺盛，大数据应用由政府应用领域向商业应用领域拓展

随着大数据工具的门槛降低以及企业数据意识的不断提升，与大数据结合

紧密的行业正在从传统的政务服务、电信业、金融业扩展到健康医疗、工业、交通物流等领域。以健康医疗领域为例，基于大数据分析的肝癌影像辅助诊断系统可以帮助医生更加高效地对肝癌患者进行筛选。此外，大数据与行业的融合程度也将不断向深层次拓展，从系统融合、数据融合逐步过渡到技术融合、业务融合，再到行业融合，这将有力推动大数据行业应用"脱虚向实"，与实体经济的融合更加深入。

五、关联产业政策红利释放，融合创新推动大数据实现新增长

随着科技和产业革命不断推进，大数据也进入了融合发展期，加速与人工智能、云计算、物联网、边缘计算等新兴技术产业渗透融合。近年，与大数据紧密相关的云计算、5G产业迎来新的政策机遇，工业互联网、工业大数据、制造业数字化转型等政策措施也正在加紧研制或推进，这将极大地激发数据驱动的云计算、数字化转型等服务需求，融合创新新模式、新业态不断涌现，从而拉动大数据产业实现新发展。

第十五章

人工智能产业

第一节　2018年我国人工智能产业发展情况

中国已成为人工智能发展最迅速的国家之一，我国人工智能产业发展正在推动智能经济雏形的初步显现。普华永道预测，到2030年人工智能将为全球GDP带来14%的增长空间，即15.7万亿美元的市场规模，其中，中国的GDP增长规模为26%，北美的GDP增长规模为14%，为全球受到人工智能带动效应最大的地区。根据中国通信学会数据，2018年，我国新一代信息技术产业规模突破23万亿元，同比增长12%，去年中国人工智能产业规模预计达到339亿元，同比增长56%，远高于全球17%的增速水平。同时，我国人工智能领域的资本总量稳步增长，截至2018年年底，中国人工智能投融资总额超过700亿元。

从企业层面看，人工智能龙头企业在我国行业资源整合中扮演着重要角色。2017年以来，国内互联网巨头加大力度进行战略合作与投资并购。百度先后与北汽集团、博世、大陆、哈曼、联想之星等企业达成战略合作协议，投资语音识别公司涂鸦科技和感知视觉公司xPerception；阿里巴巴投资混合智能汽车导航企业WayRay，菜鸟物流与北汽集团及东风汽车成为战略合作伙伴；腾讯注资特斯拉和增强现实初创企业Innovega，并依托腾讯AI lab发布"AI in all"战略。国内平台层面资源正在加速整合，龙头企业屡屡通过投资并购迅速获得相应细分领域中的前沿核心技术，降低研发失败的风险，在行业资源整合中发挥越来越重要的作用。百度、搜狗等在自然语言处理领域加速平台能力建设；腾讯、阿里巴巴、华为等在机器学习和云计算等领域具有行业优势。

初创企业正在底层基础支撑、核心技术突破、场景化行业应用等方面逐步发力。在基础领域，涌现出寒武纪科技、地平线、深鉴科技、耐能、西井科技等一批创新技术企业。在技术层，格灵深瞳、旷视科技、商汤科技等深耕计算机视觉，科大讯飞等在自然语言处理领域技术较为领先。在行业应用方面，我国在智能机器人、智能金融、智能医疗、智能安防、自动驾驶、智能教育、智能家居等重点领域涌现出一批具有代表性的初创企业，地平线、小i机器人等在智能机器人平台搭建方面颇有建树，出门问问、思必驰等成为语音语义及自然语言处理方面的后起新秀，华大基因、碳云智能等成为智慧医疗领域的重要力量，Broadlink等在智能家居领域有所突破，驭势科技等在自动驾驶领域前景广阔。

第二节 2018年我国人工智能产业重点政策解析

2015年，国务院出台《关于积极推进"互联网+"行动的指导意见》，将"互联网+"人工智能作为重点布局的11个领域之一。

2016年，国家发展改革委、科技部、工业和信息化部、中央网信办联合发布《"互联网+"人工智能三年行动实施方案》。这是我国首次单独为人工智能发展提出具体的策略方案，提出了三大方向共九大工程，系统规划了我国在2016—2018年推动人工智能发展的具体思路和内容，目的在于充分发挥人工智能技术创新的引领作用。

2016年，国家"十三五"规划纲要将人工智能作为新兴技术重点突破领域，工业和信息化部、国家发展改革委、财政部三部委联合发布《机器人产业发展规划（2016—2020年）》，提出重点开展人工智能、机器人深度学习等基础前沿技术研究并实施机器人推广应用计划。2017年，人工智能先后出现在政府工作报告和党的十九大报告中，"人工智能2.0"被纳入"科技创新2030重大项目"。

2017年，国务院印发了《新一代人工智能发展规划》（以下简称《规划》），指出人工智能的迅速发展将深刻改变人类社会生活、改变世界，应抢抓人工智能发展的重大战略机遇，构筑我国人工智能发展的先发优势，加快建设创新型国家和世界科技强国。《规划》第一次系统确立了我国人工智能面向2030年的"三步走"发展总目标：第一步，到2020年人工智能总体技术和应用与世界先进水平同步，人工智能产业成为新的重要经济增长点，人工智能技术应用成为改善民生的新途径，有力支撑进入创新型国家行列和实现全面建成小康社会的奋斗目标；第二步，到2025年人工智能基础理论实现重大突破，部分技术与应用达到世界领先水平，人工智能成为带动我国产业升级和经济转型的主要动力，智能社会建设取得积极进展；第三步，到2030年人工智能理论、技术与应用总体达到世界领先水平，成为世界主要人工智能创新中心，智能经济、智能社会取得明显成效，为跻身创新型国家前列和经济强国奠定重要基础。此后，新一代人工智能发展规划推进办公室及新一代人工智能战略咨询委员会宣布成立，将有力推动人工智能重大项目落地。

为落实《新一代人工智能发展规划》，工业和信息化部于2017年年底印发《促进新一代人工智能产业发展三年行动计划（2018—2020年）》（以下简称"三年行动计划"），认为新一轮科技革命和产业变革正在萌发，大数据的形成、理论算法的革新、计算能力的提升及网络设施的演进驱动人工智能发展进入新阶段，智能化成为技术和产业发展的重要方向发展人工智能产业是我国抓住历史机遇，突破重点领域，促进人工智能产业发展，提升制造业智能化水平，推动人工智能和实体经济深度融合的重要抓手。"三年行动计划"将通过培育智能产品、突破核心基础、深化发展智能制造、构建支撑体系四项重点任务，力争到2020年，一系列人工智能标志性产品取得重要突破，在若干重点领域形成国际竞争优势，使人工智能和实体经济融合进一步深化，产业发展环境进一步优化，人工智能重点产品规模化发展，人工智能整体核心基础能力显著增强，智能制造深化发展，人工智能产业支撑体系基本建立。

2018年，人工智能呈现出深度学习、跨界融合、人机协同、群智开放、自主操控等新特征，正在对经济发展、社会进步、国际政治经济格局等方面产生重大而深远的影响。

2018年年底，工信部印发《新一代人工智能产业创新重点任务揭榜工作方案》，聚焦"培育智能产品、突破核心基础、深化发展智能制造、构建支撑体系"等重点方向，征集并遴选一批掌握关键核心技术、具备较强创新能力的单位集中攻关。

2019年，中央深改委审议通过《关于促进人工智能和实体经济深度融合的指导意见》，要求促进人工智能和实体经济深度融合，把握新一代人工智能发展的特点，坚持以市场需求为导向，以产业应用为目标，深化改革创新，优化制度环境，激发企业创新活力和内生动力，结合不同行业、不同区域的特点，探索创新成果应用转化的路径和方法，构建数据驱动、人机协同、跨界融合、共创分享的智能经济形态。

第三节　2018年我国人工智能产业重点行业发展情况

在政务服务方面，人工智能技术已经得到广泛应用，包括采用人脸识别、声纹识别等生物识别方式进行的身份验证，采用对话式人工智能提供智能化政务服务，采用语义理解、运用情感分析算法判断网络观点的正负面、群众情绪的舆情管理，采用"文本分析＋知识图谱＋搜索技术"辅助刑侦、技侦工作的智能警务情报系统，采用计算机视觉类技术识别并追踪监控中的重点嫌疑人员的智能公共安全响应等。总体而言，政府端是目前人工智能切入智慧政务和公共安全应用场景的主要渠道，早期进入的企业逐步建立行业壁垒，未来需要解决数据割裂问题以获得长足发展。各地政府的工作内容及目标有所差异，因而企业提供的解决方案并非是完全标准化的，正迫切需要根据实际情况进行定制化服务。由于政府一般对于合作企业要求较高，行业进入门槛提高，海康威视等早期进入者强者恒强趋势明显。

在金融行业，人工智能的应用场景逐步由以交易安全为主向变革金融经营全过程扩展。人工智能技术发展迅速推动智能金融领域的进步。人工智能在金融领域的应用可分成服务智能、认知智能和决策智能三个层面。服务智能得益于算力的提升，进行监督式机器学习，例如利用人脸识别、语音识别和智能客服等，达到提升金融领域交互和服务的目的。认知智能以监督式机器学习为主，辅以无监督式挖掘特征变量，进而使风险识别和定价更为精细。决策智能以无监督学习为主，通过预测人脑无法想象、尚未发生的情境，指导和影响当前决策。该层面在人工智能金融领域的典型应用是智能量化投资。传统金融机构与科技企业进行合作推进人工智能在金融行业的应用，改变了金融服务行业的规则，提升金融机构商业效能，在向长尾客户提供定制化产品的同时降低金融风险。

在医疗健康领域，医疗行业人工智能应用发展快速，我国医疗人工智能的应用领域相对集中，应用场景多侧重于医疗健康产业链后端的病中诊疗阶段。腾讯、阿里巴巴等互联网平台企业，推想科技、汇医慧影、依图医疗等创业企业，以及西门子等传统医药企业，均将医学影像作为现阶段人工智能技术产品化的重点方向，开发了一批食管癌、肺癌、乳腺癌、结直肠癌筛查以及糖尿病视网膜病变人工智能辅助医学影像产品。在落地模式方面，我国人工智能医疗企业的商业落地路径尚不明晰，与医疗机构、制药企业、器械厂商、保险公司、政府和科研机构的合作模式仍处于初期探索阶段，合作效率较低，尚未形成盈利方案。目前来看，急需建立标准化的人工智能产品市场准入机制并加强医疗数据库的建设。人工智能的出现将帮助医疗行业解决医疗资源的短缺和分配不均的众多民生问题。但由于关乎人的生命健康，医疗又是一个受管制较严的行业。人工智能能否如预期广泛应用，还将取决于产品商业化过程中如何制定医疗和数据监管标准。

在自动驾驶领域，以无人驾驶技术为主导的汽车行业将迎来产业链的革新。传统车企的生产、渠道和销售模式将被新兴的商业模式所替代。新兴的无人驾驶解决方案技术公司和传统车企的行业边界将被打破。随着共享汽车概念的兴起，无人驾驶技术下的共享出行将替代传统的私家车的概念。随着无人驾驶行业规范和标准的制定，将衍生出更加安全和快捷的无人货运和物流等新兴的行业。不过，国内智能驾驶全产业链还需要进一步有效激活，整车制造、汽车电子环节参与度亟待提高。一方面需要弥补与国外整车厂商在汽车电子控制系统方面的技术能力差距，另一方面要推进布局多采取核心零部件从国外采购、核心算法外包给科技企业的做法，在企业间风险共担、数据分享等方面找到成熟合作模式，强化全产业链协同合作。

在制造业领域，人工智能的应用潜力巨大。面向研发设计环节，利用人工智能算法开发数字化自动研发系统，大幅度降低制药、化工、材料等周期长、成本高、潜在数据丰富领域的研发不确定性，推动高风险、高成本的实物研发设计，向低成本、高效率的数字化自动研发设计转变。面向生产制造环节，利用人工智能技术提升柔性生产能力，实现大规模个性化定制，提升制造业企业对市场需求变化的响应能力。面向质量控制环节，利用人工智能技术在材料、零配件、精密仪器等产量大、部件复杂、工艺要求高的制造业细分领域，率先实现产品快速质检和质量保障，提升人工智能技术与物联网和大数据技术的融合水平，构建面向生产全流程的质量自动检测体系。面向供应链管理环节，利用人工智能技术实现对供需变化的精准掌握，建立实时、精准匹配的供需关系，着重提升市场需求变动大、供应链复杂领域的供应链效能。面向运营维护环节，建立基于人工智能算法的设备产品运行状态模型，监测运行状态指标的变化情况，提前预测和解决设备、产品、生产线的故障风险。不过，由于制造业专业性强，解决方案的复杂性和定制化要求高，且制造业数据资源未被充分利用，所以人工智能目前主要应用在产品质检分拣和预测性维护等易于复制和推广的领域。然而，生产设备产生的大量可靠、稳定、持续更新的数据尚未被充分利用，这些数据可以为人工智能公司提供优质的机器学习样本，解决制造过程中的实际问题。

在消费零售领域，人工智能商务决策场景、精准营销场景、客户沟通场景等各个零售环节多点开花，应用场景碎片化并进入大规模实验期，人工智能在消费零售领域的应用场景正在从个别走向聚合，传统零售企业与电商平台、创业企业结成伙伴关系，围绕人、货、场、链搭建应用场景。例如，京东将人工智能技术运用于零售消费的全系统、全流程、全场景，在供应端，京东发布人工智能平台，实现了智能算法的跨场景复用，每天的调用量突破12亿次。在金融服务领域，蚂蚁金服利用人工智能技术控制金融风险、提高金融效率、降低交易成本、提高用户体验，其微贷业务实现了3秒申请、1秒决定、零等待的"310"服务形态，其"定损保"业务通过一张照片即可识别车险赔付中车辆的维修成本。苏宁、国美等线下零售企业开始布局线上、线下相结合的人工智能应用。

第四节 2018年我国人工智能产业区域发展情况

从地方集聚效应看，我国人工智能初创公司多聚集在北京、上海、深圳等地，人工智能产业在长三角、珠三角、京津冀三大城市群呈爆发式增长，北京、上海、天津、广东、安徽、浙江等地初步形成特色人工智能产业集群。北京高居全国人工智能企业数量榜首，上海和广东分列第二、三位，浙江和江苏两省也集聚了一定规模的人工智能企业。

北京的创新型企业不断涌现，国内领先地位初步显现。目前，北京以395家人工智能企业数量位列全国第一，聚集了近半数国内人工智能企业，形成了领军企业、以独角兽为代表的高成长企业及潜力初创企业协同发展的产业生态。例如，寒武纪、比特大陆、地平线已成功研制出专用人工智能芯片，百分点、明略数据、数据堂等一批大数据企业及腾讯云、金山云等云服务商为人工智能提供了数据服务和云计算服务；中科院自动化所、中科虹霸在虹膜识别领域取得突破；百度、微软亚太研究院等企业在深度学习及机器学习领域引领行业发展；搜狗、云知声、出门问问等企业在语音及自然语言处理领域取得关键技术突破；商汤科技、旷视科技、百度、汉王科技、中科奥森、飞搜科技等企业位列《互联网周刊》评选的"2017人脸识别技术排行榜TOP20"，北京在人工智能应用领域的应用产业生态已逐步形成。

上海紧抓人工智能产业机遇，立足作为金融中心的引力优势，促进芯片、软件、图像识别、类脑智能等基础层和技术层发展，加速人工智能在金融、制造、教育、健康、交通等领域的落地，促进人工智能与实体经济深度融合。在产业分布上，浦东区的人工智能企业约占全上海总量的30%，而其他各区也均有人工智能企业分布，呈现全地域发展的特征。在产业布局上，上海立足于产业优势，促进芯片、软件、图像识别、类脑智能等基础层和技术层发展，加速人工智能在金融、制造、教育、健康、交通等领域的落地，促进人工智能与实体经济深度融合。此外，上海积极促进人工智能在公共服务与城市管理方面的应用，在人力资源、税务系统方面进行探索尝试。

深圳创业创新氛围浓厚，投融资发达，促进了初创企业的快速成长。深圳与人工智能相关的投融资总频次达到172次，投资总额达87亿元，占全国总量比重超过5%，腾讯、华为通过股权投资、技术交易等方式，加强与初创企业的联系，深圳市政府设立总规模为2.5亿元的深圳湾天使基金，共同促进初创企业的发展，形成了以腾讯、华为等大型龙头企业为引领，众多中小微企业蓬勃发展的产业格局。在产学研用结合方面，深圳有着众多的实验室和企业研发平台，包括深圳人工智能与大数据研究院、腾讯人工智能实验室、华为诺亚方舟实验室、中兴通讯云计算及IT研究院等，并建有国家超级计算中心，创新设施密集，为技术发展奠定良好基础。2017年，在人工智能领域的对外专利申请中，大疆、华为位居国内企业榜前列，腾讯"绝艺"、华为网络大脑、佳都科技人脸识别等技术水平居世界前列，图普科技图像识别技术、华为指纹解锁技术等一大批技术已进入广泛的实际应用阶段。

第五节　2018年我国人工智能产业重点企业发展情况

一、科大讯飞

科大讯飞股份有限公司（以下简称科大讯飞）是国内人工智能龙头企业之一，其语音识别相关核心技术具有国际领先水平，承建了首批国家新一代人工智能开放创新平台（智能语音国家人工智能开放创新平台）、语音及语言信息处理国家工程实验室等国家级重要平台。2018年，科大讯飞全年营业总收入为79.17亿元，同比增长45.41%；实现毛利润39.61亿元，同比增长41.58%；净利润5.42亿元，同比增长24.71%。

各业务线经营方面，讯飞开放平台和消费者业务持续增长，行业应用不断落地。2018年，科大讯飞的不断加强其开放平台生态的建设，旨在为基于开放平台的算法、应用开发者提供更多的基础服务，这些服务包括提供技术支撑、软硬件解决方案、云服务等。截至2018年年底，讯飞开放平台已已经能够提供171项人工智能能力和场景方案。其主要产品讯飞输入法在功能和效率方面均取得了提升，新增面对面翻译、OCR拍照、莫得键盘等新特性，通用语音识别率达到 98%，支持 23 种方言语音输入，支持中英混合语音输入免切换以及中文与英、日、韩、俄多语种即时翻译，并内置语音智适应功能（可定制个性化结果及语音修改后即时学习），消费者产品的通用性不断得到提升，2018 年年底共有活跃用户逾 1.3 亿人。在行业市场，科大讯飞将语音识别等技术与行业深度融合，人工智能在智慧教育、智慧政法、智慧城市、智能服务、智能汽车、智慧医疗等新场景的应用纷纷落地。

二、旷视科技

北京旷视科技有限公司（以下简称旷视科技）成立于 2011 年，是全球领先的人工智能公司，旷视科技开发了尖端的计算机视觉算法，以赋能物联网设备。自 2017 年年初以来，已在多项国际人工智能顶级竞赛中累计揽获 22 个项目的世界冠军，在多个计算机视觉项目中表现突出。它向客户提供包括算法、软件及人工智能赋能物联网设备的全栈式解决方案，并在多个行业取得领先地位。作为独角兽企业，公司投资团队明星云集，采用同股不同权的架构，阿里系为主要股东持股三成，此外，还有联想之星、联想创投、创新工场、国有资本风险投资基金等股东。

深度学习是旷视科技的核心竞争力，其自主原创的深度学习框架——旷视 Brain++ 使其在市场上占据领先优势。旷视基于 Brain++ 实现了在云、端、芯等不同平台的深度神经网络算法上的创新，公司的深度残差网络 ResNet 是整个人工智能界的一个算法基础——Brain++AutoML 技术，推动机器学习模型从"手工"时代迈入"自动化"时代。旷视科技的个人物联网解决方案为手机提供人脸识别解锁与计算摄影功能，持续改善个人设备的用户体验，为移动应用融入身份验证功能，加强产品与服务的安全性。旷视的城市物联网解决方案使各种城市场景实现物联网设备的智能部署及管理，通过视觉数据的高效与精确分析，加强公共安全与便利，优化交通管理并改善城市资源规划。旷视的供应链物联网解决方案帮助企业数字化升级工厂、仓库及零售店，从而提高供应链整体效率。2018 年，旷视科技实现营收 14.3 亿元，净利润为 -32.9 亿元，其亏损主要是由于优先股的公允价值变动及持续的研发投资。

三、商汤科技

北京市商汤科技开发有限公司（以下简称商汤科技）创立于 2014 年 10 月，致力于计算机视觉和深度学习的技术创新，是我国著名的人工智能平台企业，也是中国科技部指定的"智能视觉"国家新一代人工智能开放创新平台承担企业。目前，公司已自主研发并建立了深度学习和超算中心等平台，掌握了人脸识别、图像识别、文本识别、医疗影像识别、视频分析、无人驾驶和遥感等一系列人工智能技术，业务涵盖智能手机、互联网娱乐、汽车、智慧城市、教育、医疗、零售、广告、金融、地产等多个行业，在对应领域发布了一系列平台型产品，包括 SenseMedia 视频内容审核平台、SenseFoundry 城市级视觉分析平台、SenseDrive 驾驶员监控系统、SenseAR 增强现实平台。目前，商汤科技已与国内外 700 多家世界知名的企业和机构建立合作，包括美国麻省理工学院、高通、英伟达、本田、SNOW、阿里巴巴、苏宁、中国移动、OPPO、vivo、小米、微博、万科、融创等。

四、依图科技

上海依图网络科技有限公司（以下简称依图科技）成立于 2012 年，是国内领先的人工智能企业。目前，依图科技的技术已经服务于安防、金融、交通、医疗等多个行业，成立至今已完成 6 轮融资，总融资金额超过 20 亿元，投资者包含上海科创基金、联新资本、高瓴资本、云锋基金、红杉资本中国、高榕资本、真格基金等。

在计算机视觉领域，依图科技已成为世界领先的行业解决方案提供商。2015 年，招商银行将"依图人脸识别技术"推广到全国 1500 家网点。2016 年，依图科技为海关总署及中国边检提供人像比对系统。2017 年至 2018 年，依图科技在人脸识别测试（FRVT）、全球人脸识别挑战赛（FRPC）等多项比赛中获得冠军。2018 年，依图科技与华西医院联合发布全球首个肺癌临床科研智能病种库和全球首个肺癌多学科智能诊断系统。2019 年，依图科技推出自主研发的云端深度学习推理定制化人工智能芯片 QuestCore（中文名：求索）。

进军语音识别领域。2018 年 12 月，依图科技公布了其在中文语音识别技术上的最新突破，称在全球最大的中文开源数据库 AISHELL-2 中，依图科技短语音听写的字错率（CER）仅为 3.71%，相比原业内领先者提升约 20%，正式进军语音识别领域。同时，依图科技联合微软 Azure 推出依图语音开放平台，并向第三方开放这一平台，且将在智能语音领域进行更多的合作。此外，依图科技还联合华为发布了"智能语音联合解决方案"，该方案基于依图语音开放平台及华为全栈全场景昇腾（Ascend）系列芯片和面向数据中心侧的 Atlas 300 人工智能加速卡，也向第三方开放。

发力人工智能芯片。2019 年，依图科技推出全球首款深度学习云端定制人工智能芯片 QuestCore，以及基于该芯片构建软硬件一体化的系列产品和行业解决方案，提高芯片能耗比。QuestCore 构建的视频解析系统，将原本需要 16 台机柜的方案压缩到 1 台，使整体建设费用投入减少 50%，运维成本降低 80%。同时，依图科技提供的服务器能够直接在云端升级系统，不需要通过购买或者更新已有的摄像头、传感器等终端设备，提高了现有基础设施的利用率。与英伟达的芯片相比，一台 4 芯的依图原子服务器提供的算力与 8 张英伟达 P4 卡服务器相当，而体积仅为后者的一半，功耗不到 20%。通过使用依图科技人工智能服务器，在行业端的一万路视频全解析有望成为城市标配，50 万路视频全解析成为可能。

安防领域。安防是依图科技最早进入的行业应用领域，目前收入占据公司营收的八成以上。目前，依图科技安防领域误报率已达百亿分之一，其"蜻蜓眼"平台已应用于中国多地省市区公安系统，通过将数据与公共安全实际问题相结合，提出覆盖多场景的城市级公共安全解决方案，把数据价值融入到平安城市、城市居民生活、商业应用等各个行业场景中。目前，依图智能安防系统已服务全国近 30 个省公安厅、超过 270 个地市公安系统、海关边检，以及全国数百个园区等商业体。

医疗领域。依图科技在医疗影像、病例、大数据等方面均开始布局，已经与北京协和医院、华西医院、浙江省人民医院、复旦大学附属肿瘤医院等多家顶级三甲医院合作，推出了 care.ai 医疗智能全栈式产品解决方案，为医院提供跨科室的多场景应用系统和数据分析平台，同时积累了海量的医疗大数据处理经验。目前，依图科技的技术已应用在肺癌筛查、儿童生长发育评估、乳腺疾病诊断、脑卒中诊断等领域，产品为放射科、超声科、儿科等多个科室提供临床诊疗辅助诊断和智能管理。依图医疗 care.ai 胸部 CT 智能 4D 影像系统已部署进数百家三甲医院，并进入临床工作流实际使用，结构化报告被医生直接采纳率超过 92%。2019 年 2 月，依图科技与广州市妇女儿童医疗中心等企业和科研机构在国际顶级医学科研期刊 *Nature Medicine* 发布了题为 *Evaluation and accurate diagnoses of pediatric diseases using artificial intelligence*（《使用人工智能评估和准确诊断儿科疾病》）的文章，是全球首次在顶级医学杂志发表有关自然语言处理（NLP）技术基于中文文本型电子病历（EMR）做临床智能诊断的研究成果，也是利用人工智能技术诊断儿科疾病的重磅科研成果。

金融领域。依图科技研发的智能网点系统能够基于前端抓拍摄像机和智慧银行后台的私有化部署，进行客户识别和网点管理，实现线下网点场景下的视频监控和客流数据智能分析。刷脸取款解决方案中的双目活体检测人脸认证系统现已应用于招商银行、农业银行等多家银行 ATM 机具，提供身份核验功能，安全实现刷脸取款的功能。依图科技与招商银行合作的"刷脸取款"人脸识别技术已落地招行 1500 家网点。

智慧城市领域。依图科技面向城市公共安全、交通、医疗、金融、人社、司法等生产生活场景需求，将先进的人工智能技术、精密的跨集群产品设计及城市级数据量下的高计算效率等综合能力转化为领跑业界的产品及解决方案，助力提升城市的智能决策和管理能力。目前，依图科技的智慧城市解决方案已在数字中国峰会进行实践。

五、地平线

深圳地平线科技有限公司（以下简称地平线）成立于 2015 年 7 月，致力于人工智能芯片领域创新，提供嵌入式人工智能解决方案。地平线一方面致力于决策推理算法与深度学习的开发，另一方面致力于算法集成在低功耗、高性能、低成本的嵌入式人工智能处理器及软硬件平台上的研究。到目前为止，地平线可以提供基于 ARM/FPGA 等处理器的人工智能解决方案，同时开发出一种新的嵌入式人工智能处理器架构 IP—Brain Processing Unit（BPU），以此来提供设备端开放完整的嵌入式人工智能软硬件解决方案。

地平线核心业务聚焦于智能驾驶、智能生活等场景，目前已成功推出了智能驾驶应用平台"雨果"和智能生活应用平台"安徒生"。并且与国外顶尖的汽车供应链上下游企业及汽车电子厂商开展合作。地平线目前正致力于开放的嵌入式人工智能产业生态的搭建，以期与产业上下游企业实现合作共赢。

2017 年 1 月 6 日，地平线与芯片巨头英特尔在 CES 上共同发布了基于单目摄像头和现场可编程门阵列（FPGA）的最新高级驾驶辅助系统（ADAS），其可实现在日常道路或高速公路场景下，对行人、车辆、车道线和可行驶区域的实时检测和识别。2016 年 8 月 1 日，地平线已经与美的合作开发出了"智能王"柜机空调，其加入了手势控制、智能送风、智能安防三大智能交互新功能。

地平线在人工智能算法和芯片设计方面有着比较深厚的技术和人才储备，通过软件及硬件的协同创新，其可以提供高性能、低功耗、低成本的边缘人工智能芯片解决方案。在智能驾驶和 AIoT 领域，地平线提供了高性价比的边缘人工智能芯片、开放的工具链、丰富的算法模型。目前，地平线已成功量产了专注于智能驾驶场景的"征程（Journey）"系列芯片和专注于 AIoT 的"旭日（Sunrise）"系列芯片，并已大规模商用。

2019 年 4 月，地平线在第十八届上海国际汽车工业展览会上发布了其要做人工智能时代最底层的赋能者的 AI on Horizon 战略，表明地平线将充分发挥自身在人工智能软硬件方面的核心优势，聚焦于边缘人工智能芯片+工具链组成的技术平台的搭建和优化，赋能行业合作伙伴，向行业提供"超高性价比的人工智能芯片、极致功耗效率、开放的工具链、丰富的算法模型样例和全面的赋能服务"。AI on Horizon 就是通过底层的人工智能芯片进行开放的赋能，使开发者和合作伙伴能够在人工智能芯片基础之上开发新产品，为消费者提供更好的用户体验。

目前，地平线向市场推出了"芯片+算法+云"的完整解决方案。在智能驾驶领域，地平线同美国、德国、日本和中国全球四大汽车市场的业务联系不断加深，目前已赋能合作伙伴包括长安、比亚迪、上汽、广汽、奥迪、博世等国内外的顶级 Tier1s、OEMs 厂商；而在 AIoT 领域，地平线携手合作伙伴已赋能多个国家级开发区、国内一线制造企业、现代购物中心及知名品牌店。

在新的人工智能专用处理器架构 BPU（Brain Processing Unit）基础上，地平线于 2017 年年末发布了其第一代自动驾驶芯片"征程 1.0"，其可用于 L2 级别的高级驾驶辅助系统（ADAS）。2018 年 4 月，地平线又发布了 Matrix 自动驾驶计算平台，并获得 2019 年美国 CES 创新奖。2019 年 9 月，地平线发布了征程 2.0 处理器，这是中国第一款车规级人工智能芯片。征程 2.0 芯片采用台积电 28nm HPC+ 工艺，基于地平线自主研发的 BPU 2.0 架构，集成了 2 个 Cortex-A53 核心，典型功耗 2W 下就可以提供 4 万亿次的性能，是同等级 GPU 的 10 倍以上。除此之外，征程 2.0 处理器还可以提供高精度且低延迟的感知输出，典型目标识别精度超过 99%，延迟不超过 100ms。在识别物品方面，征程 2.0 目前已经能识别超过 60 个类别的目标，单帧目标识别数量更是超过 2 000 个。

与征程 2.0 芯片同时发布的还有新一代 Matrix 2.0 自动驾驶计算平台，新平台在算力提升 16 倍的同时，功耗降为仅原来的三分之二，并可同时支持 800 万像素展示输入，满足不同国家、多个场景下自动驾驶商用车队及无人低速小车的智能感知计算需求。借助 Matrix 在边缘计算上的强大赋能，地平线开发了多种自动驾驶感知方案，包括 Matrix 激光雷达感知方案、双目立体视觉感知方案、以及 Matrix360° 视觉感知方案。其中，360° 视觉感知方案搭配 8 路 60FOV 窄角摄像头和 4 路 192FOV 鱼眼摄像头，可以实现车身 360° 无死角视觉感知监控。Matrix 激光雷达感知方案可实现在低功耗下完成 360° 激光雷达点云的 3D 检测。而双目立体视觉感知方案则依托于深度学习算法，搭配两路摄像头，可以实时获取像素级别的深度信息。

目前，地平线基于自主研发的人工智能芯片、工具链和典型算法样例，已经形成了"综合环境感知"和"多模人车交互"车内车外智能化综合能力应用场景。

目前，地平线已经透露了基于 BPU 3.0 架构的第三代征程处理器征程 3.0 的相关细节。征程 3.0 是一种专门为自动驾驶和域控制器打造的人工智能芯片，其符合 AEC-Q100 和 ISO 26262 车规级标准，配合 Matrix 3.0 自动驾驶计算平台，其算力预计将会提升到 192 万亿次，并具备支持 ASILD 的系统应用场景的能力。

2018 年 10 月，地平线与全志科技在中国国际社会公共安全产品博览会上发布了内置旭日 1.0 芯片的多款嵌入式智能识别模组，以及基于该产品的一站式人工智能芯片解决方案。地平线旭日人脸抓拍人工智能芯片解决方案可在逆光、低照、侧脸等各种复杂环境下，对场景中人脸进行检测、跟踪、优选、抓拍，并能确保人脸的高抓拍率、低误识率和重抓率。"旭日"人脸抓拍模块 X1100 具备全高清 1080p，全帧率 25fps 的智能视频处理能力，支持单帧最大 200 个人脸检测，80+ 人脸实时跟踪优选，抓拍率大于 99%，重抓率小于 110%，误抓率小于 0.7%。"旭日"人脸抓拍识别一体模块 X1200 库容分为 5 000 人、10 000 人、20 000 人，最大支持 50 000 人，能实现 30+ 人 25fps 的人脸检测、跟踪、优选，每秒抽取识别 8 人以上，识别率达 99.83%。旭日 X1600 系列是具有高性能、低功耗的嵌入式人脸识别模组，其采用地平线旭日 1.0 人工智能处理器搭配全志科技的 T501 应用处理器而设计的核心板，已经整合面向场景的算法、软件与摄像头模组。客户只需根据系统及产品结构的需求适配相应底板，以极低的投入即可快速推出高性价比的人脸识别产品。此次地平线与全志科技强强联合，将支撑人工智能视觉边缘计算在智慧城市和智慧商业各类场景中的应用落地。旭日 X1600 系列解决方案专门针对具有人工智能人脸识别功能的行业应用，其在智能楼宇门禁、可视对讲、闸道通行、办公考勤等场景有着广泛的应用。

六、寒武纪科技

北京中科寒武纪科技有限公司（以下简称寒武纪）成立于 2016 年 3 月，是一家源自中科院计算所的专注于人工智能芯片研发应用的创业公司。取名"寒武纪"，即以地球自然史上短时间内出现的"生命大爆发"意喻人工智能即将迎来的大爆发。

寒武纪分别于 2017 年 8 月和 2018 年 6 月完成 A、B 两轮融资。B 轮融资后整体估值为 25 亿美元，折合人民币 120 多亿元，成为智能芯片领域的独角兽公司。

目前寒武纪的产品主要分为两条线，一条是面向嵌入式终端提供 IP 授权，这些芯片通过提供强大的推理能力赋予终端设备人工智能处理能力；另一条是面向云端服务器提供芯片和加速卡，在云端或者在数据中心大规模的学习中提供推理+训练的能力，使得端移一体的架构为人工智能提供强大的助力。

寒武纪的产品线主要有智能终端处理器 IP 和智能云服务器芯片两种，其产品在机器视觉、自然语言处理、语音识别、智能物联网等人工智能领域应用广泛。在终端，以 IP 授权模式集成于智能手机、智能摄像头等终端 SoC 芯片中。在云端，以板卡形式向云数据中心服务器集群，提供智能计算加速功能，其适于云端推理+训练等应用。按应用场景来说其，技术的主要应用领域包括三个方面：一是机器视觉，包括对人脸、行人、车辆和建筑物等目标进行实时追踪、识别、属性分析，进行文字检测和识别、物体检测和识别、视觉寻路；二是对语音进行识别处理，主要应用在智能手机、机器翻译等方面，包括语音识别、声纹识别、多麦克风阵列等；三是自然语言，主要应用于聊天机器人、智能客服的词句嵌入、语义建模等。

2016 年，寒武纪发布了 1A 处理器，此款芯片支持语音、视觉、自然语言处理等多种智能任务，并已被华为公司采用并集成到麒麟 970 芯片中，使得麒麟 970 成为全球首款内置独立 NPU（神经网络单元）的智能手机人工智能计算平台。通过构建多层次的人工神经元网络，寒武纪 1A 在语音识别和视频识别领域里的识别精度已经超越了人类。其每秒可以处理 160 亿个神经元和超过 2 万亿个突触，功耗却只有原来的十分之一。搭载寒武纪 1A IP 的华为麒麟 970 芯片以每分钟识别 2 005 张照片击败了苹果 A11 芯片每分钟识别 889 张照片的成绩。

2017 年 11 月，寒武纪发布了第二代终端处理器—寒武纪 1H16 和寒武纪 1H8，以及面向开发者的人工智能软件平台 Cambricon NeuWare。与上一代芯片 1A 相比，寒武纪 1H16 具备更高性能、更低能耗，能效比达到了 1A 的 2.3 倍，而寒武纪 1H8 对比 1H16 又有更低的功耗和成本。

2018 年 5 月，寒武纪发布了第三代终端处理器寒武纪 1M，在台积电 7nm 工艺下 8 位运算的效能比达每瓦 5 万亿次运算，是 1A 性能的 10 倍，可广泛应用于智能手机、智能摄像头、智能音箱、智能驾驶等不同领域当中。除此之外，寒武纪还发布了第一代云端人工智能芯片 MLU100（MLU 即机器学习处理器），以及搭载 MLU100 的云端智能处理卡。寒武纪 MLU100 芯片可独立完成各种复杂的云端智能任务，理论峰值速度达每秒 128 万亿次定点运算，达到世界先进水平。更可以与寒武纪 1A/1H/1M 系列终端处理器完美适配。与大部分芯片厂商主攻端（如 ARM）或者主攻云（如 Intel）不同，寒武纪已成为中国第一家同时拥有终端和云端智能处理器产品的商业公司。中国最大的三家服务器提供商——浪潮、联想、曙光都将对外发售搭载寒武纪 MLU100 芯片的人工智能服务器产品。

寒武纪于 2019 年 6 月推出第二代云端人工智能芯片思元 270（MLU270）及板卡产品。思元 270 芯片集成了寒武纪在处理器架构的一系列创新性技术，处理非稀疏深度学习模型的理论峰值性能比第一代 MLU100 提升了 3 倍，达到 128 万亿次（INT8），并且同时兼容 INT4 和 INT16 运算，理论峰值分别达到 256 万亿次和 64 万亿次。支持浮点运算和混合精度运算。思元 270 采用寒武纪的 MLUv02 指令集，可支持语音、视觉、自然语言处理及传统机器学习等高度多样化的人工智能应用，为视觉应用提供了充足的视频和图像编解码硬件单元。寒武纪在定点训练领域已实现关键性突破，思元 270 训练版板卡将可通过 8 位或 16 位定点运算提供优秀的算力，该技术有望成为人工智能芯片发展的里程碑。在系统软件和工具链方面，思元 270 继续支持寒武纪 Neuware 软件工具链，支持业内各主流编程框架。

思元 270 芯片采用 TSMC 16nm 工艺制造，其板卡产品可以通过 PCIe 接口快速部署在服务器和工作站内。寒武纪的思元 270 板卡产品面向人工智能推断任务，在 ResNet50 上的推理性能超过 10 000fps。MLU270-S4 型板卡（半高半长）面向数据中心部署，集成 16GB DDR4 内存，支持 ECC；MLU270-F4 型板卡（全高全长）采用主动散热设计，面向非数据中心部署场景，集成 16GB DDR4 内存，支持 ECC。在 2019 世界人工智能大会上，寒武纪联合综合通信解决方案提供商中兴通讯，共同展示了 5G 时代边缘计算与人工智能的融合应用。业务展示采用中兴通讯边缘计算服务器 ES600S 和视频加速卡，搭配寒武纪思元 100 智能处理卡，实现边缘视频数据采集和人工智能分析。

七、华为海思

华为技术有限公司（以下简称华为）是全球领先的 ICT 基础设施和智能终端供应商。2018 年，华为全年营收为 7212 亿元，同比增长 19.5%，净利润达 593 亿元，同比增长 25.1%。在智能终端领域，华为在近几年推出了 Mate10、Mate20、P20 等热销手机，其内部使用华为自研的麒麟 970、980 芯片。自研芯片集成了寒武纪 NPU 框架，使麒麟芯片的人工智能运算性能大幅上升。而麒麟芯片的开发者即华为子公司海思半导体有限公司（以下简称海思半导体）。

海思半导体（HiSilicon）是全球领先的无晶圆厂半导体和IC设计公司，其致力于提供全面的连接和多媒体芯片组解决方案。海思半导体为全球连接和端到端超高清视频技术的创新提供了解决方案。从高速通信、智能设备、物联网到视频应用，海思半导体芯片组和解决方案已在全球100多个国家和地区得到验证和认证。目前，海思旗下的芯片有如下几种，分别是用于手机的麒麟系列芯片；用于数据中心服务器鲲鹏系列芯片；用于人工智能的芯片组Ascend（昇腾）系列；基带芯片系列（基站芯片天罡、终端芯片巴龙）；其他专用芯片（机顶盒芯片、视频监控、物联网等芯片）。海思半导体在安防、电视芯片等领域占据近七成的市场份额，几乎处于垄断地位。在华为的光交换、NB-IoT及车载领域，也都用到了海思半导体提供的优质芯片。

华为轮值董事长徐直军在2018年的第三届华为全联接大会（HUAWEI CONNECT）上表示：人工智能是一组技术集合，是一种新的通用目的技术（GPT）。他还提出了10个人工智能的重要改变方向：模型训练、算力、人工智能部署、算法、人工智能自动化、实际应用、模型更新、多技术协同、平台支持、人才获得。基于这10个改变，华为制定了人工智能发展战略——投资基础研究、打造全栈方案、投资开放生态和人才培养、解决方案增强、内部效率提升。徐直军称，华为在人工智能上的全新战略，包括人工智能芯片、基于芯片赋予技术框架的CANN和训练框架MindSpore及ModelArts。华为将其称为"全栈全场景人工智能解决方案"。其提出的全场景，是指包括公有云、私有云、各种边缘计算、物联网行业终端及消费类终端等部署环境。全栈指的是技术功能视角，是指包括芯片、芯片使能、训练和推理框架以及应用使能在内的全堆栈方案。

具体来看，华为所说的"全栈"包含四个部分：一是达芬奇架构的人工智能芯片Ascend（昇腾），芯片分为Max、Lite、Mini、Tiny及Nano 5个系列。二是CANN，全称为Compute Architecture for Neural Networks（为神经网络定制的计算架构），是高度自动化的算子开发工具。根据华为官方数据，CANN可以提升开发效率3倍。除了效率还兼顾算子性能，以适应学术和行业应用的迅猛发展。三是MindSpore架构，友好地将训练和推理统一起来，集成了各类主流框架（独立的和协同的），包括TensorFlow、PyTorch、PaddlePaddle、Keras、ONNX、Caffe、Caffe 2及MXNet等。这一架构全面适应了"端、边、云"场景。四是ModelArts，这是一个机器学习PaaS(平台即服务)，提供全流程服务、分层分级API，以及预集成方案。

华为的人工智能芯片不会单独销售，而是会以加速模组、加速卡、服务器集成、自动驾驶模块等形式交付。其中，昇腾 910 主要用在云端，昇腾 310 主要用在边缘，昇腾 Lite、Tiny、Nano 主要用在物联网等消费设备，突出低功耗、实时在线，以不同需求促进人工智能的应用。

八、百度

百度是人工智能底层技术积累的代表性企业，人工智能产品和服务较为丰富。

在人工智能产品领域，百度商业化落地态势良好，在芯片开发、智能助手、自动驾驶领域均有良好表现。百度于 2018 年 7 月发布的人工智能芯片"昆仑"，能够为自然语言处理、自动驾驶、语音识别等场景提供运算能力，实现 100W 功耗下的 260 万亿次性能，成为百度物联网生态的主要基础。百度的小度助手已拥有中国市场规模最大、最繁荣的对话式人工智能生态，根据 Strategy Analytics 数据，2019 年第二季度，小度智能音箱以 470 万台的出货量蝉联国内第一、全球第三的成绩，相较去年第二季度同比增长 3 775%。Apollo 开放平台也应用于自动驾驶领域，是首批获得北京自动驾驶车辆道路测试资格的企业，其道路测试里程在 2018 年远超第二名，还与一汽红旗、沃尔沃等达成战略合作，成为全球最大的智能驾驶软件平台。

百度智能云服务于百度的智能化战略，加强人工智能产业的落地实践。在视觉智能领域，百度智能云通过天工、天像、天智这三大工程平台的交叉结合，为央视网、宁波鄞州、Dell 等单位和企业用户，提供了视觉智能方面升级的解决方案。在对话智能领域，百度智能云提出的对话智能解决方案，已经能够以人工智能来电秘书的形式，实现全年无休的用户电话接听、客服信息处理。在数据智能领域，百度智能云实现了跨平台、跨行业的数据融合能力。其解决方案帮助重庆气象局、吉利汽车等单位和企业实现了业务数据平台的智能化应用。

2019 年，百度提出"人工智能工业化"概念，认为人工智能工业化的实现需要智能计算和智能应用的相互交叉促进，并加强智能生态的促进作用。为此，百度提出"1+6+3"的智能计算全景图：即 1 个基础核心；面向多领域提供云计算能力的 6 大工程平台，包括天算、天智、天合、天工、天像、天链；提供知识辅助的 3 套实践方法论，包括数据治理方法论、模型工厂方法论，互联网架构方法论。

百度大脑是百度人工智能的核心技术引擎。包括视觉识别、语音翻译、自然语言处理、知识图谱、深度学习等人工智能核心技术和人工智能开放平台。截至 2018 年年底已经开放超过 200 项技术能力，开发者规模突破 120 万人次。

目前，百度大脑形成了全面领先的人工智能开放能力集合和完备的人工智能开放平台矩阵，帮助生态合作伙伴及客户成长为人工智能创新企业，共享人工智能生态链广阔的商业空间。

在核心技术方面，百度大脑在深度学习、语音技术、视觉技术、知识图谱、自然语言处理等领域具有较强技术基础。在深度学习上，百度对外开放了 PaddlePaddle 平台，以及 VisualDL、PARL、AutoDL、EasyDL、AI Studio 等一整套的深度学习工具组件和服务平台，满足不同层次深度学习开发者需要。在知识图谱方面，百度建立了包含 6 亿实体、3780 亿事实的全球最大规模中文知识图谱，在知识图谱规模、图谱数据容量及检索性能等指标上均达国际领先水平。在知识图谱应用方面，目前其已大规模应用于百度搜索、百度地图和对话式人工智能操作系统等领域，日均用户请求超过 13 亿次，覆盖超过 85% 的搜索请求。

九、腾讯

腾讯业务繁多，在人工智能领域的布局可以分为两条主线，一是以社交网络为基础的内容服务、商务推广，二是以腾讯云为基础的地图服务，这两条主线都是将人工智能向实用化、云端化、产业化的方向推进。

在平台领域，腾讯的人工智能开放平台以通用型人工智能开发为主，依托腾讯优图、WeChat AI、腾讯 AI Lab 等实验室，汇聚整合腾讯人工智能技术能力，开放超过 100 项技术能力。此外，腾讯加强人工智能领域 AI 创业者扶持，打造人工智能开放新生态。

在应用落地方面，腾讯重视医疗领域发展，发布人工智能 + 医疗产品"腾讯觅影"，通过人工智能医学影像分析辅助医生诊断，能够对食管癌、肺结节、结直肠肿瘤、乳腺癌、糖尿病视网膜病变、宫颈癌等疾病进行准确判断。此外，腾讯的人工智能辅诊引擎还可以对 700 多种疾病风险进行识别和预测，目前已与国内 100 多家顶级三甲医院达成合作。

腾讯在人工智能领域的战略布局围绕"基础研究—场景共建—人工智能开放"三层架构持续深入。在基础研究方面，腾讯依托 AI Lab、腾讯优图、WeChat AI 等实验室，着重发力机器学习、计算机视觉、语音识别、自然语言处理（NLP）等四大方向。在人工智能的应用上，腾讯将聚焦内容、社交、医疗、零售、游戏等领域，实现技术落地。

在机器人领域，腾讯 AI Lab 和新成立的机器人实验室 Robotics X 成为"AI+机器人"双基础部门，提出机器人本体研究有仿生化、灵巧操控、精准触觉、多机器人协同、人机交互和医疗辅助等六大趋势。为实现技术突破，应致力于研发从 A 到 G 的智能机器人的核心能力，包括攻克 ABC 基础能力—人工智能（AI）、机器人本体（Body）与自动控制（Control），并探索代表机器人智能趋势的 D 到 G 能力—进化学习（Developmental Learning）、情感理解与拟人（EQ）、灵活弹性（Flexibility），最后实现成为人类守护天使（Guardian Angel）的终极目标。

在医疗领域，未来腾讯的"人工智能+医疗"将致力于打造"筛查、诊断、治疗、康复"等全流程的医疗解决方案。同时，腾讯作为科技部公布的首批国家新一代人工智能开放创新平台，将从全产业链合作、创新创业支持学术科研和惠普公益四个维度驱动人工智能+医疗领域的深度应用与创新。

腾讯超级大脑是以腾讯云为基础，从 C 端拓展到 B 端和 G 端的云平台。对此，腾讯提出"三张网"概念—人联网、物联网及智联网。人联网基于腾讯 QQ、微信的传统社交产品优势，不仅在人与人之间实现连接，还在企业和政府机构用户群加强覆盖，在企业级服务市场发力。物联网基于腾讯的 QQ 物联智能硬件开放平台、TencentOS tiny 操作系统等平台，加强计算机视觉、语音识别、NPL 等人工智能技术的深度应用，实现万物互联，进而深度赋能产业界。智联网基于腾讯云的亿级用户服务能力，通过智能调配将云端的工具和资源作为"服务"进行合理流通，实现资源调配的自主进化学习。腾讯超级大脑可以解决长期以来人工智能落地门槛高、标准化和系统集成能力不足的问题。依托腾讯云的技术基础和用户基础，腾讯超级大脑以"云—边—端"一体化的智能操作平台为合作伙伴和开发者提供服务，使其可以专注开发落地应用，而无须关注底层复杂的智能调度，从而为人工智能技术落地提供支持。

十、阿里巴巴

阿里巴巴以零售业务为核心，人工智能业务核心在于对电商、物流等零售服务业务体系内的商家提供技术支持。

在产品方面，阿里巴巴以天猫精灵语音助手为先导，不断打磨提升产品消费体验，取得良好业绩。据统计，天猫精灵已进入超过 500 万个家庭，是中国销量第一、全球销量第三的智能音箱产品。仅用了 1 年多时间的训练，天猫精灵就进化出了 700 多项技能，并连接了 7 000 万台家用电器。每天训练峰值可达到 4 000 万次，家庭陪伴平均时间已超 1 小时。阿里巴巴以单品极致思维打造的天猫精灵，创造了全球最快增速。

在平台方面，阿里巴巴打造 AliGenie 技术开放平台，面向内容、应用、智能家居开发及硬件生产商四种开发者。在 AliGenie3.0 版本中又增添了行动能力，包括精准定位、自主导航、高精建图、环境感知、传感器融合、多模态交互、多机器人协同等技术。开发者只需调用这些技术，就能让其智能设备变身为机器人。

阿里巴巴在人工智能领域从产品向基础设施发展，布局人工智能实验室，建立开放平台和人工智能联盟，凭借电商、支付和云服务资源优势与人工智能技术深度融合，将技术优势逐步面向多领域发展。目前，阿里巴巴主要以阿里云为基础，在零售、家居、出行（汽车）、金融、智能城市和智能工业等领域进行产业布局。

ET 大脑是阿里云研发的超级智能，目前已具备图像/视频识别、智能语音交互、机器学习、情感分析等功能，为社会和商业提供多种解决方案。ET 大脑能够通过多维感知、全局洞察、实时决策、持续学习进化，不断优化策略组合，在复杂局面下快速做出最优决定。阿里云的科学家还与杭州市政府和各行各业合作，通过不同领域的大数据对 ET 大脑进行专项训练，研发出了 ET 城市大脑、ET 工业大脑、ET 医疗大脑、ET 环境大脑等子系统，增强 ET 大脑在不同领域的针对性应用。

当前，ET 大脑已经广泛运用到工业制造、城市交通、医疗健康、环保、金融、航空、社会安全、物流调度等十几个垂直领域。例如，ET 城市大脑在杭州的运用，不仅能够对城市进行全局实时分析，自动调配公共资源，修正城市运行中的 bug，成为智慧城市的重要基础设施，还可以接管信号灯，融合现有系统和视频数据，感知预测包括拥堵、违停、事故等多项交通事件并进行智能处理，大幅缩短通行时间。ET 环境大脑的运用，可以感知和解决雾霾、排污和自然灾害问题，辅助政府公益机构实现对生态环境的综合决策与智能监管，可以将气温、风力、气压、湿度、降水、太阳辐射等信息进行交叉分析；支持对雾霾的智能预测，为雾霾的智能预测，为雾霾形势研判和对应提供信息服务和技术支撑。

十一、新松机器人

新松机器人自动化股份有限公司（以下简称新松）成立于 2000 年，隶属中国科学院，作为国家机器人产业化基地，新松拥有完整的机器人产品生产线及整体解决方案。公司以创新、开放和共赢的思维引领行业进步，具有自主核心技术、关键零部件、核心产品及行业系统解决方案的完整产业链环节，面向智能装备、智能物流、半导体装备、智能交通等广阔的产业方向，产品涵盖移动机器人、特种机器人、工业机器人、协作机器人、服务机器人。公司总市值位居国际同行业内排名前三位，成长性机器人行业全球第一，具有"计算机信息系统集成及服务"一级资质，是我国机器人 TOP10 核心牵头企业。

新松坚持创新发展模式—内涵加外延相结合快速发展，紧抓全球新一轮科技革命和产业变革契机，集成 5G 高速网络资源、工业互联网、大数据、云计算等新高科技，推动机器人产业的平台化发展，建设包括核心创新、产业、金、人才于一体的完整生态体系。聚焦核心技术，共享智能时代。

新松在产业上创建共性技术平台产业链，打造标准化技术通用平台。在创新方面，把握行业发展态势，全面增强科技创新基础能力，布局建设重大科技创新基地，促进创新主体协同互动，实现产业共同进步；在教育方面，坚持培养与引进相结合，完善智能教育体系，加强人才储备和梯队建设，形成人才高地；在金融方面，形成新型智能经济产业链，促进产业与上下游领域深度融合，形成数据驱动、人机协同、共创分享的智能经济形态。

在 2019 年的世界机器人大会上，新松重拳出击，以"新松心赋能，创领智时代"为主题，展出包含五大模块共计十余种机器人—协作机器人、特种机器人、工业机器人、智能家居及医疗康复、核心硬件开发等"硬核"产品。

（1）协作机器人作为新时代智能机器人的代表，已摆脱了工业围栏的束缚，成为智能机器人工友，并且逐步代替人类处理高危险、高重复性和高精度的工作，可以极大地提高生产力和安全性。例如，新松 GCR20-1100 协作机器人搭载拧紧模组及螺钉供钉系统，全程智能控制与检测，搭载深度传感器及视觉识别系统，实现智能供钉、跟钉、拧紧。

（2）特种机器人可以满足不同行业客户对机器人产品的个性化定制需求，在特定空间作业、勘探、管道清洁等方面发挥越来越大的作用。新松 5G 巡检机器人是一款智能型全自动巡检机器人，对作业区域执行巡逻、检查、警示等作业，实时传输、保留现场信息。新松 5G 智能巡检机器人借助 5G 网络大带宽、低延时的传输特性，有效满足智能机器人安防巡检的需求，在整合远程交互、智能识别、智能驱动、SLAM 导航、自主避障等技术的基础上实现智能化、模块化、接口丰富的特点。

（3）柔性生产、个性化定制正在成为制造行业发展攻关的重要方向。面对越来越多的小批量、多种类的生产需求，新松轻量型机器人能够在保证生产效率的同时，以足够的灵活性与人类"心意相通"。新松自主研发的轻量化 SR4A、SR4B 机器人，内嵌新松自主研发的第五代控制器 SRC C5，具备预防维护功能，可预测机器人系统硬件寿命，成功实现主动柔顺控制技术、力觉感知技术等应用,还可扩展视觉感知模块,为人机协作、实验教学、精密装配、精密测量和精密磨抛等应用提供了优异的解决方案。

(4)随着人工智能、材料科学以及 5G、云等技术的迭代发展,新松在智能家居、医疗康复等更多领域持续发力,带给人类全新的生活方式,增进民生福祉。在新松展位,观众可以沉浸式体验智能家居为生活带来的巨大改变。新松智能家居包含语音、人脸和行为识别等最新技术,通过新松智能家居,人们不需要通过点击按钮进行搜索和指令的操作,仅通过与机器人对话就能表达需求、达成目的。在这里将体验到更为自然真实的交互感受。智能家居无缝获取你的需求——智能窗帘及灯光、定位亲人位置、了解疾病、查询知识、坐姿监测等,新松智能家居自动调整运作状态,让您随时尊享品质生活,方便又舒心。目前,新松物流配送机器人具有自主行走、自主避障、自主语音提示、自主充电、防跌落等功能。多载体设计,适合车站、校园、医院、物流、机场、酒店、商场等多场合、多用途使用,在降低人员劳动强度的同时,大幅度节省运营成本,提高工作效率,提升服务质量,帮助实现工作场景信息化、智能化、科技化、现代化,提供良好的服务体验。

(5)新松不断强化机器人核心技术,推进产品迭代升级,以增强产品核心竞争力。多年来,新松机器人产品技术与应用技术的双重领先,使得新松在行业中保持着强劲核心竞争优势,并稳步实现机器人关键部件国产化。目前,新松佳和 Aeye 智能工业相机 MVX100 以人工智能算法为核心技术,并融合并行运算、Web 应用、FPGA 图像处理等先进技术,通过内置不同深度学习算法,实现缺陷检测、分类统计等功能,可广泛应用于工业机器人智能抓取、分拣、焊接、喷涂等场景。

第六节 2019 年我国人工智能产业发展环境分析

当前,我国人工智能基础设施创新迫在眉睫。加强移动互联网、大数据、云计算、物联网、航空系统、智能交通基础设施、储能设施、新能源汽车充电桩、智能电网等对人工智能应用落地的基础支撑,已成为业界学界共识。2018 年以来,国家层面积极引导和支持建立一批人工智能开放平台、开源项目及大规模常识性数据库,开放底层技术接口和数据库调用接口,鼓励初创人工智能企业在此基础上进行应用创新和商业落地,加速人工智能技术向应用产品的转化。

同时,我国未来面临的全球人工智能产业竞争环境会更为复杂激烈,需要积极妥善应对。美国十分重视人工智能与国防军事的结合,2018 年白宫宣布成立人工智能专门委员会（SCAI），负责统筹人工智能相关的跨部门重点事项，与国防部展开密切合作。欧盟委员会于 2018 年 4 月通过了《欧洲人工智能战略》，提出在 2020 年前将人工智能领域投资增加到 20 亿欧元，将建立欧洲人工智能联盟，重视人工智能社会伦理和标准研究。法国于 2018 年 3 月出台《法国及欧洲人工智能赋能战略研究报告》，意图提升法国的人工智能全球竞争话语权。德国于 2018 年年底前发布国家人工智能战略，依托德国人工智能研究中心（DFKI），推动工业 4.0 与人工智能技术充分融合。英国于 2018 年 4 月发布《人工智能领域行动》计划，目标是主导全球人工智能数据伦理，建立人工智能应用和发展的国际准则。预计未来几年，世界各国将更加重视结合自身发展优势和特点，出台本国人工智能发展战略和系列配套政策。我国应更注重实现开放合作与安全保障之间的均衡发展。通过统筹国内、国际两个大局，提高人工智能产业的国际化发展水平，推动我国人工智能产业发展在更高层次、更宽领域和更高水平上融入全球产业分工体系。

第七节　我国人工智能产业发展趋势展望

总体来看，在技术层面，人工智能核心技术的攻关突破将进一步加速。未来我国人工智能产业将以关键技术为基础，以支撑解决方案打造和深化应用为目标，瞄准人工智能算法、智能芯片、智能传感器等基础领域和情绪感知、认知智能等前沿领域，制定技术创新路线图，系统推进关键核心领域攻关。在场景化融合层面，我国将深化与实体经济融合发展为目标，推进人工智能技术产品的场景化应用，预计人工智能在制造、教育、旅游、交通、商贸、健康医疗等行业的融合发展潜力巨大。在生态构建层面，我国人工智能产业数据互联互通和开放共享水平将进一步提升，预计未来五年内将建设并开放一批多类型的人工智能海量训练资源库、标准测试数据集和云服务平台等。人工智能标准、测评、知识产权等服务体系将加速建立，从而形成面向人工智能主要细分领域的测评能力，人工智能推广应用时面临的资质、数据接口、评价标准等行业准入壁垒将逐步消解。

人工智能芯片技术和产品发展势头迅猛。当前，随着人工智能芯片、大数据、云服务等软硬件基础设施逐步完善成熟，人工智能正向各行各业加速渗透，市场规模将加速扩大，为我国人工智能产业发展带来巨大契机。人工智能芯片以图形处理器（GPU）、现场可编程门阵列（FPGA）、特定用途集成电路（ASIC）为发展方向。2016 年，专用于人工智能的芯片市场规模约 6 亿美元。其中，我国 2016 年人工智能芯片市场规模约为 15 亿元。预计到 2021 年，全球人工智能芯片市场规模有望超过人工智能行业整体增速，达到 52.4 亿美元，年均复合增长率为 54.3%。芯片作为人工智能的核心部件，在技术驱动和需求牵引下市场增长有望实现增速逐年扩大。国内已经涌现出寒武纪、中星微、深鉴科技、地平线等一批人工智能芯片领域创新创业公司，它们紧抓国内人工智能产业蓬勃发展的政策、市场和资本机遇，充分运用人工智能芯片相关应用尚未成熟的技术机遇，以人工智能细分领域的定制化芯片为切入点，积极开展技术创新。

计算机视觉技术持续创新。计算机视觉技术中，以静态物体识别技术发展最为成熟，动态图像和场景识别技术尚且存在较大上升空间，计算机视觉产业链上游的软件开发和芯片设计环节的核心技术长期被国外垄断，我国的主要优势则集中于下游应用领域。数据显示，我国人工智能细分领域企业数量分布统计情况中，计算机视觉与图像领域企业数量为 146 家，排名第一，排名第二、第三的分别为智能机器人企业（125 家）和自然语言处理企业（92 家）。我国计算机视觉应用的三大领域为：半导体与电子制造、汽车和制药，其占比分别为 46.4%、10.9% 和 9.7%。随着消费升级催生更丰富的应用场景，无人驾驶、娱乐营销、医疗诊断的应用需求日益攀升。与此同时，国内从事计算机视觉领域的公司在 2011 年后显著增加，百度、旷视科技、商汤科技、格灵深瞳、依图科技等技术实力较为领先的国内明星企业不断涌现。

自然语言处理和语音识别技术已近成熟。我国在自然语言处理和语音识别方面具有良好的技术产品优势。由于中国文化和中文的特殊性，我国已培育出一批优秀的智能语音企业，掌握了语音识别、自然语言处理、语音合成、语音评测、声纹识别等核心技术，中文智能语音技术处于国际领先水平，语音识别的通用识别率可达 95% 以上，占据国内市场的主导地位，业务覆盖移动互联网、智能家居、教育、汽车、金融、医疗等众多领域。未来，国内人工智能、大数据、云计算、5G 网络等的普及将继续推动智能语音技术提升，移动互联网、智能家居、智能汽车等领域可为智能语音产业提供广阔的市场空间，我国智能语音产业将面临巨大发展机遇，科大讯飞、百度、搜狗、出门问问、云知声、思必驰、云知声、出门问问、小 i 机器人等企业有较大技术优势。

智能机器人技术产品创新走上快车道。当前，国内外机器人产业迎来大发展时期，智能化成为未来的升级方向。其中，围绕人机协作、人工智能和仿生结构的技术创新最为活跃，推动机器人向智能机器人演进。人机协作方面，随着人机交互技术由基本交互向图形、语音和体感交互方向不断发展，人机共融技术已不断深入，成为机器人，尤其是工业机器人研发过程中的核心理念。人工智能方面，深度学习、计算机视觉、语音识别、自然语言处理等技术已成为服务机器人提升智能化水平，并实现持续发展和实现场景渗透的重要引擎。仿生结构方面，仿生新材料、仿生与生物模型技术、生机电信息处理与识别技术不断进步，推动特种机器人逐步实现"感知—决策—行为—反馈"闭环流程，使其自主智能水平和环境适应性不断提升。在我国大力推进制造强国战略和人工智能的大背景下，智能机器人产业将进入高速增长期，2017年，我国机器人市场规模达到62.8亿美元，2012—2017年的平均增长率达到28%，预计2020年产业整体规模可达100亿美元以上。其中，工业机器人2017年市场规模达42.2亿美元，2012—2017年平均增长率为25%；服务机器人2017年市场规模达13.2亿美元，2012—2017年平均增长率为31%；特种机器人2017年市场规模达7.4亿美元。

2019年，人工智能将通过与云计算、医疗、物流仓储、政务国防、隐私数据保护、卫星数据处理、网络安全、体力蓝领、农业、自动驾驶、金融服务、企业管理、材料科学等各种行业领域的深度融合，加速塑造新的社会经济形态，例如，在云计算领域，百度、阿里巴巴、腾讯、京东等巨头公司以及科大讯飞等独角兽公司，意图扩大在云计算领域优势人工智能应用生态。在医疗领域，随着美国药管局（FDA）批准全球第一款自动筛查视网膜病变的人工智能医疗设备上市，我国人工智能辅助医学诊断产品的商用化进程也将加速。人工智能技术与产业的加速融合将大大提升生产和生活效率，从工业生产到消费服务等各个方面改变人类生活。到2019年，人工智能在保障改善民生、社会治理等方面将发挥更加积极的作用，智慧城市、智慧交通、智慧医院等创新智能服务体系建设将更为完善。

第十六章

工业互联网产业

第一节 2018年我国工业互联网产业发展情况

一、工业互联网创新发展工程带动作用明显

2018年以来，工业和信息化部与财政部联合组织实施了工业互联网平台创新发展工程，依托工业转型升级资金，在平台方向支持建设43个工业互联网平台创新发展项目，其中包括跨行业跨领域、特定行业、特定区域的工业互联网平台试验验证，面向特定场景的测试床试验验证，以及工业互联网平台公共服务体系建设，通过"以测带建、以测促用"的方式加快工业互联网平台发展。项目总投资49.24亿元，中央财政资金总补助12.81亿元，通过中央财政资金带动社会资本共同推动平台培育。伴随着工业互联网创新发展工程示范带动，工业互联网平台设备管理能力、工业机理模型封装能力、应用服务开发能力及跨平台服务调用能力将会大大提高，推动工业互联网平台性能优化、兼容适配和规模应用，加速技术产业成熟，打造协同创新生态。

创新发展工程实施以来，地方政府、平台企业等各方面多措并举，取得了阶段性成效。一方面，平台企业通过搭建试验测试环境、测试床，持续迭代平台版本，不断强化平台设备接入能力、丰富平台机理模型和应用开发支持功能，打造出一批面向特定场景的工业APP。截至7月底，重点平台平均工业设备连接数达到65万台、工业APP达到1950个、工业模型数突破830个、平台注册用户数突破50万。另一方面，创新发展工程带动各方踊跃投入平台建设，平台新产品、新主体持续涌现，产业蓬勃发展。

二、制造企业和信息技术企业双轮驱动加速

领先制造企业和信息技术企业均高度重视工业互联网平台建设，将工业互联网平台建设作为企业的重要战略。海尔、航天科工、徐工机械、三一重工、富士康等龙头制造企业基于工业知识和模型沉淀能力，阿里巴巴、东方国信、浪潮、用友、华为、清华紫光等大型 ICT 企业基于云计算、大数据等使能技术，纷纷打造跨行业、跨领域工业互联网平台。据统计，由制造企业主导建设的平台为 30 个，占比为 40%，由信息技术企业主导建设的平台为 45 个，占比为 60%，这些企业初步具备了建设跨行业、跨领域工业互联网平台的能力。随着领先制造企业和信息技术企业进一步加大跨行业、跨领域工业互联网平台建设力度，平台将从重点行业、重点领域向跨行业、跨领域拓展，同时领先制造企业和信息技术企业将加速跨界联合，合力建设和推广工业互联网平台。

三、地方工业企业上云政策更加细化和落地

2018 年 8 月，工业和信息化部发布的《推动企业上云实施指南（2018—2020 年）》提出，到 2020 年，云计算在企业生产、经营、管理中的应用广泛普及，全国新增上云企业 100 万家。同时，工业和信息化部发布的《工业互联网平台建设及推广指南》提出要实施工业设备上云"领跑者"计划，推动高耗能流程行业设备、通用动力设备、新能源设备及智能化设备上云。目前，已有广东、江苏、浙江、山东、湖南等 19 个省市出台了推动企业上云的政策文件。例如，广东省出台了《广东省工业企业上云上平台服务券奖补工作方案（试行）》，江苏省出台了《江苏省"企业上云"工作指南》《江苏省星级上云企业评定工作指南》，浙江省出台了《浙江省深化推进"企业上云"三年行动计划（2018—2020 年）》，对企业上云的任务、内容、进度进行了全面部署，并将工业设备上云作为重要内容，通过发放云服务券等方式推动企业上云。随着各地方企业上云政策的实施，企业上云的广度和深度将迈向更深层次，一方面上云企业数量将大幅提升；另一方面上云内容将从研发设计工具、核心业务系统上云向工业设备上云不断演进。

四、工业互联网平台解决方案企业蓬勃发展

近年来，我国工业互联网平台解决方案企业发展迅速。在边缘层领域，福建中海创、上海明匠智能、深圳华龙讯达等企业围绕数据采集、协议转换和边缘智能开发了一系列产品。在工业 PaaS 领域，上海宝信、石化盈科、北汽集

团等企业围绕工业数据建模和分析、工业机理模型封装，加快建设行业级工业 PaaS。在应用服务领域，寄云科技、云道智造、兰光创新等企业围绕研发设计、生产制造、经营管理和运维服务等特定场景开发了一批工业 APP。伴随着边缘层、工业 PaaS 和应用服务领域不断涌现更多的解决方案企业，我国工业互联网平台产业链图谱将加速完善，连接工业全要素、全产业链、全价值链的工业互联网平台体系加快构建。

第二节　2018 年我国工业互联网产业重点政策解析

2018 年以来，我国工业互联网相关政策密集出台，发展环境持续优化。中央部署、地方推进的工业互联网全方位发展的政策体系初步形成。

在中央层面，为深入贯彻落实国务院颁布的《关于深化"互联网+先进制造业"发展工业互联网的指导意见》，工业和信息化部发布了《工业互联网发展行动计划（2018—2020 年）》《工业互联网专项工作组 2018 年工作计划》《工业互联网平台建设及推广指南》《工业互联网平台评价方法》《工业互联网 APP 培育工程方案（2018—2020 年）》。

在地方层面，上海、天津、浙江、江苏、广东、山东、湖南等省市也纷纷出台了相应的落实方案，通过结合本地产业结构和发展现状，加快培育跨行业跨领域、特定区域和特定行业的各类工业互联网平台。伴随着工业互联网政策的落地实施，国家和地方的行业政策和财政支持有望加速工业互联网平台建设，对工业互联网发展的支撑引领作用进一步强化，政策的引导效应将进一步显现。

第三节　2018 年我国工业互联网产业重点行业发展情况

一、高耗能行业

据统计，2018 年，我国共有 16 万座以上燃煤工业窑炉，主要集中在建材、冶金、化工及陶瓷等行业，年耗煤量达到 3 亿吨。工业燃煤窑炉平均热效率仅为 40% 左右，比国外先进水平低 10%。另外，我国还有相当一部分燃油、燃气的炉窑。其中，许多面临无油、无气可烧的局面。工业窑炉带来的能源利用效率低下、环境污染严重问题已经成为影响我国社会经济发展的制约因素。在石油化工行业，我国起步晚、发展慢，石油化工装备制造业的水平较发达国家有一定的差距，这使得国产设备功能和质量不足，市场认可度不高，国内应用长期依赖国外进口。同时，石油化工新装置、新设备不断增加，设备向大新化、集约化方向发展，设备的长周期、高负荷运行也给设备管理提出了更高的要求。

高耗能设备的上云能够降低能源消耗，从而为制造企业挤压出巨大的利润空间，也能够促进煤等自然能源的充分燃烧，减少空气污染。运用高耗能设备进行生产的企业，能源成本是其主要的生产成本之一。高耗能设备上云能够促进生产工艺、流程的优化，使得生产同等量产品消耗的能源量降低。能源利用率的提高能够为企业带来丰厚的利润，提高企业的竞争力。传统的企业耗能监管粗放，普遍存在测量不准确、监管误差大、无法实现设备及细化能耗监控等问题。推动高耗能设备上云，通过云端数据采集，建立一套针对大功率设备的能耗管理分析系统，为生产工艺的优化、能源的合理利用、设备的节能操作提供了评价依据，能够实现智能化管理。当设备处于亚健康状态、燃料燃烧不充分时，自动调整设备状态，提高燃料能源的转化率，减少有毒气体等污染物的排放，保护自然环境，实现绿色发展。

由于高耗能结构复杂、运行环境恶劣，以及设备安全、保密方面的原因，因此上云还存在着很多困难。例如，工业高耗能设备为了适应工业场景，往往结构复杂、自动化程度低，进行智能升级的基础差，缺乏天然上云的优势和条件；高耗能设备的工作环境恶劣，伴随着高温、浓烟等状态，企业主动加装设备数据采集装置的难度大。此外，企业在数据安全和保密方面存在顾虑，不愿意将设备数据上传到云端。

二、新能源行业

国家"十三五"规划提出了"创新、协调、绿色、开放、共享"的新发展理念，绿色经济建设、区域战略实施及新一轮电改的推进，给我国新能源产业带来了新的机遇和发展空间，也加速了我国新能源产业的"市场化、规模化、国际化"发展进程。近年来，我国新能源产业取得了快速的发展。从整个风电行业来看，我国风电经历了飞速发展，成为继火电、水电之后的第三大能源。。

推动新能源设备上云有利于提高发电和并网效率，减低设备运维成本，实现降本增效的目标。环境影响、组件不匹配损失、线路压降损失、逆变器效率、升压变压器效率、交流线路损失等，都会造成新能源设备发电效率和并网效率的损耗。基于新能源设备上云数据库，通过设备建模、功率预测、效能提升、故障预警、健康管理调度优化等方式可以大大提高设备的发电效率和并网效率。目前新能源设备的运维更多依赖个人能力和个人经验，质量和效率难以保证，故障诊断有很大的不确定性。难以预知的重大事故会带来巨大的经济损失和人身安全隐患。而通过设备上云，制定高性能设备数据采集和运维的智能化互联网解决方案，可以实现新能源设备故障预测与健康管理方案，预测新能源设备的健康状态与部件剩余的使用寿命，实现预测性维护，优化设备管理。

风电、光伏等新能源设备上云基础条件相对较好，但进一步提升上云水平仍面临困难。其中，设备标准化程度低是制约风电设备上云的主要瓶颈。目前，全国40余家风机制造企业中，现行风机型号400余种，风电设备上云面临运行数据结构、数据采集、数据安全传输等标准定义不清或无参考标准可循等困难。而光伏设备上云则主要面临的问题为：光伏设备数量大、分布分散、数字化程度低、产品质量良莠不齐、生产运维管理相对粗放；监控设备成本过高，面板级数据采集还未实现，采集数据的广度和深度都有待提升。

三、工程机械行业

我国工程机械行业经过40多年的发展，已成为具有庞大的企业数量、相当强的制造能力、规格品种基本齐全的重要生产制造产业。几十年来，提供了数百万台各类施工机械，在我国的基础建设事业中发挥了重要作用。目前，我国工程机械行业已形成了具有相当规模和较强生产能力的完整体系，可以生产挖掘机、铲土运输机械、工程起重机械、机动工业车辆、混凝土机械、路面机械和桩工机械等18大类、近5000种规格型号的产品。数控机床是当代机械制造业的主流装备，国产数控机床的发展经历了30年跌宕起伏，已经由成长期进入成熟期，可提供市场1500种数控机床，覆盖超重型机床、高精度机床、特种加工机床、锻压设备、前沿高技术机床等领域。但我国数控机床起步较晚，核心技术严重匮乏，数控机床的性能、水平和可靠性与工业发达国家还有很大差距。目前，我国94%以上的高档数控机床依赖进口，国内能做的中、高端数控机床更多处于组装和制造环节。

工程机械、数控机床等智能设备均具有良好的上云基础，本身就有互联网的基因，对于网络连接、数据传输有着天然优势。近年来，我国智能装备保有量不断增长，但普遍存在复杂程度高、运行工况复杂、设备利用率低、管理维护粗放等问题。数控机床总体利用率不足40%，工程机械设备受宏观经济波动影响较大，产能不平衡问题同样不容乐观，亟须加快设备上云、用云，构建社会化制造资源池，基于平台开展设备健康性监测、设备运营优化、设备安全操作等服务，促进产能优化调度与在线交易，培育协同制造、供应链金融、设备租赁等新模式。龙头设备制造商，如徐工集团、三一重工、中联重科，纷纷加快推动其产品上云用云，行业总体上云率可达15%～20%。工程机械、数控机床等智能化设备上云将有效推动形成智能监测、远程诊断管理、全产业链追溯等工业互联网新应用。

第四节　2018 年我国工业互联网产业区域发展情况

目前，我国初步形成了一批工业互联网产业发展高地，正成为我国工业互联网平台建设的领头羊、领航者，源源不断地吸引技术、人才、资金等资源参与工业互联网建设。其中，北京、上海、山东、浙江、江苏、广东等地区的工业互联网产业发展各具特色，取得了阶段性成效。

一、北京

北京市立足首都城市战略定位，着眼创新驱动发展战略，将工业互联网平台作为推动北京市制造业转型升级的重要途径，大力推进工业互联网新型产业发展。主要开展以下重点行动。

（一）打造典型平台，建设工业互联网平台体系

面向全国多行业服务，形成了东方国信 Cloudiip、用友精智和航天云网 Indics 等有较高知名度的跨行业、跨领域工业互联网平台。面向区域特定行业服务，由北汽集团牵头，联合北京工业大数据创新中心、和利时、数码大方等企业，建设了面向汽车及零部件领域的区域性工业互联网平台。同时，公开征集了 19 家面向特定行业、特定区域服务的工业互联网平台，列入了北京市"高精尖"项目库，持续跟踪服务。

（二）立足重点工程，建设国家顶级节点

北京节点是全国 5 个工业互联网标识解析国家顶级节点之一。北京市于 2018 年 6 月 28 日与工业和信息化部正式签署了《关于建设工业互联网标识解析国家顶级节点（北京）的合作协议》，确定通过部市合作，完成北京顶级节点建设、部署和运营。2018 年 11 月 21 日，在北京市顺义区中国航信产业园组织召开了工业互联网标识解析国家顶级节点（北京）启动会，并同步启动了包括东方国信、北汽福田、江河创建、航天云网、中车集团、国家气象信息中心首批针对行业应用的北京工业互联网标识解析二级节点。

（三）加强基础设施能力，保障工业互联网产业发展

为加快推进北京市 5G 在工业互联网产业落地，提前把握创新发展主动权，北京市开展了 2019 年 5G 及工业互联网领域储备项目征集工作。面向制造业转型升级的实际需求，支持 5G 网络在工业互联网的创新应用实践，搭建与行业应用系统相结合的 5G 示范网络，开展在智能化生产、产品生产追溯、设备预测性维护、工业视频监控等典型场景的 5G 创新应用。

（四）强化安全保障措施，确保工业互联网安全

建设了工业互联网安全领域的国家重点实验室、试验验证平台，支持对工业互联网平台、标识解析系统、工业控制系统、工业大数据的安全技术和解决方案研究，加强工业互联网边界防护、异常流量检测、协议漏洞挖掘等技术储备，开展工业设备指纹库及网络安全监测、态势感知技术研究，完善工业互联网安全信息共享机制，把握了工业互联网安全的主动权。北京市组织公开征集网络安全技术应用试点示范项目，经专家评审、综合研判后择优推荐了 11 个项目申报国家级试点示范项目。

二、上海

上海市立足产业和信息化发展基础，将工业互联网作为打响"上海制造"品牌的抓手，作为新时期上海加快新旧发展动能和生产体系转换，促进制造业转型升级的重要突破口。

（一）明确发展思路，推动平台梯度建设

（1）建设跨地区、跨行业、跨领域的通用型平台。以电信运营商、互联网企业等为主体，以海尔 COSMO、用友精智、上海理想为重点，培育具有核心竞争力的通用型平台。

（2）建设行业级平台。以行业龙头企业为主体，聚焦产业"纵坐标"，面向电子信息、钢铁化工、装备制造与汽车、航天航空、生物医药、都市产业等重点产业，以智能云科、上海电气风云平台、宝信软件等为重点，打造 15 个以上面向重点产业、重点环节的行业级平台。

（3）形成企业级平台。以大型工业企业为主体，推动企业从单项应用向综合集成跨越，建设 50 个以上针对特定行业、特定区域的企业级平台。

（二）强化应用驱动，助力平台能力提升

（1）引导企业上云上平台。通过实施"上平台""云海计划"等，引导和支持 10 万家企业将基础设施、核心业务和关键环节上云上平台，逐步向智能化生产、网络化协同、个性化定制、服务化延伸的工业互联网"新四化"模式升级。

（2）激发"双创"活力。将工业互联网与制造业"双创"工作紧密结合，通过工业和信息化部制造业"双创"示范项目申报等抓手，引导龙头企业开放供应链资源和市场渠道，与中小企业通过专业分工、服务外包等形式，逐步建立协同创新、合作共赢的新模式、新业态。2018 年，赛摩等 8 个项目入选工业和信息化部制造业"双创"平台试点示范。

（3）培育新型软件。组织开展了工业 APP 项目和应用示范企业征集工作，遴选了一批优质工业 APP；计划到 2020 年，实现千个基础共性、行业通用及企业专用工业 APP 加载。

（三）构筑工业互联网融合生态

（1）组建相关协会。在 2017 年率先成立工业互联网产业联盟上海分联盟的基础上，筹备成立上海市工业互联网协会，相关准备工作已基本完成。

（2）推进基地建设。上海松江区率先获批全国首个工业互联网新兴工业化产业示范基地，目前落地和集聚了海尔（COSMO）、用友精智、赛摩电气、徐工信息、小米等工业互联网重大产业项目；上海临港地区、化工区和松江区获批本市首批工业互联网创新实践基地，宝山区、金山区等在积极创建中；上海市首个工业互联网标杆园区获批并启动建设，探索产业园区高质量转型发展新模式，助力打造国家和市级工业互联网实践示范基地。

（3）创新中心建设。积极落实"部市合作协议"的工作部署，积极构造工业互联网安全、网络、平台三大功能体系，工业互联网创新中心承接的工业互联网标识解析顶级节点、工业互联网功能型平台、国家工业互联网产业联盟测试床、制造强国产业基础大数据平台等重大项目正在有序推进过程中。

三、浙江

浙江省是制造业大省和互联网大省，正处在传统制造业改造提升的攻坚期和制造强省建设的关键期，亟需发挥特色优势，抢抓历史机遇，坚持扬长补短，

加快发展工业互联网，为实现制造业高质量发展注入新的动能。近年来，浙江省工业互联网产业建设取得了阶段性成效，重点开展以下工作。

（一）突出平台核心地位，发挥龙头企业带动辐射效应

浙江省立足其传统行业优势突出、块状经济发达、龙头企业带动辐射效应较大等特点，在全国率先提出打造具有浙江特色的"1+N"工业互联网平台体系，即支持阿里云、浙江中控、之江实验室及省内外其他优势企业和科研机构强强联合，开放合作，共同打造一个具有国际水准的基础性平台（supET平台）；面向细分行业、产业集聚区和大型制造企业数字化、网络化、智能化发展需求，培育一批定位精准且具有特色的行业级、区域级、企业级工业互联网平台。为抓住基础性平台这一"1+N"工业互联网平台体系的核心，研究起草了《浙江省supET工业互联网平台建设方案》，从6个方面打造"1+N"工业互联网平台体系布局，科学构建了浙江省工业互联网平台的整体推进思路。

（二）加快示范基地建设，因地制宜推进产业集聚

浙江省在推进工业互联网进集聚区、进特色小镇、进小微企业园行动的基础上，支持省内各设区市结合经济发展特点，分类型、差异化地开展示范基地建设。例如，在杭州、嘉兴、金华等互联网发展基础较好的地区，通过加强技术研发与产业化形成一批以数字产业化为主要特色的产业示范基地；在宁波、湖州等制造业基础较好的地区，通过创新应用模式形成一批以产业数字化为主要特色的应用示范基地。此外，鼓励温州、绍兴、舟山、台州、衢州、丽水等地区结合产业特点，在细分领域形成一批具有特色与优势的示范基地。

（三）注重以应用促发展，提升企业核心竞争力

浙江省中小企业信息化基础较为薄弱，针对中小企业是工业互联网平台的主要应用方这一实际情况，浙江省提出要大力推进工业互联网融合应用，总结推广新昌轴承行业利用工业互联网平台成批量实施智能化技术改造等做法。推动低成本、模块数字化设备和系统的部署应用，破解中小企业数字化改造难的问题；加快推进工业互联网平台应用，积极探索"企业大脑"建设，利用大数据优化业务流程，提升柔性化生产、精细化管控和智能化决策能力。

四、山东

山东省作为国家新旧动能转换综合试验区，积极探索工业互联网的创新引领作用，为推动工业企业降本提质增效，促进山东省工业转型升级，重点开展了以下工作。

（一）开展"个十百"工业互联网平台培育行动

打造一家以上工业互联网综合服务平台，由山东省政府主导建设，第三方独立运营，持续监测山东省工业互联网平台承载的经济运行状况、产品和设备接入情况等，整合省内各级工业互联网平台产品设计、设备运行等数据资源，以及生产能力、工艺模型等制造资源，为政府和工业企业提供决策支撑。培育10家以上跨行业跨领域工业互联网平台，支持信息通信企业、龙头制造企业等，联合各方资源加快研发和汇聚各类数据库、算法库、工业建模工具、开发接口、工业微服务组件等关键产业资源，构建支持海量设备接入、大规模接口调用、多方资源协作共享的跨行业跨领域服务能力。建设100家以上面向特定行业、特定区域、特定工业场景的企业级工业互联网平台，围绕工程机械、农用机械、电子信息、交通设备、采矿能源、港口物流等行业，建设具有行业引领作用的工业互联网平台。面向石化、纺织、食品、机床等块状经济产业集聚区，支持产业龙头企业建设特定区域工业互联网平台，推动区域异构设备数据采集、业务在线协同和应用资源共享。山东省已培养出诸如海尔COSMO Plat平台、浪潮云工业互联网平台等一批具有较强影响力的工业互联网平台。

（二）加快培育工业互联网的供给产业

组织实施工业互联网关键共性技术攻关，打造工业互联网产业新动能。引进和培育行业解决方案，引进一批国内领先的智能网关、智能传感和控制、工业安全等软硬件产品，补全山东省工业互联网产业链。依托省市新旧动能转换基金，支持山东省智能装备、工业物联网、工业软件和大数据等企业的技术研发和智能化产品突破，支持本地研发设计、运营管理和生产管理等软件加速云化改造，开发面向行业通用和企业专用的工业APP。推动工业互联网产业创新，支持产业基础好、规模大的产业园区、大数据产业集聚区等，建设省级工业互联网产业示范基地，鼓励条件成熟的申报国家级工业互联网产业示范基地项目。

（三）注重需求引领，加速推进工业企业上云

通过财政补贴、技改专项等方式，持续推进中小企业基础设施上云、平台系统上云、业务能力上云，降低制造企业转型升级一次性投入，快速聚集数据和工具资源提高运行效率，增强异构系统互联互通和跨部门跨企业协作；重点围绕高炉、风电、电机、工业锅炉等高价值、高精密、高耗能、高污染的工业设备设施和工业产品，推动工业设备上云，降低资源能耗和维修成本。营造企业上云良好氛围，依托工业互联网产业联盟、工业互联网峰会、深度行、培训会等，分区域、分行业进行培训，在媒体推出"云行齐鲁、数聚山东"系列报道，强化典型推介和舆论引领。

五、江苏

江苏省将发展工业互联网作为推进江苏制造业高质量发展的关键动能，聚焦工作重心，系统化推进工业互联网建设，已经初步形成了对工业互联网认识统一、目标定位明确、任务推进迅速的良好工作态势。

（一）出台政策和措施，强化系统推进

（1）出台了《深化"互联网+先进制造业"发展工业互联网的实施意见》，确立以构建与江苏高质量发展要求相适应的工业互联网建设发展水平为总目标，提出了2020年、2025年、2035年"三步走"的阶段目标，以"建平台"与"用平台"双轮驱动、"强支撑"与"建生态"系统布局、"政府引导"与"市场主体"紧密结合为基本思路，部署推进7项主要任务和重点工程。

（2）制定实施"企业上云"行动计划。为大力促进工业互联网平台推广应用，推动实现建设与应用双轮驱动，制定实施了"企业上云"三年行动计划（2018—2020年），发布了"企业上云"工作指南和星级上云企业评定工作指南，组织了"工业互联网-企业上云"环省行宣贯活动近20场，认定了首批25家五星级、62家四星级、187家三星级上云企业，建设上线省"企业上云"综合服务平台，推动广大企业用云用平台。

（3）多方联手推进重点工程。落实长三角峰会精神，积极推进长三角工业互联网协同发展，协商建立合作机制，共建长三角工业互联网平台集群，举办2018长三角工业互联网峰会。江苏省分别联合阿里云、华为云及三大电信运营商实施了"133"工程（"1"指阿里云、两个"3"分别指30家省内两化融合

服务机构和 300 家制造业企业）、"365"工程［围绕五星级上云企业、工业互联网标杆工厂、工业互联网平台 3 个领域，聚焦新型电力（新能源）装备、工程机械、物联网、生物医药和新型医疗器械、核心信息技术、汽车及零配件 6 个先进制造业集群，在 2020 年前打造 50 个标杆项目］，推动国内重点服务商的云计算、大数据、工业互联网技术与服务推广应用到全省制造业企业，打造了协鑫光伏、天合光能、悦达数梦等一批典型发展案例。以上政策和措施的制定实施，全面推进了全省工业互联网建设发展。

（二）培育平台和产业，强化总体布局

（1）培育工业互联网平台体系，制定发布了省级重点平台建设标准。南钢 JIT+C2M 平台、南京科远工业互联网平台、苏州博众精工电子行业智能工厂个性化定制生产创新平台、常熟服装城服装产业协同创新平台等 14 个项目陆续被认定为工业和信息化部制造业"双创"平台及制造业与互联网融合发展试点示范项目。无锡红豆工业互联网平台、南通中天工业互联网平台被列入工业和信息化部新一批工业互联网试点示范项目。

（2）开展工业互联网标杆项目建设。制定了省重点工业互联网平台、省工业互联网标杆工厂和省"互联网＋先进制造业"产业特色基地三大标杆项目建设标准，从平台建设、企业应用、产业园区 3 个维度创建工业互联网标杆项目。组织遴选了 42 个省重点工业互联网平台，开展了省工业互联网标杆工厂和省"互联网＋先进制造业"产业特色基地申报创建工作。

（3）实施工业 APP 培育工程。制定了省工业 APP 培育三年行动计划，推进软件企业转型发展，加快推进工业技术软件化，推动研发设计、生产制造、运营管理等领域知识显性化、模型化和标准化。目标是到 2020 年年底，培育 3 万个（包括高、基、通、专等）各类工业 APP，初步构建起江苏省工业技术软件化标准体系，并形成工业 APP 培育与应用生态。

（三）健全网络和安全，强化发展支撑

网络和安全体系是发展工业互联网的基础。通过深化实施网络升级改造、推进标识解析体系建设、促进安全保障能力提升，积极构筑完善的网络和安全支撑。

（1）推进企业内外网络升级改造。深化开展园区、企业的"网＋云＋端"工业信息基础设施的试点示范，联合电信运营商制定"企企通"建设标准和服

务规范，联合推进重点工业园区、产业集聚区 G 级网络出口带宽建设，新增互联网高带宽专线服务企业近万家，推动企业开展内外网络改造提升，实现工业互联网"进企业、入车间、连设备"；组织相关产学研用单位，大力开展 5G、IPv6 及未来网络在工业互联网领域试点示范应用，布局下一代网络基础设施升级计划。

（2）加强安全保障能力建设。组织制定实施江苏省工控安全三年行动计划、工业互联网安全管理规范、工控安全防护指南，深入开展企业工控安全检查评估和试点示范。启动江苏省工业信息安全领域"一网一库三平台"建设，开展工控安全、行业级工业互联网安全感知和仿真平台关键技术攻关，加快研发安全可靠的工业互联网设备与系统，全面提升工业企业风险隐患排查、突发事件应急处置、技术服务及产业支撑能力。

六、广东

广东省是制造业大省，拥有 400 多个各具特色的产业集群。广东省在全国率先出台了支持工业互联网发展的地方性政策，借助资源聚集、产业集群优势，大胆探索创新，助力广大中小企业向智能制造转型，重点开展以下工作。

（一）加速打造工业互联网平台体系

支持制造业企业、信息通信企业、互联网企业、电信运营商等，发挥在工业技术软件化、网络化、云计算、大数据、人工智能等关键技术领域的优势，牵头或联合建设跨行业、跨领域的工业互联网平台。支持垂直领域的行业性平台提升技术实力，发挥专业优势，更好地服务企业数字化升级。支持平台加强内部合作，集中突破数据集成、平台管理、开发工具、微服务框架、建模分析等关键技术瓶颈，有效整合产品设计、生产工艺、设备运行、运营管理等数据资源，汇聚共享设计能力、生产能力、软件资源、知识模型等制造资源，加快面向不同行业和场景开发模块化、低成本、快部署的应用服务。

（二）持续推动工业企业"上云上平台"

在工业企业实施自动化、信息化技术改造的基础上，将工业互联网创新应用作为新一轮技术改造的"升级版"，推动工业企业"上云上平台"，分阶段推进企业数字化、网络化、智能化升级。支持工业企业"上云上平台"，围绕企业生产管理关键环节，运用工业互联网新技术、新模式实施数字化、网络化、智能化升级，为工业企业降本提质增效。

（三）培育工业互联网生态体系

围绕工业物联网、边缘计算、大数据、人工智能、系统解决方案、区块链产业化、下一代网络、信息安全等重点领域，以及技术咨询、知识产权、投融资、人才培训等专业化服务，培育与行业结合紧密、具备较强实力的工业互联网平台商和服务商，打造"广东省工业互联网产业生态供给资源池"，形成省市县共建共享、目录动态调整、资源池企业合作共赢的工作机制。

第五节　2018年我国工业互联网产业重点企业发展情况

一、东方国信

（一）平台定位

东方国信在内生大数据技术体系发展和外部制造业应用需求的双重驱动下，将工业互联网作为重点业务发展方向，充分利用大数据技术优势，通过自主研发、并购重组、生态构建和产融合作创新发展工业互联网平台。

目前，发展工业互联网平台已纳入东方国信战略规划。《东方国信2018—2020年发展战略规划》明确提出"当前，工业互联网是全球新一轮产业的制高点，我国工业互联网发展面临重大机遇，经过多年的布局和积累，东方国信已经提前进入竞争的新赛道，进行了初步有成效的战略布局，并已处于领先位置。未来三年将继续加大在工业互联网领域的投入，建设在国内乃至国际具有影响力的工业互联网平台。"《东方国信2019年计划书》进一步提出"今年将着力打造跨行业跨领域的综合工业互联网平台，推动工业互联网平台在垂直行业落地，加大与政府合作力度，助力企业上云，并逐渐完善产业生态。"

（二）平台应用落地情况

1. 行业及区域落地情况

在行业赋能覆盖方面。Cloudiip工业互联网平台已具有跨行业、跨领域服务能力。经实际测算，每年帮助企业创效上百亿元、减排上千万吨，带动重点行业设备利用率提升10%以上、设备能耗降低3%以上，产品维护和服务成本降低50%以上。

在区域落地服务方面。一是成立电力、电子、化工等行业中心，以及资产、能源管理等领域中心，负责跨行业、跨领域应用创新和推广落地。二是下设广东、内蒙古、江苏等地区全资子公司负责区域市场推广工作。通过纵横两个体系无缝覆盖企业、政府等各类用户的需求。

北京市确定以Cloudiip平台为核心，建设北京工业互联网平台。为内蒙古政府建设空压机指数平台，整合空压机云平台数据，结合大数据分析手段，实时反映内蒙古各区域、各行业经济发展状况。在强化能源、电力、钢铁、汽车等传统行业应用的同时，又开拓了农业、智慧城市、市政服务等新应用领域和新疆等新服务区域。同时，在江苏、广东、山东、福建、安徽、山西、河北等地区针对当地产业特点，开展了平台区域落地和应用推广。

2. 典型应用案例

Cloudiip工业互联网平台面向29个工业大类，提供涵盖智能化生产、网络化协同、个性化定制、服务化延伸、数字化管理等的集成解决方案。在流程、离散的不同行业，能源、资产、安全等不同领域，空压机、工业锅炉等不同重点上云设备方面，形成了13个解决系统性问题且成效明显的云化方案。

其中，炼铁云主要包括烧结、球团、高炉各单元的智能化生产服务，以及优化配矿—烧结（球团）造块—高炉铁水生产的大炼铁产线各生产单元的网络化协同服务，生产数据可视化、远程诊断及炉况分析等服务化延伸服务及整个生产过程的数字化管理服务。能源管理云包含企业主要能耗设备实时数据监测、分析、报告、目标化管理的智能化生产服务，以及能源计划、监控、统计、消费分析、重点能耗设备管理、能源计量设备管理等提升企业能源管理能力的数字化管理服务。

平台目前已经为48家集团企业及130多家中小企业提供了资产管理服务，在云端进行管理的设备达到81700多台。

（三）应用效果及价值

东方国信各类工业互联网解决方案，切实为企业实现了提质增效的目标。其中，炼铁云已覆盖全国20%炼铁产线，钢铁产能约为2亿吨，平均降低冶炼能耗 3%～10%，提升劳动生产率 5% 以上，减少安全事故 60% 以上，初步估算降低冶炼成本 20 亿元 / 年。

在联合利华全球数百家工厂实施，平均为每个工厂实现节约能源 5%～15%，节水 5%～30%，原材料减少 1%～3%，包装节约 5%，节约能耗支出约 1500 万欧元。

二、青岛海尔

（一）平台定位

COSMOPlat 工业互联网平台的切入点是以用户体验为中心，为企业提供大规模定制整体解决方案，实现由大规模制造向大规模定制转型，最终构建企业、用户、资源共创共享的新型生态体系，赋能中小企业转型升级。基于 COSMOPlat 工业互联网平台，可为企业和用户提供包括互联工厂建设、协同制造、设备资产运维、供应链金融、知识共享、检测与认证等在内的提质增效、资源配置优化和模式转型等服务，实现大规模制造到大规模定制的转型。

COSMOPlat 工业互联网平台的商业模式是基于平台构建资源方和用户之间共创共赢的生态。COSMOPlat 以互联工厂解决方案研发、生产、采购和物流等七大模块服务切入，基于平台实现制造资源的优化配置。以采购为例，从用户需求出发，为企业提供集约采购、供应链协同等服务内容，吸引企业上平台，实现资源优化配置。在服务的过程中进一步挖掘用户需求，通过平台各类创新产品和解决方案等服务，进一步提升质量和效率，从而创造价值。在这个过程中，行业资源不断汇聚，逐步形成垂直行业生态，实现生态圈资源的增值分享，共同创建生态品牌，最终实现转型升级。

（二）平台应用落地情况

1. 行业及区域落地情况

当前，COSMOPlat 正从家电行业向其他行业延伸。通过用户交互、研发创新、协同采购、智能制造、智慧物流、精准营销和智能服务七大模块化解决方案，可以采取"即插即用"选择式或全流程解决方案应用为中小企业提升全流程竞争力，最终实现提质增效、资源配置和模式的转型。目前，COSMOPlat

已拓展了机械、模具、服装、电子、建陶、能源、房车、农业、医疗和化工等 15 个行业生态；在全国的 12 个城市布局，覆盖华东、华北、华南、西北、西南、华中六大区域。在平台上企业、各类资源和用户都可以零距离交互、创造价值、体验迭代和增值分享，赋能广大中小企业升级转型，实现攸关方价值最大化。

截至当前，COSMOPlat 聚焦了 3.3 亿 C 端用户，390 多万家供应商资源，连接的智能终端达到 2800 多万台，已经为 4.3 万家企业提供了数据和增值服务，成为全球最大的大规模定制解决方案平台。

2. 典型应用案例

海尔 COSMOPlat 工业互联网平台把集技术创新、模式创新、管理创新于一体的大规模定制模式，解构成了交互、研发、营销、采购、生产、物流、服务七大模块，进而封装成可复制、可推广的云化解决方案，实现制造能力和工业知识的模块化、平台化，并向智能化生产、网络化协同和服务型制造等模式延伸。当前，COSMOPlat 工业互联网平台正从家电行业向汽车、建陶、纺织机械等 15 个行业延伸，并形成了较为成熟的解决方案。

以房车行业大规模定制解决方案为例介绍 COSMOPlat 的实际应用。

房车行业发展在我国处于起步阶段，呈现高速增长态势，但房车产品智能化程度低、产业链服务能力不足、用户体验差等问题突出，主要痛点表现为：第一，大部分产品同质化严重的单点级痛点；第二，制造商采购成本高、制造周期长等系统级痛点；第三，用户不能全流程参与定制出行解决方案的生态级痛点。

针对房车行业存在的上述痛点，基于 COSMOPlat 平台交互、研发、营销、采购、制造、物流和服务七大云化解决方案实施，打造了房车行业子平台——定智旅行家，主要实施内容如下。

（1）通过平台实现全流程与用户互联，基于海尔智能成套解决方案定制部署，解决产品同质化问题。例如，通过交互定制（COSMO-DIY）、研发设计（COSMO-HOPE）、智慧生产（COSMO-IM）等功能部署，实现房车制造企业直接与用户互联，让用户可以基于场景需求定制房车。运用 NB-IoT 实现房车产品的灯光、监控、影音、语音等系统互联，以及多种模式智能化场景升级。使用车载 OBD 与智能网关采集车辆行驶数据并实时上传到平台，通过定智旅行家 APP 向用户与房车制造商、租赁商提供车辆运行、安监、维保和预警等服务，从而实现房车产品本身和智能服务的差异化。

（2）针对房车主机厂采购成本高、制造周期长、资金积压周期长等痛点，通过海达源（COSMO-HDY）聚集上下游企业，针对无花镀锌板、拉丝不锈钢等 8 种大宗物料在平台进行集约采购，并且将房车帐篷、家具及房车模块等服务供应商入驻平台，部分物料可降低采购成本 12%，综合采购成本降低 7.3%。同时，为康派斯房车制造提供定制解决方案，部署智慧生产（COSMO-IM），实现原材料入库、工序间协同、智能质量检测、产品全流程用户可视，制造从无节拍到均衡生产，节拍从 40min/车下降到 20min/车，交货期从 35 天下降到 20 天。

（3）针对用户不能全流程参与定制出行解决方案这一生态级痛点，COSMOPlat 定智旅行家搭建了康派斯房车及其上下游产业链企业的垂直生态体系，实现平台各方资源为用户房车使用创造最佳体验。用户使用定智旅行家 APP 可控制房车内的所有设施，通过 NB-IoT 技术可将人、车、营地、服务进行互联，实现用户全流程参与规划出行路线、预定营地、预知加油站位置、了解营地周边配套的吃喝玩乐，全覆盖房车生态。

（三）应用效果及价值

从样板打造向行业复制，用一个企业激活一个行业。房车企业康派斯基于定智旅行家的转型模式已经成为房车行业的升级样板，目前已有 5 家房车企业与平台正式签署合作协议，基于 COSMOPlat 房车行业子平台复制用户全流程参与的大规模定制互联工厂。

基于平台打造的康派斯互联工厂，订单交付周期由 35 天降低到 20 天，产品成本下降了 7.3%，订单增幅达到 62%。对其提供的智能成套解决方案，产品的溢价比例大幅提升，达到 63%。当前，依托房车行业子平台正在构建起以用户体验为中心，房车企业、营地、服务商等多方共赢的行业生态，已经吸引了 150 多家房车上下游企业、200 多个营地生态、300 多家旅游公司，以及多家金融保险机构、房车租赁公司、"车小微"售后服务商入驻平台，为用户提供"车、行、游、住、娱"的快乐生活体验，共同满足用户不断提升的体验需求。

定智旅行家平台的设计资源（个人和机构）、制造企业、模块供应商、房车租赁公司、房车露营地、旅游公司、售后服务，以及软件、金融保险等各类资源，可在房车定制及租赁、营地运营及服务、保险融资及服务、售后维护及服务等方面分别提供解决方案，并为用户创造价值、分享收益。定智旅行家通过项目分成、平台佣金、产品分成等分享机制实现共建平台、共享价值。

三、浪潮集团

（一）平台定位

在平台建设上，浪潮云 In-Cloud 工业互联网平台以三高设备（高耗能、高价值和高普适）的设备联网能力为基础，围绕算力、算法、数据，以设备联网、智能制造、产业协同、个性化定制、精细化管理等业务应用为牵引，形成了面向船舶、机械、纺织、化工、特种设备、汽车、储备、新能源、电子等 10 个行业，构建了覆盖研发设计、采购供应、生产制造、运营管理、企业管理、仓储物流、产品服务等九大领域的机制模型、工业 APP 和企业数字化转型整体解决方案。

在发展路径上，浪潮云 In-Cloud 工业互联网平台以服务构建工业 4.0 的先进企业为目标。先期致力于大中型企业数字化转型创新，先后推动或参与了首钢集团、中储粮、山东钢铁、中国重汽、伟星集团、云内动力、长安汽车、玉柴集团、中船工业、济南二机床、鲁南机床等大型企业的数字化转型。同时，针对网络化、数字化、智能化不足的中小企业，提供了公有云服务、企业信息化 SaaS 应用等产品。

（二）平台应用落地情况

1. 行业及区域落地情况

在行业推广及落地上，浪潮积极实施"1+N"战略，在培育一个具有国际水准的国家级平台的同时，大力建设和培育了一批行业级、区域级工业互联网平台。在济南明水经济技术开发区针对钢铁深加工、通用机床、鼓风机等行业推动设备上云；在枣庄滕州针对机械机床产业，打造机床智能制造平台（机床云）；此外，在广西壮族自治区、焦作市、保定市、聊城市、四平市、淄博市、娄底市等地进行区域工业互联网平台的建设和运营。

2. 典型应用案例

机床行业是工业之母，是国家战略性支柱产业，机床广泛应用于汽车、铸造、机械等行业，其在生产管理、产品智能化水平、资源共享等方面存在如下突出需求和痛点。

（1）机床普遍智能化水平低。我国机床产业在世界上已具备较强的竞争力，但产品大部分仍是低端机床，智能化程度不高，存在"低端过剩和高端不足"的结构性矛盾，急需提高其机床产品智能化水平，提高机床重复性精度，以便应对市场需求。

（2）机床行业资源不共享、信息不对称。国内机床企业后服务市场体系未建立，存在信息不对称、资源不共享、响应不迅速、交易费高昂等问题。

针对以上痛点，浪潮工业互联网"机床云"形成了一套可落地、可复制、可升级的解决方案。机床云方案在枣庄滕州进行了落地实践，目标是帮助当地企业降本增效，实现区域产业转型升级，助力滕州从"中国中小机床之都"升级成"中国机床装备服务之都"。目前项目已完成一期建设，已实现数十台大型机床装备及数百台机床产品的设备联网，实现了对机床母机的实时监控、故障预警和预测性维护等。通过数据集成共享优化全流程，企业生产运营效率提升了10%以上；通过对机床产品远程运维、诊断，由单纯的生产制造向互联网化、服务型企业转型，提升售后服务水平，企业利润率提升了5%以上；通过能源的精细化管理，减少安全隐患，平均降低用能成本3%以上。

机床云方案已经启动滕州市338家大中小型机床企业全面推广，并开始在江苏、浙江、河北等产业集群开始布局。

（三）关键应用及价值

推动传统机床产业从价格竞争转变为以"产品+服务"为导向的产品体系竞争，通过企业经营方式、产品服务模式的转型，推动整体行业的转型升级。平台打通了政府、生产企业、金融、物流等多种行业和产业链角色，推动产业链横向和纵向集成。通过工业互联网促进产业内数据和信息的流动，帮助产业链内实现产品和服务的融合，解决产品、资本、物流、备品备件等服务的效率和便利性，提升机床产业的整体竞争力。

依托独有的机床产业聚集优势，深挖机床行业云竞争力，开源引流，打通地方政府跨区域产业升级路径，探索形成机床工业互联网。机床云帮助企业提升物流效率15%，产品服务效率提升20%，备品备件供应时限平均缩短3天。在滕州范围内，帮助中小企业融资超过千万元，企业平均生产成本降低了5%，已帮助滕州市政府新增纳税额2000余万元。

四、航天云网

（一）平台定位

航天云网公司依托航天云网（INDICS+CMSS）工业互联网平台在航空航天高端复杂产品研制全生命周期先行先试的经验，提炼出设备和产品服务优化、研发设计优化、运营管理优化、生产执行优化、产品全生命周期管理优化、供应链协同优化、社会化协同制造、企业管理优化、仓储物流管理优化、创新创业十大类典型工业互联网应用场景，全面支撑智能制造、协同制造和云制造3类制造模式，成功经验已辐射推广至高档数控机床和机器人、交通运输、新一代信息技术产业、家具制造、模具制造、电力装备、水利环境和公共设施管理、石油装备、节能环保等十大行业，形成了典型的跨行业、跨领域工业互联网平台。

（二）平台应用落地情况

1. 行业及区域落地情况

航天云网公司以航天复杂产品智能制造、协同制造、云制造需求为牵引，依托航天科工在先进制造业和信息技术产业的雄厚实力打造航天云网工业互联网平台。形成了覆盖航空航天、新一代信息技术、通用设备制造、汽车制造、电力装备、模具制造、电气机械、石油化工、家具制造和节能环保十大行业，以及研发设计、采购供应、生产制造、运营管理、企业管理、仓储物流、产品服务七大应用领域平台能力，将航空航天行业实施应用经验向国民经济主要行业进行推广，形成了典型的跨行业、跨领域工业互联网应用模式。

航空航天领域：接入（重型）数控卧式车床、卧式数显镗床等高端装备，实现了网络化协同、智能化生产、个性化定制、数字化管理、服务化延伸等应用与服务，发布了航天科工集团《云制造服务平台设备集成接入要求》，包含机加类设备、环境与可靠性试验类设备、PCB生产和电装类设备、计量类设备、发动机试验类设备5类设备接入标准。

节能环保行业：接入柴油机尾气后处理器、离心机、冷冻变频等设备，在服务化延伸场景开展应用，通过与节能环保行业深度融合，以及搭建神经网络等人工智能算法模型，利用数据进行训练，实现对关键设备的远程运维和预测性维护，降低运营成本，解决了设备运营数据利用率较低等问题。

目前,航天云网公司完成了"7个区域9个城市"云制造产业集群生态布局,已在13个省市自治区实现企业运营,与地方政府联合建设了43个区域云平台,其中贵州工业云获批成为工业和信息化部特定区域工业互联网平台。

2. 典型应用案例

以 INDICS 平台为基础,依托工业云搭建的云检测平台,目前已汇聚了贵州省软件评测中心、航天精工、航天中认测试等检测服务机构,在线完成4600份检测报告查询验证服务,基本成为汇集检测企业及服务机构,为检测供需双方提供一站式"互联网+检测服务"的大数据智能服务平台。与贵州装备制造业重点企业搭建的贵州增材制造云平台,目前接入航空航天、医疗、汽车、工程机械等行业 3D 打印企业近百家,促成粉材、设备、设计、3D 打印等方面交易 758 万元。与龙头企业盘江民爆搭建的贵州民爆大数据智能监控平台已完成一期项目建设,初步实现构建起贵州省民爆行业企业双重预防机制,实现涵盖民爆物品生产、销售各个环节、全过程的生产经营活动中安全风险管控和隐患排查治理情况监控管理,目前已实现全省35家企业在线使用,95835条销售备案数据沉淀,3000余条消息推送服务。

(三)关键应用及价值

依托国家特定区域工业互联网平台,联合贵州省诸多龙头企业打造企业上云试点示范项目和试点示范企业。为促进平台推广应用,累计开展30余次市州调研活动,走访调研企业近3000家,在电子信息、装备制造、汽车装备、民族制药及化工能源等支柱领域打造了诸多试点示范项目和企业。在工业领域为雅光电子公司实施的设备生产看板和企业决策驾驶舱项目,目前已建成高端汽车主机配套智能化生产线,每小时产品产量提升了58%、优品率提升了33%,生产场地面积节约了46%,产线人员配置减少了6人。

第六节 2019年我国工业互联网产业发展环境分析

国务院《关于深化"互联网+先进制造业"发展工业互联网的指导意见》发布以来,各地方政府、行业组织、龙头企业等通力合作,协同推动工业互联网发展,加快工业互联网平台体系建设,已经取得阶段性进展。随着越来越多的企业开展了工业互联网平台建设实践。在政府、产业、平台、企业等领域,我国工业互联网平台体系建设均取得阶段性成果，并呈现出系统化、集群化、生态化等趋势。

一、政策环境

工业互联网平台建设和应用推广从中央顶层部署走向部省联动推进，政策引导效应进一步显现。行业政策体系趋于完善，行业发展的动力正由"自上而下"的政策驱动转为"自下而上"的企业自发需求。中央顶层部署、工业和信息化部会同相关部门多措并举贯彻落实党中央、国务院关于发展工业互联网平台的决策部署。

2019年3月5日，政府工作报告提出，打造工业互联网平台，拓展"智能+"，为制造业转型升级赋能。地方加快推动，山东、天津、河南、湖南、四川、江苏、上海、广东、江西、浙江等省市深入贯彻实施平台培育、工业企业上云、应用示范等各项政策举措。工业和信息化部出台的工业互联网网络、安全及标准化等配套政策，使行业政策体系趋于完善，企业将作为主要推动力量，自发主动地助推工业互联网平台建设及推广。平台企业面向制造企业数字化、网络化、智能化需求，提供设计、生产、管理、服务等一系列创新性业务应用。

二、配套措施

在顶层设计的基础上，国家和地方的行业政策和财政支持进一步完善，持续加速工业互联网平台建设，对工业互联网发展的支撑引领作用得到更高程度的强化。各地方工业和信息化主管部门采用产业基金、发展专项等形势，集中优势资源全面推动工业互联网发展。中央部署、地方推进、企业响应的工业互联网全方位发展的良好格局将基本形成。

此外，多个地方综合运用规划、政策等手段，引导企业组建产业联盟，并以其为主体，制定统一的技术标准、协商共识性的演进路线。同时，聚焦制度建设，由立法部门及行业协会共同研究制定应用规范、开发守则等涉及应用安全、知识产权行业标准，重视工业互联网的安全风险，建立工业企业、工控系统集成商、网络信息安全企业和政府部门的安全防护体系，做到威胁情报驱动和协同联动防护，尽可能规避可能出现的风险。

三、宣传推广

为宣传推广工业互联网平台，凝聚行业共识，提高社会人士，各地通过组织大型峰会、高峰论坛、现场会、成果发布会、巡讲团、专题培训等形式，高标准、大力度开展宣传推广活动，提升企业和产业对工业互联网的认知，持续扩大工业互联网平台的影响力。未来，宣传推广活动的高度和力度将得到进一步提升。例如，浙江省拟在11个市巡回开展工业互联网平台推广系列活动，宣传浙江特色"1+N"工业互联网平台体系；同时，依托世界互联网大会、云栖大会、中国工业互联网大会·嘉兴峰会、中国工业大数据·钱塘峰会等大型活动，交流推广浙江省工业互联网发展应用成果，营造发展环境。江苏省组织省内重点平台企业联合相关单位举办了江苏省工业互联网峰会；省工业互联网平台创新与实践高峰论坛，举办了多次工业互联网主题展览及以工业互联网为主题的智造江苏大赛。

第七节　2019年我国工业互联网产业发展趋势展望

一、在行业层面，更多产业资源加速进入工业互联网领域，平台创新与竞争的激烈程度进一步加剧

（一）平台辐射范围持续扩大

工业互联网创新发展工程持续发力，工业互联网平台核心技术研发与产业化落地步伐加快；工业互联网平台产业链图谱加速完善，平台应用的深度和广度不断提升。应用面向多领域在拓展，工业互联网已经广泛应用于石油石化、钢铁冶金、家电服装、机械、能源等行业，网络化的协同、服务型的制造、个性化的定制等新模式、新业态在蓬勃兴起。制造企业和信息技术企业双轮驱动，跨行业、跨领域工业互联网平台从垂直深耕走向横向拓展阶段。领先制造企业和信息技术企业将进一步加大跨行业、跨领域工业互联网平台建设力度，从重点行业、重点领域向跨行业、跨领域拓展，同时领先制造企业和信息技术企业将加速跨界联合，合力建设和推广工业互联网平台。

未来，更多产业资源将加速进入工业互联网领域，平台创新与竞争的激烈程度进一步加剧。2019年，我国工业互联网平台数量日益增多，产业生态趋于成熟，应用场景不断扩展，市场规模预计将突破6000亿元，年复合增长率预计约为13.32%。平台应用场景将日渐丰富，企业将从自身实际出发，不断迭代推动平台关键共性技术和模式创新。平台市场将日趋成熟，产、学、研、用、金等多方主体将进入工业互联网平台领域，助推平台产业化应用良性发展。

(二)平台建设步入快速扩张期

更多产业资源加速进入工业互联网领域,平台创新与竞争的激烈程度进一步加剧;新一代信息技术加速向工业互联网领域延伸渗透,"工业互联网+新技术"的融合应用将加速落地。随着工业互联网平台加速从概念验证走向应用,围绕平台的创新与竞争将更加活跃。一方面,随着工业应用场景的日渐丰富,各类企业将从实际需求出发,在不断的"尝试—反馈—改进"迭代中推动平台基础技术和商业模式的持续创新;另一方面,日渐成熟的平台市场将带来更多价值回报,吸引更多的工业企业、互联网企业、金融机构、专业服务商及独立开发者投身平台领域,促进整个平台产业在良性竞争中实现繁荣发展。然而,平台经济的集聚效应和边际效应也决定了最终只有少数企业能够成为主导。一旦个别工业互联网平台形成规模优势后,海量的数据、应用、合作伙伴资源和逐渐摊薄的建设推广成本将对同领域内的竞争平台形成降维打击,甚至将竞争者转化成其生态的参与者。

据中国工业互联网产业联盟测算,国内的工业互联网直接产业规模到2020年将达到万亿元。面对巨大的市场需求,龙头公司已经纷纷布局。2018年5月,腾讯云正式发布基于大数据应用的工业互联网平台,推动制造业数字化、智能化发展,助力传统制造业数字化升级。8月1日,阿里云发布"ET工业大脑"开放平台,基于该平台,合作伙伴可以轻松实现工业数据的采集、分析与建模,并且快速构建智能应用。此前,海尔、三一重工、徐工集团等行业龙头也推出了行业级的工业互联网大数据平台,越来越多的信息企业和制造企业开展了工业互联网平台建设实践。

(三)数据流通共享继续放开

随着工业互联网平台数量的逐渐增多,平台间的数据流通和合作也逐渐成为不可避免的趋势。据e-works统计,截至2018年3月,声称能提供工业互联网平台服务的国内外厂商已经超过150家。传统的工业企业数据不仅在企业与企业间产生割据状态,同一企业的生产、设计、研发、管理、运营等环节也存在割据的状态。工业互联网平台基于各种网络互联技术,从工业设计、工艺、生产、管理、服务等涉及企业从创立到结束的全生命周期串联起来,将赋能整个工业系统使其拥有描述、诊断、预测、决策、控制的智能化功能。

目前广义的工业互联网平台按照服务对象及应用领域可以分为3类:资产

优化平台、资源配置平台及通用使能平台，如表 16-1 所示。3 类工业互联网平台都是通过工业互联网直接或间接地连接物理载体，从而提供差异化的服务。

表 16-1　3 类工业互联网平台与典型案例

平台类别	公　　司	平　台　名　称
资产优化平台	GE	Predix
	三一重工	三一根云
	徐工集团	徐工工业云
资源配置平台	航天科工	INDICS
	海尔	COSMOPlat
	美的	M.IoT
通用使能平台	阿里巴巴	阿里云 ET 工业大脑
	亚马逊	AWS
	华为	OceanConnect

　　数据的自由流通是提供这些服务的前提条件。资产优化平台通过分析产品与用户数据，为高端产品提供优化服务，推动高端制造由高价值产品向"高价值产品＋高价值服务"靠拢；资源配置平台通过获得现有资源数据，促进产能优化、拉动消费平衡，带动企业发展方式转变；而通用使能平台通过分析运用数据，为上层平台提供技术支持，从而使得上层平台能够专注于与生产直接相关的服务，实现各类平台专业分工。

　　未来各类平台间不仅数据联通将会更加开放，业务间合作将更加紧密，以便为客户提供完整方案。通过合作不仅能实现平台的灵活部署，如 GE、西门子与微软、亚马逊的合作，能够有效优化基础资源的部署，还能强化现场数据采集能力，如航天科工、SAP 与西门子的合作，通过西门子巨大的存量基础，降低设备接入难度，实现更大范围的数据采集。另外，合作也能提高自身的数据分析能力，如 ABB、西门子与 IBM 的合作等。

（四）平台商业探索进程提速

　　目前，工业互联网平台领域已形成个性化定制、网络化协同、智能化生产、服务化延伸等新型商业模式，赋能制造业转型升级效应日益显现，平台赋能模式也由传统的"项目制"模式逐步向"订阅制"模式转变，通过提供解决方案订阅、工业 APP 订阅、微服务订阅、云服务订阅等，在提供通用服务的前提下，满足中小企业各种应用场景的个性化需求。

平台是工业数据分析和应用开发的载体，在具体场景中发挥实际作用的是平台承载的一系列工业 APP。平台价值不仅在于数据分析、应用开发等使能环境的构建，更在于能够为工业企业提供的具体 APP 数量的多寡。随着工业数据、机制、知识的沉淀，传统软件功能的进一步解耦，新型工业 APP 可以基于通用功能的组合集成快速交付，具有更好的第三方开发者生态的平台将快速兴起。

二、在产业层面，重点突破与全面发展继续深化，产业全要素持续转型升级

（一）领先企业磁吸效应增强

工业互联网平台将加速推动行业龙头企业的变革。当前龙头企业是小平台、大前端、缺生态；而工业互联网平台对应的是大平台、小前端、富生态。小前端是数量众多且规模较小的自主型前端，小前端来自于 3 个方面：创客圈、产业圈和创投圈。而大平台的主要功能为制定标准和职能模块化，来形成资源池，实现高效资源共享机制，并且根据业务和技术的发展，将有助于形成更加强大的智能，加大数据分析、机器学习等。行业龙头企业通过搭建开放性的创新平台，打造网络化、扁平化、平台化的管理模式，推动企业从管控型组织向企业孵化平台转变，通过创新利益分享机制，推动创业者实现与企业的共生共赢。富生态是依托企业核心业务优势，实现多元生态搭建，使得体系内的企业能够相互依托、相互影响，实现生态级协同治理和合作，最大化实现协同效应，来为创造更大的价值提供可能。

示范企业区域和行业辐射带动作用凸显，工业互联网平台产业新生态加速构建，示范企业搭建平台，在线汇聚和整合共享制造资源和能力，发展个性化定制、网络化协同、智能化生产、服务化延伸等新模式、新业态。中小微企业和创客参与平台创新，包括众设众包、协同研发、分享制造、生产众包。创业孵化机构对接平台，提供风险投资、方案咨询、检测认证、培训宣传等产业服务。

（二）产业集群成为新的增长点

基于产业集群的工业互联网平台是工业互联网平台未来的主流发展方向。工业互联网的核心是工业知识的积累、再造、沉淀、复用，在产业集群中面向公共领域的通用平台将会进一步发展，当面对相近领域、不同企业数以千万，

甚至亿计的应用场景时，工业互联网平台将成为该产业群工业领域"操作系统"，面向产业链上下游所有工业领域提供通用服务。从而解决传统的工业软件和解决方案在面对产业集群时无法突破企业边界的问题。

目前，已有行业龙头依托平台制定平台区域推广战略，通过"区域平台+示范基地"模式加快平台应用。例如，海尔COSMOPlat平台在全国12个城市布局，覆盖华东、华北、华南等六大区域，并在20个国家推广；阿里supET平台推出结合区域产业特色的广东飞龙、重庆飞象平台，提升区域定制化服务能力；徐工信息"汉云"平台已服务于国内330多个地级市，并在"一带一路"沿线10个国家进行布局。在接下来的时间里，这种类似的产业集群建设将会进一步得到企业和地方的重视。

（三）生态构建速度进一步加快

金融、人才、技术等工业互联网平台生态将进一步完善。工业互联网平台融资规模和融资活动快速增长，产业、科技、金融良性互动的生态加快建立。现阶段我国工业互联网平台建设仍然是以建设主体的企业自有资金和政府补助资金为主。资本市场对以工业互联网平台为代表的先进制造业企业的投资活动和投资力度将会逐渐加大，平台融资规模和融资活动将同步增长，打通产业发展、科技创新、金融服务生态链，形成产融结合、良性互促的发展格局。

未来，工业互联网的实施将会以工业企业为主体，建立与信息技术企业紧密合作的机制。工业互联网面对的行业不同，同一行业中企业差异也很大。对大多数企业而言，仅靠买数字化设备和软件不可能实现工业互联网，需要有个性化的工业互联网服务支持。政府需要重视工业互联网对应的生产性服务业培育，形成强大的支撑工业互联网的技术服务团队。同时，面向企业数字化转型需求，安排科技项目重点突破装备、自动化、工业软件、网络通信等领域关键技术瓶颈，以产、学、研、用协同带动技术成果转化，加速产业能力水平提升，尽快补齐关键产业短板。鼓励不同层次企业发挥各自优势开展创新，分类示范，在单点突破的基础上通过集成优化实现全面提升，形成"体系作战"优势，实现产业体系化发展。

（四）人才需求竞争进入白热化

工业互联网处于起步阶段，制约其快速发展的最重要瓶颈之一是缺乏大量复合型人才。智能互联产品的设计、销售和售后服务都需要新的技术人才，特别是融合人才,并且具有快速学习交叉学科能力的人才。制造企业的技能需求已经从机械工程能力转向软件工程能力,从销售产品到销售服务,从修理产品到管理产品的运行时间,然而相关人才在市场中供不应求,因此发掘适合的人才成为企业的当务之急。

由于工业技术和信息技术长期处于分割的两个领域,跨界复合型人才极度稀缺,未来无论是让技术工人学习 IT 技术,或者是让 IT 人员了解工业知识,都将催生复合型人才培养训练需求。制造企业需要聘用懂互联网的管理者、APP 工程师、用户界面开发专家、系统集成专家,以及最重要的数据科学家——他们能建立并运行数据的自动分析程序,帮助企业将数据转化为行动。业务和数据分析工作正进化为一种新的职业,这些专家既要有扎实的技术基础,又不失业务敏感度,他们能将数据分析产生的洞察传递给业务和信息部门的决策者。

以施耐德电气为例,其将美国总部迁到了波士顿,就是为了抢占波士顿作为高科技中心的人才优势。毕竟,很多传统的制造企业与新兴科技公司的差距都比较大,融合性新型人才更为稀缺。在波士顿等地区不但有一流的学术中心,而且汇集了先进的制造企业、软硬件的开发人才及各类智能互联产品的生产商。

(五)产业安全重要性日益凸显

一方面,随着工业互联网平台的数量持续增加,服务对象规模迅速扩大,平台相关主体的不同利益诉求必然可能存在失衡和碰撞,这些产业发展进程中的矛盾需要通过平台治理进行梳理;另一方面,工业互联网平台作为新生事物,正在改变制造领域的组织模式、生产模式和服务模式,丰富并拓展数字经济的边界,变革进程中的规制模糊、监管缺失等问题将会愈发明显,平台治理的重要性不言而喻。

在可以预见的未来,面对工业数据、网络传输等安全问题,平台供需双方之间、平台与平台之间、平台相关的不同参与主体之间的交流和矛盾将会不断增多和加深,数据确权、数据流转和平台安全将成为平台治理的关键环节。面向平台的数据交易、数据变现和数据增值等需求,开展相关标准和法律研究,加强政府引导监督和平台安全风险防控,构建统一的数据管理规则和应用评估机制,是建立健全工业互联网平台治理体系的重要途径。

三、在生态层面，示范企业区域和行业辐射带动作用凸显，工业互联网平台产业新生态加速构建

（一）技术研发投入持续提升

面对激烈的产业竞争形势和越演越烈的技术封锁，企业将从自身应用需求出发，持续深化工业互联网平台技术创新体系建设，从支撑"平台建设"走向支撑"平台应用"。以前，更多的是边缘计算、标识解析、云计算、工业微服务等技术支撑平台建设，随着技术创新体系持续深化，企业将对数字孪生、5G、人工智能、区块链、AR/VR、TSN（时间敏感网络）、PON（无源光网络）等技术研发投入更多资源，进一步支撑平台应用。

企业自发的技术研发对工业大数据、工业智能等产业变革意义重大，通过企业自发对关键技术的研发和攻关，有利于开展先导应用培育市场，加紧实施试验示范，推进产业化，抢占发展先机。完善相应的成果转化机制，引导新一代信息技术在 ICT、互联网等领域的应用成果向制造业输出，构建我国工业互联网平台的核心竞争力。

（二）企业定位分工逐渐明确

一方面，国企与民企逐渐找准自身在工业互联网平台产业链中的定位，国企尤其是央企应成为工业互联网平台的主力军。国企要为产业生态整合全球资源，要为产业生态做前瞻性研究、基础性研究及关键技术研究，要攻坚克难，起到带动民企和整个国民经济良性发展的作用，而不是与民企争利，要做到携手并进，国强民也强、国进民也进、国富民也富。而民企要发挥创新及活力的优势，专注创新，尤其是技术创新、工艺创新、产品创新、模式创新，树立工匠精神，争做"独角兽"。

另一方面，大中小企业"建平台""用平台"双轮驱动的关系进一步得到深化。例如，在金融领域，通过深化产业链上下游和金融机构资源的对接，大企业为小企业提供增信等服务，小企业为大企业扩展产融结合的创新发展模式，促进金融部门对工业互联网平台的发展特征、趋势、未来可能创造的收益等有更准确的把握，同时也能更及时地反映工业互联网平台发展过程中企业融资需求。这要求产业既要壮"大"，培育在工业互联网平台产业中具有国际影响力的领袖企业，又要扶"小"，扶持初创、中小企业发展和应用新一代信息技术。

（三）合作协同关系逐步建立

运营方式从割裂竞争到合作共赢，企业间合作协同关系逐步建立。传统运营方式以企业为主体，产品上下游企业独立运营和管理，同环节企业高度竞争，资源配置率低，信息流通性低，上下游的信息不对称性高，也进一步加强了恶性竞争。但是依托工业互联网平台，产业内和产业间必定将各个环节的信息聚集企业，形成强大的信息流，这是符合当下共享经济潮流的。而这样的改变将会组成满足客户需求的最优厂商组合，这不仅能够完成资源的最优配置，也同时带动了我国经济的市场化转型。

面对充满不确定性和复杂性的工业互联网平台产业，需要更多企业联合起来，通过紧密配合的集体行为构建生态系统，共同推进产业发展。一是生态机制日益完善，一部分企业有望通过股权投资方式强化平台业务能力的互补，形成更加牢固的生态合作关系；越来越多的平台企业也将综合运用资源共享、资金扶持、收益分成等方式促进合作伙伴的培育壮大。二是生态规模持续扩大，入驻平台的技术服务商、系统集成商和第三方开发者数量得到显著提升，平台能够为更多用户提供更加丰富的工业 APP 应用和解决方案。三是业态边界逐步拓展，农业、金融、物流等一、三产业主体将以平台为纽带与工业实现融通发展，探索形成更多新型企业间的合作模式。

第十七章

网络可信身份服务

第一节　2018 年我国网络可信身份服务发展情况

实施网络可信身份战略，是《中华人民共和国网络安全法》(以下简称《网络安全法》)为保障国家网络安全提出的重要战略部署，对于构建我国网络空间秩序、推动我国网络快速发展具有非常重要的意义。在国家政策的支持下，2018 年我国网络可信身份服务业发展迅猛，法制环境初步形成、基础设施建设进展显著、技术产品日趋丰富、产业形成一定规模、标准体系基本完善。作为新兴产业，虽然我国网络可信身份服务业的发展取得了显著的成绩，但仍然存在诸如重复性建设、监管不足、技术滞后等方面的问题。

一、我国网络可信身份服务业发展的总体情况

（一）法制环境初步形成

随着互联网信息技术的发展，网络空间治理受到越来越多的重视，我国不断加强网络空间信息安全的法制化管理，制定、颁布并施行了多个有关网络实体身份信息安全与管理的法律、法规及规范性文件，初步形成了良好的法制环境。2005 年 4 月正式施行的《中华人民共和国电子签名法》(以下简称《电子签名法》)，明确了电子签名人身份证书的法律效力，为确定网络主体身份的真实性提供了法律依据。2012 年 12 月通过的《全国人民代表大会常务委员会关于加强网络信息保护的决定》提出："网络服务提供者为用户办理网站接入服务，

办理固定电话、移动电话等入网手续，或者为用户提供信息发布服务，应当在与用户签订协议或者确定提供服务时，要求用户提供真实身份信息。"2014年8月颁布的《最高人民法院关于审理利用信息网络侵害人身权益民事纠纷案件适用法律若干问题的规定》，规范了利用信息网络侵害人身权益民事纠纷案件适用法律的审理规定。2015年4月，中共中央办公厅、国务院办公厅联合印发了《关于加强社会治安防控体系建设的意见》，明确加强信息网络防控网建设，建设综合的信息网络管理体系，加强网络安全保护，落实相关主体的法律责任，落实手机和网络用户实名制，健全信息安全等级保护制度，加强公民个人信息安全保护，整治利用互联网和手机媒体传播暴力色情等违法信息及低俗信息的现象。2017年6月正式实施的《中华人民共和国网络安全法》，明确提出国家实施网络可信身份战略，支持研究开发安全、方便的电子身份认证技术，推动不同电子身份认证之间的互认，并要求"电信、互联网、金融、住宿、长途客运、机动车租赁等业务经营者、服务提供者，应当对客户身份进行查验。对身份不明或者拒绝身份查验的，不得提供服务"。此外，相关部委也相继出台一系列规定和管理办法。2018年，《关于加快推进全国一体化在线政务服务平台建设的指导意见》就电子政务平台"一网通办"做了重要部署，其中"统一身份认证""统一电子印章""统一电子证照"三项任务，试点地区和部门应当于2019年年底完成，全国范围2020年完成。

（二）基础设施建设进展显著

近年来，中央网信办、国家发展改革委、科技部、工业和信息化部、公安部、财政部、人力资源社会保障部、商务部、中国人民银行、海关总署、国家税务总局、国家工商总局、国家质检总局、国家密码管理局等网络可信身份相关主管部门都积极开展了网络可信身份相关研究和实践工作，极大地促进了网络可信身份基础资源的建设。例如，中央网信办组织开展了国内外网络可信身份现状、相关理论、政策和应用等研究，并指导开展了网络可信身份项目试点工作。公安部组织直属机构和科研院所加强对网络可信身份认证技术、标准的研究和探索，公安部第一研究所和第三研究所分别提出居民身份证网上副本和电子身份标识作为网络身份凭证，确保网络身份的真实性、有效性。工业和信息化部推行域名实名注册登记制度，规范域名注册服务，加强对第三方认证服务机构的监管，推进电子认证服务产业健康、快速发展。国家工商总局建设了市场经营主体网络身份识别系统（2013年更名为"电子营业执照识别系统"），采用统一标准发放的电子营业执照包括社会信用代码、市场主体登记等信息，具有市场主体身份识别、防伪、防篡改、防抵赖等信息安全保障功能，主要解决企业法人网络身份的识别问题。中国人民银行监管的各金融机构已建立客户身份识别制度，并有效落实执行了账户实名制，通过"面签"的形式确认用户的真实身份，并依据实名认证的结果给用户发放身份凭证；针对在线业务制定了网络可信身份认证策略和网络身份管理策略等。

（三）技术产品日趋丰富

随着网络主体身份管理与服务的不断深入，我国网络可信身份技术自主可控能力显著提升，以实现网络主体"身份真实性"和"属性可靠性"的国产认证技术产品基本成熟。一是网络认证模式从最早适用于社交平台、电子邮件等安全性需求较低的用户名+账号、手机号、二维码等低强度认证方式，逐渐演变为适用于电商平台、电子支付、证券交易等安全性需求较高的生物特征识别、第三方互联网账号授权技术等认证方式。二是以非对称加密算法、杂凑算法等为主的基础密码技术逐渐替代国外的算法，例如，SM2、SM3、SM4等国产密码算法，密码产品不断丰富，通用型产品已达到62项，涉及PCI密码卡、数字证书认证系统、密钥管理系统、身份认证系统、服务器密码机等多种产品类型。三是基于数字证书的身份认证技术日益成熟，包括数字签名、时间戳等关键技术，以及身份认证网关、电子签名服务器、统一认证管理系统、电子签章系统等一系列身份认证安全支撑产品，国产服务器证书正在逐步替代国外同类产品。

（四）网络可信身份服务产业形成一定规模

随着网络空间身份管理与服务的不断深入，生物特征、区块链等技术逐步融入网络身份服务业，推动网络可信身份服务新模式不断涌现，促进我国网络可信身份服务产业快速成长。据赛迪智库统计，截至2018年12月，我国网络可信身份服务产业总规模超过1100亿元。其中，网络可信身份第三方中介服务规模约30亿元，网络可信身份服务基础软硬件产品为552.84亿元，网络可信身份服务机构收入为445.89亿元。

（五）标准体系基本完善

我国政府和相关机构十分重视网络可信身份标准制定工作，制定了诸多标准，基本形成了包含基础设施、技术、管理、应用等方面的网络可信身份标准体系。据赛迪智库统计，截至2018年12月，共形成275项标准，其中，基础设施类标准基本成熟，相关标准61项；技术类标准较为完备，相关标准126项；管理类标准发展较快，有41项；应用支撑类标准取得一定进展，有47项。

二、我国网络可信身份服务业发展存在的问题

（一）顶层设计缺失，缺少统筹规划和布局

我国的网络可信身份体系建设缺少国家层面的顶层设计，还未明确将网络身份管理纳入国家安全战略，也未形成推进我国网络可信身份体系建设的整体框架、时间表和路线图，在政策法律、技术路线、应用模式等方面缺少统筹规划和布局，导致各主管部门职责不清，政府和市场、监管和市场发展、自主和开放等的关系还没有厘清，责任主体权益和义务不明确，急需做好调研、理清现状、把握问题，结合中国实际情况，做好顶层设计，促进我国网络可信身份服务业健康持续快速发展。

（二）行业监管不足，市场有待进一步规范

网络可信身份作为网络空间的基础设施，随着网络安全攻击手段的不断升级，其面临的安全风险日益严重。行业主管部门需要进一步加强网络可信身份规范监管，提升监管层级，建立网络可信身份认证规范体系，从主体资格、经营场所、注册资本、技术设备、专业人员、用户身份信息管理、可信电子身份标识管理、网络安全管理、运营管理、信用等方面，对网络可信身份服务商的综合能力和水平进行认证，规范网络可信身份服务市场，提高行业整体规范性和服务能力，进一步完善监管系统，加强监管的制度设计，并不断探索利用网络，依法、透明、高效、协同监管，促进网络可信身份服务持续健康发展。

（三）基础设施尚未互联互通，重复建设现象严重

由于缺乏战略设计和统筹规划，我国网络可信身份基础设施共享合作相对滞后。公安、工商、税务、质检、人社、银行等部门的居民身份证、营业执照、组织机构代码证、社保卡、银行卡等基础可信身份资源数据库还未实

现互通共享，且缺少护照、台胞证、驾驶证等有效证件的对比数据源，导致数据核查成本较高、效率低；现有的网络可信身份认证系统基本由各部门、各行业自行规划建设，各系统各自为战，网络身份重复认证现象严重，并且"地方保护""条块分割"现象严重，阻碍了网络可信身份服务业的快速发展和价值发挥。

（四）认证技术发展滞后，还不能满足新技术、新应用的需求

随着互联网应用的深化，对方便、快捷、在线身份认证需求迫切，但无论是自然人的身份证，还是法人的营业执照等尚不能有效支持网络化远程核验。初次核验用户身份后，在实际业务开展中缺乏必要的后续认证，难以保证用户网络身份与真实身份的持续一致性。云计算、大数据、移动互联网、工业互联网等新一代信息技术不断涌现，数据的传输、存储、处理等方式与传统信息技术及应用存在重大差异，已有身份认证技术、认证手段、认证机制还不足以支撑新技术、新应用的发展。服务商及设备身份、感知节点、应用程序、用户数据存储及处理控制等诸多可信身份的鉴别和认证，对网络可信身份提出更新、更高的要求，网络可信身份技术需要创新发展、与时俱进。

（五）教育培养体系建设滞后，人才队伍严重匮乏

人才短缺已成为制约网络可信身份服务业发展的重要因素。作为互联网新兴产业，网络可信身份服务业仍处于发展阶段，人才培养体系建设滞后，人才支撑能力不足，极度缺乏高端人才，专业技术人才供需矛盾日益突出。第一，普通高等教育培养体系还没有设置网络可信身份服务专业，相关课程设置也不科学，没有遵循完整性、前沿性、特色性的原则，国际前沿的网络可信技术知识未能快速普及到课程之中。第二，高等职业教育定位不清。很多高等职业学校除了在理论课程内容设置上比普通高等教育浅显外，培养方式与普通高等教育方式并无差别，高职教育没有突出网络可信身份服务职业导向所重视的实操能力培养。第三，社会培训作用有限。近年来，我国社会培训并没有成为网络可信身份服务人才培养的主要途径，社会上开展网络可信身份服务相关知识培训的机构非常少，相关知识培训班屈指可数，通过国际认证资质的网络可信身份服务人才数量极其有限。

第二节 2018年我国网络可信身份服务应用进展情况

一、网络可信身份服务在各领域应用的进展情况

近年来,个人隐私泄露、电信骚扰和诈骗、网络犯罪难以追责、网络黑色产业链滋生、网络谣言随意散播等现象的频繁发生,导致网络信任危机愈演愈烈。这些危机包括对个人隐私信息泄露的担忧、对他人身份和行为的不可信任、对网络违法溯源能力的担忧等。面对这些危机,我们亟须采取措施建立一个健康有序发展的网络空间。网络可信身份技术的大规模应用,解决了食品、物流、金融、政务、能源等方面的信任问题,网络可信身份服务应用在电子商务、电子政务、公共服务、信息共享等领域发展迅猛。

(一)在电子商务领域网络可信身份服务应用的进展

电子商务领域中的信息安全技术是一个热点问题,主要目的是通过多种身份认证技术手段识别授权客户。电子商务中的信息安全身份识别是为了保证交易双方的数据可信,而采用不同的现代技术方法完成授权认证的一种措施。受业务场景、用户习惯和安全性等因素的影响,使用者可以根据不同的安全级别采用不同的措施。传统的识别技术包括密码口令、密钥卡、智能卡、手写签名识别认证等,随着生物识别技术的不断发展和完善,人脸面部特征识别、指纹识别、视网膜识别、虹膜识别、语音识别等技术逐步在电子商务领域得以应用。在支付领域,包括支付宝、京东支付等诸多电商都在大范围推广"刷脸支付"业务,通过奖励金、红包、账单打折等方式进行推广,用户只需要刷脸进行确认,就可以高效便捷地完成支付。2018年6月,IFAA(互联网金融身份认证联盟)在全球首发了面向整个安卓生态的"IFAA Face ID"。该方案实行多样方案并行、全硬件平台支持的策略,3D结构光、双目、TOF等相关技术都有相应的方案和标准跟进,OPPO Find X、华为nova 3、华为mate20等机型都通过"IFAA Face ID"实现了对"支付宝人脸支付"的支持,同时也打开了在安卓机型上落地"金融级安全"人脸识别功能的广阔空间。

(二)在电子政务领域网络可信身份服务应用的进展

电子政务应用不但对系统安全性和稳定性要求极高,在税务(网上报税)、海关(报关单网上申报)、工商(电子营业执照)等领域还要求对申报人的申

报行为进行抗抵赖。基于 PKI 技术的数字证书认证方式凭借其高安全性、可靠性和抗抵赖性特别适合电子政务身份认证应用，近年来该方式已经逐渐占据主流地位。电子政务稳步推进，成为转变政府职能、提高行政效率、推进政务公开的有效手段。随着移动通信技术的普及，各级政府、各政府委办局对于移动办公需求日益强烈，政务处理的移动信息化已经从办公领域延伸到行政监督甚至执法领域。随着移动终端应用在电子政务领域不断推广，其所面临的安全需求也日益迫切。对于信息的真实性、机密性、完整性、可核查性、可控性、可用性的需求促使电子政务领域网络可信身份应用不断发展。未来，随着"放管服"工作的深入，电子政务领域的可信身份服务对企业和公众很可能是免费的，相应的网络可信身份服务成本可能会由政府通过自建或统一购买服务的形式来解决。

（三）在公共服务领域网络可信身份服务应用的进展

公共服务领域是指服务提供者并非政府及政府直接部门，且最终交付给用户（客户）的产品为有形服务的领域，如医疗服务、交通服务、通信服务等。这些服务通常在与网络可信身份结合前即有其特定的应用场景，在"互联网+"的时代，传统的公共服务结合网络可信身份已经成为目前形势下的必然结果。

以医疗服务为例，2018 年 4 月，国务院办公厅印发《关于促进"互联网+医疗健康"的发展意见》，在新的时代为医疗卫生改革指明了方向。国家卫健委提出了"三个一"工程，并列入《"健康中国 2030"规划纲要》，国家卫健委也提出了一些新的政策措施，如远程医疗、互联网医疗、家医签约、居民健康档案向个人开放共享等实际措施，打破了原有的患者就医模式。在医疗服务领域，网络可信身份有如下应用场景和需求：一是跨域验证，医生、患者在医院内及跨院的可信身份认证，智能穿戴设备可信认证；二是隐私保护，患者个人隐私数据保护及数据脱敏，以及大数据传输存储安全；三是数据可信交换，医疗数据的一致性、完整性和防篡改性，跨院跨域的在线离线可信交换；四是行为追溯，跨域医疗行为的监管与追溯、责任划分与责任认定。

（四）在互联网信息共享领域网络可信身份服务应用的进展

伴随时代的发展，越来越多的社交应用选择加入一个或多个由大型互联网厂商提供的身份认证平台，接受由认证平台提供的外部身份服务。对应用开发商来讲，此举降低了用户注册、登录的时间成本，间接扩大了应用的用户群；

对平台提供商来讲，多元化的第三方应用的加入也更好地满足了平台的用户需求。主流的第三方授权登录服务平台普遍使用 OAuth 和 Open ID Connect 技术，包括国内的 QQ、微信、支付宝等，以及国外的谷歌、IBM、微软、亚马逊等。2018 年 8 月 7 日，OpenID Foundation 成员正式批准 OpenID Connect federation 1.0 规范作为 OpenID 实施者的推荐草案，将 OIDC（OpenID Connect）的规范程度又提升了一个层次。在规范中，明确提出了 OIDC 中对动态发现和注册的自主张身份的担忧，以及确认了 OIDC 协议对于 TLS 层的依赖。OIDC 联盟规范已经基本上支撑起了互联网环境下可信身份验证的相关规范，建立了一种公认有效的方案，将身份信息可靠地由一个注册方传递到另一个依赖方中，有助于网络身份更广泛的使用和传递。可以预见，可靠的注册过程和身份源结合 OIDC 规范是可信身份在信息共享领域中的主要应用方式。

二、主流网络可信身份服务体系应用的进展情况

（一）公安部门主导的网络可信身份服务应用的进展情况

截至 2018 年 12 月，我国公安部第一研究所及第三研究所针对我国网络可信身份服务体系应用均进行了深入的探索，分别研究了居民身份证网上功能凭证（CTID）和公民网络电子身份标识（eID）两种网络可信身份产品体系。

公安部第一研究所联合以腾讯、蚂蚁金服为代表的互联网公司，大力推进了居民身份证网上功能凭证（CTID）的应用。2017 年 12 月，该应用首次在广东省试点。"网证"系统在浙江、福建首次进行多地同时试点，在杭州、衢州、福州三地分别挑选了政务办事、酒店入住、购买车票这三个生活场景进行试点。2018 年 4 月 17 日，"居民身份证网上功能凭证"亮相支付宝，并正式在杭州、衢州、福州三个城市的多个场景同时试点。2017 年，公安部第一研究所指导成立中关村安信网络身份认证产业联盟（OIDAA），经过一年多的发展，参与企业已经超过了 100 家。在 2018 年的 OIDAA 年会上，公安部第一研究所透露，CTID 平台拥有三大类超过 12 种认证模式，包括指纹、人脸识别等生物特征识别技术，形成了基于法定身份证件的多算法、多因子融合的身份认证生态体系。围绕互联网+政务服务、益民服务、金融保险等重点领域，CTID 平台（互联网+可信身份认证平台）携手会员单位，打造出了百花齐放的"互联网+可信身份认证应用"新生态。截至 2018 年 12 月，CTID 平台已经支持了中国政府网、国务院客户端、国家政务服务平台、交管 12123 等多个国家级应用。

公安部第三研究所联合以华为、OPPO为代表的手机厂商，联合推进eID即"公民网络电子身份标识"的应用。截至2018年12月，共推动了以航旅纵横、法大大、通付盾、e速管家为代表的13家应用作为试点场景，开展了在手机终端的应用。用户可以通过eID的方式，实名登录这些应用，并使用这些应用提供的需要实名认证的相关服务。eID以密码技术为基础、以智能安全芯片为载体，由"公安部公民网络身份识别系统"签发给公民的网络电子身份标识，能够在不泄露身份信息的前提下在线远程识别身份。根据载体类型的不同，eID主要有通用eID与SIMeID两种，其中通用eID常用于银行金融IC卡、USB Key、手机安全芯片等，SIMeID主要用于支持SIM/USIM功能的载体，常见的有SIM卡、USIM卡、SIM贴膜卡、eSIM芯片等。2018年4月14日，由公安部签发给个人的全国首批5万张带贴膜技术身份标识的SIMeID卡首发仪式在江西共青城市举行。此次发放的SIMeID贴膜卡是新型的eID载体，可以在不更换原有SIM卡的情况下在手机移动智能终端便捷使用eID相关服务和应用。eID数字身份凭证签发等级（CIL）要求如表17-1所示。

表17-1 eID数字身份凭证签发等级（CIL）要求

等级	联系方式确认	身份信息核验	身份证明收集	身份证明确认	人证合一认证要求	到场要求	签发记录存留要求
CIL1	√（留存）	√					
CIL2	√（确认）	√	√	√			
CIL3	√（确认）	√	√	√	√	√（远程可控）	
CIL4	√（确认）	√	√	√	√	√（面签）	√

数据来源：金联汇通信息技术有限公司（2018.12）。

（二）基于CA机构的网络可信身份服务应用的进展情况

截至2018年12月，经工业和信息化部批准，我国具有电子认证服务资质的企业共计45家。其中2018年新增2家，分别为天津市中环认证服务有限公司、重庆程远未来电子商务服务有限公司。近年来，全国45家电子认证服务机构以PKI技术为核心，结合其多年积累的线下服务网点，在网络可信身份服务的推进中取得了一定的成绩。2018年新疆CA（数字证书认证中心）、贵州CA等多家CA联合应用依赖方进行了大量的"一证通办"业务。随着全国"放管服"工作的深入，电子认证服务机构发挥线下网点的专业服务力量，加强了对于公众用户的服务工作，包括开设服务热线，以及线下指导用户正确结合系统使用数字证书等,取得了较好的工作成果。

(三)基于 FIDO 的网络可信身份服务应用的进展情况

FIDO Alliance 成立于 2012 年 7 月,全称为 Fast IDentity Online Alliance,即快速在线身份识别联盟(以下简称"FIDO 联盟")。FIDO 的目标是创建一套开放的标准协议,保证各个厂商开发的强认证技术之间的互操作性,改变主流在线验证的方式(使用口令作为主要验证手段),消除或者减弱用户对口令的依赖。对于互联网公司来说,随着重大数据泄漏事故的频发,过去基于口令的在线身份验证技术已经难以维持互联网经济的稳定发展。而 FIDO 联盟正是在这个背景下应运而生的一个推动去口令化的强认证协议标准的组织。2018 年 4 月,FIDO 和 W3C(万维网联盟)在基于 Web 的"强身份认证"(Stronger Authentication)上取得了突破。通过标准 Web API—WebAuthn,Web 应用开发者可以调用 FIDO 基于生物特征、安全、快速的在线身份认证服务。2018 年 11 月 27 日,FIDO 联盟和 W3C 在北京联合举办技术研讨会,研讨了 FIDO2.0 相关内容。FIDO2.0 分为 WebAuthn 和 CTAP 协议两部分,Web Authentication 标准由 W3C 和 FIDO 联盟一起完成标准制定,仅在 Win10 和安卓系统下适用,有三款主流浏览器 Chromo、Edge、Firefox 提供原生支持,可使用平台认证器(内置在 PC 上)或漫游认证器(如手机、平板、智能手表等),通过 WebAuthn 接口调用 FIDO 服务,完成 Web 应用的强身份认证。此外,FIDO2.0 还包含 CTAP(客户端到认证器)协议。CTAP 本质上是 U2F 的延伸,通过使用独立的手机、USB 设备或 PC 内置的平台认证器,完成 Window 10 系统或安卓系统上的身份认证。

(四)基于 IFAA 的网络可信身份服务应用的进展情况

2015 年成立的 IFAA,全称为 Internet Finance Authentication Alliance,即互联网金融身份认证联盟,由中国信息通信研究院、蚂蚁金服、华为、三星、中兴等单位联合发起,覆盖包括多个国家应用厂商、移动终端厂商、芯片厂商、算法厂商、安全解决方案提供商以及国家检测机构等全产业链角色。2018 年 9 月,IFAA 召开了"IFAA2018 年度大会",会上,IFAA 发布了相关的数据。截至 2018 年 9 月,IFAA 联盟已拥有 12 亿台设备支持,并服务于 3 亿用户。截至 2018 年 12 月,IFAA 设立有本地免密工作组、物联网安全工作组、测试认证工作组、远程认证工作组(远程人脸)和终端安全工作组。2018

年 3 月，IFAA 联盟协助推动"指纹、人脸、虹膜"三项国标立项。2018 年 5 月，IFAA 本地免密标准 2.1 版本问世，全面支持 SE 安全单元。2018 年 6 月，IFAA "3D 安全人脸方案"全球首发，安卓机也能"人脸支付"。在互联网金融领域，IFAA 为网络可信身份服务应用做出了诸多贡献，并推进了众多场景的标准化，在一定程度上避免了技术协议的重复设计，为各网络身份互通互认做了铺垫工作。

（五）基于电信运营商的网络可信身份服务应用的进展情况

电信运营商是一类重要的网络可信身份建设的参与者和实践者。结合中国的实际国情，近年我国一直在加强电信电话用户的实名登记工作，实名登记有效地提高了电信用户的网络身份信任程度，为减少电信诈骗做出了较大贡献。

2018 年 11 月，工业和信息化部网络安全管理局发布的《2018 年第三季度信息通信行业网络安全监管情况通报》中，明确提出了"各企业要严格落实《电话用户真实身份信息登记实施规范》(工信部网安〔2018〕105 号)、《关于加强源头治理 进一步做好移动通信转售企业行业卡安全管理的通知》(工信厅网安〔2018〕75 号) 要求，切实落实企业主体责任，规范电话用户入网手续，进一步提升电话用户实名登记信息准确率，强化物联网行业卡安全管理。"2018 年第三季度，工业和信息化部共抽查 40 家移动通信转售企业 5 082.8 万余条电话用户登记信息，总体准确率为 98.2%。随机抽查 2017 年以后新入网用户 12.8 万余张现场留存照片，用户人证一致率为 95.4%。

未来，随着网络安全及网络可信理念的深入和发展，电信企业的实名制工作将会更加严格。未来，电信运营商有可能会增加入网环节的增强验证，全面留存人像比对信息后再办理入网手续。此外，针对二次倒卖电话卡、不知情办卡的情况，电信运营商也会增加相应的措施和手段，为推进网络诚信体系建设和网络空间综合治理奠定坚实基础。

（六）基于银行账户的网络可信身份服务应用的进展情况

银行及金融业的根基为可靠的身份不同的客户，其业务与可信身份服务有着密不可分的联系。巴塞尔银行监管委员会在 1998 年 12 月通过的《关于防止犯罪分子利用银行系统洗钱的声明》明确提出，金融机构在提供服务时应当对用户信息和用户画像进行采集和识别。随后，"Know-Your-Customer"，即"了解你的客户"（简称"KYC"）原则被各国的监管机构所接受并推行。无论是 2017

年年底国家监管部门颁布的《关于规范整顿"现金贷"业务的通知》，还是 2018 年年初的资管新规，都明确提出要"了解你的客户"，加强投资者适当性管理。

2017 年，银发〔2017〕117 号《中国人民银行关于加强开户管理及可疑交易报告后续控制措施的通知》中，明确提出了"加强开户管理，有效防范非法开立、买卖银行账户及支付账户行为"，要求各银行业金融机构和支付机构应遵循"了解你的客户"的原则，认真落实账户管理及客户身份识别相关制度规定，区别客户风险程度，有选择地采取联网核查身份证件、人员问询、客户回访、实地查访、公用事业账单（如电费、水费等缴费凭证）验证、网络信息查验等查验方式，识别、核对客户及其代理人真实身份，杜绝不法分子使用假名或冒用他人身份开立账户。

随着互联网技术不断渗透银行业，犯罪分子的手段也在随着时代发展。利用黑产及灰产买卖欠发达地区的遗失身份证，用于开户洗钱等不法行为也出现了苗头。基于多维度大数据风控技术下的网络可信身份，成为帮助银行规避风险，落实"了解你的客户"要求，有力打击金融违法犯罪的有效手段。我国的信用体系建设起步相对较晚，整体信用体系还较为薄弱，距离欧美国家的高等级信用体系还有较大的差距，正是因为要解决当前社会信用建设的短板，银行业主导开发了各种网络可信身份应用产品，包括 PBOC 芯片银行卡、一代 KEY、二代 KEY、蓝牙 KEY、OTP、声纹 KEY 等。多维度、高等级的网络身份验证技术和银行后台风控技术的结合，使银行的网络可信身份能够控制其业务面临的大部分风险，有力地支持了银行业的稳定发展。

三、我国网络可信身份服务应用的特点

网络身份已经成为互联网的重要战略资源，其认证服务模式和认证方式的应用也在发生巨大变化。生物特征识别、云计算、大数据等技术的融合发展，极大地促进了网络可信身份服务在金融、政务、医疗等各大领域的应用。

（一）在线身份管理服务共用共享实现增长

当一个用户使用多个机构的服务时，仍旧需要使用多个账户，机构与机构之间的跨机构访问，以机构为中心的身份管理也难以解决多账户问题。身份管理已经打破应用或者机构的边界，逐步形成以用户为中心的身份管理。以用户为中心的身份管理能够确保用户用少量的身份信息，使用跨机构、跨地域，甚至跨国界的服务。业界已涌现出一系列标准，用于不同的网络身份认证系统之

间的互联互通，以及跨域进行访问授权。例如，OpenID、SAML、OAuth 等国际标准已得到广泛应用，被大量国内外主流的互联网企业所采用，越来越多的互联网厂商对外提供第三方登录的功能，在线身份管理服务用户场景实现增长。

在网络应用和身份大规模增长的现状下，身份管理系统共享共用在为个体提供选择和便利、为应用节省成本的同时，也能更好地保护用户的个人信息。在共享共用的身份管理系统里，作为身份管理服务企业，通过身份入口掌握用户信息，同时通过提供身份服务获取商业利益；作为应用提供商，可选择不同的身份管理系统，自己不需要管理用户。作为个人，可自由选择身份管理系统，将个人信息放在较安全的身份管理系统，有利于身份信息的管理和隐私保护。

（二）多模式多安全等级电子认证成为最佳选择

互联网应用和服务层出不穷、形式多样、更新频繁，不同网络应用或服务对用户的可信安全需求也各不相同，即使相同的应用，在不同的环境和场景下对用户的鉴别也有不同的安全要求。支持多等级的安全身份鉴别，以满足不同类型、不同规模的应用在安全性、隐私保护能力、赔付能力等方面的差异化需求是现代身份鉴别的重要内容。应用或服务需要针对不同的用户和应用场景，配置不同的安全策略。举例来说，对于需要处理不太敏感信息的应用，仅通过一般鉴别强度的用户实体就可使用；对于安全风险较大的环境，需要使用更强鉴别功能的令牌。

针对不同的应用、机构、软件和服务，根据相应的安全需求，制定多安全等级的认证策略，采用不同安全要求的身份鉴别技术，以达到安全性和易用性的更好的平衡。

（三）基于大数据的行为追溯强化网络可信身份管理

在网络可信身份管理技术的发展趋势下，个体的身份、行为信息存储在身份管理机构，随着大数据在各行各业的应用和发展，可通过构建网络身份与行为数据中心，实现对用户在不同身份管理机构的身份关联，从而完成用户行为预测和网络可信感知。

通过与身份管理机构进行用户身份与行为数据的交换，利用不断积累起来的历史元数据，可以获得用户身份关联、行为预测、网络可信感知等能力，建立用户网络活动信用档案，提高追溯能力。通过对用户行为大数据的监控与预测，可以发现异常行为并提前预警，实现快速追踪；还可实现网络可信感知和网络宏观状态发现，包括上网流量分析、网络关注度分析、异常分析和报警等。

第三节 2018年我国网络可信身份服务产业发展情况

一、产业发展概况

（一）产业规模

随着网络空间主体身份管理与服务的不断深入，我国网络可信身份服务产业快速成长，近年来已经初具规模。据赛迪智库统计，我国2013—2018年网络可信身份服务产业规模及增长率如表17-2和图17-1所示。截至2018年12月，我国网络可信身份服务产业规模达到1 128.73亿元，较2017年增长13.7%。

表17-2 2013—2018年我国网络可信身份服务产业规模及增长率

年 份	2013	2014	2015	2016	2017	2018
市场规模（亿元）	374.6	438.6	544.4	724	992.6	1 128.73
增长率	12.3%	17.1%	24.1%	33%	37.1%	13.7%

数据来源：赛迪智库网络安全研究所。

图17-1 2013—2018年我国网络可信身份服务产业规模和增长率

（数据来源：赛迪智库网络安全研究所）

（二）产业细分结构

从产业链角度来看，2018年我国网络可信身份第三方中介服务规模约为

30 亿元，囊括了提供网络可信身份咨询、培训和测试等服务。网络可信身份服务基础技术产品提供商的市场规模约为 892.84 亿元，其中基础硬件制造商规模为 443.74 亿元，包括安全芯片、USB Key、OTP 动态令牌、指纹识别芯片、读卡器、SSL/VPN 服务器相关产品；基础软件服务商规模约为 109.1 亿元，包括身份服务运营管理系统、身份服务调用模块 SDK 等；底层身份认证技术提供商规模约为 340 亿元（不包括相关硬件，如指纹识别芯片等），包括人脸识别和指纹识别应用等。网络可信身份服务商规模约为 83.49 亿元，其中，公安部等权威身份服务商并不开展商业应用，第三方互联网账号授权登录服务往往也不直接收费，电子认证机构产业规模为 67.49 亿元左右（不包括相关硬件市场规模），电信运营商提供的实名 SIM 手机认证功能规模为 16 亿元左右。电子商务相关网络可信服务身份规模约为 92.4 亿元。社交媒体等相关网络可信身份服务规模约为 30 亿元。

从产业结构的角度看，2018 年我国网络可信身份服务产业结构由硬件、软件和服务三大部分组成，各部分所占比例如图 17-2 所示。其中，网络可信身份服务占总产业规模的 43.34%，是产业最重要的组成部分，基础硬件、基础软件和咨询中介服务的占比分别是 43.13%、10.61% 和 2.96%。2017、2018 年网络可信身份服务产业细分结构对比如图 17-3 所示，对比 2017 年，网络可信身份服务基础软件在整个产业规模中的占比有较大提高，这说明 2018 年身份服务运营管理系统和身份服务调用模块 SDK 等基础软件快速发展；基础硬件的占比有小幅度提高，这得益于安全芯片、指纹识别芯片、SSL/VPN 服务器的稳步发展。2018 年网络可信身份服务产业基础硬件细分规模如图 17-4 所示。

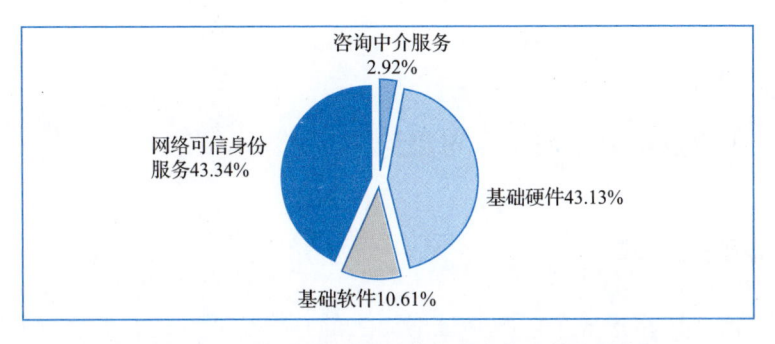

图 17-2 2018 年网络可信身份服务产业细分结构

（数据来源：赛迪智库网络安全研究所）

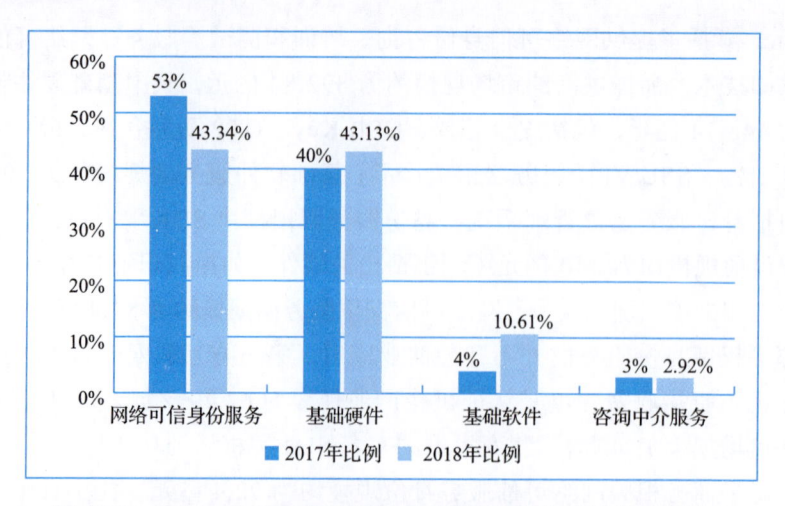

图 17-3　2017、2018 年网络可信身份服务产业细分结构对比情况

（数据来源：赛迪智库网络安全研究所）

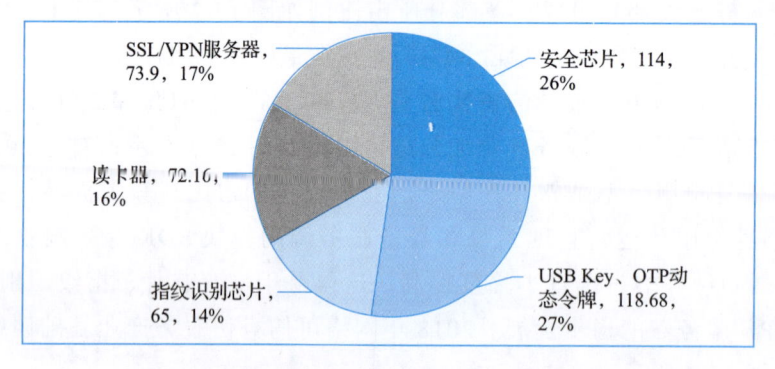

图 17-4　2018 年网络可信身份服务产业基础硬件细分规模（亿元）

（数据来源：赛迪智库网络安全研究所）

（三）重点细分领域特点与趋势

1. 电子政务领域

电子政务应用形成了以数字证书为主的身份认证方式。电子政务应用不仅对系统安全性和稳定性要求极高，在税务、海关、工商等领域还要求对申报人的申报行为进行抗抵赖。基于 PKI 技术的数字证书认证方式凭借其高安全性、可靠性和抗抵赖性特别适合电子政务身份认证应用，近年来已经逐渐

占据主流地位。据赛迪智库统计，截至 2018 年 12 月，应用在电子政务领域的有效数字证书已超过 1 300 万张，分布非常广泛，包括税务、工商、质监、组织机构代码、社保、公积金、政务内网、采购招投标、行政审批、海关、房地产、民政、财政、计生系统、公安、工程建设、药品监管等领域。

2. 电子商务领域

电子商务应用形成了多维度融合的身份认证方式。在电子商务领域，身份认证技术的应用受业务场景、用户习惯、安全性共同影响，与电子政务领域相比，身份认证技术选择种类更多，用户实际使用中往往同时使用两种以上的认证技术。以支付宝为例，支付宝提供"账号＋口令""口令＋手机验证码"、文件证书、支付盾、指纹识别、面部识别、声纹识别、扫码授权等多种不同的用户身份认证方式，用户在不同场景自主选择相应身份认证方式组合。例如，在 PC 端对账户进行小额转账（如 50 元以下）、支付交易时，多采用"账号＋口令""口令＋手机验证码"和手机扫码授权等方式；在 PC 端进行大额转账、支付交易等业务时，主要使用"账号＋口令＋数字证书（文件证书或支付盾）"认证方式；在手机端进行小额转账（如 50 元以下）、支付交易时，一般采用"账号＋口令""口令＋手机验证码"认证方式；在手机端进行大额支付时，主要采用生物识别（TouchID 指纹、FaceID 面部或者声纹识别）＋移动数字证书、口令、手机验证码进行多重认证的方式。除此之外，支付宝还对用户历史登录和支付行为进行大数据分析、建模，对可疑登录和支付操作进行自动质疑、阻止和通知，误识率低于 1%。据赛迪智库统计，78.3% 的网购用户在进行网络支付时使用两种以上身份认证方式，其中，又有 80% 以上的用户经常使用"指纹识别＋手机验证码"的组合认证方式。

3. 公共服务领域

以社交应用为代表的公共服务应用形成了以第三方账号授权登录为主的身份认证方式。当前，越来越多的社交应用选择加入一个或多个由大型互联网厂商提供的身份认证平台，接受由认证平台提供的外部身份服务。对应用开发商来讲，此举降低了用户注册、登录的时间成本，间接扩大了应用的用户群；对平台提供商来讲，多元化的第三方应用的加入也更好地满足了平台的用户需求。主流的第三方授权登录服务平台有腾讯的 QQ 互联、新浪微博的微连接、淘宝/支付宝账号登录和人人账号登录等，普遍使用 OAuth 和 OpenID 技术。据赛迪智库统计，超过 10 万个第三方应用已经接入或已提交接入腾讯开放平台的申请，有 3 万家网站已经使用了 QQ 互联的登录系统；接入新浪微博开放平台的网站已经超过 18 万家；接入淘宝/支付宝开放平台的第三方应用已经超过 20 万个，网站超过 5 万家。据公开资料显示，85% 以上的网民使用过第三方授权登录服务，50% 的网民经常使用该服务。

二、产业发展特点

（一）国家政策加码，产业发展速度逐渐加快

随着近年来国内身份冒用、欺诈、个人隐私泄露事件的频繁发生，我国政府对于网络可信身份生态建设的意识逐渐加强，政策支持力度不断上升。以《网络安全法》为例，其以法律的形式明确"国家实施网络可信身份战略，支持研究开发安全、方便的电子身份认证技术，推动不同电子身份认证之间的互认"。受《网络安全法》及相关配套法律的落地红利影响，2018 年整个网络可信身份服务产业发展迅速，产业规模超过 1 100 亿元，网络可信身份认证需求也都得到了充分的释放。

（二）产业结构合理，良好产业生态逐渐形成

近年来，我国网络可信身份服务业发展迅速，增长速度超过基础软硬件产品，产业结构分布趋于合理，良好的产业生态逐渐形成。这种产业结构反映出，当前我国身份服务市场需求已经逐渐从单一的身份认证技术产品向集成化的网络可信身份认证解决方案转变，购买"一站式、全流程"的网络可信身份服务逐渐成为主流，良好的产业生态正在形成。

（三）行业集中度提升，企业竞争力显著提高

网络可信身份服务业集中度日益提升，一些大型企业和机构已经拥有完整的身份认证服务体系，具备提供完整的产品、设备，以及某个具体层面解决方案的能力，不仅能够为政府、军队等提供高质量身份认证服务、整体架构设计和集成解决方案，还能走出国门，满足国外客户身份认证服务需求。阿里巴巴集团的 B2B 平台 1688 服务面向国外有实力的厂商开放，并利用国外网站的营业执照和在当地工商部门的注册信息、办公场所的租赁合同、办

公电话等信息进行身份认证，截至 2018 年 12 月，1688 平台入驻厂商已超过 3000 万家。天猫已有 25 个国家和地区的 5400 个海外品牌入驻。腾讯旗下的诸多产品已经成为国际流行的通信工具，截至 2018 年 12 月，微信维护超过 20 亿用户的注册信息，公众服务平台超过 1000 万个，并对其进行身份管理。中国工商银行已在全球 41 个国家和地区设立了 330 余家海外机构，形成了横跨亚、非、拉、欧、美、澳的全球服务网络，拥有完整的用户身份认证、管理、评估体系。这些行业龙头企业带动性强，人才、资金、技术能够保持长期的积累，是推动整个产业发展的核心力量。

三、产业最新进展情况

当前，主管部门、科研机构、企事业单位继续深度推进网络可信身份服务业发展，不断创新相关技术、推进项目落地、宣传发展网络可信身份服务的积极意义、打造网络可信身份服务生态。

2018 年年初，"声纹＋身份认证云"在贵州省贵安新区落地，利用得意音通公司的声纹身份认证技术推进可信身份服务产业发展。在一年半的时间内，中国电子政务网、内蒙古社保、陕西省公安厅等项目也都相继落地。

2018 年 7 月，赤峰出入境管理部门等作为全区首批试点单位开展"出入境＋可信身份认证平台"工作。

2018 年 12 月，由国家网信办网络安全协调局和国家密码管理局商用密码管理办公室指导，中国电子信息产业发展研究院主办，赛迪智库网络安全研究所、赛迪（青岛）区块链研究院承办的第二届"网络空间可信峰会"在北京召开。峰会为期两天，以"智能时代网络可信生态建设"为主题，通过专题研讨、技术应用展览和宣传普及等系列活动，研究网络可信技术及应用发展最新趋势，探讨网络可信身份生态建设思路和路径，是落实《网络安全法》、推进实施国家网络可信身份战略的一次重要会议，来自业务主管部门、研究机构、网络可信服务和应用单位、大型互联网科技公司及新闻媒体代表 500 余人出席了峰会。

近两年，多家区块链企业开展身份认证相关服务。北京公益联科技有限公司开展了基于 eID 数字身份的区块链服务。该服务是在公安部第三研究所的指导下开展的，该公司由中电同业、太一云股份有限公司等共同出资成立。贵州远东诚信管理有限公司研发了身份链，旨在为政府提供居民身份上链服务。深圳前海微众银行股份有限公司研发了基于分布式实体身份认证及管理和可信数据交换协议。微位（深圳）网络科技有限公司主要为企业提供商业身份认证后的区块链名片，旨在建立跨企业间互信。区块链时代（厦门）科技有限公司研发了个人数据上链并交换的技术。

第四节　2019年我国网络可信身份服务发展趋势展望

一、网络可信身份服务业政策环境加速优化

继2006年国家网络与信息安全协调小组推出《关于网络信任体系建设的若干意见》之后，2011年年末颁布的《电子认证服务业"十二五"发展规划》进一步强化了电子认证服务业在构建网络可信空间中的核心地位。2014年8月颁布的《最高人民法院关于审理利用信息网络侵害人身权益民事纠纷案件适用法律若干问题的规定》，规范了审理利用信息网络侵害人身权益民事纠纷案件。2015年4月，中共中央办公厅、国务院办公厅联合印发的《关于加强社会治安防控体系建设的意见》，明确加强信息网络防控网建设，建设综合的信息网络管理体系。2016年11月，《中华人民共和国网络安全法》正式通过，明确提出国家实施网络可信身份战略，支持研究开发安全、方便的电子身份认证技术，推动不同电子身份认证之间的互认。

针对我国网络可信身份服务生态建设的需求，预计将推出一系列具体的政策措施。这些政策涉及的范围包括：网络可信身份战略、个人隐私保护条例、个人信息出境安全评估办法等。这些政策将会进一步完善我国构建网络可信身份服务生态的政策体系。

二、网络可信身份服务产业规模保持快速增长

随着信息化和网络化的日益普及、国家对网络安全的重视、用户使用信心的逐渐增强及进入网络可信身份服务领域的企业数量进一步增多，网络可信身份服务产业市场规模将进一步扩大。特别是移动互联网、云计算、物联网、区块链等新技术的出现和应用普及，使得网络身份管理的价值得到极大的提升，预计未来三年，网络可信身份服务市场将快速增长，随后进入稳定期。

三、多维度、综合性可信身份认证技术将成为主流

传统的身份认证技术主要是单维度的，以身份信息为主，一般在身份注册阶段认证用户的真实身份（通过身份证号、手机号、邮箱地址等），为用户颁发认证凭证（通常是口令），然后利用该凭证认证用户。随着网络信息安全形

势的日益严峻，凭证的复制和假冒时常发生。盗号木马、钓鱼网站等手段也可以获取用户的真实凭证信息，单维度身份认证技术在实际应用中遇到了越来越大的挑战。随着移动互联网、大数据、生物识别技术的快速发展，多维度、综合性的可信身份认证技术将是未来发展的趋势，用户在进行网上登录、交易的过程中，认证系统对用户的生物特征（指纹、面部）、口令、操作行为历史数据进行多维度交叉认证，如果发现异常的用户行为，即使用户提供了正确的身份和凭证，仍会对用户访问进行质疑甚至拒绝。例如，如果发现用户一分钟前在北京登录，而短时间后在广东登录，将会告警认为可能有身份盗用攻击，将会禁止用户登录。

四、网络可信身份的互联互通将加速实现

《网络安全法》明确提出，国家实施网络可信身份战略，支持研究开发安全、方便的电子身份认证技术，推动不同电子身份认证之间的互认。近年来，国内多种身份认证体系并存，包括基于 PKI 的电子认证、公安部第一研究所推出的基于身份证副本的在线认证、联想等推动的 FIDO 身份认证、阿里牵头的 IFAA 身份认证、腾讯正在推动的 TUSI 身份认证等。为深入贯彻落实《网络安全法》，积极应对网络诈骗、网络犯罪等网络安全事件，我国会进一步加强网络可信身份服务体系建设，重点完善并优化整合 eID、数字证书、金融卡绑定、生物特征识别、互信认证及可信网站验证等已有的网络可信身份服务基础设施和相关资源，建立基础数据开放服务平台，实现不同类型信任凭证的传递，积极推动已有的网络可信身份认证体系的互联互通，建立跨平台的网络可信身份服务体系。

五、网络可信身份服务"全流程"的产品服务模式将逐渐形成

信息安全风险日益复杂，身份欺诈、非授权访问、行为抵赖等安全风险日益严峻，信息化应用逐渐向更深更广发展，用户对身份认证服务的需求也逐渐转变，单纯的发放数字证书已经无法满足用户的应用需求。为保障网上业务的健康有序开展，需要同时满足身份认证、授权管理、责任认定等客户安全需求。因此，需要产品形态及服务模式上的创新突破，增强电子认证服务、电子签名应用产品、电子签名服务平台、司法鉴定、法律服务等全流程整合能力，提高服务与技术开发能力和需求应变能力，只有综合利用服务和多种产品形成"全流程"的解决方案，才能满足客户的网络信任需求。"全流程"的解决方案已成为行业发展趋势，具备网络可信身份"全流程"解决方案能力的企业将更易

形成竞争优势。

第五节　2019年我国网络可信身份服务业发展的对策建议

一、完善顶层设计，加快出台战略规划

为实现网络可信身份服务生态体系建设的总目标，我国应加强顶层设计，及时出台战略规划。一是打破现在各部门"分工负责、各司其职"的条块方式，在中央网信办的协调下，建立统筹规划、合理分工、责任明确、运转顺畅的协调体制，成立联合指导小组负责网络可信身份生态体系的标准制定和评估认证流程；二是加强隐私保护机制和问责机制，制定或修订相关的政策和法律法规，通过建立清晰的个人隐私保护规则和指南，设立问责机制和补救程序，防止个人信息滥用，实现个人和服务商之间的互操作和互信任；三是研究制定网络空间信任体系风险评估模型，建立综合的身份标识和鉴别标准，保障技术和政策标准的一致性和互操作性，以适应不断升级的安全威胁和不断创新变化的市场需求。

二、推动相关法律法规衔接，完善法律体系

完善网络可信身份服务业相关法律体系，主要通过两种途径来完成，一是对已有的法律法规进行修订和完善。例如，个人信息与网络身份管理相关的条款在《中华人民共和国刑法》《中华人民共和国刑事诉讼法》《中华人民共和国民事诉讼法》《中华人民共和国合同法》《中华人民共和国电子签名法》《中华人民共和国侵权责任法》《中华人民共和国居民身份证法》等法律法规中均有涉及，可以通过修订和完善相关条款，来明确网络可信身份在社会生活中的重要作用和法律地位。二是对尚未涉及的部分进行立法补充。如起草数据采集、存储和跨境流动的相关法律；规定互联网服务提供商、网站运维商等机构收集、存储数据的范围，地域边界和时效性；界定政府、企业、个人的权责和义务，应禁止服务商和运维商存储法律规定不得存储的信任源数据。

三、建设可信身份服务平台，推动可信身份资源共享

通过建设集成公安、工商、CA机构、电信运营商等多种网络可信身份认证资源的可信身份服务平台，提供"多维身份属性综合服务"，包括网络身份真实性、有效性和完整性认证服务，最终完成对网上行为主体的多途径、多角度、

多级别的身份属性信息的收集、确认、评价及应用，实现多模式网络身份管理和认证。可信身份服务平台，打通了不同网络可信身份认证体系、不同身份服务提供商之间的壁垒，实现了身份认证凭证之间的互通互认，整体提升了网络可信身份服务商的服务能力。通过完善网络身份管理，能够保障网络主体的身份可信、网络主体属性可用，营造安全的网络环境，加快各互联网应用的进程，维护保障网络活动中有关各方的合法权益，促进电子政务、电子商务的健康发展，为信息化建设提供安全支撑。

四、加强认证技术创新，提升行业竞争力

我国网络可信身份服务生态体系的安全稳定离不开网络可信基础技术产品的国产化。这就要求产业链上下游企业要打破国外垄断，积极进行技术创新，避免低水平重复研发。一是加大对核心加密算法等基础研究的投入，加快进行国产密码算法在主流安全产品中兼容性、稳定性和可靠性测试，提升高加密强度下产品的综合性能；二是积极研究身份认证技术升级改进，研发国产身份认证系统，对认证介质和基础数据库进行升级换代；三是加快国产可信安全操作系统、可信安全整机及可信安全芯片、生物识别芯片、可信 BIOS 等关键软硬件的成熟化和产业化进程；四是采取有力措施鼓励与支持重点领域的关键基础设施采用国产可信计算产品和安全解决方案。

五、加强业界合作，打造良好产业生态

为推进网络可信身份服务业的健康发展，应建立网络可信身份生态联盟，该联盟由产业链上下游的第三方中介服务机构、基础软硬件厂商、网络可信身份服务商、依赖方、高校和科研单位等共同组成。联盟以技术创新为纽带，以契约关系为保障，有效整合政产学研用等各方资源，通过对网络可信身份认证技术的研究及自主创新，形成具有自主知识产权的产业标准、专利技术和专有技术，开展重大应用示范，推动我国网络可信身份生态的建设和发展。此外，联盟还负责与政府、行业主管部门、协会等的沟通，推动成员开展合作。

六、加强宣传培训，营造可信身份良好氛围

加强对网络可信身份知识的宣传是提高用户接受程度的主要途径。宣传工作应从以下三方面入手：一是重点宣传网络可信身份服务生态体系建设的重大意义和对民众带来的实在益处；二是宣传培训范围要广泛，不仅包括自然人，也包政府部门、企业、科研单位和社会团体等；三是应注意消除公众对网络可

信身份生态体系建设的疑虑,特别是个人隐私保护方面的误解。当前互联网传播方式已经进入自媒体时代,个体传播行为的重要性日益突出,网络可信身份服务生态体系建设的宣传培训过程也是用户主动传播的过程,为强化宣传效果,政府媒体应注意以下三点:一是网络可信身份服务生态体系的建设应有效地解决用户需求,给使用者带来真正的好处,使用户心甘情愿地主动为网络可信体系进行宣传;二是网络可信身份服务生态体系的建设应确保参与者(如网络可信身份服务商)的利益,这样他们才能成为宣传的中坚力量;三是认真听取社会各方面的不同意见,主动沟通,争取最大范围的支持,使网络可信身份服务生态体系深入人心。

第十八章

安 全 产 业

第一节　2018年我国安全产业发展情况

一、产业规模不断扩大

安全产业是为安全生产、防灾减灾、应急救援等安全保障活动提供专用技术、产品和服务的产业。安全产业的出现是经济社会发展到一定阶段的产物，与我国安全生产事业的发展、保障公共安全的迫切需求和工业转型升级相适应。2018年，我国安全产业已经初具规模，全年安全产业总产值8898亿元，较2017年增长约15%。此外，我国从事安全产品生产的企业已超过4000家，其中，制造业生产企业占比约为60%，服务类企业约占40%。从区域来看，东部沿海地区安全产业规模相对较大，不少优秀企业快速崛起，竞争力强，引领区域安全产业快速发展。

二、产业发展的政策环境进一步完善

2018年年初，中共中央办公厅、国务院办公厅印发了《关于推进城市安全发展的指导意见》，明确提出"引导企业集聚发展安全产业，改造提升传统产业安全技术装备水平"的重点任务要求。2018年6月，为落实中共中央、国务院《关于推进安全生产领域改革发展的意见》，工信部、应急管理部、财政部、科技部联合发布了《关于加快安全产业发展的指导意见》。这是自2012年8月《关于促进安全发展发展指导意见》出台以来，又一专门针对安全产业发展的文件，对进一步推进安全产业发展，提升国家经济社会安全保障水平具有重要意义。同年10月，工信部和应急管理部联合出台了《国家安全产业示范园区创建指

南（试行）》，成为又一个推动安全产业发展的标志性文件，安全产业发展迎来崭新的发展环境。

三、安全产业集聚发展加力

2018年10月，工信部、应急管理部联合发布了《国家安全产业示范园区创建指南（试行）》（本节以下简称《创建指南》），这是我国首次专门针对安全产业园区发展的文件。重点是支持有基础、有潜力、示范效应明显的地区申报国家安全产业示范园区。《创建指南》是在总结已有创建经验的基础上，从产业规划、产业实力、产业集聚、组织体系、安全服务、公共服务、安全管理、发展环境等方面对申报国家安全产业示范园区（含创建）的基本条件进行了规定。

同年11月，粤港澳大湾区（南海）智能安全产业园已通过国家安全产业示范园区创建单位评审。此外，陕西、新疆等地区纷纷制定安全产业发展的规划，安全产业由东部向西部拓展，在全国多地落地开花，未来也将呈现出更广泛、更规范的发展局面。

四、部省协同合作共同推动安全产业高质量发展

2018年1月，工信部与原国家安监总局、江苏省人民政府签署《关于推进安全产业加快发展的共建合作协议》。合作协议签署后，江苏省，特别是徐州市建设"中国安全谷"的工作得到了两部一省相关部门的大力支持，徐州市也出台了促进安全产业发展的22条具体措施。

同年11月，工信部与应急管理部、广东省人民政府签署《共同推进安全产业发展战略合作协议》。未来，随着部省合作日渐深入，相关项目建设进一步推进，将推动我国安全产业迈向高质量发展，加快释放安全产业保障地区、服务全国的保障支撑作用。

五、安全产业宣传推广工作掀起新高潮

2018年11月14—16日，首届中国安全产业大会在广东省佛山市南海区成功举办，2500多位政府、国内顶尖的安全行业专家、中国安全行业龙头企业代表齐聚南海，会上展示安全产业前沿科技产品，解读安全产业新趋势。此外，大会还举办了为期三天的2018中国安全产业技术及产品推介会。推介会开设了城市公共安全（安全城市）、制造业安全（安全工厂）、汽车安全技术及产品（安全出行）三大专题展示区。360、大疆、海康威视、辰安科技、徐工集团、中国兵器等300多家企业全方位展示了其安全理念和产品，以黑科技勾勒当下

及未来安全产业的新图景。

第二节 2018年我国安全产业重点政策解析

一、《关于推进城市安全发展的意见》（中办发［2018］1号）

（一）政策要点

城市安全发展面临新挑战。《关于推进城市安全发展的意见》（本节以下简称《意见》）指出，随着我国城市化进程的明显加快，新兴技术产品的大量应用和新业态的涌现，城市运行系统复杂度日益提升，部分城市安全发展态势与日益增长的安全需求不匹配，城市安全风险不断增大。在人民生活方式的快速变化下，如何使城市安全发展态势适应人民日益增长的需求，则成了《意见》所要解决的主要问题。

四项基本原则指导城市安全发展。《意见》提出了坚持生命至上、安全第一；坚持立足长效、依法治理；坚持系统建设、过程管控；坚持统筹推动、综合施策等四项基本原则。

两大阶段性目标为城市安全发展提供方向。《意见》为城市安全发展制定了阶段性目标。《意见》要求，到2020年，城市安全发展取得明显进展，建成一批与全面建成小康社会目标相适应的安全发展示范城市；到2035年，城市安全发展体系更加完善，安全文明程度显著提升，建成与基本实现社会主义现代化相适应的安全发展城市。

五类举措为城市安全发展保驾护航。《意见》为城市安全发展提出了五大类举措，要求加强城市安全源头治理，健全城市安全防控机制，提升城市安全监管效能，强化城市安全保障能力，加强统筹推动。

（二）政策解析

城市安全发展需要社会共同努力。与以往针对政府安全监管部门或企业的安全生产政策不同，《意见》充分强调了城市区域布局、应急管理和社会居民参与等因素在建设安全发展型城市中的重要作用。

国家安全发展示范城市创建工作由指定试点转为广泛开展。《意见》规定了"国家安全发展示范城市"的评价与管理总则，掀起了一波国家安全发展示范城市创建工作热潮。

几点建议做好推进城市安全发展工作。规划统筹引领城市安全发展，明确城市各类功能区的安全发展需求和环境保护布局需求，结合城市经济社会总体规划明确的产业发展需求和发展目标，制定城市规划和城市综合防灾减灾规划等专项规划。

二、《关于加快安全产业发展的指导意见》（工信部联安全〔2018〕111号）

（一）政策要点

《关于加快安全产业发展的指导意见》（本节以下简称《指导意见》）提出了下一阶段促进安全产业发展的工作目标。到2025年，安全产业成为国民经济新的增长点，部分领域产品技术达到国际领先水平；国家安全产业示范园区和国际知名品牌建设成果显著，初步形成若干世界级先进安全装备制造集群；安全与应急技术装备在重点行业领域得到规模化应用，社会本质安全水平显著提高。

《指导意见》提出了下一阶段安全产业的发展方向。一是加快先进安全产品研发和产业化，重点为风险监测预警产品、安全防护防控产品、应急处置救援产品。二是积极培育安全服务新业态，积极发展安全管理与技术咨询、产品展览展示、教育培训与体验、应急演练演示等与国外存在较大差距的安全服务，重点发展基于物联网、大数据、人工智能等技术的智慧安全云服务。

《指导意见》提出了下一阶段安全产业发展的重大任务。组织实施"5+N"计划，逐步健全技术创新、标准、投融资服务、产业链协作和政策五大支撑体系，开展N项示范工程建设，培育市场需求，壮大产业规模。

（二）政策解析

《指导意见》与《关于促进安全产业发展的指导意见》紧密衔接。《指导意见》是《关于促进安全产业发展的指导意见》（工信部联安〔2012〕388号）的发展和创新，《指导意见》进一步细化了未来一段时间我国各部门促进安全产业发展的工作方向、重点任务和保障措施，为我国安全产业的发展注入了新活力。

《指导意见》进一步明确了安全产业特点。《指导意见》提出我国的安全产业发展要以提升安全保障能力为重点，提升各行业领域的本质安全水平。发展安全产业的目的就是保安全、防事故、降损失。就经济效应而言，发展安全产业每年为供给侧带来上万亿的经济效益；就社会效应而言，安全产品及服务的存在，对生产经营等活动是极大的保障，能有效预防安全事故的发生，而安全产品的使用，则能及时降低事故的危害程度，将损失降到最小。安全产业满足社会各领域对安全的差异化需求，极大提升人类安全感和幸福感。

安全产业需要一定的发展环境。一是促进安全产业的发展，需要相关部委、地方政府通力合作，强化组织领导，建立安全产业发展重大问题协调、联席会议、督查督办等制度机制，实现产业发展、安全监管、责任与考核等工作有机衔接，积极落实《指导意见》，制定地方安全产业发展政策措施，加大与各部门、行业协会、服务机构的合作，引领安全产业高速、健康发展。二是可以按照"人才＋项目"引才模式，重点引进安全产业急需的具有持续创新能力的领军型、紧缺型、复合型人才及研发团队。

三、关于印发《安全生产专用设备企业所得税优惠目录（2018年版）》的通知（财税〔2018〕84号）

（一）政策要点

出台背景。《安全生产专用设备企业所得税优惠目录（2018年版）》（本节以下简称《优惠目录》）依据当前安全生产装备的发展状况和迫切需求，列举了89项企业在购置、使用过程中，能获得企业所得税抵免优惠的安全生产专用设备，并以此淘汰废止了《安全生产专用设备企业所得税优惠目录（2008年版）》（本节以下简称《目录（2008年版）》）。

主要内容。《优惠目录》较《目录（2008年版）》囊括的安全产业细分领域范畴有所扩大，列入的专用设备数量大幅提升。《目录（2008年版）》涵盖了煤矿、非煤矿山、危险化学品、烟花爆竹行业、公路行业、铁路行业、民航行业和应急救援设备类八大领域，2018年《优惠目录》则将危险化学品领域扩充至了石油及危险化学品领域；将烟花爆竹行业和民用爆炸物行业的安全生产专用设备，依照应用领域的普适性进行了归类，着重突出了民爆行业所需的专用安全设备；将公路、铁路、民航行业合并为交通运输行业，同时新增并纳入了水运行业；增加了建筑施工行业，将防坠落、升降式作业装置安全装备作为重点，着重关注高空作业安全水平。

（二）政策解析

《优惠目录》是2018年安全产业高速发展的重要组成部分。2018年我国安全产业政策频出,《优惠目录》是工信部与应急管理部在安全产业发展方向上,各自管辖领域内互相支持、共同发展、同抓安全的重要成果。《优惠目录》的发布为安全生产专用技术装备的产业化发展提供了动力,不但有助于安全生产专用设备在各类单位中的推广,还有利于安全产业企业明确自身的自主研发方向和企业定位。对于同类安全生产专用设备来讲,《优惠目录》的制定有利于引导行业快速推出多样化、规范化的该类产品,通过市场化竞争提高产品的经济化水平,从而推动该产品大规模生产部署的快速进行。

《优惠目录》发布的重要意义。一是重点推广先进适用的安全生产专用设备。二是明确产业需求,引导安全产业细分行业创新。三是以看得见摸得着的政策,为企业的安全生产工作提供保障。

四、《国家安全产业示范园区创建指南(试行)》工信部联安全〔2018〕213号

(一)政策要点

明确了申报条件,制定了园区评价指标体系。一是将产业规划、产业实力、产业集聚、组织体系、安全服务、公共服务、安全管理和发展环境等八项内容作为园区申报的必要条件;二是制定了由4类一级指标和19个二级指标组成的评价指标体系,针对申报示范园区创建单位和申报示范园区的单位分别有相应的指标要求。

对示范园区(含创建)的退出机制做出了规定。《国家安全产业示范园区创建指南(试行)》(本节以下简称《指南》)要求示范园区(含创建)每年上报其上年度总结和本年度计划,每三年接受建设情况评估,对于不按规定上报总结计划的、上报资料弄虚作假的、评估结果不合格和整改不落实或落实不到位等情况,将采取限期提交/改正/整改、警示、撤销命名甚至暂停其所在省份下一年度的申报工作等惩戒措施。

(二)政策解析

《指南》是对前期安全产业示范园区创建工作的总结。各地都重视安全产业的发展,许多地区都陆续建成了一批安全产业园区和基地,也涌现出一些具有发展特色和潜力的园区(基地)。江苏徐州、辽宁营口、安徽合肥、山东济宁等城市先后开始创建安全产业示范园区(基地),这些园区的建设已初具规模,正进入快速发展阶段。《指南》的适时出台,总结这些园区在创建过程中积累

的经验，探究园区对促进安全产业发展的作用，发现我国安全产业集聚发展中存在的问题，对促进整个产业的持续健康发展具有重要意义。

《指南》是规范安全产业园区和基地发展的需要。在我国安全产业园区的发展中也暴露了诸多问题，如规划不合理、同质化竞争严重、缺乏核心竞争力等，不同程度地影响着安全产业园区及安全产业未来的发展，因此，急需找出问题，规划发展。

《指南》进一步推进安全产业集聚发展。当前，新疆乌鲁木齐、吉林长春、浙江乐清、重庆、四川绵阳、北京、河北怀安等地也相继培育和发展安全产业。《指南》的出台对创建中的安全产业示范园区（基地）将起到规范和约束作用，对拟创建的园区（基地）具有指导和借鉴作用。

第三节 2018年我国安全产业重点行业发展情况

一、道路交通安全产业

（一）发展情况

我国机动车保有量的不断增加，使得道路交通安全装备推广空间持续扩大。随着各类先进道路交通安全技术装备的兴起和快速发展，我国道路交通安全产业规模快速增加，预计2018年年末，将由2015年的322亿元增长到400亿元左右（见图18-1）。

（二）发展特点

产业发展潜力巨大。全国高速公路里程持续增加，道路安全基础设施市场潜力巨大。2018年底，全国公路总里程达484.65万公里，公路安全生命防护工程保障能力巨大。2014年，国务院办公厅发布了《关于实施公路安全生命防护工程的意见》(国办发〔2014〕55号)，对各级公路安全基础设施建设提出了要求。公路安全基础设施建设及养护工作，有效提高了各级道路的安全防范水平。

智能汽车是道路交通安全产业的发展重点。2018年1月5日，国家发展和改革委员会产业协调司发布了《智能汽车创新发展战略（征求意见稿）》(本节以下简称《战略》)，以满足推动智能汽车创新发展的迫切需求。《战略》指出，要秉承四项基本原则，加快智能汽车创新发展：统筹谋划，协同推进；创新驱动，平台支撑；市场主导，跨界融合；开放包容，安全可控。

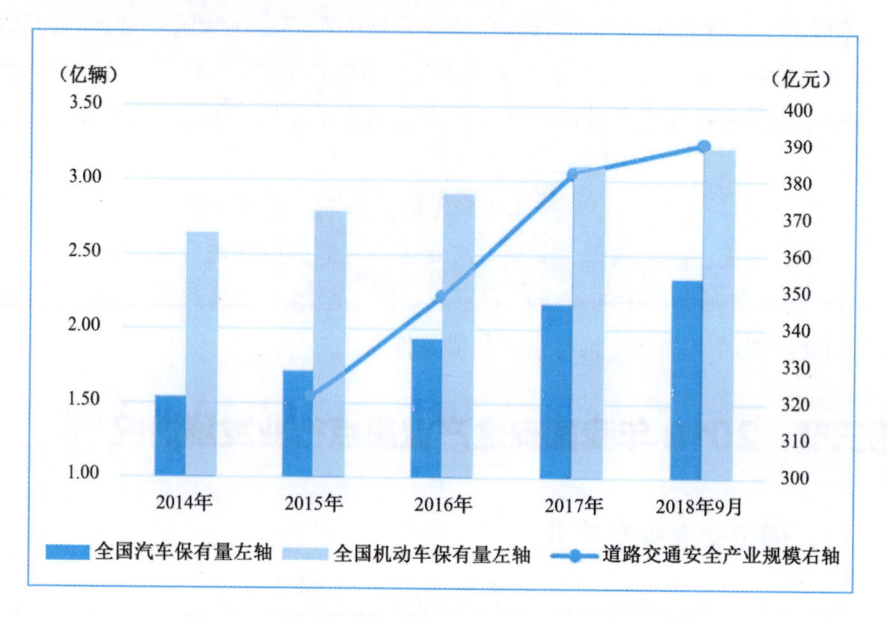

图 18-1　我国道路交通安全产业规模与车辆保有量

（数据来源：赛迪智库整理，2019 年 1 月）

无人驾驶领域投资行为的持续进行，表明了资本对无人驾驶近未来发展态势的积极观点，但目前无人驾驶技术离能够产生大规模经济效益还有相当的距离，投资机构在评价我国无人驾驶厂商的发展潜力时，对产品稳定性、大规模生产能力是极为看重的。对我国无人驾驶厂商来讲，目前合作研发的订单数量要远高于批量供货订单数量，这也是研发经费体系较订单体系更容易、成本和短期期望收益更低导致的。未来无人驾驶技术必定要从定制化转为大规模生产，产品品控、供应链均为该新兴产业所面临的首要问题。

二、建筑安全产业

（一）发展情况

行业发展动力强劲。2018 年，我国建筑业保持了平稳增长的态势，行业可持续发展能力显著增强，市场主体行为得到了进一步规范，法制建设、市场监管手段逐步完善，建筑市场健康、平稳发展。建筑行业市场规模宏大，施工条件复杂，安全生产形势严峻，对建筑安全产品及服务的需求旺盛，推动了建筑安全产业的发展。

细分产品市场规模不断扩大。随着房屋建筑业、铁路、公路、机场等领域投资规模的扩大，对建筑安全产品的需求不断增长，各类建筑安全产品的市场规模在不断扩大。

产业发展环境不断优化。2018年国家出台了部分政策法规来优化建筑安全产业市场环境。住建部标准额定司印发《住房城乡建设部标准定额司2018年工作要点》、批准《装配式建筑评价标准》为国家标准。人社部、交通部等6部门联合印发《关于铁路、公路、水运、水利、能源、机场工程建设项目参加工伤保险工作的通知》。

（二）发展特点

建筑安全产业智能化发展形势初显。随着产品和技术的不断创新发展，建筑施工安全防护标准的不断升级，建筑安全产业智能化发展形势初步显现。尤其是互联网和建筑行业的融合，更促进了重点产品和技术的智能化进程。智能脚手架就是在传统爬架基础上，经过信息化、智能化改造而来，它可吸附于建筑本体，随楼宇建设高度的升高而提升高度，不必随楼层的升高而另加装新脚手架，并将高空作业变为低空作业，提高安全水平，有力保障了施工人员的生产安全，又节省了钢材，提高了工效，具备良好的社会效益和经济效益。

传统建筑安全企业改造升级步伐加快。从行业整体的竞争格局来看，建筑安全企业的市场集中度很低，大多以中小企业为主，缺乏龙头企业，涉足的产业链较少，同质化竞争严重，缺乏核心竞争力。建筑领域内的部分行业领军企业，已经意识到改变传统经营模式、更新换代老旧产品及技术是未来争夺建筑市场的重要举措。部分建筑安全产品的提供企业，已经完成了对现有安全产品的改造升级，率先在行业内研发生产并投入使用集成式电动爬升模板系统、集成式升降操作平台、附着式升降脚手架、带荷载报警爬升料台、施工电梯监控系统、工具式盘梯等为主导的高端建筑安全产品，填补了建筑行业设备安全的空白，解决了行业难题。

建筑施工安全服务体系逐步完善。我国目前形成了以维护建筑体在施工过程中的稳定及施工人员安全、为各类城市轨道建设、高架桥梁建设、民用建设等提供专业的建筑安全支撑设备租赁、成套方案优化、建筑安全技术咨询、检测认证、教育培训、投融资、建筑安全云服务等体系，各类中介机构、科研中心、监管部门等共同合作,共同保障建筑安全。同时,部分建筑安全科技型企业已经完成了核心技术的攻关,拥有了国内外先进的安全技术,保障了建筑施工安全。

三、危化品安全产业

(一)发展情况

危险化学品安全生产形势。2018年,国内共发生1902起化学品事故,较大及重大事故频发,死亡1人以上的事故有224起,共造成522人死亡。特别是火灾爆炸事故,共发生817起,占事故总数的43%,造成240人死亡,占死亡总人数的46%,不仅造成重大人员伤亡,还造成了恶劣的社会影响。

危险化学品安全产业重点工作。《危险化学品安全生产"十三五"规划》指出,供给侧结构性改革的经济发展方式和日新月异的科技进步,必将推进产业结构调整,加快淘汰危险化学品落后的工艺、技术、装备和过剩产能,提升产业工人的能力素质,降低安全风险,提高企业本质安全水平。

(二)发展特点

以危险化学品安全综合治理工作为机遇。2018年,危险化学品安全产业以城镇人口密集区危险化学品生产企业搬迁改造为机遇,重点对危险化学品生产、储存、运输中的安全薄弱环节进行提升改造,在搬迁企业的新建项目建设中,危化品安全产业为企业提供了安全水平更高的产品、技术和设备,有效推动了危险化学品安全综合治理工作的开展。

以"三化"建设改造和"产业+服务"为方向。一是互联网与制造业在危险化学品安全领域的深度融合。二是贯穿全生命周期链条和全时段的"三化"提升。三是危险化学品安全服务模块将迎来增长。

四、矿山安全产业

(一)发展情况

矿山建设情况。我国矿山淘汰落后产能力度不断加大,矿山数量逐年减少,按照《非煤矿山安全生产"十三五"规划》的目标,到2020年,要将非煤矿山数量降至32000座以下,同时,矿山企业规模化、机械化、标准化水平明显提高。

矿山安全生产情况。煤矿、非煤矿山是我国安全生产事故的高危领域之一，受到国家、地方政府、企业和社会各界的高度重视。在各方共同努力下，我国矿山防灾减灾救灾能力明显增强，安全生产工作取得历史性成就，为保障国家能源安全与原材料稳定供应做出了突出贡献。

矿山安全产业发展情况。我国矿山机械化水平快速提升，特别是大力推进矿山机械化、自动化，通过"数字矿山""智慧矿山"建设淘汰落后工艺设备，推广先进使用技术装备，不仅提高了矿山生产的效率，更从一定程度上保障了生产安全。2018年，我国大型煤炭企业采煤机械化程度已达97.9%，煤矿井下掘进设备制造水平也大幅提升，部分设备已达到世界先进水平。

（二）发展特点

政策助推广阔发展空间。政策的密集出台为矿山安全产品，特别是先进技术装备发展提供了持续的推动力。

产业升级推动新技术广泛应用。矿山安全产业正经历从传统采矿设备向信息化、集成化转变，从偏硬件向软硬件同步发展过渡。数字矿山建设是用信息技术改造传统矿业的重要举措，智能采矿将为矿业科技带来重大跨越，成为化解采矿高危风险的重要途径，加快推进互联网、大数据、人工智能同煤矿安全生产深度融合。

矿山安全服务产业仍需加强。一是缺少对产品的严格检测检验，存在低价竞争、以次充好、设置技术壁垒的现象扰乱市场；二是缺少安全领域信息化建设的方案制定和检验认证服务，急需制定升级改造和信息化建设后的验收标准规则；三是先进装备和信息化系统的管理、运行、维护服务发展滞后，信息化系统建成后应用比例较低，或不能发挥实际作用。

五、基础设施安全产业

（一）发展情况

我国重视基础设施建设。2018年10月31日，国务院办公厅印发《关于保持基础设施领域补短板力度的指导意见》，明确提出了10项具体配套政策措施。加强完善基础设施建设是社会经济活动正常运行的基础，是社会经济现代化的重要标志，是经济布局合理化的前提，是国家拉动经济增长的必然途径。据统计，2018年1—6月，全国基础设施建设累计投资同比增长3.31%，全年基础设施建设投资增速或在 5%～9%，投资额或超过 18 万亿元，全年全国各省市区仅就交通设施建设投入的资金额度总计 22852 亿元。中国基础设施建设计划在未来 18 年预计投资达 16 万亿美元。

基础设施安全发展现状。安全产业基础设施涉及交通运输、能源动力、通信电信等市政公用工程设施和公共生活服务设施安全。其中，交通运输领域主要包括公路、铁路、桥梁、铁道、隧道、港口、航空等设施的安全。能源动力领域主要包括石油、煤炭、天然气、电力等固定资产的安全，预计"十三五"到"十四五"期间，我国油气管网主干道总投资达到 16 000 亿元，新建 10 多万公里管道。通信电信领域主要包含电信、通信、信息网络等邮电通讯项目等通信基站、信号塔、光缆线路等设施的安全，2017 年互联网上网人数达到 77198 万人，2016 年，我国移动基站产量为 64083.6 万信道，2017 年回落至 27233.4 万信道。

（二）发展特点

基础设施安全市场前景广阔。其中交通基础设施具有产业链长、带动作用强、涉及面广等特点，国家高度重视、投资者追捧。"十三五"以来，交通基础设施建设固定资产投资占全社会固定资产投资的比重稳定在 5% 左右，对推动经济增长、拉动内需具有重要的支撑作用。道路交通基础设施建设投资的上升推进了公路安全生命防护工程的实施，保障了公路安全设施的添置需求及养护需求，为道路交通安全基础设施的产品、技术及服务市场带来了广阔的发展空间。

能源动力基础设施高速发展。我国正在加快油气主干管网、区域性支线管网和配气管网建设，完善 LNG 接收站布局和配套外输管道，推进国内油气管网互联互通。随着"互联网"与油气储运建设行业的深度融合，建设智能管道和智慧管网，实现全数字化移交、全智能化运营、全生命周期管理，用信息化手段大幅提升质量、进度、安全管控能力，实现管道的可视化、网络化、智能化管理，最终形成具有全面感知、智能优化、自动预判、自我调整能力且安全高效运行的智慧管网，这将成为该领域发展的趋势。

着力保障通信电信安全。我国通信电信基础设施得到国家高度重视，2018 年 5 月 3 日，工信部、国资委联合发布《关于 2018 年推进电信基础设施共建共享的实施意见》（工信部联通信〔2018〕82 号），提出以提升网络攻击和质量效益为着力点，在深挖行业内共享潜力的基础上，积极推动电信基础设施和能源、交通等领域社会资源的共享共建。

完善政策提升水平。要完成供给侧结构性改革这一目标任务，预计今后一段时期，我国会加大改革投融资体制的力度，强制提高基础设施投资效率，将航空和港口基础设施列为重点，增强交通基础设施建设力度，使之担负起支撑产业升级的能力；加快建设能源互联网的步伐，使能源基础设施能适应各类新兴需求；加大以工业互联网为重点构建新一代信息基础设施的力度，为中国参与新一轮产业竞争、赢得市场提供坚实平台。

积极引入新型科技技术。基础设施建设未来几年任重道远，传统的基础设施投资依然坚挺，然而以新技术、新科技为主要方向的新型基础设施建设，以及以先进制造为主的工业领域投资越来越受到投资者的青睐，成为新的增长点。制造业技术改造以及设备更新、5G商用、人工智能、工业互联网、物联网等一批高科技领域已成为新兴投资的重点。可以确信未来促进有效投资增长，加大补短板力度将会成为基础设施建设重点。2019年将紧紧围绕"建设、改造"这两个关键词加大投资力度，"建设"重点将集中在加强具有高科技含量的新型基础设施建设，进一步推进人工智能、工业互联网、物联网等建设，加快5G商用步伐；加大能源、交通、水利等重大基础设施建设的力度。

六、城市安全产业

（一）发展情况

我国城镇化水平不断提高。我国城镇化水平稳步提升，为城市安全产业的持续发展开拓了稳定的市场空间。

人民安全感需求为城市安全产业提出了发展要求。城市安全产业作为直接为城市安全保障活动提供技术、装备及服务保障的产业，是城市安全工作者做好本职工作的必要基础和坚实后盾，发展城市安全产业，有助于提高人民日常生活的安全感，对维护社会和谐稳定具有重要作用。

安防产业快速发展。2018年，我国安防市场规模约6570亿元，较上年同期增长9.21%，2018年智能安防市场规模在300亿元左右，约占总体规模的4.44%。

（二）发展特点

政策和体制支持推动城市安全产业发展。在政策支持上，2018年中共中央办公厅、国务院办公厅印发了《关于推进城市安全发展的意见》（中办发〔2018〕

1号），要求各地区各部门要响应我国城市化进程明显加快的趋势，强化城市运行安全保障，着重防范事故特别是重特大事故的发生；提出了我国城市安全发展的总体目标，要求完善形成系统性、现代化的城市安全发展体系，深入推进创建安全发展型示范城市。在体制支持上，随着2018年3月国务院机构改革应急管理部的正式成立，在大安全理念和应急管理模式的整合下，城市消防安全工作、安全生产工作和自然灾害防灾减灾工作进行了有机结合。

平安城市建设是城市安全产业布局的切入点。从需求侧来看，平安城市建设是城市安全产业发展的重要市场来源，是城市安全产业进行广泛布局的重要切入点之一。随着"大安全"理念的提出，平安城市建设逐渐由公安部门为主，转变成为由多部门配合、全社会参与的国家级工程，累计投入超过5 000亿元。

智慧城市为城市安全产业未来发展带来机遇。智慧城市理念的兴起为城市安全产业未来发展开拓了巨大空间。大数据、物联网及新一代信息技术的应用，从智慧城市的角度为城市安全的感知、控制提供了新思路，为城市增强应对自然灾害、事故灾难、公共卫生和社会安全事件的反应能力提供了技术准备。作为"十三五"期间我国新型城镇化的重点方向之一，智慧城市建设在各地受到普遍关注，仅2017年年末，我国即有超过500个城市明确提出要建设智慧城市，或已开始建设智慧城市。

七、安全服务产业

（一）发展情况

安全服务产业发展历程。2016年，《中共中央国务院关于推进安全生产领域改革发展的意见》对构建安全服务体系有了明确规定，相关部门根据管理需要和安全活动的特点，暂将安全服务划分为安全咨询检测服务、评价评估类服务、事故技术分析鉴定服务、工程设计和监理服务、安全产业支撑服务、宣传教育培训服务和应急演练演示服务等七大类别。

安全服务产业分类。主要包括专业技术服务、安全管理服务、安全宣教培训服务、安全生产信息化服务等。

安全服务产业面临问题。针对出现的问题，政府应对的措施、中介服务机构应坚守的职业操守、工作准则，为安全服务实现社会化亟待解决的难题，真正将安全生产中介机构脱离具有行政管理职能的旧体制，逐步完成向市场化、专业化方向转变取得实质性进展，还有很长一段路要走。

（二）发展特点

产业处于发展初期阶段。根据抽样调查估算，我国从事安全产品生产的企业已超过 4000 家，安全产品年销售收入超过 7000 亿元，其中服务类企业约占 40%。近几年，我国从事安全生产中介服务的专业人员和中介组织有一定规模的发展，北京、上海、重庆、江苏、河南、新疆等 30 个省、直辖市、自治区都已具备拥有专业资质的安全服务中介机构。

多种服务模式共存。多种服务模式共存是安全服务社会化的主要特色，即企业购买服务模式、政府购买服务模式、三方联动模式。

加强监管推进发展。各级政府和相关部门要积极培育适时安全服务主体。创建完善的具有安全生产技术和管理能力的中介服务机构，并予以资金支持，引进国外科技力量雄厚的安全服务企业或机构或优秀的专业人才，弥补我国安全科技力量不足、不专业的短板。各级政府监管部门及相关机构单位首要规范服务内容方式。各级政府监管部门要将安全服务社会化落实到实处，加强安全服务社会化化的推进工作，激发各类具有实力的社会服务主体的创业创新活力。各级政府监管部门要强化执法规范秩序。加强对第三方服务机构的安全监管力度，严格规范从业行为，对安全服务过程中弄虚作假、敷衍等违法行为严厉查处。

第四节　2018 年我国安全产业区域发展情况

一、东部地区

（一）整体发展情况

经过多年发展，我国安全产业虽具有一定的市场规模，但各地区的安全产业发展不均衡。从地域来看，东部地区安全产业规模相对较大，中西部地区相对较小。2018 年，东部省市的安全产业发展水平继续领先，总销售收入约占全国的一半以上。此外，安全产业发展环境良好。

（二）发展特点

安全产业集聚发展向好。以江苏、广东为代表的东部地区安全产业集聚发展态势向好。从园区建设来看，现有的五家安全产业示范园区（基地）分布，有三家位于东部地区，且园区特色产业明显。

安全产业市场空间广阔。首先，大部分"一带一路"沿线国家处于不发达状态，对建设需求极高，其中包括基础设施建设、装备制造业、信息安全、电站建设，而南海区在智能工业制造及管控装备方面已具备深厚基础，可成为"一带一路"沿线国家进口安全产业产品的集聚地。其次，目前中资企业在海外的在建项目近100个，海外员工总数80万人，需要大量安全产业产品为其提供工作及生活方面的安全保障。

创新政策助力安全科技能力提升。作为我国经济发展的"领头羊"，东部地区在发挥有利区位和改革开放先行优势的同时，多措并举为创新型企业发展铺平道路，助力安全产业转型升级，往高端化、技术化方向迈进。一是通过金融扶持政策鼓励高科技企业入驻。二是创新模式助力科研能力提升。三是重视专利发明的保护和知识产权的扶持。

（三）典型代表省份——江苏

政府高度重视，产业发展政策环境较好。2018年1月，工信部、原国家安监总局、江苏省人民政府在北京签署《关于推进安全产业加快发展的共建合作协议》。2018年11月，江苏省政府办公厅出台了《关于加快安全产业发展的指导意见》，对江苏未来安全产业发展的总体要求、发展方向、重点任务、营造环境等方面，做了详细规定，是未来江苏发展安全产业的纲领性文件。江苏省是安全产业发展大省，省内已形成徐州高新技术产业开发区、常州市溧阳开发区、南通如东经济开发区、盐城市大丰区等产业集群。产业链条较为完善，定期举办具有影响力的标志性会议。

二、中部地区

（一）整体发展情况

中部六省（山西、安徽、江西、河南、湖北和湖南）安全产业发展基础较好。随着中部经济崛起和工业化进程推动产业结构的调整优化，中部省区基础设施建设与改善民生的社会事业投资逐渐增加，其能源工业、机械工业、制造业等为主，服务业增长势头强劲的产业结构决定了其对安全产品、技术、装备和服务的需求也存在较强的增长动力，安全产业有较大发展空间，但由于地理位置、产业基础、交通条件等限制因素，反应速度和发展速度均较东部地区省份偏慢。

（二）发展特点

安全产品需求旺盛，产业发展空间广阔。需要的安全产品、技术、装备与服务等缺口巨大，且中部地区电子信息、装备制造等安全产业的基础支撑行业发展较好，这些均成为中部地区安全产业发展的重要基础与有利条件。

集聚发展特征明显，缺少国际龙头企业。从区域分布看，中部省区安全产业发展较好的地区分布在安徽省合肥市和马鞍山市、江西省景德镇市和九江市、湖北省襄阳市等区域，形成了以这几个安全产业集聚区为核心的中部安全产业布局。

高质量发展成为新时期安全产业的主基调。2018年9月，以"推动安全产业高质量发展、努力提高全社会安全保障能力"为主题的全国安全产业发展座谈会在安徽省合肥市召开，高质量发展成为中部地区安全产业发展主基调。安徽省作为其中的突出代表，近年来为推动安全产业做大做强做出了积极努力，座谈会选择在合肥召开也正因为其安全产业发展情况与此次座谈会的主题高度契合。

安全产业发展与城市安全发展深度融合。2018年，襄阳市重点发力高质量发展，在"推进高质量发展十大重点工程"中将构建全域覆盖、全网共享、全时应用、全程可控的立体化、信息化社会治安防控体系。

（三）典型代表省份——安徽

安徽省的安全产业发展受到重视，产业规模稳步增长，形成了差异布局集聚发展的特点，整体创新能力较强，科技水平较高，但产业链、核心技术等竞争劣势依然存在。

三、西部地区

（一）整体发展情况

"西三角经济区"的建设发展为西部地区经济建设发展注入新的活力，长江经济带发展战略得以高度重视也成为西部大开发战略强势推进的润滑剂。

其中，四川省是我国西部地区的"综合交通枢纽"，素有"中国西部经济发展高地"之称，GDP 连续多年位居西部第一。新疆维吾尔自治区地理位置尤为重要，它位于亚欧大陆中部，是中国西北边陲重地，在我国拥有最大的面积、最长的陆地边境线、毗邻的国家最多。重庆是我国重要的现代制造业基地和高新技术产业基地，是我国中西部地区发展循环经济示范区，是国家统筹城乡综合配套改革试验区。陕西省西安市在全国区域经济布局中凸显重要地位，既能承东启西，又有东联西进的区位优势。

2017 年我国西部地区 GDP 情况如表 18-1 所示。

表 18-1　2017 年我国西部地区 GDP 情况

省（自治区、市）	GDP（亿元）	同比增长
四川省	36980.20	8.1%
陕西省	21898.81	8.0%
广西壮族自治区	20396.25	7.3%
重庆市	19500.27	9.3%
云南省	16531.34	9.5%
内蒙古自治区	16103.17	4.0%
贵州省	13540.83	10.2%
新疆维吾尔自治区	10920.09	7.6%
甘肃省	7677.00	3.6%
宁夏回族自治区	3453.93	7.8%
青海省	2642.80	7.3%
西藏自治区	1310.63	10.0%

数据来源：赛迪智库整理，2019 年 1 月。

（二）发展特点

重视技术及人才储备。"金融安全产业"的提出具有前瞻性，随着新兴技术与金融产业深度融合，网络安全越来越引起关注和重视，金融安全产业园应势而生。陕西西安高新区从成立至 2018 年，成功引进 68 名两院院士，其中入选国家"千人计划"17 人，建立各类实验室、技术研发中心 200 多个，高新区经过 20 多年的创新发展，借助科教资源集聚的优势，雄厚的科技队伍，秉承推进科技成果转化，打造特色高新技术产业发展的宗旨，使得园区经济指标年均增速超过 30%。

持续推进园区建设。中国西部安全（应急）产业基地于2009年在重庆落户，基地任务目标明确，即"以安全产品、技术和服务为主，以应急救援产品、技术和服务为辅"，基地发展战略定位精准，即"依托重庆、辐射西部、面向全国"。重庆消防安全（应急）产业园于2015年1月24日在万盛经济技术开发区内正式启动开工仪式，消防安全（应急）产业园主要以市安监局、市公安消防总队和消防培训中心为依托，将企业生产安全、学校消防安全、家庭消防安全知识培训和消防应急救援培训等作为园区发展重点，立足打造具有科技研发检测、生产制造、交易市场、实训培训等四大功能板块的一流消防应急园区。

（三）典型代表省份——新疆

新疆目前的安全产业分布情况。乌鲁木齐市的消防安全产业、矿山安全和安全服务发展较好，昌吉州在消防安全、个体防护、安全服务和建筑安全方面具有一定基础，克拉玛依市和喀什地区在安全服务和个体防护方面已经开展了部分工作，伊犁州拥有消防安全方面的产业基础。

第五节　2018年我国安全产业重点企业发展情况

一、杭州海康威视数字技术股份有限公司

杭州海康威视数字技术股份有限公司（股票代码002415，以下简称"海康威视"），是一家以视频为核心的物联网解决方案提供商，服务范围包括大数据、安防产品及可视化管理平台，业务涉及全球领域。海康威视以研发创新为企业立足之本，研发投入连年占企业销售额7%～8%，同时在国内设有五大研发中心。在2016年获得知名媒体a&s《安全自动化》"全球安防50强"首位的佳绩后，2017年蝉联第一。在人工智能与云计算发展的浪潮中，海康威视加速布局，基于云边融合的技术，以视频为核心来架构智能物联网，推出AI CLOUD，持续探索智能安防领域的新需求，依靠技术创新成为安全产业的领头企业。

海康威视从2007年开始布局海外市场至今已历经十年，最近海康威视收购了英国公司Secure Holdings Limited，其中Pyronix品牌是英国本土最知名的入侵报警专家，此次收购英国企业是海康威视布局全球市场迈出的重要一步。截至目前，海康威视已在全球120多个国家和地区注册了商标，在海外自主品牌的占有率已超过80%。

二、徐州工程机械集团有限公司

徐工集团，成立于1989年3月，是中国工程机械行业规模最大、产品品种与系列最齐全、最具竞争力和影响力的大型企业集团。目前位居世界工程机械行业第5位，中国工程机械行业第1位，中国机械工业百强第2位，中国500强企业第189位。

徐工集团积极实施"走出去"战略，产品销售网络覆盖174个国家及地区，在全球建立了280多个徐工海外代理商为用户提供全方位营销服务，年出口突破16亿美元，连续27年保持行业出口额首位。目前，徐工集团9类主机、3类关键基础零部件市场占有率居国内第1位；5类主机出口量和出口总额持续位居国内行业第1位；汽车起重机、大吨位压路机销量全球第1位。

三、山推工程机械集团股份有限公司

山推工程机械股份有限公司，是集研发、生产、销售铲土运输机械、路面及压实机械、建筑机械、工程起重机械等工程机械系列主机产品及关键零部件于一体的国家大型一类骨干企业，创建于1980年，跻身全球建设机械制造商50强、中国制造业500强，由济宁机器厂、通用机械厂和动力机械厂组建而成山东推土机总厂，于1997年1月"山推股份"在深交所挂牌上市，入选沪深300指数股。该公司是中国机械工业效益百强企业、国家"一级"安全质量标准化企业、山东省高新技术企业、山东省制造业信息化示范企业，山东省企业文化建设示范单位。

在国内已形成山推国际事业园、山推崇文产业园、山推武汉产业园、山推抚顺产业园、山推泰安产业园、山推济南产业园、山推新疆产业园七大产业基地，拥有国家级技术中心、山东省工程技术研究中心和博士后科研工作站等创新平台，研发能力、制造能力、产品质量均处于国内领先和贴近国际先进水平。

四、北京辰安科技股份有限公司

北京辰安科技股份有限公司（以下简称"辰安科技"），是一家源于清华大学的高科技企业，是国际化安全产品与服务的供应商，其业务以平台构建为核心，主要提供监测监控、预防预警、智能决策、救援指挥、综合应急等相关系统和装备。辰安科技依托清华大学在公共安全领域的科研力量，沿着"产学研用"的创新路线，逐渐形成了以研发、技术积累及持续创新能力为核心的综合业务范畴。

辰安科技成立于 2005 年，是清华大学在公共安全领域的科技成果转化单位，曾先后参与国家、省部、地市区县级平台建设 200 余项，获得过国家科学技术进步一等奖、地理信息产业科技一等奖、公安部科学技术一等奖等众多奖项。公司营业收入从 2011 年的 1.1 亿元增长为 2016 年的 5.48 亿元，5 年复合增长率分别为 38%。辰安科技致力于公共安全技术的进步和产业化，高度重视自主创新和新产品研发，在公共安全应急体系和城市安全的关键技术系统与装备方面，拥有完整的自主知识产权和系列核心技术，取得近 300 项软件著作权和国内外专利，在中国地理信息产业百强企业排名中列 27 位。

五、重庆梅安森科技股份有限公司

近年来，国内许多大型装备制造商、集成商和软件企业从不同的领域介入到公共安全产业，大多布局市政设施管理、软件信息平台、视频监控等。而重庆梅安森科技股份有限公司（以下简称"梅安森"）专注安全领域十余年，不断推动安全监测监控技术产品的创新和实践应用，业务范围已从传统的矿山安全领域拓展到管网和环保领域，聚焦安全领域，致力于"大安全、大环保"，围绕矿山、管网和环保三大业务方向，利用自身在互联网及大数据方面的优势，打造安全服务与安全云、环保云大数据产业。公司坚持"创新推动安全发展，服务构建和谐未来"的企业精神，不断创新和完善安全技术、产品和服务体系，成为"安全生产守护者"。

梅安森（股票代码：300275），成立于 2003 年 5 月，2011 年 11 月在深圳证券交易所上市，注册资本 1.69 亿元，位于重庆市高新区二郎科技新城高科创业园，现拥有近 7000 平方米的科研生产基地，是一家专业从事煤矿安全生产监测监控、瓦斯抽放计量监控、通信技术和自动化环境保护技术的研发、生产、销售和服务，并集科研开发、工程设计、加工制造、系统集成和工程安装、服务于一体的民营高新技术企业。

六、北京千方科技股份有限公司

北京千方科技股份有限公司（以下简称"千方科技"）初创于 2000 年，是根植于中关村的自主创业企业，于 2014 年成功登陆深圳证券交易所（股票代码：002373）。经过十余载的积淀，千方科技业务已涵盖公路、民航、水运、轨道交通信息化等领域，现有子（分）公司 80 余家，员工 2000 余人，成为中国智能交通行业的领军企业。

千方科技已在智能交通领域形成了完整的产业链，并拥有成熟的运营管理、服务经验，现已形成"城市智能交通""高速公路智能交通"与"综合交通信息服务"三大智能交通业务板块有机结合、齐头并进、稳步上升的发展格局。在此基础上，公司积极开展"大交通"产业战略的布局，不断推动公司业务向民航、水运、轨道交通等领域拓展，并已在民航信息化领域取得了初步成绩，成为了国内唯一一家综合型交通运输信息化企业。

七、威特龙消防安全集团股份公司

威特龙消防安全集团股份公司（以下简称"威特龙"），是国家火炬计划重点高新技术企业、全军装备承制单位，面向全球客户提供领先的消防安全产品、行业安全装备、消防工程总承包、消防技术服务等全方位消防安全整体解决方案，位于成都市高新技术开发区。

威特龙坚持技术创新，搭建了省级企业技术中心、四川省工业消防安全工程技术研究中心、油气消防四川省重点实验室、四川省工业设计中心四个科研平台，并参与了"消防与应急救援国家工程实验室"的组建。公司以"主动防护、本质安全"为创新理念，相继承担完成了国家能源安全、公共安全和文物安全领域数十项重大科研项目，形成了油气防爆抑爆技术、白酒厂防火防爆技术、煤粉仓惰化灭火技术、细水雾灭火技术、惰性气体灭火技术、绿色保温防火材料和消防物联网平台等成套技术，获国家专利186项（其中发明专利36项），成为中国消防科技创新第一品牌和消防先进技术的引领者。

八、江苏国强镀锌实业有限公司

江苏国强镀锌实业有限公司（以下简称"江苏国强"），公司经过20年的不懈努力，现有生产板块主要为镀锌产品事业部、交通安全产品事业部和新能源产品事业部三大事业部，其中交通安全产品事业部固定资产投资8亿元，员工1300余人，拥有高速护栏、镀锌制品、高频焊管生产线40条，具备100万吨的年生产能力。江苏国强为"中国民营企业五百强""中国交通百强""中国工业行业排头兵""江苏省平安企业""常州市五星企业"，以及荣获"AAA级资信企业""中国钢管领导品牌""江苏省名牌产品""中国交通名牌产品""2017全球光伏支架企业首榜"等多项荣誉。江苏国强通过了ISO14001环境体系认证、OHSAS18001职业健康与安全体系认证及国际API认证。严格、规范的质量管理体系，为确保产品品质的稳定和持续提高，向顾客提供优质的售后服务，奠定了坚实的基础。江苏国强以更为严格的要求促进企业在品质、管理、服务上向世界一流企业迈进。

在国内公路护栏板市场中，前 10 大供应商占超过 80% 的市场份额，其中江苏国强市场占有率 40% 以上，长期位居第一；光伏支架供货量位居国内第一；镀锌制品、消防管道、石油管道、压力管道、结构型材等供货量位居华东地区第一。另外，公司不断拓宽国际市场，生产经营的产品成功销往美洲、欧洲、中东、东南亚等 20 多个国家和地区，公司与美国、印度、荷兰、澳大利亚、阿联酋、韩国等国的客户建立了长期业务合作关系，产品在众多国际工程项目应用中受到一致好评。

九、华洋通信科技股份有限公司

华洋通信科技股份有限公司（以下简称"华洋通信"），是集科研开发、生产经营、工程安装于一体的江苏省高新技术企业、双软企业、重合同守信用企业，拥有江苏省煤矿安全生产综合监控工程技术研究中心，江苏省软件企业技术中心，信息系统集成及服务资质贰级，是江苏省重点研发机构、江苏省物联网应用示范工程建设单位，公司长期从事物联网、自动化、信息化等领域的技术研发、推广与服务、智慧矿山示范工程建设。

近年来，公司承担 863 计划项目、自然基金重点项目等国家省部级纵向课题十余项，开发煤矿工业以太网交换机、综合接入网关、PLC 控制器、无线通信、传感器、矿用移动终端等新产品数十项，目前公司拥有授权专利 50 余项（其中发明专利 2 项）、软件著作权 22 项、软件产品 19 项、江苏省高新技术产品 23 项。目前公司正处发展转型期，已进入 IPO 辅导，计划近年在创业板上市。

十、中防通用电信技术有限公司

中防通用电信技术有限公司，是国内专业应用物联网技术提供"安全""健康"运营服务的高新技术企业。集团公司拥有完整的研发体系，已经建立以色列研发中心、北京"安全物联网监控管理平台"研发中心、河北怀安"硬件研发·测试·试验·展示·制作·远程运维·培训"基地、武汉"硬件（智能通信终端、智能摄像机）"研发部、西安"光学（紫外、红外、激光）应用"研发部。同时联合产学研，与工信部安全司、北京邮电大学、华北电力大学等机构建立了良好的战略合作关系。产品通过多项国家专利认证、公安部消防局 CCC 认证，广泛应用于国防、公安、消防、航空航天、石油化工、基层中医健疗等关键领域。

公司的服务网络覆盖海内外，除北京总部外，先后在河北怀安、湖北武汉、湖南长沙、山东济南、四川成都（在建）建有子公司；在天津、陕西西安、河南郑州、内蒙古包头、辽宁沈阳等地设有办事处；海外分支机构遍及美国、意大利、以色列、马来西亚、印尼等国家。

十一、江苏八达重工机械股份有限公司

江苏八达重工机械股份有限公司（以下简称"八达重工"），是一家科技型股份制企业。八达重工为国家火炬计划高新技术企业，企业建有国家级博士后科研工作站、江苏省院士工作站、江苏省研究生工作站、江苏省机电双动力工程机械技术研究中心、公安部应急救援装备重点试验室试验基地等科研平台。经过多年的发展和积累，公司研制的具有自主知识产权的油、电双动力物流装卸机械、抢险救援机械等主机产品已达九大系列、60多个规格型号。企业合计申报专利57项，已获专利授权30项，其中发明专利13项。

八达重工是中国最先提出研制大型抢险救援机器人研制项目的发起人单位。2013年完成世界首台最大救援机器人产品研制任务；2014年完成大中小三种规格履带式、轮胎式、轮履复合式不同底盘的世界最大系列救援机器人产品研制，并通过国家项目验收；2016双臂救援机器人列装武警交通部队。

第六节　2018年我国安全产业发展环境分析

一、中国安全生产形势要求加快安全产业发展

2018年，全国自然灾害因灾死亡失踪人口、倒塌房屋数量和直接经济损失比近5年来平均值分别下降60%、78%和34%，安全生产事故总量、较大事故、重特大事故同比实现"三个下降"，全国安全生产形势持续稳定向好。但由于我国安全生产基础薄弱，安全风险复杂繁多，重特大事故仍时有发生。我国现在有各类企业3000多万家，其中危化企业3万多家，非煤矿山8万余座，油气管道8万公里，百米以上高层建筑6512栋，地下轨道交通线1061条，每天有4400多万人乘地铁，130多万人乘飞机，30多万辆在途危化品运输车，安全隐患数量多风险大，要保持安全生产形势继续稳定好转仍需时刻保持警惕。

从产业助力本质安全水平提升、减少安全生产事故的角度，加快安全产业发展，为安全生产提供更多更具安全保障能力的产品、技术、装备和服务，是积极应对当前安全生产严峻形势的重要途径。

二、宏观层面：国家对安全重视需要加快安全产业发展

2018年3月，我国十三届全国人大一次会议上启动了新一轮国务院机构改

革,做出了组建应急管理部的重要决策,这一决策是贯彻落实党的十九大报告"树立安全发展理念,弘扬生命至上、安全第一的思想,坚决遏制重特大安全事故,提升防灾减灾救灾能力"指示的具体行动,是解决我国新时期安全应急治理问题的重要举措。新组建的应急管理部在职责任务的设置上充分体现了大安全、大应急理念,除原国家安监总局"负责安全生产综合监督管理和工矿商贸行业安全生产监督管理"的职责整合到应急管理部外,基本可以实现以安全为出发点去进行资源整合和力量统筹,使指挥和任务集中聚焦,防止出现改革前以条块切割、职责分配、监管属性等为理由的监管缺位、职责不清、安全真空地带等问题,国家对安全问题的重视从此次国务院机构改革可见一斑。

"坚持以防为主、防抗救相结合,……努力实现从注重灾后救助向注重灾前预防转变,……全面提升全社会抵御自然灾害的综合防范能力。"习近平总书记关于应急管理的指示精神表明,"预防为主"仍然是我国安全和应急管理的重要原则,这与安全产业"源头治理"的发展初衷不谋而合。在国家重视下,以提升社会安全保障能力和本质安全水平为目标的安全产业应加快发展步伐,为推动实现"中国梦"贡献安全产业的力量。

三、微观层面:安全产业投融资体系亟待健全

目前,我国安全产业投融资体系包括的政府安全生产专项资金不断增大,90%以上的省级单位和80%以上的县级单位都设立了安全生产专项资金,国家对安全产业科研尤其是科研成果转化的投入较大,各级单位也都成立了综合性或行业性的安全产业投资基金;社会资金对安全产业的投入方兴未艾,保险对企业安全方面的投入起到了约束和激励作用,其中,安全责任险是保险业与安全产业融合的突出代表。

尽管多方合力共促安全产业融资渠道畅通,但短时间内,企业认识不足、投入结构不合理、体系效应待完善、法律法规不健全等问题仍困扰着投融资体系的健全完善,距离真正给安全产业企业发展提供足够支持,安全产业投融资体系还有很长一段路要走。

第七节 2019年我国安全产业发展趋势展望

一、总体展望

2019年,我国安全产业发展将面临新局面。发展要坚持以习近平新时代

中国特色社会主义思想为指导，全面贯彻落实党的十九大和十九届二中、三中全会精神，认真贯彻中央经济工作会议精神和党中央、国务院关于安全发展的工作决策部署，树牢"四个意识"，坚定"四个自信"，坚决做到"两个维护"，坚持以人民为中心的发展思想，坚持稳中求进工作总基调，全力防范化解重大安全风险，全力保护人民群众生命财产安全和维护社会稳定，不断增强人民群众获得感、幸福感、安全感，为实现"两个一百年"奋斗目标和中华民族伟大复兴的中国梦做出应有的贡献。发展安全产业，发挥好工业安全生产对我国经济社会安全发展的保障作用将迎来新的有利时机。目前，我国安全生产形势依然严峻，安全生产基础依然薄弱，实现安全发展的目标任务压力巨大。从本质上、源头上消除安全生产隐患，有效防范和坚决遏制重特大事故，为经济高质量发展创造稳定的安全环境，安全产业的发展要不断迎接新要求与新形势的挑战。

在深入学习贯彻习近平新时代中国特色社会主义思想和党的十九大精神的形势下，继续保持全国安全生产形势持续稳定好转的态势，确保"十三五"安全生产目标的实现，安全产业发展肩负更多的责任与使命。在党中央、国务院的直接领导下，通过全国人民的共同努力，全国安全生产形势继续保持稳定好转。展望2019年，认真学习贯彻落实十九大"树立安全发展理念"的总要求，依然是指导安全产业发展的根本要求。2018年安全产业得到了长足进步，2018年印发的《关于加快安全产业发展的指导意见》，明确了到2020年和2025年安全产业发展的目标，提出了培育市场需求，壮大产业规模的"5+N"计划，对于发展安全产业、培育新经济增长点具有重要意义。在逐步健全技术创新、标准、投融资服务、产业链协作和政策五大体系支撑下，安全产业发展将迎来战略机遇期。2019年在这一进程中是关键的一年。2019年安全产业将在《关于加快安全产业发展的指导意见》的指导下，"十三五"期间安全基础保障能力建设要求，组织实施"5+N"计划，完善产业体系，扩大产业规模。预计在2019年，我国安全产业将继续保持20%左右的增长率，整体产业规模有望达到万亿元。

二、发展亮点

（一）加快安全产业示范园区建设，推进集聚发展

落实《关于加快安全产业发展的指导意见》，在《国家级安全产业示范园区（基地）创建指南》文件印发后，已产生了良好的效应，许多有基础、有潜

力、示范效应明显的地区已开始积极申报国家安全产业示范园区。继续做好宣贯工作，促进申报条件、申报流程、命名管理及评价指标等规定的有效传达，并协同各省级工信主管部门及省应急管理部门做好示范园区组织申报和初审等工作，不断推动安全产业集聚发展。

（二）先进安全技术和产品推广应用工作将进一步加强

根据《关于加快安全产业发展的指导意见》提出的三大重点方向，结合安全发展需求，制定产业发展指导目录，计划每2～3年更新一次，为各地明确产业范围、发展方向提供参考。2019年，工信部将继续会同应急管理部、科技部编制《推广先进与淘汰落后安全技术装备目录》，每年遴选一批先进安全产品和服务编入目录，并会同相关行业管理部门推广应用结合安全发展需求，加大推广应用力度。

（三）安全产业示范工程将有序展开

面向交通、矿山、工程施工、危险品、重大基础设施、城市安全等行业和领域，以风险隐患源头治理和遏制重特大事故为导向，会同国务院相关部门征集与遴选一批国家级安全产品示范工程。目前工信部正组织相关单位编制示范工程集和编制《安全产品推广应用三年行动计划》，拟计划于2019年上半年会同应急管理部、科技部等相关部委联合发布。

（四）继续做好健全安全产业投融资体系建设

自2015年工信部与平安集团等金融机构签署战略合作以来，经过三年多的探索和实践，现已设立了民爆行业发展投资基金、汽车安全产业发展投资基金两只行业产业基金，指导设立了徐州安全产业发展投资基金和陕西省安全产业发展投资基金两只地方产业基金。2019年，将积极申报，力争将安全产业纳入政府基金投资范畴；同时，积极与地方政府及行业主管部门合作，设立更多的地方安全产业发展投资基金和行业安全产业发展投资基金；建立安全产业投融资项目库，引导股权投资基金、创业投资基金支持产业发展和园区建设；继续加大与投融资机构的合作，通过开展百家投资机构安全产业万里行等活动，引导更多金融服务机构参与地方安全产业发展，鼓励金融研究机构开展安全产业指数研究，支持企业发展壮大。

(五)持续营造有利于安全产业发展的政策环境

在 2018 年首届中国安全产业大会成功举办的基础上,在地方政府支持下,将继续邀请产业界、学术界、金融界办好安全产业大会;围绕长江经济带、粤港澳大湾区、东北老工业基地部省合作部署已经初步完成,继续推动与地方政府推进安全产业发展战略合作协议签约,西北等其他地区的部省合作于 2019 年启动。持续优化产业发展环境,促进高校和科研机构的安全科技创新能力建设,引导企业聚焦重点行业领域安全需求,以数字化、网络化、智能化安全技术与装备科研为重点方向,攻克一批产业前沿和共性技术,并通过创投基金等渠道大力支持转化一批先进适用的安全技术和产品,实现大规模推广应用。

企 业 篇

第十九章

2018 年中国中小企业发展整体情况

第一节 2018 年中国中小企业发展状况

一、我国小微企业发展基本平稳

根据"经济日报—中国邮政储蓄银行小微企业运行指数"报告，2018年，我国"小微企业运行指数"略有波动（见图19-1）。具体而言，2018年1月、3月、4月以46.8的水平实现当年最高水平，上半年整体运行状况好于2017年；2018年下半年开始下滑，7月、11月以46.3的水平实现当年最低。

2018年12月份，小微企业运行指数为46.5，较2018年11月上升0.2。从各分项指标指数来看，呈现"七升一降"态势。其中，市场指数为43.6，上升0.2；采购指数为45.8，上升0.3；绩效指数为45.9，上升0.1；扩张指数为46.0，上升0.2；信心指数为49.5，上升0.1；融资指数为49.3，上升0.1；风险指数为52.6，上升0.2；成本指数为59.9，下降0.3。

二、区域发展差异较为明显

根据"经济日报—中国邮政储蓄银行小微企业运行指数"报告，2018年我国六大区域小微企业运行指数差异较大（见图19-2）。具体而言，受制于经济发展等因素，东北、西北两大区域的小微企业运行指数较低，处于42～44；西南、华北地区处于中等水平，小微企业运行指数处于45～48；中南、华东区域小微企业运行指数相对较高，处于 48～51。

图 19-1 我国小微企业运行指数

（数据来源：经济日报，2019 年 3 月）

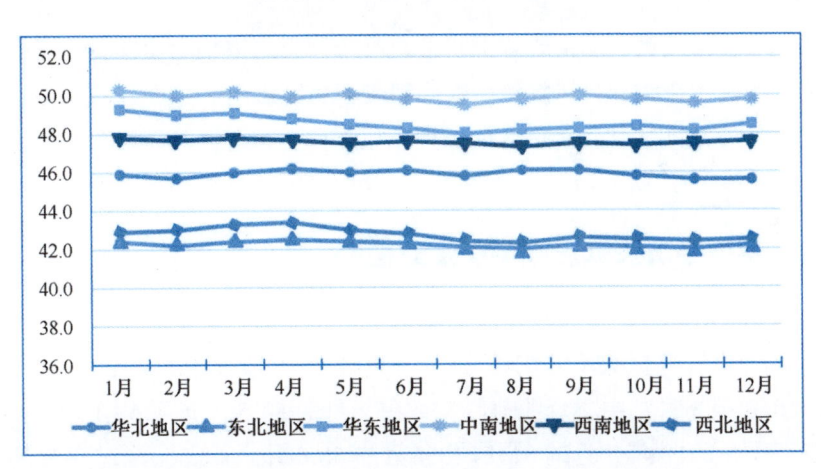

图 19-2 2018 年我国六大区域小微企业运行指数

（数据来源：中国经济网，2019 年 3 月）

第二节 2018 年中国中小企业发展存在的问题

一、中小企业经济活力有待进一步增强

在国际经济复苏缓慢、海外需求市场偏弱等因素影响下，中小企业内在经

济活力不足。纵观 2018 年，大型企业 PMI（见图 19-3）均高于荣枯线，处于扩张发展阶段。中型企业、小型企业始终徘徊在荣枯线附近，反映出中小企业经济活力释放仍存在较大空间。

图 19-3　2018 年我国大、中、小企业制造业 PMI

（数据来源：WIND 数据库，2019 年 3 月）

融资难、融资贵、人工成本不断上升等各种制约中小企业发展的老问题依然存在。除此之外，社会保险费征收体制改革后续影响、中美贸易摩擦后续影响等新问题成为制约中小企业发展的重要因素，中小企业 PMI 围绕荣枯线上下波动的趋势依然存在。

二、实体经济疲软影响中小企业信心

实体经济活动各环节呈现疲软迹象，中小企业信心仍显低迷。渣打银行发布的中小企业信心指数（SMEI）显示，随着 2018 年春节过后企业经营活动恢复，2018 年 3 月，中小企业信心指数由 2 月的 54.5 上扬至 59.1；得益于进入销售旺季，2018 年 5 月的 SMEI 由 4 月的 58.0 升至 58.3。经过两个月的回落，2018 年 8 月该指标实现了小幅回升。但是，之后两个月该指数不断回落，2018 年 10 月回落至 54.4，与 2018 年 2 月持平，在 SMEI 的三个分项指数中"中小企业经营现状指数"降幅最大，由 2018 年 9 月的 56.8 降至 55.4。2018 年 10 月，"新订单现状指数"由 2018 年第三季度平均值 60.6 降至近 8 个月的新低 58.5。消费支出放缓、投资活动低迷和外需疲软将继续拖累中小企业的生产活动，导致中长期营商信心亦出现下滑。

另外，中国人民银行企业家问卷调查结果显示，我国企业国内外订单收缩趋势较为明显。2018 年前三季度，仅第二季度的国内订单及出口订单指数超过了 50% 的水平线，而且，2018 年第三季度国内订单和出口订单较上季度分别回落 3.2、2.3 个百分点。在贸易保护主义不断升温及生产成本居高等内外因素叠加作用下，中小企业信心仍显低迷，2018 年第三季度企业家信心指数回落 4.7 个百分点。

三、中小企业外需增长空间受限

过去一段时间，在贸易保护主义不断升温的影响下，全球进出口贸易额出现大幅回落。在外需市场空间整体收缩的背景下，我国中小企业的商品出口也会因此受到影响。

近几年，发达国家市场占我国产品出口的较大比重。而美、欧、日等发达经济体制造业扩张幅度呈缩小趋势，发达国家经济增长乏力，造成我国中小企业产品的外部需求减弱。尽管我国对部分"一带一路"沿线国家和金砖国家等新兴市场的进出口保持快速增长，但新兴经济体发展不稳定，有可能使我国中小企业外需增长空间受到影响。在金融环境收紧、政治局势紧张等因素的叠加作用下，IMF 调低了对阿根廷、巴西、伊朗和土耳其等国的经济增速预期。从制造业 PMI 来看，新兴经济体制造业 PMI 波动频繁。2018 年下半年开始，虽然俄罗斯制造业 PMI 实现了大幅回升，并于 2018 年 9 月实现了扩张状态。但是受到美国对俄制裁、俄乌领土纠纷影响，俄罗斯经济进一步走弱的可能性将会加大；2018 年 6 月开始，南非制造业 PMI 大幅回落至荣枯线以下；2018 年前 10 个月中，巴西制造业 PMI 仅 6 月低于荣枯线，2018 年下半年呈现缓慢回升态势，然而未来依然存在增长的不确定性。这些国家和地区经济未来发展的不确定性在某种程度上将会对我国中小企业的外部市场空间造成负面影响。

四、中小企业政策获得感有待增强

党中央、国务院高度重视中小企业发展，从财政支持、税费优惠、营造公平竞争环境等多方面制定了系列政策举措，推动优化中小企业发展环境，但是，"政策落实一公里"的问题仍未完全解决，中小企业政策获得感仍有提升空间。一是政策信息获取费时、耗力。随着"放管服"改革的进一步推进，政策的公开透明程度大幅提升，政策信息发布渠道更加多样化，发布形式更加丰富，中小企业优惠政策的获取便利程度大幅提升。但是，中小企业政策分散在各个部门，政策信息发布在网页链接、微信公众号等，全面、及时地获取政策信息需要投入大量精力与人员。考虑到经营成本等因素，一些中小企业通常不设置专门的政策信息部门，仅安排几个专人负责该项工作，搜集到的政策信息有限，造成企业符合申报条件却不知道优惠政策、错过申报时间的现象时有发生。二是缺乏政策操作细则和办法。政策文件通常较为简洁，对申报流程、申报方式等内容仅进行初步规定，具体操作细节通过《操作手册》《操作细则》等文件另行通知。同时，也有一些政策文件对企业申请操作流程等规定不明确，也未出台具体操作性细则，企业在申报时只能通过电话咨询政府部门、聘请中介机构等方式操作，增加了企业申报时不必要的时间与财力投入。三是申报流程烦琐、申报材料繁多。个别政策申报环节多、申报表格比较复杂，导致企业申报优惠政策的积极性不高，政策效应尚未完全发挥。

第二十章

2018年我国中小企业重点政策解析

第一节 《关于推动创新创业高质量发展打造"双创"升级版的意见》

一、出台背景

创新是引领经济社会发展的第一动力，也是我国中小企业转型升级的关键所在。近年来，"大众创业、万众创新"持续向更深层次、更宽领域推进，各类服务支撑平台不断完善，创新创业理念深入人心，环境不断优化，对推动我国新旧动能转换、产业转型升级、经济结构调整发挥了重要作用，为促进我国中小企业高质量发展提供了强力支撑。但我国经济已由高速增长阶段转向高质量发展阶段，科技成果转化机制尚不完善等问题逐渐凸显。因此，打造"双创"升级版，推动创新创业走高质量发展道路，有利于进一步提升我国科技创新活力，激发产业发展动力，对促进我国经济发展尤其是中小企业发展具有极其重要的现实意义。鉴于此，2018年9月26日，国务院印发《关于推动创新创业高质量发展打造"双创"升级版的意见》（国发〔2018〕32号，以下简称《意见》）。

二、重点内容

《意见》围绕着力促进创新创业环境升级、加快推动创新创业发展动力升级、持续推进创业带动就业能力升级、深入推动科技创新支撑能力升级、大力促进创新创业平台服务升级、进一步完善创新创业金融服务、加快构筑创新创业发展高地以及切实打通政策落实"最后一公里"等几个方面展开,重点内容详见表 20-1。

表 20-1 《意见》重点内容整理

针对的方面	重点内容
创新创业环境	进一步提升企业开办便利度,全面推进企业简易注销登记改革。积极推广"区域评估",由政府组织力量对一定区域内地质灾害、水土保持等进行统一评估。推进审查事项、办事流程、数据交换等标准化建设,稳步推动公共数据资源开放,加快推进政务数据资源、社会数据资源、互联网数据资源建设。清理废除妨碍统一市场和公平竞争的规定和做法,加快发布全国统一的市场准入负面清单,建立清单动态调整机制
	加强社会信用体系建设,构建信用承诺、信息公示、信用分级分类、信用联合奖惩等全流程信用监管机制。修订生物制造、新材料等领域审查参考标准,激发高技术领域创新活力。引导和规范共享经济良性健康发展,推动共享经济平台企业切实履行主体责任
	加快建立全国一体化政务服务平台,建立完善国家数据共享交换平台体系,推行数据共享责任清单制度,推动数据共享应用典型案例经验复制推广。在市县一级建立农村创新创业信息服务窗口
创新创业发展动力	聚焦减税降费,研究适当降低社保费率,确保总体上不增加企业负担,激发市场活力。将企业研发费用加计扣除比例提高到 75% 的政策由科技型中小企业扩大至所有企业。对个人在二级市场买卖新三板股票比照上市公司股票,对差价收入免征个人所得税。将国家级科技企业孵化器和大学科技园享受的免征房产税、增值税等优惠政策范围扩大至省级,符合条件的众创空间也可享受
	完善支持创新和中小企业的政府采购政策。发挥采购政策功能,加大对重大创新产品和服务、核心关键技术的采购力度,扩大首购、订购等非招标方式的应用
	充分发挥市场机制作用,推动重大技术装备研发创新、检测评定、示范应用体系建设。编制重大技术装备创新目录、众创研发指引,制定首台(套)评定办法。依托大型科技企业集团、重点研发机构,设立重大技术装备创新研究院。建立首台(套)示范应用基地和示范应用联盟。加快军民两用技术产品发展和推广应用。发挥众创、众筹、众包和虚拟创新创业社区等多种创新创业模式的作用,引导中小企业等创新主体参与重大技术装备研发,加强众创成果与市场有效对接

续表

针对的方面	重点内容
创新创业发展动力	建立完善知识产权评估和风险控制体系，鼓励金融机构探索开展知识产权质押融资。完善知识产权运营公共服务平台，逐步建立全国统一的知识产权交易市场。鼓励和支持创新主体加强关键前沿技术知识产权创造，形成一批战略性高价值专利组合。聚焦重点领域和关键环节开展知识产权"雷霆"专项行动，进行集中检查、集中整治，全面加强知识产权执法维权工作力度。积极运用在线识别、实时监测、源头追溯等"互联网+"技术强化知识产权保护
创业带动就业能力	对科教类事业单位实施差异化分类指导，出台鼓励和支持科研人员离岗创业实施细则，完善创新型岗位管理实施细则。健全科研人员评价机制，将科研人员在科技成果转化过程中取得的成绩和参与创业项目的情况作为职称评审、岗位竞聘、绩效考核、收入分配、续签合同等的重要依据
	在全国高校推广创业导师制，把创新创业教育和实践课程纳入高校必修课体系，允许大学生用创业成果申请学位论文答辩。支持高校、职业院校（含技工院校）深化产教融合，引入企业开展生产性实习实训
	深入推进农民工返乡创业试点工作，推出一批农民工返乡创业示范县和农村创新创业典型县。进一步发挥创业担保贷款政策的作用，鼓励金融机构按照市场化、商业可持续原则对农村"双创"园区（基地）和公共服务平台等提供金融服务。安排一定比例年度土地利用计划，专项支持农村新产业新业态和产业融合发展
	加大退役军人培训力度，依托院校、职业培训机构、创业培训中心等机构，开展创业意识教育、创业素质培养、创业项目指导、开业指导、企业经营管理等培训。大力扶持退役军人就业创业，落实好现有税收优惠政策，根据个体特点引导退役军人向科技服务业等新业态转移。推动退役军人创业平台不断完善，支持退役军人参加创新创业大会和比赛
	深入实施留学人员回国创新创业启动支持计划，遴选资助一批高层次人才回国创新创业项目。健全留学回国人才和外籍高层次人才服务机制，在签证、出入境、社会保险、知识产权保护、落户、永久居留、子女入学等方面进一步加大支持力度
	深入推进创新创业巾帼行动，鼓励支持更多女性投身创新创业实践。制定完善香港、澳门居民在内地发展便利性政策措施，鼓励支持港澳青年在内地创新创业。扩大两岸经济文化交流合作，为台湾同胞在大陆创新创业提供便利。积极引导侨资侨智参与创新创业，支持建设华侨华人创新创业基地和华侨大数据中心。探索国际柔性引才机制，持续推进海外人才离岸创新创业基地建设。启动少数民族地区创新创业专项行动，支持西藏、新疆等地区创新创业加快发展

续表

针对的方面	重点内容
科技创新支撑能力	在重点领域和关键环节加快建设一批国家产业创新中心、国家技术创新中心等创新平台，充分发挥创新平台资源集聚优势。建设由大中型科技企业牵头，中小企业、科技社团、高校院所等共同参与的科技联合体。加大对"专精特新"中小企业的支持力度，鼓励中小企业参与产业关键共性技术研究开发，持续提升企业创新能力，培育一批具有创新能力的制造业单项冠军企业，壮大制造业创新集群。健全企业家参与涉企创新创业政策制定机制
	健全科技资源开放共享机制，鼓励科研人员面向企业开展技术开发、技术咨询、技术服务、技术培训等，促进科技创新与创业深度融合。推动高校、科研院所与企业共同建立概念验证、孵化育成等面向基础研究成果转化的服务平台
	纵深推进全面创新改革试验，深化以科技创新为核心的全面创新。完善国家财政资金资助的科技成果信息共享机制，畅通科技成果与市场对接渠道。试点开展赋予科研人员职务科技成果所有权或长期使用权。加速高校科技成果转化和技术转移，促进科技、产业、投资融合对接。加强国家技术转移体系建设，鼓励高校、科研院所建设专业化技术转移机构
创新创业平台服务	建立众创空间质量管理、优胜劣汰的健康发展机制，引导众创空间向专业化、精细化方向升级，鼓励具备一定科研基础的市场主体建立专业化众创空间。推动中央企业、科研院所、高校和相关公共服务机构建设具有独立法人资格的孵化机构，为初创期、早中期企业提供公共技术、检验检测、财税会计、法律政策、教育培训、管理咨询等服务。继续推进全国创业孵化示范基地建设，鼓励生产制造类企业建立工匠工作室，通过技术攻关、破解生产难题、固化创新成果等塑造工匠品牌。加快发展孵化机构联盟，加强与国外孵化机构对接合作，吸引海外人才到国内创新创业。研究支持符合条件的孵化机构享受高新技术企业相关人才激励政策，落实孵化机构税收优惠政策
	实施大中小企业融通发展专项行动计划，加快培育一批基于互联网的大企业创新创业平台、国家中小企业公共服务示范平台。推进国家小型微型企业创业创新示范基地建设，支持建设一批制造业"双创"技术转移中心和制造业"双创"服务平台。推进供应链创新与应用，加快形成大中小企业专业化分工协作的产业供应链体系。鼓励大中型企业开展内部创业，鼓励有条件的企业依法合规发起或参与设立公益性创业基金，鼓励企业参股、投资内部创业项目。鼓励国有企业探索以子公司等形式设立创新创业平台，促进混合所有制改革与创新创业深度融合
	更好发挥市场力量，加快发展工业互联网，与智能制造、电子商务等有机结合、互促共进。实施工业互联网三年行动计划，强化财税政策导向作用，持续利用工业转型升级资金支持工业互联网发展。推进工业互联网平台建设，形成多层次、系统性工业互联网平台体系，引导企业上云上平台，加快发展工业软件，培育工业互联网应用创新生态。推动产学研用合作建设工业互联网创新中心，建立工业互联网产业示范基地，开展工业互联网创新应用示范

续表

针对的方面	重 点 内 容
创新创业平台服务	推进"国家创新创业政策信息服务网"建设,及时发布创新创业先进经验和典型做法,进一步降低各类创新创业主体的政策信息获取门槛和时间成本。鼓励建设"互联网+"创新创业平台,积极利用互联网等信息技术支持创新创业活动,进一步降低创新创业主体与资本、技术对接的门槛
	继续扎实开展各类创新创业赛事活动,办好全国大众创业万众创新活动周,拓展"创响中国"系列活动范围,充分发挥"互联网+"大学生创新创业大赛、中国创新创业大赛、"创客中国"创新创业大赛、"中国创翼"创业创新大赛、全国农村创业创新项目创意大赛、中央企业熠星创新创意大赛、"创青春"中国青年创新创业大赛、中国妇女创新创业大赛等品牌赛事活动作用
创新创业金融服务	加快城市商业银行转型,回归服务小微企业等实体的本源,提高风险识别和定价能力,运用科技化等手段,为本地创新创业提供有针对性的金融产品和差异化服务。加快推进村镇银行本地化、民营化和专业化发展,支持民间资本参与农村中小金融机构充实资本、完善治理的改革,重点服务发展农村电商等新业态新模式。推进落实大中型商业银行设立普惠金融事业部,支持有条件的银行设立科技信贷专营事业部,提高服务创新创业企业的专业化水平。支持银行业金融机构积极稳妥开展并购贷款业务,提高对创业企业兼并重组的金融服务水平
	进一步健全适应创业投资行业特点的差异化监管体制,按照不溯及既往、确保总体税负不增的原则,抓紧完善进一步支持创业投资基金发展的税收政策,营造透明、可预期的政策环境。规范发展市场化运作、专业化管理的创业投资母基金。充分发挥国家新兴产业创业投资引导基金、国家中小企业发展基金等引导基金的作用,支持初创期、早中期创新型企业发展。加快发展天使投资,鼓励有条件的地方出台促进天使投资发展的政策措施,培育和壮大天使投资人群体
	支持发展潜力好但尚未盈利的创新型企业上市或在新三板、区域性股权市场挂牌。推动科技型中小企业和创业投资企业发债融资,稳步扩大创新创业债试点规模,支持符合条件的企业发行"双创"专项债务融资工具。规范发展互联网股权融资,拓宽小微企业和创新创业者的融资渠道
	依托国家融资担保基金,采取股权投资、再担保等方式推进地方有序开展融资担保业务,构建全国统一的担保行业体系。支持保险公司为科技型中小企业知识产权融资提供保证保险服务。完善定向降准、信贷政策支持再贷款等结构性货币政策工具,引导资金更多投向创新型企业和小微企业。研究开展科技成果转化贷款风险补偿试点

续表

针对的方面	重点内容
创新创业发展高地	进一步夯实北京、上海科技创新中心的创新基础，加快建设一批重大科技基础设施集群、世界一流学科集群。加快推进粤港澳大湾区国际科技创新中心建设，探索建立健全国际化的创新创业合作新机制
	支持符合条件的经济技术开发区打造大中小企业融通型、科技资源支撑型等不同类型的创新创业特色载体。鼓励国家级新区探索通用航空、体育休闲、养老服务、安全等产业与城市融合发展的新机制和新模式。推进雄安新区创新发展，打造体制机制新高地和京津冀协同创新重要平台。推动承接产业转移示范区、高新技术开发区聚焦战略性新兴产业构建园区配套及服务体系，充分发挥创新创业集群效应。支持有条件的省市建设综合性国家产业创新中心，提升关键核心技术创新能力。依托中心城市和都市圈，探索打造跨区域协同创新平台
	将全面创新改革试验的相关改革举措在"双创"示范基地推广，为示范基地内的项目或企业开通总体规划环评等绿色通道。充分发挥长三角示范基地联盟作用，推动建立京津冀、西部等区域示范基地联盟，促进各类基地融通发展。开展"双创"示范基地十强百佳工程，鼓励示范基地在科技成果转化、财政金融、人才培养等方面积极探索
	发挥中国—东盟信息港、中阿网上丝绸之路等国际化平台作用，支持与"一带一路"相关国家开展创新创业合作。推动建立政府间创新创业双多边合作机制。充分利用各类国际合作论坛等重要载体，推动创新创业领域民间务实合作。鼓励有条件的地方建立创新创业国际合作基金，促进务实国际合作项目有效落地
政策落实"最后一公里"	完善创新创业信息通报制度，加强沟通联动。发挥推进大众创业万众创新部际联席会议统筹作用，建立部门之间、部门与地方之间的高效协同机制。鼓励各地方先行先试、大胆探索并建立容错免责机制。促进科技、金融、财税、人才等支持创新创业政策措施有效衔接
	开展"双创"示范基地年度评估，根据评估结果进行动态调整。定期梳理制约创新创业的痛点堵点问题，开展创新创业痛点堵点疏解行动，督促相关部门和地方限期解决。对知识产权保护、税收优惠、成果转移转化、科技金融、军民融合、人才引进等支持创新创业政策措施落实情况定期开展专项督查和评估
	建立定期发布创新创业政策信息的制度，做好政策宣讲和落实工作。支持各地积极举办经验交流和现场观摩会等，加强先进经验和典型做法的推广应用

三、政策解读

目前，我国创新创业工作取得了巨大成效，各类市场主体不断涌现，市场活力不断激发，实现了从局部到整体的跨越式发展，成为促进我国经济结构调整、推动经济转型升级的重要动力，也是我国中小企业实现高质量发展的重要途径。《意见》的主要目标是全面提高国内创新创业服务质量，提升就业能力、科技成果转化能力及利用国内外创新资源的能力。具体则从环境、动力、就业、科技、平台、金融、资源集聚、政策落实等八个方面提出措施，全面优化我国"双创"生态环境，全面统筹财税、金融、科技、人才等相关政策，调动各部门、各地方的积极性和主动性，形成合力，促进我国创新创业工作迈上新的台阶。

第二节 《促进大中小企业融通发展三年行动计划》

一、出台背景

促进大中小企业融通发展是落实党中央、国务院决策部署，贯彻制造强国战略、创新驱动发展战略，推动我国经济走高质量发展道路的重要举措，也是促进我国大企业转型发展、中小企业走"专精特新"发展之路的重要途径。因此，为构建我国大中小企业融通发展格局，鼓励大中小企业通过创新组织模式、变革生产模式、重构创新模式、优化商业模式等方式，进一步推动我国大中小企业走融通发展道路，2018年11月21日，工业和信息化部会同国家发展改革委、财政部、国资委等四部委联合印发《促进大中小企业融通发展三年行动计划》(工信部联企业〔2018〕248号，以下简称《行动计划》)。

二、重点内容

《行动计划》通过挖掘和推广融通发展模式、发挥大企业引领支撑作用、提升中小企业专业化能力、建设融通发展平台载体，以及优化融通发展环境等五个主要行动，着力搭建大中小企业融通发展业态，进一步推动我国中小企业专业化融通发展，重点内容详见表20-2。

表 20-2 《行动计划》重点内容整理

针对的方面	重点内容
融通发展模式	构建大中小企业深度协同、融通发展的新型产业组织模式，提高供应链运行效率。发挥龙头骨干对供应链的引领带动作用，在智能制造、高端装备制造领域形成10个左右带动能力突出、资源整合水平高、特色鲜明的大企业。推动建立联合培训、标准共享的协同管理体系；打造多方共赢、可持续发展的供应体系，带动上下游中小企业协同发展

续表

针对的方面	重点内容
融通发展模式	打造产研对接的新型产业创新模式,提高产业创新效率,提升产业自主创新能力。形成10个左右创新引领效应明显的平台,发挥平台对各类创新能力的集聚整合作用。鼓励大企业建立开放式产业创新平台,畅通创新能力对接转化渠道,实现大中小企业之间多维度、多触点的创新能力共享、创新成果转化和品牌协同,引领以平台赋能产业创新的融通发展模式。围绕要素汇聚、能力开放、模式创新、区域合作等领域,培育一批制造业"双创"平台试点示范项目,促进平台成为提质增效、转型升级、跨界融通的重要载体
	加速构建数据协同共享的产业数字化发展生态,提高中小企业获取数据、应用数据的能力,推动中小企业数字化转型。鼓励企业进一步完善数据平台建设,在云计算、大数据、人工智能、网络安全等领域形成10个左右数据规模大、集聚能力强的企业。集成具有较好数据服务基础的中小企业,支持中小企业依托平台对外提供服务,通过共享平台计算能力和数据资源,扩大数据规模,强化中小企业品牌影响力。鼓励平台为中小企业提供数字化系统解决方案,支撑中小企业智能制造,引领行业数字化转型
	选择10个左右创新资源集聚、产业生态完善、协作配套良好的地区,推动基于融通模式的区域产业生态。鼓励建立龙头骨干带动的专业化配套集群。探索建立产学研协同区域创新网络,推动大中小企业针对产业、区域的共性技术需求展开联合攻关,加快共性技术研究和应用。打通区域内外企业信息链和资金链,加速区域内外大中小企业创新能力、生产能力、市场能力的有效对接,推动资源能力的跨行业、跨区域融合互补,提升产业协同效率
大企业引领支撑作用	支持制造业龙头企业构建基于互联网的分享制造平台,有效对接大企业闲置资源和中小企业闲置产能,推动制造能力的集成整合、在线共享和优化配置。鼓励大企业为中小企业提供一揽子的信息支持,包括上游产品供给、下游产品需求、产品质量及流程标准,提高全链条生产效率。推进工业强基、智能制造、绿色制造、服务型制造等专项行动,推动制造业龙头企业深化工业云、工业大数据等技术的集成应用,实现制造业数字化、智能化转型
	鼓励大企业联合科研机构建设协同创新公共服务平台,向中小企业提供科研基础设施及大型科研仪器,降低中小企业创新成本。鼓励大企业带动中小企业共同建设制造业创新中心,建立风险共担、利益共享的协同创新机制,提高创新转化效率
	鼓励大企业发展供应链金融,开展订单和应收账款融资、仓储金融等服务,帮助上下游中小供应商提高融资效率、降低融资成本。推动大企业以股权投资、股权质押融资等形式向中小企业提供专业金融服务。推动大企业与中小企业通过建立人才工作站、合作开发项目等方式开展人才培养使用的全方位合作

续表

针对的方面	重 点 内 容
中小企业专业化水平	以智能制造、工业强基、绿色制造、高端装备等为重点，在各地认定的"专精特新"中小企业中，培育主营业务突出、竞争能力强、成长性好、专注于细分市场、具有一定创新能力的专精特新"小巨人"企业，引导成长为制造业单项冠军。鼓励中小企业以专业化分工、服务外包、订单生产等方式与大企业建立稳定的合作关系
	实施中小企业信息化推进工程，推动大型信息化服务商提供基于互联网的信息技术应用。推广适合中小企业需求的信息化产品和服务，提高中小企业信息化应用水平。鼓励各地通过购买服务等方式，支持中小企业业务系统向云端迁移，依托云平台构建多层次中小企业服务体系。推动实施中小企业智能化改造专项行动，加强中小企业在产品研发、生产组织、经营管理、安全保障等环节对云计算、物联网、人工智能、网络安全等新一代信息技术的集成应用
融通发展平台载体	依托特色载体打造大中小企业融通发展的新型产业创新生态。支持实体园区打造大中小企业融通发展特色载体，引导行业龙头企业发挥在资本、品牌和产供销体系方面的优势，打造有特色的孵化载体，开放共享资源和能力，推动大中小企业在创新创意、设计研发、生产制造、物资采购、市场营销、资金融通等方面相互合作，形成大中小企业协同共赢格局
	加快构建工业互联网网络、平台、安全三大功能体系，增强工业互联网产业供给能力；加快推进工业互联网平台体系建设，引导培育若干跨行业、跨领域平台和面向特定行业、特定区域的企业级平台；推动建设工业互联网安全公共服务平台，面向广大中小企业提供网络安全技术支持服务。发挥国家中小企业公共服务示范平台、国家小型微型企业创业创新示范基地等平台的资源整合和对接能力，畅通大中小企业融通发展渠道。依托全国信用信息共享平台，为大中小企业提供"信易贷"等创新信用产品和服务
融通发展环境	发挥互联网对融通发展的支撑作用。提升网络速率、降低资费水平，继续推进连接中小企业的专线建设。加快宽带网络基础设施建设与改造，扩大网络的覆盖范围，优化升级国家骨干网络，为实现产业链各环节的互联与数据顺畅流通提供保障。打造工业互联网网络体系，加快工业互联网网络体系建设，组织实施工业企业内网、工业企业外网和标识解析体系的改造升级
	发挥知识产权制度对企业创新的引导作用，强化知识产权保护，提高创新成果利用效率。推动建立大中小企业共创、共有、共享知识产权激励机制，提升知识产权转化运用效率。加快推进中小企业知识产权战略推进工程试点城市建设，加强知识产权保护意识、提高知识产权保护能力、降低企业维权成本
	鼓励中小企业参与"一带一路"投资贸易合作，在大型跨境电商的带动下充分利用跨境网络交易平台进行跨境产品交易、技术交流、人才流动，融入大型跨国公司的产业供应和产业创新体系。依托中德、中欧等中外中小企业合作区和合作交流平台，围绕绿色制造、生物医药、新材料等重点领域开展国际经济技术交流和跨境撮合，吸引高端制造业、境外原创技术孵化落地，推动龙头企业延伸产业链，带动专精特新"小巨人"企业融入全球价值链，促进单项冠军企业迈向全球价值链中高端，积极参与国际产业竞争

三、政策解读

《行动计划》提出，大企业与中小企业不仅仅是简单的产业链合作关系，还存在创新链、价值链等全方位、多角度的合作关系，为今后我国大企业与中小企业的合作提供了新思路。目前，我国企业的创新发展模式已经走向共创、互创，走向跨行业、跨界融合。大企业向中小企业开放资源，实现信息、资源共享，中小企业利用其机制灵活、创新活力强的优势，通过创新链、价值链反馈大企业，为大企业注入活力，是今后我国企业创新发展的重要途径。印发《行动计划》的目的在于，通过构建大中小企业融通发展的新产业生态体系，进一步提升我国中小企业的创新能力，提高其专业化水平以及产业创新活力，为加快新旧动能转换、促进其高质量发展创造条件。

第三节 《关于开展专精特新"小巨人"企业培育工作的通知》

一、出台背景

目前，促进我国经济脱虚向实的关键是大力发展以制造业为代表的实体经济。从国际经验来看，德国经济之所以能在欧债危机时屹立不倒，正是得益于坚持发展制造业，培育工匠精神。大力发展专精特新"小巨人"企业，引导我国中小企业走专业化、特色化道路，是全面贯彻落实党中央、国务院关于推动中小企业专业化发展的决策部署，进一步推动中小企业高质量发展的重要举措。鉴于此，2018年11月26日，工业和信息化部办公厅印发《关于开展专精特新"小巨人"企业培育工作的通知》((工信厅企业函〔2018〕381号，以下简称《通知》)，引导和鼓励中小企业走"专精特新"发展道路。

二、重点内容

《通知》主要包括工作目标、培育条件、组织实施等几部分，重点内容见表20-3。

表 20-3　《通知》重点内容整理

针对的方面	重 点 内 容
工作目标	专精特新"小巨人"企业是"专精特新"中小企业中的佼佼者，是专注于细分市场、创新能力强、市场占有率高、掌握关键核心技术、质量效益优的排头兵企业。《通知》计划利用三年时间（2018—2020年），培育600家左右专精特新"小巨人"企业。其中，2018年培育100家左右专精特新"小巨人"企业，促进其在创新能力、国际市场开拓、经营管理水平、智能转型等方面得到提升发展
培育条件	基本条件： ①在中华人民共和国境内工商注册登记、连续经营3年以上并具有独立法人资格的中小企业，符合《中小企业划型标准规定》（工信部联企业〔2011〕300号）规定，属于各省级中小企业主管部门认定的（或重点培育）的"专精特新"中小企业或拥有被认定为"专精特新"产品的中小企业，以及创新能力强、市场竞争优势突出的中小企业。 ②坚持专业化发展战略，长期专注并深耕于产业链中某个环节或某个产品，能为大企业、大项目提供关键零部件、元器件和配套产品，以及专业生产的成套产品。企业主导产品在国内细分行业中拥有较高的市场份额。 ③具有持续创新能力，在研发设计、生产制造、市场营销、内部管理等方面不断创新并取得比较显著的效益，具有一定的示范推广价值。 ④管理规范、信誉良好、社会责任感强，生产技术、工艺及产品质量性能国内领先。企业重视并实施长期发展战略，重视人才队伍建设，核心团队具有较好的专业背景和较强的生产经营能力，有发展成为相关领域国际领先企业的潜力。 有下列情况之一的企业，不得被推荐：在申请过程中提供虚假信息；近三年发生过安全、质量、环境污染事故；有偷漏税和其他违法违规、失信行为的 重点领域： 专精特新"小巨人"企业的主导产品应符合《工业"四基"发展目录》所列重点领域，从事细分产品市场属于制造业核心基础零部件、先进基础工艺和关键基础材料；或符合制造强国战略明确的十大重点产业领域，属于重点领域技术路线图中有关产品；或属于国家和省份重点鼓励发展的支柱和优势产业。结合产业发展实际，后续将逐步扩大行业领域范围 专项指标： ①经济效益。上年度企业营业收入在1亿元至4亿元之间，近2年主营业务收入或净利润的平均增长率达到10%以上，企业资产负债率不高于70%。 ②专业化程度。企业从事特定细分市场时间达到3年及以上，其主营业务收入占本企业营业收入的70%以上，主导产品享有较高知名度，且细分市场占有率在全国名列前茅或全省前3位（如有多个主要产品的，产品之间应有直接关联性）。 ③创新能力。近2年企业研发经费支出占营业收入比重在同行业中名列前茅，从事研发和相关技术创新活动的科技人员占企业职工总数的比例不低于15%，至少获得5项与主要产品相关的发明专利，或15项以上实用新型专利、外观设计

续表

针对的方面	重点内容
培育条件	专利。近2年企业主持或者参与制（修）订至少1项相关业务领域国际标准、国家标准或行业标准。企业具有自主知识产权的核心技术和科技成果，具备良好的科技成果转化能力。企业设立研发机构，具备完成技术创新任务所必备的技术开发仪器设备条件或环境（设立技术研究院、企业技术中心、企业工程中心、院士专家工作站、博士后工作站等）。 ④经营管理。企业有完整的精细化管理方案，取得相关质量管理体系认证，采用先进的企业管理方式，如5S管理、卓越绩效管理、ERP、CRM、SCM等。企业实施系统化品牌培育战略并取得良好绩效，拥有自主品牌，获得省级及以上名牌产品或驰名商标1项以上。企业产品生产执行标准达到国际或国内先进水平，或是产品通过发达国家和地区的产品认证（国际标准协会行业认证）。企业已建立规范化的顾客满意度评测机制或产品追溯体系
组织实施	组织推荐： 根据各地已培育认定的"专精特新"中小企业数量，确定推荐名额。各省级中小企业主管部门参考佐证材料，积极组织企业填写推荐表，择优推荐。已列为工业和信息化部公布的制造业单项冠军的企业不再推荐报送
	审核公布： 对各省级中小企业主管部门上报的推荐材料进行审核。根据审核结果，确定专精特新"小巨人"培育企业名单，并在工业和信息化部门户网站公布
	动态管理： 公布的专精特新"小巨人"企业有效期为3年，有效期满当年可再次申报。在有效期内发现为虚假申报或存在违法违规行为的，一经查实，予以撤销

三、政策解读

专精特新"小巨人"企业是中小企业中的佼佼者，是我国中小企业转型升级的中坚力量。《通知》从经济效益、专业化程度、创新能力和经营管理四个方面，确定了专精特新"小巨人"企业的评定标准，进一步提出2018年要培育100家左右的专精特新"小巨人"企业，促使其在创新能力、智能转型等方面得到提升发展，这为我国中小企业"专精特新"发展提供了借鉴，指明了道路。同时有利于鼓励和引导中小企业专注细分市场，提升产品特色，通过专业化、特色化发展，带动中小企业走高质量发展道路。

第二十一章

2019年中小企业发展趋势展望

　　2019年，预计国际经济环境复杂，中小企业外需增长受限，但国内经济总体发展平稳，普惠性减税降费效果逐步显现，同时，伴随着深化改革相关措施的不断落地，我国经济韧性将进一步增强，中小企业发展环境稳中向好。尽管如此，中小企业发展也面临较多问题，包括税费负担重、技术实力弱、理念认识不足、成本上升挤压利润空间、融资难融资贵等。因此，还需继续推进体制机制改革，进一步优化中小企业发展环境，加强趋势预警与政策研判，推动跨区域国际合作，提高中小企业专业化发展能力和水平，推动中小企业加速转型升级，提升核心竞争力。

第一节　对2019年发展形势的基本判断

一、宏观经济下行压力加大，中小企业外需增长受限

　　2018年，我国GDP同比增长6.6%，四个季度GDP增速前高后低，分别为6.8%、6.7%、6.5%和6.4%，完成了《政府工作报告》年初确定的6.5%的GDP增速目标。联合国《2019年世界经济形势与展望》预测我国经济增速将从2018年的6.6%减缓至2019年的6.3%，尽管预期增速略有下调，但在世界主要经济体中我国经济增速仍然名列前茅。

　　从工业生产来看，2018年全国规模以上工业增加值同比增长6.2%，比2017年低0.4个百分点。尽管工业整体增速略有放缓，但高端制造业领域仍保

持较快增长势头，2018年高技术制造业、战略性新兴产业和装备制造业增加值同比增速分别达到11.7%、8.9%和8.1%，较规模以上工业增加值同比增速分别快5.5、2.7和1.9个百分点。这意味着我国新经济发展迅速，产业转型升级取得一定成效。

从服务业发展来看，我国第三产业已经成为推动经济增长的主要动力，服务业增加值已经超过第二产业，这标志着我国已经进入一个以服务和消费为主导的经济发展阶段，而且目前只是经济转型初期阶段，服务业未来仍有更大潜力有待释放。2018年我国社会消费品零售总额为38.1万亿元，同比增长9.0%，增速较2017年放缓1.2个百分点，但其增速水平仍远高于固定资产投资5.9%的增速水平。此外，大量新经济相关服务业领域的增速高达百分之几十，例如信息服务业同比增速高达30.7%，软件和信息技术服务业同比增长14.2%，大数据、云计算、移动游戏、旅游平台等子行业增速也高达30%~50%，这意味着我国新经济活力明显。

从进出口发展来看，2018年，我国出口总额为16.42万亿元，同比增长7.1%，增速较2017年下降0.8个百分点；进出口总额再创历史新高，首度超过30万亿元，达到30.51万亿元，同比增长9.7%，尤其在国际贸易摩擦的影响下，我国出口仍然保持着平稳的发展态势。在外汇储备方面，2018年12月末外汇储备达30727亿美元，国际收支及外汇市场供求基本平衡，汇率变化尚未出现失速风险。

2019年，国际经济环境复杂，国际贸易摩擦增加了经济发展的不确定性，剔除2月份春节的影响，2019年上半年国内出口增速出现较大下滑，中小企业外需增长受限。但国内经济总体发展平稳，尤其随着国内"三去一降一补"政策的持续深入推进，困扰我国经济结构调整的深层次问题在供给侧结构性改革的推动下不断缓解，宏观经济有望继续保持稳定发展势头。尽管外需市场形势严峻，使中小企业发展面临一定压力，但内需平稳和消费升级将为中小企业的产品和服务升级提供广阔的需求市场，有望为中小企业转型发展带来新的增长空间。

二、融资难进一步得到缓解，融资环境有所改善

2018年，为提高小微企业融资的可获得性，进一步优化小微企业融资环境，工业和信息化部联合财政部印发《关于对小微企业融资担保业务实施降费奖补政策的通知》，全面实施小微企业融资担保业务降费奖补政策，利用担保的放大效应撬动更多金融资源服务小微企业。原银监会印发《关于2018年推动银

行业小微企业金融服务高质量发展的通知》，引导银行业提高小微企业金融服务质量，重点从完善机构体系、提升服务效率、改进贷款支付、落实尽职免责等方面明确具体要求，推动银行业小微企业金融服务提高质量和效率。此外，地方各相关部门也都将纾解中小企业融资难作为工作重点，并结合各地实际情况出台融资支持政策措施，对缓解中小企业融资难具有重要的促进作用。根据银保监会发布的统计数据，截至2018年年末，全国全口径小微企业贷款余额33.49万亿元，占各项贷款余额的23.81%。其中，普惠型小微企业贷款余额9.36万亿元，较2018年年初增长21.79%，较各项贷款增速高9.2个百分点，有贷款余额的户数1723.23万户，比2018年年初增加455.07万户。贷款利率稳步下降，2018年第四季度银行业新发放普惠型小微企业贷款的平均利率为7.02%，较第一季度下降0.8个百分点，其中18家主要商业银行的该项数据较第一季度下降1.14个百分点，较好地实现了普惠型小微企业贷款"两增两控"① 目标。

2019年，中小企业融资环境有望进一步改善。习近平总书记在民营企业座谈会上强调"要优先解决民营企业特别是中小企业融资难甚至融不到资问题，同时逐步降低融资成本。要改革和完善金融机构监管考核和内部激励机制，把银行业绩考核同支持民营经济发展挂钩，解决不敢贷、不愿贷的问题。要扩大金融市场准入，拓宽民营企业融资途径，发挥民营银行、小额贷款公司、风险投资、股权和债券等融资渠道作用。"随着工业和信息化部推动建设的各地中小企业担保体系不断壮大，银保监会"两增两控"及普惠金融工作推进不断加强，中小企业能够获得的有效金融资源正在持续增加。伴随资本市场改革的不断深化，"科创板"已成为多层次资本市场体系建设的重要突破，中小企业的融资渠道将更加丰富。总体而言，尽管中小企业一直面临"融资难融资贵"的问题，但随着民营经济、中小企业发展环境不断优化，纾解中小企业融资难系列政策措施的效果陆续显现，中小企业融资环境有望获得持续改善。

三、创新创业持续推进，经济活力将进一步提升

2018年，国务院在创新创业方面进一步出台《关于推动创新创业高质量发展打造"双创"升级版的意见》，重点在简政放权释放创新创业活力、搭建大中小企业融通发展平台、加大财税政策支持力度，以全面推动创新驱动发展战略的落实。为推动大中小企业融通发展，工业和信息化部联合国家发展改革委、

---

① "两增"即单户授信总额1000万元以下（含）小微企业贷款同比增速不低于各项贷款同比增速，贷款户数不低于上年同期水平；"两控"即合理控制小微企业贷款资产质量水平和贷款综合成本，突出对小微企业贷款量质并重、可持续增长的监管导向。

财政部、国资委共同印发《促进大中小企业融通发展三年行动计划》，提出用三年时间支持不少于 50 个实体园区打造大中小企业融通发展特色载体，培育 600 家专精特新"小巨人"和一批制造业单项冠军企业等目标，不断优化和完善大中小企业融通发展生态。此外，中央及地方各相关部门持续推动商事制度改革，不断优化营商环境，推动各部门之间加强信息共享，中小企业创新创业环境不断得到优化。

根据国家市场监督管理总局统计，2018 年，我国实有市场主体 1.1 亿户，新登记市场主体 2 149 万户；其中企业市场主体 3 474.2 万户，新登记企业主体 670 万户，平均每天新登记企业主体 1.8 万户。市场主体数量达到新高，新登记市场主体成为推动经济转型的重要加速器。世界银行公布的《2019 年营商环境报告》显示，我国营商环境总体评价排名较去年提升 30 多位，在 190 个经济体中排名第 46 位，我国商事制度改革取得的成效已经获得世界银行的高度认可。

展望 2019 年，随着创新创业文化日益深入人心，中央及地方相关政策措施不断丰富和完善，创新创业系列政策经过多年的积累其效果将更加凸显。可以预期，在国家创新驱动战略的推动下，中小企业创新创业环境将日益优化，我国经济活力将不断提高，中小企业转型升级进程将不断加快，有望迎来新一轮创新创业高潮。

四、发展形势稳中趋紧，未来发展预期谨慎乐观

2018 年中小企业发展形势稳中趋紧。根据中国中小企业协会的统计数据，2018 年中小企业发展指数的宏观经济感受指数稳中略降，从第一季度的 106.4 降低到第四季度的 106.3，中小企业发展指数的综合经营指数也从第一季度的 104.9 下降到第四季度的 104.8，说明中小企业发展形势整体相对稳定，但出现略微趋紧的发展趋势。在市场方面，中小企业发展指数的市场指数从第一季度的 90.7 下降到第四季度的 90.3，连续三个季度下降，虽然降幅不大，但反映了中小企业市场空间仍在收缩，不利于中小企业开拓市场。

展望 2019 年，全球经济下行风险增加，根据联合国《2019 年世界经济形式与展望年中报告》，当前国际政策不确定性高、商业信心不断减弱，全球经济增长持续放缓，预计 2019 年增幅将放缓至 2.7%，较 2018 年下降 0.3 个百分点。在此背景下，中小企业面临的国际环境依然严峻。2019 年上半年，剔除 2 月份春节影响，我国出口贸易增速呈现快速下降态势，出口增速由 2019 年 3 月的 14.2% 下降到 5 月的 1.1%。受整体出口形势影响，外向型出口加工类中小企业

将面临更复杂的国际贸易环境。尤其是全球经济增长出现放缓态势，国际贸易形势依然不容乐观，贸易摩擦升级风险依然存在，中小企业外需形势依然严峻。尽管如此，从国内环境来看，宏观经济仍保持平稳发展态势，尤其伴随减税降费、纾解融资难等改善民营经济发展环境系列政策的效果不断显现，中小企业税费负担将不断下降，融资环境将有所改善，中小企业发展环境有望不断优化，未来发展预期谨慎乐观。

第二节　中小企业转型升级面临的问题

随着我国经济发展进入新常态，国内宏观经济下行压力仍然存在，国际环境不确定性增加，转型升级仍是中小企业未来很长一段时间发展的核心主线，但当前中小企业转型升级仍面临如下突出问题。

一、企业内在层面：存在三大压力

一是税费负担重。中小企业经常反映当前制约企业发展和提高质量效益的最大挑战是税费负担较重，尤其当前宏观经济下行压力加大的同时税费征缴规范度又在不断提升，中小企业普遍反映成本负担仍在加大。例如，由于"五险"中有"四险"与最低工资标准挂钩，随着最低工资标准不断提高，企业的社保缴费压力不断增加。

二是技术实力弱。我国经济结构正处于深度调整期，传统产业市场竞争压力不断加大，新兴产业技术含量要求高，中小企业普遍技术人才储备不足，面对产业变迁和新经济兴起，企业内部信息化水平低、创新能力不足、产品结构单一、产业低端化等问题都较为突出，制约了转型升级的进程。

三是理念认识不足。中小企业更多将转型升级作为一种战略，在战术层面往往更多依赖传统的生产经营模式，并没有开始实际执行，原因在于企业转型升级需要投入大量人、财、物等相关成本，并且未必能达到预期成效。因此，中小企业经常报以观望的态度，对转型升级的紧迫性认识不足。

二、外部环境方面：面临三大制约

一是成本上升挤压利润空间。由于国内市场变化及国际市场波动，我国中小企业成本近年来一直处于上升趋势。中国中小企业协会的统计数据显示，中小企业发展指数的成本指数在2019年前三个季度分别为102、101.9和101.7，连续两个季度下降。成本指数是逆向指数，指数下降代表成本上升，说明原材料、人力等成本持续上涨。这会侵蚀中小企业微薄的利润空间,致使中小企业内生性积累不足,转型升级动力不够。

二是融资难融资贵制约中小企业发展。目前,融资难融资贵依然是中小企业普遍面临的共性问题。以中小企业融资的主渠道——银行信贷为例,截至2018年年底,全国全口径小微企业贷款余额33.49万亿元,占各项贷款余额的23.81%,这相对于庞大的企业基数而言仍显不足,中小企业融资难融资贵问题仍较为普遍。

三是公平市场主体地位有待加强。中小企业因自身规模和实力限制,在市场中往往属于弱势群体,常存在被大企业拖欠账款的情况,企业合法权益不能得到有效保护。一些行业对于企业准入经常设立进入壁垒,提高准入门槛,对中小企业形成了无形的准入限制,制约了中小企业的发展。

第三节 对策建议

一、继续推进体制机制改革,优化中小企业发展环境

一是依法营造良好的中小企业发展环境。按照新修订的《中华人民共和国中小企业促进法》的要求,推动各地出台更具针对性的政策措施,保障法律各项条款能够得到有效落实,同时要依法定期开展第三方中小企业发展环境评估工作,通过评估发现问题,推动中小企业发展环境不断优化。二是继续深入推进"放管服"改革,完善涉企行政事项清单管理制度,推动服务型政府建设。三是进一步减税降费,加大对中小企业,尤其是小微企业的税费优惠力度,既要重视优惠政策的出台,更要重视政策的落地执行,以使更大范围的中小企业能够切实享受到政策优惠。

二、加强趋势预警与政策研判,推动跨区域国际合作

一是建立跨部门协同预警机制。为应对国际贸易摩擦不确定性的增加,探索建立跨部门贸易摩擦预警和快速反应机制,尤其针对中小企业量大面广和行业分散的特征,分行业、分规模、分国别跟踪中小企业进出口形势变化,对可能受贸易摩擦影响较大的行业或领域加强跟踪和预测,及时发出预警并加强应对政策储备,降低中小企业可能受到的潜在负面影响。二是充分发挥第三方机构的支持作用。将行业的无损害抗辩、达成谈判价格承诺、制定最低限价、设置安全审查范围等内容作为贸易摩擦应对工作的重点,通过贸易双方行业协会、

商会等非政府组织定期交流互访等形式，推动行业加强沟通合作，化解贸易摩擦。三是深化中小企业双多边合作机制，开拓国际新市场。大力推进中外中小企业合作区建设。鼓励和支持各地与"一带一路"沿线重点贸易地区建立多层次合作机制，发挥合作区吸引国际先进技术、人才、资金等优势资源的载体作用，提升外向型中小企业的国际竞争力，支持中小企业抱团走出去。

三、提高中小企业专业化发展能力和水平，提升核心竞争力

一是加强"专精特新"中小企业培育工作。目前全国多个省市已出台"专精特新"中小企业的认定管理办法，但仍有部分地区未开展此项工作，因此有待进一步加强指导，推动各地加强"专精特新"中小企业培育工作。二是以产学研合作为突破助力中小企业竞争力提升。支持各地开展中小企业产学研合作创新试点，总结和推广中小企业产学研合作成功模式和经验，以提升中小企业核心竞争力，应对宏观经济下行压力加大给中小企业带来的负面冲击。三是推动中小企业提升信息化水平，以应对信息时代对企业转型升级提出的新要求。从研发设计、生产制造、经营管理和市场开拓等方面引导中小企业充分利用信息化手段提升核心竞争力。

第二十二章

2019年中小企业发展政策环境展望

2019年中小企业发展政策环境有望进一步优化，随着减税降费政策红利持续释放，中小企业成本上升压力将得到缓解；融资环境也有望得到改善，纾解中小企业融资难系列政策效果将陆续显现；中小企业对外国际合作将继续深入推进，"一带一路"跨区域国际合作将不断深化；大中小企业融通发展主线突出，不同规模企业间将更加优势互补；创新创业将继续深入推进，中小企业市场活力有望进一步得到激发。

第一节 减税降费，降低企业负担

2018年，为降低中小企业税费成本负担，中央及地方各部门相继出台系列减税降费措施，并且取得了较好的成效。全国税务工作会议公布的数据显示，2018年全年减税降费规模约1.3万亿元，降低企业负担激发市场活力作用明显。其中，增值税减税效果最为突出，增值税减税规模近4 000亿元；所得税优惠力度也不断加大，小型微利企业减半征收企业所得税的年应纳税所得额上限由50万元提高到100万元。除减税外，降费力度也在加大，2018年养老、失业、工伤保险阶段性降低费率的政策也取得一定成效，为企业降低成本全年累计达1 840亿元。此外，行政事业性收费事项也在减少，国家发展改革委、财政部联合印发《行政事业性收费标准管理办法》，进一步规范行政事业性收费，未列入行政事业性收费目录清单的事项一律不得收费。随着各类减税降费政策效果陆续显现，中小企业的税费负担正在不断下降，这为中小企业应对经济下行压力提供了缓冲，为中小企业创新经营发展模式创造了条件，更为下一步提高发展质量、优化产业结构提供了时间和空间。

2019年，进一步减税降费仍是促进中小企业发展的主线。2019年的《政府工作报告》明确提出要实施更大规模的减税，为实体经济转型升级增加新动能，在保证所有行业税负不加重的前提下，重点推动制造业和小微企业税负降低，全年计划减免税费规模约2万亿元。为实现上述目标，财政部联合其他部门印发《关于深化增值税改革有关政策的公告》，提出"增值税一般纳税人发生增值税应税销售行为或者进口货物，原适用16%税率的，利率调整为13%；原适用10%税率的，利率调整为9%。"此外，为降低小微企业税收负担，财政部联合其他部门印发《关于实施小微企业普惠性税收减免政策的通知》，提出对月销售额10万元以下（含）的增值税小规模纳税人，免征增值税，并且对小型微利企业年应纳税所得额不超过300万元的部分，按阶梯给予调减以及税率上的优惠。2019年4月，中共中央办公厅、国务院办公厅联合印发《关于促进中小企业健康发展的指导意见》，再次明确提出"减轻中小企业税费负担""降低社会保险费率"等措施，相信未来在中央系列税费优惠政策的大力支持下，中小企业税费成本负担有望持续不断降低，减税降费系列优惠政策红利将不断显现。

第二节 纾解融资难，改善融资环境

2018年，中小企业普遍面临的难题就是"融资难、融资贵"，为贯彻落实党中央、国务院决策部署和新修订的《中华人民共和国中小企业促进法》关于优化中小企业融资环境的要求，财政部联合工业和信息化部印发《关于对小微企业融资担保业务实施降费奖补政策的通知》，通过奖补支持的方式推动小微企业融资担保业务降低费率，明确中央自2018年开始连续3年每年安排30亿元资金，根据工业和信息化部"中小企业信用担保业务信息报送系统"统计数据，采用奖励和补贴相结合的方式，对地方具有明显政策性扶持特征的小微企业担保业务进行奖补，引导各地加大对小微企业的金融支持，推动主做小微企业融资担保业务的机构健康发展。此外，中国人民银行、银保监会等其他金融相关部门也将纾解小微企业融资难工作作为加强中小企业金融扶持工作的重点内容。银保监会统计数据显示，截至2018年末，全国全口径小微企业贷款余额33.49万亿元，占各项贷款余额的23.81%。其中，普惠性小微企业贷款余额9.36万亿元，较去年初增长21.79%，较各项贷款增速高9.2个百分点，有贷款余额的户数1 723.23万户,较去年初增加455.07万户。总体而言,在各相关部门的共同努力下,中小企业尤其是小微企业的融资环境正在不断优化和改善。

2019年,为了更好地纾解中小企业融资难题,国务院办公厅印发《关于有效发挥政府性融资担保基金作用切实支持小微企业和"三农"发展的指导意见》(国办发〔2019〕6号),明确提出政府性融资担保、再担保机构必须要以小微企业和"三农"融资担保业务为主业,不以营利为目的,推动小微企业和"三农"综合融资成本降低;建立银担风险分担机制,国家融资担保基金和银行业金融机构必须分担一定风险,并且承担的风险责任比例原则上不低于20%,省级担保和再担保机构承担的风险责任比例不得低于国家融资担保基金承担的比例。银保监会为了进一步推动金融机构提升小微企业金融服务质量,印发《关于2019年进一步提升小微企业金融服务质效的通知》(银保监办发〔2019〕48号),进一步明确"两增两控"目标,明确要加大对普惠金融重点领域的政策性支持,在统计监测工作中继续保持对全口径小微企业贷款进行统计,推动银行业信贷在小微企业融资总量中的占比进一步提升,切实降低小微企业融资成本。此外,工业和信息化部、财政部也都继续将纾解小微企业融资难题作为优化中小企业融资环境的重要工作内容,不断丰富政策手段完善政策措施。总体而言,随着中央及地方各级政府部门不断加大对中小企业的融资扶持力度,中小企业融资难题有望进一步得到缓解。

第三节 推进国际化,拓宽合作领域

2018年,"一带一路"倡议持续推进,为中小企业加强跨区域合作、对接全球资源提供了重要战略机遇。中小企业通过跨区域合作可以更好地对接国际产业发展变化前沿,加速转型升级进程。2018年工业和信息化部新认定了中德(许昌)中小企业合作区、中德(慈溪)中小企业合作区、中东欧(沧州)中小企业合作区等多个中外中小企业合作区,有力推动地方中小企业对接国际市场,实现"走出去",同时合作区也成为海外国际项目"引进来"的重要渠道和载体。合作区已经成为外向型中小企业集聚发展的重要载体,有效推动了中外中小企业项目对接和交流考察,提高了国内中小企业的国际合作能力。随着中外中小企业合作区建设机制的不断完善,国内中小企业拥有更多的便利条件引进、消化、再吸收国际先进技术,加速转型升级进程。此外,工业和信息化部联合中国贸促会等机构共同支持中小企业参与"一带一路"建设,促进中小企业开展双向投资交流,推进磋商机制进一步完善和深化,引导和推动地方中小企业主管部门及相关服务机构与"一带一路"沿线国家政府、协会、商会建立合作机制,助力本地区中小企业提升国际化水平。在中央的大力倡导下,济南等地方的中小企业主管部门积极推进中小企业国际化发展,各地中小企业对外合作不断深化、渠道日益成熟。

2019年,中小企业国际化仍然是政府推动中小企业发展的工作重点。2019年1月29日国务院新闻办公室新闻发布会上,苗圩部长介绍,工业和信息化部将继续推动中外中小企业合作区建设,在中德、中意建设中小企业国际合作园区的基础上进一步提升,同时推动APEC中小企业信息化促进中心服务功能不断完善,助力国内中小企业和APEC国家企业间进一步加强合作。2019年的《政府工作报告》提出"推动全方位对外开放,培育国际经济合作和竞争新优势。进一步拓展开放领域、优化开放布局,继续推动商品和要素流动型开放"。地方积极贯彻落实中央精神,纷纷加大力度支持中小企业提高国际化发展水平,如浙江、广东等地方省市纷纷提出进一步推动中小企业国际化发展的具体举措,包括利用各类中小企业公共服务平台推动中小企业提升国际化发展能力等。此外,中外中小企业合作区不断细化对外合作目标,例如中德(蒲江)中小企业合作区提出2019年争取引进35个亿元以上的项目等。可以预期,随着中央及地方各级中小企业主管部门不断加强对中小企业国际化发展的政策引导和支持力度,中小企业国际合作机制将不断完善,国际化发展环境将日益优化。

第四节 融通发展,大中小企业共进

2018年,国务院印发《关于推动创新创业高质量发展打造"双创"升级版的意见》,提出"搭建大中小企业融通发展平台""实施大中小企业融通发展专项行动计划"。在此背景下,推动不同规模企业间融通发展已经成为各部门政策支持的重要方向。对此,工业和信息化部联合其他部门共同印发《促进大中小企业融通发展三年行动计划》,计划用三年时间支持50个以上的实体园区打造特色载体,推动大中小企业融通发展,全面推动要素集聚、模式创新以及区域合作,在制造业领域培育一批"双创"试点示范项目;构建工业互联网网络、平台和安全三大功能体系;培育600家专精特新"小巨人"和一批制造业单项冠军企业,打造良好的大中小企业融通发展生态。除中央层面外,地方各级政府也在积极推动"大中小企业融通发展"相关工作,如浙江省2018年中小微企业工作要点之一就是促进大中小企业融通发展,重点围绕产业链的纵向融通、创新链的平台融通以及数据能力资源融通等方面,推进大中小企业融通发展生态不断完善。

2019年，中央及地方各级政府部门将进一步推动大中小企业融通发展，相关政策措施将不断完善。工业和信息化部已联合财政部等相关部门开展了"2019—2020年支持打造特色载体推动中小企业创新创业"工作，重点挖掘和推广大中小企业融通发展的四种典型模式，一是基于创新能力共享的专业能力重构式融通发展，二是围绕供应链协同的纵向融通发展，三是基于数据驱动的数字化转型融通发展，四是依托区域生态的块状融通发展。在中央的倡导下，各地中小企业主管部门也将积极落实推动大中小企业融通发展的相关工作部署，加大政策支持力度，如福建省工信厅联合其他部门共同印发《福建省促进大中小企业融通发展三年行动计划》(闽工信中小〔2019〕38号)，提出到2021年力争创建或培育10个国家级制造业"双创"平台、6个国家级大中小企业融通"双创"特色载体等目标，通过总结成功经验、推广成功模式示范，带动更多大中小企业实现融通发展。随着中央及地方推动大中小企业融通发展的政策措施不断丰富，促进融通发展的服务体系将日趋完善，大中小企业的融通发展环境将更加优化，中小企业转型升级进程有望加速。

第五节 创新创业，活力持续增强

2018年，为进一步激发中小企业创新创业活力，中央及地方各级中小企业主管部门持续出台优化创新创业环境的扶持政策。工业和信息化部开展了国家小型微型企业创业创新示范基地评选工作，共遴选出119个国家级示范基地，较好地引领和示范各地创新创业工作；同时进一步开展国家中小企业公共服务示范平台评选工作，共评选出174家国家级示范平台，这些示范平台已经成为各地中小企业公共服务体系建设的核心力量。国家市场监督管理总局进一步出台《关于做好全国统一"多证合一"改革工作的通知》(市监企注〔2018〕7号)，提出要在"5证合一"的基础上，进一步统一19项涉企证照，最终实现"24证合一"。除中央外，地方中小企业主管部门也不断出台支持创新创业的配套政策措施，如青岛市经信委提出《2018全市扶助小微企业专项行动》，专门针对中小企业需求开展了12大类379项服务活动，全面优化小微企业创新创业环境。随着全国各地创新创业工作的继续深入推进，大众创业、万众创新的文化日益深入人心。

2019年，中央及地方各级中小企业相关政府部门将继续推进创新创业政策的贯彻和落实，中小企业的发展环境有望进一步得到优化。2019年1月，国务院办公厅印发《关于推广第二批支持创新相关改革举措的通知》，在知识产权保护、科技成果转化激励等诸多方面全面推广各地创新创业的成功经验。2019年3月，李克强总理在作政府工作报告时提出"进一步把大众创业万众创新引向深入。鼓励更多社会主体创新创业，拓展经济社会发展空间，加强全方位服务，发挥双创示范基地的示范引领带动作用"。工业和信息化部积极落实党中央国务院的工作部署，出台《关于推荐2019年度国家小型微型企业创业创新示范基地的通知》(工企业函〔2019〕164号)，通过评选国家级双创示范基地，带动各地中小企业创新创业基础设施和相关公共服务不断完善。在中央的大力倡导下，地方各级政府部门也纷纷出台政策措施支持中小企业创新创业发展，如深圳市出台《关于办理拨付2019年度市民营及中小企业创新发展培育扶持计划企业国内市场开拓项目资助资金的通知》，对本地区创新型中小企业开拓国内市场给予更多政策支持；河北省为支持企业创新创业发展，专门针对"专精特新"中小企业开展了大规模的服务对接活动。可以预期，随着中央及地方鼓励民营经济及中小微企业创新创业的相关政策措施不断完善和丰富，中小微企业的市场活力和社会创造力有望竞相迸发。

企 业 篇

第二十三章

战略性新兴产业

第一节　2018年我国战略性新兴产业取得的主要进展

一、产业增速保持较快增长，继续为经济发展提供动力

从增加值的增长率来看，2018年前三季度，我国战略性新兴产业的工业增加值同比增长8.8%，比规模以上工业增长2.4个百分点。我国高技术制造业和装备制造业的增加值分别提高了约11.8%和8.6%，增速分别高于规模以上工业5.4和2.2个百分点。从趋势来看，我国战略性新兴产业的工业增加值增速高于工业增加值增速，但两者之间的差距一直在缩小——从2017年第三季度的4.6个百分点下降到2.4个百分点。这表明战略性新兴产业在中国经济中发挥着主导作用，但势头正在减弱。

从行业信心的角度出发，根据国家信息中心千家战略性新兴产业重点企业景气状况的调查结果，行业景气指数在2015—2016年经历了低谷，2017年有所复苏，但2018年第一季度出现大幅下滑，表明战略性新兴产业的繁荣经历了起伏，这与新兴产业的高风险、高回报特征有关。企业家信心指数在2015年第四季度经历了低位，从2016年第二季度到2017年第三季度开始增长，然后处于较高水平，这表明企业家们对新兴产业的发展前景持乐观态度。

从新兴产业企业的角度看，战略性新兴产业的企业盈利能力不断提高。根据深圳证券交易所发布的统计数据，2018年上半年，在深圳证券交易所上市的957家战略性新兴产业企业的平均营业收入和净利润同比分别提高了23.32%和20.77%。显示出强劲的盈利能力和发展潜力。从子行业的角度来看，根据

东吴证券的研究结果，收入实现增长的前五大行业是云计算、智能制造、信息安全、金融技术和医疗信息，增速分别为37.7%、27.9%、19.0%、18.5%和15.0%。

二、创新能力持续提升，一批重大创新成果涌现

2018年，我国在信息技术、生物医药、高端装备等领域不断取得新突破，在相关领域涌现了一大批新成果。例如，在新一代信息技术领域，5G独立组网标准冻结。2018年6月14日，3GPP会议批准冻结第五代移动通信技术标准（5GNR）独立组网功能，加上于2017年12月完成的非独立组网（NSA）架构的5GRelease15早期版本，标志着5G第一阶段全功能标准化工作完成。在生物产业领域，2018年12月17日，首个国产PD-1单抗特瑞普利单抗注射液获批上市，该款药物由君实生物旗下子公司苏州众合生物医药股份有限公司研制开发，主要用于治疗黑色素瘤。在高端装备领域，我国自主研制的大客发动机验证机首台整机点火成功，大型水陆两栖飞机AG600水上首飞成功。2018年5月，由我国完全自主研发、中国航发集团商发公司负责承担研制的大客发动机验证机（CJ-1000AX）首台整机在上海点火成功，核心机转速最高达到6 600rpm。验证机首次点火一次成功，初步验证了各部件及相关系统的功能和匹配性。10月，我国首款大型水陆两栖飞机"鲲龙"AG600成功完成水上首飞，标志着我国在大型水路两栖飞机研制上取得了重大突破，填补了我国在这一领域的空白，在我国通用航空产业和民机工业上具有跨越式的意义。AG600是为了满足我国森林灭火、水上救援的迫切需求，首次研制的大型特种用途民用飞机，是国家应急救援体系建设急需的重大航空装备，对我国海洋强国建设具有重大意义。在新能源领域，中国"人造太阳"东方超环创造新的世界纪录。2018年7月3日，中国"人造太阳"——全超导托卡马克（EAST）东方超环成功实现超百秒稳态长脉冲高约束等离子体运行，并且创造了新的世界纪录。据有关方面介绍，当前，实现稳态长脉冲高约束等离子体运行是未来聚变堆亟待解决的关键科学问题，这次突破再次提升了我国在国际磁约束聚变实验研究中的重要地位，并对中国聚变工程实验堆的研发具有重要意义。

三、地方新兴产业集群优势凸现，竞争力不断增强

我国网络经济、高端制造、生物经济、绿色低碳和数字创意五大领域在我国初步形成，长江三角洲、环渤海、珠江三角洲和西部金三角地区的发展格局是其主要聚集区。上海、无锡、杭州、宁波等长三角地区的城市在生物医学、

物联网、云计算、海洋工程和石墨烯方面具有很强的实力。环渤海地区新一代信息技术、生物、航空航天、节能环保发展迅速；珠江三角洲地区在移动互联网、新能源汽车、生物学和数字创意方面具有独特的优势；西部金三角地区已形成以电子信息、光电子和硅基新材料为主导的新兴产业格局。此外，西南地区已成为中国重要的硅材料基地和核电设备制造基地，大部分风电项目和太阳能光伏发电项目已聚集在西北地区；深圳战略性新兴产业占GDP的比重从2012年的29.9%增加到2017年的40.9%；江苏战略性新兴产业占工业总产值的比例达到全国平均水平的两倍；贵州大数据、福建泉州集成电路集群、湖北武汉的集成电路和光电、安徽合肥的新型显示和智能语音、湖南轨道交通设备和数字创意、江西航空设备和中药制造等已成为在国内具有优势的产业集群。

随着粤港澳大湾区、长三角、京津冀等区域经济一体化战略不断推进，战略性新兴产业集群的优势将更加突出。比如，在推动粤港澳大湾区建设的过程中，能够发挥香港在技术创新方面的优势，广州、深圳在产业端研发创新与运营方面的优势，佛山、东莞、惠州、中山、江门、肇庆在制造和配套能力方面的优势，粤港澳大湾区的智能手机、新型显示、集成电路、工业机器人等战略性新兴产业领域的产业协作配套能力有望大幅提高，国际竞争力将显著提升。

四、"双创"工作持续升级，进一步促进创新型企业发展

大众创业万众创新热情高涨。2018年9月，国务院发布《关于推动创新创业高质量发展打造"双创"升级版的意见》。2018年上半年，中国新增企业约18 100家，市场主体总数首次超过1亿个。平台支持创新和创业能力不断提高。中央企业共有4 000多家科技企业孵化器、970多个创新和创业平台，以及3 500多家风险投资机构。中国基金管理规模接近2万亿元，已成为全球第二大风险投资市场。全国各地将创新和创业作为未来的兴区之本，创新和创业大赛在多地都有举办，社会反应强烈，适于中小型科技企业开展融资的金融平台变得越来越有影响力。

五、政策红利进一步释放，推动战略性新兴产业快速增长

近年来，我国实施了重大改革措施，鼓励创新和创业的环境不断优化。在中央层面，2018年6月，国家发展改革委与中国建设银行签署了《关于共同发起设立战略性新兴产业发展基金的战略合作备忘录》，双方将共同启动国家级战略性新兴产业发展基金，该基金将投资于新一代信息技术、高端设备、新材料、生物、新能源汽车、新能源等战略性新兴产业。2018年9月，财政部、国

家税务总局和科技部联合发布了《关于提高研究开发费用税前加计扣除比例的通知》(财税〔2018〕99号),提出企业研发费用未形成无形资产计入当期损益的按照实际发生额的75%在税前加计扣除,形成无形资产的按照无形资产成本的175%在税前摊销。从短期来看,研究与实验发展(R&D)费用扣除额的增加将有助于提高技术创新型公司的业绩;从长期来看,该举措将起到引导企业重视研发与重视创新的作用,对于科技创新驱动型的新兴产业(如半导体、5G、新能源汽车、云计算、生物医药等)有较强的促进作用。2018年9月,国家发展改革委发布了对《战略性新兴产业重点产品和服务指导目录》(2016版)征求修订意见的公告,充分反映了国家层面对战略性新兴产业发展的重视程度。

在地方层面,许多地方正在加快政策创新。例如,2018年11月,深圳发布了《深圳市人民政府印发关于进一步加快战略性新兴产业实施方案的通知》。在技术、资本、人才、准入、监督、标准和知识产权方面对新兴产业发展进行了系统规划,为市级战略性新兴产业发展设立专项资金;9月,上海发布了《关于加快推进上海人工智能高质量发展的实施办法》,通过凝聚人工智能领域的人才,深化数据资源的开放和应用,深化人工智能产业的协同创新,突破核心关键技术,推动人工智能示范等应用,构建国家人工智能发展高地。

未来,战略性新兴产业政策红利将体现于:一是扩大产业投资基金,支持新兴产业发展;二是创造更加优良的创新和创业的投资环境,以促进新技术的孵化;三是新技术、新产品和新模型的应用和推广,例如,加快形成一批人工智能深度应用场景(如智能医疗、智能驾驶等),建设一批应用示范项目。

第二节 2019年我国战略性新兴产业发展需要关注的问题

一、战略性新兴产业发展的国际环境日益严峻

在中美贸易摩擦中,美国对我国高新技术领域进行封锁和打压,对中国企业在芯片、人工智能等新兴领域的并购行为实施更严格的安全审查。2018年8月13日,美国《外国投资风险评估现代化法案2018》被总统特朗普签署为法律,作为《2019财年国防授权法案》的一部分,旨在促进美国外国投资委员会(CFIUS)的现代化进程并增加其管辖权,更有效地防止某些类型的国外投资对美国国家安全构成威胁。签署此法案将对中国在美国的投资产生重大影响:一是我国企业赴美新兴领域的投资遭受安全审查的概率大幅增加,且通过安全审查的难度不断攀升;二是中国与美国企业在新兴技术领域的合作将变得更难,

未来技术的出口管制和相关的并购交易等会越来越难；三是新规定并没有清晰界定"实质性违反、错误、虚假、重要资料"这些词，裁定主要取决于裁决人的主观判断，这可能导致滥用安全审查权。目前，已经出现了多起我国企业终止并购美国企业的失败案例：湖北鑫炎收购美国 Xcerra 被 CFIUS 终止，蚂蚁金服收购 MoneyGram（速汇金）被 CFIUS 终止，凯桥资本收购美国芯片制造商莱迪思被迫暂停。在未来一段时间里，美国可能设置更多的障碍干预我国企业跨国并购，对我国战略性新兴产业的开放合作、国际化布局等都会产生重大不利影响。

针对美国持续压制我国战略性新兴产业发展的现状，我们应建立应对贸易摩擦的长效机制，以及做好应对持久战的战略准备。一方面，我们应加强对美国贸易和投资政策及法律的研究和判断，密切跟踪政策动态，准确预估后果，并提高整体应对水平。与此同时，在一些重要的新兴领域，采用应对策略的制衡，利用安全审查机制在相互制衡下追求相对稳定。另一方面，要促进跨部门的工作协调，加强信息、人才等业务、外交、产业等部门之间的沟通，建立统一协调的工作机制。

二、部分战略性新兴产业的关键核心技术受制于人

互联网、大数据和人工智能等先进技术与实体经济相结合，产生了大量的新兴产业。但是，我国大数据和人工智能的一些核心技术仍受制约。在人工智能算法训练环节，需要较高的计算能力，目前 CPU+GPU 架构已成为大多数人工智能企业的主流选择，一些公司（如百度等）正在使用 FPGA 搭建智能系统，而这几类芯片基本需要从国外进口，CPU 主要由英特尔和 AMD 两家公司供货，GPU 基本由英伟达公司垄断，FPGA 主要由 Xilinx、Altera、Lattice 等公司供货。中国大多数硬件层面的智能芯片公司处于终端推理环节，如寒武纪 1A 处理器、地平线 BPU 芯片、华为麒麟芯片等。可以看出，在我国人工智能发展过程中，高性能芯片仍是核心短板，特别是在云上训练环节。美国可能会加强对一些关键核心技术的出口限制。2018 年 8 月，美国《出口管制改革法案》作为《2019 财年国防授权法案》第十七章的 B 章节，由总统特朗普签署生效。《出口管制改革法案》改变了前期出口管制缺乏法律依据的问题，聚焦授权出口管制、防止"新兴科技"外流，为商品和技术的出口监管提供了明确的法律依据。2018 年 11 月，美国商务部工业安全署面向公众征求意见，其对象是一份针对关键技术和相关产品的出口管制框架，它主要针对 3 个方向：军事（含军民两用）相关产品、国家安全机密、高新技术。

我们需要专注于补齐基础层软硬件短板。可借鉴美国、德国等国家进行科研顶层统筹的经验，汇集国内优秀研发力量组建一些协同创新中心。例如，美国国防高级研究计划局（DAPAR）、GoogleX 实验室、洛斯·阿拉莫斯国家实验室、德国人工智能研究中心（DFKI）等。瞄准受制于人的关键核心技术，特别是大数据、人工智能等关系全局的新兴领域技术短板，集中力量攻坚克难。

三、安全隐私等方面的保障机制有待健全和完善

近年来，一些新兴技术巨头暴露出一系列问题，如隐私和安全，这引起了社会各界对新技术应用的广泛关注。例如，2018 年 4 月，脸书遭遇了数据泄露丑闻；同年 5 月，亚马逊 Alexa 窃听用户对话。中国的一些新兴产业正处于探索和发展阶段，服务和产品的安全、标准化、质量保证体系和用户数据保护存在不足和隐患。例如，调查显示约 40% 的用户对拼车的安全有所顾虑。共享经济平台在利用云计算、物联网、大数据等技术创新运营模式和实时资源分配的过程中记录了大量用户信息和活动数据。但是，缺乏内部和外部监管机制导致用户隐私泄露和数据滥用风险快速上升。目前，中国的个人数据管理法律制度尚不完善。同时，隐私信息的开放及其例外规则不够清晰，缺乏可操作性，也没有有效的政策或机制来解决数据开放过程中产生的隐私或个人信息保护问题。然而，建立全面的隐私数据监控和保护机制需要时间。

我们需要强化新兴领域的数据安全隐私保护。许多战略性新兴产业的业务是数据驱动的，需要加强相关的数据安全和隐私保护，以避免脸书的数据泄露和亚马逊 Alexa 窃听用户对话等问题的产生。首先，在技术层面加强网络攻防、评估实验，加强数据加密、数据备份、电子认证、数据防伪、防篡改、隐私保护等安全技术，推动安全可靠的服务器、海量高可靠性存储设备和高性能安全网络设备的开发和产业化。其次，在服务级别层面开发网络安全、云安全、数据安全、应用安全、安全终端和芯片等产品和服务，构建完整的数据安全产业链，以整合数据安全、信息安全和云平台安全功能。最后，在制度层面建立健全信用信息保护机制，严厉打击破坏消费者个人信息、恶意竞争和垄断的行为。

四、部分高技术领域基础层技能层人才供需缺口较大

我国严重缺乏具备基本技能和跨学科知识的高素质人才，并且在短期内难以缓解人才结构性供需矛盾。部分新兴产业行业高新技术表现尤为突出，如根据 2018 年腾讯研究院和 BOSS 直聘联合发布的《全球人工智能人才白皮书》显示，全球约有 30 万人工智能人才，市场需求量达数百万人。在人才结构方面，

中国人工智能高端人才结构远不够理想：应用层人才很多，但高级算法工程师和具有实践能力的顶尖研究人员极为匮乏；相反，美国人工智能人才大多集中在基础和技术层面。在人工智能基础层，中国只有1 300名从业人员，而美国的相关人数为17 900人，是中国的13.77倍；在技术层，中国从业人数为12 000人，美国从业人数为29 400人，是中国的2.45倍；在应用层，中国从业人数为24 300人，美国从业人数为31 400人，是中国的1.29倍。可以看出，美国在人工智能基础层和技术层的人才数量远远高于中国。

未来的新兴产业发展需要加强资金、人才等要素保障。在金融安全方面，战略性新兴产业的大多数企业具有高风险、高投入、长期性等特点，有必要增加对创新的资金支持，建立多元化的投融资体系，支持产业发展。应积极推进首台（套）保险制度，加强新产品推广应用；鼓励建立战略性新兴产业融资担保风险补偿基金，形成政府、银行和担保机构的三方风险分担机制；鼓励地方银行量身定制合适本地行业发展的金融产品；加强对新兴产业的知识产权保护，加大保护和执法力度，营造良好的法制环境，进一步提高全社会的知识产权保护意识和法制观念。在人才方面，新兴产业的一些相关技术具有辐射能力强、交叉整合能力强、应用潜力大的特点，限于某一学科或某一领域的专业教育可能不适用。可考虑借助互联网实现技术教育的泛化（如借鉴国外大规模在线教育Coursera等的经验），降低个体获得新兴前沿技术的门槛。

五、包容审慎和底线监管的制度环境有待建立

战略性新兴产业往往涉及多部门、多领域，需加强统筹管理，加快建立牵头部门会同相关行业主管部门进行协同管理的机制，树立包容审慎和底线监管思维，既能放得开又能管得住。一是完善顶层设计，制定及完善相关行业法律法规，及时清理和调整不适应新兴产业发展的行政许可、商事登记等事项及相关制度，破除行业壁垒和地域限制。同时，按照"鼓励创新、包容审慎"的原则，审慎出台新的准入政策，如借鉴美国在无人机、自动驾驶方面制定的系列制度（如无人机试点项目备忘录、自动驾驶汽车载客运行等）。二是完善新兴领域立法和道德准则构建。例如，借鉴美国、德国等国家在人工智能立法方面的有益尝试，特别是借鉴德国的自动驾驶道德准则，在人工智能价值判断、利益优先级方面做出开创性探索。

第三节　2019年我国战略性新兴产业发展趋势展望

一、总体趋势展望

（一）产业规模进一步壮大

2018年，美国、德国、日本都高度重视新兴产业发展，新兴产业呈现出快速增长态势。2019年在全球各主要国家的战略引领、增加投入下，战略性新兴产业将继续保持高速增长。美国在人工智能、新材料、量子、新能源等领域，日本在智能机器人，德国在智能制造等领域加快布局。战略性新兴产业产业结构进一步高端化，科技含量和附加值进一步提高，产出效率进一步提高，技术创新能力和技术力量整合能力进一步提升。印度等新兴经济体也纷纷加入战略性新兴产业的竞争，全球战略性新兴产业规模将进一步提升。在产业转型方面，传统产业利用新技术加快转型，不断衍生出新兴产业。新兴产业与传统产业加速融合，进一步促进了战略性新兴产业的发展。

（二）融合发展进一步加强

2018年，很多新兴产业的技术发展都是多学科、多产业融合的产物，跨行业、跨学科的技术交叉对于新兴产业发展带来巨大的促进作用。2019年融合发展趋势进一步加强，其中，信息技术将进一步发挥基础支撑作用，大数据、云计算、人工智能等向更多应用领域普及；同时，生物技术、能源技术、材料技术等多学科之间将更广泛地渗透、交叉、融合，进而引发新的技术变革和产业革命。同时,新兴产业之间、新兴产业与传统产业之间的融合将成为发展的主流，不同学科、不同行业之间的融合互补性持续增强，行业之间的界限将变得不再明确，将在大幅提升整体效率的同时提升产业的整体竞争力。

（三）绿色发展进一步凸显

2018年，随着全球气候变暖、资源能源紧张等问题加剧，战略性新兴产业更加注重生态发展，推动可持续发展。2019年随着新能源、节能环保等技术的不断进步，战略性新兴产业更加注重绿色、健康、安全、可持续发展。绿色、低碳、生态等发展理念已经普及，并不断深入人心，在技术上，节能环保技术、新能源技术也将持续取得突破，利用更加高效、环保的方式寻求更大发展，这不仅仅是产业发展需要，更是全社会持续发展和健康生存的必然选择。越来越多的国家，包括发达国家和发展中国家，越来越重视绿色、健康、安全等可持续性问题。所以，能耗低、资源需求量少、更加高效、用地少的战略性新兴产业更能满足社会发展需要。

（四）安全问题进一步重视

2018年，人工智能成为各国竞争的焦点，各国政府必定会高度重视，强化规划引领，加大对资金、人才、技术的投入。在人工智能技术取得巨大进步的同时，人工智能带来的社会、安全、伦理等一系列问题也将进一步凸显。2019，生物识别引发的伪造技术、人工智能仿真技术、网络攻击等给社会安全带来新挑战，围绕人工智能将展开深入讨论和研究。人工智能快速发展的同时也将影响现有的就业，增加对失业问题的担忧，特别是一些低水平重复劳动工作者将面临失业的风险，而随着人工智能技术水平的不断提高，更加复杂的工作也将逐渐被替代，引发更多就业者的担忧。同时，随着人工智能技术应用领域的不断扩展，人工智能的数据安全问题也将更加凸显，数据安全更加重要，用户数据、生物识别、智能驾驶等领域的安全问题将给社会带来更大挑战。

（五）新技术的商业化正在加速

从 Gartner 发布的 2018 年新兴技术成熟度曲线来看，处于触发期的新兴技术主要有生物技术、自动驾驶汽车、智能微尘、通用人工智能、4D 打印、知识图谱、神经形态硬件、数据安全区块链、外骨骼、边缘人工智能、自动驾驶 Level5、会话式人工智能平台、自愈系统技术、立体面显示与 5G；处于期望膨胀期的新兴技术主要有量子计算、AIPaaS、深度神经网络 ASIC、智能机器人、自动移动机器人、脑机接口、智能工作空间、生物芯片、数字孪生、深度神经网络、碳纳米管、物联网平台、虚拟助理、硅阳极电池与区块链；处于幻觉破灭期的新兴技术主要有互联家庭、自动驾驶 Level4、混合现实、智能织物与增强现实。根据新兴技术成熟度曲线所展示的规律，许多新技术在波折中向前发展。经过一段时间后，由于现实与期望之间的差距拉大，将带来一定的发展泡沫。然而，不可否认的是，确实会有许多新兴产业成功地经历泡沫错觉期并进入生产高原，如深度神经网络 ASIC 和 5G 将很快进入实质性工业化阶段。

二、节能环保产业展望

（一）节能环保产业将进入内涵式发展新阶段

从国家战略看，我国生态文明建设和生态环境保护工作的重要性提到了国家战略新高度。2018年《关于全面加强生态环境保护坚决打好污染防治攻坚战的意见》《打赢蓝天保卫战三年行动计划》《中华人民共和国土壤污染防治法》等法律法规、政策措施、行动计划密集出台；5月，全国生态环境保护大会在北京召开，习近平总书记出席会议并发表重要讲话，进一步提升了生态环境保护的重要性。随着我国特色社会主义进入新时代，人民对建设"美丽中国"、生态环境治理保护的诉求越来越高，对早期工业化进程造成的环境问题治理解决的需求，对消费方式向节能绿色高效转变的需求日益高涨。同时，日新月异的技术突破，使生产方式、消费方式从黑色高碳走向绿色低碳成为可能。在宏观战略导向、环保政策红利的驱动下，绿色发展模式和节能环保诉求将推动我国节能环保产业实现快速发展，我国节能环保产业将从快速发展阶段逐渐转向内涵式发展新阶段。

（二）节能环保产业价格机制和金融市场将进一步完善

2018年7月，国家发展改革委发布了《关于创新和完善促进绿色发展价格机制的意见》，提出要实现动态调整城镇污水处理费，进行差别化征收企业污水排放费用，将费用与污水处理标准相协调，并建立健全费用机制。《意见》提出，要建立健全城镇污水处理服务费市场化形成机制，服务费用基本被城镇污水处理费覆盖，探索农村污水处理如何建立农户付费制度。在垃圾处理方面，要建立城镇生活垃圾处理、危险废物处置、合理盈利的固体废物处理等收费机制，探索农村如何建立垃圾处理收费制度①。我国节能环保领域的价格形成机制，将在此《意见》的实施过程中逐步实现动态调整、成本覆盖、适当盈利，农村污水处理垃圾处理收费进一步完善。在节能环保领域的金融市场领域，投资情况逐年向好，绿色基金成为国际绿色金融合作的新动力，绿色发展的合作重点也将逐渐转移到支持社会和国际资本设立各类民间绿色投资基金。改善生态环境的"一带一路"绿色投资也成为国际金融合作重点，亚洲基础设施投资银行、

---

① 新华网，《发改委：创新和完善促进绿色发展价格机制》，http://www.xinhuanet.com/2018-07/03/c_1123069619.htm，2018年7月3日。

亚洲开发银行、金砖国家新开发银行、丝路基金、国际金融公司等机构在推动亚太金融合作、"一带一路"基础设施投资方面将更加青睐绿色投资，很多私募股权基金和创业投资基金也更加关注节能减碳、生态环保领域。

（三）技术创新将进一步引领节能环保产业变革

近几年，大数据、云计算、工业互联网等新一代信息技术加速与节能环保产业相互融合，加速节能环保产业变革，改善了环境治理效率，提升项目运营水平。一方面，节能环保产业领域的新技术、新模式正在推动节能环保产业焕然一新。新型改良材料已经实现节能环保领域的商业化，石墨烯膜应用于精确筛分离子、助力海水提纯；碳陶粒复合纳米材料应用于土壤环境污染治理；新型烟气制氢法用以高效率脱硫；核电子束辐照技术应用于工业废水治理顽疾方面；臭氧激光雷达系统用来监测大气环境治理等。另一方面，环境治理标准随着生态环境治理需求的不断提升而日趋严苛，从而倒逼和催生新的技术应用体系不断涌现。同时，在智慧产业和供应链的深度融合影响带动下，环境监测系统将向自动化、智能化方向发展，资源循环利用也将不断深入人们的生产生活。

三、新一代信息技术产业展望

（一）信息技术产业热点技术逐渐走向成熟应用期

以大数据、物联网、机器学习和人工智能为代表的热点技术领域逐渐度过培育期，进入规模应用阶段。一是大数据开发与利用技术在国家和企业竞争层面占据重要位置，如物联网、云计算、车联网、手机等各种终端设备及传感器都是以数据为承载方式。同时，大数据已经渗透到各种行业，成为重要的生产要素，对广告、传媒、金融等行业产生巨大的影响。随着5G商用的到来，数据将会迎来爆发式的增长，如何快速获取、处理、分析、利用数据，从而提取信息的价值，也成为各行业企业提高竞争力的关键。二是物联网方面，**IPv6**规模部署和下一代移动网络基础设施的建设，使物联网技术逐渐走向应用。远程医疗、智能电网、智慧城市、智能农业已经成为物联网技术的重要应用场景。三是机器学习和人工智能方面，人工智能等技术已经在模式识别、自动驾驶、智能机器人、语音识别等方面得到了广泛的应用。因此，信息技术的落地在电子政务、电子商务、网络文化、电子社区、远程教育和医疗、社会治理等领域的纵深化发展将有大作为。

（二）信息技术产业促进产业融合提供经济增长动力

信息技术的发展不再拘泥于计算机、通信设备、消费电子、软件、互联网等信息技术的相互渗透，而是体现出全产业的整体性融合。以互联网、通信、人工智能为主的企业冲击了传统的广告、零售、金融、手机制造、软件、影视等行业，促进了各行业的融合发展。信息技术和全行业的深度融合，不仅能够有效解决传统行业发展的瓶颈，而且能够带来新的经济增长点并实现产业链的创新。随着物联网技术的发展，连接思想、连接人体、连接物体、连接环境的一系列创新，对传统行业将产生颠覆性的影响。信息技术的发展提供了资源使用和共享，使传统产业不再拘泥于价值链上下游的分工，而在于价值网络上的交互与协同。以 5G 商用和研发、云计算、大数据、IPv6 以及人工智能等新一代信息技术为代表的新的基础设施建设，为传统行业创新发展提供了机会，当一家企业无法完全利用其所拥有资源时，信息技术共享为其提供了莫大的便利。信息技术的发展还为传统行业开辟了新的业务种类，促进了成本节约、资源高效利用。信息技术产业和传统行业互相交融、互相促进，提供了新的经济增长动能，推动了产业的智能化改造，进一步降低了生产成本和迭代升级周期。借助面向全行业的信息技术，全国统一的大市场逐步形成，高效的流通体系使生产厂商的资源有效转化为利润，而不是形成浪费或者消耗在冗长的供应链中，最大限度地提高资源利用率，提供巨大的流通效率。

（三）新一代信息技术结合传统制造业创新生产方式

信息技术在智能制造方面的应用未来将会有进一步的发展。第一，以 5G 网络、人工智能等技术为基础，可以将制造生产环节紧密整合为一个整体，推动制造业由以生产为中心转向以服务为中心的创新。在此基础上，个性化生产走上舞台，以满足个人客户对产品的个性化需求为目标，创造以用户体验为中心的大规模定制模式。第二，信息技术应用能够进一步解放劳动力。在生产过程中，信息技术的应用使得每件产品都被明确识别，所有细节均可控，自动生产成为普遍模式。第三，大数据和物联网技术的成熟创造了新的用户企业合作模式。信息技术应用创新了生产方式，改变了传统工作环境，使虚拟工作和移动工作场所成为现实，允许在诸多领域实现基于价值链的利益共享，降低生产成本。在传统制造业中，新一代信息技术的发展为其注入了活力。

四、生物产业展望

（一）基因治疗浪潮来袭，产业发展需抢占先机

随着基因剪切、病毒载体等基础技术的完善，人们对疾病、组织认知水平的提升，基因治疗的安全性、有效性都开始走向成熟。先是2017年10月，Spark公司的Luxturna上市，代表第一款真正意义上的基因药物终于登陆市场，后是张锋、DavidLiu以及J. Keith Joung 3位基因编辑领域顶级科学家联合成立了基因治疗研究公司BeamTherapeutics，再后来张锋参与的另一家基因编辑公司Editas Medicine宣布获得批准进行Leber先天性黑蒙10型（LCA10）的临床试验。国际顶级智库Jain PharmaBiotech的《2018全球基因治疗研究报告》显示，全球有超过183家公司正在从事基因治疗研究，数量是1995年的4倍多，并且有超过2000个临床项目。动脉网数据库显示，2018年全球共有17家基因治疗企业获得融资，资本在该领域投下了17亿美元。尽管大部分投融资事件都发生在海外，但也可以看到礼来亚洲基金、IDG等领先投资机构在国内悄悄展开了几轮布局。基因疗法早已在海外掀起潮流，这股浪潮势必也将快速席卷中国市场。《"十三五"国家战略性新兴产业发展规划》明确提出开发新型抗体和疫苗、基因治疗、细胞治疗等生物制品和制剂的重要性。据不完全统计，当前国内布局基因治疗领域的相关企业持续增长，从2012年的70余家增长至目前的130余家。我国生物技术企业在某些产品研发领域其实并不落后于美国，可以与之竞争，未来需要在基因治疗基础研究、药物审批和法律监管上提前谋划和重点支持。

（二）资本市场越发活跃，创新产品将集中爆发

自2018年8月，港交所创新板生物第一股——歌礼制药上市以来，已有百济神州、华领、信达等4家创新公司在港交所上市，上海证券交易所设立科创板并试点注册制已经开始前期实施，这对于创新药、治疗手段来说无疑是好消息，生物技术领域资本市场将迎来大爆发。资本市场的发展将进一步推动创新产品或药物的面世。随着本土创新企业做大做强，中国医药产业发展主题由仿制切换到创新之后，药物创新成为支撑企业未来发展的核心动力，一时间各种新药研发项目纷纷上马。2018年中国一类新药研发实现爆发式增长，新药申报临床数量、新药批准试验数量等增速均在20%~30%，上市批准药物增速

也实现了 40% 的突破。2019 年是开花结果的重要一年，创新产品和创新药的上市成为各家本土创新药企各显神通的舞台，市场竞争也将愈演愈烈。

五、高端装备制造产业展望

（一）智能制造将引领高端装备制造业发展方向

高端装备智能化是大势所趋。当前，以互联网、大数据、工业云、人工智能为代表的新一代信息技术加速向高端装备制造业渗透。在我国发布的《新一代人工智能发展规划》中，提出要围绕制造强国重大需求，推进智能制造关键技术装备，2018 年工信部和国防科工局联合印发《推进船舶总装建造智能化转型行动计划（2019—2021 年）》，推动船舶行业智能化发展。总体上，高端装备制造业将加速向"网络+""智能+"方向发展。从生产制造过程看，依托工业互联网平台全流程可管可控的平台化制造模式越来越明显，生产企业可以根据用户的订单完成个性化的生产。从产品智能化来看，大量的传感器和信息控制系统应用于高端装备系统，产品越来越智能化，例如，未来高铁的智能化将是包括车辆本身以及高铁线路中的桥梁、线路、隧道等在内的车路一体化的系统智能化。

（二）高端装备采用新材料比重将上升

随着复合新材料技术的突破，复合新材料将在高端装备中大规模使用。2018 年我国已经掌握高性能碳纤维复合材料构件高质、高效加工技术与装备，可以推断，2019 年我国在碳纤维复合材料应用推广方面将加速，例如，康得投资集团已经在江苏张家港布局航空复合材料产业基地，未来将为 CR929 宽体客机提供碳纤维复合材料的机身构件。铝合金与钢铁相比，具有比重低、耐腐蚀等优点，已经大量应用在飞机上，随着技术难点的突破，铝合金正向轨道交通、船舶等领域扩展，例如，2018 年首艘全铝合金双体高速风电运维船和全铝合金高速渔监公务船下水。鉴于碳纤维、铝合金等复合非金属材料和合金材料优异的复合新能，高端装备采用各种新材料成为未来发展的趋势。

（三）高端装备领域将成为对外合作的重点

我国高端装备生产制造基础良好，与世界许多国家的高端装备产业存在互补性，合作前景广阔。同时，高端装备制造对于推动我国制造业高端化发展至关重要，我国也需要提升装备制造业的开放水平。2019年在轨道交通装备领域，我国将依托既有的优势，借助"一带一路"倡议带来的战略机遇，积极布局海外市场；在航空领域，随着首架飞机从舟山737完工和交付中心进行交付，特别是国产商用大飞机进入批量生产阶段，与世界各国航空制造业合作将更加深入；在卫星制造和应用领域，随着商用发射市场的开放以及北斗卫星系统部署完善，服务全球能力将进一步提升；在海工装备制造领域，合作将从整体制造向核心零部件制造领域延伸；智能装备产业将在"引进来"与"走出去"双向互动中获得提升。

六、新能源产业展望

（一）从市场环境看，新能源产业正加速迈入追求国际合作与经济效益的新阶段

新能源正逐步成为世界各国关注的热点，新能源领域技术和装备的国际交流和合作将逐步加深。国际能源合作的重点领域将从以传统化石能源开采为主逐步向以低碳、清洁化为导向的能源经济产业链转变。"一带一路"倡议的提出，为我国参与国际能源合作提供了绝佳机会。特别是随着大数据、能源互联网、智能电网、智慧能源、人工智能等相关领域技术发展和创新成果的不断显现，未来新能源行业的技术产品、发展模式、产业业态都将发生重大变化。不断催生出的新业态、新模式，将推动新能源企业经营方式和盈利模式发生深刻改变。未来，新能源领域市场将逐步扩大，促进更多传统能源企业向新能源领域转型，吸引更多非能源企业跨界拓展新能源业务。为适应新能源发展趋势，新能源企业将加快培育新的业务增长点，提高自身的抗风险能力，业务领域将逐步从单一向多元综合转变。同时，弃风弃光现象的改善和利用小时数的不断提升，将提高相关项目的投资收益水平，进而提升新能源产业的盈利预期，整个行业将迎来快速发展。

（二）从技术发展看，自主化、智能化将成为新能源产业主要技术发展方向

越来越多的新能源装备实现自主化、品牌化生产，智能电网、智慧运维服务迎来发展的春天。随着新一轮电力体制改革的深入推进，新能源装备制造业高效化、智能化，新能源发电多样化、分散化的趋势愈加明显。在太阳能光伏领域，低成本技术将成为行业的核心竞争力，储能技术将不断提升，"光伏＋储能"的组合将成为主要的技术和应用方向。在风电领域，大功率、长叶片、高塔筒、智能化仍是风电技术发展的主要方向。海上风电技术的突破值得期待，或将带动我国海上风电市场的快速崛起，装机容量将再创新高，同时，低风速风电和分散式风电也将成为技术攻关和应用的重要主题。在核电领域，自主三代压水堆随着规模化建设其技术将不断完善，依托示范工程，快堆、高温堆相关技术将实现突破，同时，先进核能系统与核燃料循环技术将不断进步。在氢能领域，氢能源动力汽车将成为拉动产业发展和技术突破的最重要领域。目前，全国多地都纷纷发布规划，发展氢能源动力汽车愿望强烈，氢能源动力汽车产业链上的燃料电池、催化剂、新型高效储氢系统等领域技术是未来的研发重点。

（三）从生产成本看，未来新能源发电上网电价将不断下调，最终与传统燃煤发电上网电价趋同

不同类型的新能源发电的经济性有较大差异。从单位投资受益看，当前我国各类型新能源发电经济性最佳的为光伏发电，其他按从强到弱排序依次为地热发电、风力发电、生物质发电和太阳能光热发电。随着新能源领域技术的进步、成本更加低廉的新产品诞生、装机成本的不断下降，同时考虑到我国碳交易政策效应的加快释放，以及《关于积极推进风电、光伏发电无补贴平价上网有关工作的通知》的实施，从单位投资收益来看，未来新能源发电的成本将持续下降，经济性逐步提升，正不断向基于市场的完全商业化运营方向发展。在未来一段时期内，我国新能源各领域的经济性排序将发生变化：太阳能光伏发电、地热发电仍将是最经济的方式，生物质发电的经济性加快提升，其他依次为风能发电、煤炭和光热发电等。此外，在生产成本上，新能源相对于传统燃煤发电的市场竞争力将不断提升。

七、新材料产业展望

（一）绿色化、高端化成为产业未来发展的主要方向

随着资源和环境约束的不断增强，以及国家对节能环保、医疗健康等的愈发重视，节能环保、新能源、生物医药等产业将保持快速发展，作为这些新兴

产业的底层技术，新材料产业的先导性、支撑性作用将愈发明显。预计未来环保材料、生物医用材料、新型材料等绿色健康材料的市场需求将会保持快速增长，新材料产业绿色化发展将成为一种趋势。此外，随着我国经济结构调整和产业转型升级的稳步推进，带动电子信息、高端装备、生物医药等新兴产业发展的高端材料也将成为未来我国新材料产业发展的主要方向，包括高强轻质合金、高性能纤维和复合材料及人造高端医用金属材料等。

（二）开拓军民两用产品市场将成为产业发展的趋势

新材料产业将成为军民两用产品市场最具发展潜力的领域之一。从国家政策的角度看，发展新材料产业既是武器装备升级的需要，又可开拓广泛的民用市场。从技术研发与产业化的角度看，目前，我国在一些新材料领域已经取得了重大突破，如石墨烯、高性能碳纤维、玄武岩纤维、隐形超材料等。其中，部分材料已经实现了产业化。从市场需求的角度看，纳米材料、复合材料、磁性材料、超导材料等新材料在军用和民用领域都有巨大的市场需求。以玻璃纤维复合材料为例，因其重量比同等功能金属材料大大减轻，在军用领域，其几乎用于装甲车的各个部位；在民用领域，其广泛应用于飞机、舰船和体育器械等领域。未来随着军民两用产品市场深度发展，开拓相关市场将成为新材料产业发展的一大趋势。

（三）多学科交叉在新材料创新中的作用进一步凸显

随着量子计算和人工智能在新材料研发中的加速应用，以及电子信息材料、纳米材料、生态环境材料和生物医用材料等新材料的不断发展，材料科学与信息科学、化学、物理学、生物学等多学科交叉融合的现象将进一步升级。以纳米材料为例，纳米科技由生物科学、物理化学和材料科学等多学科交叉组成，因此需要具有多学科背景的复合人才。2019年新材料与其他高技术产业的交叉融合开创新局面，石墨烯、纳米材料、超导材料等颠覆性新材料的应用将进一步扩展。

（四）国内市场未来增长空间不断扩大

作为全球最大的新兴经济体，我国的新材料产业正处于强劲发展阶段，具有广阔的市场空间。当前，我国新材料产业呈现出良好的发展态势，政策资金积极扶持，发展环境逐步优化，材料种类日益丰富，产业规模迅速扩大，虽然行业整体发展水平与国际先进水平存在较大差距，但加速追赶的态势明显，并且在石墨烯、动力锂电池等新材料领域已经走在国际前列。另外，我国在化工新材料、复合材料及半导体材料等领域也实现了"定点突破"，在诸多领域形成了对美日韩的追赶势头。据统计，2016年，我国新材料产业的产值为2.65万亿元，根据工业和信息化部发布的《新材料产业发展指南》，"十三五"时期我国将重点围绕新材料产业供给侧结构性改革、产业转型、产业发展体系构建等方面，实现向制造强国的跨越。预计到2025年，我国新材料产业总产值将达10万亿元，年均增长20%，市场前景广阔。

八、新能源汽车产业展望

（一）产业仍将保持超50%的增长速度

2019年，"双积分政策"正式进行考核，这是新能源汽车发展的重大利好政策措施，将在促进传统汽车企业降耗的同时，鼓励企业扩大新能源汽车产销规模。尽管新能源汽车补贴标准将逐步退坡，但2019年的退坡幅度保持平稳，新能源汽车生产企业还能够享受最后两年的补贴期。综合考虑，2019年新能源汽车生产的增速仍可达到50%以上，整个生产规模可达到180万～200万辆。

（二）氢燃料电池汽车的研发力度将加大

在新能源汽车的技术路线上，我国的新能源汽车发展规划选择了纯电动作为主攻方向，但是氢燃料汽车的路线从未被放弃。与电动汽车相比，氢燃料电池汽车可以说是真正意义上的"零排放，无污染"载运工具，在国内外科学界、企业界一直备受重视。2018年12月，科技部原部长万钢称，"应及时把产业化重点向燃料电池汽车拓展"。2019年2月，财政部等4部委发布了新的调整完善新能源汽车推广应用财政补贴政策，对其他新能源汽车补贴进行了下调，但对氢燃料电池汽车的补贴未作变动。我国选择北京、上海、郑州、盐城、佛山作为氢燃料汽车的试点城市，2018年，氢燃料汽车生产1 619辆，同比增长27%。预计今后，氢燃料汽车的技术研发力度将持续加大，并在不远的将来实现量产，与电动汽车一起成为我国新能源汽车产业的重要"一翼"。

（三）传统车企继续加快布局新能源汽车

传统汽车企业向新能源汽车转型发展的态势更为显著，各类社会资本也将新能源汽车作为投资重点。一些传统汽车生产企业转向新能源汽车生产。例如，2018年年底大众汽车宣布将在2026年推出最后一代燃油动力平台，并与江淮汽车成立合资公司，专门研发纯电动汽车；宝马汽车与长城汽车达成合作，进行MINI纯电动车的本土生产；北京奔驰汽车接管北汽绅宝汽车的顺义生产基地，用于生产奔驰电动车；福特汽车与众泰汽车组建新能源汽车合资公司，生产经济型纯电动乘用车。今后，传统燃料汽车生产企业的发展战略重心将会做出更大调整，对新能源汽车的投资将呈现逐步加大的趋势。

（四）贸易摩擦对新能源汽车或有影响

中美贸易摩擦的谈判仍在继续，结局将会对中美经济发展产生重要影响。由于我国的新能源汽车整车产销均局限于国内市场，贸易摩擦的影响主要波及新能源汽车零部件，特别是高端零部件。在我国汽车零部件的进口国中，日本和德国各占1/4的比例，美国约占7%，中美贸易摩擦会对此产生有限的影响。但是，对比亚迪、江淮汽车等致力于国际化的新能源车企而言，美国是不可忽视的市场，贸易摩擦将会为其国际化进程带来不确定性。

九、数字创意产业展望

（一）市场加速扩张，龙头圈地加剧

2019年，数字创意产业整体加速扩张的态势已经初步显现，春节档已经体现出我国新一年消费市场待挖掘空间广阔，鉴于中美贸易摩擦的影响，国产厂商和国产产品可能会迎来广阔发展空间。值得注意的是，国内各大资本巨头和互联网龙头在数字创意产业的圈地已经到了白热化阶段，资本角逐加剧一方面使得市场空前繁荣，另一方面也暗藏系统风险，值得有关部门和投资者谨慎对待。从市场供需关系看，目前我国高质量的数字创意产品供给仍然存在较大缺口，《流浪地球》出现多次观影等现象一方面显示了市场对优质产品的认可，另一方面也体现出类似的优质产品严重不足。当前我国的数字创意市场远未饱和，还处于遵从"萨伊定律"的初级市场值得追加投入、扩大优质供给。

（二）细分应用铺开，产品质量提升

2019年，数字创意产业的行业细分更加分明，每一个行业的龙头企业基本确定，深耕行业价值提升产品质量成为数字创意领域企业的主要方向。一是智能设备加速融入日常生活，廉价化、实用化逐步加强，对医疗、军事、工业、农业等的提升作用不断增强。例如，在西藏、新疆、海南的一些偏远区域的远程医疗服务点将会逐渐普及，当地农牧民和边防官兵将会是第一批享受AR/VR技术远程医疗的人群。二是包括手机游戏在内的网络游戏将会创造优质供给，体验方式更为多样。随着《少女前线》等国内游戏精品产品的不断增多，我国世界游戏主体市场和高质量市场的优势不断扩展，VR等游戏体验方式也将逐步推开。三是小说、漫画、短视频产业发展质量逐步提升。2018年，大资本在网络小说、漫画和短视频领域大量追加投资，在2019年进行转化，出现更多高质量的作品。

（三）讲好中国故事，本土成为主流

2019年的国内数字创意产业市场，本土化将成为主流。《流浪地球》《我不是药神》等专注中国人精神和物质世界发展的作品大获成功，《太吾绘卷》《修仙模拟器》等讲述中国仙侠风貌的电子游戏的风靡，引起资本市场在2019年对国内市场精神取向的重新定义。中国崛起和文化自信带来的民族思想的解放，新生代消费者独有的强烈自我意识，使得以往"以洋为纲"的追赶式数字创意产品生产原则日渐被市场抛弃，取而代之的是适合中国人审美、具有中国风韵、满足中国观众心理享受的中式IP。

第二十四章

中国新兴产业投资

第一节 我国数字经济产业投资趋势分析

一、产业政策导向

（一）《"十三五"国家信息化规划》确立"数字中国"建设目标

《"十三五"国家信息化规划》明确指出：到 2020 年，"数字中国"建设取得显著成效，信息化发展水平大幅跃升，信息化能力跻身国际前列，具有国际竞争力、安全可控的信息产业生态体系基本建立。信息技术和经济社会发展深度融合，数字鸿沟明显缩小，数字红利充分释放。

（二）2018 年政府工作报告再提"数字经济"

继 2017 年"数字经济"首次写入政府工作报告之后，2018 年政府工作报告再提"数字经济"，明确指出要加快新旧发展动能接续转换，深入开展"互联网+"行动，实行包容审慎监管，推动大数据、云计算、物联网广泛应用，新兴产业蓬勃发展，传统产业深刻重塑。

（三）全国网络安全和信息化会议推动数字产业化

2018 年 4 月，全国网络安全和信息化工作会议强调要发展数字经济，加快推动数字产业化，依靠信息技术创新驱动，不断催生新产业、新业态、新模式，用新动能推动新发展。要推动产业数字化，利用互联网新技术、新应用对传统产业进行全方位、全角度、全链条的改造，提高全要素生产率，释放数字对经济发展的放大、叠加、倍增作用。

二、行业龙头动向

2018年，中国数字经济的龙头企业广泛开展战略升级与合作，持续深化数字技术与传统领域的融合应用，积极布局数字经济应用服务层，优化个人应用服务、拓展产业应用服务、加强政府应用服务，努力推动数字经济高质量发展。

2018年中国数字经济行业重大事件如表24-1所示。

表24-1 2018年中国数字经济行业重大事件

序号	事件主体	事件说明
1	腾讯控股	腾讯启动新一轮整体战略升级，实现目标由消费互联网向产业互联网的升级
2	百度	百度联合英伟达、采埃孚公司在中国推出人工智能自动汽车平台
3	海康威视	海康威视与美的集团签署战略合作协议，不断提升产品和服务的创新能力
4	华为	华为公布全场景智慧生活生态战略，致力于打造全新的终端交互入口，开启全新智慧体验革命
5	紫光股份	紫光发布"紫光云战略"，进军公有云市场
6	阿里巴巴	阿里收购饿了么，与口碑整合发力，成立阿里本地生活服务公司
7	京东	京东推出京鱼座独立品牌，展开全新AIoT生态布局
8	唯品会、京东	唯品会、京东达成跨境电商合作，合作拓展至营销、物流、服务等全供应链体系，全面提升采购优势
9	京东方	京东方收购法国SES公司，拓展欧洲智慧零售市场
10	小米	小米MIUI与一汽奔腾达成战略合作，构建互联网生态运营体系
11	苏宁控股	苏宁与SAP签订战略合作备忘录，将在零售、物流和体育等领域展开技术合作
12	网易	网易发布瀚海私有云、轻舟微服务，并联合浪潮推出首款云计算全栈一体机

数据来源：赛迪顾问，2018年12月。

三、资本市场动向

（一）投融资事件数量逐渐下降

2016—2018年中国数字经济投融资事件数量基本呈现逐年下滑态势。从细分领域来看，2018年前三季度，数字内容、数字消费、整机、数字生活、数字金融、技术服务和零部件7大领域投融资事件数量最多（见图24-1）。

（a）投融资事件数量（件）　　　　（b）细分领域占比情况

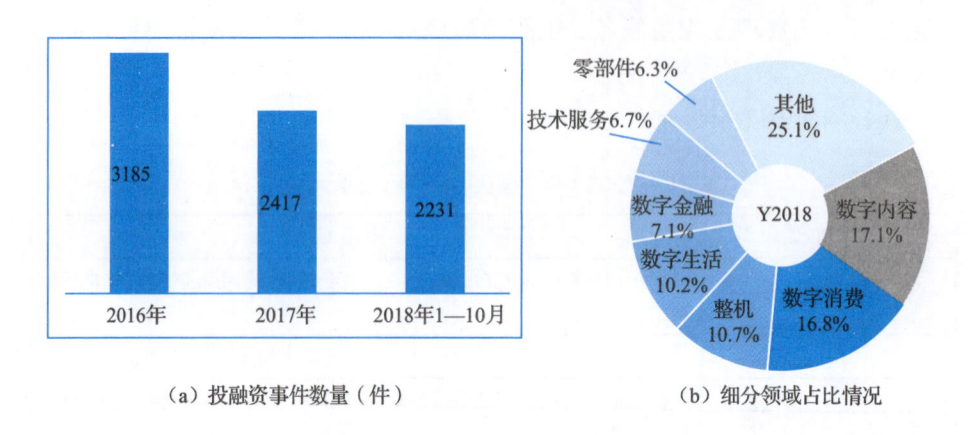

图24-1　2010—2010年中国数字经济各领域投资事件数量及2018年细分领域占比情况

（数据来源：赛迪顾问，2018年12月）

（二）投融资金额大幅增长

从2016—2018年中国数字经济的投融资金额来看，基本上呈现出逐年上涨的态势，尤其是2018年投融资金额大幅上涨，截至10月份已经是2017年全年的三倍左右。从细分领域来看，零部件、技术服务、数字金融、数字内容、数字消费、整机和数字生活7大领域投融资金额最多（见图24-2）。

（三）Pre-A轮融资数量明显增多

截至2018年10月，Pre-A轮融资数量达到256件（见图24-3），已远超2017年全年Pre-A轮融资数量。

（a）投融资金额（亿元）

2016年 2140.4
2017年 2434.5
2018年1—10月 7184.6

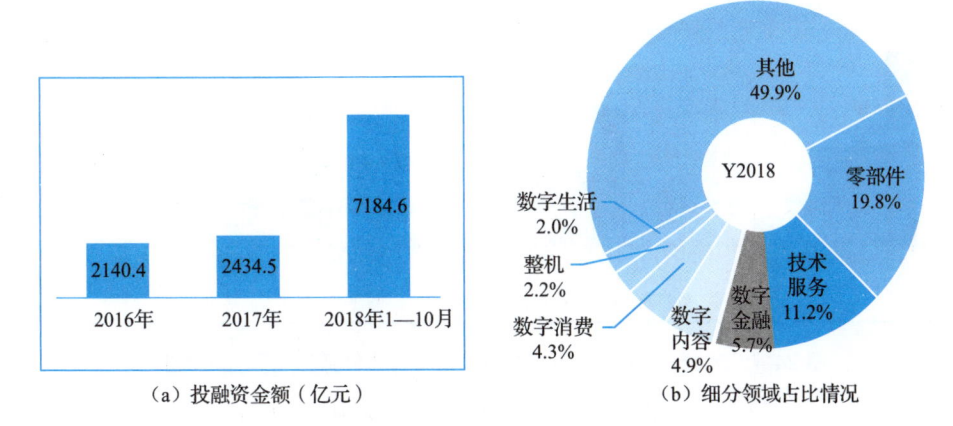

（b）细分领域占比情况

Y2018
其他 49.9%
零部件 19.8%
技术服务 11.2%
数字金融 5.7%
数字内容 4.9%
数字消费 4.3%
整机 2.2%
数字生活 2.0%

图 24-2　2016—2018 年中国数字经济各领域投资金额及 2018 年各领域占比情况

（数据来源：赛迪顾问，2018 年 12 月）

单位：件

2016年：天使轮 716、Pre-A 136、A 1246、B 443、C 180、D 60、E 19、其他 385
2017年：天使轮 694、Pre-A 129、A 786、B 364、C 137、D 61、E 20、其他 226
2018年1—10月：天使轮 583、Pre-A 256、A 616、B 256、C 97、D 29、E 12、其他 382

图 24-3　2016—2018 年中国数字经济投融资轮次情况

（数据来源：赛迪顾问，2018 年 12 月）

（四）东部沿海地区仍是投融资主要区域

从 2016—2018 年的投融资发生区域来看，北京、广东、上海、浙江和江苏的投融资事件数量排在前 5 位，四川则自 2017 年开始超过福建排到了第 6 位（见图 24-4）。

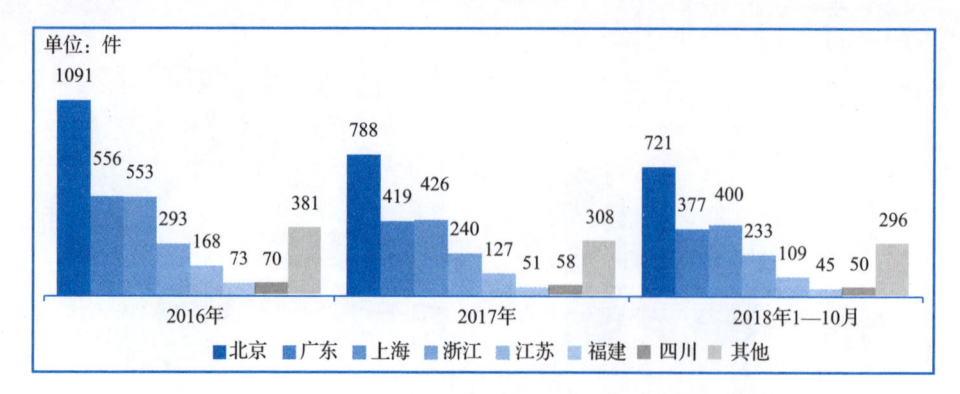

图 24-4　2016—2018 年中国数字经济投融事件数量地区分布情况

（数据来源：赛迪顾问，2018 年 12 月）

四、市场规模预测

中国数字经济受宏观政策环境、技术进步与升级、数字应用普及渗透等众多利好因素的影响，规模持续扩大，2018 年规模达到 32.4 万亿元，到 2021 年将接近 60 万亿元（见图 24-5）。数字经济规模在 GDP 中的比重将进一步提升，促进国民经济高质量发展，持续为社会经济的增长做出巨大贡献。

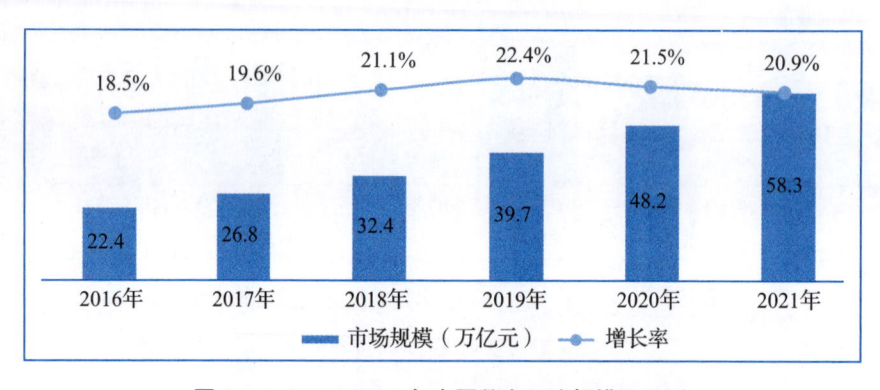

图 24-5　2016-2021 年中国数字经济规模及预测

（数据来源：赛迪顾问，2018 年 12 月）

随着"互联网+"的不断深入推进以及先进技术的不断成熟，数字技术在传统工业领域的融合应用持续深化，应用服务层数字经济仍将是数字经济发展最大的驱动力，规模和占比会持续增加。相比之下，基础层作为数字经济的重要支撑，未来几年在数字经济结构中所占比重仍将最大，但却会呈现占比逐渐降低的趋势（见图 24-6）。

	2016年	2017年	2018年	2019年	2020年	2021年
数字经济应用服务层	31.8%	31.6%	32.0%	34.0%	36.0%	37.2%
数字经济平台层	11.6%	14.8%	17.0%	18.0%	19.0%	19.8%
数字经济基础层	56.6%	53.6%	51.0%	48.0%	45.0%	43.0%

图 24-6　2016—2021 年中国数字经济结构及预测

（数据来源：赛迪顾问，2018 年 12 月）

五、赛道选择建议

（一）最具投资潜力领域

智能穿戴设备、机器人、信息安全、通信技术、人工智能、3D 打印、大数据可视化、生产控制类平台、运营管理类平台、研发设计类平台、B2B、B2C、新零售、互联网金融、互联网医疗、智慧能源、智能安防、数字化生产、数字化营销是数字经济最具投资潜力的 19 个领域。

2019 年数字经济最具投资潜力领域潜力值如图 24-7 所示。

（二）投资领域赛道选择

六大产业值得关注领域，即人工智能、大数据服务、数字消费、互联网金融、互联网医疗、智能制造。

（1）人工智能、大数据服务、数字消费、互联网医疗、互联网金融在短期内投资热度将持续爬升。

（2）智能制造相关的数字化生产及营销、互联网医疗、数字消费 B2B、B2C 等领域在竞争、政策、人才等指标的衡量下，在目前看来具有十分高的可投资性。

（3）新零售、人工智能、机器人、通信技术、智慧能源等领域应用落地情况、技术成熟度在未来 5～10 年内将进入爆发期，资本可考虑进入。

（4）信息安全、工业软件应用平台、数字化生产、数字化营销等领域可考虑较后阶段进入。

2019 年中国数字经济细分领域投资潜力气泡图如图 24-8 所示。

2018—2019年中国工业发展蓝皮书

	需求	行业周期	人才	技术实力	技术成熟度	竞争	应用落地情况	政策
智能穿戴设备								
数字化营销								
信息安全								
数字化生产								
互联网金融								
3D打印								
大数据可视化								
大数据分析								
大数据加工								
工业应用分发平台								
B2B								
B2C								
新零售								
人工智能								
互联网医疗								
智慧能源								
智能安防								
通信技术								
机器人								

投资潜力值大 ━━━━━ 投资潜力值小

图24-7　2019年数字经济最具投资潜力领域潜力值

（数据来源：赛迪顾问，2018年12月）

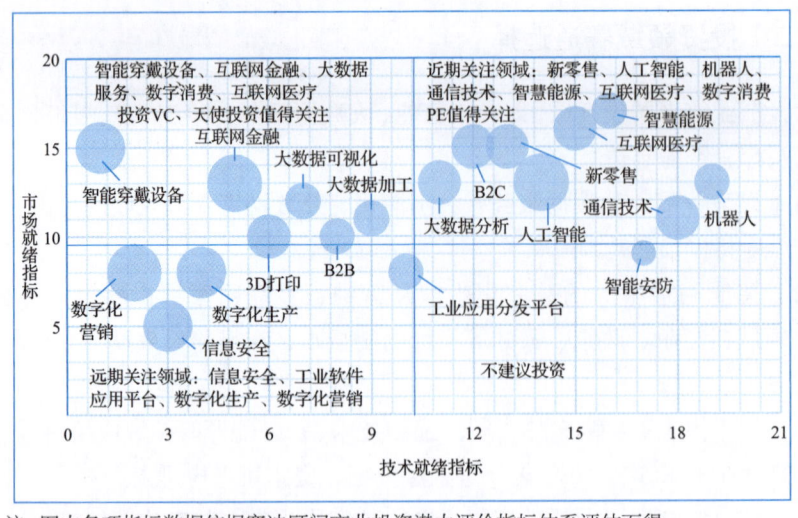

注：图中各项指标数据依据赛迪顾问产业投资潜力评价指标体系评估而得。

图24-8　2019年中国数字经济细分领域投资潜力气泡图

（数据来源：赛迪顾问，2018年12月）

第二节　我国车联网产业投资趋势分析

一、产业政策导向

（一）车联网产业标准体系建设促进产业健康可持续发展

工业和信息化部组织编制并联合国家标准化管理委员会印发了《国家车联网产业标准体系建设指南》（以下简称《指南》），包含总体要求、智能网联汽车、信息通信、电子产品和服务等一系列文件。通过强化标准化工作推动车联网产业健康可持续发展，促进自动驾驶等新技术新业务加快发展。《指南》分为总体要求、智能网联汽车、信息通信、电子产品与服务等若干部分。智能网联汽车标准体系主要明确智能网联汽车标准体系中定义、分类等基础方向，人机界面、功能安全与评价等通用规范方向。信息通信标准体系主要面向车联网信息通信技术、网络和设备、应用服务进行标准体系设计。电子产品与服务标准体系主要针对支撑车联网产业链的汽车电子产品、车载信息系统、车载信息服务和平台相关的标准化工作。

（二）智能网联汽车发展加速，道路测试管理规范出台

2018年4月，工业和信息化部、公安部、交通运输部联合发布《智能网联汽车道路测试管理规范（试行）》（以下简称"管理规范"）。我国智能网联汽车发展持续加速，汽车与电子、通信、互联网等跨界合作加强，在关键技术研发、产业链布局、测试示范等方面取得积极进展。目前我国所测试的大部分汽车属于有条件自动驾驶，不仅不能离开人，也要对测试驾驶人进行严格要求。实行的管理规范适用于在中国境内公共道路上进行的智能网联汽车自动驾驶测试，包括有条件自动驾驶、高度自动驾驶和完全自动驾驶，涵盖总则、测试主体、驾驶人及测试车辆、测试申请及审核、测试管理、交通违法和事故处理、附则等6个章节，共29项条款、2个附录。管理规范发布后，国内企业可以按照规范进行自动驾驶车辆测试，研发有望加速。

（三）国家推动智能化社会，智能汽车发展迎来新契机

智能汽车已成为我国汽车社会发展的战略新契机，其重要性不仅局限于产业本身，而且涉及整个社会的智能化进程，同时与国家信息安全密切相关。国

家发展改革委发布的《智能汽车创新发展战略》从技术、产业、应用、竞争等层面详细阐述了发展智能汽车对我国具有重要的战略意义，对于整个产业的推动将起到引领的作用。在体制机制方面，我国拥有中国特色社会主义制度优势和集中力量办大事体制优势；在汽车产业方面，整体规模保持世界领先，自主品牌市场份额逐步提高，核心技术不断取得突破，关键零部件供给能力显著增强；在网络通信方面，互联网、信息通信等领域涌现一批世界级领军企业，通信设备制造商已进入世界第一阵营；在基础设施方面，宽带网络和高速公路网快速发展、规模位居世界首位，北斗卫星导航系统可面向全国提供高精度时空服务；在发展空间方面，新型城镇化建设、乡村振兴战略实施也将进一步释放智能汽车发展潜力。

（四）车联网产业成为建设智能交通的重点发展任务

国家发展改革委和交通运输部发布《推进"互联网+"便捷交通促进智能交通发展的实施方案》，从构建智能运行管理系统、加强智能交通基础设施支撑、全面强化标准和技术支撑、实施"互联网+"便捷交通重点示范项目四个维度全面阐述了汽车产业转型升级的重要方向，提出了车联网与自动驾驶的技术创新发展趋势和应用推广路径，并明确了相应的引导政策和示范项目。"构建下一代交通信息基础网络"作为重点发展任务，提出了要加快车联网建设，为载运工具提供无线接入互联网的公共服务，以及建设基于下一代互联网和专用短程通信（LTE-V2X、DSRC等）的道路无线通信网。

二、行业龙头动向

2018年，车联网领域的领头企业积极加大在车联网领域的投入和布局，提升自身实力、抢占市场空间、拓展市场规模，斑马网络完成首轮融资、四维图新分拆车联网业务，中国移动、联通等运营商也在进一步发展车联网业务。通过开放合作以提升市场规模，斑马、四维、华为等都在强调自身的开放性，试图吸引更多用户，提升自身平台用户数量。同时企业也在不断调整自己在产业链中的位置，充分发挥自身优势、巩固优势产业链合作关系、提升产品竞争力。如车萝卜对后装市场的专注、飞歌与幕然认知的合作等。V2X技术也有较大的进展，华为发布商用5G产品，国内多个建设有通信基站设施的测试场地建成，将有力加快国内V2X技术的应用速度。

2018年车联网行业重大事件如表24-2所示。

表 24-2　2018 年车联网行业重大事件

序号	事件主体	事 件 说 明
1	斑马网络	斑马网络完成 16 亿元首轮融资，成功跻身独角兽行列，并开始开放自身系统以获得更多用户支持
2	四维图新	四维图新分拆车联网业务成立四维智联，首轮融资过亿美元
3	长城汽车	长城汽车"国家智能汽车与智慧交通示范区"正式启用
4	百度 长城汽车	长城汽车与百度签署"车联网战略合作协议"，合作成果将会应用到哈弗品牌全系车型
5	华为	华为发布首款的商用 C-V2X 解决方案 RSU（路边单元）
6	斑马网络	斑马网络召开智行探索大会，推出 AR Driving 黑科技＋服务在线联盟
7	中国移动	中国移动宣布成立全国集中的新"车联网公司"
8	索菱股份	索菱股份发布智能座舱产品，并与知豆电动汽车有限公司、浪潮软件集团有限公司签署了战略合作协议
9	车萝卜	车萝卜正式发布 AR-HUD，三款新品主打智能车载后市场
10	飞歌导航	飞歌导航与蓦然认知合作研发 AI 车机，面向前装客户提供整套方案
11	安吉星	安吉星全新一代车联系统迭代升级车联应用流量终身免费
12	国汽智联	国汽智联完成第二批股东增资，将与股东单位共同推动中国智能网联汽车产业的发展

数据来源：赛迪顾问，2018 年 12 月。

三、资本市场动向

（一）车联网领域投融资事件数量下降

从 2016—2018 年的投融资事件数量来看，基本上呈现出逐年下滑的态势，如图 24-9（a）所示。从细分领域来看，出行、TSP 平台、信息服务、硬件、整车等领域投融资事件数量最多，如图 24-9（b）所示。出行、TSP、信息服务、软件、自动驾驶、大数据等新兴互联网及软件企业投融资事件数量较多，硬件领域由于存在传统企业竞争，数量较少。

（二）B 轮融资和战略投资数量小幅增长

2018 年，天使轮、Pre-A 轮和 A 轮融资数量明显减少，B 轮和战略投资数量增长分别为 16 件和 9 件（见图 24-10），近几年来，其他轮次融资数量很少。

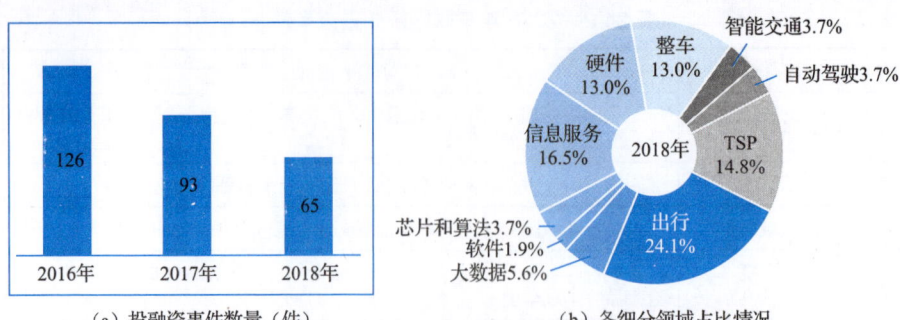

(a) 投融资事件数量（件）

2016年 126
2017年 93
2018年 65

(b) 各细分领域占比情况

2018年
- 硬件 13.0%
- 整车 13.0%
- 智能交通 3.7%
- 自动驾驶 3.7%
- TSP 14.8%
- 出行 24.1%
- 大数据 5.6%
- 软件 1.9%
- 芯片和算法 3.7%
- 信息服务 16.5%

图 24-9　2016—2018 年中国车联网领域投融资事件数量及 2018 年各领域占比情况

（数据来源：赛迪顾问，2018 年 12 月）

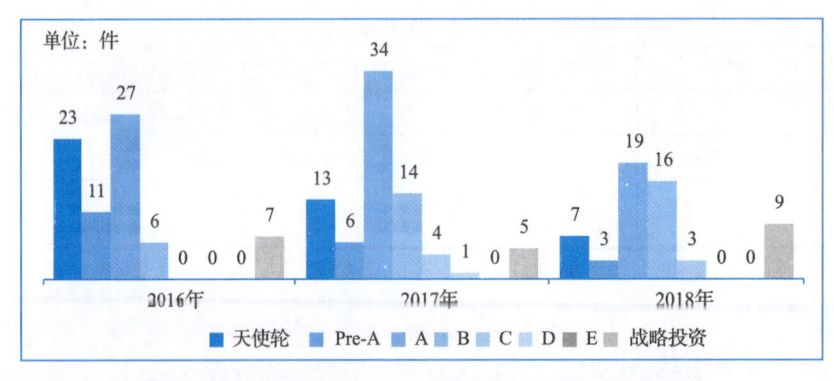

图 24-10　2016—2018 年中国车联网投融资轮次情况

单位：件

2016年：天使轮 23、Pre-A 11、A 27、B 6、C 0、D 0、E 0、战略投资 7
2017年：天使轮 13、Pre-A 6、A 34、B 14、C 4、D 1、E 0、战略投资 5
2018年：天使轮 7、Pre-A 3、A 19、B 16、C 3、D 0、E 0、战略投资 9

（数据来源：赛迪顾问，2018 年 12 月）

（三）北京、广东和东部沿海地区是投融资主要区域

从 2016—2018 年的投融资发生区域来看，北京、广东、上海、浙江和江苏的投融资案例数量排在前 5 位，2018 年其他地区投融资事件大幅减少（见图 24-11）。

四、市场规模预测

中国车联网市场在宏观政策、潜在市场、技术创新、基础设施建设等有利因素影响下，将保持快速增长。中国汽车市场巨大、保有量不断提升，新车搭载智能网联终端的比例将不断提升，预计 2025 之前，大部分新车都将联网，同时联网汽车渗透率也将不断提升。而随着技术和服务的不断发展，用户对车联网功能的付费意愿也将提高。短期车联网市场增长主要依靠新增硬件数量和

图 24-11　2016—2018 年中国车联网投融资地区分布情况

（数据来源：赛迪顾问，2018 年 12 月）

用户增值消费，车联网市场规模 2018 年达到 486 亿元，2021 年将过千亿元（见图 24-12）。同时由于 2020 年 5G 技术的推广应用、V2X 技术发展、用户增值付费提升等因素，市场迎来爆发式增长，增速超过 60%。

图 24-12　2016—2021 年中国车联网市场规模及预测

（数据来源：赛迪顾问，2018 年 12 月）

五、赛道选择建议

（1）车载通信芯片、定位芯片、通信模组等将进一步加强国产化，市场潜力较大。

（2）车载智能终端传统零部件厂商强势，可重点关注语音识别、AI 算法、手势控制等新兴核心技术供应商。

（3）自动驾驶技术将逐步融合 V2X 环境感知技术，可关注 ADAS 系统、车路协同等初创企业。

（4）信息服务等对规模化要求较高，在导航、娱乐、数据、内容等方面可关注业内领先企业。

（5）V2X 路侧协同终端和智能交通基础设施市场巨大，有望迎来爆发式增长。

（6）TSP 服务商业和运营模式仍在摸索，长期看资本巨头与汽车厂商有所战略布局，但存在与主机厂深度合作的第三方企业市场空间。

成熟的车联网市场各环节市场份额如图 24-13 所示。

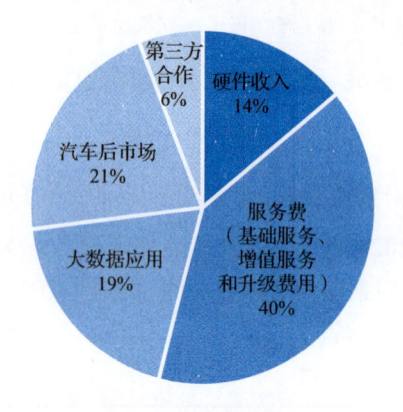

图 24-13　成熟的车联网市场各环节市场份额

（数据来源：赛迪顾问，2018 年 12 月）

第三节　我国区块链产业投资趋势分析

一、产业政策导向

（一）国家针对区块链产业多个环节给予重点扶持

区块链未来应用前景广阔，但区块链还处于理论结合实际尝试阶段，为在区块链的创新浪潮中夺得先机，从国家已经出台的相关扶持政策分析，政府对该产业非常重视并给予了一定的财政支持。从具体政策层面来看，国务院将"区块链"首次作为战略性前沿技术写入"十三五"国家信息化规划，强化战略性前沿技术超前布局；工信部发布《中国区块链技术和应用发展白皮书（2016）》指导产业的发展方向。

（二）各地加速出台政策扶持区块链发展

截至 2018 年 10 月，北京、上海、广州、重庆、深圳、江苏、浙江、贵州、山东、江西、广西等多地发布政策指导信息，开展对区块链产业链布局。其中"北上广深浙"政策倾向于金融领域的应用，江苏则更倾向于实体领域的应用，如南京发布的"互联网＋政务服务＋普惠金融便民服务应用协同区块链支撑平台项目方案"，该方案利用区块链技术解决了政府各部门政务系统与各银行业务系统的打通。

二、行业龙头动向

2018 年，相比于火爆的 ICO，互联网及电子信息等领域的龙头企业则热衷于更加有实际意义的项目，如区块链征信、溯源防伪等领域。国内互联网巨头百度、阿里巴巴、京东、腾讯，都在 2018 年开展区块链应用领域的布局并纷纷发布白皮书。家乐福、IBM 也竞相争夺区块链供应链领域的市场。

2018 年中国区块链产业重大事件如表 24-3 所示。

表 24-3 2018 年中国区块链产业重大事件

序号	事件主体	事件说明
1	阿里巴巴	阿里菜鸟与天猫国际推进区块链技术追溯商品信息应用场景落地
2	百度	百度发布《百度区块链白皮书 V1.0》，其开源的"XuperChain 超级链"，成为区块链生态值得期待的底层平台
3	中国人民银行	中国人民银行启动"区块链登记"
4	蚂蚁金服	蚂蚁金服将区块链技术用在公益、食品安全溯源上
5	清华经管学院	清华经管学院宣布全球首个高校共建区块链创新联盟"青藤链盟"在京成立
6	上海银行、江苏润和软件	上海银行开立国内首单区块链信用证，加快供应链金融创新步伐
7	壹账通	中国平安集团旗下金融壹账通宣布壹资管平台正式发布
8	中央人民银行	中央人民银行限期关停比特币矿场
9	京东集团	京东集团发布《京东区块链实践技术白皮书（2018）》
10	人人网	人人网发布 RRCoin 白皮书，正式进军区块链
11	腾讯	腾讯区块链白皮书发布可信区块链 TrustSQL 为基础平台
12	360	成立 360 金融区块链研究中心，进军区块链领域

续表

序号	事件主体	事件说明
13	青岛市崂山区	青岛市崂山区发布了全球首个基于区块链的产业沙盒"泰山沙盒",旨在形成区块链监管体系
14	中国工商银行	中国工商银行公布区块链专利
15	OKEX、火币	OKEX、火币等交易所遭维权
16	华大基因	华大基因联合长沙市,用区块链协建基因筛诊医联体
17	腾讯游戏	腾讯游戏与区块链游戏竞技平台合作推出直播频道。
18	3点钟&XMX全球社群联盟	XMX上线火币HADAX交易所后跌破私募价,几近归零

数据来源:赛迪顾问,2018年12月。

三、资本市场动向

(一)区块链领域投融资事件数量下降

2016—2018年区块链领域的投融资事件数量基本上呈现出增长放缓态势,如图24-14(a)所示。从细分领域来看,供应链金融、征信、交易清算、商品溯源、电子存正、数字身份和数字货币等7大领域投融资事件数量较多,如图24-14(b)所示。

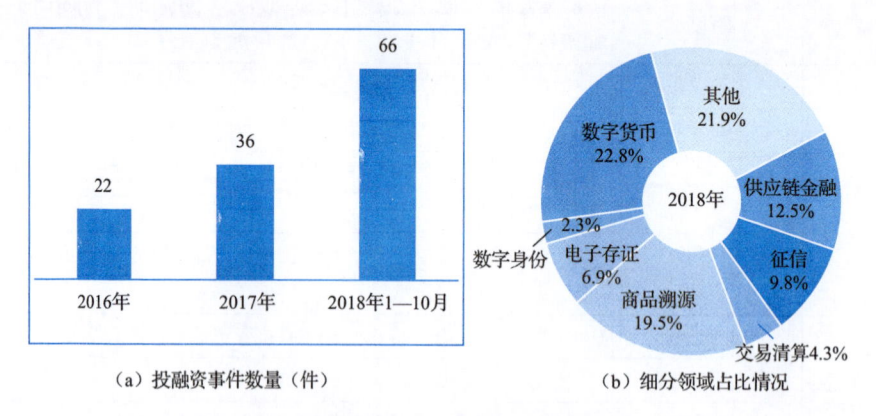

图24-14 2016—2018年中国区块链领域投融资事件数量及2018年细分领域占比情况

(数据来源:因果树、赛迪顾问,2018年12月)

（二）投融资金额呈现增长态势

2016—2018年区块链领域的投融资事件金额基本上呈现出逐年上涨的态势，如图24-15（a）所示，尤其是2018年投融资金额大幅上涨，截至2018年10月份已经是2017年全年的1.5倍左右。从细分领域来看，商品溯源和供应链金融等7大领域投融资金额最多，如图24-15（b）所示。

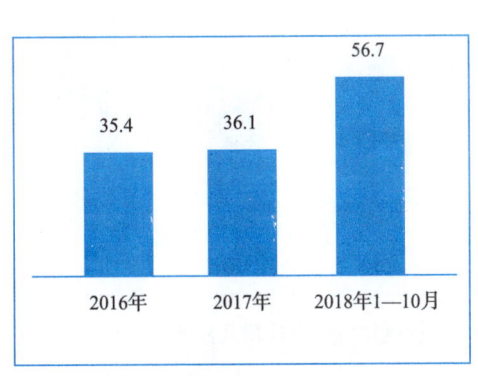

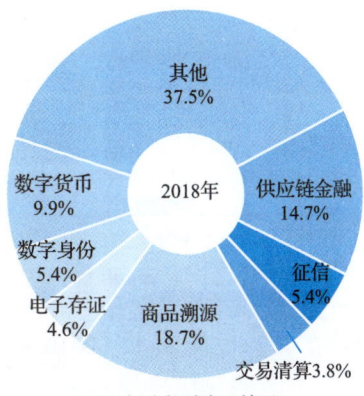

图 24-15 2016—2018年中国区块链领域投融资金额及细分领域占比情况

（数据来源：赛迪顾问，2018年12月）

（三）B轮C轮融资数量实现零的突破

2018年，B轮C轮融资数量分别达到4件和5件（见图24-16）。天使轮融资数量达到19件，同比增长5件。Pre-A轮融资数量达到11件，同比增长8件，其他轮次的投融资数量则均出现不同程度的增长。

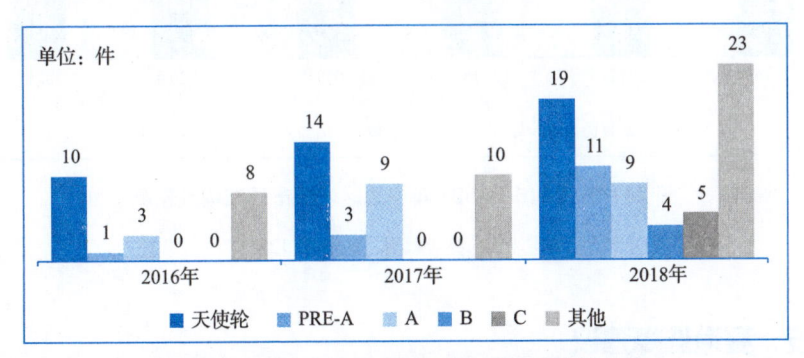

图 24-16 2016—2018中国区块链投融资轮次情况

（数据来源：因果树，赛迪顾问整理，2018年12月）

四、市场规模预测

2018 年，国内区块链市场投资热情高涨，并且诸多互联网公司也纷纷试水区块链业务，受此影响，中国区块链市场热度有所增加，虽然 ICO 监管条例的出台使数字货币市场发展速度放缓，但是区块链行业整体水平依然保持了稳定增长，2018 年中国区块链市场规模达到 0.67 亿元，同比增长 109.4%（见图 24-17）。

图 24-17　2016—2021 年中国区块链市场规模及预测

（数据来源：赛迪顾问，2018 年 12 月）

从区块链的应用领域来看，2018 年私有链占市场 65.1% 的份额（见图 24-18）。由于区块链 2.0 金融领域将是 2019—2021 年区块链市场最主流的应用场景，预计未来联盟链将会进一步扩大市场份额，2021 年达到 53.3%。

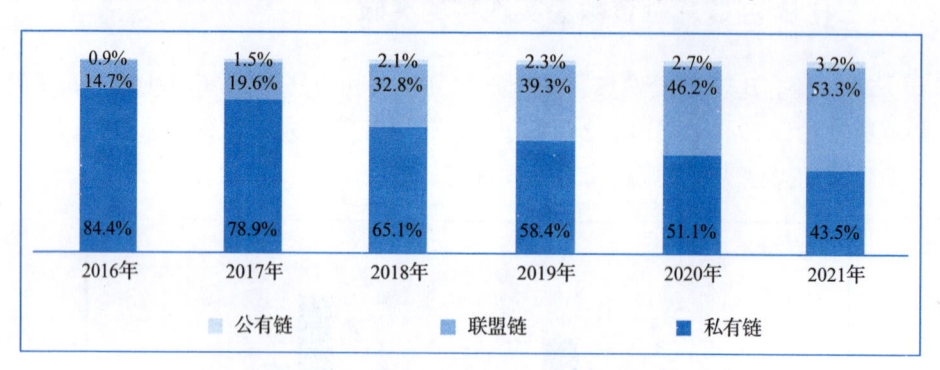

图 24-18　2016—2021 年中国区块链市场结构及预测

（数据来源：赛迪顾问，2018 年 12 月）

五、赛道选择建议

（1）区块链技术服务商和部分领域的落地应用为成熟的公司。

（2）区块链将在商业银行展开更广泛的应用，创新管理模式是一个国际趋势。

（3）基于区块链1.0的数字货币，未来可能会成为泡沫。

2019年中国区块链细分领域投资潜力气泡图如图24-19所示。

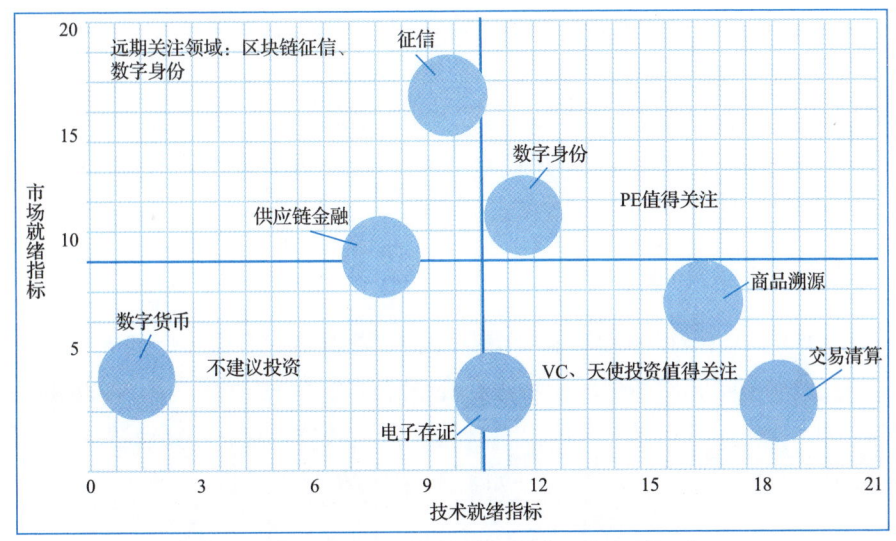

注：图中各项指标数据依据赛迪顾问产业投资潜力评价指标体系评估而得。

图24-19　2019年中国区块链细分领域投资潜力气泡图

（数据来源：赛迪顾问，2018年12月）

第四节　我国VR/AR产业投资趋势分析

一、产业政策导向

（一）VR产业的战略定位在国家政策层面被进一步强化

我国致力于实现高质量发展，推动新技术、新产品、新业态和新模式在各领域广泛应用。加强我国虚拟现实等领域在国际中的交流合作，共享发展机遇，共享创新成果，有利于开创人类社会更加智慧、更加美好的未来。因此，我国从政策上进一步强化虚拟现实产业的战略定位，相继出台的《中华人民共和国国民经济和社会发展第十三个五年规划纲要》《"十三五"国家科技创新规划》

《"十三五"国家信息化规划》《"十三五"国家战略性新兴产业发展规划》等都明确把虚拟现实作为发展重点。

(二)地方政府重视 VR/AR 产业发展,产业基地遍地开花

越来越多的地方政府、企业园区认识到 VR/AR 的未来潜力,发布各类政策予以支持。2018 年南昌世界 VR 大会的隆重举办更是为 VR 行业发展带来了强劲信心。福建福州、青岛崂山、武汉光谷、湖南长沙、浙江嘉兴等地也都在当地政府的支持下纷纷成立 VR 产业基地,打造"VR 之都"。VR/AR 在社会多主体的支持下将迎来更好的发展。

二、行业龙头动向

2018 年,VR/AR 领域的龙头企业纷纷完善自身业务建设,加大了对 VR/AR 的投资和创新,不断推出新品或更新原有系统平台。同时国内 VR/AR 领域开始出现一批独角兽企业,如奥比中光等,行业整体环境在不断改善。

2018 年 VR/AR 行业重大事件如表 24-4 所示。

表 24-4 2018 年 VR/AR 行业重大事件

序号	事件主体	事件说明
1	Magic Leap	Magic Leap One 头显终于问世市场
2	微软	微软 HoloLens 获得美国军方 AR 订单 4.8 亿美元
3	苹果	Apple 发布 ARKit 2
4	谷歌	谷歌增强现实平台 ARCore 终于进入中国市场
5	Oculus	Oculus 发布新产品 Oculus Go 一体机
6	叠境数字	叠境数字完成亿元级 A 轮融资,由 IDG 资本领投,赛富基金、金沙江创投跟投
7	小鸟看看	小鸟看看/PICO 获广发信德、广发证券、广发乾和、巨峰科创 1.675 亿元投资
8	奥比中光	独角兽企业:3D 视觉感知供应商奥比中光获得蚂蚁金服领投的 D 轮 2 亿美元融资
9	亮亮视野	AR 眼镜研发商亮亮视野完成亿元 B+ 轮融资,由建银国际领投,蓝驰创投、经纬中国跟投
10	华捷艾米	3D 视觉和 MR 解决方案公司华捷艾米完成近 5 亿元 B 轮融资,光大控股、君度投资、汉富资本等多家投资

续表

序号	事件主体	事件说明
11	3Glasses	数字王国 2.4 亿元投资 3Glasses
12	相芯科技	3D 数字形象技术提供商相芯科技完成 1.2 亿元 A 轮融资

数据来源：赛迪顾问，2018 年 12 月。

三、资本市场动向

（一）VR/AR 领域投融资案例数量出现微幅下降，但投资更加聚焦在后端

随着 VR/AR 在各行业应用的逐渐展开，越来越多具有产业背景的投资者成为投资的主要力量，这些投资者更关注初创企业的价值，投资后可以提供更多的战略和产业资源；而一些专注于晚期私募股权交易或者二级市场的巨型基金（如富达、中投等）因为看到 VR/AR 行业孕育出高估值独角兽的可能性，如 Magicleap，也开始进行投资布局。整体上看，VR/AR 的投融资结构正在不断完善和健康，行业发展和投资市场正在回归到正常轨道。但由于 2016—2017 年投资市场的非理性投资过多，市场还在淘汰和刷新的过程，2018 年 VR/AR 领域融资数量出现微幅下滑（见图 24-20），但投资更加聚焦在高价值的后端融资。

图 24-20 2016—2018 年国内 VR/AR 投融资案例数量对比

（数据来源：赛迪顾问，2018 年 12 月）

（二）拥有核心技术的硬件和软件获投资者青睐

从 2016—2018 年的投融资事件的环节占比来看（见图 24-21），流向技术

的资本呈现持续增长态势,尤其是光场技术和计算机视觉相关的中国企业受到资方的关注;硬件部分重新受到资本重视和关注,主要得益于 AR 智能眼镜的发展以及一些体感、眼球追踪等交互硬件的良好表现;应用融资首次出现下滑,一定程度上验证了国内 VR/AR 内容还有待优化,同质化、缺乏创意 IP、缺乏深度应用的内容已经被市场淘汰。

图 24-21　2016—2018 年国内 VR/AR 投融资规模结构对比(按投融资轮次)

(数据来源:赛迪顾问,2018 年 12 月)

(三)A 轮融资数量出现明显增多,VR/AR 产业不断成熟

2018 年,A 轮融资占比最大,达到 34.8%(见图 24-22),其他轮次的投融资事件数量则均出现一定程度的下降。相比前两年以天使轮为主,2018 年 A 轮及后续融资占比出现大幅上升(见图 24-23),一定程度上反映行业正在不断成熟,行业门槛在不断提高。

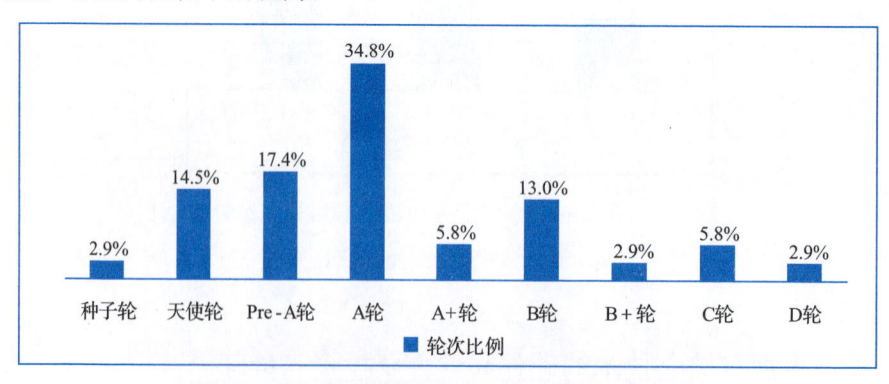

图 24-22　2018 年国内 VR/AR 投融资轮次结构

(数据来源:赛迪顾问,2018 年 12 月)

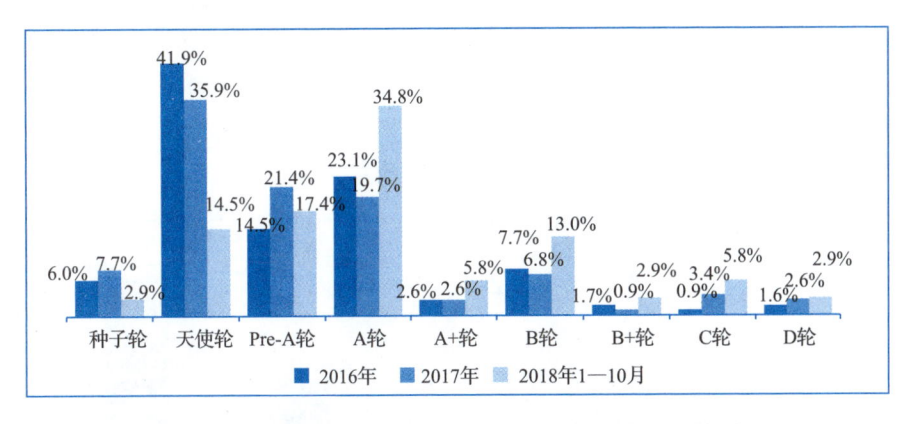

图 24-23 2016—2018 年国内 VR/AR 投融资轮次结构对比

（数据来源：赛迪顾问，2018 年 12 月）

（四）游戏在所有融资应用领域中依然保持领先地位

2018 年游戏占应用融资 48.5%（见图 24-24），VR/AR 设备的深度沉浸感为游戏用户群体及游戏公司提供了完美的解决方案，丰富了游戏体验，增添了震撼硬件外接设备，但 VR/AR 缺少支撑内容，二者尚未形成互补。教育、工程等企业级应用融资在攀升，未来潜力无限。

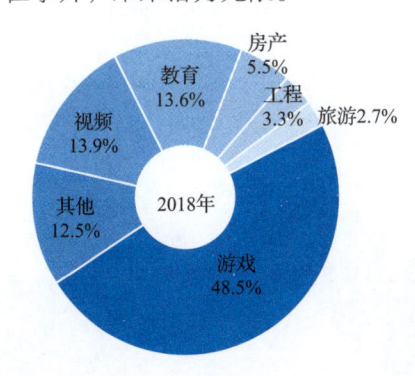

图 24-24 2018 年国内 VR/AR 应用投融资结构对比

（数据来源：赛迪顾问，2018 年 12 月）

四、市场规模预测

2018 年 VR/AR 产品层出不穷，企业布局加速。在经历资本热潮后，VR/AR 行业进入相对平稳发展期。互联网巨头、制造企业、手机生产商、泛娱乐行业纷纷加速投资布局 VR/AR，谷歌、索尼、HTC、微软、Facebook 等巨头纷纷构建自身的 VR/AR 生态系统，加快了行业发展速度。国内 VR 市场尚处于起步阶段，市场规模总体体量相对较小，2018 年整体规模达到 80.2 亿元，预计到 2021 年将达到 544.5 亿元（见图 24-25）。

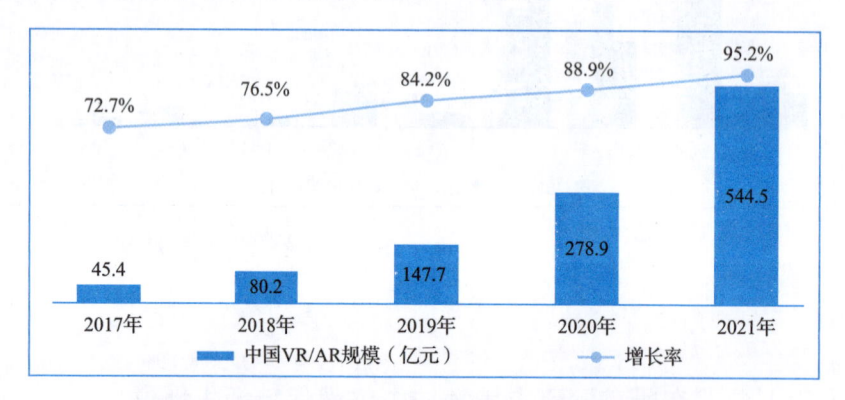

图 24-25　2017—2021 年中国 VR/AR 市场规模及预测

（数据来源：赛迪顾问，2018 年 12 月）

2018 年中国 VR/AR 市场仍以硬件和内容为主，其中按照销售额来看，头戴式设备领先于其他硬件，占到 32.2%；其次是消费级内容占比仍高于企业级内容，可见目前推动 VR/AR 市场发展的仍然是消费级内容（见图 24-26）。

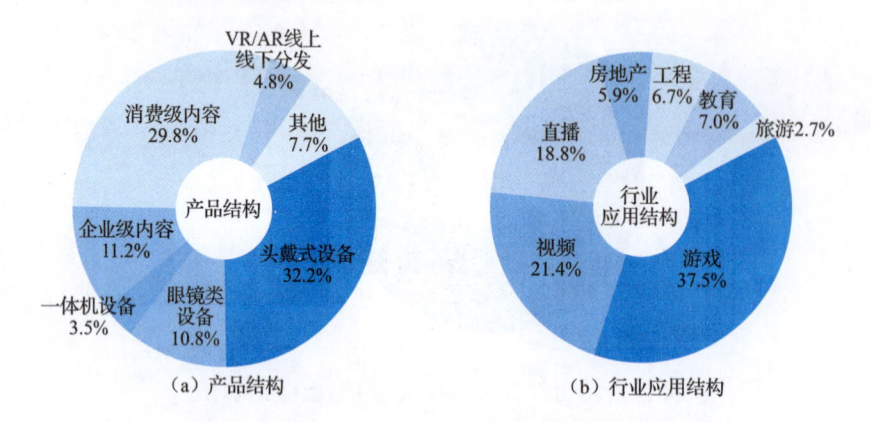

图 24-26　2018 年中国 VR/AR 市场产品结构及行业应用结构

（数据来源：赛迪顾问，2018 年 12 月）

五、赛道选择建议

（1）游戏、娱乐等消费级应用在短期内将持续投资热度爬升。

（2）工程、教育等企业级应用在众多潜力领域中脱颖而出。

（3）虚拟触觉、眼球追踪、光场显示等核心技术成熟度在未来 3～5 年内将进入爆发期，相关资本可考虑进入。

（4）相关的体感设备、交互技术等具备核心技术的硬件领域仍是资本关注重点之一，设备的进步和普及将带来更多的应用场景，尤其是在 VR 硬件保有量达到一定量级，有更多 2C 的场景落地的时候。

2019 年中国 VR/AR 细分领域投资潜力气泡图如图 24-27 所示。

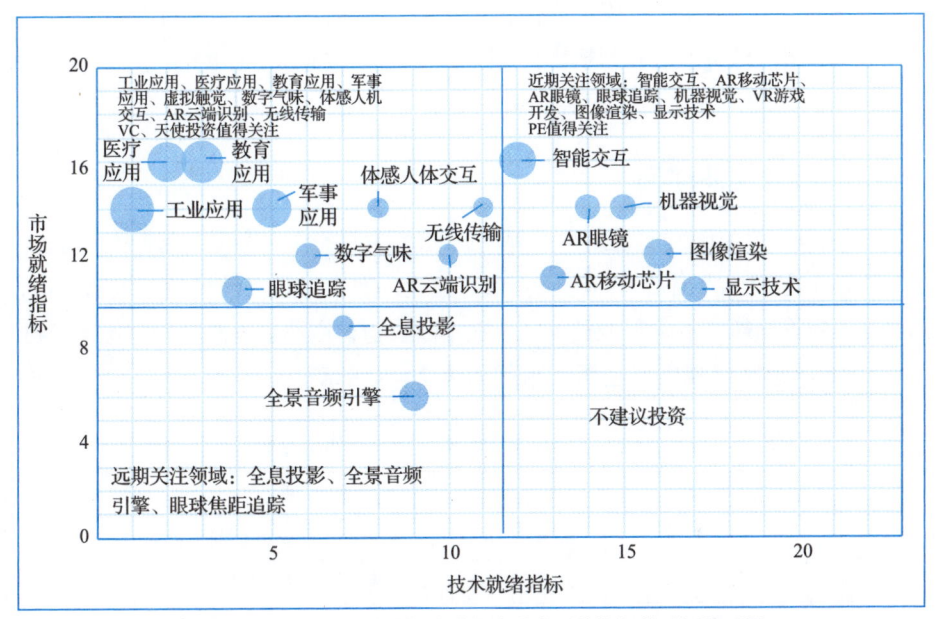

注：（1）图中各项指标数据依据赛迪顾问产业投资潜力评价指标体系评估而得。

（2）市场就绪指标：0～3 表示 10 年以上爆发期，3～6 表示 5 到 10 年爆发期。技术就绪指标数值越大，表示投资潜力越大。

图 24-27　2019 年中国 VR/AR 细分领域投资潜力气泡图

（数据来源：赛迪顾问，2018 年 12 月）

第五节　我国超高清视频产业投资趋势分析

一、产业政策导向

国家政策鼓励推动中国超高清视频产业进入发展机遇期。2017 年 9 月，国家新闻出版广电总局在《新闻出版广播影视"十三五"发展规划》中提到要全面推进省级地市级广播电视台高清制播能力建设，适时开播 4K 超高清电视实验频道，推动构建高清、4K 超高清电视混合播出系统。2017 年 11 月，国家新闻出版广电总局发布了《关于规范和促进 4K 超高清电视发展的通知》，通知中明确指出："优先支持高清电视发展较好的省份和机构开展 4K 超高清电视试点，坚持试点先行，稳中求进。" 2018 年 7 月，工信部、国家发展改革委发布的《扩大和升级信息消费三年行动计划（2018—2020 年）》中强调要支持企业加大技术创新投入，突破超高清、柔性面板等量产技术，推进智能可穿戴设备、超高清终端设备等产品的研发及产业化，加快超高清视频在社会各行业应用普及。这些政策的出台都标志着政府对于我国发展超高清视频产业的重视，也意味着属于中国的超高清视频时代已经到来。

二、行业龙头动向

2018 年作为中国发展超高清视频产业的重要部署期，各巨头企业从内容、网络、终端三方面全力出击，纷纷完善自身建设，加大对超高清视频领域的投资和创新，不断推出新产品，行业整体环境在不断改善，产业链逐渐完善并走向成熟。

2018 年超高清视频产业重大事件如表 24-5 所示。

表 24-5　2018 年超高清视频产业重大事件

序号	事件主体	事件说明
1	京东方	京东方 10.5 代生产线量产，出货量维持高速增长
2	海思	海思研发出多款超高清系统芯片技术
3	TCL	TCL 推进 11 代线在建项目
4	海信	海信加快数字医疗发展，数字手术室、远程会诊中心、智慧阅片室等医用显示设备投入使用
5	网宿科技	网宿科技与公安部第三研究所（国家网络与信息系统安全产品质量监督检验中心）正式签署全方位战略合作
6	索尼	超高清视频（北京）制作技术协同中心与索尼公司签署《超高清视频制作发展战略合作协议》
7	英特尔	英特尔宣布为 2020 年东京奥运会部署 5G 技术
8	SK 海力士	SK 海力士量产 4D TLC 闪存
9	高通、苹果	芯片巨头高通就苹果侵犯其专利提起诉讼
10	中国移动、海信集团	中国移动携手海信集团发布国内首个 "5G+8K" 高清视频应用
11	中国联通	中国联通 2018 年 3 月 29 日宣布正式成立 "中国联通超高清视频技术研发中心"

续表

序号	事件主体	事件说明
12	华为、中国超高清视频产业联盟、海信、创维等	华为携手中国超高清视频产业联盟（CUVA）、全球Wi-Fi联盟、海信、创维等发布业界首个《家庭Wi-Fi网络承载超高清视频解决方案白皮书》并草拟了《家庭Wi-Fi网络承载超高清视频通用规范（征求意见稿）》

数据来源：赛迪顾问，2018年12月。

三、资本市场动向

（一）超高清视频投融资市场较为保守，各环节龙头企业仍是投资机构关注热点

国内外超高清视频产业正在如火如荼地发展，在普及4K的同时各企业开始逐步布局8K，但在投融资市场上大多数企业表现得较为保守。目前来看能获得投融资的仍然是产业链各环节的龙头企业。在超高清面板环节，京东方于2018年5月获得美国康宁公司14亿美元投资，用于重点打造10.5代显示玻璃基板项目。在芯片环节，紫光集团于2017年3月获得国家开发银行、华芯投资管理有限责任公司1500亿元的战略投资。此外，4K花园、旷视科技等超高清视频应用领域主力企业也分别获得了投资机构的支持。

（二）投资呈现硬件、应用双重点，政府机构重视布局4K/8K产业

目前国内超高清视频投资呈现硬件、应用双重点。其中，硬件以电视、超高清面板、VR/AR设备为主，应用以面向C端的广播电视领域和面向B端的安防监控领域为主。由于广播电视是国内最早与超高清视频产业融合的领域，也是消费者基础最好的领域，所以在融资应用领域占据了绝对主角地位。

另外，值得注意的是，投资机构中不乏出现带有国资背景的机构参与，如国家开发银行、国海创新资本等"国"字机构在芯片、编解码设备领域等投入资金，推进我国芯片、视频生产设备的自主研发进程，助力国内超高清视频产业获得更多的技术突破。

（三）企业逐步构建超高清视频产业链生态，未来将出现更多战略投资案例

超高清视频产业各环节的企业不再只盯着自己的"一亩三分地"，更多的企业开始投资与自身业务相关的上下游企业，努力搭建基于自身业务的 4K/8K 产业生态环境。这也导致除去天使轮、Pre-A、A、B 轮投资外，2017 年和 2018 年国内超高清视频产业出现了更多的战略投资案例。

例如，2016 年 4 月，微鲸科技斥资 4.5 亿元投资康佳电视，希望利用自身的 4K 内容优势与康佳的硬件基础，发展智能电视研发和运营平台建设。类似的案例还有，京东方投资枭龙科技、极戈科技、天利半导体等芯片、VR 类企业，基于自身超高清面板业务，向芯片、终端设备等产业链其他环节延伸。

（四）广播电视在融资应用领域中占绝对优势地位

虽然国内超高清视频产业投融资市场并没有十分火热，但应用领域作为我国目前薄弱环节和重点发展领域还是获得了相当比重的融资。其中，4K 花园作为目前国内最大的 4K 生产和分发平台，颇受投资机构的关注，曾在 2017 年 8 月和 2018 年 1 月共获得 1 亿多元的融资规模；芒果 TV 也在 2016 年获得由深圳光大新娱产业基金领投的共计 15 亿元的资金支持。

四、市场规模预测

基于整体市场、产品成熟度及技术发展等指标的研判，赛迪顾问对中国超高清视频市场发展预测倾向乐观，2018 年中国超高清视频市场规模达到 1636.6 亿元，到 2021 年将超过 4000 亿元（见图 24-28），其中终端显示产品市场规模将达到 2217.1 亿元，视频制作设备市场规模将达到 1344.1 亿元，应用及服务的市场规模将达到 760.6 亿元。

五、赛道选择建议

（1）电影电视、体育赛事转播等应用仍是投资热度最高的消费级应用板块。

（2）安防监控、医疗影像等企业级应用在众多潜力领域中脱颖而出。

（3）视频娱乐、实况直播等板块拥有较好的消费者基础，小企业进入比较容易。

（4）硬件是资本重点关注的领域，硬件的技术水平直接决定了超高清视频产业链的发展速度。其中，VR 设备、投影仪等新兴硬件设备具有显示屏幕大、

方便携带等普通电视无法比拟的优势，拥有较低的进入门槛和广阔的发展前景，还可以与 VR/AR 等新兴产业结合，产生良好地联动发展，资本可以考虑进入。

图 24-28　2016—2021 年中国超高清视频市场规模及预测

（数据来源：赛迪顾问，2018 年 12 月）

2019 年中国超高清视频产业细分领域投资潜力气泡图如图 24-29 所示。

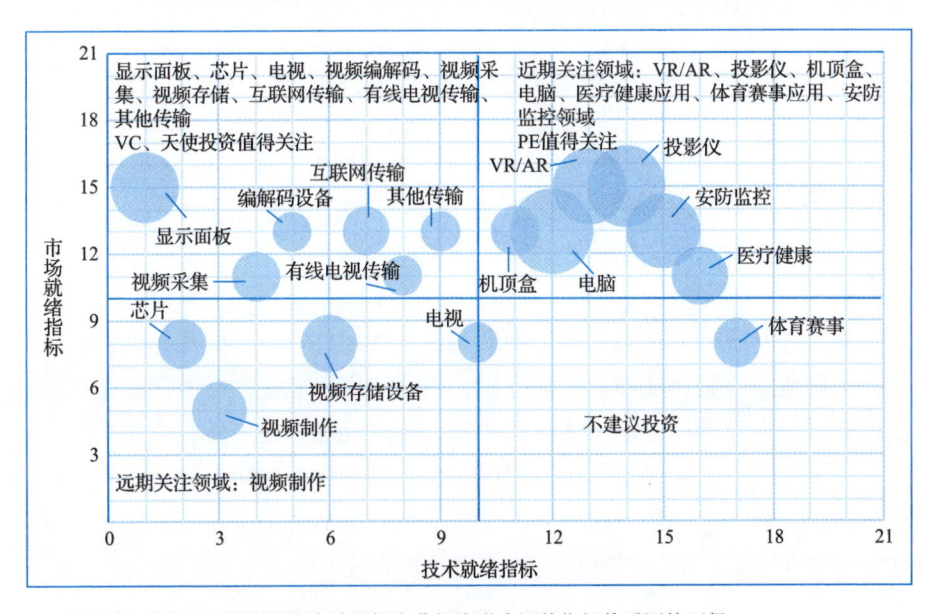

注：图中各项指标数据依据赛迪顾问产业投资潜力评价指标体系评估而得。

图 24-29　2019 年中国超高清视频产业细分领域投资潜力气泡图

（数据来源：赛迪顾问，2018 年 12 月）

第六节　我国智能硬件产业投资趋势分析

一、产业政策导向

（一）提升终端产品智能化水平是主要任务

国家发展改革委、科技部、工信部、中央网信办联合印发的《"互联网＋"人工智能三年行动实施方案》（以下简称"方案"）中将"提升终端产品智能化水平"列为主要任务，并明确提出了要加快智能终端核心技术研发及产业化，丰富移动智能终端、可穿戴设备、虚拟现实等产品的服务及形态，提升高端产品供给水平。智能硬件是人工智能技术的载体，其终端智能化水平直接反映了技术的成熟度，是我国智能硬件产业发展质量和水平的重要衡量标准。因此制定智能硬件产业创新发展专项行动方案，从部委层面确立智能硬件的主要任务是终端智能化的地位，对引导智能硬件产业健康有序发展，推动人工智能与各项智能硬件技术的深度融合，提升智能家居、智能穿戴、智能交通等智能硬件技术与应用水平，以及产业的发展起到指导作用。

（二）亟须建设智能硬件的技术基础服务平台

工信部会同国家发展改革委印发的《智能硬件产业创新发展专项行动（2016—2018年）》（以下简称"行动"）指出，要提升高端共性技术与产品的有效供给，满足社会生产、生活对智能硬件的多元化需求。行动以提升智能硬件关键技术和产品创新能力、夯实产业基础为核心，以优化政策环境，繁荣产业生态，加强公共服务为牵引，着力推动我国智能硬件产业高端化、创新化、自主化、生态化、服务化发展。行动提出，亟须建立智能硬件标准化和公共服务平台，支持面向标准符合性、软硬件协同、互联互通、用户体验、安全可靠等产品检测服务。行动的提出为企业提供产品的软硬件一体化解决方案以及相关孵化服务，有利于形成统一标准，推动产业链及价值链上下游企业集聚，同时打造智能硬件生态链条，促进我国智能硬件产业技术服务平台快速发展。

（三）通过智能硬件带动相关行业的协同进步

加强政策法规建设、推动跨行业协同创新，优化产业发展环境来带动相关行业的协同进步是各地方政府发展智能硬件产业的总体思路。《关于促进中关村智能硬件产业创新发展的若干支持措施》《关于上海市推动新一代人工智能发展的实施意见》等政策均围绕价值链配置资源链，整合资源链打造创新链，依托创新链贯穿技术链，依据技术链布局产业链，统筹产业链形成生态链。培育具有国际竞争力的企业集团，推动全球布局和产业体系国际化；同时通过传统产业转型升级和新型智能硬件产业生态的建立，带动其他相关行业的协同进步和国民经济持续增长。

二、行业龙头动向

2018年，智能硬件企业在资本整合、技术创新、新产品发布和市场开拓等方面继续发力，各细分领域呈现不同特点。以小米为代表的智能穿戴设备企业为进一步满足市场需求，扩大企业资金供应规模；智能家居设备企业采用与外企合作的方式，打开国外市场"走出去"；智能医疗设备与医保等领域进一步融合，发展速度快；智能车载设备助力传统汽车企业向新能源汽车和智能网联汽车转型；工业级智能硬件与生产活动更深入结合，有利于制造强国战略的实施。

2018年中国智能硬件行业重大事件如表24-6所示。

表24-6 2018年中国智能硬件行业重大事件

序号	事件主体	事件说明
1	小米	小米赴港上市
2	华为	华为发布新型智能手机
3	海尔	海尔获中国质量协会"40周年卓越企业奖"
4	京东	京东无人配送落地
5	阿里巴巴	阿里发布新一代天猫精灵
6	格力	格力旗下TOSOT大松生活电器正式进驻天猫旗舰店
7	美的	美的吸收合并小天鹅
8	腾讯	腾讯发布2018年Q3财报，收入主要来自支付相关服务、网络广告、数字内容销售
9	联想	联想Tech World 2018在北京雁栖湖举行，发布智能体脂秤、空气净化器等多个智能家居设备
10	百度	百度与沃尔沃汽车共同开发智能车载设备
11	歌尔集团	歌尔在南宁投建智能终端生产基地
12	科大讯飞	科大讯飞在机器翻译领域取得前沿成果
13	中兴通讯	中兴在RAN领域市场排名升至第四
14	暴风集团	暴风在资本市场遇冷

续表

序号	事件主体	事件说明
15	东软集团	东软集团成为本田智能车载设备供应商
16	华海集团	华海医信获 3 亿元政府产业发展资金
17	万达信息	万达信息承建全国首个异地门诊结算平台
18	海得控制	海得控制与西门子合作提升智能化水平
19	乐普医疗	乐普医疗心电图人工智能自动分析诊断系统获得美国 FDA 批准
20	美菱电器	美菱电器成 2018 年世界杯合作伙伴

数据来源：赛迪顾问，2018 年 12 月。

三、资本市场动向

（一）智能硬件领域投融资事件数平稳增加

从 2016—2018 年的投融资事件数量来看，智能硬件呈现平稳发展态势（见图 24-30）。从细分领域来看，智能家居设备、智能车载设备和智能穿戴设备比重较高，具有较大投资机会。智能医疗设备、工业级智能硬件和其他领域比重较小，需要突破性技术和具有竞争力的产品引领新一轮资本热潮。

（a）投融资事件数量（件）：2016年 281；2017年 345；2018年1—10月 354

（b）细分领域占比情况（2018年）：智能车载设备 21.2%；工业级智能硬件 9.0%；其他 4.0%；智能医疗设备 8.7%；智能穿戴设备 20.1%；智能家居设备 37.0%

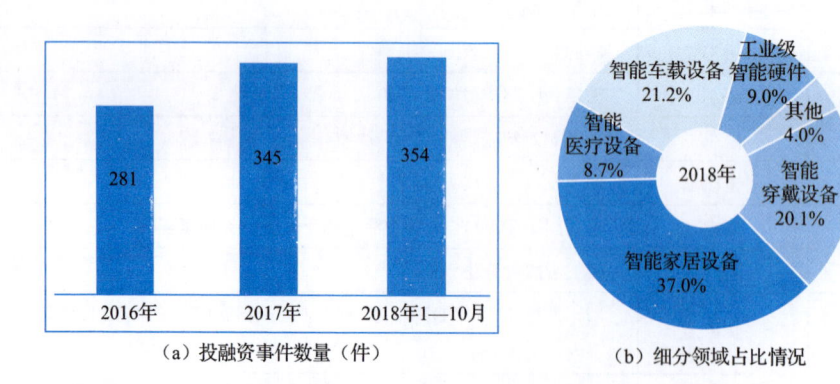

图 24-30 2016—2018 年中国智能硬件领域投融资事件数量及细分领域占比情况

（数据来源：公开资料，赛迪顾问整理，2018 年 12 月）

（二）投融资金额呈现稳步增长态势

从 2016—2018 年的投融资金额来看，基本上呈现出逐年上涨趋势，但增长速度较为平缓，如图 24-31（a）所示。从细分领域来看，投融资金额集中在智能家居设备、智能穿戴设备、智能车载设备领域，智能医疗设备和工业级智能硬件投融资金额相对较少，如图 24-31（b）所示，与投融资笔数情况具有较高的一致性。

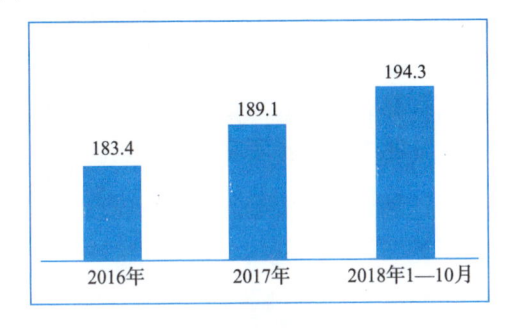

图 24-31　2016—2018 年中国智能硬件领域投融资金额及细分领域占比情况

（数据来源：公开资料，赛迪顾问整理，2018 年 12 月）

（三）智能硬件融资轮次平稳过渡

从 2016—2018 年，智能硬件企业融资轮次平稳增加，如图 24-32 所示。A 轮及以后投资从 2016 年的 36 笔提升至 2018 年的 73 笔，表明智能硬件企业在资本领域获得越来越多的重视。但是天使轮和 Pre-A 轮增长较慢，新企业进入不足，促进产业发展作用有限。

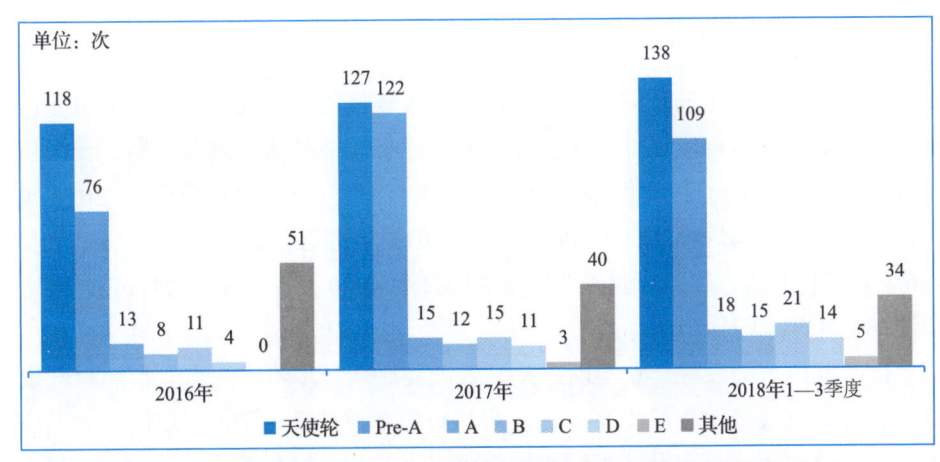

图 24-32　2016—2018 年中国智能硬件行业投融资轮次情况

（数据来源：公开资料，赛迪顾问整理，2018 年 12 月）

(四)广东、北京和上海为投融资主要区域

从 2016—2018 年的投融资发生区域来看,广东、北京、上海、浙江、江苏、重庆和四川的投融资事件数量较为靠前(见图 24-33)。广东省依托深圳市雄厚的电子信息产业基础,在智能硬件的基础层和终端层居于领先位置。北京、上海科研实力及市场份额较高,属于传统优势地区。浙江、江苏等东部沿海地区发展基础较好,加上与国外先进企业联系紧密,也具有一定的先发优势。重庆和四川等西南地区则凭借其良好的新一代信息技术发展环境,在智能硬件附加值层具备一定的竞争实力。

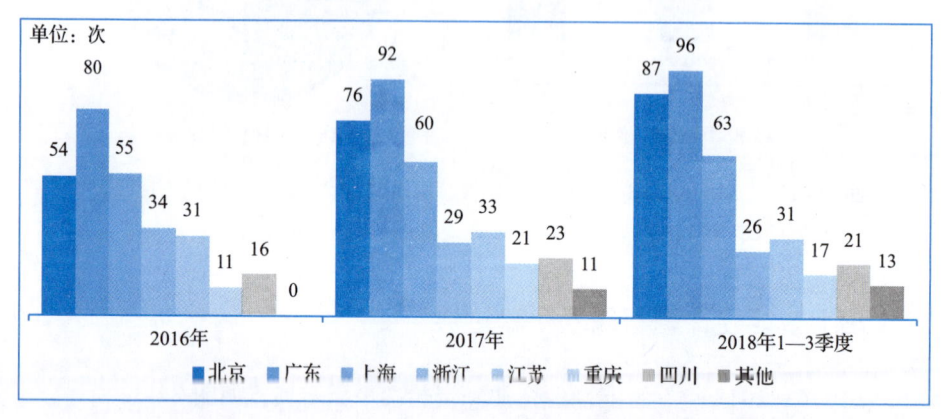

图 24-33 2016—2018 年中国智能硬件投融资地区分布情况

(数据来源:公开资料,赛迪顾问整理,2018 年 12 月)

四、市场规模预测

中国智能硬件市场正向成熟阶段迈进,市场格局初步成形,正迎来历史性机遇。目前,我国智能硬件产业正进入逐步成长规模扩张的黄金时期,我国移动互联网广阔市场的独特优势,为智能硬件产业发展提供良好环境。2016 年我国智能硬件市场规模达到 1039.8 亿元,2017 年达到 2351.3 亿元,同比增长 126.1%。2018 年,我国智能硬件市场规模接近 4000 亿元(见图 24-34),同比增速维持 43% 以上。

随着我国智能硬件产业不断成熟,各产品终端呈现不同特点。智能穿戴设备、智能家居设备比重趋于平稳,表明其市场越发成熟;智能车载设备、工业级智能硬件比重逐年上升,表明市场需求进一步释放,价值进一步彰显;而智能医疗设备和其他智能硬件产品市场情况处于波动状态,表明目前该细分领域

市场情况不明朗，发展前景有待进一步观察。2016—2021年中国智能硬件结构及预测如图24-35所示。

图24-34　2016—2021年中国智能硬件市场规模及预测

（数据来源：赛迪顾问，2018年12月）

注：智能硬件市场情况以终端层各产品形态进行测算。

图24-35　2016—2021年中国智能硬件结构及预测

（数据来源：赛迪顾问，2018年12月）

五、赛道选择建议

（1）智能硬件网络层接入、通信协议和终端层智能车载设备居于投资热门领域。

（2）智能家居设备技术已经基本成熟，资本进入应考虑市场容量情况，避免饱和市场低价竞争。

（3）机械硬件、功能模块、智能穿戴设备、智能医疗设备、工业级智能硬件的技术成熟度在未来5～10年内将进入爆发期，资本可考虑进入。

2019年中国智能硬件细分领域投资潜力气泡图如图24-36所示。

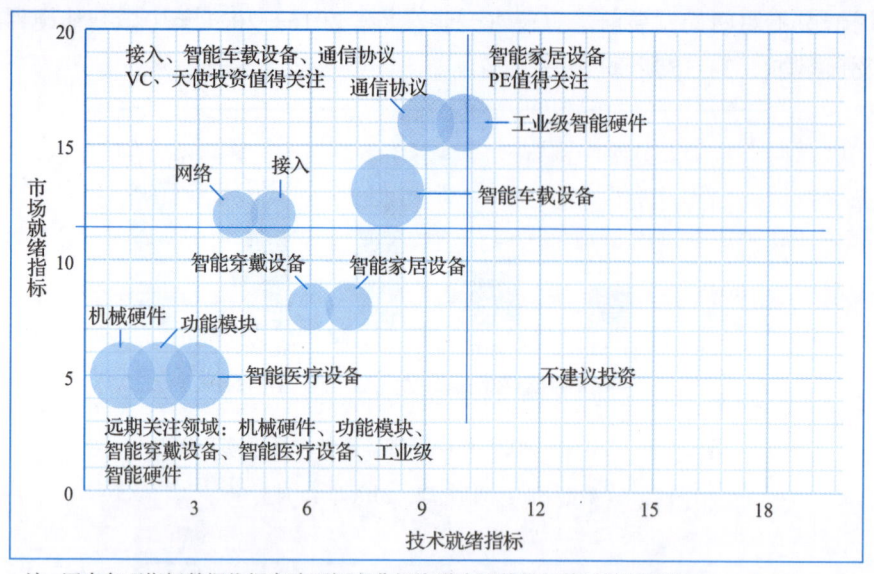

图 24-36　2019 年中国智能硬件细分领域投资潜力气泡图

（数据来源：赛迪顾问，2018 年 12 月）

第七节　我国窄带物联网产业投资趋势分析

一、产业政策导向

（一）政策助力 NB-IoT 在基础设施、试点示范、平台与应用等方面持续发展

自 NB-IoT 技术协议获得 3GPP 无线接入网（RAM）技术规范组会议通过以来，我国出台了一系列政策推动 NB-IoT 网络部署和拓展应用，助力 NB-IoT 产业持续创新和有序发展。工信部 2016 年 12 月下发的《信息通信行业发展规划（2016—2020 年）》中提到要建设完善 NB-IoT 基础设施，实现在城市运行管理和重点行业的规模应用；要完善支持 NB-IoT 的全国性网络，升级改造无线、核心网络及配套网管运维系统，在全国范围内形成有效覆盖；要实现 NB-IoT 在智慧城市、重点行业等规模应用，研究设立 NB-IoT 应用示范工程，对典型应用与创新给予适当支持，探索业务模式，推动产业链成熟。

（二）国务院发文指出要加快推进物联网基础设施建设，发展物联网应用

国务院 2017 年 8 月下发的《关于进一步扩大和升级信息消费持续释放内需潜力的指导意见》中提出要加快推进物联网基础设施部署；统筹发展工业互联网，开展工业互联网产业推进试点示范；在 2017 年 3 月的《政府工作报告》中提出要加快大数据、云计算、物联网应用。

（三）工信部为加强 NB-IoT 建设发展、尽快商用，在基站建设、频率和号段上都加紧规划落实

工信部办公厅 2017 年 6 月下发的《关于全面推进移动物联网（NB-IoT）建设发展的通知》，从政府层面表示了对以 NB-IoT 为代表的移动物联网产业的大力支持。到 2020 年，我国 NB-IoT 基站规模要达到 150 万个，实现对于全国的普遍覆盖以及深度覆盖，NB-IoT 的连接总数要超过 6 亿个。另外，2017 年 6 月，工信部正式明确 NB-IoT 网络可运行于 GSM 系统的 800MHz 频段和 900MHz 频段、FDD-LTE 系统的 1800MHz 频段和 2100MHz 频段。

二、行业龙头动向

2018 年，NB-IoT 领域的龙头企业热衷于并购产业上下游的企业、联盟认证和产品研发，从而完善自身企业实力。2018 年中国窄带物联网行业重大事件如表 24-7 所示，其中，汇顶科技完成德国 CommSolid 企业并购，移柯通信 LYNQ 模组入库中国移动、吴通集团成为中国移动物联网联盟"认证级"合作伙伴，华为为墨西哥电力系统构建神经网络，以及中国移动携自研模组率先实现模组降价。

表 24-7　2018 年中国窄带物联网行业重大事件

序号	事件主体	事件说明
1	汇顶科技	汇顶科技并购德国半导体蜂窝 IP 提供商 CommSolid
2	移柯通信	移柯通信 LYNQ 模组入库移动
3	吴通集团	吴通集团成为中国移动物联网联盟"认证级"合作伙伴（OCP）
4	华为	华为 eLTE-IoT 为墨西哥电力系统构筑强大神经网络
5	中国移动	中国移动携自研模组品牌 OneMO 率先将 NB-IoT 模组价格降至 20 元以内

数据来源：赛迪顾问，2018 年 12 月。

三、资本市场动向

（一）中国NB-IoT产业投融资数量持续上升

从2016—2018年的投融资数量来看，基本上呈现出逐年增长的态势，如图24-37（a）所示。从细分领域来看，终端应用、模组及设备领域投融资数量最多，分别达到45%和23.8%，如图24-37（b）所示。

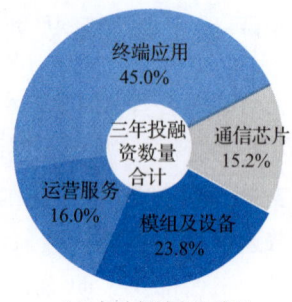

（a）投融资数量(件)　　（b）细分领域占比情况

图24-37　2016—2018年中国窄带物联网领域投融资事件数量及细分领域占比情况

（数据来源：赛迪顾问，2018年12月）

（二）中国NB-IoT产业投融资金额呈现大幅增长态势

从2016—2018年的投融资金额来看，基本上呈现出逐年上涨的态势，尤其是2018年投融资金额大幅上涨，截至2018年11月已经是2017年全年的2倍多，如图24-38（a）所示。从细分领域来看，运营服务和终端应用领域投融资金额最多，如图24-38（b）所示。

（三）广东省是中国NB-IoT投融资主要区域

从2016—2018年的投融资发生区域来看，广东、上海和北京投融资事件数量排在前三位（见图24-39），2018年，投融资事件主要集中在广东，数量达到24件，其次是上海和江苏，分别达到10件和6件。

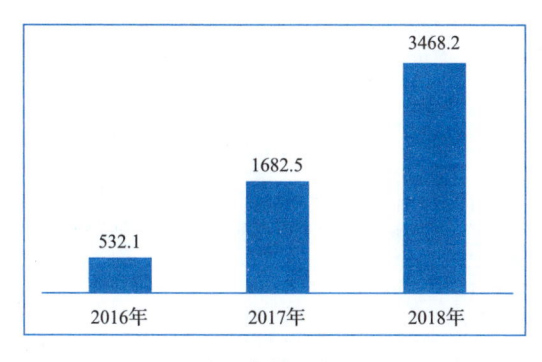

(a) 投融资金额（亿元）

(b) 细分领域占比情况

图 24-38　2016—2018 年中国窄带物联网领域投融资金额及细分领域占比情况

（数据来源：赛迪顾问，2018 年 12 月）

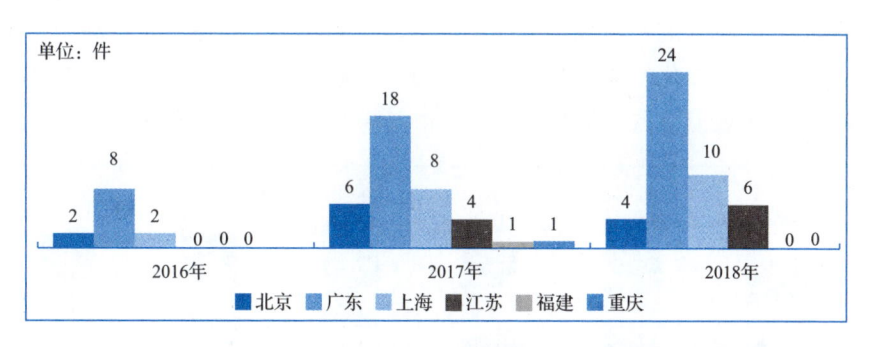

图 24-39　2016—2018 年中国窄带物联网投融资地区分布情况

（数据来源：赛迪顾问，2018 年 12 月）

四、市场规模预测

2017 年是中国窄带物联网商用试用年，中国窄带物联网受宏观政策环境、运营商和终端应用等众多利好因素的影响，全年市场规模已达到了 7.5 亿元，增速高达 45.1%（见图 24-40）。目前，由于中国窄带物联网受通信芯片研发技术和模组成本等因素的限制，2018 年中国窄带物联网市场规模增速有所放缓，到 2019 年中国窄带物联网市场将进入持续增长阶段，增速高达 55.5%。预计到 2020 年，中国窄带物联网将迎来市场爆发期，市场规模将达到 49.9 亿元，增长率高达 238.1%。

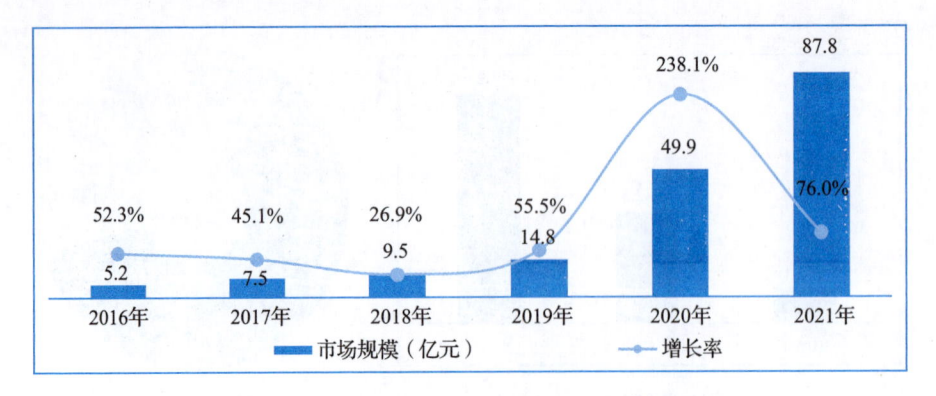

图 24-40 2016—2021 年中国 NB-IoT 市场规模及预测

（数据来源：赛迪顾问，2018 年 12 月）

从市场结构来看（见图 24-41），终端应用是中国窄带物联网市场的最大环节。通信芯片技术的不断成熟和模组成本的持续降低，将进一步推动中国窄带物联网市场向规模化发展，终端应用的市场份额将持续扩大。预计到 2021 年，终端应用市场规模将占据整个中国窄带物联网市场一半以上的份额。

图 24-41 2016—2021 年中国窄带物联网市场结构及预测

（数据来源：赛迪顾问，2018 年 12 月）

五、赛道选择建议

（1）智慧城市、智能门锁、智能家居在短期内将持续投资热度爬升，建议重点关注。

（2）智慧农业与资产追踪相关领域在众多潜力领域中市场成熟度较高，随着技术的不断积累将脱颖而出。

（3）智能制造、智慧医疗、智能零售等领域应用落地情况视市场成熟度和技术成熟度影响，虽目前市场和技术不足，但成长性很高，资本可远期关注。

2019年中国窄带物联网细分应用领域投资潜力气泡图如图24-42所示。

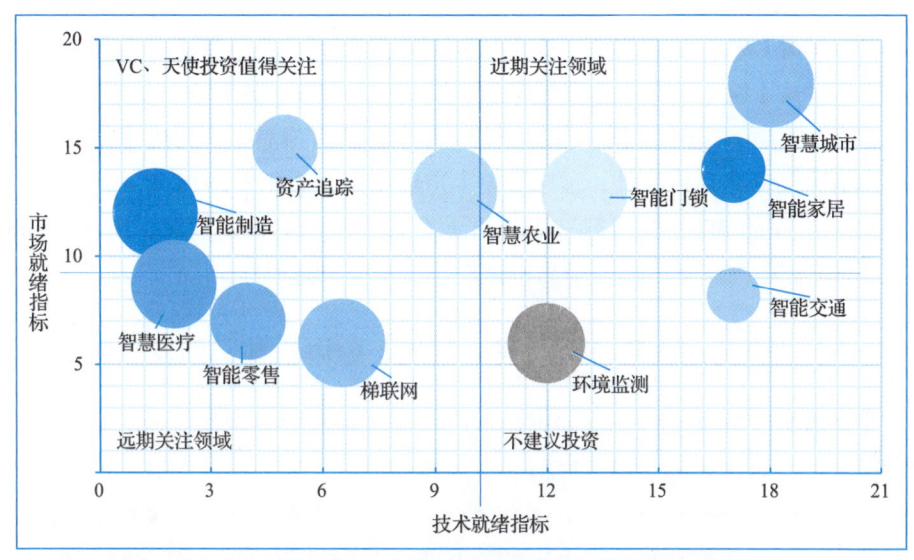

注：图中各项指标数据依据赛迪顾问产业投资潜力评价指标体系评估而得。

图24-42　2019年中国窄带物联网细分应用领域投资潜力气泡图

（数据来源：赛迪顾问，2018年12月）

第八节　我国抗体药物产业投资趋势分析

一、产业政策导向

（一）逐步构建抗体药物产业政策体系

"十三五"期间，我国相关部门频频发布抗体药物产业相关政策，如《"十三五"国家战略性新兴产业发展规划》，明确提出"以抗体药物、重组蛋白药物、新型疫苗等新兴药物为重点，推动临床紧缺的重大疾病、多发疾病、罕见病、儿童疾病等药物的新药研发、产业化和质量升级"，旨在促进抗体药物行业的技术创新、产品研发、结构升级及对外交流合作，为我国抗体药物产业的发展明确了发展方向并提供了动力支持。

（二）加速药品审评审批，加快抗体药物产品上市

过去，我国药品的上市审批周期长、流程冗杂等问题突出，导致注册申请积压，且国外药物至少推迟 3~5 年才能在国内上市。2015 年 8 月，国务院办公厅发布《关于改革药品医疗器械审评审批制度的意见》以解决注册申请积压，截至目前，药品注册申请降至 3200 件以内、罕见病药品 3 个月内审结，其他临床急需药品 6 个月内审结，预期缩短上市周期 1 到 2 年。2018 年 6 月 15 日，用于肺癌治疗的 PD-1 抑制剂——欧狄沃（纳武利尤单抗注射液，Nivolumab Injection）在中国获批上市，药品审评仅用了 7 个多月时间。

（三）试点药品上市许可持有人制度，鼓励抗体药研发创新

长期以来，我国实行上市许可和生产许可统一捆绑的管理模式，即只有生产企业才可以申请药品注册，取得最终的药品批准文号。此种制度大大削弱了研发人员和机构的创新活力。2016 年 5 月，国务院办公厅印发《关于药品上市许可持有人制度试点方案的通知》，明确在北京、天津、河北、上海、江苏、浙江、福建、山东、广东、四川等 10 个省（市）开展药品上市许可持有人制度试点。该方案允许药品研发机构或科研人员可以作为药品注册申请人提交药物临床试验申请和药品上市申请，申请人取得药品上市许可及药品批准文号的，可以成为药品上市许可持有人。该项制度解除了药品注册与生产许可的"捆绑"，大大提高了研发机构和人员对药物研发积极性。

（四）国家医保药物目录发布，抗体药被大幅纳入

2017 年，国家新版医保目录新增抗体药物益赛普和强克，加上 2017 年 8 月和 2018 年 10 月公布的药品谈判结果，共有 9 种抗体药物被纳入医保，占国内上市药品的 37.5%。未来，随着纳入医保药品数量的增加，抗体药物的市场规模有望快速增长。

二、行业龙头动向

2018 年，抗体药物领域的龙头企业主要有三个动向：一是国内药企与国外药企开展战略合作，如和铂医药、天境生物、绿叶制药、先声药业等公司，利用国外药企的研发优势加快自身的发展；二是国内药企强强合作，如启德医药和百奥赛图，思路迪和海和生物，金斯瑞和武汉友芝友等，利用双方的平台优势，

弥补自身不足，合作共赢，共同推动双方的快速发展；三是国内成熟药企热衷于并购产业上下游的企业，以完善自身企业实力，如中源协和收购傲锐东源。

2018年中国抗体药物行业重大事件如表24-8所示。

表24-8　2018年中国抗体药物行业重大事件

序号	事件主体	事件说明
1	启德医药、百奥赛图	10月29日双方签署"肿瘤免疫治疗的新一代生物偶联药物开发战略合作协议"
2	思路迪、海和生物	9月10日双方进一步拓展EGFR抑制剂的战略合作范围
3	金斯瑞、武汉友芝友	9月7日双方就多个双特异性抗体新药签署战略合作协议
4	和铂医药、Glenmark Pharmaceuticals	8月7日双方就双特异性抗体创新药物签署独家授权协议
5	天境生物、韩国ABL Bio	7月26日双方建立全球战略合作关系
6	中源协和、傲源东源	6月6日中源协和以12亿元收购傲锐东源
7	开拓药业、辉瑞	4月13日双方签订针对ALK-1靶点抗肿瘤抗体新药研发项目。
8	绿叶制药、Excel Biopharm	3月29日双方合作开发下一代肿瘤免疫疗法的治疗型抗体。
9	誉衡药业、药明生物	3月16日双方签订合作协议，共同开发抗LAG3全人创新抗体药
10	先声药业、Merus	1月8日双方就系列双特异性新药签署合作协议

数据来源：赛迪顾问，2018年12月。

三、资本市场动向

（一）抗体药物领域投融资事件数量快速上升

从2016—2018年的投融资事件数量来看，2018年呈现快速增长态势。国内抗体药物领域2016—2018年共发生融资事件69件，其中，2018年的融资事件数为33件，接近前两年融资事件数的总和（见图24-43）。

（二）抗体药物领域投融资金额呈现大幅增长态势

从2016—2018年的投融资金额来看，2018年呈现出爆发式增长。国内抗体药物领域2016—2018年共发生融资金额154.6亿元（见图24-44），其中，2018年的融资金额是2016年的四倍，2017年的三倍。

图 24-43　2016—2018 年中国抗体药物领域投融资事件数量

（数据来源：Wind，赛迪顾问整理，2018 年 12 月）

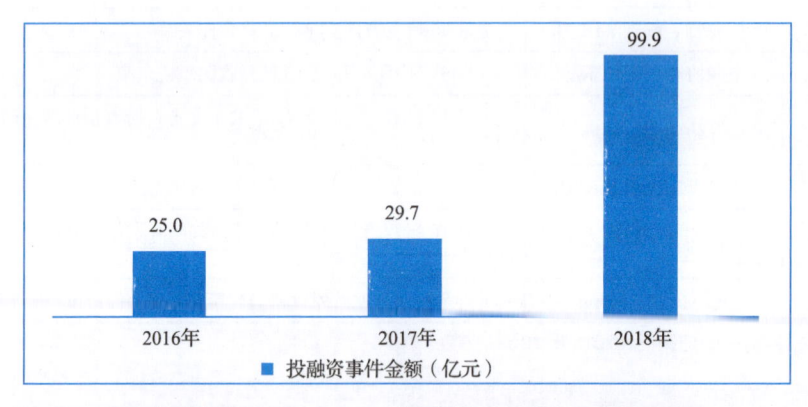

图 24-44　2016—2018 年中国抗体药物领域投融资金额

（数据来源：Wind，赛迪顾问整理，2018 年 12 月）

（三）早期项目和成熟项目均衡发展

从 2016—2018 年的投融资轮次来看，抗体药物领域早期项目和成熟项目融资均衡发展。2016 年，A 轮及 A 轮以下的融资项目数量占比 77.8%，到 2017 年，在投融资数量没有增加的情况下，这一比例显著下降至 38.8%，表明早期项目开始步入成熟。2018 年，该比例上升至 54.5%，且 B 轮、C 轮及以上的融资项目数量及其占比均达历史高峰，分别为 15 件，如图 24-45 所示，占投融资事件数量的 45.4%，表明早期项目陆续进入成熟阶段，且不断有新项目进入，抗体药物领域正在均衡蓬勃发展。

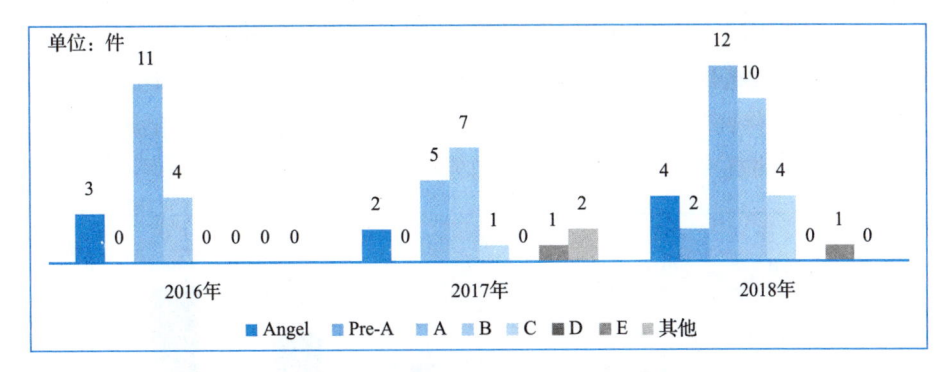

图 24-45 2016—2018 年中国抗体药物投融资轮次情况

（数据来源：Wind，赛迪顾问整理，2018 年 12 月）

（四）东部沿海发达地区仍是投融资主要区域

从 2016—2018 年的投融资发生区域来看，上海、北京、浙江、江苏和广东的投融资案例数量排在前 5 位，其中，上海总和为 28 件，远超过排在并列第二的北京和浙江的投融资事件数量（见图 24-46）。

图 24-46 2016—2018 年中国抗体药物投融资地区分布情况

（数据来源：Wind，赛迪顾问整理，2018 年 12 月）

四、市场规模预测

（一）2021 年抗体药物市场规模将达到 409 亿元

随着国家政策的利好、基因工程技术的突破、对疾病机制认识的提高，具有卓越疗效及安全性的抗体新药不断出现。通过拓展抗体药物的适应症、Metoo/better 药物的上市以及重磅抗体药物专利过期以后生物类似药的发展,抗体药物应用前景将更加广阔,极大地推动市场规模的增长。据赛迪顾问统计,2018 年中国抗体药物市场规模为 167 亿元,预计未来几年中国市场依然会保持较快增长,2021 年可增长至 409 亿元(见图 24-47)。

图 24-47 2016—2021 年中国抗体药物市场规模及预测

(数据来源:赛迪顾问,2018 年 12 月)

(二)抗体药物癌症治疗市场将快速上升

我国癌症负担为全球之首,发病率和死亡率持续走高。根据赛迪顾问统计,国内已上市的抗体药物中,适应症为癌症的药物占比 40%,如图 24-48(a)所示;被国家纳入医保的抗体药物中,适应症为癌症的药物占比 56%,如图 24-48(b)所示。因此,未来随着医保的放量,抗体药物的癌症市场将继续维持高速增长。

(a)国内已上市的抗体药物适应症占比情况   (b)被纳入医保抗体药物适应症占比情况

图 24-48 2018 年中国已上市抗体药物和被纳入医保抗体药物适应症分析

(数据来源:赛迪顾问,2018 年 12 月)

五、赛道选择建议

（1）双抗、ADC 等类型抗体根据技术成熟度、临床在研进展情况，短期内将持续投资热度爬升。

（2）随着临床在研抗体陆续上市，与 CRO、CMO 企业建立长期的战略合作关系是降低成本的主要途径之一，因此，CRO、CMO 企业在目前看来具有十分高的可投资性。

（3）目前国内临床在研的抗体药物靶点较为集中，在患者人群、广谱性、在研进展等指标的衡量下，靶点 PD-（L）1、VEGF、CD20、HER2、EGFR、TNF-α 在目前看来具有十分高的可投资性；靶点 CTLA-4、RANKL 和 PCSK9 可考虑较后阶段进入。

2019 年中国抗体药物细分领域投资潜力气泡图如图 24-49 所示。

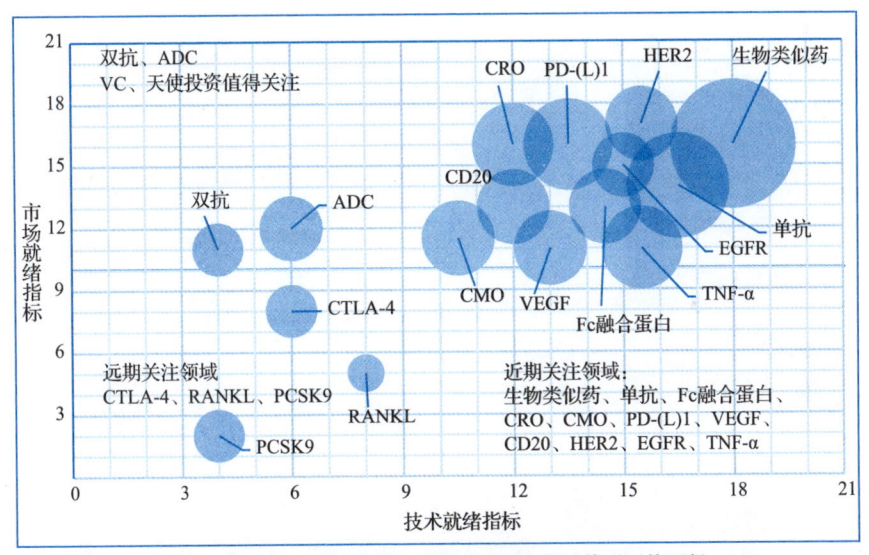

注：图中各项指标数据依据赛迪顾问产业投资潜力评价指标体系评估而得。

图 24-49　2019 年中国抗体药物细分领域投资潜力气泡图

（数据来源：赛迪顾问，2018 年 12 月）

国 际 篇

第二十五章

2018年世界工业发展综述

2018年，全球经济扩张正在持续减弱，其中采购经理人指数（Purchasing Managers' Index，PMI）表现颓靡。在全球制造业PMI增长放缓的大背景下，发达国家的表现好于新兴市场国家，实现了较为强劲的增长，而新兴经济体制造业的增速放缓，多国制造业PMI跌破荣枯线。新兴产业保持平稳增长，特别是人工智能成为制造业新动能。就区域发展情况来看，发达经济体仍延续复苏势头，但速度较往年有所放缓；新兴市场和发展中经济体仍是全球经济增长的重要引擎，但整体增速有所放缓；非洲等最不发达经济体的经济增长较为显著。就产业来看，原材料、装备制造业、电子信息产业等均呈现不同发展态势。

第一节 总体现状

全球经济扩张正在持续减弱。国际货币基金组织预测，2018年全球增长率约为3.7%。欧洲和亚洲一些经济体的增长弱于预期，如德国实行燃气排放标准、日本遭受自然灾害等，对经济活动造成了不利影响，导致其在2018年下半年的增长势头减弱。受到中美贸易争端等重大因素的冲击，多个以出口为经济支柱的亚洲国家的制造业的景气程度普遍减弱。据国际货币基金组织统计，2018年第四季度全球制造业的增长势头明显减弱。除美国外，其他国家的工业生产均已减速，特别是资本品的生产。PMI表现颓靡，降至50荣枯线以下。由IHS Markit编制的摩根大通全球制造业PMI在2018年12月跌至2016年9月以来的最低水平，跌至51.5。

一、发达经济体制造业小幅增长但动能减弱

尽管全球制造业 PMI 的增长放缓，但发达国家的表现好于新兴市场国家，实现了较为强劲的增长。受前期减税、基建投资等因素提振，美国经济保持较快增长，制造业稳中有升，劳动力市场改善，私人消费扩张。2018 年第三季度，美国制造业 PMI 的均值为 58.7，非制造业 PMI 的均值为 58.6，均远高于 50 的荣枯线，显示经济处于较快扩张区间。欧元区经济保持稳步增长，2018 年前 3 个季度，欧元区经济同比分别增长了 2.4%、2.2% 和 1.7%。德国、法国经济继续发挥欧元区龙头和引擎作用，希腊的经济在经历长期衰退后复苏步伐有所加快；但欧元区制造业 PMI 表现疲软，出现连续第五个月的下滑，由 2018 年 11 月的 51.8 降至 12 月的 51.4，仅略高于 50 这一荣枯线，是 2016 年以来的 PMI 新低。日本经济温和增长，但低迷苗头再现。2018 年第二季度，日本经济回升，环比折年率增长 3%。第三季度，日本经济的环比折年率萎缩 1.2%，再陷萎缩泥潭。2018 年 11 月，日本制造业 PMI 为 52.2，较上月增长 0.4%，显示日本经济仍存在反复。日本劳动力市场仍处于较充分就业状态，10 月的失业率为 2.4%，继续保持历史低位水平。

二、新兴经济体制造业陷入收缩态势

2018 年，新兴经济体制造业的增速放缓，多国制造业 PMI 跌破荣枯线。印度制造业 PMI 在 2018 年 12 月降至 53.2，结束此前连续 3 个月的上涨。俄罗斯全年制造业 PMI 降至 50.9，仅高于荣枯线 0.9。韩国 PMI 也处于萎缩区域，为 49.8。马来西亚制造业 PMI 从 2018 年 11 月的 48.2 显著下跌至 12 月的 46.8，创自 2012 年 7 月 PMI 创设以来的最低值。其中，雇佣指标连续第三个月收缩。中国制造业 PMI 于 2018 年 12 月降至 49.7，为 2017 年 5 月以来首次跌破荣枯线，分项指数中，新订单指数 30 个月来首度进入收缩区间。新出口订单指数在 2018 年 12 月略有回升，但仍处于收缩区间。中国制造业内需走弱、外需疲软。企业去库存意愿增强且工业品价格下降，可能进一步拖累生产。

三、人工智能成为制造业智能化转型新动能

随着新一轮产业革命的兴起，全球各国纷纷加大对新兴技术和产业发展的布局，力争通过发展新技术、培育新产业来创造经济增长新动能。人工智能、虚拟现实、区块链、云计算、量子计算等新技术热点层出不穷。人工智能已成为引领未来的战略性技术，美国、欧洲等主要发达国家及新兴市场国家均

将其视为维护国家安全、提升国家竞争力的重要武器，围绕产业核心技术、产业生态、标准规范等强化部署，加紧出台政策规划，争取在新一轮国际科技竞争中力争主导权。目前，美国硅谷聚集了人工智能企业2905家，以谷歌、微软、亚马逊为代表形成集团式发展；欧洲人工智能企业总数为657家，占全球的10.88%；印度已有500多家公司部署人工智能，在医疗保健、农业、教育、智慧城市和城市交通5个应用领域发力。

四、新兴产业保持平稳增长

延续2017年的增速，以节能环保、高端装备制造、生物医药、新能源、新材料、信息产业、现代物流等为代表的新兴产业仍旧保持平稳增长，继续保持全球产业增长极优势。从主要国家新兴产业的发展态势来看，美国新兴产业融合技术突破带来尖端产品创新加速和产业战略布局调整；德国"机器人+3D打印"使用技术融合发力推动产业化收入增加，并催生制造业强强联合表现活跃；日本"物联网+人工智能"技术的普及应用带来了机器人产业和能源产业全球跃升。从全球新兴产业的发展特点来看，新兴产业逐渐成为引领全球经济复苏的新动能，"以互联网+大数据+人工智能三位一体解决方案"为核心的新兴产业融合基础技术迅速兴起，以新材料和机器人为代表的融合技术产品在2018年集中发力，各国新兴产业迎来战略布局修订的高峰。

五、全球外国直接投资持续下降

2018年，全球外国直接投资（Foreign Direct Investment，FDI）继续呈下降态势。联合国贸易和发展会议发布的《全球投资趋势监测报告》显示，全球FDI从2017年的1.47万亿美元下降到1.2万亿美元，降幅为19%，达到全球金融危机后的新低点。受美国税收改革的影响，美跨国公司在税改后大量汇回了累积的海外盈利，直接导致流入欧洲的外资前所未有地减少了73%，仅为1000亿美元，成为20世纪90年代以来的最低值；同时，美国吸收的外资也下降了18%，降至2260亿美元。发达国家FDI流入下降是全球FDI下降的主要诱因。相比之下，流入发展中经济体的FDI则表现出较强的韧性，达到6940亿美元，增长了3%。在发展中地区，亚洲发展中经济体FDI流入增长了5%，非洲增长了6%，但拉美和加勒比地区下降了4%，东亚和东南亚是吸收外资最多的地区，占2018年全球FDI的1/3。

六、全球跨境并购较大幅度上升

2018年，全球跨境并购交易增长了19%，继2007年后达到第三次高峰。在低借贷成本和强劲的流动性利益驱使下，跨国公司积极开展并购，据联合国贸易和发展会议统计，受全球服务业、第一产业跨境并购大幅增长（分别为35%和65%）的推动，全球并购额增至8220亿美元，特别是与金融、保险及原油和天然气相关的资产销售大幅增长。但制造业的跨境并购小幅下降，为3200亿美元。从不同类型的经济体来看，发达经济体是跨境并购的主要目标，受英国、德国和荷兰跨境并购，以及几笔大额并购交易及公司重组的推动，欧洲跨境并购净额增长了66%，达到3710亿美元；发展中经济体的跨境并购销售额实现温和增长，为9%，达到1220亿美元，占全球总额的15%。

七、全球贸易扩张势头放缓

2018年，全球贸易虽有增长但速度放缓，增幅低于预期，据世界贸易组织统计，全球贸易增长幅度从2017年的4.7%降至3.9%。从不同区域来看，亚太地区和新兴经济体仍有望继续领跑全球贸易增长；以推动国内经济增长和加强区域合作为动力，撒哈拉以南非洲贸易活力有所增长，或成为全球贸易增长的新动能；拉美和加勒比地区整体的增长速度有所放缓，个别国家受全球经济下行、国内政治动荡等影响表现不佳，但该地区未来的发展前景仍可期。从行业情况来看，汽车、电子元器件和农业原材料呈明显下降趋势，显示出全球市场疲软和消费不旺。同时，全球出口订单指数在2018年连续4个季度不断下滑（从第一季度的102.8下滑到第四季度的96.6），显示出全球主要经济体间贸易争端升级带来的不利影响。2018年是单边主义、保护主义疯狂蔓延的一年，威胁了全球多边贸易体系和贸易自由，主要经济体间贸易争端升级对全球贸易造成的损害也成为全球贸易增长放缓的主要原因。

第二节 区域发展特征

一、发达经济体

2018年，发达经济体仍延续复苏势头，但速度较往年有所放缓。由于企业资本支出疲软和贸易状况恶化等不利因素的影响，美国经济增长速度出现回落，制造业发展动能有待提升。欧盟国家经济保持缓和复苏，各经济体仍维持一定增长率。日本经济增长有所回升，消费投资动力增强，失业率处于较低位。

（一）制造业发展动能减缓

据ISM的数据，美国制造业PMI在2018年12月创下2008年金融危机以来最大降幅，仅为54.1，大幅低于预期57.5和前值59.3；其中新订单指数为51.1，创2014年以来最大降幅，以及2016年8月以来新低，客户需求增速显著疲软，石油与煤炭产品、金属制品、非金属矿物产品、纸制品、塑料与橡胶制品5个领域的新订单萎缩。欧洲制造业PMI 2018年全年均值为54.3，较2017年同期回落2.1%。各月走势显示，除个别月份微幅回升外，欧洲制造业PMI在大部分月份呈现回落走势。第一到第四季度的均值分别为57.1%、54.6%、53.6%和52.0%。数据变化显示，2018年制造业保持复苏趋势，但增速整体持续放缓，下半年放缓趋势尤为明显。日本制造业也显示了下行趋势。受到国内需求放缓、第三季度的台风和地震等自然灾害，以及趋紧的全球贸易环境造成外需减弱的影响，日本2018年11月制造业PMI为52.2，是2017年8月以来最低水平，12月制造业PMI也只有少量上升。

（二）贸易出口增速放缓

据美国商务部的数据显示，2018年11月美国贸易逆差为493亿美元，环比大降11.4%，其中11月美国进口从10月的2668.8亿美元降至2591.9亿美元，降幅为2.9%，出口从10月的2111.8亿美元降至2098.7亿美元，降幅为0.6%。虽然11月美国的贸易逆差有所减少，但2018年前11个月的贸易赤字仍增长了10%以上。德国2018年的进口和出口额均刷新历史最高纪录，据德国联邦统计局的数据，2018年德国的出口额为1.3179万亿欧元（约1.49万亿美元），比2017年增加3%，进口额为1.09万亿欧元（约1.23万亿美元），比2017年增加5.7%。虽然进、出口额数目创新高，但增长速度远低于2017年。

（三）就业形势持续改善

2018年，发达国家制造业就业形势持续向好，就业市场持续改善。美国劳工部公布的数据显示，2018年12月美国非农就业人口增加了31.2万人，创10个月的最大增幅，预期增加18.4万人，这意味着美国就业总人数首次超过1.5亿。分行业看，12月医疗服务业、食品服务业、建筑业、制造业及零售贸易就业人数取得上扬。失业率方面，12月美国的失业率从此前的近49年的低点3.7%小幅增长至3.9%，重回7月的水平，但仍维持在4%下方。欧元区失业率稳定下降，据欧盟统计局发布数据，欧元区失业率在2018年11月为7.9%，降至10年来最低数值，接近金融危机爆发前。受到日本国内经济持续温和复苏的带动，企业招人愿望强烈。日本总务省发布的最新报告显示，2018年日本平均完全失业率为2.4%，比2017年下降0.4%，降至过去26年来的最低水平。

二、新兴经济体

2018年，新兴市场和发展中经济体仍是全球经济增长的重要引擎，但整体增速有所放缓。由于金融环境趋紧、地缘政治紧张局势、石油进口成本上升及本国特定因素的影响，阿根廷、巴西、伊朗和土耳其等国家的增长预期并未由于石油价格上涨带来增长，反而呈下调态势。鉴于最近宣布的贸易措施，中国和一些亚洲经济体的增长势头预计将有所减弱。

（一）工业增长面临下行压力

2018年新兴市场国家整体上弱于发达经济体，2018年10月，发达国家制造业PMI的均值为54.56%，新兴市场国家制造业PMI的均值为49.87%，短期内新兴市场国家面临的增长压力更大。在主要新兴市场国家中，印度与越南的经济景气程度表现良好，2018年制造业PMI持续处于扩张区间，且均值显著高于2017年；而巴西及马来西亚的经济景气表现虽优于2017年，但巴西制造业PMI年内波动较大，马来西亚则仍然长期处于收缩区间内；俄罗斯、南非及土耳其的经济景气程度则表现相对较弱，其制造业PMI均较2017年出现下滑并多次跌入收缩区间。

（二）对外贸易持续增长

受大宗商品价格回升和市场多元化等因素的影响，新兴经济体的贸易保持一定增速。俄罗斯受益于能源价格回升、卢布贬值、农产品产量创历史新高推动农产品出口等因素，2018年前3个季度对外贸易保持持续增长。原油、铁矿石和农产品等大宗商品是巴西贸易的核心产品，虽然2018年5月的货车司机大罢工对巴西的出口造成了一定的影响，但大宗商品平均价格的上升带动了巴西的出口继续增长。2018年1—10月，印度的出口总额当月同比增速的整体状况与2017年相比略微上升，10月的同比增速为17.87%，较2017年同期上升了19.88%;进口方面,10月的同比增速为17.63%,较2017年同期上升了8.92%。

(三)就业问题仍是痛点

虽然多数新兴经济体的经济保持中高速增长,但就业问题仍未得到大幅改善。印度受到全球订单需求放缓、缺少投资及工业化进程缓慢等的影响,失业率仍居高不下,劳动参与率在主要经济体中属于偏低水平,存在大量剩余劳动人口。2018年,巴西的失业率虽较2017年同期有所下降,但仍处于较高水平。据巴西地理统计局报告,失业率下降的主要原因是总统大选创造了较多的就业机会,以及临时工和自由职业者的增多,正式工作岗位并没有增加迹象。未来,巴西劳动力市场的表现仍取决于政府的各项提振经济措施能否取得良好的效果。南非的失业率在2018年再度攀升,失业问题严峻。虽然政府早在2010年就提出"新经济增长路线"发展战略,计划通过设立经济特区、建设基础设施项目等手段增加就业岗位,争取在10年内把失业率降至15%,然而就业状况并未得到改善,2018年9月失业率高达27.5%,达到全年最高。

三、欠发达经济体

在过去的10年里,非洲经济增长显著。2018年,7个非洲国家——埃塞俄比亚、加纳、坦桑尼亚、塞内加尔、摩洛哥、科特迪瓦和吉布提成为全球增长最快的经济体。据IMF的最新数据,得益于撒哈拉以南非洲地区各国政策调整、全球经济稳定增长、大宗商品价格上行、外部融资环境保持宽松等因素,该地区经济的增速将由2017年的2.7%加快至2018年的3.1%,中期增速有望达到4%。

(一)工业增长潜力巨大

大多数非洲国家目前仍处于初级工业化阶段,工业增长潜力较大。非洲国家的工业结构单一,基础薄弱,主要依靠出口原油、天然气、矿产等初级产品,经济对外依赖性较强。随着非洲自身发展潜力的不断释放,非洲工业的发展潜力较大,非洲国家及非洲联盟已先后出台了包括《非洲发展新伙伴计划》《加速非洲工业化发展行动计划》《非洲基础设施发展规划宣言》及《非洲2063愿景》等重要发展战略,力争通过工业化、经济融合和一体化推动非洲工业发展。目前,埃塞俄比亚正在建设15个工业园区,其中6个工业园区在过去几年中正式投入运营,吸引了来自中国、印度、韩国和其他国家的大量跨国公司。由于工业园区的工业化推动,埃塞俄比亚的国内生产总值(Gross Domestic Product,GDP)在 2008—2017 年期间保持了约 10% 的增长率,为非洲大陆创造了经济奇迹。

(二)外资吸引能力增强

2018 年,虽然全球 FDI 大幅下滑近 20%,但流向非洲的 FDI 保持持续增长。联合国贸易和发展会议发布的最新报告显示,非洲吸收的 FDI 约为 400 亿美元,较 2017 年增长了 6% 左右。其中,埃及成为非洲第一大吸收外资国,FDI 流入规模由 2017 年的 74 亿美元增至 2018 年的 79 亿美元,增长了 7%,行业主要分布在房地产、食品加工、石油天然气勘探、可再生能源等;南非的 FDI 流入量增长迅猛,由 2017 年的 13 亿美元增至 2018 年的 71 亿美元,行业分布在采矿、石油炼化、食品加工、信息通信、可再生能源等;在非洲其他地区,第一大经济体尼日利亚的 FDI 流入规模被加纳以 33 亿美元取代;在东非地区,流向埃塞俄比亚的 FDI 为 31 亿美元,虽然下降了 24%,但仍居东非首位;非洲另一大经济体安哥拉则出现 FDI 净流出,规模为 51 亿美元。

(三)新兴产业实现较快发展

随着国家经济向好,以及当地政府对发展战略转型的日益重视,信息通信、电子商务、智能技术等新兴产业在非洲迎来较快发展。目前,撒哈拉以南的非洲地区有 4.2 亿移动用户,预计到 2020 年这一数字将增长到约 5.35 亿。智能手机的使用在过去两年中翻了一番,达到近 2 亿。撒哈拉以南的非洲地区的移动用户数量目前占全球移动用户总量的近 1/10,预计未来 5 年内其增长速度将超过其他任何地区。据相关国际自动化报告预测,非洲国家部分工作岗位将实现自动化,肯尼亚的行业自动化覆盖率将达到 52%,尼日利亚为 46%,埃塞俄比亚为 50%。由此可见数字化战略正成为非洲企业最重要的战略决策。未来,非洲的通信市场将步入更快的发展阶段。

第二十六章

2018 年主要发达经济体工业发展动态

尽管全球制造业 PMI 指数增长放缓，但发达国家仍旧实现了较为强劲的增长。美国经济保持较快增长，制造业稳中有升，劳动力市场改善，私人消费扩张。欧元区经济保持稳步增长，德国、法国经济继续发挥欧元区龙头和引擎的作用，希腊经济在经历了长期衰退之后复苏步伐有所加快。日本经济温和增长，但低迷的苗头再现，劳动力市场仍处于较充分的就业状态，继续保持历史低位水平。

第一节 美国

一、发展概况

美国工业的发展有所放缓。2019 年 1 月公布的数据显示，美国 2018 年 12 月的 ISM（美国供应管理协会）PMI 为 54.1，出现了明显下滑，创出 15 个月内的最低水平。中美贸易争端所催生的高关税打击了美国国内企业经营者的信心，其扩张意图逐步收敛，最终体现在了 PMI 数据当中，如图 26-1 所示。

（一）传统工业增长分化趋势明显

2018 年美国传统工业部门如钢铁、铝、煤炭行业的产值出现明显下滑，而页岩油的兴起使得美国首次成为全球最大产油国，汽车行业的销量则同 2017 年大致持平。受到 2018 年 6 月起美国对进口钢和铝分别加征 25% 和 10% 关税

图 26-1　2018 年 1—12 月美国 ISM 制造业 PMI

（资料来源：Wind 数据库）

的影响，2018年美国钢铁及铝行业出现明显衰退。自2018年1月11日以来，美国7家主要钢铁业和铝业制造商的市值共缩水了近1/3。问题的根源是美国国内钢铁业的产能过剩，美国铝企也同样因成本过高和技术落后而发展受阻。这种依赖政府支持而非创新来维持生存的美国产业将面临风险。2018年，美国煤炭消费量预计将下降至1979年以来的新低。煤炭消费量下降，主要是由于廉价和更清洁能源尤其是天然气的竞争。同时，更加严格的环保政策的出台，使一些老旧的、污染严重的燃煤电厂被迫关闭。自2007年美国煤炭需求下降、燃煤电厂关闭以来，2018年，美国关闭燃煤电厂数量创历史第二高。2018年，美国原油日均产量同比增加153万桶，达到1088万桶，有望刷新美国历年最高纪录。自1973年以来，美国首次成为全球最大产油国。

（二）新兴工业投资增加风投活跃

2018年美国新兴工业部门投资出现增长，风险投资十分活跃。2018年，美国在清洁能源上的投资总额约为642亿美元，同比增长12%。替代能源技术发电的成本正在不断下降，在美国许多地区，新型风能和太阳能发电的成本已经远低于现有燃煤电厂的运营成本。公共事业规模太阳能光伏平准化成本同比下降近13%，陆上风能的平准化成本则下降了近7%。2018年，美国创企风险投资融资总额达到995亿美元，相比2017年增加了30%。其中，人工智能融资金额接近翻倍，融资笔数微降；健康科技融资金额增长，融资笔数持平；金融科技融资金额、融资笔数均迎新高。2018年是美国独角兽公司诞生的大年，自2016年（只诞生了13家独角兽公司）的低谷之后，独角兽公司的诞生数持续增长，在 2018 年达到创纪录的 53 家，而独角兽公司的总数则从 2017 年的 110 家增加到 140 家。在估值方面，2018 年美国 140 家独角兽公司的总估值是 5261 亿美元，创下新纪录。

（三）制造业研发创新力度持续加大

在美国，制造业占全国产量的 12%，占世界产能的 18%，为大约 10.5% 的劳动力提供了就业机会。美国制造业推动了 35% 的生产率增长、60% 的出口和 70% 的私营部门研发，对美国的经济振兴具有举足轻重的作用。尽管美国的劳动力成本明显高于其他国家，但美国的生产力水平弥补了这一差异，并使美国成为制造业投资的一个有吸引力的地方。与其他国家相比，美国的劳动力成本差距开始下降，并且随着工业机器人成本的下降，以及人工智能技术的广泛应用，可能会继续下降。2008 年金融危机以来，美国先后通过制造业扩展伙伴关系（MEP）、先进制造伙伴（AMP）等计划不断增加对美国制造业的投资。经过多年的产出下降和劳动力比例下降，美国制造业在过去几年再次经历了新的增长。根据美国经济分析局的数据，制造业部门的研发投入所占比例超过所有私营部门的 3/4，比任何其他部门都更加驱动创新。制药业占所有制造业研发投入的 1/3，航空航天、化工、计算机、电子，以及汽车和零部件也都在研发投入中占重要地位。

（四）贸易逆差达到金融危机后最高水平

2018 年 1—10 月，美国的贸易逆差达到了近 5030 亿美元，相比之下 2017 年同期为 4510 亿美元左右。上一次美国贸易逆差达到更高的水平是在 2008 年，当时的逆差达 7000 亿美元以上。根据美国商务部 2018 年 12 月的数据，2018 年 10 月美国贸易逆差扩大至 555 亿美元，环比扩大 1.7%，创下了自 2008 年 10 月以来的最高水平。2018 年 10 月美国进口额环比增长 0.2%，至 2665 亿美元，同样创下历史纪录。出口额环比下降 0.1%，至 2110 亿美元。2018 年 10 月美国对中国的贸易逆差再度扩大，达到了 431 亿美元，创下历史新高。从中美贸易来看，2018 年中美双边贸易进出口总值为 6335.2 亿美元，同比增长 8.5%，其中中国对美国出口 4784.2 亿美元，增长了 11.3%，进口 1551 亿美元，增长了 0.7%，中国对美国贸易顺差为 3233.2 亿美元，超越了 2017 年 2758 亿美元的历史最高纪录；同比增长 17.2%，较 2017 年 13% 的增速明显加速。

（五）就业大幅改善但面临长期衰退风险

2018年是美国就业市场的标志性年份，劳动力市场的表现比任何时候都好。每月非农就业人数平均增长213000人，比2016年和2017年增长更快，即更多的人在2018年重返工作岗位。失业率从2017年12月的4.1%下降到2018年10月的3.7%，远低于美国联邦储备系统（以下简称"美联储"）的预期。包括劳动力再就业人数在内的更广泛的衡量指标，25～54岁的就业人口与总就业人口的比率从79.1%上升至79.7%。非自愿兼职的工人比例从3.1%下降到2.8%。2018年私营部门工人的工资增长率突破3%。但是，从中期来看，由于不断增加的地区不平衡和党派分歧可能会使经济放缓变得更难管理、税收和关税政策的不确定性可能会对经济产生影响、移民政策加剧劳动力的缓慢增长，2018年劳动力就业市场的加速改善不太可能在2019年继续。从长期来看，人口老龄化、工作年龄人口增长缓慢将导致美国劳动力市场面临不可避免的衰退。从现在到2030年，25～54岁的人口预计每年仅增长0.5%，比20世纪70年代、80年代和90年代要慢得多。

二、政策动向

金融危机之后，为促进美国经济复苏，美国政府把重点放在重振制造业上，推出了一系列政策措施。例如，2017年9月，美国国会众议院通过了《自动驾驶法案》，美国总统特朗普正式签署1.5万亿美元的《减税与促进就业法案》，2018年6月，美国众议院科学、空间和技术委员会通过《国家量子倡议》法案，2018年10月，美国国家科学技术委员会（NSTC）下属的先进制造技术委员会发布了《美国先进制造业领导力战略》报告。

表26-1　2009—2018年美国重振制造业的重要政策

时间	标题	主要内容	对制造业的重要影响
2018年10月	美国先进制造业领导力战略	三大目标：开发和转化新的制造技术，教育、培训和集聚制造业劳动力，扩展国内制造供应链的能力。同时对2012年《先进制造业国家战略计划》的实施进展情况进行了评估	旨在扩大美国制造业就业，确保国防工业基础和繁荣经济

续表

时间	标题	主要内容	对制造业的重要影响
2018年6月	国家量子倡议	实施为期10年的"国家量子倡议项目",将设立目标、优先项和指标,投资研发和验证等活动,并支持跨机构合作,与工业界和学术界合作利用各类资源和联邦资金。成立若干政府机构和组织保障量子倡议项目的实施	确保美国在量子信息科学技术应用领域的持续领先地位
2017年12月	减税与促进就业法案	将公司税率从35%大幅降至21%,将企业海外回流利润的所得税税率从35%下调至15.5%~8%	企业通常会选择税率更低的地区开办,而美国21%的税率使其具备较强的竞争力,再加上海外汇回利润税率下降,有助于改善美国的制造业
2017年9月	众议院通过《自动驾驶法案》	核心条款包含:①联邦和州政府的职责划分,明确美国国家公路交通安全管理局(NHTSA)负责规范自动驾驶汽车的设计、建造和性能,州政府则负责汽车的登记、牌照颁发、事故责任和保险等事项;②授权NHTSA根据特殊情况批准2.5万辆自动驾驶汽车在道路上测试,并在3年内将该数量逐步提高到10万辆;③授权NHTSA获取自动驾驶汽车安全数据以更新和发展有关安全标准,要求汽车制造商制定消费者隐私保护计划,明确告知消费者将如何搜集、使用和分享乘客的数据	以"提高安全、增加老人和残障人员的流动性,以及确保美国在自动驾驶技术领域的前沿地位"为立法目的,是美国联邦层面第一个为确保自动驾驶安全、创新、发展、测试和运行的立法

资料来源:赛迪智库整理,2019,02。

三、发展趋势

(一)经济增速将下降贸易摩擦会加剧

根据国际货币基金组织2019年1月的预测,随着取消财政政策、联邦基金利率暂时超过中性利率,2019年美国经济增长率将下降到2.5%。而高盛集团对美国 2019 年 4 个季度实际 GDP 增速的预测分别是 2%、2%、1.8%、1.8%，即全年的 GDP 增长将再度回到 2% 以下水平。高盛集团认为，财政政策的刺激效果和整体市场环境并不乐观，2018 年减税的利好到 2019 年会逐渐消失归零。另外，金融环境也会对 GDP 增长有负面影响。同时，美国经济在 2019 年将面对国际贸易争端常态化、高频化的趋势加剧的局面。由于美国财政赤字扩大、私人储蓄下降、利率水平和美元汇率上升，美国贸易逆差可能持续扩大。根据美国国会预算办公室 2019 年 1 月的预测，美国的贸易壁垒将损害而不是帮助美国经济。美国国会预算办公室认为，对钢铝和一些商品加征关税，将使美国实际 GDP 在 2029 年之前平均减少约 0.1%，并加剧投资者的不确定感，可能进一步削弱美国经济产值。

（二）工业互联网平台竞争与合作并存

金融危机以来，美国提出了"再工业化"（Reindustrialization）战略。由于软件和互联网经济发达，美国侧重于借助网络和数据的力量提升整个工业的价值创造能力。这一次的工业革命以智能机器为主要工具，融合了互联网技术、移动互联网技术、大数据、智能分析技术。2012 年 2 月，通用电气公司（GE）提出了"工业互联网"（Industrial Internet）的概念，并在医疗和航空等领域迅速推出了 9 个工业互联网项目。2014 年 3 月，思科、IBM、英特尔、AT&T 等企业参与进来，同 GE 一同组建了工业互联网联盟，关注工厂物联、智能设备、智能数据和智能决策 4 个重点领域，并于 2015 年推出基于 PaaS（Platform as a Service，平台即服务）层的工业云服务平台 Predix。但是 Predix 并没有取得预想中的成功。2018 年 12 月，GE 宣布已达成出售部分 GE Digital 业务的协议，且剩余业务将被组成一家独立的公司。新的独立的工业互联网软件公司的业务包括 Predix、APM、Historian、HMI/SCADSA、MES、OPM，以及 GE 电力数字化板块和电网软件解决方案等。

（三）汽车业将受到补贴及法律影响

在电动汽车领域，美国通过《美国复兴和再投资法案》《美国清洁能源与安全法案》、新的燃油经济性标准（CAFE）及调整各类电动汽车的税收优惠等措施，引导美国汽车工业将重心转向插电式混合动力汽车和纯电动汽车。2018 年，美国电动汽车累销达 358 645 辆，较 2017 年激增 80%。其中特斯拉 Model 3 在美国市场累销达 139 513 辆，占据 39% 的市场份额，成为美国最畅销的电动汽车。丰田普锐斯 Prime 以 27 595 辆的累计成绩排在第二名。由于联邦政府电动汽车补贴将从 2019 年开始减半至 3 750 美元，到 2019 年年底全部取消，预计 2019 年美国电动汽车的销量会出现下降。

（四）传统能源产量和出口量将加大

美国正加快成为全球能源体系中的重要战略棋手，加大能源出口力度也是"能源主导权"政策的体现。美国的出口受到天然气和石油产量激增的推动，如水力压裂，将水、沙子和化学物质输送到地下，以压裂页岩，并允许碳氢化合物流动。2018 年，美国平均原油产量达 1 090 万桶/日，打破了 1970 年 960 万桶/日的纪录。伴随着美国继续开发页岩油、致密油和天然气资源，2019 年原油产量有望进一步升至 1 206 万桶/日。美国在 2017 年成为天然气净出口国，2018 年同样如此，而 2019 年也将依然保持这种状态。美国的液化天然气出口将日益以出口至更远的目的地为主。根据美国能源信息署 2019 年 1 月的预测，当美国原油产量达到 1 400 万桶/日时，美国的原油产量将维持在该水平以上直到 2040 年。

第二节 欧盟

一、发展概况

欧盟工业基础雄厚，近年来工业占国民经济的比例虽有所下降，但实力仍然较强。欧盟近年摆脱债务危机进入后增长时期，2018 年经济总体增速有所放缓，预计 2019 年工业生产下滑愈加明显。2018 年，欧盟经济总体增长放缓，但仍然保持较为稳健的状态，全年增速约为 2.0%。这一年来，欧盟内部市场对欧盟经济起到了有力的支撑作用，内需进一步得到释放，金融货币政策较为宽松，投资活动增长对拉动经济增长均起到了支持作用。与此同时，全球贸易保护主义加剧、英国脱欧进程不明朗、法国燃油税抗议等内部和外部不稳定因素对欧盟经济增长产生掣肘，欧盟经济下行风险正在开始增加。

（一）现状特点

1. 经济增长有所放缓

2018 年经济总体增速有所放缓，前 3 个季度实际 GDP 同比增速分别达到

2.3%、2.1%、1.9%，与 2017 年相比出现明显下滑。与此同时，以德国、法国等为代表的欧盟主要成员国家的经济增长也有一定程度的回落，德国 2018 年第二季度同比增速为 1.9%，增速较 2017 年同期下降 0.3%；法国、意大利、西班牙第三季度同比增速为 1.5%、0.8%、2.5%，较 2017 年同期分别回落 1.2%、0.9%、0.4%。此外，希腊、克罗地亚、瑞士等国保持连续增长，特别是希腊在经历了多年的经济停滞状态后，已迎来连续 7 个季度保持增长，但增长幅度不大。虽然英国受到脱欧等不确定因素的影响，但前 3 个季度其实际 GDP 同比增速为 1.1%、1.2%、1.5%，意料之外呈加速态势。目前，欧洲一体化正面临诸多挑战，以英国脱欧、德国执政党换届、法国"黄背心"运动等为代表的不和谐声音都会放大欧洲经济整体面临的困境。

欧盟 28 国、欧元区 19 国的 GDP 增长率如图 26-2 所示。

图 26-2　欧盟 28 国、欧元区 19 国的 GDP 增长率

（资料来源：欧盟统计局）

2018 年第二和第三季度欧洲 30 国 GDP 增速对比如图 26-3 所示。

2. 工业生产进入下降通道

2018 年，欧盟工业没能保持快速发展的势头，工业生产在高位回落，呈现阶段性调整，2018 年前 3 个季度中，有 5 个月呈现环比下降态势，7、8 两个月环比下降最为明显。欧盟成员国中工业实力最强的德国的工业产出在 2018 年也出现了明显的下降趋势，7 月增速呈现负增长（-1.7%），8 月增速为零。欧洲统计局 2018 年 12 月发布的统计数据显示，10 月欧盟和欧元区工业产出环比均仅有 0.2% 的增长。根据 Markit 数据显示，2018 年欧元区制造业明显收缩，德国、法国、意大利等国制造业水平均呈现下降态势，特别是德国制造业

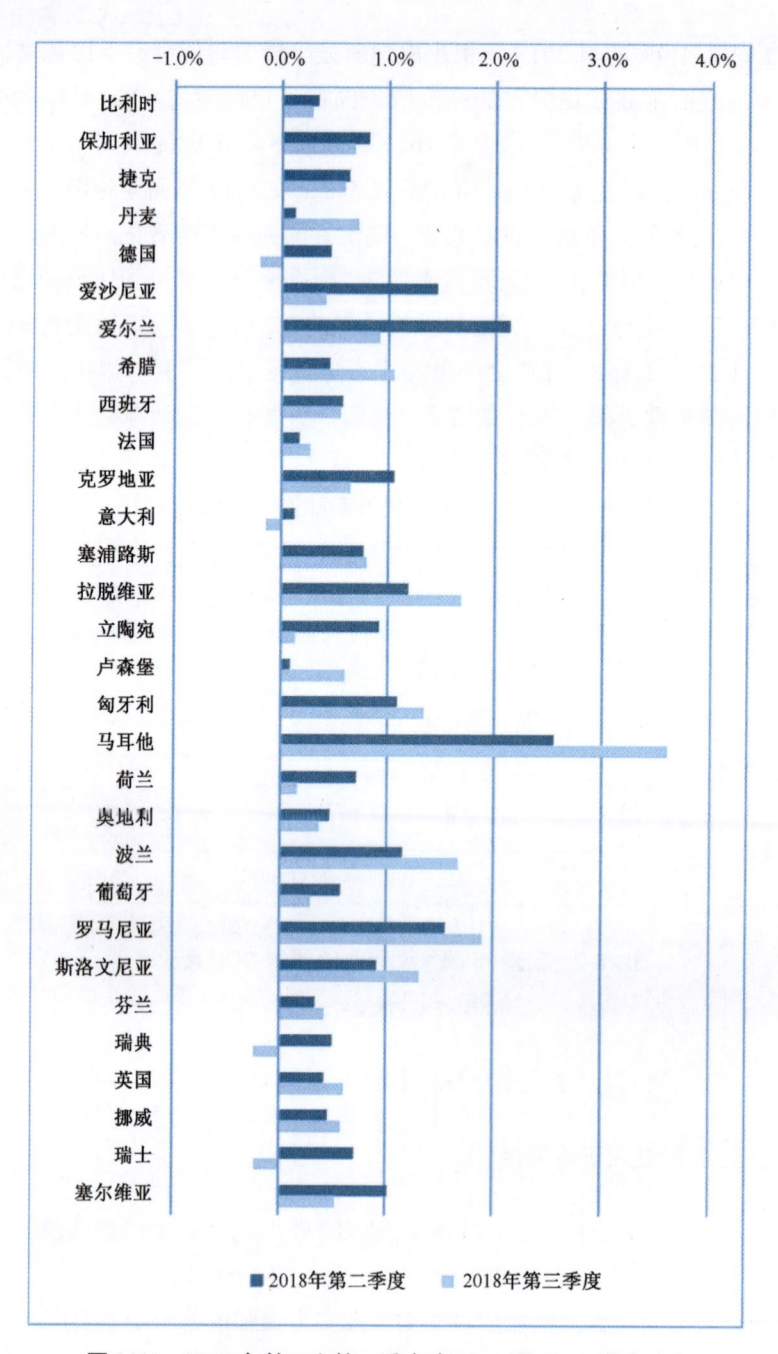

图 26-3　2018 年第二和第三季度欧洲 30 国 GDP 增速对比

（包括欧盟 27 个成员国与挪威、瑞士、塞尔维亚）

（资料来源：欧盟统计局，2019，02）

PMI指数从年初的61大幅下降至年末的51.5。欧元区制造业PMI（2017年1月—2018年12月）如图26-4所示。

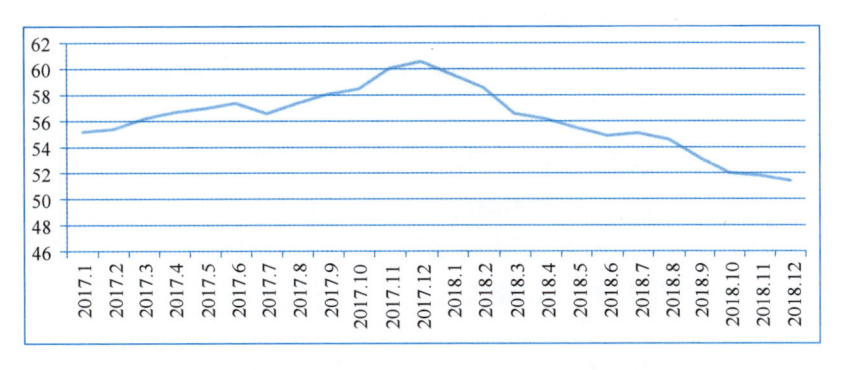

图26-4　欧元区制造业PMI（2017年1月—2018年12月）

（资料来源：Markit，2019，02）

2014—2018年欧元区主要国家制造业PMI如图26-5所示。

图26-5　2014—2018年欧元区主要国家制造业PMI

（资料来源：Markit，2019，02）

3. 技术创新领先地位正日益受到挑战

在欧盟委员会最近发布的《2018年欧盟工业研发投资排名》中，德国大众汽车集团位于欧洲企业之首，为131.35亿欧元，低于三星和苹果公司。此外，戴姆勒公司也进入了前10名。在被调查的2500家公司总计7364亿欧元的研发投入中,欧盟占比为27.2%,低于美国的37%。在排名Top 100的公司中,德国有13家,法国有4家,瑞士有3家,其中共调查欧盟企业577家。欧盟主要的研发投入领域是汽车、医疗健康和ICT(信息通信技术)。2018年6月欧盟发布的《2018欧洲创新记分牌》报告,对欧盟创新绩效和产出速度进行了比较,指出欧盟整体创新绩效正在接近美国和日本,但是成员国内部整体水平参差不齐,其中荷兰、马耳他和立陶宛等国创新绩效进步很快,但罗马尼亚和塞浦路斯等国有所下滑。欧盟内部国家可以根据创新绩效得分被划分为领先创新、强劲创新、中等创新和一半创新四类,德国从领先创新型国家滑落到强劲创新型国家。2018年全球各主要国家研发投入公司数如图26-6所示。

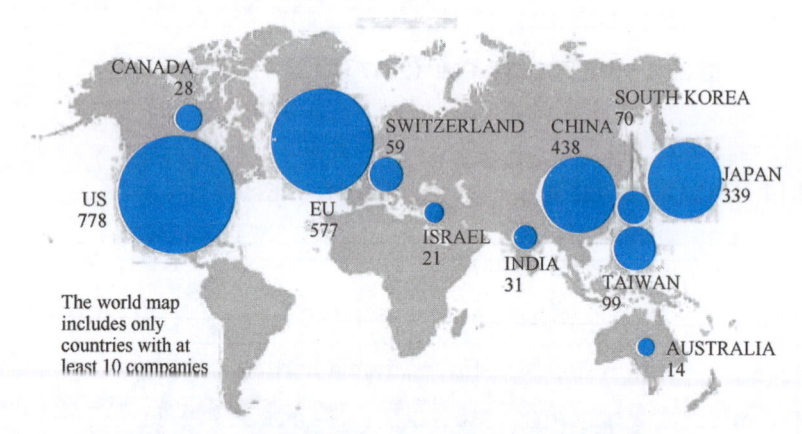

图26-6 2018年全球各主要国家研发投入公司数

(数据来源:欧盟委员会,2018,12)

4. 消费和贸易均有所放缓

2018年欧盟内部总体消费情况稳定,但是增长有所放缓,2018年上半年消费增速约为2.8%,与2017年相比增速有较大降幅,第三季度欧盟人均消费环比增长0.4%。在贸易方面,受全球贸易环境变化的影响,欧盟进出口增长情况比之前明显放缓,其中第二季度欧盟总体进口和出口同比分别增长2.7%和2.8%,比2017年同期情况有所下降。前8个月货物贸易进出口规模均超过1.2万亿欧元,逆差为130亿欧元,贸易逆差有所扩大。

5. 欧洲已成为中资并购活动的主要目的地

欧洲在2018年仍然是中资企业发生海外并购金额最多的地区,总计达

659.4亿美元，实现较快增长，增速达37.9%，约占全球并购总额的60%，比2017年增长约20%。在外资流动方面，2018年上半年流入欧盟地区的对外直接投资额有所下降，为1270亿美元，特别是第二季度下降幅度较大，其中爱尔兰、英国、比利时、芬兰等国下降明显，整体占全球对外直接投资流入的23%。德国是2018年上半年对外投资主要国家，投资额为760亿美元，法国和荷兰分别为510亿美元和440亿美元。2018年各大洲并购金额及宗数（单位：美元）如图26-7所示。

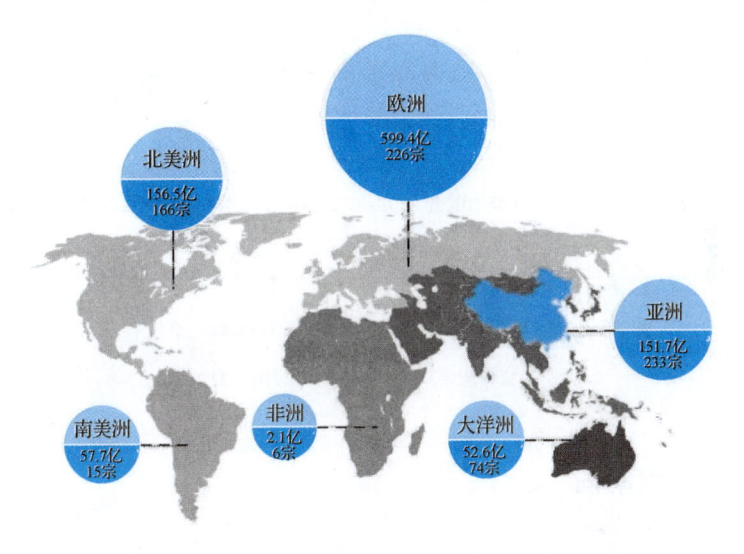

图26-7　2018年各大洲并购金额及宗数（单位：美元）

（数据来源：ThomsonOne，安永分析，2019，01）

6. 就业情况持续向好

2018年，欧盟地区的整体就业情况继续延续此前的向好趋势，失业率逐月有所改善，年度失业率为7%，创下近年来欧盟失业率最低纪录，如图26-8所示。与此同时，欧盟地区的整体薪酬水平正在稳步增长，第二季度小时工资水平增长2.6%。但是，欧盟内部成员国的就业情况不尽相同，差距依然较大，其中，西班牙、希腊、意大利和法国的失业率水平依然较高，希腊、西班牙的失业率水平分别高达19.5%和15.3%，德国、捷克、匈牙利、罗马尼亚的失业率保持在2%～4%的水平。随着欧盟经济逐步复苏，欧盟地区的失业率近两年不断下降，但整体水平与美国、日本等国相比仍然较高，2018年美国的失业率进一步下降至 3.9%，日本仅为 2.5%。欧盟经济增长仍面临进一步放缓的压力，未来新增就业机会还有着很大的不确定性，欧盟如果能够通过相应改革法案继续促进经济增长，则就业情况将会步入良性循环。

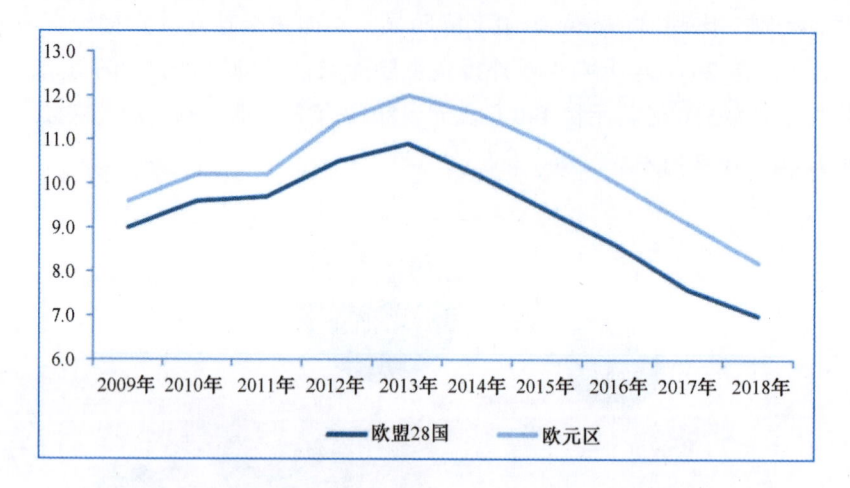

图 26-8　欧盟 28 国和欧元区的历年失业率（单位：%）

（资料来源：欧盟统计局，2019，02）

（二）政策动向

2018 年，欧盟主要在互联互通、数据流动、数据保护和共享、汽车充电网络方面提出了多项举措，为工业发展做出具体规划。

1. 欧洲启动新的人工智能计划 AI4EU[①]

2019 年 1 月，欧盟委员会推出名为 AI4EU 的项目，目的是为欧洲建立人工智能需求平台，并使其成为该领域的全球领军者。目前，AI4EU 项目已经在欧盟的 21 个国家聚集了近 80 家顶级研究机构、大型企业和中小企业，集合了包括数据存储库、计算能力、工具和算法等在内的人工智能资源。AI4EU 项目首先专注于开发 8 个行业驱动的人工智能试点，最初的 8 个行业试点包括机器人、工业、医疗保健、欧洲公民、媒体、物联网、网络安全和农业，"以人为本的人工智能"是这个项目的核心理念。该项目由法国公司 Thales 主导，在未来 3 年内将获得欧盟基金的 2000 万欧元投资。

---

① 资料来源：中国信息产业网。

2. 欧亚互联互通：欧盟战略的基本构想

2018年9月19日，欧盟委员会发布《欧亚互联互通：欧盟战略的基本构想》政策文件。亚太及欧亚地区广阔的经济发展潜力和互联互通市场机遇，对于仍处在经济复苏期的欧盟具有巨大吸引力。该文件突出了可持续性、全面性和基于国际规则的三大互联互通理念；提出欧亚双方在交通、数字、能源和人文交流等方面的互联互通设想；呼吁欧盟在双边、区域、国际层面与各级国际行为体构建伙伴关系；并指出要促进对互联互通的良性投资，打通互联互通项目的融资渠道。

3. 提升欧洲电子产业价值链

2018年6月，欧盟委员会发布了《提升欧洲电子产业价值链》报告，指出面对即将到来的变革和机遇，欧洲半导体业将通过不断发展壮大伙伴关系，扩大电子元器件和系统技术的范围，为汽车、物流、能源、安全、医疗和保健等领域提供人工智能解决方案及其他解决方案，实现安全、自治的联网系统。该报告提出许多建议，包括推广欧洲伙伴关系的成功模式，继续向强劲的微电子制造业投资，制定战略元器件的主权计划，开辟从知识产权到产品的畅通无阻创新之路等。

4. 人工智能协调计划

为落实2018年4月公布的《欧盟人工智能战略》，欧盟发布了欧盟及其成员国的《人工智能协调计划》，以促进欧洲人工智能的研发和应用。该计划的主题为"人工智能欧洲造"(AI made in Europe)。其中欧盟委员会通过欧洲战略投资基金、"地平线2020"计划和欧洲投资基金对人工智能领域定向投资，计划于2020年先期投资1亿欧元。成员国通过国家政策性银行资助和项目形式进行投资。此外，计划还鼓励成员国利用创新券、小额资助和贷款形式助力中小企业数字转型，包括整合人工智能在产品、生产流程和商业模式中的应用。

5. 人工智能战略

2018年4月25日，欧盟委员会提出了人工智能战略，宣布建设人工智能需求平台。根据"地平线2020"计划，欧盟委员会在2018—2020年间将把对人工智能的研究和创新投资增加到15亿欧元。到2020年年底，欧盟的公共和私人投资总额至少应达到 200 亿欧元。

（三）发展趋势

1. 受全球经济影响，工业增速将进一步放缓

2018年，欧盟工业数据出现了明显的下降趋势，包括工业生产指数、产能指数、制造业 PMI 在内的多项指标均呈现出大幅下降，自 2018 下半年开始工业生产出现放缓。2019 年最新的欧盟工业生产指数和 PMI 数据也同样表明，工业生产下滑愈加明显。欧盟委员会目前已经将 2019 年经济增速预测下调至 1.3%，包括德国、意大利、法国等在内的主要欧洲国家均呈现出经济增长缓慢的迹象，英国脱欧进程仍在进行中，而且不确定性进一步增加，种种原因导致欧盟未来经济增长难以实现快速增长，甚至有衰退的可能。从外需来看，全球经济目前均呈现出下行的压力，因此主要以贸易拉动经济的欧盟出口很难不受到外部需求萎缩的影响。货币政策方面，欧盟结束了量化宽松政策，维持利率不变，也使得融资环境更加严峻。与此前相比，2018 年欧盟各成员国出台的工业相关政策不多，欧盟整体的改革进程和协调统一推进遇到了一定的困难，导致更多的人、财、物力集中到解决欧盟内部分歧之中。

2. 人工智能将成为欧盟重点推动的高技术领域

2018 年 4 月，欧盟公布了《欧盟人工智能战略》，宣布要在未来建立人工智能需求平台。到 2020 年的 4 年期间，增加对人工智能的研究和创新投资到 15 亿欧元，最终达到公私部门投资总额达 200 亿欧元。2018 年 12 月，在之前政策的基础上，欧盟再次发布《人工智能协调计划》，计划通过多种渠道以政策性资助和项目形式为成员国提供投资，鼓励成员国通过多种形式帮助中小企业实现数字转型，将人工智能技术应用于产品、生产流程和商业模式中。《人工智能协调计划》把人才培养、加大投资、提供数据等作为关键领域，并设定"设计伦理"和"设计安全"两大关键原则。2019 年年初，欧盟又推出了 AI4EU 项目，为潜在的项目用户提供测试集成解决方案，目前，AI4EU 项目已在欧盟 21 个国家汇集了 79 家顶级研究机构、中小企业和大型企业。

3. 可再生能源利用逐步成为欧盟产业发展目标

欧盟在节能环保、清洁能源利用方面一直保持领先。2018年，欧盟各国召开会议，将2030年欧盟的可再生能源使用比例提高到32%，逐步停止使用棕榈油，逐步实现温室气体排放下降40%的目标。今后，欧盟在推动风能、水力、太阳能等可再生能源的利用上将有望进一步出台相关举措，为实现上述目标做好准备。目前，在家电、汽车等领域，欧盟已经执行较为严格的环保标准，为欧洲整体降低温室气体排放做出贡献。各国企业在可再生能源利用方面也积累了许多经验，技术和人才都有一定的储备。2018年，德国已经出台了相关法律，禁止柴油车在特定区域行驶。

二、重点国别

（一）德国

德国是全球工业化水平最高的国家之一，其工业化历史悠久，工业基础雄厚，从产业结构、产品品质到创新能力、工业设计等方面均处在全球领先位置。目前，德国金融货币等诸多经济指标都显示，未来经济预期恐怕难以实现较快增长，经济下滑的风险已经非常明显。

1. 工业生产年末下滑明显

2018年，德国工业生产遭遇明显下滑，特别是在第四季度产出经历了大幅下降。德国工业此前已连续6年增长，2017年，制造业PMI全年都处于高位，而2018年则呈现逐月下降趋势，工业产值增长了1.0%，制造业PMI从1月最高的61.1下降至12月的51.5（图26-9），2019年1月仅为49.7，进入收缩区域。工业生产指数也同样出现大幅下降，2018年8月以来工业生产指数多次出现负增长，11月为-4.5%，如图26-10所示。

2. 智能制造领域成为工业发展重点

工业4.0战略正在推动智能制造领域成为德国工业发展的重点之一，德国的工厂目前已经开始智能化转型之路。工业互联网和物联网技术正在推动制造业数字化转型生态系统的形成，为实现协同工作打下基础。中国近年来与德国开展了许多智能制造领域方面的合作，共同推广工业4.0理念，为工业发展注入了活力。德国在互联网方面的发展落后于美国，因此德国寻求借助自身强大的工业基础，力图通过利用新技术来推动德国工业迈上更高的水平。

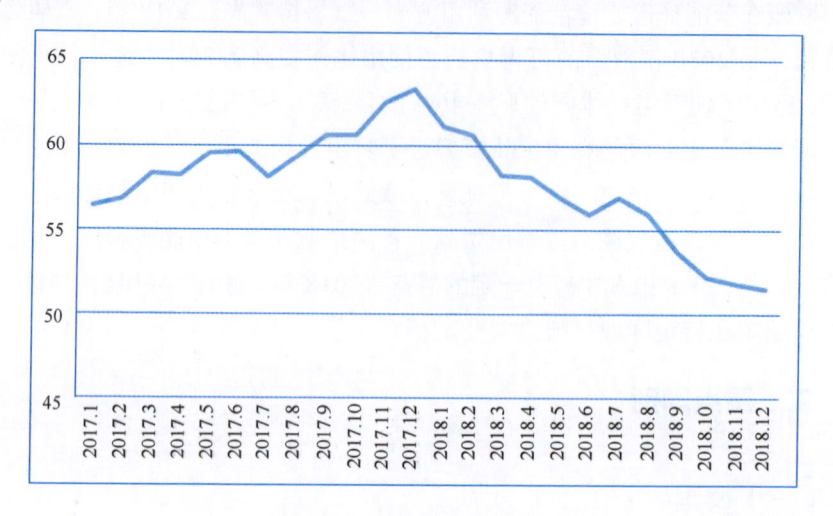

图 26-9 德国制造业 PMI

（资料来源：Markit，2019，02）

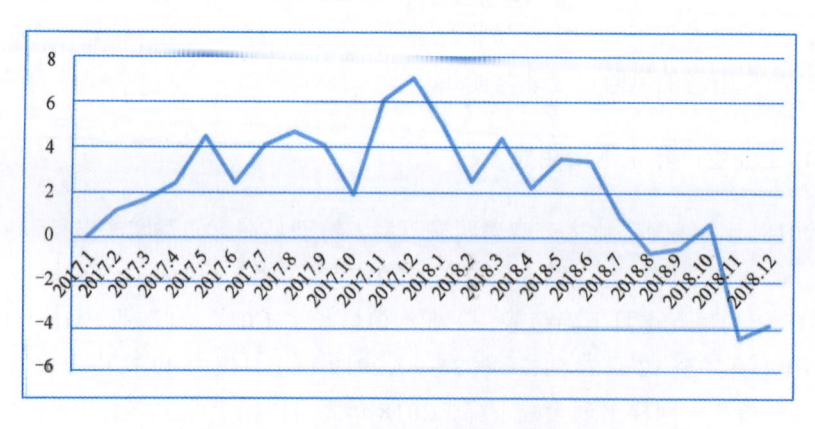

图 26-10 德国工业生产指数（同比 %）

（资料来源：德国统计局，2019，02）

3. 汽车产业正经历转型升级考验

2018 年，德国汽车市场总体呈现下降态势，全年累计销量约 343 万辆，下降了 0.2%。德国联邦法院出台法律禁止老旧柴油车行驶，同时引入了更为严格的排放标准,对德国汽车企业造成了一定的影响。企业短时间内对于政策影响难以做出精准的决策,柴油车和新能源车的生产制造方面调整不及时,另外,全球汽车市场需求下降等原因,都导致德国汽车市场在2018年的销量下滑。

4. 科技创新动力持续推动产业发展

在世界经济论坛的最新报告中,德国仍是欧洲最具竞争力的国家,在"从创意提出到产业商品化的创新过程"这一项中,德国排名第一,这些优势使德国成为高技术产业化的重要投资目的地。德国不仅注重基础研究方面的创新,在技术产业化方面也走在前列。2018年,德国宣布加强在科学数据基础设施方面的投入,建立更加完善的科研体系;发展5G网络,提出网络调控新规则。

(二)法国

法国工业门类齐全,汽车制造、电器、食品,以及核能、航空航天等新兴工业部门是支撑法国工业的重要领域。法国仅次于德国,也是欧盟工业发展水平较高的国家之一,近年来,法国已经意识到工业发展对于拉动经济的重要作用,希望重振法国的工业。

1. 工业整体呈现下降趋势

法国工业自2015年以来开始逐渐恢复,2017年,法国制造业扩张势头明显,各项工业指标全面超过此前数据,但是进入2018年后,法国工业没能继续维持增长趋势,制造业PMI从年初58.4的高位,持续下降至49.7(图26-11),回到了制造业收缩区域,全年平均值为52.8。工业生产指数波动向下,并且呈现进一步向下的趋势,如图26-12所示。制造业产能利用率也同样在第四季度下降至85.5。受到法国国内罢工游行等事件的影响,工业进一步下滑的预期目前比较明显。

2. 就业情况进一步改善

虽然工业发展呈现出下降势头,但法国2018年的就业情况却得到进一步改善。2018年的失业率为9.1%,低于2017年9.4%的水平。第四季度失业率明显下降,失业人数为367万人,求职总人数减少了0.8%,年轻人(25岁以下)的失业率降低了2.9%。法国政府目前将改善就业的重点放在了加强职业培训和完善学徒制两个方面,特别投入 150 亿欧元的"职业技能投资计划"项目,希望进一步降低失业率,确保在马克龙本届总统任期内将失业率降低到 7%。

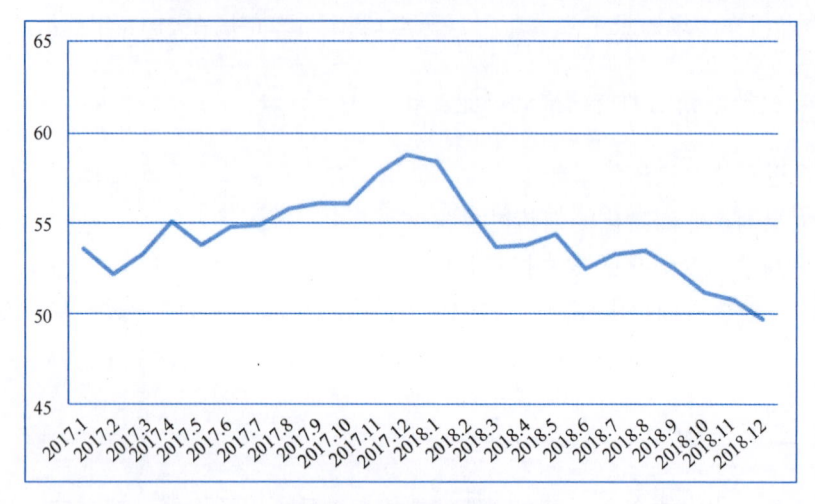

图 26-11　法国制造业 PMI

（资料来源：Markit，2019，02）

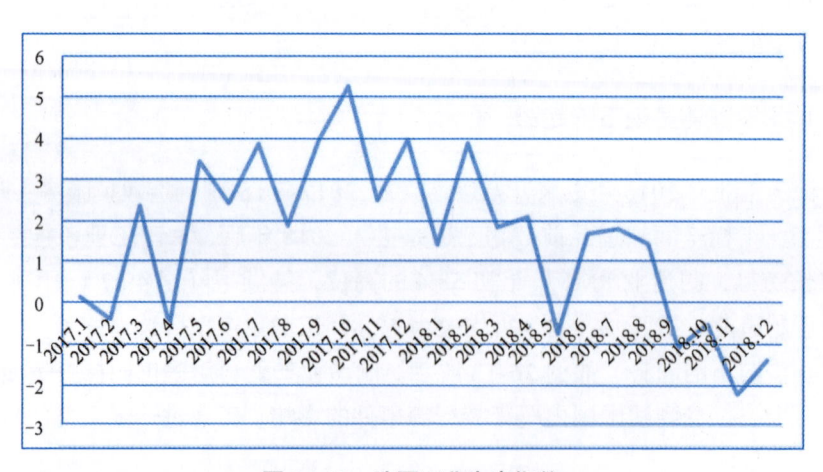

图 26-12　法国工业生产指数

（资料来源：法国统计局，2019，02）

3. 制造业企业的投资意愿下降

法国调查机构的数据显示,法国制造业企业 2018 年的投资意愿下降。在企业家调查中,企业主表示会将投资降低 1%。其中,制造业企业的投资意愿降低主要表现在农业食品生产和汽车制造方面,受到欧盟汽车行业新标准等政策的影响,未来企业是否会增加投资还有待进一步观望。

4. 积极推动向可再生能源转型

法国长期以来依靠核能供给电力能源,为优化能源结构应对气候变化,法国目前正推动逐步向可再生能源进行转型,减少对核电的依赖。2018年,法国可再生能源发电量占法国电力供给的22.7%,比2017年有所增长。其中风能、水力和光伏发电是可再生能源电力的主要来源。法国目前在可再生能源发展和创新上具有较强的技术优势。

(三)英国

2017年,英国通过全民公投决定退出欧盟的举措给英国未来的经济和工业发展都带来了极大的不确定性。目前"脱欧"进程仍悬而未决,脱离欧盟的过程面临着各种内部和外部的尖锐矛盾。2018年,英国经济增速仅为1.4%,继续低于欧盟整体经济增长水平。

1. 工业生产整体表现不佳

2018年,英国工业发展整体下降趋势明显,2018年与2017年相比工业生产指数大幅下降,特别是下半年进入第四季度之后情况更加严重。在制造业PMI方面,英国整体仍处于扩张区域,全年指数平均为53.9,所有月份均处于50荣枯线上方,如图26-13所示。2018年11月制造业同比下滑1.1%,已连续5个月出现下滑。

2. 脱欧继续发酵,增加了工业发展的不确定性

自2017年年底英国脱欧公投以来,英国的经济增长和工业发展均受到一定程度的影响,但目前英国的经济发展仍然较为稳定。英国工业联合会总干事表示英国脱欧进程应实现三大目标:一是要确保和欧盟"完全无贸易争端";二是要与欧盟就服务业达成相关协议;三是要在规则制定方面保持话语权。

3. 在人工智能等高技术领域加大投入

2018年,英国宣布对人工智能产业领域给予10亿英镑的联合投资,进一步发挥英国在人工智能行业的竞争优势，为英国的产业技术发展做出谋划。这项投资是英国政府工业战略下，一系列定向投资协议中的一项。英国政府在2017年出台"现代工业战略"，希望推动英国经济发展，扭转工业下降态势。据预测，到2023年，人工智能将有望为英国经济带来2320亿英镑的收入。

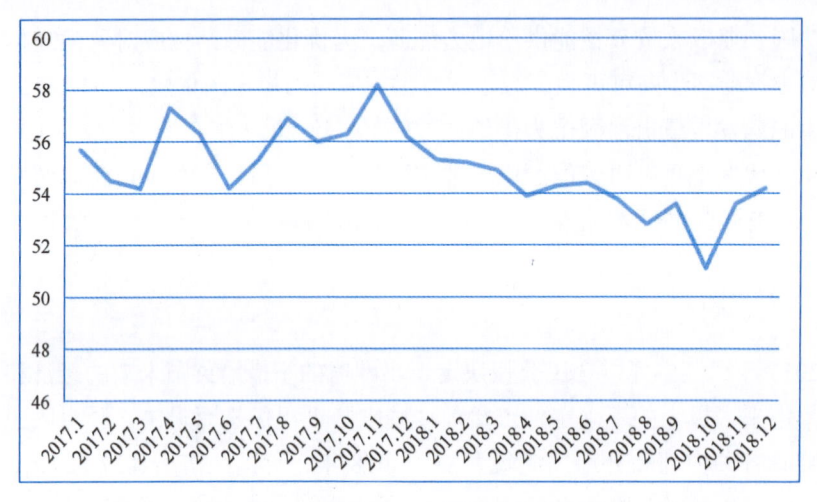

图 26-13　2017—2018 年英国制造业 PMI

（资料来源：Markit，2019，03）

第三节　日本

一、发展概况

2018年，日本经济增长速度放缓，在第三季度结束时，日本经济环比下降0.3%，环比折年率下降1.2%，日本国内的投资需求不高，经济增长压力加大。2018年日本制造业PMI仍在50以上，但全年走势呈现下行趋势，如图26-14所示。《日本制造业白皮书（2018）》中提到，人工智能、物联网、互联工业等将是日本制造业未来发展的重点。

1.工业生产数据波动较小

2018年日本公布的工业生产指数数据显示，第一季度工业生产指数仍呈上升趋势，在3月后，整体呈现下行趋势，9月达到谷底为102.9。而10月工业生产指数回升至105.9，为全年最高值，但从11月开始，工业生产指数又回落至104.7，如图26-15所示。2018年工业生产指数波动幅度与2017年相比较小，在第一和第四季度出现小高峰。虽然2018年工业生产整体涨幅不大，但根据日本《制造业生产预测调查》分析，未来日本工业产量将增加。

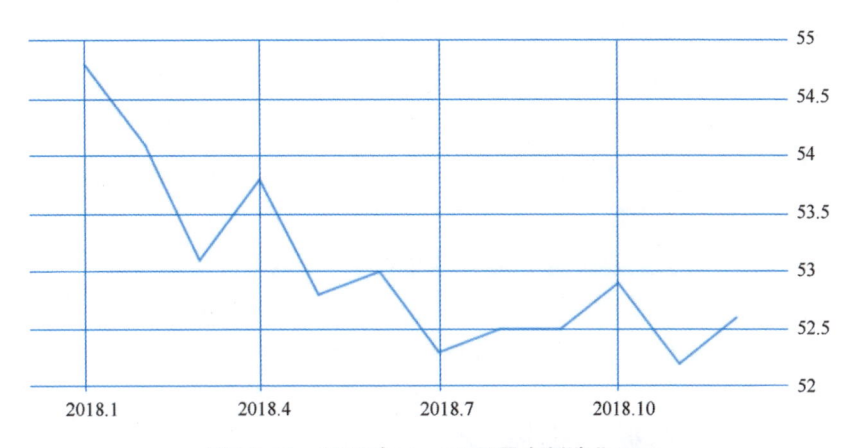

图26-14 2018年1—12月日本制造业PMI

（资料来源：全球经济指标数据网，2019，02）

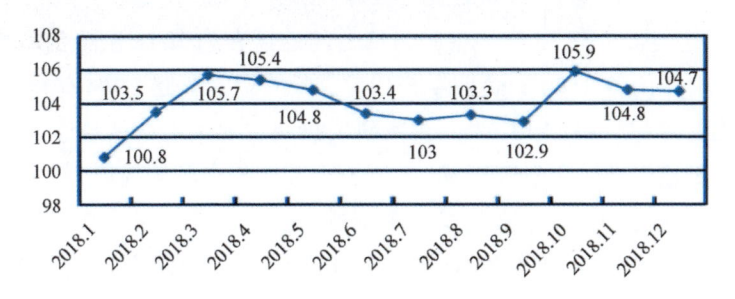

图26-15 2018年1—12月日本工业生产指数

（资料来源：日本经济产业省，2019，03）

2.消费者信心水平持续下降

2018年，日本消费者信心指数呈下降趋势，整体水平与2017年相比较差。2018年日本消费者信心指数从1月的44.6逐渐下降至42.7，是2016年11月以来最低位，这一现象由多种原因导致。2018年日本洪涝、高温、台风、地震等自然灾害的发生，对日本旅游业、物流、食品、煤、电等生活消耗品的价格有一定的影响，在年底原油价格上涨，这对消费者信心指数中重要指标的生计前景、收入预期、生活情况、就业环境都有不同程度的影响。但日本国民的收入和物价水平是消费支出的重要动能,需通过增加薪资或降低消耗品的费用,来促进消费者支出。

3. 投资支出持续上升

日本政策投资银行公布的调查结果显示,2018财年日本大型企业在国内的设备投资额较2017财年增加了21.6%,实现7年连续增长,也是自1980财年以来最高涨幅。电子零部件、运输机械、化学药品、车载电池是主要投资方向。电子零部件投资持续两年上涨,其中以汽车和智能手机的电子零部件投资为主。运输机械领域投资,主要偏向于新模式的投资,如电气自动化、新一代技术研发等方面。设备投资的偏向性体现出日本制造业的发展趋势,随着人工智能的发展,日本制造业设备投资也逐步向新技术研发、智能领域靠拢。

4. 企业持续加大研发投入力度

2018年欧盟委员会公布的最新工业研发投入排行榜显示,研发投入排名前100的企业中,日本有13家,比2017年减少一家,与德国并列第二名。排名第一的仍是美国,有35家,中国包括台湾地区在内有11家(台湾地区有3家)。2018财年仍有2500家企业参与研究,投资总金额达7364亿欧元,日本上榜企业有339家,占比13.6%。日本研发投资主要集中在信息通信技术与服务、汽车、健康工业、化学等领域,339家企业的投资总金额约为999亿欧元。研发投入排名前三的日本企业仍是汽车制造企业,日产汽车与松下公司并列第三,3家汽车企业的研发总投资额约为170亿欧元,比2017年增加了2亿欧元。研发投入金额与2017年相比无太大变化,整体排名也相对一致。汽车工业是日本的重要工业支柱,在新兴市场中,智能网联汽车、新能源汽车是未来主要的发展方向,而汽车大容量电池、机载电子设备是汽车企业重要的研究方向。目前日本汽车在世界汽车行业中占据重要地位,先进技术对于未来汽车市场占有率有重要影响,研究力度也在逐年增大。

5. 时隔两年再次出现贸易逆差

2018年日本财务省公布的最新数据显示,日本在连续两年贸易顺差后,再次出现贸易逆差现象,逆差额为1.2万亿日元。2018年国际油价、天然气的价格上涨,导致日本的进口额激增,这是日本贸易逆差的主要原因。2018年日本全年进口额为82.69万亿日元,同比增长9.7%,其中液化天然气、原油、石油制品进口额的增幅为 20.8%、24.5% 和 34.3%。日本财务省的报告显示，2018 年上半年（1—6 月）日本呈现贸易收支顺差 6067 亿日元，但与 2017 年的顺差同比缩小 39.3%。在 8 月时，日本的出口额为 4902.8 亿美元，进口额为 4904.3 亿美元，贸易逆差为 1.5 亿美元，下降了 101.1%。

6. 失业率持续降低

经济刺激使岗位需求明显增加，日本最新公布的数据显示，2018 年日本的失业率相对 2017 年波动频繁，但整体呈现下降趋势。2018 年日本的失业率平均为 2.4%，该数值低于预期数值，也是自 1993 年 4 月以来的最低值。5 月，日本的失业率仅为 2.2%，创近年来新低，如图 26-16 所示。日本老龄化和少子化现象日益严重，2018 年日本仅有 92.1 万新生儿出生，已连续 3 年不足 100 万人出生。

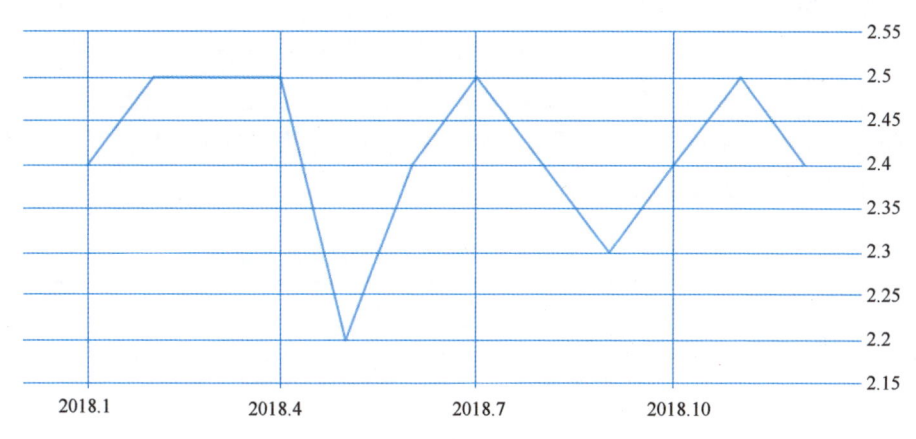

图 26-16 2018 年 1—12 月日本的失业率（单位：%）

（资料来源：全球经济指标数据网，2019，02）

二、产业布局

日本重要工业主要分布在太平洋沿岸，形成太平洋沿岸带状工业地带，其占日本工业生产总值的 80% 左右。在 20 世纪 80 年代之后，日本的"技术立国"政策引导全国产业向技术知识密集型产业方向发展，其制造业相对减产，其机器人、新材料、电子信息、汽车等领域的技术在全球中占据重要地位。

日本的海岸线长约 2.9 万千米，是世界上海岸线最长的国家之一，其东临太平洋，西北方与中国、朝鲜相望，得天独厚的地理、区位优势、历史工业发展原因及后期政府的支持，造就了太平洋带状工业区的工业分布情况。日本14个工业区中，有13个都位于沿海地区，其中除北海道、北陆和有明海沿岸工业区面向日本海外，其他10个工业区都面向太平洋方向。工业区不仅包括京滨、名古屋、阪神、濑户内海及北九州五大工业区，还有北海道、八户、常磐、鹿岛、东海、关东内陆、北陆、大分和有明海沿岸9个主要中小工业区。其整体交通便利，有重要港口约100个，临近成田、羽田、伊丹等国际机场。工业带占全国国土面积的24%，集中了全国人口的60%，其中工人数量占全国工人总数的67%，拥有日本80%的工业生产总值，化学工业产值为90%，大型钢铁设备能力更是达到95%。此工业经济带为日本企业节省了大量的运输、能源及资源成本，带来极其明显的经济效益。

三、政策动向

2018年以来，日本经济持续增长，制造业在逐渐回暖。日本经济产业省在6月发布了《日本制造业白皮书（2018）》，出台了《综合创新战略》，7月，日本与欧盟签署了《欧日经济伙伴关系协定》。从技术、贸易、教育方面推动日本制造业发展，提升其技术水平及世界话语权。近年来日本主要扶持工业发展的政策措施如表26-2所示。

表26-2 近年来日本主要扶持工业发展的政策措施

时间	标题	主要内容	对制造业重要影响
2018.7	欧日经济伙伴关系协定	该协定将相互取消大部分产品的关税。其中日本将取消94%欧盟产品的关税，包括奶酪和葡萄酒。欧盟则逐步取消99%日本产品的关税，包括汽车和电视机	促进日本工业产品出口
2018.6	综合创新战略	日本科学技术政策基本方针	加速培养人工智能领域人才，促进工业智能化发展
2018.6	日本制造业白皮书（2018）	日本制造业技术的现状和促进措施	经济产业省强调发展"互联工业"
2018.3	全面与进步跨太平洋伙伴关系协定	协定覆盖11国的市场准入、电子商务、服务贸易等方面的内容	刺激国家经济
2017.11	维持货币宽松政策	实现2%的通胀目标依然遥远，中央银行认为有必要把短期利率控制在-0.1%、长期利率控制在0%左右	通过货币政策，进一步刺激国内经济，促进制造业复苏

续表

时间	标题	主要内容	对制造业重要影响
2017.6	日本制造白皮书（2017）	日本制造业技术的现状和促进措施	日本制造业回归
2017.3	支援优秀年轻IT人才，提供开发资金	针对在IT领域拥有独创技术的个人扩大创业支援	围绕人工智能及物联网、机器人等领域支持鼓励创业
2017.3	人工智能发展路线图	分三阶段推进利用人工智能大幅提高制造业、物流、医疗和护理行业的效率	实现人工智能的产业化
2016.4	EV·PHV 路线图	到2020年，使日本国内纯电动汽车和插电式混合动力车的保有量达到100万辆	推动纯电动汽车和插电式混合动力车的发展
2016.4	"新产业结构蓝图"中期方案	利用物联网、大数据及机器人技术在金融、医疗、教育、能源、物流和制造业等广泛领域创造出新的服务与业务	力图解决因人口下降引起的经济增长乏力等问题
2016.2	2016年日本经济财政白皮书	从就业改善、个人消费、薪酬福利等方面分析日本经济发展	薪酬增长、劳动时间削减等改善未提高个人消费，不利于产业经济复苏
2015.6	2015年日本制造业白皮书	介绍了日本制造业的现状、问题及未来的发展方向，并提出了振兴日本制造业应采取的措施	日本制造业在积极发挥IT作用
2015.5	网络安全新战略	制定了新的《网络安全战略》，提出了"信息自由流通""对使用者的开放性"等5项原则	对制造业应用物联网等IT技术，提高网络安全规则
2015.1	机器人新战略	该战略制定了5年计划，旨在确保日本机器人领域的世界领先地位	发展先进制造业重点领域
2014.12	新版量化宽松政策	进一步扩大正在实施的量化和质化宽松政策	为制造业复苏提供货币政策刺激
2014.11	290亿美元经济刺激计划	刺激计划将于2014年12月27日定案，主要是向地方政府提供资金，将作为家庭购买燃料等其他商品的补贴费用	重振日本地方经济
2014.4	日本上调消费税	从2014年4月1日起将消费税税率从目前的5%提高至8%	影响企业投资的积极性

资料来源：赛迪智库整理，2019，02。

四、发展趋势

1. 工业生产呈现波动态势

2018年，日本制造业生产基本呈现增长态势，但存在较大波动。2018年日本自然灾害对制造业生产有一定的影响，部分地区的生产设备在灾害中受到损害，而道路受损影响交通运输，原材料供给不足等多方因素直接影响制造业生产情况。2018年受国际液化天然气、原油价格下降因素的影响，日本在连续两年贸易顺差后再次出现贸易逆差情况。但在部分国家和地区，日本仍处于贸易顺差地位。

2. 经济影响日本工业发展

2018年日本经济仍处于复苏阶段，与2017年相比增长速度放缓。第一季度日本经济在连续上涨8个季度后首次出现回落，消费和投资疲软是主要原因。日本的失业率在2018年平均值为2.4%，是自1993年4月以来的最低值，但物价水平也有所下挫，日本消费者信心指数从1月的44.6逐渐下降至42.7，这对日本通过内需拉动经济产生影响。若日本国内和外界对本国商品的需求可以保持稳定，则日本工业产出也将保持稳定。

3. 企业对外投资意愿仍然强烈

《2018世界投资报告》显示，日本2017年对外投资总额达到1600亿美元，位居世界第二。在全球经济回暖的大背景下，日本经济保持增长，企业对外投资意愿增强。日本通信业、金融业、内需性企业是对外直接投资的重要组成部分，主力企业与中小型企业积极收、并购海外企业，扩大市场占有率。日本汽车、化工等先进技术企业都在积极拓展海外市场，占据全球市场份额，建立世界工厂，将保持对外投资力度。

4. 日本制药工业有较好发展前景

日本是全球第三大药品市场，制药工业基础雄厚。多年来日本都是仿制药使用率最低的国家，这一政策促使日本创新型药企快速发展，成为世界第二大创新药市场。受老龄化影响，日本国内由高龄化人口带动药品消费，但较高的药费支出，促使日本内阁将放宽仿制药使用放入改革纲领。日本部分药企抓住发展机遇，在短时间内发展为世界50强药企，实现全球化。武田制药、第一三共株式会社、大冢制药、安斯泰来制药等药企都是全球药品销售前30名的企业，日本近年来加大药品研发投入，上市新药数量仅次于美国。

第四节 韩国

一、发展概况

当前，全球贸易保护主义和逆全球化风潮、发达经济体货币政策收紧、世界经济增长后劲乏力问题等外部因素存在，2018年度，韩国GDP较2017年增长了2.7%，GDP增速未能突破3%，是近6年来新低。在韩国受内、外多重因素影响的境遇下，韩国半导体出口萎靡局面快速发展，国内设备投资增长快速下降，建筑行业发展陷入困境，从而导致韩国经济增长放缓。

1. 制造业呈现动荡下行态势

2018年以来，韩国制造业增长动力总体来看下半年高于上半年，总体态势呈下降趋势，韩国制造业PMI于2018年11月达到峰值51.3，自2018年1月缓慢下行，至9月跌至48.3，远低于荣枯线，如图26-17所示。2018年韩国制造业PMI高于荣枯线仅有5个月。2018年1月和6月，韩国制造业企业景气调查指数分别为80、81，是2018年韩国仅有的2个月高于80，低于2017年韩国制造业企业景气调查指数的最高值83。具体来看，2018年12月，韩国制造业企业景气调查指数为72，较11月下降2个点，这是韩国2016年10月以来的最低纪录，其中2016年10月的数值为71，造成这一结果的主要原因是部分制造业产品生产过剩及中美贸易争端的影响。

2. 出口总额呈现上升趋势

2018年韩国的贸易额创下历史新高，高达1.1万亿美元。其中2018年韩国的出口总额为6055亿美元，较2017年增长了5.5%，是全球第六大出口国；进口总额为5350亿美元，较2017年增长了11.8%，实现贸易收支顺差705亿美元，已经连续10年保持净进口国态势。韩国产业通商资源部公布的数据显示，2018年韩国半导体、机械产品和石化制品出口创历史新高。其中半导体出口额高达1267亿美元，是韩国第一大出口商品。2018年1—12月韩国出口总额（单位：百万美元）如图26-18所示。

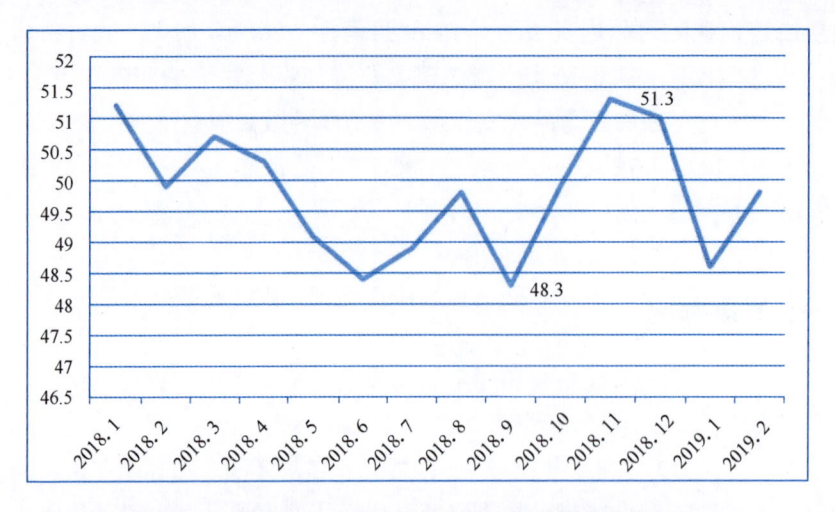

图 26-17　2018 年 1 月—2019 年 12 月韩国制造业 PMI

（资料来源：汇丰控股与 Markit）

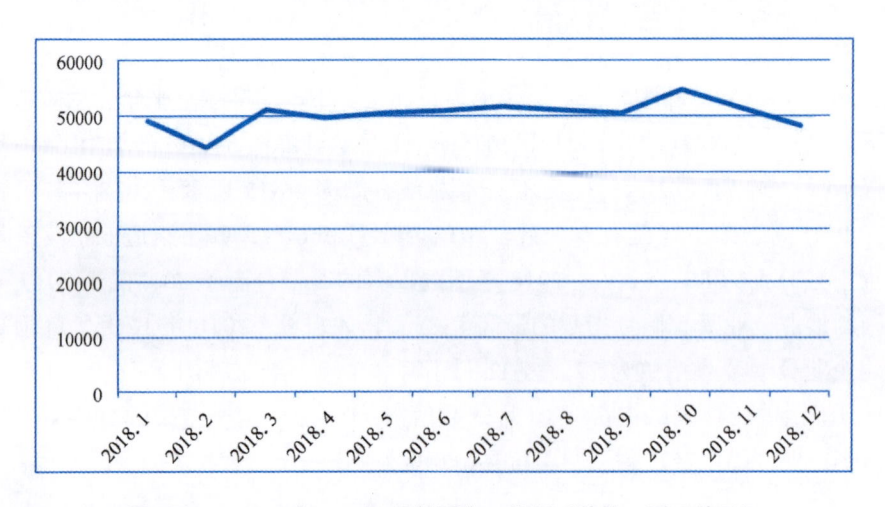

图 26-18　2018 年 1—12 月韩国出口总额（单位：百万美元）

（资料来源：韩国国际贸易协会，2019）

3. 汽车产业发展内忧外患

2018 年韩国汽车产业经历内忧外患。国内汽车行业面临罢工，现代汽车公司的员工已经连续 7 年举行罢工；国际环境复杂，美国政府对进口汽车加征关税。韩国进口汽车协会的数据显示，2018 年韩国国内销售进口汽车 26.07 万辆，销售额高达17.74万亿韩元。其中，奔驰汽车销售7.8万辆，销售额为5.69万亿韩元，同比增长3.0%；宝马汽车的销售额为3.8万亿韩元，同比下降14.9%，主要是由宝马汽车在韩国发生多起火灾事故，并召回大量宝马汽车造成的；路虎汽车的销售额为1.776万亿韩元，首次突破1万亿韩元大关。2018年2月受韩国通用汽车工厂关闭因素的影响，韩国汽车的销量大幅下降。其中现代汽车的销量同比减少8.1%；起亚汽车的销量同比减少9.1%；韩国通用汽车的销量同比减少19%；雷诺三星汽车的销量同比减少22.3%；双龙汽车的销量同比减少16%。2018年受韩元汇率和中美市场需求减弱的影响，现代汽车的净利润为1.64亿韩元，较2017年的4.54万亿韩元下降了64%，幅度相当大；营业利润为2.42万亿韩元，较2017年的4.57万亿韩元下降了47%。

4. 电子信息制造业市场业绩创新高

2017年韩国正式超过中国台湾地区成为半导体产业世界第一，2018年韩国半导体出口额高达1286亿美元，较2017年增长了29%，创历史新高。但是，2018年韩国半导体出口额的增长速度呈现逐月递减的趋势，同比增速由1月的53.3%下降至12月的-8.3%，并首度呈现出萎缩现象，其重要原因是存储器价格的下降。目前，韩国有20000多家企业支撑其半导体产业的发展，其中三星电子和SK海力士在韩国具有不容撼动的领导地位。2018年三星电子的销售额为243.77万亿韩元（折合人民币约1.47亿元），其中营业利润额为58.89万亿韩元，净利润额为44.34万亿韩元，均是历史最高值，已经连续17年位居韩国半导体和智能手机销售额的首位。其中，2018年三星电子半导体的营收额为759亿美元，较2017年增长了26.7%，在全球半导体市场的占有率为15.9%，位居全球首位。2018年SK海力士半导体的营收额为364亿美元，较2017年增长了38.2%，是全球前十大半导体公司营业收入增长最快的公司，占全球半导体市场的7.6%。

二、政策动向

为应对国内外形势的影响，实现经济逆流而上，韩国将显著改善国民的生活质量、扩充经济增长潜力作为2018年韩国经济的主要工作重点，并出台了一系列举措增加就业、扩大出口、提升工业领域的竞争力、提振国内经济。

2018年5月，韩国政府讨论制定新兴产业发展战略。根据战略规划，韩国企业拟在今后5年内在自动驾驶、再生能源、物联网家电、半导体显示屏、生物健康五大新兴产业投资160万亿韩元。韩国政府则通过改善规章制度等手段给予企业制度上的支持，并希望通过该战略可以为韩国创造20万个就业岗位，让发展惠及全民。另外，韩国政府也明确表示积极扶持本国汽车产业，为韩国发展奠定坚实的基础，确保韩国汽车行业在全球的主导权。

2018年6月，韩国政府计划在2022年之前投入2.6万亿韩元促进本国氢燃料汽车的发展，以占领国际氢燃料汽车市场。韩国将维持现有的氢燃料汽车补助金制度，以此推动韩国完成2022年普及16 000台氢燃料汽车的目标。另外，2018年韩国还在首尔和蔚山投入氢燃料公交车，并计划在2019年扩展到5个城市。根据韩国拟制定氢燃料公交车补助金制度，在购置税方面减免优惠50%，并在2022年之前新增1000辆氢燃料公交车。为配合氢燃料汽车的发展，韩国计划在5年将氢燃料加气站由现在的10个增加到300个。同时在2018年将氢能源相关内容纳入韩国第三次能源基本计划，为氢能源的普及发展奠定法律和制度基础。

2018年8月，韩国政府决定在2019年大幅增加新产业领域的投资。根据韩国政府的要求，投资主要集中在生物健康、未来汽车、无人机、能源产业、智能工厂、智慧城市、智能农业、金融科技八大先导产业，预计投资增幅为62%，总金额将高达3.52万亿韩元；与此同时，将数据、区块链、共享经济、人工智能和氢气经济作为最能拉动创新增长的三大战略投资产业，预计投资增幅为71%，总金额将高达1.49万亿韩元。另外，韩国政府还拟在2019—2023年重点投资三大战略产业，每年投资金额将高达2万亿韩元；同时在2019—2023年间，每年投资600亿韩元重点培养人工智能、大数据、生物等第四次产业革命核心领域人才，计划共培养1万人。

2018年9月，韩国政府计划自2020年起6年内总投资2万亿韩元用于推动韩国自动驾驶汽车产业的发展。其中，高端驾驶者保护装置零部件技术开发、传感器等核心零部件国产化等技术研发项目占投资的50%；大数据平台、自动驾驶汽车专用道路等与产业相关的基础设施建设占投资项目的50%。韩国政府投资资金支持自动驾驶汽车发展只是催化剂，真正目的是引导民间资本起主导作用，从而由下而上地推动韩国汽车产业的发展。高盛集团的预测数据显示，2035年全球自动驾驶汽车产业规模将由现在不足百亿美元暴增至2900亿美元。

2018年12月，韩国积极推进中小企业智能化工厂建设，以此实现"中小企业制造强国"目标。为此，韩国政府提出计划方案：到2022年建设3万个智能工厂、10个智能产业园，以及10万名专业人才。具体内容：一是提供资金支持，由韩国产业银行、企业银行和中小企业振兴公团共同出资2万亿韩元支持中小企业智能工厂设备投资，并建立 3000 亿韩元的企业基金；二是鼓励韩国大企业积极参与，并列入"相伴成长指数"评价；三是加大对智能工厂设计建设企业的扶持力度。目前，韩国三星电子等大企业已经积极响应政府号召，其中三星集团成立了"智能工厂支援中心"，计划在 5 年内投资 600 亿韩元资助 2500 家中小企业建立智能工厂。

2018 年年底，韩国政府召开了国民经济咨询会议全体会议，进一步确定了以价值创新引领产业发展政策，加快对产业政策的调整，以适应国内外环境的变化。目前，韩国最迫切的问题是革新和升级传统制造业产业，提高竞争力；实施以为未来增长创造动力为核心的经济革新计划，以实现产业政策革新，推动韩国经济稳定发展。

三、发展趋势

1. 工业生产将实现小幅上升

受全球经济发展疲软、国际大宗商品价格呈下降态势、美元升值、韩国国内政治环境不稳定等因素的影响，韩国近年来内需不振，就业形势逐渐缩紧，工业、制造业持续萎靡。除了 2014 年、2017 年，2012 年以来韩国的 GDP 增长率几乎均在 3% 以下波动。2018 年韩国的 GDP 较 2017 年仅增长了 2.7%，未能实现延续 2017 年破 3% 的目标，并且 2.7% 的增长率是韩国近 6 年以来的最低值。但是，2018 年韩国人均 GDP 有望达到 3.1 万美元，正式步入 3 万美元时代。同时，由于韩国半导体工业受到国际主要市场需求增加的影响，韩国出口额 2018 年全年较 2017 年同比上涨 5.5%，高达 6051 亿美元，创造了韩国 70 年历史的最高值，带动韩国国内工业的小幅上升。

2. 汽车行业动荡发展

2005 年以来，韩国一直稳居全球汽车生产国第五的位置。2018 年受韩元汇率上升、中美贸易争端及美国对进口汽车加征税的影响，韩国汽车出口贸易受阻，海外市场销售不理想。与此同时，韩国国内汽车的销量也受到进口汽车的挤压，比例不断降低，达到历史最低值。2018 年韩国现代集团在世界财富 500 强中排第 78 名，较 2017 年上升 6 名。但受世界经济不景气、中美消费市场汽车需求不振等的影响，现代汽车的销量和利润不涨反降，净利润率和营业利润率的降幅更是高达 64%、47%。2017 年是韩国汽车产业动荡的一年，截至 2018 年 12 月，韩国汽车市场销量为 17.2 万辆，其中进口汽车销量占比高达 16.8%。其中现代、起亚在中国和美国两大主要市场出现了较大的销量下滑，这主要是受到萨德事件的影响导致韩国汽车在中国市场遭遇滑铁卢。

3. 出口贸易呈现上行态势

2018 年韩国出口贸易发展取得新的突破，全年贸易额达到 1.1 万亿美元。韩国产业通商资源部的数据显示，2018 年韩国的贸易额高达 1.1 万亿美元，创历史新高。其中，贸易出口额突破 6000 亿美元，增长了 5.5%，是全球第六大贸易出口国；贸易进口额为 5 350 亿美元，增幅高达 11.8%，从而实现了连续 10 年保持净出口国状态。这得益于韩国半导体产品受得到国际市场的高度认可和青睐，2018 年韩国半导体出口额高达 1286 亿美元，较 2017 年增长了 29%，创历史新高。

第二十七章

2018年主要新兴经济体工业发展动态

2018年，新兴经济体制造业增速放缓，多国制造业PMI指数跌破荣枯线。巴西制造业呈现出缺乏动力、增长缓慢的趋势。印度制造业面临众多瓶颈，工人罢工等突发事件导致缺乏突破。俄罗斯工业发展全面回暖，但是依然面临轻工业和重工业失衡以及美国等发达国家的经济制裁等内外因素。南非工业发展跌宕起伏，汽车行业发展迅猛，但是失业问题严重。墨西哥制造业呈现萎靡之势，对美国经济高度依赖，宏观经济动荡的局面。

第一节 巴西

一、发展概况

巴西是拉美面积最大、人口最多、经济实力最强的国家，人均GDP为9 130美元,为世界第八大经济体。巴西具备丰富的自然资源及完备的工业体系。自然资源充足，铁矿和煤矿储量大、质地优良，在进出口方面表现良好。工业类别齐全，包括钢铁、汽车、能源开采等产业。工业分布集中，主要分布在矿产资源丰富的中南部地区。现代工业整体薄弱但发展迅速，其中在钢铁、造船、飞机制造等领域已位于世界前列。

1. 经济形势整体回暖

受"消费经济"解体的影响，巴西近些年来一直遭受着巨大的经济危机，但伴随经济体制改革等因素的影响,近两年来巴西经济呈现上行趋势。从巴西地理统计局发布的数据来看,巴西2015—2016年的经济持续负增长,2017年开始重回增长轨道,经济增长突破1%,2018年出现明显好转,其中第三季度的GDP同比增长1.3%(约合4 458亿美元),创年度最佳。世界银行表示,若巴西的财政改革能够及时落到实处,预计2019年巴西经济增长将达2.2%,但受政治危机、财政问题等因素的困扰,巴西经济在未来几年仍面临着多种挑战。

2. 就业水平恢复缓慢

随着巴西经济呈现向好的趋势,巴西的就业形势也在一定程度上得到了缓解,但仍缺乏显著改善。从巴西地理统计局发布的数据来看,截至2018年年底,巴西的失业率已连续7个季度维持环比下降的状态,其中2018年第三季度的失业率为11.7%,环比下降0.2%,失业人口为1 250万人,相比2017年同期下降3.1%。对于就业水平呈现出的积极信号,巴西地理统计局的专家认为此轮失业率的较大幅度下降与2018年下半年举行的总统大选有密切关联,大选为小企业及服务业提供了不少就业岗位。据巴西小企业协助机构的统计数据,巴西小企业2018年新增就业岗位55万个,占巴西正式签约岗位的65%,创近3年最高纪录,而其他岗位并无大幅度增加迹象。

3. 贸易顺差趋于稳定

商务部的数据显示,巴西2018年的贸易顺差额为586.59亿美元,相比往年呈现稳定态势。巴西2018年进出口商品总额超过4 211亿美元,同比增长14.3%。其中,出口总额和进口总额分别为2 398.89亿美元和1 812.31亿美元,分别较2017年同比增长10.25%及20.2%。尽管与2017年所创造的贸易顺差历史最高纪录670亿美元相比,2018年的巴西贸易顺差有略微12%的下降,但依旧是自1989年以来的巴西第二高水平,而中国、阿根廷、美国仍然是巴西的三大贸易伙伴。因此,整体来看2018年巴西的贸易水平维持稳定的趋势。

4. 工业增长乏力

伴随整体回暖的经济形势,巴西制造业自2017年停止负增长,但2018年仍延续着缺乏动力、增长缓慢的趋势。据巴西地理统计局发布的最新数据,2018年11月巴西工业产值环比增长1%,创4年来当月新低。尽管表现不佳,但11月的工业增长仍是巴西持续4个月下跌后的首次回升。2018年11月巴西工业产值与 2017 年同期相比下降 0.9%。下降产品中，食品、机械、塑料制品的同比跌幅分别为 9.7%、4.6%、1.9%。增长产品中，纸制品、金属制品、汽车制造的同比增幅分别为 4.2%、3.1%、2.3%。专家表示，受经济复苏缓慢、就业问题显著等因素的影响，巴西工业增长乏力，预计巴西 2018 年工业总产值增幅为 1.91%。

二、产业布局

20 世纪 60 年代以前，巴西工业以轻工业为主导产业，自二战之后，巴西政府主要根据各个行业的产值及经济发展的变化来确定主导产业，因此重工业的发展逐步占据重要地位。目前，为改变单一的经济结构，巴西不断推动工业现代化的步伐，加快构建多元化的工业体系，并在钢铁、汽车、机械等领域占据国际领先地位。巴西的工业主要分布在人口密集的东南沿海地区，此地所具有的历史悠久、矿产资源丰富、交通便利及工业基础雄厚等优势为现代工业的发展提供了良好的条件。其中，巴西的重工业主要分布在里约热内卢及圣保罗，而米塔斯基纳斯州则凭借丰富的水资源及矿产资源助力工业和农业的发展。

三、政策动向

伴随着经济复苏，巴西政府出台了一系列各个领域的政策，力图抓住发展机遇，重振经济。

在财政方面，巴西政府于 2017 年 8 月宣布调整财政目标，将 2018 年及 2019 年的财政赤字目标分别由赤字 1 290 亿雷亚尔、650 亿雷亚尔上调至 1 590 亿雷亚尔及 1 390 亿雷亚尔。同时，政府还宣布了一系列削减支出、弥补财政缺口的措施，如减少公务员岗位数量、提高公务员养老金缴纳比例、提高燃油税等。

在汽车行业，巴西政府于 2018 年 11 月签署通过了名为"Rota 2030"的汽车新政，规定汽车生产商在遵循正规操作的前提下，若能将能源效率提高至 11%，就可以获得 2% 的工业产品税的优惠。此次新政的目标在于激励生产者开发新技术，提高燃料安全性及改善能源利用率，这标志着巴西在新科技的发展道路上又迈出了一大步。

在能源利用方面，巴西政府宣布于 2019 年 3 月实施新的生物柴油掺混政策，规定全国的卡车司机在加油站使用掺混 11% 生物燃料的柴油，并每年增加 1%，直至增加至 15% 为止。此举旨在通过消耗国内柴油量刺激工厂提高生产效率、创新生产方式，从而带动相关产业的发展，提高国际竞争力。

四、发展趋势

1. 经济复苏前景可期

虽然巴西经受国内政局变动、美联储加息等国内、外因素的冲击,但短期波动不会影响巴西经济复苏的长期趋势。主要原因有以下几点:在金融方面,巴西中央银行将基准利率固定在 6.5% 左右的低位水平,此举不仅有助于拉动内需,也推动了巴西加快建设基础设施,扩大出口;在政策实施方面,巴西政府通过企业私有化、扩大特许经营权等方式不断推动企业的体制改革及产品创新,从而提高巴西企业的国际竞争力;在对外贸易方面,巴西的经济开放程度高,贸易顺差维持着稳步增长的态势,相比于其他拉美国家更具竞争优势,也更容易从金融危机中恢复。

2. 工业发展面临挑战

结合 2018 年巴西工业的发展态势,预计巴西未来的工业发展前景仍然存在不确定性。主要原因有以下两点:巴西制造业面临危机已久,且在世界制造业中所占的市场份额逐年下降,截至 2018 年年底,巴西制造业仅占世界制造业总额的 2%;除此之外,由于巴西的产业结构调整缓慢,其在高科技领域的低水平使得巴西制造业缺乏优势,相比于别的发展中经济体日益上升的高科技制造生产值,巴西在高科技领域的产值比例 20 年间一直维持着 34% 的低位水平,缺乏国际竞争力。因此,巴西的工业现代化之路仍然步履维艰。

第二节　印度

一、发展概况

印度是南亚次大陆面积最大、人口最多的国家,也是世界上发展最快的新兴国家之一,2018 年其 GDP 达 2.69 万亿美元,为世界第七大经济体。但经济结构存在不合理性,特别是制造业所占比例太少,以及政策因素等引发印度经济增长不稳定。

1. 经济增速放缓

印度的官方数据显示,2018 年印度第四季度的经济增长率为 7.1%,环比下降1.1%，创季度历史新低。印度统计局预计2018年度印度经济的增长率为7.2%，相比2017年的7.6%，同比下降0.4%。据有关专家分析，油价、贸易、汇率等因素的不稳定性是造成印度经济呈现下行趋势的主要原因。在汇率方面，受美联储加息的影响，以印度为代表的新兴国家面临经济崩盘的危机，有关机构的调查显示，印度卢比在未来半年内将继续贬值，预计跌至1美元兑75卢比；在对外贸易方面，经常账户赤字的扩大及美联储加息等使得全球融资环境日益紧张，进一步加大了印度经济下行的压力；在油价方面，印度是世界主要的原油需求国之一，因此原油价格的涨跌影响其经济运行状态，2018年特朗普实行的"禁油令"使得原油价格上涨，从而导致印度经济增长放缓。

2. 制造业发展缺乏突破

自20世纪90年代开始，印度就一直着力发展服务业，近几年服务业对印度GDP的贡献率远远超过50%，而制造业占GDP的比例增长缓慢，仍维持在15%～17%的低位水平。印度基础设施落后，工业用水短缺、电力产能低、道路长久失修等生产运输问题导致印度产品成本高，缺乏竞争优势；教育两极分化，尽管人口优势明显，但工人劳动力素质不高、技术水平有限，制约了生产规模的扩大；官僚体制固化，2019年1月印度政府最新提出的公共部门企业私有化、修改工会法等一系列"反劳工"措施，遭到大量工人反对，从而引发了2亿人的大规模罢工运动。除此之外，2018年受国际贸易战的影响，美资企业跨国建厂意愿下降，使印度制造业在美投资面临本土建厂环境的竞争。

3. 汽车产销量再创新高

近年来，印度汽车市场发展迅速，2018年仍然延续2017年的强劲势头，产销量再创新高。2018年印度汽车的销量达439.9万辆，仅次于中国、美国和日本。从具体销量来看，2018年印度乘用车的销量为339.4万辆，比2017年增长了2.32%；商用车的销量首次突破100万辆大关，达到100.5万辆。据麦肯锡预测，到2021年，印度汽车销量年增长率将超过7%，超过日本成为全球第三大汽车市场。但印度同时存在高档车市场份额占比少的问题，仍有较大发展空间。

二、产业布局

印度的重点产业包括服务业、传统轻工业等。自20世纪90年代实行经济改革以来，印度第三产业的比例逐年上升，第一产业的比例持续下降，第二产业的比例增长缓慢，特别是重化工业和机械制造业发展迟缓。目前，为升级产业结构，印度不得不重视推进工业的发展。印度的工业主要分布在以加尔各答、孟买、阿默达巴德、班加罗尔、那格浦尔为中心形成的工业地带。其中，加尔各答以麻纺和机械为主，工业产值仅占全国的1/10；孟买以棉纺织业为主导产业，同时兼顾发展机械、化工等产业，形成综合性的产业基地，工业产值占全国的1/6；阿默达巴德凭借靠近原材料地的优势，大力发展棉纺织业及油脂工业；班加罗尔以新兴产业为主，在航空、电力等领域发展迅速，规模逼近加尔各答区；那格浦尔区靠近全国最大的钢铁、煤炭产地，因此化工、电力、重型机械等重工业地位突出，是印度最大的重工业生产基地。除此之外，受到国内需求及人工红利的驱动，印度还于2016年启动建立了从德里到孟买的"新兴工业廊区"（Delhi Mumbai Industrial Corridor，DMIC），该工业廊区全线长1500千米，是目前全球最长的工业走廊，将沿线打造24个智慧产业园区，该工业区的建成将扩大印度制造业比重、促进产业机构优化转型。

三、政策动向

自2014年印度总理莫迪提出"印度制造"（Make in India）倡议以来，围绕该项倡议，印度政府陆续出台了一系列相关政策，而这两年出台的政策主要集中在以下几条。

2017年9月，印度政府提出国家级的电动和混动等新能源车辆产业促进计划，目标是在2030年实现全部新出产车辆自动化，届时限制传统能源汽车销售的各项法规将正式生效。

2018年1月，印度内阁批准了一批印度的FDI政策重大修订，该修订将进一步放宽外国对印度的直接投资，尤其一些关键领域，如航空、制药、能源交易等。

2018年2月，印度财政部公布了2018年中央财政预算案，对进口关税进行调整，以上调进口关税税率为主，除对用于制造太阳能电池的太阳能钢化玻璃免征进口关税之外，其余大部分商品的税率均大幅上涨。植物产品的进口关税税率从12.5%提高到30%，劳动密集型产品的进口关税税率从10%上调至20%，手机及其零部件、汽车及其零部件的进口关税税率从7.5%上调至15%。

四、发展趋势

1. 制造业大发展有待时日

印度本身就具备劳动力充足、消费需求旺盛的优势,在政府的一系列新政的推动下,过去两年印度制造业的增长率上升,就业岗位增加,吸收外资的能力相比之前也明显增强,使得印度制造业整体发展前景广阔。但全球经济的供求严重失衡、美国等发达国家的"再工业化计划"等国际因素在一定程度上阻碍了印度制造业的国际扩张,而印度制造业本身所存在的基础设施落后、政治体制僵化等问题也拖慢了"印度制造"的推进速度。因此,长期来看,印度政府只有抓住内外利好的机遇,充分利用印度制造业发展的优势并提高政府办事效率,形成统一连贯的改革方案,才能为印度制造业的持续发展注入充足的动能。

2. 大数据产业发展势头强劲

近年来,依托雄厚的IT产业基础,以及完备的服务体系,印度的大数据产业呈现出强劲的发展势头。据印度技术创业培训公司Simplilearn的最新报告估算,印度大数据2018年为IT行业提供了10.92万个就业机会,同比增长40%,这一迅猛发展势头预计在2019年仍将延续。据《印度大数据就业市场报告》,班加罗尔汇集了印度大部分大数据企业,占有印度40%的大数据就业市场份额。截至2018年年末,印度诸多大数据创新企业,包括Mu Sigma、Crayon Data、Spire Technologies等公司已完成资金募集程序并步入良好发展阶段。除此之外,印度大数据分析行业的不断发展也进一步推进了印度大数据产业的优化升级。以大数据计算服务为例,阿里云大数据计算服务MaxCompute于2018年1月在印度正式开服,该服务通过提供快速、完全托管的PB级数据仓库解决方案,有效降低了企业成本,保障了数据安全。有行业专家日前透露,印度的大数据分析行业规模预计将从当前的20亿美元增长到2025年的160亿美元。

第三节 俄罗斯

一、发展概况

俄罗斯位于欧亚大陆北部,地跨欧、亚两大洲,是世界上国土面积最大的国家。在"一超多强"("一超"是指美国,"多强"是指中国、俄罗斯、欧盟、日本)的国际体系中,俄罗斯是具备较大影响力的强国,特别在军工方面实力雄厚,在航空、高等教育等方面位居世界前列。目前俄罗斯具备丰富的自然资源及发达的工业体系。自然资源充足,矿产和能源资源储量位居世界第一,同时是最大的石油和天然气输出国。工业发达,门类齐全,以机械、化工、能源开采为主,重工业基础雄厚,轻工业发展迅速,工业结构呈多元化发展趋势。

1. 经济持续恢复

受国际金融危机等因素的影响,俄罗斯经济曾陷入严重衰退的困境,但近些年来,俄罗斯经济呈现出一定程度的回暖。在经历了从 2013 年开始的 4 年衰退期之后,俄罗斯经济在 2017 年走出困境,当年增长了 1.5%,有关机构预计,2018 年俄罗斯经济增长约 1.6%,其 GDP 在 1.6 万亿美元左右。国际货币基金组织预测称,2019 年俄罗斯经济增长将达 1.8%,超过德国成为世界第五大经济体。俄罗斯经济恢复增长主要归功于对外贸易的大幅回暖,除此之外,油价上涨、金融市场的整顿、数字经济的推动等也都发挥了重要作用。预测认为,在 2018—2020 年的低速增长阶段后,俄罗斯经济有望再进一步,实现中速增长。

2. 工业产值稳步提升

在经济恢复增长的背景下,2018 年俄罗斯工业产值延续 2017 全面回暖的态势,实现稳步提升。据俄罗斯联邦国家统计局的数据,2018 年俄罗斯工业产值较 2017 年同比增长了 2.9%,2017 年的增长率为 2.1%。其中,2018 年采矿业增长了 4.2%,制造业增长了 2.6%,电力、燃气和蒸汽供应增长了 1.6%,供水和排污领域增长了 2%。尽管 2018 年俄罗斯工业增长稳定,但有关专家分析称,面对轻重工业失衡、政府政策尚未落实、美国等发达国家的经济制裁等内外因素,俄罗斯未来的工业发展仍然面临诸多不确定性。

3. 贸易顺差再创新高

俄罗斯海关的统计数据显示,2018 年 1—11 月,俄罗斯对外贸易顺差达 1914 亿美元,较 2017 年同比增长 65.2%,预计 2018 年全年顺差将突破 2011 年 1980 亿美元的历史纪录,再创新高。2018 年 1—11 月,俄罗斯对外贸易进出口总额达 6290 亿美元,比 2017 年增长了 19.3%。其中,出口总额为 4102 亿美元,比 2017 年增长了 27.7%,而能源产品及农产品对出口的贡献最大。2018 年俄罗斯的煤炭产量达 4.31 亿吨，出口量达 1.91 亿吨，超越了 2013 年的历史纪录；2018 年俄罗斯的农产品出口额达到 250 亿美元，比 2017 年增长了 20%。

二、产业布局

俄罗斯的自然资源及矿产资源非常丰富，因此俄罗斯的工业区分布基本接近内陆的原材料产地，布局较为分散。目前，俄罗斯的工业区主要分布在圣彼得堡区、莫斯科区、乌拉尔区、新西伯利亚区。其中，圣彼得堡区的轻、重工业均较发达，造船、石油化工、航空航天、食品、纺织等位于全国前列；莫斯科区作为最发达的综合性工业区，以飞机、汽车、轮船、电子等工业为主；乌拉尔区重点发展重工业，以钢铁、机械为主；新西伯利亚区作为新的工业区，主要发展重工业及军事工业。

三、政策动向

近两年，俄罗斯出台了一系列政策，旨在改善产业结构，振兴国家经济。

在金融管理领域，俄罗斯财政部于 2018 年 1 月出台了《数字资产联邦监管法》(草案)，规定了数字金融资产的创建、发行、存储及流通过程中产生的关系，以及智能合约下各方权利需要履行的义务。此外，该草案还对加密货币、数字代币和挖矿进行了明确定义，同时合法化了挖矿行为。

在科技创新领域，俄罗斯总统普京于 2018 年 3 月在国情咨文中提出"科技是实现未来 6 年施政目标的重要手段"。近段时间，俄罗斯政府出台了一系列强化科技管理的计划：一是明确到 2024 年要使俄罗斯进入世界前五大科研领先国家行列；二是设立新的科技管理部门——科学与高等教育部；三是将出台新一期的"国家科技发展计划（2018—2025）"，力争实现创新链一体化部署。

在航空航天领域，俄罗斯航天国家集团科技委员会主席尤里·科普捷夫于 2018 年 11 月表示，俄罗斯正针对月球开发制订新的国家航天计划，新计划主要针对重型运载火箭的建造，预计于 2028 年前完成火箭建造。该项计划对俄罗斯的工业结构及航天发射场的基础设施提出了新的要求。

四、发展趋势

1. 新能源汽车前景光明

新能源汽车作为俄罗斯重点发展的新兴行业之一，具备广阔的发展空间。

目前，俄罗斯的新能源汽车包含电动汽车、混合动力汽车、电池燃料汽车3种，其中2018年新型电动汽车的销售量同比增长80%，创历史新高。俄罗斯政府已将电动汽车作为汽车行业的主要发展对象，随着生产技术、市场环境的不断完善，俄罗斯的电动汽车保有量必将大幅提升。除此之外，俄罗斯政府近两年也出台了《2025年前俄罗斯电力和运输基础设施发展计划》等支持电动汽车行业发展的方案，提出减免电动汽车进口关税、降低行业准入门槛、优惠贷款等措施。预计截至2020年，俄罗斯将建成电动汽车充电站5000个，电动汽车保有量将达到20万台。

2. 电信市场发展加速

2018年，俄罗斯电信市场首次打破萎缩态势，实现了4年来的最快速度增长。据俄罗斯有线电视协会公布的数据，目前，俄罗斯电信市值达1.7万亿卢布，比2017年增长了3.4%。其中，移动设备是2018年俄罗斯电信市场实现高速发展的首要因素，其带来的市值增加值达9690亿卢布，比2017年增长了5%。同时，宽带互联网及用户订阅量分别增长了3.2%、1.8%，市值分别为1870亿卢布、3490万亿卢布。在普及率方面，俄罗斯的宽带服务覆盖率已超过70%，现代电信服务普及率达到97%。

3. 高新科技迎来发展新阶段

在俄罗斯经济复苏的推动下，出口服务开始大幅增长，为高新科技产业的发展打开了新世界。2018年上半年，俄罗斯IT服务出口额为25.5亿美元，超过进口额25.2亿美元，实现了2014年以来的服务出口新高，其中多为交通运输服务出口。目前IT和通信出口占服务出口总额的3%~4%，有关机构预测在出口亚太的助推下，这一份额预计于2024年达到20%。

第四节 南非

一、发展概况

南非是非洲第二大经济体，人均生活水平在非洲名列前茅，经济相比其他非洲国家相对稳定。金融、法律体系完善，通信、交通、能源等基础设施完备。在国际事务中南非已被确定为一个中等强国，并保持显著的地区影响力。南非的自然资源丰富，黄金、钻石生产量均占世界首位，矿产是经济的主要来源。南非的工业体系是非洲最完善的，深井采矿技术位居世界前列。制造业、建筑业、能源业和矿业是南非工业四大部门。但国民经济各部门、地区发展不平衡，城乡二元经济特征明显。

1. 经济走势跌宕

2018 年上半年南非经济同比实际增速只有 0.6%。其中，第一季度南非经济同比增速为 0.8%（环比下降 2.6%），第二季度同比增速为 0.4%（环比下降 0.7%）。第三季度有回暖趋势，同比增速为 1.1%（环比增长 2.2%），接近第二季度增速的 3 倍，第四季度将继续上升的趋势，预计 2018 年南非经济同比增速为 1%。第三季度开始回暖的主要原因是南非政府推出了多个经济刺激计划。例如：涉及农业、旅游业、制造业、医疗等多个领域的规模达 500 亿兰特的激励计划；设立南非基础设施基金，并宣传在未来 3 年对这一基金至少注资 4000 亿兰特；除此之外，政府还有刺激投资和消费的计划。

2. 失业问题突出

南非失业问题突出。2017 年第一至第三季度失业率均保持 27.7%，为 2004 年以来的最高值，第四季度失业率略降至 26.7%。2018 年第一季度南非失业人口较 2017 年年底增加 10 万人，失业率仍维持在 26.7%。2018 年第二、三、四季度失业率分别为 27.2%、27.5%、27.1%。南非的失业率之所以会持续恶化，是因为过去这几个月当中南非众多主要产业先后裁员，裁员的情况又以农业与矿业最为严重，这是造成南非失业率进一步恶化的罪魁祸首。

3. 汽车行业发展迅猛

汽车行业已经跃升至南非最大的制造业，规模是 20 年前的 8 倍。如今，南非汽车行业向非洲的大多数国家和世界许多国家出口汽车和零部件，包括德国、日本和英国等一些最苛刻的市场。南非汽车工厂总产量达到每年 90 万辆，规模领先于波兰和罗马尼亚。事实上，南非汽车厂已经完全融合到全球汽车计划中，而跻身欧洲供应链网络则大大增强了南非汽车在行业中的重要性。

二、产业布局

南非是世界上矿物资源，尤其是战略性矿产资源最丰富的国家之一，其矿种之多、储量之大、分布之集中、开发条件之优越乃世界罕见。南非的主要矿物有60多种，其中黄金、钻石、铂族金属、钒、铝硅酸盐、铬矿石、锰矿石的储量和出口量均居世界首位。南非的主要矿业出产地集中于靠北方的内陆地区，如北开普省等，所以南非的工业区基本依托原材料产地建立。约翰内斯堡为南非第一大城市，是著名的"黄金之城"，它和豪登省的其他地区一起构成了黄金的主要产区。钻石矿主要分布在开普山脉以北。铂族金属、铬、锰、钒、镍主要产于德兰士瓦省，最大的产煤地区是威特班克，重要的铁矿床位于开普省的锡兴。

三、政策动向

近期，南非出台了一系列政策，旨在振兴国家经济，促进社会公平。

在轻工业方面，南非政府于2018年5月发布了《南非产业政策行动计划》，提出了提高南非皮革、皮革制品和鞋类测试、区域棉织品开发能力，推进出口集群发展规划、零售驱动集成供应链计划等。南非政府通过实施"2030南非零售计划"，以及服装、纺织品、皮革和鞋类价值链总体规划，预计将鞋类出口由每年440万双增加至1 500万双。

在汽车行业方面，南非政府于2018/2019财政年度完成制定2020年汽车总体规划，规划提出通过黑人供应商发展计划、汽车供应链竞争力提升计划、供应商升级项目及支持多重需求的合作本地化项目等助推汽车行业的发展。

在基础设施建设方面，南非政府于2018年9月公布了经济刺激计划，宣布将设立南非基础设施基金，并在未来3年对这一基金至少注资4 000亿兰特（约合279亿美元）。此举旨在于更广范围内创造更多就业，并从根本上改变基础设施建设项目的立项、建设和运营方法。

四、发展趋势

1. 经济形势整体良好

新总统拉马福萨的就任，保证了南非的政治稳定，为经济发展提供了良好的条件。预计未来，拉马福萨总统的就任将增加投资者的信心，国际大宗商品价格的上涨将为南非商品出口提供较好前景。电力供应方面，由于新发电厂的建设上线，为国家电网增加了6 000多兆瓦的供电能力，一贯制约南非经济发展的电力危机被解除。再加上旅游和会展业的进一步复苏，南非经济将呈现温和上涨态势。与此同时，南非政府致力于交通基础设施和水利设施的建设，基础设施状况将进一步改善。此外，南非政府还致力于实现再工业化，根据南非最新发布的工业政策行动计划，包括农产品加工、服装、纺织品、皮革和鞋类在内的若干行业显示出再工业化的潜力。

2. 投资环境不稳定

南非政府力推的经济激进转型议程充满了不确定性，给投资环境的改善投下阴影。

在土地领域，由于农业贷款占南非第一兰特银行、巴克莱非洲银行、标准银行贷款的比例较大，因此无偿征用土地方案导致的农业产出下降可能会给金融业带来系统性风险。

在国企改革方面，尽管南非政府已经对部分国有企业的治理结构进行了调整，但南非国家电力公司等国有企业过高的债务问题，仍使南非面临信用评级被进一步下调的风险。

在教育领域，拉马福萨决定在中期内为高等教育和培训增加 570 亿兰特资金，年均增长幅度达 13.7%，远高于南非经济增长预期。这意味着，南非财政将面临持续的财政压力。

3. 黄金产业渐渐衰退

根据南非统计局的报告，2018 年 11 月，南非的黄金产量同比大幅下降 14%，相比 2017 年同期缩水 14%，与此同时，黄金在南非整个采矿业中占据的产量份额也下降了 1.9%。钻石和铁矿石的开采量下降幅度更大，分别为 21.7% 和 19.7%。

政府统计的数据显示，自 1980 年以来，南非全国的黄金产量下降了约 85%。由于近期勘探量萎缩，南非现在的生产量仅占世界黄金开采总量的 6%，叠加巴西和蒙古等国家已经找到了新的矿床，使得本就衰败的南非黄金市场进一步被挤压。与此同时，矿井工人的工资增长了一倍，进一步损害了金矿产业的盈利能力。

第五节 墨西哥

一、发展概况

墨西哥是拉美地区主要的经济大国。工业作为墨西哥重要的经济部门，门类齐全，拥有完整且多样化的体系，包括轻工业和重工业两大部门。墨西哥的石油产量居世界第四位，建筑、化工、纺织、服装等产业持续发展。2018 年，墨西哥制造业呈现萎靡之势，对美国经济高度依赖，宏观经济动荡而坚韧。

1. 经济增长温和复苏

据世界银行统计，墨西哥 2018 年的 GDP 从 1.7% 增长至 2.3%。墨西哥国家统计局的具体数据显示，截至 2018 年 9 月，墨西哥第一产业、第二产业和第三产业分别同比增长了 2.3%、3.3% 和 1.2%。主要原因是内需推动、支出结构优化、出口形势好转及油价回升等。墨西哥政府将继续深入结构改革，配合审慎的财政和货币政策，调控宏观经济。尤其应当注意公共安全形势和政府权力的全面监管，以确保国民经济的健康发展。

2. FDI 快速增长

截至 2018 年 9 月，墨西哥共流入 FDI 241.744 亿美元，同比增长 11.1%。墨西哥国家统计局的数据显示，2018 年墨西哥制造业吸引 FDI 110.93 亿美元，占总额的 45.9%；水、电、气生产和输送行业吸收 FDI 21.50 亿美元，占总额的 8.9%；矿业吸收 FDI 14.51 亿美元，占总额的 6.09%；贸易行业吸收 FDI 19.88 亿美元，占总额的 8.2%。其中，美国投资最多，总额可达 88.11 亿美元，占到投资总额的 36.4%，加拿大位列其次，投资总额可达 33.33 亿美元，占比 13.8%。

3. 通货膨胀率稳步下降

国际货币基金组织关于拉美和加勒比地区情况的研究显示，2018 年石油价格上涨带来的不利影响逐渐消散，国内通货膨胀率呈现稳步下降趋势。但《北美自由贸易协定》重谈带来的不确定因素和墨西哥总统选举结果将届时对墨西哥的经济发展产生重要影响。

二、产业布局

墨西哥北部和西北部以制造业为主，南部以农业、农产品加工和石油化工为主要产业，中部传统工业部受到国外进口产品的冲击，处境困难，逐渐萎缩。随着中部和北部劳动力价格的上涨，劳动密集型产业逐渐向南部转移。

三、政策动向

2018年7月1日，墨西哥总统大选尘埃落定，洛佩斯·奥夫拉多尔的新政策提出，要增加社会支出、进口替代、民族主义觉醒等，墨西哥将转向采取稳健的宏观政策、持续开放的贸易国际贸易政策和吸引外资的政策。

2018年9月30日，美国和加拿大达成《美墨加三国协议》。一是取消了墨西哥强烈反对的每5年修订一次协议内容的条款，协议有效期变成16年，每6年重谈一次，确保了《美墨加三国协议》的稳定性，同时也确保了商业投资和就业增长；二是豁免了墨西哥的汽车关税，美国从墨西哥进口汽车及零件基本免除关税，如果美国违反协定，墨西哥将每年获得1 080亿美元的汽车零件豁免缴税配额，为墨西哥本国出口增长提供了机遇。

四、发展趋势

据世界银行预测，2019年墨西哥的经济增长率将达到2.1%，经济发展态势良好。但《北美自由贸易协定》重谈带来的破坏性风险可能会对墨西哥的实体经济产生负面影响，三边贸易协定将使墨西哥与美国之间的商业关系产生结构性的转变，而这一经济变革的代价是十分昂贵的。金融市场的不稳定性也将引发投资问题，基础设施建设投资问题和经济增长问题也将随之而来，这些负面影响或将延续到2019年。

第二十八章

2018年重点行业发展情况

受美联储加息、英国脱欧公投等不确定因素影响，全球经济发展疲软，工业化经济体、新兴经济体和发展经济体都处于低增长预期。在全球经济增长低迷的背景下，2018年全球重点行生产发展不均。原材料工业总体保持平稳发展的态势，工业生产小幅增长，但增速有所放缓，总体投资规模增加。装备制造业的全球化、信息化、智能化趋势不断加强，工业机器人是智能制造业最具代表性的装备，新能源汽车产业蓬勃发展。电子信息产业延续企稳回暖态势，汽车电子市场成为全球电子信息发展新亮点。

第一节 原材料工业

2018年，在全球经济稳健复苏和国内经济稳中有进的带动下，原材料工业总体保持平稳发展的态势。总体来看，原材料工业生产小幅增长，但增速有所放缓，总体投资规模增加。

从钢铁行业发展来看，2018年全球钢铁市场需求强劲，这主要得益于发达国家投资市场的复苏以及新兴市场的需求旺盛。据世界钢铁协会预测，2018年全球钢铁市场需求量将高达16.579亿吨，较2017年增长3.9%。2018年前7个月，全球粗钢产量合计达到了10.384亿吨，同比增长5.0%。2018年上半年欧盟28国的粗钢总产量约为1.0198亿吨，全球占比约为9.82%。其中，产量最高的是德国，2018年的前7个月粗钢产量为2 635.5万吨，全球占比约为2.54%；意大利在欧盟28国中排第二名，产量为1 502.5万吨。欧盟中的法国、英国和西班牙等国的粗钢产量都不到1 000万吨。按单个国家算2018年的前7个月印度的粗钢产量全球排第二名，为6 183.1万吨，占全球粗钢产量的比重为5.95%；第三名是日本，2018年的前7个月产量为6 139万吨，占全球粗钢产量的比重为5.91%。

从石油化工行业发展来看，2018年世界炼油、乙烯生产能力继续增长，运行保持良好态势。美国进入乙烯产能投产高峰期的第二年，对世界石化业带来较大影响。中国炼油能力增速加快，将首次突破8亿吨/年，产能过剩形势更加严峻；乙烯产能继续增长，原料轻质化、多元化进一步发展。受到国内和出口需求增长的影响，欧洲化工产业发展形势略显低迷，据欧洲化工委员会统计，2018年欧洲化学品产量下降0.5%，同时2019年欧洲汽车、农业和建筑行业等领域的化学品需求量实现小幅增长。

从有色金属行业发展来看，2018年全球金属产量增长呈现放缓趋势，再生金属表现也较为低迷。世界金属统计局的统计数据显示，2018年1—3季度，只有镍的产量同比实现了显著增长，铜、铝、铅、锡等产量基本是零增长，而锌产量则是呈现萎缩下降。但从矿产品产量来看，2018年1—3季度全球铝土矿、镍矿、锡矿产量的增幅均超过10%，而铜矿、铅矿产量则增幅较小。随着全球各国环保政策及废旧金属进口政策的收紧，全球再生金属产量出现萎缩下降，这也导致主要金属品种矿产端与精炼端产量出现了分化的走势。

第二节 装备制造业

伴随着经济全球化、现代技术革命，尤其是信息技术革命的发展，制造业的全球化、信息化、智能化趋势不断加强。随着产品制造的跨国化迅猛发展，科技中心控制制造业中心的趋势日益明显，信息化也对制造企业的产品开发、生产方式和管理方式产生日益深刻的变革。

工业机器人是智能制造业最具代表性的装备。数据显示，2018年全球机器人市场规模已经超过298.2亿美元。其中，工业机器人市场规模达到168.2亿美元。在工业机器人细分领域，搬运机器人市场规模达到了102.6亿美元，具有绝对的主导地位；其次是装配机器人，市场规模也达到了35.3亿美元。目前，全球四大工业机器人强国分别是日本、美国、德国和韩国。其中，日本拥有"机器人王国"的称号，在工业机器人的生产、出口和使用等方面均位居世界第一位；同时，日本工业机器人的装备量占世界工业机器人装备量的60%。

全球新能源汽车产业迎来蓬勃发展，各国已把新能源汽车列入本国汽车工业发展的既定战略。截至2018年第三季度，全球新能源汽车销量约为130万辆，同比增幅高达68%，环比增幅也达到了15.8%。此外，全球新能源汽车渗透率实现快速增长,已从 2015 年的 0.41% 快速增长至 2018 年第三季度的 2.37%。美国特斯拉公司新能源汽车销售额仍领跑全球车企,特斯拉 Model 3 车型销售达到 101565 辆,市场占有率为 6.81%。中国是全球最大的新能源汽车市场,美国和挪威分别位列全球第二和第三位。

第三节 电子信息产业

2018 年,全球电子信息产业宏观环境延续企稳回暖态势。据 IC Insights 调研报告分析,2018 年世界电子信息产品市场规模约为 16 220 亿美元,同比增长 5.1%;其中,计算机类市场中,2018 年达到 4 180 亿美元,同比增长 3.5%,占总值的 25.8%,居第二位。因计算机(PC、笔电、平板)需求下滑,2018 年占比率同比下降 0.4 个百分点。汽车电子市场是新亮点,2018 年世界汽车电子系统市场销售额达到 1 520 亿美元,同比增长 7.0%,占到电子信息系统的 9.4%,首次超过消费类产品市场。从技术角度来看,美国、日本、韩国、欧洲等国家和地区相关企业仍掌握着大量信息领域高端产品的关键核心技术,基本占据了高端信息产品的研发设计、生产制造、技术服务等价值链高端,代表性企业有谷歌、高通、英特尔、微软及三星等。

第二十九章

2019 年世界工业发展趋势展望

　　2018 年以来，全球经济增长下行风险已经出现，经济增长呈快速增长的预期不再。多家机构预测，未来全球经济将逐步减速。考虑到全球经济虽依然增长，但是增长已经见顶，风险正在不断累积，特别是受到贸易环境紧张、投资需求下降、利率上升、汇率风险增大等因素的影响，全球经济增长正在不断被拖慢，工业增长也将进入低速增长阶段。根据 Markit 的数据，2018 年全球制造业 PMI 数据持续下降，许多国家甚至进入低于 50 的制造业收缩区域。制造业潜在扩张能力不足，欧元区、美国等制造业重要经济体的全球竞争力正在被汇率波动等风险不断削弱，其产品销量受到大幅影响。全球供应链价格上涨，加之原油、燃料及金属等大宗商品价格上涨，进一步推高了售价，抑制了市场需求，使供给侧进一步萎缩。

第一节　主要经济体工业增速将下降，均面临下行压力

　　美国工业生产增速恐将下降。美国经济仍将保持一定程度的增长，但未来随着财政刺激的取消，受财政和货币政策紧缩的影响，经济增长率将呈现缓慢增长趋势。12 月，美国制造业 PMI 已经呈现出大幅下降，虽然目前仍处于制造业扩张阶段，但是随着宏观经济政策效果减弱，预计美国 GDP 增长率在 2019 年将有所下降。鉴于美国在 2019 年可能加息 4 次，以及同世界各国的贸易争端将加剧，包括对进口商品征收关税拉高企业成本，美国工业生产将发生下滑。

欧盟工业下行压力较大。目前欧盟经济基本保持稳步增长，特别是劳动力就业表现良好，但相较 2017 年的较快增长，流动性收缩、贸易冲突、金融资本市场波动等都将对欧盟经济造成威胁。欧盟多个成员国制造业 PMI 已经在年末低于 50，说明制造业正在出现萎缩。2018 年及 2019 年欧盟经济增速预测将呈现逐步下行走势。考虑到贸易风险升高、英国脱欧谈判、法国"黄背心"事件及意大利财政预算增加等带来的不利因素，预计 2019 年欧盟工业面临较大下行压力。

日本工业增速将呈现先升后降态势。2019 年 10 月，日本消费税将由当前的 8% 提高至 10%，在消费税上升预期的影响下，民众将会在消费税上调前提前消费，预计私人消费将会在 2019 年上半年增加，10 月之后随着消费税提升，消费需求和实际收入下降，个人消费将会在下半年下降。2018 年，日本制造业 PMI 较为平稳，但 2019 年 1 月，已经出现了下降，为 50.3。预计日本经济增速将在 2019 年下降，贸易方面，全球贸易有降温趋势不利于日本出口，工业生产先升后降。

新兴经济体工业增长动力减弱。新兴市场的阿根廷、土耳其、巴西、墨西哥、南非等新兴市场国家均面临货币贬值及资金外流压力，同时新兴经济体长期积累的大量债务也将成为潜在风险点。当前亚洲等新兴经济体的经济增速已经有所放缓，面对美联储加息、贸易争端的加剧及外部需求的下降，亚洲新兴经济体普遍面临经济下行压力，工业增长动力减弱。

第二节　全球直接投资将再下滑，抑制企业扩大生产意愿

据联合国贸易和发展会议报告，全球外国直接投资（FDI）在 2018 年上半年下降了 41%，约为 4 700 亿美元，仅为 2017 年同期的一多半。美国跨国公司的税制改革直接促使美国跨国公司释放了超过 3.2 万亿美元的累计海外留存收益，成为全球 FDI 下降的主要原因。2018 年上半年全球 FDI 下降主要集中在发达国家，发达国家流入量急剧下降了 69%，而流入发展中经济体的 FDI 降幅不大，仅下降了 6%。2018 年，全球跨国并购金额下降不多，而绿地投资金额还有大幅增长。因此，综合考虑，2019 年，全球 FDI 恐将会进一步下滑，企业扩大生产意愿不足，而绿地投资在 2018 年得到了一定释放也将抑制 2019 年有更大的直接投资金额。

第三节 全球贸易摩擦加剧，贸易风险将难以避免

根据世界贸易组织2018年9月公布的数据，全球贸易未来将持续扩张，但增速比之前预测的有所放缓，世界贸易组织预测，全球货物贸易增长2019年将达到3.7%，低于2018年时4%的预期，但仍处于3.1%～5.5%的增长区间。2018年上半年，全球货物贸易比2017年同期增长了3.8%。同期内，发达经济体出口同比增长了3.5%，发展中经济体出口同比增加了3.6%。进口方面，发达经济体同比上升了3.5%，发展中经济体同比增加了4.9%。目前，全球主要国家之间的贸易争端仍未消除，而且有进一步加剧的可能，一旦全面爆发贸易战将导致全球贸易量增长大幅下降。美联储、欧盟等发达市场的中央银行纷纷摒弃此前实施的量化宽松政策，收紧货币供给，将导致发展中及新兴市场的资本外流，进而影响到全球贸易实现增长。地缘政治紧张可能会威胁到资源供给和区域生产网络，进一步提升企业生产成本，从而加大全球贸易风险。

第四节 技术变革将拉动全球企业研发投入进一步增加

当前，新技术已经成为引领各国科技和产业发展的重要因素，技术变革正在拉动全球企业增加研发投入。今后，科技公司将成为最活跃的海外投资者，汽车、智能制造、航空航天、互联网和军事国防工业公司更加注重技术研发和创新能力，法国、荷兰等发达经济体的企业更加重视向印度等新兴市场国家投资。电信和互联网等科技型行业，在一些市场规模较大且尚未饱和的国家也存在大量投资机会。人工智能领域已经成为全球各主要国家优先发展的战略方向。总体来看，发达经济体的投资需求主要集中在信息通信、专业服务、医药和汽车等产业，而发展中经济体则侧重于食品、农业、信息基础设施等产业。

第五节 投资并购活动将迎来更为严苛的审查制度

近年来，美国、德国、加拿大、澳大利亚等国频频使用"涉及国家利益、国家安全"等理由拒绝外资并购。以美国外国投资委员会为例，其主要承担对可能影响美国国家安全的外商投资交易进行审查的责任。美国外国投资委员会的审查主观性较强，对外国企业收购美国企业的阻碍非常明显。此外，德国也

正在计划推进欧盟层面更为严格的投资审查，加强对欧洲企业，特别是技术创新型企业的保护。英国和意大利也正在启动更严苛的投资审查程序。这些严苛的收购审查制度，将会进一步阻碍全球投资并购活动，从而从一定程度上削弱企业自发的市场行为，妨碍全球整体通过市场手段进行资源配置，降低经济效率。

反侵权盗版声明

电子工业出版社依法对本作品享有专有出版权。任何未经权利人书面许可,复制、销售或通过信息网络传播本作品的行为,歪曲、篡改、剽窃本作品的行为,均违反《中华人民共和国著作权法》,其行为人应承担相应的民事责任和行政责任,构成犯罪的,将被依法追究刑事责任。

为了维护市场秩序,保护权利人的合法权益,我社将依法查处和打击侵权盗版的单位和个人。欢迎社会各界人士积极举报侵权盗版行为,本社将奖励举报有功人员,并保证举报人的信息不被泄露。

举报电话:(010)88254396;(010)88258888
传　　真:(010)88254397
E-mail:　dbqq@phei.com.cn
通信地址:北京市海淀区万寿路 173 信箱
　　　　　电子工业出版社总编办公室
邮　　编:100036

赛迪智库
面向政府 服务决策

思想，还是思想
才使我们与众不同

《赛迪专报》	《安全产业研究》	《产业政策研究》
《赛迪前瞻》	《工业经济研究》	《军民结合研究》
《赛迪智库·案例》	《财经研究》	《工业和信息化研究》
《赛迪智库·数据》	《信息化与软件产业研究》	《科技与标准研究》
《赛迪智库·软科学》	《电子信息研究》	《无线电管理研究》
《赛迪译丛》	《网络安全研究》	《节能与环保研究》
《工业新词话》	《材料工业研究》	《世界工业研究》
《政策法规研究》	《消费品工业"三品"战略专刊》	《中小企业研究》
		《集成电路研究》

通信地址：北京市海淀区万寿路27号院8号楼12层
邮政编码：100846
联 系 人：王 乐
联系电话：010-68200552 13701083941
传　　真：010-68209616
网　　址：www.ccidwise.com
电子邮件：wangle@ccidgroup.com

赛迪智库
面向政府 服务决策

研究，还是研究
才使我们见微知著

规划研究所	知识产权研究所	安全产业研究所
工业经济研究所	世界工业研究所	网络安全研究所
电子信息研究所	无线电管理研究所	中小企业研究所
集成电路研究所	信息化与软件产业研究所	节能与环保研究所
产业政策研究所	军民融合研究所	材料工业研究所
科技与标准研究所	政策法规研究所	消费品工业研究所

通信地址：北京市海淀区万寿路27号院8号楼12层
邮政编码：100846
联系人：王 乐
联系电话：010-68200552 13701083941
传　　真：010-68209616
网　　址：www.ccidwise.com
电子邮件：wangle@ccidgroup.com